AF637732

BERICHTE UND FORSCHUNGEN

JAHRBUCH
DES BUNDESINSTITUTS FÜR
KULTUR UND GESCHICHTE DER DEUTSCHEN
IM ÖSTLICHEN EUROPA

12/2004

BERICHTE UND FORSCHUNGEN

JAHRBUCH
DES BUNDESINSTITUTS FÜR
KULTUR UND GESCHICHTE
DER DEUTSCHEN IM ÖSTLICHEN EUROPA

BAND 12

2004

R. OLDENBOURG VERLAG MÜNCHEN 2004

Redaktion: Eckhard Grunewald

Die Deutsche Bibliothek – CIP-Einheitsaufnahme

Bundesinstitut für Kultur und Geschichte der Deutschen im östlichen Europa <Oldenburg>:
Berichte und Forschungen / Bundesinstitut für Kultur und Geschichte der Deutschen im östlichen Europa: Jahrbuch des Bundesinstituts für Kultur und Geschichte der Deutschen im östlichen Europa. – München : Oldenbourg.
ISSN 0945-2362
Erscheint jährlich. – Aufnahme nach Bd. 1. 1993
Bd. 1. 1993 –

© 2004 Bundesinstitut für Kultur und Geschichte der Deutschen im östlichen Europa

Das Werk ist urheberrechtlich geschützt. Jede Verwendung außerhalb der Grenzen des Urheberrechtsgesetzes ist ohne Zustimmung des Verlages unzulässig und strafbar. Das gilt insbesondere für Vervielfältigungen, Übersetzungen, Mikroverfilmungen und die Einspeicherung und Bearbeitung in elektronischen Systemen.

Satz und Druck: druckhaus köthen GmbH, Köthen
Buchbinderische Weiterverarbeitung: Lüderitz & Bauer, Berlin

ISBN 3-486-57602-X
ISSN 0945-2362

Inhalt

Berichte und Forschungen 12 (2004), S. 7–53.

Ralf G. Päsler

Die Handschriften der Wallenrodtschen Bibliothek

Zweiter Beitrag zur Rekonstruktion der Handschriftensammlung der ehem. Staats- und Universitätsbibliothek Königsberg*

Uwe Meves zum 14. Juni 2004

Endlich traten sie in ein großes Gemach, in dem der Archivarius den Blick in die Höhe gerichtet stehen blieb und Anselmus Zeit gewann, sich an dem herrlichen Anblick, den der einfache Schmuck dieses Saales gewährte, zu weiden: aus den azurblauen Wänden traten die goldbronzenen Stämme hoher Palmbäume hervor, welche ihre kolossalen wie funkelnde Smaragden glänzenden Blätter oben zur Decke wölbten …[1]

Die im Königsberger Dom untergebrachte Bibliothek der Familie von Wallenrodt war bis zu ihrem Untergang eine der ältesten, wenn nicht die älteste Adelsbibliothek Ostpreußens. Allein daraus ergibt sich bereits ihre besondere Bedeutung für die Region. Hinzu trat der Umstand, daß sie noch im 17. Jahrhundert auch dem (gelehrten) Publikum geöffnet wurde und von den Professoren und Studenten der Königsberger Universität genutzt werden konnte. Auf diese Weise hat auch E. T. A. Hoffmann sie kennengelernt, dem ihre Ausstattung Vorbild für die Bibliothek jenes Archivarius Lindhorst war, in deren Räumen der Student Anselmus alte Manuskripte kopieren sollte.

In der Tat besaß die Wallenrodtsche Bibliothek eine ansehnliche Handschriftensammlung. Zwar wurde im Laufe der Jahrhunderte in verschiedenen Aufsätzen wiederholt auf diese Sammlung und ihre Bedeutung vor allem für die preußische Geschichte hingewiesen, doch eine Gesamtübersicht, einen gedruckten Katalog gab und gibt es nicht.

---

* Vgl. Ralf G. Päsler: Zu den mittelalterlichen Handschriften der Gottholdschen Bibliothek. Ein Beitrag zur Rekonstruktion des Handschriftenbestands der ehem. Staats- und Universitätsbibliothek Königsberg. In: Berichte und Forschungen. Jahrbuch des Bundesinstitus für ostdeutsche Kultur und Geschichte 5 (1997), S. 7–15.

1 E. T. A. Hoffmann: Der goldene Topf. In: Hartmut Steinecke (Hg.): E. T. A. Hoffmann: Fantasiestücke in Callot's Manier. Werke 1814. Frankfurt/M. 1993, S. 229–321, hier S. 271; vgl. dazu den Stellenkommentar S. 786 f.

Heute muß der größte Teil dieser Sammlung als verschollen gelten[2]. Sicher identifiziert werden konnten bislang nur 13 Handschriften[3]. Es ist jedoch nicht auszuschließen, daß erneute Nachforschungen, insbesondere in russischen Bibliotheken, weitere Wallenrodtsche Handschriften zutage fördern können. Im Rahmen der bisherigen Arbeiten zum Handschriftenbestand der Staats- und Universitätsbibliothek Königsberg war dies nicht zu leisten, da sie vornehmlich den mittelalterlichen deutschsprachigen zum Gegenstand hatten, der größte Anteil der Wallenrodtschen Handschriften jedoch aus jüngerer Zeit stammt[4].

Neben dem Königsberger Katalog und der Zusammenstellung der mittelalterlichen Handschriften der ebenfalls im Besitz der ehem. SUB Königsberg befindlichen Gottholdschen Bibliothek (nach Aufzeichnungen Ludwig Deneckes) liegt hiermit der dritte Versuch vor, die bislang unkatalogisiert gebliebenen Handschriftenbestände der SUB Königsberg anhand älterer Aufzeichnungen zu rekonstruieren[5]. Gerade für die beiden als Separatbestände in die SUB Königsberg eingegangenen Privatbibliotheken derer von Wallenrodt und des Direktors Friedrich August Gotthold ist ein anderes Verfahren zur Zeit nicht möglich, da die Dienstkataloge der SUB seit 1945 verschollen sind[6].

Der nun in der Staatsbibliothek zu Berlin – Preußischer Kulturbesitz – entdeckte, bislang unbekannte Handschriftenkatalog der Wallenrodtschen Bibliothek aus dem Jahre 1849 ermöglicht nicht allein einen Einblick in eine bestimmte Entwicklungsstufe der Bibliothek, sondern darüber hinaus den zur Zeit besten Überblick über diese Sammlung[7] (weiteres dazu in den Abschnitten II und III).

Die wichtigsten Arbeiten zur Wallenrodtschen Bibliothek, zu ihrer Geschichte und ihren Beständen seien bereits hier erwähnt. Sie stammen von Johann Christoph Volbrecht, Raphael J. Bock, Fritz Juntke, Otto Vanselow, Günther Goldschmidt und Kasimir Lawrynowicz[8]. Insbesondere Juntke und Vanselow zeichnen ein genaues Bild der Entwicklung dieser Bibliothek, zu dem hier nichts Neues hinzugefügt werden kann. Zur allgemeinen Orientierung wird jedoch ein kleiner Überblick über die Geschichte der Wallenrodtschen Bibliothek gegeben (Abschnitt I), dem Anmerkungen zu Umfang, Inhalt und Entwicklung der

---

2 Diese Angaben gelten allein für die Handschriften der Wallenrodtschen Bibliothek; daß sich Druckwerke daraus in größerem Umfang erhalten haben, ist durch die Forschungen Klaus Garbers und Axel E. Walters (Osnabrück) belegt.

3 Vgl. unten Abschnitt VI.

4 Nach den Aufzeichnungen lassen sich in der Wallenrodtschen Bibliothek mit hinreichender Sicherheit zehn mittelalterlichen Handschriften nachweisen (2°.25; 2°.83; 2°.101; 2°.112; 2°.113; 4°.5; 4°.16; 4°.39; 8°.15; 12°.1).

5 Königsberger Katalog (zu den abgekürzt zitierten Titeln vgl. u. S. 14–16) und Päsler: Handschriften (wie Anm. *).

6 Vgl. Päsler: Gottholdsche Bibliothek (wie Anm. *), S. 7 f.

7 Zur Zeit der russischen Besetzung Preußens im 18. Jh. sind von der russischen Verwaltung eigene Kataloge angefertigt worden, die heute im Zentralen staatlichen Archiv für historische Akten in Moskau verwahrt werden. Der Katalog der Wallenrodtschen Bibliothek datiert vom 28. 2. 1758 und hat die Signatur: Fond 25, op. 1 D. 26; vgl. Kasimir Lawrynowicz: Albertina. Zur Geschichte der Albertus-Universität zu Königsberg in Preußen. Berlin 1999, S. 115.

8 Lawrynowicz: Albertina (wie Anm. 7), S. 109–118.

Handschriftensammlung folgen (Abschnitt II). Es schließen sich Einrichtungsrichtlinien und Abkürzungsverzeichnis an (Abschnitt III und IV). Abschnitt V bietet sodann das Handschriftenverzeichnis von 1849 mit einigen ergänzenden Hinweisen, die Abschnitte VI und VII Konkordanzen und Register.

I. Zur Geschichte der Wallenrodtschen Bibliothek

Der Gründer der erst später so genannten Wallenrodtschen Bibliothek war der preußische Kanzler Martin von Wallenrodt (1570–1632)[9]. Schon während seines Studiums begann er Bücher zu sammeln und brachte bis zum Jahr 1623 „nach seinen eigenen Angaben außer Handschriften über 3 000 Bände“[10] zusammen, die im Königsberger Kanzlerhaus aufgestellt waren. Beim Brand des Hauses am 13. Oktober 1623 ging die Sammlung jedoch zugrunde. Nur wenige, zufällig nicht dort befindliche Reste überlebten und bildeten den Grundstock für eine neue Sammlung, die beim Tode des Kanzlers bereits wieder „etwa 2 000“[11] Bände zählte. Testamentarisch verfügte er als Auftrag an die nachfolgenden Generationen, „daß die Bibliothek, als gemeinsamer Besitz der Familie, ungeteilt erhalten bleiben möchte“[12].

1651 verlegte man die Bibliothek in den Königsberger Dom, nachdem die Universitätsbibliothek ihre Aufnahme abgelehnt hatte[13]. Obwohl schon mit dem Umzug die Öffnung für das Publikum vorgesehen war, erfolgte diese tatsächlich erst 1673; die Öffnungszeiten – zwei Tage in der Woche – setzte man so, daß sie nicht mit denen der Schloßbibliothek konkurrierten und die beiden Bibliotheken auf diese Weise einander ergänzten[14].

Seit dem 18. Jahrhundert erlahmte das Interesse der Familie, die den Bestimmungen gemäß die Kuratoren stellte, an ihrer Bibliothek. Sie wurde 1721 in eine Stiftung unter staatlicher Aufsicht umgewandelt. Die beabsichtigte Wirkung war jedoch nur von kurzer Dauer. Verschiedene Versuche der Familie, die Bibliothek zu veräußern, scheiterten zwar, aber die Kuratoren zahlten immer häufiger die der Bibliothek zustehenden Gelder nicht aus[15]. Auf die Anschaffungspolitik wirkte sich dies außerordentlich negativ aus, so daß mitunter gerade noch die Fortsetzungswerke ergänzt werden konnten.

Nach mehreren Anläufen gelang es 1909 endlich, die Wallenrodtsche Bibliothek ganz unter staatliche Aufsicht zu nehmen, indem sie zu einem separat aufzustellenden Bestandteil der Königlichen und Universitätsbibliothek Königsberg gemacht wurde.

9 Hartmut Schulz-Weber: [Art.] Martin von Wallenrodt. In: APB, S. 773.
10 Vanselow, S. 13.
11 Ebd.
12 Ebd.
13 Vgl. Juntke, S. 8.
14 Vgl. ebd., S. 14.
15 Diese Probleme stellt Juntke sehr ausführlich dar, so daß hier nicht näher darauf eingegangen werden muß.

Dies erfolgte mit der Auflage, sie mit einem eigenen Etat auszustatten, der für ihre Pflege und Erweiterung einzusetzen war[16]. Der bequemeren Benutzung wegen erhielt sie in ihrem neuen Domizil eigene Räume; nur die Dubletten[17] verblieben in den alten Räumlichkeiten im Dom und wurden Teil des dort eingerichteten Museums.

Das weitere Schicksal teilt die Wallenrodtsche Bibliothek mit der seit 1918 nicht mehr Königlichen, sondern Staats- und Universitätsbibliothek. Bis zu Beginn der kriegsbedingten Auslagerungen 1942 wurde sie weiter gepflegt und ergänzt, u. a. erhielt sie auch weiterhin Bücher geschenkt[18]. Infolge der Kriegsereignisse wurde sie dann zerstreut und zerstört; ihre Reste lassen sich heute in Toruń, Warschau, Kaliningrad, Vilnius, Sankt Petersburg und Moskau nachweisen[19].

Ihren Weg in die Weltliteratur fand die Wallenrodtsche Bibliothek durch das 1814 erschienene Märchen „Der goldene Topf" des in Königsberg geborenen E. T. A. Hoffmann (s. o.).

II. Zur Handschriftensammlung der Wallenrodtschen Bibliothek

Die heute wichtigste Studie zu den Handschriften der Wallenrodtschen Bibliothek ist der Aufsatz von Goldschmidt. Aber auch er gibt keine Geschichte dieser Sammlung; diese läßt sich allenfalls in Bruchstücken daraus erschließen.

Die Verzeichnung des Bestands erfolgte in den verschiedenen Katalogen der Bibliothek zumeist in unzureichender Form, indem Titel unvollständig aufgeführt und von Sammelbänden meist nur der erste Text aufgenommen wurden.

Der älteste Katalog entstand bereits durch den ersten angestellten Bibliothekar Peter Schele 1656[20]; er ist nicht erhalten[21]. Von Scheles Nachfolger Sigismund Pichler stammt der zweite Katalog, wohl eine Abschrift und Ergänzung des ersten. Er enthielt bereits 48 Nummern für Manuskripte[22]. Der nächste und bis zur Überführung in die Königliche und Universitätsbibliothek letzte Katalog stammt von Johann Heinrich Daniel Moldenhauer aus dem Jahr 1757[23]. Er war

---

16 Der Vertrag ist abgedruckt bei Juntke, S. 154; vgl. dazu auch Chronik der Königlichen Albertus-Universität zu Königsberg i. Pr. für das Studien- und Etatsjahr 1909/10. Königsberg 1910, S. 73–77.

17 Gemeint sind jene Werke, die die Königliche und Universitätsbibliothek und die Wallenrodtsche Bibliothek gemeinsam besaßen.

18 Darunter z. B. die als Typoskript vorliegende ‚Namensliste der ostpreußischen Familie Hagen von ca. 1630 bis 1933' mit folgendem Donationsvermerk: „Der Staats- und Universitätsbibliothek für die Wallenrodtsche Bibliothek überreicht, Königsberg, 22. 7. 1937, Dr. med. Ulrich Hagen. Kgl. Preuß. Generalarzt a. D." (heute Vilnius, Akademiebibliothek: F 15–40).

19 Vgl. Ralf G. Päsler: Anmerkungen zu den mittelniederdeutschen und mittelniederländischen Handschriften der ehemaligen SUB Königsberg. In: Korrespondenzblatt des Vereins für niederdeutsche Sprachforschung 102 (1995), S. 6–14, und insbesondere die Arbeiten von Klaus Garber und Axel E. Walter (Osnabrück).

20 Eine nützliche Übersicht über die angestellten Bibliothekare bei Vanselow, S. 38 f.

21 Vgl. Juntke, S. 5 u. 10.

22 Ebd., S. 13.

23 Vgl. ebd., S. 43.

unterteilt in einen alphabetischen und einen Standortkatalog; letzterer diente bis 1912 als systematischer und anschließend noch als Standortkatalog. Die Abteilung Handschriften zählte hier 193 Werke – nur zwei weniger als im vorliegenden Verzeichnis[24]. Nachdem Rudolf Reicke 1869 das Bibliothekariat übernommen hatte, zählte er bei den Manuscripta 215 Werke[25].

Eigens katalogisiert wurden die Handschriften nicht. Sie hatten in den bisherigen Verzeichnissen lediglich eine eigene Rubrik erhalten, in der zudem nicht alle Handschriften aufgeführt waren; denn wie in der älteren und größeren Schwester, der Schloßbibliothek – später Königliche Bibliothek –, waren Handschriften vereinzelt auch an der entsprechenden systematischen Stelle verzeichnet (s. u.). Dadurch kommt den oben genannten älteren Zahlen ein – allerdings nicht näher einzugrenzender – Unsicherheitsfaktor zu.

Die Bestandsentwicklung stellt sich demnach wie folgt dar:

Format	vor 1668	1757[26]	1849	1869	1909	1935
2°	?	?	114	?	?	128
4°	?	?	77	?	?	104
8°	?	?	16	?	?	24
12°	?	?	4	?	?	–[27]
gesamt:	48	193	211	215	220[28]	256

Entwicklung des Handschriftenbestands der Wallenrodtschen Bibliothek von 1668 bis 1935.

Erst nach 1909 legte man einen neuen, einen Zettelkatalog an, der in den Gesamtkatalog der späteren SUB integriert wurde. Ein spezielles „Handschriftenverzeichnis auf Zetteln“[29] hat dann Fritz Juntke angefertigt. Diese Kataloge wurden 1944 zerstört.

Noch 1930 befand Georg Leyh in seiner Rezension von Juntkes Arbeit, „daß ein ausführlicher Handschriftenkatalog [...] ein Bedürfnis“[30] sei. Zu seiner Ausarbeitung kam es jedoch nicht mehr.

---

24 1935: 256 Werke.

25 Vgl. Juntke, S. 93.

26 Für 1758 gibt Lawrynowicz: Albertina (wie Anm. 7), S. 115, einen Bestand von 107 Handschriften an. Die oben angegebene Zahl könnte demnach auch die unter die Druckwerke eingeordneten Handschriften mit berücksichtigen.

27 Die Formate 8° und 12° sind für dieses Jahr zusammengefaßt.

28 Diese Zahl ist jedoch unsicher, da in der Quelle (Chronik [wie Anm. 16], S. 76) von Bänden die Rede ist, während die anderen Zahlen auf den zusammengezählten Signaturen beruhen. Die Höhe der Summe läßt allerdings vermuten, daß hier ebenfalls die Signaturen summiert wurden.

29 Vanselow, S. 28. Wahrscheinlich ist damit das Register gemeint, von dem Goldschmidt, S. 110, spricht.

30 Zentralblatt für Bibliothekswesen 47 (1930), S. 63 f. – Goldschmidt hatte über „die dringende Notwendigkeit und die Möglichkeit ihn zu reformieren“ am 11. Juni 1926 einen Vortrag ge-

Weder Juntke noch Vanselow gehen in ihren Arbeiten auf die Handschriften, den bedeutendsten Schatz der Bibliothek, näher ein. Diesem Manko hat Goldschmidt mit seinem Aufsatz abzuhelfen versucht.

Schwerpunkt der Sammlung war eindeutig regionales Schrifttum, was allein an den vielen Sammelbänden deutlich wird[31]. Goldschmidt nennt folgende Gruppen: Städtegeschichten und Urkunden zur Geschichte von Städten, Stadt Königsberg, Deutscher Orden, Genealogie, Urkunden zur Geschichte und Genealogie des von Wallenrodtschen Geschlechts, Akten zur Wallenrodtschen Bibliothek, Herzogtum Preußen oder Königreich Preußen. Damit aber war das inhaltliche Spektrum längst nicht erschöpft: Ebenso, jedoch in weit geringerem Umfang waren vertreten die Regionen Brandenburg, Pommern, Lausitz sowie Livland, Schweden, Niederlande, Polen, Österreich-Ungarn, Frankreich, Türkei. An Sachgruppen unterscheidet Goldschmidt vor- und nachreformatorische Religion, Kriegswissenschaft, Jurisprudenz, Medizin, Geschichte, Philosophie und Literatur, Naturwissenschaften, Mathematik, Geographie, Kalender, Kuriosa, Vermischtes und Briefe.

Die Charakterisierung der einzelnen Rubriken und die ihnen zugeordneten Handschriften brauchen hier nicht im Detail wiederholt zu werden. Hinzuzufügen ist, daß die Wallenrodtsche Bibliothek auch eine Sammlung älterer Urkunden besaß[32].

Probleme bietet die Einordnung der 1993 von Klaus Garber in der Akademiebibliothek Sankt Petersburg entdeckten Handschrift der Lehr- und Geschichtsbücher des Alten Testaments aus dem Jahr 1648[33]. Sie hat als letzte Königsberger Signatur „Msc. 4°.105“, die eigentlich auf das Staatsarchiv hinweist; dort ist unter dieser Signatur jedoch keine Handschrift mit dem vorliegenden Inhalt nachweisbar. Aber auch im unten abgedruckten Verzeichnis taucht diese Handschrift nicht auf. Dafür sind zwei Gründe möglich: Erstens, die Handschrift wurde erst nach 1849 erworben[34], oder zweitens, sie war nicht unter die Handschriften einsortiert. Für letzteres spricht die alte Wallenrodtsche Signatur „A 2 (20)“; mit derartigen – systematisierenden – Signaturen wurden die gedruckten Werke versehen[35]. So findet man im Handschriftenverzeichnis den Sammelband K 127.4°

halten (Goldschmidt, S. 109, Anm. 1); der dazu erschienene Artikel in der Königsberger Allgemeinen Zeitung Nr. 164 vom 7. 4. 1927 war mir leider nicht zugänglich.

31 Überhaupt kommt der Wallenrodtschen Bibliothek für die regionale Geistes- und Kulturgeschichte eine herausragende Bedeutung zu.

32 Max Perlbach: Die älteren Urkunden der Wallenrodtschen Bibliothek in Königsberg. In: APM 11 (1874), S. 262–278.

33 Klaus Garber: Auf den Spuren verschollener Königsberger Handschriften und Bücher. Eine Bibliotheksreise nach Königsberg, Vilnius und Sankt Petersburg. In: Altpreußische Geschlechterkunde 23 (1993), S. 1–22, hier S. 17; vgl. auch Ralf G. Päsler: Auf der Suche nach Königsberger Handschriften. Bericht einer Exkursion nach Kaliningrad, St. Petersburg, Wilna und Thorn. In: Preußenland 34 (1996), S. 1–10, hier S. 2.

34 So geschehen mit der Abschrift einer Handschrift aus dem Jahr 1442, die 1871 (oder kurz zuvor) ein Dr. Lentz der Wallenrodtschen Bibliothek überreichte; vgl. Dr. Lentz: Ueber ein Florentiner Manuscript vom Jahre 1442. In: APM 8 (1871), S. 142–145.

35 Hiermit wäre also nochmals bestätigt, daß Handschriften auch an ihrer systematischen Stelle in der Bibliothek eingeordnet wurden.

nicht, der unter verschiedenen Druckschriften auch die handschriftliche Chronik Michael Friedwalds enthielt[36]. Wieviele es von auf dieser Weise einsortierten Handschriften gab, ist, wie gesagt, unklar und selbst bei systematischer Durchsicht der kompletten regionalhistorischen Literatur auch nicht annähernd zu beziffern.

In der von der SUB im Schloß 1932 eingerichteten Schausammlung[37], in der besondere Stücke der Bibliothek – Handschriften, seltene Drucke, kostbare Einbände – gezeigt wurden, befanden sich auch einige Manuskripte der Wallenrodtschen Bibliothek; zeitweise waren es 2°.13; 2°.15; 2°.25; 4°.4; 4°.10; 4°.16 und 4°.82[38].

Die Schausammlung muß eigens verpackt und ausgelagert worden sein. Sie kam nach Karwinden[39] und von dort nach Kriegsende zu einem großen Teil an die Universitätbibliothek Toruń. Zusammen mit vier Handschriften der SUB Königsberg und einer aus der Gottholdschen Sammlung befand sich die Nr. 4°.16 in einer Vitrine[40]; alle diese Handschriften finden sich heute in Toruń. Anders verhält es sich mit der Foliohandschrift 25; von den insgesamt drei Handschriften der entsprechenden Vitrine fand allein sie nicht den Weg nach Toruń.

III. Zur Einrichtung der Edition

Das hier im Druck wiedergegebene Verzeichnis stammt aus dem Jahr 1849. Es wurde vom damaligen Bibliothekar Friedrich Julius Richelot[41] in ministeriellem Auftrag angelegt und „dann offensichtlich sofort nach Eingang der [Kgl.] Bibliothek [zu Berlin] übergeben“[42]. Da Richelot einen neuen Katalog für unnötig hielt[43], ist anzunehmen, daß es sich um einen Auszug aus dem oben genannten Moldenhauerschen handelt. Um die Mitte des 19. Jahrhunderts sind „auf Anordnung des Königlichen Ministeriums der Geistlichen, Unterrichts- und Medicinal-Angelegenheiten“[44] die Handschriftenbestände sämtlicher preußischer Bibliotheken aufgenommen und die Verzeichnisse nach Berlin gesandt worden[45]; hierauf

---

36 Kletke, S. 148; Edition: Max Toeppen (Hg.): Peter Himmelreich's und Michael Friedwald's, des Löwentödters, Elbingisch-Preussische Geschichten. Leipzig 1881, hier S. 59; vgl. auch [F.] Neumann: Ueber drei alte Handschriften I. In: NPPBll. 6 (1848), S. 139f.

37 Bericht über die Verwaltung der SUB zu Königsberg im Rechnungsjahr 1932/33. Königsberg 1933, S. 2. – Eine kurze Beschreibung gibt Fritz Gause: Die Schausammlung der Staatsbibliothek. In: Ostpreußen-Warte 3 (1952), Nr. 2, S. 8.

38 Diese Angaben beziehen sich auf eine vom damaligen Bibliotheksdirektor Carl Diesch zusammengestellte Liste, die sich unter den von Ludwig Denecke im BKGE aufbewahrten Materialien findet (vgl. dazu Ralf G. Päsler: Zum Handschriftenbestand – speziell dem mittelalterlichen deutschsprachigen – der ehemaligen Staats- und Universitätsbibliothek Königsberg. In: Kulturgeschichte Ostpreußens in der Frühen Neuzeit. Hg. v. Klaus Garber und Manfred Komorowski unter Mitwirkung von Axel E. Walter. Tübingen 2001, S. 117–151).

39 Vgl. Päsler: Handschriftenbestand (wie Anm. 38), S. 122.

40 Gezeigt wurden in dieser Vitrine Breviere, Stunden- und Gebetbücher.

41 Bibliothekar von 1838 bis 1869.

42 Briefliche Mitteilung der SBB-PK vom 29. 3. 1996.

43 Vgl. Juntke, S. 93, Anm. 1.

44 Pr. Hss.-Verz., S. 688.

beruht die von Wilhelm Wattenbach 1858 veröffentlichte Gesamtübersicht[46].

Die Bedeutung des Verzeichnisses liegt nicht allein in der Spiegelung eines bestimmten historischen Entwicklungsstands dieser Sammlung, sondern vor allem darin, daß es sich um das zur Zeit jüngste[47] und vollständigste erreichbare Handschriftenverzeichnis handelt, das für die Rekonstruktion des Handschriftenbestands der Wallenrodtschen Bibliothek – und damit auch der ehem. SUB Königsberg – die ausführlichsten Hinweise bietet. Daß es nicht komplett den vor der Auslagerung 1942–1944 vorhandenen Bestand wiedergibt, zeigen die – hier eingearbeiteten – Aufzeichnungen Deneckes aus dem Jahr 1935.

Der Text wird in der Regel zeichengetreu wiedergegeben. Abweichungen von dieser Regel sind Abkürzungen: Stillschweigend aufgelöst wurden Nasalstriche über n und m zu nn und mm, sonstige Zusätze *kursiv* eingefügt. Die Zählung der Handschriften, die identisch mit den Signaturen ist, wurde übernommen; sofern nicht vorhanden, ist die Zählung innerhalb von Sammelhandschriften eingeführt, kenntlich gemacht durch *Kursive*; zudem wurden die hier fortlaufenden Titel der besseren Übersicht wegen untereinander angeordnet und einheitlich durch Semikola voneinander getrennt. In spitzen Klammern stehen jene Stücke, die im Original wohl vorhanden, aufgrund der engen Bindung am Falz jedoch nicht oder nicht einwandfrei gelesen werden konnten.

Dem Katalogeintrag beigegeben sind in *Kursive* zusätzliche (Literatur-)Hinweise zum einzelnen Text oder zur Handschrift; zumeist handelt es sich um weitere Angaben aus den gedruckt vorliegenden Verzeichnissen bzw. aus den Aufzeichnungen Deneckes. Es sei noch angemerkt, daß die Transkription anhand von Mikrofilmen entstand; es ist also möglich, daß insbesondere Interpunktionszeichen gelegentlich nicht als solche erkannt wurden.

Mein Dank gilt der Handschriftenabteilung der Staatsbibliothek zu Berlin – Preußischer Kulturbesitz für die freundliche Genehmigung zum Abdruck des vorliegenden Verzeichnisses, das dort unter der Signatur „Cat. B fol. 34“ (Bl. 31–44) aufbewahrt wird.

IV. Verzeichnis der Abkürzungen und abgekürzt zitierten Werke

APB	Historische Kommission für ost- und westpreußische Landesforschung (Hg.): Altpreußische Biographie. Bd. 1. Hg. v. Christian Krollmann. Königsberg 1941 (S. 1–416); Bd. 2. Hg. v. Kurt Forstreuter und Fritz Gause. Marburg 1967 (S. 417–852); Bd. 3. Hg. v. Kurt Forstreuter. Marburg 1975 (S. 853–1076); Bd. 4. Hg. v. Ernst Bahr und Gerd Brausch. Marburg 1995 (S. 1077–1542).
APM	Altpreußische Monatsschrift.

46 Pr. Hss.-Verz., S. 692 f.
47 Zu weiteren historischen Katalogen vgl. Anm. 7.

AST	Max Toeppen (Hg.): Acten der Ständetage Preussens unter der Herrschaft des Deutschen Ordens. Leipzig: 1878 (Bd. 1); 1880 (Bd. 2); 1882 (Bd. 3); 1884 (Bd. 4); 1886 (Bd. 5).
BKGE	Bundesinstitut für Kultur und Geschichte der Deutschen im östlichen Europa, Oldenburg.
BNM	Bibliotheca Neerlandica Manuscripta[48].
Bock	Raphael J. Bock: Nachrichten über Handschriften und alte Druckwerke der Gräflich v. Wallenrodtischen Bibliothek zu Königsberg in Preußen. In: Neue Preußische Provinzialblätter 2 (1829), S. 508–515.
D	Ludwig Denecke: Notizen zu Handschriften der Wallenrodtschen Bibliothek, 2 Bll., ca. 1935 (BKGE).
Goldschmidt	Günther Goldschmidt: Studien über die Handschriftensammlung der „Wallenrodtschen Bibliothek". In: Altpreußische Forschungen 4 (1927), S. 108–121
HSA	Handschriftenarchiv der Berlin-Brandenburgischen Akademie der Wissenschaften[49].
Juntke	Fritz Juntke: Geschichte der v. Wallenrodtschen Bibliothek. Leipzig 1927.
Kletke	Karl Kletke: Die Quellenschriftsteller zur Geschichte des Preußischen Staats, nach ihrem Inhalt und Werth dargestellt. Berlin 1858.
Königsberger Katalog	Katalog der mittelalterlichen deutschsprachigen Handschriften der ehemaligen Staats- und Universitätsbibliothek Königsberg. Nebst Beschreibungen der mittelalterlichen deutschsprachigen Fragmente des ehemaligen Staatsarchivs Königsberg (Schriften des Bundesinstituts für ostdeutsche Kultur und Geschichte 15). Auf der Grundlage der Vorarbeiten Ludwig Deneckes erarbeitet von Ralf G. Päsler. Hg. v. Uwe Meves. München 2000.
NPPBll.	Neue Preußische Provinzial-Blätter.
Oppitz	Ulrich-Dieter Oppitz: Deutsche Rechtsbücher des Mittel-

48 Vgl. Petrus J. H. Vermeeren: De BNM van Willem de Vreese. Utrecht 1953 (zu den Reisen de Vreeses bes. S. 24) und Bernhard Nonte: Die Bedeutung der ‚Bibliotheca Neerlandica Manuscripta' von Willem de Vreese für die deutschen Bibliotheken. In: Zeitschrift für Bibliographie und Bibliothekswesen 1 (1954), S. 272–275.

49 Vgl. allgemein: Tilo Brandis: Das Handschriftenarchiv der deutschen Kommission der Akademie der Wissenschaften zu Berlin. In: Zeitschrift für deutsches Altertum und deutsche Literatur [ZfdA] 123 (1994), S. 120–129; Anne-Beate Riecke: Das Handschriftenarchiv der Berlin-Brandenburgischen Akademie der Wissenschaften – Erschließung eines historischen Bestandes mit modernen Mitteln. In: Das Mittelalter 2, Heft 2 (1997), S. 125–131; dies.: Die Inventarisierungsgrundsätze des Handschriftenarchivs der Berlin-Brandenburgischen Akademie der Wissenschaften und ihre Entwicklung. In: Scrinium Berolinense. Tilo Brandis zum 65. Geburtstag (Beiträge aus der Staatsbibliothek zu Berlin – Preußischer Kulturbesitz 10). Hg. v. Peter Jörg Becker u. a. Wiesbaden 2000, Bd. I, S. 425–435; Jürgen Wolf: Handschriftenarchiv online. In: ZfdA 131 (2002), S. 547–550.

	alters. Köln, Wien 1990–1992.
Päsler: Sachlit.	Ralf G. Päsler: Deutschsprachige Sachliteratur im Preußenland bis 1500. Untersuchungen zu ihrer Überlieferung. Köln u. a. 2003.
Pr. Hss.-Verz.	Wilhelm Wattenbach: Aus Preußischen Handschriften-Verzeichnissen. In: Archiv der Gesellschaft für ältere deutsche Geschichtskunde 11 (1858), S. 688–756, v. a. S. 692 f.
Preuß. Bib.	[Johann Christoph Volbrecht:] Preußische Bibliothec, das ist genaues Verzeichniß der mancherley Preußischen Scribenten. In: Erleutertes Preußen 5 (1741), S. 1–110.
Preuß. Bib. II	Nachlese zur Preußischen Bibliothec. In: Erleutertes Preußen 5 (1742), S. 807–850.
Steffenhagen 1	Emil Steffenhagen: Catalogus codicum manuscriptorum Bibliothecae regiae et universitatis Regimontanae. Fasciculus I: Codices ad iurisprudentiam pertinentes. Königsberg 1866.
Steffenhagen 2	Ders.: Dass. Fasciculus II: Codices historici. Ebd. 1867–1872.
Steffenhagen: RQ	Emil Steffenhagen: Deutsche Rechtsquellen in Preußen vom 13. bis 16. Jahrhundert. Leipzig 1875.
Vanselow	Otto Vanselow: Die v. Wallenrodtsche Bibliothek in Königsberg Pr. Königsberg [1931].
Volbrecht: Beschr.	Johann Christoph Volbrecht: Beschreibung der Wallenrodischen Bibliothec. In: Erleutertes Preußen 3 (1726), S. 617–655.
Volbrecht: Nachricht	Johann Christoph Volbrecht: Nachricht von denen auf der Königlichen und Wallenrodischen Bibliothec befindlichen Codicibus MSctis Simonis Grunauen. In: Erleutertes Preußen 1 (1724), S. 375–422.
Zinner	Ernst Zinner: Verzeichnis der astronomischen Handschriften des deutschen Kulturgebietes. München 1925.

31r

[V.] Verzeichniß der in der von Wallenrodtschen Bibliothek, zu Königsberg [i]/P befindlichen Manuscripte.

Für die Richtigkeit dieser
Abschrift zeugt
der zeitige Bibliothekar
der Wallenrodtschen
Bibliothek

Kg. *[Königsberg]* 15. Mai 1849 Prof. Dr. Richelot

31v: leer.

32r

Libri Manuscripti in Folio

1. Das Colmische Land Privilegium, und der 3 Stedte Königsberg alte Wilkore, samt dem Colmischen Rechte doboneben so das hochste Recht noch abnemenn, und vorderhenn der Stadt Colmenn ann die vonn Thorn gelanget, derselben etzliche bey den Scheppenn zu Magdeburg Erfragte, geschäldenn, und appellirte Urtel. Geschrieben aus dem aldenn Buche 1394. Dies Buch ist geschrieben und geendet 1544.
   Erklärungen der Kapittel des Colmischen Rechts-Buchs, aus den Magdeburgischen Rechten gezogen. Geschrieben 1568.
   Nach Hasse: Skizze des Güterrechts der Ehegatten nach einigen der ältesten Teutschen Rechtsquellen. In: Zeitschrift für geschichtliche Rechtswissenschaft 4 (1819/20), S. 60–111, hier S. 76, Anm. 5, aus einem Buch von 1324 [!] abgeschrieben.
   Lit.: Bock, Nr. 1; Pr. Hss.-Verz., S. 692f.; Steffenhagen 1, Nr. 175; Steffenhagen, RQ, Nr. 74; Oppitz, Nr. 792. – Ausgabe der Willkür bei Walther Franz (Hg.): Königsberger Willküren. Königsberg 1928, S. 31–65 (S. 9 wird dort unter Nr. 25 eine Hs. der WB genannt, jedoch mit unbekannter Signatur; es ist möglich, daß es sich um diese Hs. handelt).

2. Das Cölmische Recht. 5 Bücher.
   Goldschmidt: Vorbesitzer Christopherus Kiripelius aus Kulm.
   Lit.: Pr. Hss.-Verz., S. 693; Goldschmidt, S. 114.

3. Jus Culmense. Fürstl. Confirmation über die 4 Apotheken. 1563. Das Neü revidirte Culmische Recht 1568.
   Goldschmidt: Vorbesitzer Georg Langerfeldt.
   Lit.: Pr. Hss.-Verz., S. 693; Goldschmidt, S. 113 u. 116.

4. Justi Lipsii 2 Bücher von der Standhaftigkeit, ins deutsche vertiret.

5. Journal de la Diete Generale des Etats du Royaume de Pologne Tenue a Grodno l'ann. 1744.

6. *1.* Connotatio electionis Mich: Wisniowecy in Regem Poloniae 1669.
   2. Instruction wornach der Graff von Wallenrod bey der ihm aufgetragenen Schickung nach Pohlen sich zu achten, samt dem, so dabey vorgefallen 1701.
   Lit.: Bock, Nr. 5.

7. Verzeichnis und Nachricht von dem Geschlecht derer von Wallenrodt, aufgesetzet von Mart. Silv. Grabe.
   Lit.: Goldschmidt, S. 114 (ohne Sign.); zu Martin Silvester Grabe vgl. APB, S. 226f.

8. Marggraf Albrecht des älteren Testament.
   Goldschmidt: Vorbesitzer Georg Langerfeldt.
   Lit.: Bock, Nr. 6; Goldschmidt, S. 113.

9. Dav. Bochmanni Ephemerides Chronologicae in A.C. 1624, dicatae chart. a Wallenrot.

10. *dasselbe* in A. C. 1625.

11. *dasselbe* in A. C. 1617, dicatae Martin a Pröck.

32v

12. Geistliche Gebete in allerhand Umständen.

13. Paul Scalichii Majorumque ejus Testimonia et Privilegia auf Pergament.
Heute: Toruń, UB: Rps 57/III.
Lit.: Preuß. Bib., S. 33, Nr. 58; Volbrecht Nr. 2; Bock, Nr. 2 (mit ausführlicher Inhaltsangabe).

14. Copiae variorum Instrumentorum, literarum transactionum et Actiorum publicorum.
Goldschmidt: Vorbesitzer Tobias Langerfeldt.
*Lit.: J. Voigt: Geschichte des Bauernaufruhrs in Preußen im Jahre 1525. In: NPPBll. 3 (1847), S. 1–50, hier S. 9, Anm. *; Goldschmidt, S. 113.*

15. Preüsche Cronica, auch vom Ursprung des deutschen Ordens.
Wo und Wie das Landt Preüßen erstlichen erfunden worden und andere dahin gehörige Sachen. Nachricht von dem deutschen Orden.
Vorbesitz: Georg Langerfeld. – Aus dieser Hs. stammt das Fragment [2] der Wallenrodtschen Bibliothek (vgl. Königsberger Katalog, S. 196f., und Päsler: Sachlit., S. 173f.).
Heute: Berlin, GStAPK: XX. HA StuUB Königsberg Nr. 3.
Lit.: Volbrecht Nr. 5 (?); Bock, Nr. 3; Pr. Hss.-Verz., S. 693; ausführlich beschrieben bei Hubatsch (1955), S. 436–438 (Sigle Wall 1 und 2).

16. Ein Volumen, worin befindlich:
    1. Schreiben Churf. Johann Friedrich an Lutherum;
    2. desselben eigenhändiges Schreiben an Lutherum;
    3. Zwei Briefe der Sybilla, Hertzogin von Schlesien;
    4. Instruction Herzogs Magnus zu Mecklenburg wegen D. Lutheri;
    5. Elisab. Marggräfin zu Brandenburg Schreiben an D. Luther;
    6. Schreiben Adolphi Episcopi Merseb. an Lutherum 1520;
    7. Bernym Schreiben an Lutherum;
    8. Georg, Graf zu Mansfeld an Lutherum;
    9. u. 10. Gräfin Dorothea zu Mansfeld an Lutherum;
    11. bis 16. Briefe Lutheri;
    17. D. Hossii Hoffmann Schreiben an D. Lobwasser;
    18. des vit. *[?]* Dietrich an Hr. Casp. Müller;
    19. Conradi Lycosthenis ad Joh. Wigandum;
    20. Flacii Illyrici;

21. Dav. Chytrei;
22. Tim. Kirchneri;
23. Jon Cammerarii;
24. vit. *[?]* Dietrich;
25. Petr. Hagemann;
26. Alberti Friderici Hertzogs zu Preußen;
27. desselben Rescript;
28. Schreiben Gen. von Beust;
29. Schreiben Gregor Bruck al. Pontani Cancellarii;
30. Schreiben Lutheri;
31. Lentuli Epist. ad Senatum Romanum de Jesu Christo;
32. Copia davon;
33. Schreiben eines Gelehrten, dessen Namen man nicht lesen kann;
34. Schreiben Welleri;
35. D. Bergiu ad uxorem suam;
36. Apophthegmata des Herrn von Wallenrods;
37. Schreib⟨en⟩ Fasti Socini;
38. Phil. Melanchthonis;
39. Ligaridu

33r

Metropolit. Gazensis *[?]*;

40. Interlocutiones Pasquinii et Marphorii;
    Goldschmidt: „Pasquini et Marphorii curiosae interlocutiones super praesentem orbis Christiani statum 1583 (Kopie)";
41. Epitaphium E. B. de Croy;
42. Joh. Mazarini;
43. Abschieds-Wunsch des Königs von Pohlen, als seine Tochter zu dem Churf. von Bayern, dero Gemahl abgereiset;
44. Oratio Purcarum contra Christianos;
45. Diploma die Cardinaele pro Haereticis absolvendis et legitimandis von 1610;
46. Vorstellung des Grafen von Dohna auf dem Schloß zu Berlin 1695;
47. Schrift des Arsenii Metropolit. Tiberiopolis, Macedoniae, nativitate Berrhoensis *[?]*, samt dem Attestat Joh. Ph. Pfeifferi;
48. Schreiben des Culm. Bischoff Hosii an Melanchth.;
49. Türkische Litaney;
50. Chr. Ludw. v. Kalckstein Briefe;
51. der Reg. Räthe Decret in Sachen den von Kalckstein betreffend;
52. Fouquet Briefe samt den erhaltenen Antworten;
53. Schreiben an den Grafen von Wallenrod, sich an dem Capitul-Tage des Ordens im Ordenshabit einzustellen;
54. Fried. Wilhelm Schreiben an den Präsidenten von Kleist wegen der Religions Veränderung;

55. Epitaphia der Herrn von Wallenrodt;
56. Leopolds Diploma in Copia, worin Joh. Ernst von Wallenrodt von Kaiser & Raht erkläret wird;
57. Literae Ach. Burggr. a Dohna;
58. Schreiben J. E. Freyherrn von Wallenrod an Churf. 1670;
59. Responsum Casp. Sapichae ad Nuncii Apost. literas;
Anders Bock, S. 509: „Responsum Casimirii Sapihae ad Nuntii Apostolici literas"; gemeint ist wohl der litauische Vizekanzler; Casimirus (Leo) Sapieha;
60. Schreiben von Wilda wegen der Dissidenten;
61. Copia literarum Cand. Radziejowski ad Ep. Vilnensem 1694;
62. Nachricht von der Enthauptung des Duc de Monmuth;
63. von den Victorie Königes Williams;
64. Churf. Danksagung für die Conferirung des Ritter-Ordens S. Georgi, abgestellet durch Herrn von Fuchs.

Nr. 9, 10, 15, 44, 45, 52 und 62 fehlen; s. u. Nachträge.
Lit.: Bock, Nr. 4; Goldschmidt, S. 119.

17. Instruction, was bey Untersuchung der Pauren denen verordneten Commissarien vornemlich zu beobachten seyn wird.

18. Schönaichisches Majorat. Alle und jede Vermächtnisse und Schenkungen der Fr. Rosine geborn. Frey-Frauen zu Kittlitz

33v

verwittw. von Dobeneckin, in originali.
Goldschmidt: 1601;
Lit.: Goldschmidt, S. 116.

19. *1.* Unterredung vom H. Abendmahl und gepredigtem Worte, zwischen den Bischöffen und fürnehmsten Predigern und ern Fabiano Celelu *[?]* von Eignitz an einem, auch Fridrich Herrn zu Heideck am andern Theil 1531. Ex autographo Pauli Sperati descripta A. 1575.
Der 2. Teil dieser Aufzeichnungen auch in Königsberg, StadtB: Ms. S 30 fol., Nr. 1.
2. Confessio Eckelii.
Lit.: Preuß. Bib., S. 80, Nr. 84; vgl. Preuß. Bib. II, S. 838, Nr. 38.

20. Acta Coswicensia tentatae pacificationis inter eos, qui contra Interimistos, Adiophonistos et Majoristos scripserunt 1557.

21. Msc. Geometrica, quae manductore Iean de Bois Lusetiae Paris hausit Ernestus de Wallenrod 1681.
Lit.: Goldschmidt, S. 112.

22. *1.* Schreiben Clementis VIII an Sigismundum III. Regen. Polon. wegen der Moldawischen Sache, lat. et germ.;
2. Mandate und Brieffe Sigismundi III.;

3. Fürstl. Inhibition wegen der Vocation des Jac. Sethen nach der Altenstadt 1596;
4. Schreiben Tob. Langerfeldt an Georgium;
5. Responsum Reginae Angliae ad orationem ipse factam a Legato Regis Poloniae;
6. Schreiben Joh. Myrander an Langenfeldt *[!]* 1600;
7. Epigramma ad Erasmum sur Rainoldum;
Goldschmidt: „Reinold Tutorius, Epigramma ad Erasmum 1536";
8. Tutorium auf Pergament ex Monast. Carth. quod est Arnemi;
9. Schreiben Mich. Adersbach;
10. Dito an Langerfeldt;
11. Artikul der Rokossen;
12. Verzeichniß, worauf die Hauptleüte und andere Beamte in künftigen Durchzügen und defension Achtung haben sollen;
13. Verzeichnis dessen, so auf dem Landtage zu Kärpffen abgehandelt worden;
14. Litterae Sigismundi Principis Transylvaniae ad Archiducem Austriae Maximilianum;
15. Instrumentum publicum 1598 resp. Corn. Hecke, Roda;
16. hic Magd. ab Arcobispo de Seracosa 1592;
17. Victorie syne Princetijcke Excellentio Teghen lieb Segher des Coniner van Spaengien;
18. Status Constitutionum Commissiorum Regni Cracoviae celebratorum 1595;
19. Responsum Regis Galliae Jesuitis da-

34r

tum 1601;
20. Zeitungk wie die Polnische*[n]* Gesandten 1600 Jhrn die Moschkau 1600.
Goldschmidt: Vorbesitzer Georg Langerfeldt;
Lit.: Bock, Nr. 7; Goldschmidt, S. 113 u. 119.

23. *1.* Marggraff Albrechts Mandata de Ao. 1555, 1560, 1563;
2. Anschlags-Zettul der Contributionen auf dem Lande;
3. Schreiben der Regenten;
4. Anschlags-Zeddel der Pfenning vom getrennke;
5. Mandat Georg Fridrich Marggraff zu Brandenburg;
6. Landtags-Abschied von 1582;
7. F. d. Resolution auf diesen Abschied;
8. Mandat Georg Fridr. 1579 u. 1586;
9. Lev. Bitovi Consilium Sigismundo III 1606 exhibitum;
10. Constitutiones Academiae Regiomontanae;
11. Beschwerden der 3 Städten, samt der Antwort darauf;
12. Formula Regiminis Ducatus Prussiae;
13. Testamentum Alberti Sen.;
14. ConsiliumTubingense;

15. Fürstl. Confirmation über die 4 Apotheken, 1563;
Lit.: vgl. Preuß. Bib. II, S. 847, Nr. 7.
16. Mandat wider die Sacramentirer und Schwärmer;
17. Beschreibung der Handlungen 1601 auf dem Reichstage zu Warschau, zwischen Pohlen und Brandenburg;
18. Legatorum Regis Daniae in Comit. Warsov. 1601 oratio;
19. Oratio legati Brandenb.;
20. Oratio Chr. Rappen.;
21. Oratio Danica 1603 aliorumque in Comit. Cracov.;
22. Schreiben der Polnischen Abgesandten an die Pr. Reg. Herrn, und derselben Antwort, und vota der Abgesandten, samt andern dahin gehörigen Sachen;
23. Mitigatio des Brandenb. Abschiedes zu Warsow gegeben 1605;
24. Oratio Brandenb. in Com. Warsov. 1606, samt dem, so damals vorgegangen;
25. Oratio Brand. in Comit. Pol. gener. 1609, samt dem so darauf erfolgt ist;
26. Summum libertatis nostrae argumentum explicatum, qua ratione ad posteros transmittendum;
27. Ursachen warum dem Churf. von Brandenburg die Curatel nicht kann verliehen werden, samt dem, so hiebey vorgefallen;
28. Vertrag zwischen Königl. Commiss. der Städte Wilda und Cauen und der 3 Städte Königsberg wegen des Grabens … und sicherer

34v

Schiffarth;
29. Capita Joh. Dem. Solikowsky Legat 1568;
30. Acta Synodica Reg. 1571, 2 Jul.;
31. Interims-Ordonanz wegen Verpflegung der Soldaten u. Reuter 1668;
32. Tax-Rolle der Hülfsgelder;
33. Rescript wegen der von Königsb. gelehnten 100 000 Mkr.
Lit.: Bock, Nr. 8.

24. Ichnagraphiae variae.
Lit.: A. Horn: Hans Wagner und sein Königsberger Musterbuch. Ein Beitrag zum Aufkommen der Renaissance in Deutschland, Diss. phil. Königsberg. In: Sitzungsberichte der Altertumsgesellschaft Prussia 31 (1935), S. 189–254.

25[50]. Calendarium, samt denen zu dieser Wissenschaft gehörigen Nachrichten, allerhand gemahlten Figuren, und Anmerkungen über die Planeten.
Die bei Zinner in den u. a. Nummern angegebene Signatur „N 25" für die SUB Königsberg ist falsch, da sie im eigentlichen Handschriftenbestand der SUB nicht nachgewiesen werden kann, die Angaben jedoch auf die vorliegende Signatur passen. Wahrscheinlich liegt ein Übermittlungsfehler vor.
D: „Gesundheitsbuch 1477";

50 Nr. ist durchgestrichen.

Lit.: Bock, Nr. 37; Zinner Nr. 3680, 7938, 8004, 8100, 8321, 9475; Königsberger Katalog, S. 189f.; Päsler: Sachlit., S. 171f.

26. *1.* Brieffe Erasmi Francisci an den Landhoffmeister von Wallenrod;
2. Fr. Wilh. Gleißenthal;
3. Description du Monument, erige a la gloire du Roy par Duc de la Ferillade;
4. Copia literarum Pontificis ad Senatores pro Comit. Electi Warsav. congregatos;
5. Lettre d'un Marchand Holl. E*[s]*tabli a Ligourne a un Marchand de Roterdam *„traduite du flamand 1689" Goldschmidt, S. 120*;
6. Rede H. von Fuchs bey Segnung des Grundsteins der Reform. Kirche in Berlin 1695;
7. Sprüche H. Schrift, welche zu Todesgedenken Anleitung geben;
8. Acta des Pol. Reichstages;
9. Verordnung wegen der im Amt Corben fehlenden Mannschaft;
10. Tägliche Todes-Betrachtung;
11. Schreiben des Czars Alex. Michailowicz 1675;
12. Diarium electionis 1669 d. 2 May;
13. Bedenken über die von Brandenb. über Preußen erhaltene Souverenität;
14. Lettre d'un bon Patriot a son amis qui lui avoit communique un billet d'un Ministre de France dans l'Empire
Goldschmidt, S. 120: „1662";
15. Sommaire de la Doctrine de M. Jurien dans son accomplissement des Propheties;
16. Sermon über Prov. XV,6;
17. Epigramma Georg Lothi;
18. Schreiben des Babsts Gregorii XI an Carolum Printzen von Wallis;
19. Pour le mariage entre le neveux *[!]* et la Tante;
20. Bericht aller Testanten Saml. Kreises;
21. Schreiben Chr. a Wallenrod;
22. Familien-Nachricht v. Wallenrod von 1615–1619;
23. Schreiben Ew. Kleist an den Churfürsten;
24. Wallenr. Erbbegräbnis zu Marienburg;
25. Schreiben H. von Döhnhof,

35r

Joh. Phi. Pfeiffers;
26. Paul von Fuchs an die Pr. Ober-Stände-Zeitung von Königs Wilhelms Victoria;
27. Prognosticon de Ao. 1690–1692;
vgl. Zinner, Nr. 12477;
28. Juramentum stud. Lipsiensum;
29. Wallenrod-Familien-Nachrichten und wegen der Pr. Erbschaft;

30. Epithaphium Sigismundi (Joannis III.);
32. Nomina et cognomina Cardinalium.
Lit.: Bock, Nr. 9.

27. Artikel auf das Magdeburgische Recht zu Beyden Kindern festgesetzet durch den Hohmeister und Ritterschaft und Mannschaft von Preußen 1487.
Lit.: vgl. Preuß. Bib. II, S. 828, Nr. 7; Pr. Hss.-Verz., S. 693; nicht bei Steffenhagen; der Text ist ediert AST 5, Nr. 136.

28. Diarium dessen, was in der Gr. Wallenrodschen Testaments- und Erbschaftssache in Cöln und am Churf. Hofe zu Düsseldorf von 1691 bis 1692 passiret ist, aufgesetzet von Jacob Zetzke.

29. Mohammed Ibn Musa Chierbuch in arabischer Sprache.

30. Graben-Rechnung in der Pagitge von 1613–1616.

31. Ds. von 1613–1617.

32. *1.* Extrahirte Notabilia aus dem Magdeburgischen Graben-Gnaden-Recht de Ao. 1540;
2. Diarium Audientiarum bey der Ober-Raths-Stube von 1621 bis 1628.

33. *1.* Acta publica in causa successionis s. investiturae Duc. Joach. Friderici;
Lit.: Preuß. Bib., S. 39, Nr. 27.
2. Acta Warsaviensia circa electionem Vladislai Regis Pol. 1632.

34. *1.* Acta et Decreta Commissionum Reg. Polon. Regiom. 1609 et 1612 habitarum. Gedruckt Cracov. 1614;
2. Privilegium Appelationis und Erklärung, wie es bey dem Hofgericht gehalten werden soll. Gedruckt;
3. Responsum Regium Comitial. 1615, Msc.;
4. Decretum Reg. in causa Hoffmanniana, Msc.;
5. Responsum Reg. Poloniae Joach. Friderico datum 1605. Gedruckt;
6. Extracten in puncto Relig. aus den Recessen und polnischen Constitut. Msc.;
7. Literae Regiae ad Consit. Prov. in causa Relig.;
8. Item ad Elect. Brandenb.;
9. It. Joh. Sigismundi Königl.

35v

Poln. Notification, daß dieselben 1615 einen Conventum der Pr. Stände ansetzen wollen;
10. Decretum Regium in caussa injuriarum Andr. a Kreytzen;
11. Concessio liberae negotiationis et Lit. Reg. darüber;
12. Translatio contractus Polonici super conductam sylvam in Magno Duc. Lithuaniae ab Ao. 1615–1618;

13. Litterae Reg. in causa Henn. Bärgmanni;
14. Diploma Regium Fr. Schrech datum;
15. Juristifications Urtheil in Sachen Georg Herchen;
16. Edictum Regium in causa exemptionis;
17. Berlinischer Abschied den 3 Königsb. BürgerM*eister* 1615 gegeben;
18. Notification wegen des aufzustellenden Convents;
19. Litterae Regiae in causa liberae negotiationis;
20. Responsum Reg. Chr. Klein datum;
21. Litterae Consit. Prov. in causa H. Berchmanni;
22. Regiae Litterae de denegata Appellatione in causa Com. Jagieri. Origo, occasio et verus intellectus Decreti, quod est fol. 21;
23. Königs des Poln. Forderung des Vassalagii;
24. Decretum Regium in causa Joh. Kersten;
25. Decretum Regium in causa Car. ab Olschnitz;
26. Translatio Contractus Pol. ab A. 1615–1618.
Lit.: Preuß. Bib., S. 40, Nr. 31; vgl. Preuß. Bib. II, S. 823, Nr. 9; Bock, Nr. 10.

35. Instructiones und darauf die Responsa in Comit. Warsaviensibus ab Ao. 1613.
Lit.: Bock, Nr. 11.

36. *1.* Acta in Kirchen-Sachen, als Bischöffl. Wahl, Bestallung ihres Amtes Jurisdiction und visitation von 1542;
2. Kirchen-Ordnung Pr. gedruckt 1598;
3. Statuta Acad. Regiom. Renovata 1554.

37. Churf. zu Brandenburg Schreiben an die Pr. Regim. Räthe und derselben Beantwortung von 1603 bis 1608.

38. Joh. Christ. Volprechts Lexicon altdeutscher und lateinischer meistentheils unverständlicher Wörter.

39. Miscellanea von Intischen und vielen anderen Sachen.

35ar

40. Chronica der Preußen, wie das Land erfunden und gebauet ist, vom glauben und Sitten und Gebrauch der Einwohner, vom Anfang des Ordens, und wie sie das Land verloren. 1626.
Lit.: Pr. Hss.-Verz., S. 693.
Heutiger Standort: Toruń, UB: Rps 61.

41. Preußens uhralter und heutiger Zustand, aus beglaubten Schriften und Urkunden bis auf gegenwärtige Zeit in 3 Theilen verfasset und mit Anmerkungen erläutert im Jahr 1742.
Lit.: Adolf Rogge: Beiträge zu einer Geschichte des Heiligenbeiler Kreises. In: APM 8 (1871), S. 315–336, hier S. 321 mit Anm. 8.

42. Cronica von dem Anfang des deutschen Ordens, desgleichen des edlen Landes Preußen, mit Erzählung mancher merklichen Geschichten und Handlungen. Mit Fleiß zusammengetragen, mit illuminirten Wappen der Herrmeister.
Heute: Berlin, GStAPK: XX: HA StUB Königsberg Nr. 2;
D: Preuß. Chronik (Grunau);
Lit.: Volbrecht Nr. 5 (?); Kletke (1858), S. 96.

43. Das ander Theil der Cronica und Beschreibung aller lustigsten, nützlichsten und wahren Historien des Landes zu Preussen, beschrieben durch Simon Grunau.
Lit.: Bock, Nr. 16 (unter der Signatur Ms. 49 fol.); D.

44. *1.* Conr. Sam. Schurzfleischii historia bellorum 1512–1677.
2. *Ders.* Historia Saxoniae, Galliae.
3. *Ders.* Introductio in historiam Eccles.
4. *Ders.* Collegium politicum.
5. *Ders.* de literis Pragmaticis legendis.
6. *Ders.* Collegium Physiolog.
7. *Ders.* Quaestiones controversae Physicae.
8. *Ders.* Observationes in Aug. Confess.

45. Curieuse Instruction vor alle Reisende insgemein, und insonderheit vor die, welche Italien besehen wollen.

46. Eylenburgische und Behuderfische Reise beschrieben von Simon Segers.

47. Preußische Chronica von Christi Geburt bis auf das Jahr 1526.
In diesem Msc. fängt pag. 137 Simon Grunaus Buch, und zwar der 10te Tractat an, worauf sich Hartknoch hin und wieder bezieht.
In den Nachträgen als fehlend bezeichnet; so auch D;
Lit.: Bock, Nr. 17 (unter der Signatur Ms. 43 fol.); Volbrecht Nr. 3 und 4 (10.–19. Traktat); Pr. Hss.-Verz., S. 693 mit dem Hinweis „Fehlt“.

48. Ein Chinesisches Buch, auf Chinesischem Papier.

49. Herbarium Chinense cum figuris auf Chinesischem Papier, so ex involueris bombycum verfertiget ist.
Lit.: Bock, Nr. 30.

35av

50. Catalogus Bibliothecae Ernesti a Wallenrod.
Lit.: D.

51. Nomenclator auctorum Biblioth. Bodlyaneae et Wallenrod.
Lit.: D.

52. Schola militaris, oder Anweisung zur Fortification.

53. Fasciculus einiger Polnischen geschriebenen Sachen, Schriften u. Briefe;

1. Vladislai eigenhändiges Schreiben an den König von Span.;
2. Instruction Statuum et ordinum Prussiae ad instantius Coronationis comitia – 1 Oct. celebranda;
3. Salvus Conductus a Joh. Casim. datus, et ejusdem mandatum et Citatio;
4. Instructio statuum et ord. Prussiae ad indictam ab Ep. Kujaviensi ad diem 15 Jun. 1674;
5. Testament Königs Michael;
6. ad Quaestiones controversorum sponsaliorum;
7. Schreiben Clem. I, extrahirt aus dem Warschauischen Archiv;
8. Eigenhändiges Schreiben Episcopi Warmiensis;
9. Responsum a Rege Poloniae Nuncio Pontif. 1668 datum;
10. Abermaliges Schreiben Episcopi Varmiensis;
11. Churf. Mandat wegen Verbesserung der Justice;
12. Responsum a Rege Pol. Nuncio datum;
13. Instructio pro conventu generali Antecomitiali G⟨rau⟩densinensi;
14. Schreiben der Oberstände an den Churf.;
15. Einige Rescripte die Königsb. Academie betreff.;
16. Gnaden-Gehalt vertheilt von Wladislao;
17. Calendarium novum, polonice;
18. Relation vom Türken-Kriege;
19. Schreiben Königs Friderich I an das Königsb. Tribunal;
20. Verordnung Joh. Sigismundi;
21. Copia memorialis Senatorum ad Reg. Poloniae 1725;
22. Responsum Regis Poloniae;
23. Freybrief des Ecoroffski;

36r

24. Salvus Conductus mit Königs Michael eigner Hand;
25. Schreiben an Ferdinandum mit Königs Vladislai Unterschrift;
26. Schreiben Anna Prinzessin von Schweden, nebst ihrer eignen Hand;
27. Joh. Casimiri Salvus conductus;
28. Schreiben Michael, Königs von Pohlen;
29. Johannis Reg. Pol. Aufbietung zum Türkischen Kriege, mit seiner eignen Hand;
30. Citation Dzialinski;
31. Schreiben Joh. Steph. Episc. Varm.;
32. *dasselbe*;
33. *dasselbe*;
34. Ermahnung Königs Joh. an die Pol. Republ.;
35. Instructio statuum et ordinum Prussiae;
36. Auszug etlicher Articul aus der 1633 aufgerichteten Landes-Ordnung.

Lit.: Bock, Nr. 12.

54. Amts-Protocolla, so H. Ernst von Wallenrod in den Aemtern Osterode und Hohenstein geführt.

55. *1.* Constitutiones Academiae Regiom.;
2. Privilegium Acad. Regiomont.;
3. A. Martins Bestallung zum Saml. Bischoff;
4. Privilegium Lubl.;
5. Testamentum Albrecht des Aeltern, cum annexis;
6. Regiments-Notel 1542;
7. Principis Prussiae Recessus;
8. Recess der 3 Städte Königsberg und der Landschaft;
9. Confirmatio einiger Privilegien.

56. Fridr. von Rauter Amerarium von 1567 bis 1571.

57. Verzeichniß von denen adlichen Familien, die sich auswärts in Preußen gesetzet.

58. Schriften, welche die Wallenrodsche Bibliotheque betreffen.
Abdruck zweier Dokumente bei Juntke: 1. Vergleich zwischen Königsberg-Kneiphof und der WB (S. 115–119); 2. Bestallung Dr. Pfeiffers zum Bibliothekar der WB (S. 119–121); vgl. auch Juntke, S. 11.

59. Varia Collectanea ex Actes Statuum Ducatus Prussiae.

60. Status Causarum im Pr. Ober-Appelations-Gericht aufgesetzt von Ernst von Wallenrod.

36v

1. von 1681–1685;
2. " 1688–1691;
3. " 1691–1692;
4. " 1692–1694;
5. " 1694–1697;
6. " 1703–1705;
7. " 1706–1709;
8. " 1709–1711;
9. " 1711–1716;
10. " 1665–1669.

61. Promtuarium *[!]* Statutorum omnium et constitutionum Regni Poloniae, ad usum domesticum Pauli Sczerbicz conscriptum 1590.

62. Index rerum et verborum super Privilegiis Duc. Pruss.

63. Collegium Msc. Christian Dreieri in oratoriam Ecclesiasticum et doctrinam Elenchticum.

64. Herbarium vivum von denen Kräutern in Preußen.
D: 1625.

65. *dasselbe* von denen, so in dem vorigten nicht befindlich sind.
D: 1625.

66. Gründlicher Bericht von alle dem, so zur Reüterey gehörig, 1609.
Lit.: Goldschmidt, S. 119.

67. Inauguratio Regia Friderici Regis in Prussia, et Soph. Charlottae 1701, ex recensione M. Schreiber.
Lit.: Preuß. Bib., S. 45, Nr. 75.

68. Sammlung einiger Preußischen Chronicken, so man sonst die Chronica Graf Waldecks zu nennen pflegt.
Stiftungseintrag Ernsts von Wallenrod vom 14. 11. 1719 (Goldschmidt, S. 113); Lit.: Preuß. Bib., S. 7, Nr. 3; Bock, Nr. 18; Pr. Hss.-Verz., S. 693; Goldschmidt, S. 112f.

69. Jus culmense latinum emendatum.
Lit.: Pr. Hss.-Verz., S. 693.

70. Matth. Praetorii Lebens-Beschreibung des Hochmeisters Tib. von Wallenrodt.
Lit.: Volbrecht Nr. 6; Bock, Nr. 19; vgl. J. Łęgowski: Der Hochmeister des Deutschen Ordens Konrad von Wallenrod. In: APM 17 (1880), S. 1–32, hier S. 17.

71. Mart. Sylv. Graben Verzeichnis und Nachricht von dem uhralten Geschlecht derer Herren von Wallenrodt 1679.
Lit.: Volbrecht Nr. 8; J. Łęgowski: Der Hochmeister des Deutschen Ordens Konrad von Wallenrodt. In: APM 17 (1880), S. 1–32, hier S. 17.

72. H. Trib. Raths Ern. von Wallenrod Reise-Beschreibung.

73. Matth. Praetorii Lebens-Beschreibung Fridr. von Wallenr. Groß-Marschallen des Deutschen Ordens.
Lit.: Volbrecht Nr. 7; Bock, Nr. 20; vgl. J. Łęgowski: Der Hochmeister des Deutschen Ordens Konrad von Wallenrodt. In: APM 17 (1880), S. 1–32, hier S. 17.

37r

74. Eine Preußische mit Wappen gezierte Chronica.
Reste (Bl. 1–7) heute Toruń, UB: Rps 537 (3)/II.
Lit.: Bock, Nr. 21; Pr. Hss.-Verz., S. 693.

75. Die sogenannte Preußische Hochmeister-Chronica.
Lit.: Bock, Nr. 22; Pr. Hss.-Verz., S. 693; Goldschmidt, S. 112.

76. Heinr. Linneg Action und gehaltener Gerichtl. Process wider Funck, Schnell, Horst und Steinbach.
Goldschmidt, S. 112: geschrieben 1566; gestiftet vom Königsberger Professor Georg Christoph Grube (APB, S. 236).
Lit.: Goldschmidt, S. 112 u. 114f.

77. Valent. von Eichstaedt Pommersche Chronica.
Lit.: Bock, Nr. 23; Pr. Hss.-Verz., S. 693.

78. *1.* Leges civiles Norimbergensis, oder die Gesetze der neuen Reformation der Stadt Nürnberg 1497 für genommen, gedruckt;
2. Eine schöne Chronica, der Stadt Nürnberg von ihrem Anfang, Ursprung, Erweiterung und Kriegen, Msc.
Lit.: Pr. Hss.-Verz., S. 693; Goldschmidt, S. 115.

79. *1.* Historische Beschreibung der Stadt Dantzig durch Reinh. Cuniken *[recte Curicke]*;
2. Privilegia der Stände des Herzogthums Preussen.
Goldschmidt: „Reinhold Curicke, Historische Beschreibung der Dantzigk vom Jahre 1643".
Lit.: Goldschmidt, S. 115.

80. Beschreibung der Aemter Brandenburg, Preu*[ßi]*sch-Eylau, Bartenstein, Rastenburg und Barthen.
Lit.: Preuß. Bib., S. 11, Nr. 29.

81. desgleichen Balga, Holland, Preu*[ßi]*sch-Marck, Marienwerder.
Lit.: Preuß. Bib., S. 11, Nr. 29.

82. desgl. Insterburg, Tilsit, Ragnit.
Lit.: Preuß. Bib., S. 11, Nr. 29.

83[51]. Das Magdeburgische Recht.
Enthält als weiteren Text das Preußische Recht sowie einige kürzere Aufzeichnungen.
Lit.: C. Hartknoch: Altes und Neues Preussen [...]. Königsberg 1684, S. 576; Pr. Hss.-Verz., S. 693; E. Steffenhagen: Die IX Bücher Magdeburger Rechtes [...]. In: APM 2 (1865), S. 11–43, hier S. 16; Steffenhagen 1, 174; Steffenhagen, RQ Nr. 75 u. S. 140; HSA: E. Ettlinger, Juli 1907, 9 Bll.; Oppitz Nr. 793; Königsberger Katalog, S. 190–193; Päsler: Sachlit., S. 172f.

84. Hartungii Fragmenta Genealogica Nobilium Prussiae.
Lit.: Preuß. Bib., S. 34, Nr. 69; Goldschmidt, S. 115; J. Gallandi: Die von Aweyden. In: APM 24 (1887), S. 60–137, hier S. 73.

85. Joh. Hennebergers Genealogische Stammtafeln einiger Adelicher Familien in Preussen.
Heute: Toruń, UB: Rps 73/IV.
Lit.: Preuß. Bib., S. 34, Nr. 67; Volbrecht Nr. 13; Goldschmidt, S. 111 u. 116; die Hs. wurde mehrfach benutzt bei A. von Mülverstedt: Ursprung und Alter des Gräflich von Lehndorffschen Geschlechts. Eine historisch-kritische Abhandlung. In: NPPBll. 2. Folge 9 (1856), S. 1–30, 89–110, und ders.: Das Ge-

51 Nr. ist durchgestrichen.

schlecht von Sparwein in Preussen und das auf dasselbe bezügliche Adels-Attestat vom Jahre 1560. In: NPPBll. 2. Folge 9 (1856), S. 288–298, 314–331; G. J. Kleiser: Der Wappenmaler Johann Hennenberger und seine grundlegenden Genealogischen Arbeiten des 16. Jh.s zur Erstellung preußischer Stammtafeln bzw. Adelsbriefe. Toronto 1992 (unter Benutzung dieser Hs.).

86. Beschreibung des Beylagers Churf. Joh. Sigismundi mit der Pr. Prinzessin Anna, so den 20ten Octob. 1594 vollzogen worden.
Druck: Königsberg 1646 (vgl. Preuß. Bib. II, S. 817f. Nr. 4).
Lit.: Bock, Nr. 24 (unter der Signatur Ms. 68 fol.); Preuß. Bib., S. 30, Nr. 33.

87. Genealogien und Documenta, die Wallenrodsche Fam. betreffend.

88. Privilegia et Documenta Borussiaca.
Lit.: Bock, Nr. 13.

89. Herbarium vivum von Preußischen Kräutern.
Lit.: D.

90. De Statu Rerum publicarum Italicarum in französischer Sprache.
Goldschmidt: 1682.
Lit.: Goldschmidt, S. 112 u. 119.

91. *1.* Assertio juris Princ. Georgii Duc. Brunsv. contra Ducem Henricum;
2. Instructio juris pro Urs. a Paumgarten contra Heinr. von Truchsaes;
3. der Process des Sitzingers contra Gurnerische Erben;

37v

4. der Prozeß von wegen einer Jungfer, die inter septimum et octav mensem post nuptias celebratas niedergekommen;
5. der Prozeß Otto Georg contra Sibilla Plechschindin;
6. Ein erbetenes Consilium in Sachen Frank et Henr. ab Halle *[!]*;
7. Erbtheilungs-Streit Hans von Trenpaß;
8. Der österreichischen Regierung Instruction von 1561;
9. Verzeichnis der Punkte, darin seither gehaltene Visitation A. 87 am kaiserl. Cammergericht Zweifel, oder Ungleichheit in Decisionibus besunder pp.;
10. Copia Literarum Reg. Sigismundi;
11. Index rerum et verborum super Privilegiis Duc. Prussiae.

92. Causa Ad. Weinrichii contra Joh. Weinrichi *[!]* viduam super donatione mortis causa.

93. *1.* Barth. Goldbach Vorstellung in originali wegen der Opposition bey der Sanden-Pfeifferschen Dis*putation*;
2. Allerhand Acta den Syncretismum in Preußen betreffend.
Lit.: Goldschmidt, S. 118.

94. Msc. quae pertinet,

1. ad Jus publicum Marchicum, cum aliis curiosis;
2. Von dem Thaler, welchen Marggraf Joh. zu Brandenburg 1545 *hat* prägen lassen;
3. Grentz-Matricul der Mark und Kron-Pohlen de Ao. 1251;
4. Sigismundi Schreiben an Churf. Joachimum;
5. Neuester Brandenb. Landtags-Recess;
6. Privilegia des Hochmeisters aus Preußen für die Neumark;
7. Schreiben betref. des Preuss. Manifest wider Sachsen;
8. Anmerkungen über dieses Manifest;
9. Schreiben Fridr. Wich. an den Czar;
10. Compactata inter Regn. Poloniae et Elect. Brand. de justitia adminstrata inter confines Regni et March. subditos;
11. Sigismundi I. R. an die Herzöge von Pommern;
12. Confirmatio Georgii et Barnimi Duc. Pom. Privilegiorum facta Episc. Kijoriensi;
13. Vertrag zwischen Churf. Friedrich mit Warsloff, Barnim pp.;
14. Literae Waldemari

38r

March. Brand. quibus venditi Ottoni Bonstein;
15. Verschreibung des Klosters zu Marienwalde;
16. Privilegia des Klosters zu Reetz;
17. Copia derer Verbriefung derer von Borck denen Cartheusern gegeben;
18. Privilegia der Stadt Arnswalde, der Kirchen zu Cüstrin, altaris in oppido Cüstrin;
19. Vertrag zwischen denen Bürgern und Kirchen daselbst;
20. Confirmirter Abschied wegen der Fischerei 1511;
21. D*[esgleichen?]* von 1417;
22. Mandat wegen der 4 Jehrmärkte in Groß-Ciezichen;
23. Verschreibung der Stadt Rathenow von 1288;
24. desgleichen von Osterburg 1269;
25. desgleichen von Spandau 1295;
26. desgleichen von Wusterhausen 1291;
27. Privilegium der Gewandt-Schneider zu Perleberg 1303;
28. desgleichen in der Altmark 1311;
29. Verschreibung der Stadt Wusterhausen von 1308;
30. desgleichen von Rathenow 1379;
31. Brief über den vom Könige Sigism. an den Orden geschehenen Verkauf der Stadt Drewenburg;
32. Privilegia der Stadt Driesen;
33. Stargardsche Schiffahrt auf der Ihna;
34. Privilegium der Stadt Reppen von 1374;
35. Grundriß von Landsberg an d. Warthe;

36. Privilegium der Stadt Woldenberg von 1439;
37. Vom Testam. des Gr. Truchses;
38. Critique über die Masquen, welche Winterfeld 1726 presentirt hat;
39. Carmen gratulat. der Stud. zu Königsb. 1726;
40. Lob des Bernauer Biers;
41. Schreiben R. Dan. ad R. Polon. 1717;
42. Schreiben der Fürstin Anna von Zeitz an Hoffpr*[ediger]* Jablonski;
43. Der vom Himmel geffallene Brieff-Schnee über die jetzigen Conjunturen der Stadt Berlin 1711;
44. Scherzrede bey Ueberreichung des Strotz-Krantzes an die Marggr. zu Brand.;
45. Ja[c]obi tam Dankelmanni;
46. Jacoby Fabritius Stadtschreibers Einladung Churf. Fridr. zur Hochzeit;
47. Verordnung Georg Wilh. daß dem Obr. Hild. Krachten, der ihn zu Gevatter gebeten, 30 M. ausgezahlt werden sollen,

38v

in originali;
48. Schreiben von Conitz an Scultetum;
49. Epigramma in obitum Philippi Wich.;
50. Schreiben der Stände in der Nieder-Lausitz an Abr. von Krahe, in originali;
51. Casp. von Sydow abgeschworene Urphede *Lit.: Goldschmidt, S. 116*;
52. Pasquille auf d. Surdling und auf das auf dem Esel reitende Berlinische Gespenst.

95. Landtags-Acten je von
1. 1520
Lit.: A. Meckelburg: Chronik des Johannes Freiberg. In: NPPBll. 1 (1846), S. 133–150, hier S. 144f., Anm. 24; vgl. Kletke (1858), S. 144 (Nr. 74).
2. 1525;
3. 1564;
4. 1567 (samt den Crim. Acten Funck, Schnell et Horst);
heute Toruń, UB: Rps 58.
5. 1577 et 1578;
6. 1579;
7. 1584;
8. 1590 et 1594;
9. 1595;
10. 1602;
11. 1604–1606;
12. 1607 et 1608;
13–14. 1609 (zwei volum.);
Lit.: M. Toeppen: Die preussischen Landtage während der Regentschaft des brandenburgischen Kürfürsten Johann Sigismund (1609–1619). In: APM 33 (1896), S. 417–549, hier S. 466.

15. 1612;
16. 1615 (hierin auch etwas von 1616, 1618, 1620 et 1621);
17. 1616–1618;
18. 1621;
19. 1635;
20. 1661;
21. 1662;
22. 1663 (hierin auch ein Appendix zu den Jahren 1661–1663);
23. 1666–1668;
24. 1669–1674 (mit: Directorium);
25. 1675–1679;
26. 1679–1683;
27. 1688–1689;
28. 1688–1690;
29. 1691;
30. 1692;
31–32. 1693 (in 2 vol.);
33. 1694–1696;
34. 1696;
35. 1697–1699;
36. 1699–1702;
37. 1703–1704;
38. 1740.[52]
Lit.: vgl. Preuß. Bib., S. 49f., Nr. 114; Preuß. Bib. II, S. 825–827 Nr. 27; Volbrecht Nr. 1; Bock, Nr. 25; Goldschmidt, S. 111.

96. Acta Polonico-Prussica von 1603–1608.

97. *1.* Auszüge etlicher Geschichte von der Chronica deutschen Ordens zu Preußen;
2. Mandat Augusti Herzogs zu Sachsen;
3. Extract aus der Böhm. Landesordnung von Leibgeding.

98. *1.* Excerpta ex historia ordinis Equitum Teutonicorum edita a Reym. Daellio, betreffend die von Wallenrod;
2. Extract aus dem Msc. Chronic. Pruss. Hr. Trib. *[?]* R. Pauli vom Hr. Cun. von Wallenrod, und anderen Begebenheiten;
3. Hofger.-Urtheil in Sachen Gottfr. v. Wallenrod und Freih. v. Kittlitz;
4. Diploma, worin J. Ernst v. Wallenrod zum Kammer-Junker constituirt wird;
5. Genealogica Fam. Wallenrod;
6. Instrumentum Testamenti Joh. Bart. Franc. Christ. Graf von Wallenrod;

52 Landtagsakten von 1740 enthielt auch Königsberg, SUB: 1721 (verschollen); von 1786 ebd. Hs. 1722. Zu Parallelbänden vgl. auch Steffenhagen 2, Nr. CCXXXVII, CCXXXVIII, CCXXXIX, CCL, CCXL.

7. Le⟨bens⟩lauf A. S. von Wallenrod;
8. Lebenslauf Sigism. v. Wallenrod;
9. Auszug dessen, so Hr. Obr. G. Fr. Freyh. zu Eulenburg de Ao. 1696 an Jnteressen bezahlt;
vgl. Juntke, S. 34, Anm. 2;
10. Nachricht Wilh.

39r

Ern. Freymund in Cal. Nor. 1692 (1662) vom Hr. Martin von Wallenrod;
abgedruckt bei Juntke, S. 128–136; vgl. dazu ebd. S. 26–28;
11. Epitaphium Ern. de Wallenrodt;
vgl. Juntke, S. 21, mit Teilabdruck;
12. Scriptum Mart. Sig. a Wallenrod super libros suos;
vgl. Juntke, S. 2, Anm. 5;
13. Genealogia Ah. von Falckenhan *[!]* zweyer Söhne;
14. Mandatum Ferdinands II., so Joh. Walderode unterschrieben;
15. Epitaphium Gotofredi a Wallenrodt;
16. Epitaphium Ernesti de Wallenrodt;
17. Epitaph. Catharinae Elisab. de Wallenrodt;
18. Erlaubniß H. Sig. von Wallenrod;
19. Testament der Cathar. Maria von Wallenrod;
20. Kurtzer Entwurf vom Alterthum und Löblichen Vorfahren derer von Wallenrod;
21. Vitae curriculi des Land-Hoffmeisters von Wallenrod (Joh. Ernst) confirmatio;
22. Ahnen H. Joh. Ernst Grafen von Wallenrod;
23. Erinnerung und Ermahnungs-Rede H. Joh. Ernst von Wallenrod an seine Erben in Absicht auf die Bibliotheque, alique Paterna et amica obtertatio Ern. Wallenrod;
24. Carmina auf die Meliorirung der Bibliothek;
25. Ernst von Wallenrod petitum wegen Extradirung der Grafen, Bulla;
26. Petitum Ernst von Wallenrod um eine Commission en faveur *[?]* der Bibliotheque;
27. Kgl. Confirmation und Commissoriale;
28. Abgefassete und von Sr. Königl. Majt. bestätigte Vorschrift und Constitution;
29. Constitution des H. Hofr. Volprecht zum Bibliothecario;
30. Extract aus dem Testament Joh. Ernst von Wallenrod;
31. Verzeichnis dessen so H. Ad. Christ. Graf von Wallenrod an Gelde der Bibliotheque abgetragen;
32. Bestallung H. Joh. Ernst von Wallenrod zum Etats- und Kriegs-Minister 1734;

Lit.: G. Conrad: Der erste Kämmerei- und Salarienetat der Stadt Königsberg (Ostpr.). In: APM 25 (1888), S. 63–108, hier S. 71.

33. desgleichen zum Ober-Marschall 1743.

99. Genealogische Nachrichten der hochadel. Familie von Brasein, entworfen von M. Pisanski.

100. Genealogien und Documenta, die Wallenrodsche Familie betreffend.
Heute: Vilnius, AB: F 15–395 (?).

101[53]. Corpus Juris auf Pergament geschrieben, nebst den Pandecten.
Lit.: Bock, Nr. 10; Steffenhagen 1, 173.

39v

102. Annales Magdeburgensis et Halberstadiensis a M. Georgio Torquato ex Neapoli Magdeburgica 1575.

103. Der Stadt Königsberg in Preußen Rathhäusliches Reglement vom 13. Juni 1724 (NB betrifft die Einziehung der 3 Magisträte in einen), ingleichen Cämmerey-Etat de Ao. 1728.
Lit.: G. Conrad: Der erste Kämmerei- und Salarienetat der Stadt Königsberg (Ostpr.). In: APM 25 (1888), S. 63–108, hier S. 71; ders.: Das Rathäusliche Reglement der Stadt Königsberg i. Pr. vom 13. Juni 1724 [...]. Königsberg 1910; vgl. Berlin, GStAPK: XX. HA OPF 13819 und 'Verzeichnis der von dem Prediger emer. Bartsch gesammelten Manuscripte [...]'. Berlin 1852, S. 2, Nr. 21.

104. Christ. Hennings v. Bork Reisebeschreibung.

105. *desselben* Französischer Bombardier.

106. Convolut gesammelter Stammbäume der Familien v. Bork, v. Hirsch, v. Kanitz etc.

107. }
108. } zwei mangelhafte Manuscripte.

109. Curike, Beschreibung der Stadt Danzig.
Lit.: Goldschmidt, S. 115.

110[54]. Glossen zum Aristotelis: de anima, de coelo et mundo etc.
1840 durch Tausch vom Obersten du Rosey erworben;
Lit.: Goldschmidt, S. 115; Juntke, S. 86.

111[55]. Eine (defecte) Concordanz.
1840 durch Tausch vom Obersten du Rosey erworben;

---

53 Nr. ist blau und rot durchgestrichen.
54 Nr. ist durchgestrichen.
55 Nr. ist durchgestrichen.

D: Bibelkonkordanz.
Lit.: Juntke, S. 86.

112[56]. Extractus ex postilla fratris Nicolai de Lyra ordinis minorum dit. theologiae etc.
Goldschmidt: 14. Jh.;
1840 durch Tausch vom Obersten du Rosey erworben;
Lit.: Goldschmidt, S. 119; Juntke, S. 86.

113[57]. Ein altes theologisches Manuscript (defect).
D: Sammelhs., 15. Jh.
1840 durch Tausch vom Obersten du Rosey erworben;
Lit.: Juntke, S. 86.

114. Catalogus intimationum funebrium – Frid. Rabe Anno 1722 et seq.
Vgl. zu dieser Signatur die Angaben im Nachtrag der „neu aufgefunden(en)" Handschriften Nr. 3.
Lit.: A. v. Mülverstedt: Ueber ein altes gezeichnetes und ausgemaltes Wappenbuch. In: NPPBl. 7, 1. Folge (1849), S. 432–442, hier S. 432; J. Gallandi: Königsberger Stadtgeschlechter [III.]. In: APM 20 (1883), S. 1–52, hier S. 42; ders.: Die von Aweyden. In: APM 24 (1887), S. 60–137, hier S. 73.

Ein Nachweis über die Foliohss. 115–145 fehlt zur Zeit. Die folgenden Angaben nach Denecke und eigenen Funden[58].

116. Goldschmidt: „Gedenckebuch des Ersamen Rathes disser Stadt Königsberg Lewbenicht 1469–1542"; bei Perlbach (s. u.) als „Löbenicht'sches Stadtbuch 1469–1541" bezeichnet und unter der Signatur 2°.114 zitiert (vermutlich Druckfehler); im vorliegenden Verzeichnis unten unter den Nachträgen als Nr. 3 aufgeführt.
Lit.: Max Perlbach (Hg.): Quellen-Beiträge zur Geschichte der Stadt Königsberg, Göttingen 1878, S. 141, Edition der die Jahre 1469–1525 umfassenden Einträge ebd., S. 142–195; vgl. AST 5, Nr. 98 (dort mit Signatur 2°.116); Goldschmidt, S. 116.

123. Catalogus Bibliothecae (Ernesti) a Wallenrod.
Lit.: D.

129. Georg Ernst Sigismund Hennig, Andenken der von Wallenrodtischen Bibliothequen Freunde.
Heute: Toruń, UB: Rps 142/IV.

---

56 Nr. ist durchgestrichen.
57 Nr. ist durchgestrichen.
58 Juntke, S. 34, Anm. 2, erwähnt ein „Ms. 267", jedoch ist die Zählung unklar. – Ob die von Lentz: Über ein Florentiner Manuscript vom Jahre 1442. In: APM 8 (1871), S. 142–145, beschriebene Handschrift, die er der WB überließ (S. 145), ebenfalls hier aufgenommen werden muß, ist nicht mit Sicherheit zu sagen.

145. Briefwechsel Johann Ernst von Wallenrodt mit Francisci, Nürnberg.
Lit.: Juntke, S. 6, Anm. 1.

40r

Manuscripta in Quarto

1. Allerhand Secreta Physica et Medica. Sehr alt.
D: 16. Jh.

2. Eines Anonymi Reise-Beschreibung durch Holland, Deutschland und Italien, samt denen daselbst befindlichen remarquablen Sachen.
Goldschmidt: Vorbesitzer Georg Langerfeldt.
Lit.: Goldschmidt, S. 113.

3. In Arnoldum de Villa nova Commentarius in Mönchsschrift.

4. Herzogin Annae-Mariae Fürstenspiegel an den Sohn Alb. Fridr.
Heute: Toruń, UB: Rps 94/III.

5[59]. *1.* Alberti M. Liber mineralium;
2. Alberti M. Liber super arbore Aristotelis;
3. Guilielmus de Flandria de Lapide Philosophorum.
D: 15. Jh.; Goldschmidt: 16. Jh.;
Lit.: Goldschmidt, S. 119; Fritz Paneth: Über die Schrift Alberts des Großen ‚De Alchimia'. In: Archiv für die Geschichte der Mathematik, der Naturwissenschaft und der Technik 12 (1930), S. 408–413, hier S. 408, Anm. 3.

6. Ein Stück aus dem Alcoran.

7. Laurentii Petri Schwedische Reichs-Chronica.
Lit.: Volbrecht Nr. 9 (hiernach in schwedischer Sprache).

8. Commentarius über Bodini Tract. de Republica.

9. Compendium Geographicum.

10. Alberti Duc. Pruss. Genethliaca.
Heute: Toruń, UB: Rps 80/I.
Goldschmidt: „Alberti Ducis Prussiae Genethliaca 1580".
Lit.: Goldschmidt, S. 116.

11. Dav. Bochmanni naticinium Christi et Apostolorum de extremis mundi temporibus.

12. Der Türkische Alcoran.
In den Nachträgen als fehlend bezeichnet.

13. Numophilucium Gandenianum.

---

59 Nr. ist rot durchgestrichen.

14. *1.* Collegium Dialecticum et Analyticum habitum sub auspiciis Dan. Rheden ab Ern. a Wallenrod.
    2. Collegium Dialecticum Hedionis.

15. *1.* Auszug der Chronicken deutschen Ordens, incerti Auctoris;
    T2. homas Horner, Ein fländische Cronica.
    Aus dem 17. Jh.; kam 1683 durch Ernst v. Wallrodt in die Bibliothek; enthielt Fragmente des Lübischen Rechts (s. u. Steffenhagen; Königsberger Katalog, S. 196f.).
    Lit.: Volbrecht Nr. 10; E. Steffenhagen: Bruchstücke des Lübischen Stadtrechts. In: APM 9 (1872), S. 594–596, hier S. 594, Anm. 1.

16[60]. Rituale Belgicum, mit vergoldeten Buchstaben *[das ist: Geert Grootes Getijdenboek (unvollständig)].*
    Heute: Toruń, UB: Rps 83/I.
    Lit.: Bock, Nr. 36; die weitere Literatur in: Königsberger Katalog, S. 193f.

40v

17. Extract, aus Sächsischem Landrecht und Weichbild, auch aus Culmischen und gemeinem Kaiserl. Recht, wie man Erbe nehmen und theilen soll.

18. Predigten Christ. Dreieri, M. Zeidleri, B. von Sanden, J. Ph. Pfeiffern, J. Bolii, Chr. Walter, G. Roschey, Chr. Klemme, Jac. Melzern, G. Williamorii, M. Schreiber, Chr. Drescher, G. Stein.

19. Conr. a Wallenrod Redivivus, das ist Kurze Beschreibung des Lebens, Herkommens und Thaten Conr. Tib. a Wallenrod durch M. Praetorium.
    Lit.: J. Łęgowski: Der Hochmeister des Deutschen Ordens Konrad von Wallenrod und seine Behandlung in den Quellen und Bearbeitungen der Ordensgeschichte. In: APM 17 (1880), S. 1–32, hier S. 17.

20. Gertr. Mollerin Carmina auf die Wallenr. Fam.

21. Christ. Zeidler Betrachtungen über die 7 letzten Worte J. C.

22. Betrachtungen und Auslegungen über das Hohelied Sal. vormals gedruckt zu Basel 1635.

23. Fr. Büthneri Calender von 1674 darin das Leben Conr. Tib. a Wallenrod perstringiret, zusamt deren Msc.: Animadvers. der Hr. Trib-R. Ernst von Wallenrod oder C. T. a Wallenrod vitam, quam Schüz in Chron. v. Büttner in Calend. aliique sinistre pertractant.

24. *1.* Vergleich zwischen König von Pohlen und Herzog zu Preußen 1525, gedruckt *(vgl. Preuß. Bib., S. 37, Nr. 16)*;
    2. Königs von Pohlen Confirmation des Fürstl. Testaments 1568, Msc.;

60 Nr. ist durchgestrichen.

3. Tracatus inter Reg. Poloniae Sigism. Aug. et Albert. Fridericum March. Brand. 1569;
Lit.: Preuß. Bib., S. 39, Nr. 26.
4. Der neue Vertrag und ewige Friede zwischen den König von Pohlen und Herzog zu Preussen 1525;
5. Copia des Briefes des Königs von Pohlen an den Herzog von Preussen wegen Verneuerung der Previlegien;
6. Copia des erneuerten Friedens inter Sigism. et Sigismundum Aug. ac March. Albrechtum

41r

Legatio ad Regem Poloniae, quae dedacat, quo jure electio Reg. Pol. Ducibus Prussiae etiam competat;
7. Privilegium der Regierung von Einstellung des geistl. und uralt. Regiments;
8. Der Landschaft-Recess, Ihnen von Fürstl. Durchl. 1566 gegeben *(vgl. Preuß. Bib., S. 50, Nr. 119)*;
9. Das Cölm. Privilegium von 1250 gegeben;
10. Unterricht, wie man sich in den Artikeln und Clausuln der Cölm. Handfeste halten soll;
11. Privilegium über das Magdeburg. *Recht* zu beeden Kindern – auch schlecht Magdeb. und Lehnrecht;
12. Privilegium der Universität Königsberg;
13. Krugvertrag und Schenkwerk;
14. Commiss. Verordnung de Ao. 99;
15. Extr. aus dem Landtagsabschiede 1602;
16. Abschied von Ao. 1605 von wegen des Bierschanks.
Lit.: Bock, Nr. 14.

25. Ludwelli notae et animadv. in Paradis Wesembergii.

26. *1.* De Justitia belli Reg. Casimiri adv. ordinum Teutonicum in Bor. occasione terrarum Culm. etc. orti, 1463 per Alb. Bogothkam.
M. Perlbach: Über eine polnische Denkschrift aus der Zeit des dreizehnjährigen Krieges. In: APM 10 (1873), S. 566–578; Goldschmidt: „Nicolaus Bogathca, de iustitia belli Regis Casimiri adversus ordinem Teutonicum 1463“; Textauszug bei Volbrecht (s. u.); vgl. Preuß. Bib., S. 18, Nr. 9.
2. Ein alter Tractat de Huni. et div. nat. J. C.;
3. Dominici Tract. de Sanguine J. C.;
Goldschmidt: 16. Jh.;
Lit.: Volbrecht Nr. 12; Bock, Nr. 15; Goldschmidt, S. 116 u. 117; M. Perlbach: Ueber eine polnische Denkschrift aus der Zeit des dreizehnjährigen Kriegs. In: APM 10 (1873), S. 566–578.

27. Cornel. Hoffmanni Erklärung der geheimen Historie des Niederländischen Krieges, so Frankreich 1672 wider die Niederlande angefangen.

28. Barth. Wartzmann Chronik des Landes Bructeria, itzund Preußen, von Christi Geburt bis 1528, geschrieben 1543.
Lit.: Preuß. Bib., S. 9, Nr. 15.

29. M. a Reylos Pogesania, das ist Hocherlandes kurzte Beschreibung, und Extract aus der Elb*inger* Chron. 1649.
Lit.: Preuß. Bib., S. 12, Nr. 30.

30. Collegia Philosophia.

31. Excerpte Ern. a Wallenrod ex Discursibus A. Hedionis ad Coll. Ethicum. 1670.

32. Marci a Reylos kurze Elbing. Chronica.
Goldschmidt: aus der Bibliothek des Ludwig Reinhold Werner; nennt als Autor Karl Ramsey.
Lit.: Goldschmidt, S. 114 u. 115.

33. Notae ad Examen Juridicum Schotani.
Goldschmidt: „Ex curta Librorum supellectili Wolffgangi Christophori a Nettelhorst 1677“.
Lit.: Goldschmidt, S. 114.

41v

34. Flumen Eloquentiae in Parnasso Brunopolitano ex tribus fontibus deductum.

35. Loci communes Politici.

36. *1.* Conr. Vogtii Coll. Politic.;
2. Id. de natura Philos. Practicae Hartknochii Coll. Rhetoricum.

37. Msc. quae respiciunt oratoriam, Politic., Matthes. etc. Cod. a Wallenrod.

38. L'Etat de France.
Goldschmidt: 1677.
Lit.: Goldschmidt, S. 112.

39[61]. Msc. vetustum von Krankheiten, v. Genesung.
D: 15. Jh.

40. Hedionis Colleg. Arithmeticum.

41. Trost-Rede Hr. Ernst, Sigm. und Heinr. von Wallenrod.

42. L. Fabricii universalis historiae Synopsis.

43. Auszug oder Regestorium der 7 Bücher des Landrechts von Ao. 1620.
Lit.: Goldschmidt, S. 112.

44. Lebensbeschreibung Wilh. Heinz von Reibnitz.

---

61 Nr. ist durchgestrichen.

45. Verzeichnis und Nachricht von dem uralten Geschlecht derer von Wallenrod aus schriftl. Memorialien und Documenten und gedruckten Historien aufgesetzet von Mart. Silv. Grabe, 1679.

46. Gratulationes, orationes etc. einiger von der Wallenrodschen Familie.

47. Jus Culmense oder Deutsch-Cölmisch Recht.
Lit.: Pr.-Hss. Verz., S. 693; nicht bei Steffenhagen.

48. Leichen- und Hochzeit-Reden Ernst's von Wallenrod und seiner 2 jüngsten Herren Brüder.

49. Protocolla beym Tribunal geführet von Ernst von Wallenrod:
   1. von 1681–1684;
   2. " 1688–1691;
   3. " 1691–1693;
   4. " 1694–1697;
   5. " 1703–1705;

42r

   6. von 1706–1708;
   7. " 1709–1711;
   8. " 1712–1714;
   9. " 1714–1716;
   10. " 1723–1727;
   11. " 1728–1730.

   Lit.: Preuß. Bib., S. 57, Nr. 51.

50. Compendium der Artillerie.
Lit.: Goldschmidt, S. 119.

51. Predigten B. von Sanden, Joh. Tilesii, H. Tilesii, Jac. Meltzer, Bennings, Erh. Chr. Jester.

52. Erbauliche Gebete.
BNM: „Gebete : Hgd." (= hochdt.).

53. Applausus Gratulatorius Sig. de Wallenrod.

54. Applausus Gratul. Ernesti a Wallenrod.

55. Ernesti de Wallenrod Diss. de Consiliariis Principum.

56. Ein Theil der Auslegung der Offenb. Johannis.

57. Eines Protestanten Resolution, warum er nicht will Papistisch werden.
Goldschmidt: „a. d. Engl. übers. 1683";
Lit.: Goldschmidt, S. 118.

58. Vom Gebet.
BNM: „Gebete : Hgd." (= hochdt.).

59. Die Zeichen des Apocal. Thieres.
Goldschmidt: „1681 aus dem Englischen ins Deutsche übertragen“; Lit.: Goldschmidt, S. 117.

60. Fridr. von Derschau Reim-Gedanken aus denen Evangeliis.
Lit.: Goldschmidt, S. 117.

61. Stemmata Familiarum in Regno Prussiae illustrium ac nobilum.

62. Miscellae Erudit. excerpt. W. Chr. von Nettelhorst.

63. Preußische Chronica.
Lit.: Pr. Hss.-Verz., S. 693.

64. Lexicon Naturalistorans et Fanaticorum.

65. Acta Prussica Historico-Theol. Ecclesiastica, II Tomi (der Inhalt ist gleich zu Anfang der Actorum genau spezifiziret).

66. De Reg. gente Borussiaca.

42v

67. von Suchodoletz, von Pr. Feld- und Längen-Maaßen.

68. *1.* De Gryphiswaldia et Pomerania;
2. Scheube Chronica und Beschreibung der Stadt Falkenburg;
3. Göthen histor. Nachricht von der Stadt Dramburg.

69. Lud. Reinh. a Werner Diplomaticum Marchicum.

70. Bibliotheca Werneriana Marchiso Pomer. Silesica, nebst beigefügten Anmerkungen.

71. Eine alte Pommersche Chronica, vorn defect.
Lit.: Pr. Hss.-Verz., S. 693.

72. Nachrichten von der Stadt Holland.
Lit.: BNM (Notiz).

73. *1.* L. R. von Werner de oppido Angerburg;
2. varia ad Historiam Friedland;
3. Beschreibung der Gemälde in der Insterburg. Kirche;
4. L. R. von Werner de oppido Johannsburg;
5. Relation, wie Liebstadt von den Schweden bekriegt ist;
6. L. R. von Werner de oppido Liebemühl;
7. *dasselbe* Lötzen;
8. D. H. P. Nachricht von Schippenbeil;
9. L. R. von Werner de oppido Sensburg.
Lit.: Goldschmidt, S. 115.

74. Ein Stück alter Landtags-Acten von Ao. 1609 und 1617.

75. Sigism. de Wallenrod Disp. Politica de instituenda Republica ad diem Feb. etc. A. 1675.

76. Statuta Susatensium.
Lit.: Pr. Hss.-Verz., S. 693.

77. Liber de regimine Principum a fratre Egidio Romano ordinis fratrum Heremitarum Sancti Augustini editus (Membrana).
Lit.: Bock, Nr. 27; Pr. Hss.-Verz., S. 693.

Einer Notiz Ludwig Deneckes über die Schausammlung von 1935 zufolge, wurde dort eine Hs. mit der Signatur 4°.82 ausgestellt. Leider sind keine Angaben zum Inhalt vorhanden.

105. Lehr- und Geschichtsbücher des Alten Testaments aus dem Jahr 1648 *(s. o. S. 12).*
Heute Sankt Petersburg, AB: Q N 577.
Lit.: Garber, S. 17; Päsler: Suche (wie Anm. 33), S. 2.

[?] Einige Bemerkungen über die Nationalität der Litthauer, gesammelt vom Präcentor Schultz zu Lasdehnen (heute Krasnoznamensk). Im Jahre 1832.
Für die WB 1869 aus dem Nachlaß Johann August Ed. Oesterreich erworben. Eine Handschrift mit gleichem Inhalt besaß die Stadtbibliothek Elbing unter der Signatur Q 93 (vgl. L. Neubauer: Katalog der Stadtbibliothek Elbing, Bd. 2, Elbing 1894, S. 586).
Lit.: Adalbert Bezzenberger: Das Johannisfest der Litauer. In: APM 12 (1875), S. 70–75, spez. S. 70 mit kurzer Beschreibung der Handschrift durch R. Reicke in einer Anmerkung zu Bezzenbergers Text.

43r

Manuscripta in Octavo

1[62]. Aphorismi Theologici, sehr alt.
D: alphabet.

2. Regulae vitae politic. Christianae collectae aus der lautern Wahrheit Barth. Reginwald.

3. Georg Fabricii Scholae in Horatium, von ihm selbst geschrieben.

4. Extract aus denen Soliloquiis Augustini.

5. Russisches Gebetbuch.

---

62 Nr. ist rot durchgestrichen.

6. Ern. a Wallenrod Loci communes ex Philosophia.

7. Ern. a Wallenrod Enchiridion Ethicum et Theses ex Ethica et Politica.

8. Augustini gottselige Betrachtungen.

9. *1.* Methode mit Gott zu conversiren, aus dem Französischem übersetzt; *Goldschmidt, S. 117: „1690";*
   2. Gebete;
   3. Regulae Sanctimoniam vitae moderantes;
   4. Th. Watsons Fürstellungen zur Beförderung des eifrigen Christenthums etc.

10. Extracte aus Tauleri und Müllers Schriften.

11. *1.* J. E. von Wallenrod Vermahnung an seine Kinder;
    2. Excerpta ejus aus Tauleri und Müllers Schriften mit denen Patribus.

12. J. E. von Wallenrod Ascetische Extracte.
    Lit.: BNM (Notiz).

43v

13. J. E. von Wallenrod Ascetische Betrachtungen und Extracte 6 Stück.
    Ein Stück fehlt; s. u. Nachträge.
    Lit.: BNM (Notiz).

14. Türkische Fibel.
    D: Orient. Zierbd.; 15. Jh.
    Lit.: Goldschmidt, S. 119.

15[63]. Ein sehr altes Msc., so allerhand Hilfs-Mittel in sich enthält (Vorn und hinten defect).
    Ein aus drei Rezeptbuch-Fragmenten zusammengesetzter Band.
    Lit.: BNM (Notiz); HSA: F. Rohde, März 1912, 13 Bll.; Goldschmidt, S. 119; Königsberger Katalog, S. 194f.

16. Les trois Importeurs.
    In den Nachträgen als fehlend bezeichnet.

Manuscripta in Duodecimo

1[64]. Römisch-Cathol. Gebetbuch in niederdeutscher Sprache auf Pergament.
    In den Nachträgen als fehlend bezeichnet; so auch BNM 1910.

2. Stammbuch, worin einige adel. Wappen.
    BNM: Ms. 12°. n° 2 is een album amicorum van Gottfried von Wallenrodt, waarin o. a. geteekend hebben:

63 Nr. ist durchgestrichen.
64 Nr. ist durchgestrichen.

13b	*1628*	| *Henry de Nassau*
14a	*1628*	| *que rendragie au seigneur Amelie de solms Princesse*
		| *d'orange*
28a	*1628 Constant*	| *Ernst Casimir Comte de Nassaw*
35b	*L'honneur gist aux hazards*	
	Ernest Casimir Comte de Nassau Sarbruck.	
36a	*La valeur aux dangers se trenne*	
	Otto Comte de Nassau Sarbruck A Paris le 30 de Juin 1629	
74a	*Durant virtute parata.*	
	Leydae 11 May. Anno 1630	
	Joan Casimirus L B ab Eylenburk	

Dit hs. heeft een band uit de 17^e eeuw van den Amsterdammer Mathes: verguld op rood marokko.

3. Dito.
4. Fortificatoria, so H. Gottfried von Wallenrod 1667 in der Feste Mümmel als Fähnrich erlernet.
   Lit.: Goldschmidt, S. 119.

44r

Nachtrag und Defekte[65]

Bei der im Jahre 1839 am 23ten Juni abgehaltenen Revision der von Wallenrodschen Bibliothek sind unter den Manuscripten neu aufgefunden worden:

1. von Pater Michael Salomon etliche vorgelaufene Sachen,
2. ein Stoß Landtags-Acten,
3. Gedenckebuch des ehrsamen Rathes der Stadt Königsberg,
   Vgl. o. 2°.116.
4. ein gebunden türkisches Manuscript,
5. ein *gebunden* arabisches *Manuscript* und
6. ein Wappenbuch von Duderberg und Wappenbuch eines Anonymi.

Dahingegen aber haben sich damals als defect erwiesen:

1. unter den Manuscripten in Folio
   No. 16, wovon die Piecen 9, 10, 15, 44, 45, 52 und 62 fehlen; ebenso fehlt No. 47 gänzlich;
2. unter den Manuscripten in Quarto fehlt
   No. 12 gleichfalls;

65 Nachtrag von anderer Hand.

3. unter denen <u>in Octavo</u> zählt
   No. 13 jetzt nicht mehr 6, sondern nur 5 Stück, und
   No. 16 fehlt gänzlich; und endlich

4. unter den Manuscripten <u>in Duodez</u> fehlt
   No. 1 ebenfalls.

VI. Signaturenkonkordanz: neuer – alter Standort

Trotz intensiver Suche[66] konnten von den Handschriften der Wallenrodtschen Bibliothek bislang nur die wenigen im Anschluß genannten neuen Standorte ermittelt werden:

neuer Standort	alte Signatur
Berlin, GStAPK: XX. HA StuUB Königsberg Nr. 2	2°.42 und 43?
Berlin, GStAPK: XX. HA StuUB Königsberg Nr. 3	2°.15
Sankt Petersburg, AB: Q N 577	4°.105
Toruń, UB: Rps 57	2°.13
Toruń, UB: Rps 58	2°.95 Nr. 4
Toruń, UB: Rps 61	2°.40
Toruń, UB: Rps 73	2°.85
Toruń, UB: Rps 80	4°.10
Toruń, UB: Rps 83	4°.16
Toruń, UB: Rps 94	4°.4
Toruń, UB: Rps 142	2°.129
Toruń, UB: Rps 537	2°.74 (Fragm.)
Vilnius, AB: F 15–395	2°.100

66 Vgl. die in Anm. 19 genannte Literatur.

VII. Orts- und Personennamenregister

Vorbemerkung: Die Angaben beziehen sich auf die Signaturen, gegebenenfalls unter zusätzlicher Nennung der Nr. innerhalb einer Signatur. NuD bezieht sich auf den Abschnitt „Nachtrag und Defekte".

Berichte und Forschungen 12 (2004), S. 55–69.

Anette Löffler

Das Projekt „Liturgie des Deutschen Ordens“

Von der Bedeutung des Ordenslandes Preußen für die Ordensliturgie[1]

Wenn in heutiger Zeit der Begriff Liturgie benutzt wird, denkt man in erster Linie an die monastischen Orden oder an die Bettelorden. Daß auch Ritterorden mit liturgischen Erscheinungsformen nicht nur einhergehen können, sondern auch müssen, fand und findet bislang eher wenig Beachtung[2]. Am Beispiel des Deutschen Ordens soll gezeigt werden, welch eine Fülle von Möglichkeiten sich dennoch ergeben können, wenn eine entsprechende Ausgangsposition zur Erforschung eines solchen Desiderats geschaffen wird. Dennoch soll auch gleich zu Beginn bemerkt werden, daß die Liturgie des Deutschen Ordens und seine Erforschung an derart viele Sonderbedingungen und Besonderheiten geknüpft ist, daß eine Verallgemeinerung und Übertragung auf andere Orden kaum denkbar erscheint. Die Praktikabilität dieses konkreten Projektes soll im folgenden anhand seiner vielen, ineinandergreifenden Unterprojekte erläutert werden.

Die zu diskutierenden Unterprojekte sind folgende: Die Edition des „Liber Ordinarius“, die Erforschung der liturgischen Handschriften des Deutschen Ordens, die Katalogisierung der liturgischen Fragmente aus dem Historischen Staatsarchiv Königsberg (heute im Geheimen Staatsarchiv zu Berlin) sowie zwei weitere Hilfsmittel, nämlich die Darstellung relevanter Texte in Tabellenform und die Ausarbeitung diverser Publikationen.

1. Die Relevanz von Region und Zeit

Bekanntlich erlangte das Ordensland Preußen seine Bedeutung für den Deutschen Orden im wesentlichen erst im Laufe des 13. bzw. 14. Jahrhunderts. Zu

1 Dieser Aufsatz ist entstanden aus einem Vortrag, den ich am 25. Januar 2003 auf dem DFG-Workshop „Katalogisierung liturgischer Fragmente“ in Jena gehalten habe.

2 Mit ausführlicher Bibliographie zur Spiritualität der Orden beispielhaft Kaspar Elm: Die Spiritualität der geistlichen Ritterorden des Mittelalters: Forschungsstand und Forschungsprobleme. In: „Militia Christi“ e Crociata nei secoli XI–XII (Miscellanea del Centro di Studi medioevali 13). Mailand 1992, S. 477–518. Zu einzelnen Orden vgl. Anne-Marie Legras/Jean-Loup Lemaitre: La practique liturgique des Templiers et des Hospitaliers de Saint-Jean-de-Jérusalem. In: L'écrit dans la Societé médiévale: Textes en Hommage à Lucie Fossier. Paris 1991, S. 77–136. Zu den Johannitern vgl. Adam Wienand (Hg.): Der Johanniter-Orden, der Malteser-Orden, der ritterliche Orden des hl. Johannes vom Spital zu Jerusalem. Köln ^{3}1988.

diesem Zeitpunkt gab es den Ordo sanctae Mariae Theutonicorum aber bereits über 100 Jahre. 1189/90 wurde der Orden von Lübecker und Bremer Kaufleuten vor Akkon gegründet, als sich der 3. Kreuzzug festgefahren hatte[3]. Der Zweck dieser Gründung war vornehmlich im Hospitaldienst zu sehen. Einen ersten historischen Höhepunkt markierte im 13. Jahrhundert das Hochmeistertum Hermanns von Salza, der als Vertrauter Kaiser Friedrichs II. dem Orden viele Privilegien sichern konnte[4]. In dieser Zeit griff der Orden vermehrt in die Missionierung in und von Preußen ein, die bislang vornehmlich Franziskaner und Dominikaner wahrgenommen hatten[5]. Um 1230 entstand das territoriale Gebilde, das von Ordensforschern als ‚Ordensland Preußen' oder ‚Preußenland' bezeichnet wird.

Verschiedene päpstliche Bullen manifestierten die wachsende Bedeutung dieser Region für den Deutschen Orden. So unterstellte Papst Gregor IX. 1234 Preußen und alle noch zu erobernden Gebiete dem Deutschen Orden[6]. Nur wenig später, im Jahr 1237, erhielt der Orden die Genehmigung, Pfarrkirchen in Preußen mit eigenen Ordenspriestern zu besetzen. Bereits 1243 wurden drei der vier preußischen Bistümer, nämlich Kulm, Pomesanien und Samland, dem Deutschen Orden inkorporiert[7]. Das Bistum Ermland konnte seine Eigenständigkeit wahren, in der Praxis lehnte sich der Bischof jedoch eng an den Deutschen Orden an, zumal das Domkapitel auch mit Priesterbrüdern besetzt war[8]. Die Teilung in die genannten vier Bistümer trat 1245 nach dem Tod des gesamtpreußischen Bischofs Christian, einem Dominikaner, in Kraft. Nur ein Jahr zuvor, 1244, hatte Papst Innozenz IV. dem Deutschen Orden gestattet, die Liturgie der Dominikaner zu übernehmen und für ihre eigenen Bedürfnisse umzugestalten[9]. Ganz offensichtlich arbeiteten

---

3 Marie-Luise Favreau: Studien zur Frühgeschichte des Deutschen Ordens (Kieler Historische Studien 21). Stuttgart 1974.

4 Udo Arnold: Entstehung und Frühzeit des Deutschen Ordens. In: Josef Fleckenstein/Manfred Hellmann (Hg.): Die geistlichen Ritterorden Europas (Vorträge und Forschungen 26). Sigmaringen 1980, S. 81–107; Erich Caspar: Hermann von Salza und die Gründung des Deutschordensstaates. Tübingen 1924.

5 Werner Roth: Die Dominikaner und Franziskaner im Deutschordensland Preußen bis zum Jahre 1466. Phil. Diss. Königsberg 1918; Zenon Hubert Nowak: Der Anteil der Ritterorden an der preußischen Mission (mit Ausnahme des Deutschen Ordens). In: Zenon Hubert Nowak (Hg.): Die Rolle der Ritterorden in der Christianisierung und Kolonisierung des Ostseegebietes (Ordines militares 1). Toruń 1983, S. 79–91.

6 Dazu jetzt auch Bernhart Jähnig: Mission und Landesherrschaft. Entwicklung kirchlicher Strukturen im Preußenland. In: Kirche im Dorf. Ihre Bedeutung für die kulturelle Entwicklung der ländlichen Gesellschaft im „Preußenland". 13.–18. Jahrhundert. Berlin 2002, bes. S. 11–21.

7 Brigitte Poschmann: Bistümer und Deutscher Orden in Preußen 1243–1525. Untersuchung zur Verfassungs- und Verwaltungsgeschichte des Ordenslandes. In: Zeitschrift für die Geschichte und Altertumskunde Ermlands 30 (1962), S. 227–356. Zu Pomesanien Mario Glauert: Das Domkapitel von Pomesanien (1284–1527) (Prussia Sacra 1). Toruń 2003.

8 Georg Matern: Die kirchlichen Verhältnisse in Ermland während des späten Mittelalters. Paderborn 1953; Ernst Manfred Wermter: Geschichte der Diözese und des Hochstifts Ermland. Ein Überblick. Münster ^{2}1977.

9 Ernst Strehlke (Hg.): Tabulae Ordinis Theutonici. Berlin 1869. Neu hg. v. Hans Eberhard Mayer. Toronto 1975, Nr. 470; Gustav Gisbert Sölch: Die Eigenliturgie der Dominikaner. Ei-

die Priesterbrüder in den folgenden Jahren sehr intensiv an ‚ihrer' Liturgie, denn bereits im Jahr 1257 bestätigte Papst Alexander IV. die Liturgie des Deutschen Ordens[10]. Damit war die konstituierende Phase abgeschlossen.

2. Die Verlagerungen des Historischen Staatsarchivs Königsberg

Einhergehend mit dem Ausbau des Ordenslandes Preußen und seiner zunehmenden Bedeutung für den Orden setzte eine Interessenverlagerung ein. Spür- und faßbaren Ausdruck fand dies zunächst in der Verlagerung des Hochmeistersitzes auf die Marienburg im Jahre 1309 und der Übersiedlung des Hochmeisters bis zum Jahr 1324. Das Ordensland Preußen rückte mit diesem Schritt von der Peripherie in das Machtzentrum.

Eine erste Beschneidung der Deutschordensmacht hingegen erfolgte nach der Schlacht von Tannenberg/Grunwald 1410, bei der ein Großteil der Ordensritter und der Hochmeister Ulrich von Jungingen selbst umkamen[11]. Der im Ersten Thorner Frieden 1411 niedergeschriebene Verzicht auf Samaiten konnte ordensseitig sicherlich verschmerzt werden, während die riesige Entschädigungssumme selbst ein so gut funktionierendes Gemeinwesen wie den Ordensstaat ziemlich erschüttern mußte[12].

Liturgisch gesehen läßt sich ein Niedergang des Ordenslebens in dieser Zeit nicht belegen, ganz im Gegenteil. Sehr viele der heute in der Stadtbibliothek Danzig aufbewahrten liturgischen Deutschordenshandschriften sind aufgrund der Schriftdatierung zwischen dem Ersten und dem Zweiten Thorner Frieden entstanden[13]. Der Zweite Thorner Frieden (1466), der das Resultat eines 13jährigen Städtekrieges war, führte hingegen zu einschneidenden, territorialen Veränderungen, nämlich faktisch zur Teilung Preußens[14]. Während der westliche Teil

---

ne Gesamtdarstellung. Düsseldorf 1957; zusammenfassend Anette Löffler: Die liturgischen Fragmente aus den Beständen des Historischen Staatsarchivs Königsberg in Berlin. Neue Erkenntnisse zur Liturgiegeschichte des Deutschen Ordens. In: Bernhart Jähnig (Hg.): Kirchengeschichtliche Probleme des Preußenlandes aus Mittelalter und Früher Neuzeit (Tagungsberichte der historischen Kommission für ost- und westpreußische Landesforschung 16). Marburg 2001, hier S. 134 f.

10 Strehlke (Hg.): Tabulae (wie Anm. 9), Nr. 536.

11 Sven Ekdahl: Die Schlacht bei Tannenberg 1410. Quellenkritische Untersuchungen. Bd. 1: Einführung und Quellenlage (Berliner Historische Studien 8). Berlin 1982; ders.: Die „Banderia Prutenorum" des Jan Długosz – eine Quelle zur Schlacht bei Tannenberg (Abhandlungen der Akademie der Wissenschaften in Göttingen 104). Göttingen 1976.

12 Urkunde und Vidimus GStA PK, XX. HA Schiebl. 64 n. 7. Dazu auch: Erich Weise (Hg.): Die Staatsverträge des Deutschen Ordens im 15. Jahrhundert. Bd. 1. Königsberg 1939, Nr. 83, S. 84–89. Zur finanziellen Seite des Vertrages und seinen wirtschaftlichen Folgen s. Jürgen Sarnowsky: Die Wirtschaftsführung des Deutschen Ordens in Preußen (1382–1454) (Veröffentlichungen aus den Archiven Preußischer Kulturbesitz 34). Berlin 1993.

13 Otto Günther: Die Handschriften der Kirchenbibliothek von St. Marien in Danzig (Katalog der Danziger Stadtbibliothek 5). Danzig 1921.

14 Die Hauptausfertigung des Vertrages s. Warszawa, Archivum Glówne Akt Dawnych, Dok. Perg. 1143. Dazu Weise (Hg.): Staatsverträge (wie Anm. 12). Bd. 2. Marburg 1955, Nr. 403, S. 262–288.

des Ordenslandes von der Krone Polens zu Lehen genommen werden mußte, verblieb nur der östliche Teil als eigentlicher Ordensstaat. Dies zog eine Verlagerung des Hochmeistersitzes von der Marienburg nach Königsberg nach sich.

Bereits auf der Marienburg war seitens des Hochmeisters ein Archiv, das hauptsächlich Verwaltungs- und Kanzleischriftgut enthielt, angelegt worden[15]. Dieses Archiv wuchs in Königsberg weiter an. Sowohl für die Leistungskraft der Kanzlei als auch für die Fortschrittlichkeit dieser Einrichtung sprechen Archivalien wie das Marienburger Treßlerbuch (1399–1409)[16], eine Übersicht über die zentrale Finanzverwaltung des Ordens, das Marienburger Konventsbuch[17], eine Übersicht über die Einnahmen und Ausgaben der Marienburg, das große Ämterbuch oder das große Zinsbuch[18]. Dieses Archiv ist im Jahr 1469 in Tapiau nachweisbar. Im Jahr 1722 wurde es nach Königsberg transferiert und dort mit dem herzoglichen bzw. königlichen Archiv vereint.

Ein sehr tiefer Einschnitt erfolgte im Zweiten Weltkrieg[19]. Am Kriegsende wurde das Archiv in Kisten verpackt und in einen Stollen bei Grasleben ausgelagert. Unmittelbar nach Kriegsende wanderten diese Kisten nach Goslar und von dort in das sog. Zonale, später Staatliche Archivlager nach Göttingen. Dort verblieb der Bestand zunächst einige Jahrzehnte und wurde der Forschung zugänglich gemacht[20]. In heutiger Zeit wird – spätestens mit dem Schnitt 1945 – eine Begriffstrennung vorgenommen. Die Archivalien in Göttingen werden von nun an als das Historische Staatsarchiv Königsberg bezeichnet, das die Ordensüberlieferung im Geheimen Staatsarchiv zu Berlin umfaßt, während das Staatsarchiv Königsberg die bis heute andauernde Archivüberlieferung im Kaliningrader Gebiet nebst weiteren Beständen beinhaltet.

Im Jahr 1978 wurde das Historische Staatsarchiv Königsberg von der Stiftung Preußischer Kulturbesitz erworben und in das Geheime Staatsarchiv Berlin-Dahlem integriert. Dort bildet es seitdem eine eigene Hauptabteilung (XX. HA) und

---

15 Kurt Forstreuter: Zur Frage der Registerführung in der zentralen Deutschordenskanzlei. In: AZ 52 (1956), S. 49–61.

16 Erich Joachim (Hg.): Das Marienburger Treßlerbuch der Jahre 1399–1400. Königsberg 1896 (ND Bremerhaven 1973). Die Signatur lautet: GStA Berlin, XX. HA, OF 140. Dazu Karsten Müller: Das Marienburger Treßlerbuch als Beispiel mittelalterlicher Rechnungslegung. Seminararbeit HU Berlin (SS 2001).

17 Walter Ziesemer (Hg.): Das Marienburger Konventsbuch der Jahre 1399–1412. Danzig 1913. Die Signatur lautet: GStA Berlin, XX. HA, OF 178 und 179.

18 Walter Ziesemer (Hg.): Das große Ämterbuch des Deutschen Ordens. Danzig 1921 (ND Wiesbaden 1968); die Signatur lautet: GStA Berlin, XX. HA, OF 130. Weiter Peter G. Thielen (Hg.): Das große Zinsbuch des Deutschen Ritterordens 1414–1438. Marburg 1958; die Signatur lautet: GStA Berlin, XX. HA, OF 131. Ein Überblick bei Sarnowsky: Wirtschaftsführung (wie Anm. 12).

19 Ähnlich komplex verhält es sich mit dem Bestand der Königsberger Bibliothek. Vgl. hierzu Uwe Meves (Hg.): Katalog der mittelalterlichen deutschsprachigen Handschriften der ehemaligen Staats- und Universitätsbibliothek Königsberg. Bearb. v. Ralf Päsler (Schriften des Bundesinstitutes für ostdeutsche Kultur und Geschichte 15). Oldenburg 2000, bes. die Einleitung.

20 Bernhart Jähnig: Verlagerung der Königsberger Bestände von Göttingen nach Berlin. In: Der Archivar 34 (1981), Sp. 400–402.

umfaßt in etwa 30 % des ehemaligen Ordensarchivs in Königsberg[21]. Der Inhalt des Historischen Staatsarchivs Königsberg besteht im wesentlichen aus den mittelalterlichen Urkunden des Deutschen Ordens, den Ordensfolianten (OF), dem Ordensbriefarchiv (OBA) bzw. dem Herzoglichen Briefarchiv (HBA) sowie den fast vollständigen Amtsrechnungen der verschiedenen preußischen Ämter[22].

3. Die Geschichte des Projekts

Die preußischen Amtsrechnungen waren oftmals in Makulatur mittelalterlicher Handschriften gebunden, deren Inhalt als überholt oder unnütz galt. Nach der Umwandlung des Ordenslandes Preußens in ein weltliches Herzogtum waren vor allem die liturgischen Codices überflüssig geworden, der stabile Werkstoff Pergament sicherte jedoch als Kopert einem Teil der ehemaligen Handschriften das Überleben.

In einem auf knapp 1 ½ Jahre befristeten Projekt (Mai 1995 – September 1996) im Geheimen Staatsarchiv Preußischer Kulturbesitz in Berlin sollten möglichst viele dieser liturgischen Fragmente beschrieben und inventarisiert bzw. katalogisiert werden. Zunächst wurde eine Bestandsaufnahme im Magazin vorgenommen. Diese Bestandsaufnahme gestaltete sich als Abschreiten der Regalmeter und Notierung derjenigen Signaturen, die mindest dem Augenschein nach liturgische Fragmente enthielten[23]. Die Zahl dieser liturgischen Fragmente addierte sich nach diesem Sichtungs-Modus auf ca. 450 Stücke. Keine Berücksichtigung bezüglich der Aufnahme in ein Katalogisierungsprojekt fanden zunächst die nicht-liturgischen Koperte[24].

Die Bestandsaufnahme begann mit dem ersten Amt in alphabetischer Reihenfolge, dem Amt Angerburg[25]. Zu diesem Zeitpunkt war noch nicht klar, in welcher Art und Weise die Aufnahme der Fragmente erfolgen sollte. Zur Debatte standen hauptsächlich eine Aufnahme als Inventar oder als Katalog bzw. eine Tiefenerschließung, wie sie dem heutigen DFG-Modus entsprechen würde[26].

21 Zu den Quellen der XX. HA s. Jürgen Sarnowsky: Die Quellen zur Geschichte des Deutschen Ordens in Preußen. In: Mathias Thumser / Janusz Tandecki / Dieter Heckmann (Hg.): Edition deutschsprachiger Quellen aus dem Ostseeraum (14.–16. Jahrhudnert). Toruń 2001, S. 171–199.

22 Daneben finden sich auch noch Handschriften etc., beispielsweise eine Bibelhandschrift aus dem 4. Viertel des 14. Jahrhunderts, die sog. ‚Preußenbibel', vgl. XX. HA, Hs. 1.

23 Ausschlaggebend war also, ob die Buchrücken der Amtsrechnungen ‚liturgiebehaftet' waren oder nicht. Natürlich wurden auf diese Art und Weise nicht alle Fragmente gefunden, aber der Arbeitsaufwand wäre zu groß gewesen, hätte man alle ca. 20 000 ostpreußischen Folianten nicht nur aus den Regalen nehmen, sondern auch noch öffnen wollen.

24 Die Signaturen wurden gleichwohl verzeichnet. Diese Fragmente sollen nach Katalogisierungsabschluß der Liturgica aufgenommen und publiziert werden.

25 Eine Auflistung der Ämter bei Anette Löffler: „Wie si sulen kumen zu Gotes dineste". Die liturgischen Königsberger Fragmente im Geheimen Staatsarchiv. In: Jahrbuch Preußischer Kulturbesitz 34 (1997), bes. S. 316 f.

26 Vgl. hierzu die Neuen Konzepte der Handschriftenerschließung auf: www.dfg.de/forschungsfoerderung/wissenschaftliche_infrastruktur/lis/foerderbereiche/mittelalter_fruehneuzeit.html.

Doch selbst die Frage nach der Anlage eines Inventars oder der Erstellung eines Kataloges für liturgische Fragmente war nur vorübergehend zu beantworten, denn damit war noch lange nicht geklärt, wie intensiv und detailliert die Textaufnahme und die kodikologische Beschreibung zu erfolgen hatte.

Welche Ergebnisse von der Inventarisierung respektive Katalogisierung zu erwarten waren, welchen Kenntniszuwachs sie für Liturgie, Bildungsstand, Bibliothekswesen, Landesgeschichte etc. in Preußen und im Deutschen Orden bedeuten würde, war also höchst ungewiß. Dennoch oder gerade deshalb – das Experiment begann.

4. Die Vorgehensweise bei der Bearbeitung

Bei der Bearbeitung und damit der Katalogisierung der liturgischen Fragmente ergaben sich gleich zu Beginn mehrere Schwierigkeiten. Seitens des von der Deutschen Forschungsgemeinschaft (DFG) finanzierten Handschriftenprogramms, zu dem das Berliner Projekt nicht gehörte, gab es keine Vorgängerprojekte für Fragmente, die als Vorlage hätten dienen können. Erst in den letzten Jahren wurden einige wenige Fragmentkataloge erarbeitet, so beispielsweise der Katalog Münchener Fragmente von Hermann Hauke, der Katalog Frankfurter Fragmente von Gerhard Powitz, die Goslarer Fragmente von Maria Kapp oder – wenngleich in eingeschränktem Maße – die Fragmente des Tübinger Wilhelmsstifts von Stefan Klöckner[27].

Bei dem vorliegenden Projekt wurden die Vorgaben der Handschriftenkatalogisierung aufgegriffen und die Katalogisate in einen kodikologischen und einen inhaltlichen Teil geteilt. Dies bedeutet, daß die Fragmente bei der Katalogisierung wie eine komplette Handschrift behandelt wurden. Zunächst zu meiner eigenen Erleichterung gedacht, habe ich alle liturgisch relevanten und interessanten Einzelheiten in die Beschreibung aufgenommen. Weiterhin erfolgte eine Identifizierung sowie der Nachweis aller Einzelkomponenten[28].

Gleichzeitig muß an dieser Stelle aber deutlich auf die Sonderkonditionen hingewiesen werden, die für dieses Projekt galten, und die nicht verallgemeinert werden können. Die Katalogisierung stand nicht unter dem in der Handschrif-

---

27 Stefan Klöckner: Psallite sapienter. Fragmente liturgischer Handschriften aus der Bibliothek des Wilhelmsstiftes Tübingen (Quellen und Schriften 5/1 und 5/2). Wilsingen 1990–1995; Maria Kapp: Handschriftenfragmente im Stadtarchiv Goslar. Teil 1: Die liturgischen Fragmente. Goslar 1994. Zu München: Katalog der lateinischen Fragmente der Bayerischen Staatsbibliothek München. Bd. 1: Clm 29202–29311. Beschrieben v. Hermann Hauke (Catalogus codicum manu scriptorum Bibliothecae Monacensis 4.12.1). München 1994. Weiterhin: Die mittelalterlichen Handschriften der Universitätsbibliothek Rostock. Beschrieben v. Kurt Heydeck (Kataloge der Universitätsbibliothek Rostock 1). Wiesbaden 2001, mit insgesamt 333 Fragmenten, unter denen sich eine größere Anzahl von liturgischen Fragmenten befindet.

28 Dazu Anette Löffler: Fragmente liturgischer Handschriften des Deutschen Ordens im Historischen Staatsarchiv Königsberg (Einzelschriften der Historischen Kommission für ost- und westpreußische Landesforschung 18). Lüneburg 2001.

tenkatalogisierung üblichen Zeitdruck. In der Handschriftenkatalogisierung ist eine Veranschlagung von ca. zwei Wochen je Handschrift üblich. Vergleichbare Fragmentprojekte, wie z. B. das Stockholmer Projekt von Gunilla Björkvall hat für fünf Fragmente einen einzigen Tag zur Verfügung[29]. Auch Giacomo Baroffio weist in seinem jüngst erschienenen Katalog liturgischer Fragmente auf diese Problematik hin[30]. Dem Umfang der inhaltlichen Erfassung waren zudem keine Grenzen gesetzt. Sollte die Identifizierung der Fragmente eine sehr ausführliche Bearbeitung und eine gleichfalls sehr umfangreiche Beschreibung erfordern, so war diese Vorgehensweise seitens des Projektes genehmigt. Unter diesen Prämissen wurden die Fragmente bis zum Abschluß meines Arbeitsvertrages bearbeitet, weitgehend unabhängig also von zeitlichen oder inhaltlichen Einschränkungen. Nach 1 ½ Jahren waren ca. 120 Fragmente katalogisiert.

5. Der Projektstatus bei der Historischen Kommission für ost- und westpreußische Landesforschung

Mit dem Vertragsende war ein Zeitpunkt erreicht, der zunächst und in vielen anderen Fällen den Abbruch der Katalogisierung nach sich gezogen hätte. In diesem Fall war es jedoch möglich, daß die Katalogisierung der liturgischen Fragmente des Historischen Staatsarchivs Königsberg als Projekt von der Historischen Kommission für ost- und westpreußische Landesforschung übernommen wurde. Aus dem bezahlten Katalogisierungsprojekt wurde somit ein unbezahltes Kommissionsvorhaben. Da die weitere Planung vor einem stark veränderten, finanziellen Hintergrund auszugehen hatte und die Gewichtung des zeitlichen Aspekts meinerseits eine Veränderung erfuhr, kamen die Katalogisierungs-Arbeiten entsprechend langsamer voran. Dies allerdings war sowohl für die Bearbeiterin als auch die Historische Kommission kein ausschlaggebender Faktor; wann die Katalogisierung abgeschlossen sein würde, war eine ‚Nebensächlichkeit‘ geworden. Der gemeinsame Nenner bestand in der Gewißheit, daß diese Arbeit fortgesetzt und abgeschlossen werden würde.

Der Projektstatus innerhalb des Kommissionsprogrammes zog und zieht gewisse Folgen nach sich. Da die Bearbeiterin inzwischen auf einer anderen Projektstelle in der Handschriftenkatalogisierung tätig war, mußte eine Möglichkeit gefunden werden, die Katalogisierung der liturgischen Fragmente inhaltlich adäquat weiterzuführen[31]. Durch den Projektstatus war es möglich, daß die Frag-

29 Eine Zusammenfassung dieses Projektes bei Gunilla Björkvall: The Cataloguing of Medieval Latin Fragments at the National Archives in Stockholm: Problems and Perspectives. In: Karl Heller / Hartmut Möller / Andreas Waczkat (Hg.): Musik in Mecklenburg. Beiträge eines Kolloquiums zur mecklenburgischen Musikgeschichte. Hildesheim 2000, S. 73–85.

30 Giacomo Baroffio: Ipsi canamus gloriam: frammenti liturgici dell'Archivio storico comunale di Nonantola (Archivio storico nonantolano 4). Modena 2000.

31 Seit November 1996 war ich in Projekten der DFG mit der Katalogisierung der lateinischen theologischen Handschriften des Mittelalters der Universitätsbibliothek Leipzig beschäftigt

mente im Geheimen Staatsarchiv verfilmt wurden und diese Verfilmung aus Projektmitteln finanziert werden konnte. Einer Arbeit ‚außerhalb' des Geheimen Staatsarchivs Preußischer Kulturbesitz Berlin stand damit nichts mehr im Wege. Den 120 bereits katalogisierten Fragmenten wurden weitere 30 hinzugefügt. Diese 150 Fragmente erschienen im Jahre 2001 in der Reihe der Einzelschriften der Historischen Kommission. Der Druck auch der folgenden Fragmentnummern seitens der Historischen Kommission war und ist in Aussicht gestellt. Der zweite Teil (Fragmente Nr. 151–300) ist vor kurzem erschienen[32]. Der dritte Teil (Fragmente Nr. 301 ff.) ist in Bearbeitung. Es ist geplant, daß in diesem letzten Teil alle verbliebene, liturgische Makulatur unabhängig ihrer Anzahl erfaßt werden soll. Hier werden auch die wenigen vorhandenen liturgischen Druckfragmente Berücksichtigung finden.

Ein weiteres Kriterium der Kommissionarbeit ist ferner die Beibehaltung der bisherigen, ausführlichen Katalogisierungspraxis. Kurz gesagt, die Sonderkonditionen (oder die Eigendynamik), die die Katalogisierung im Geheimen Staatsarchiv in Berlin erreicht hatte, wurden von der Historischen Kommission nicht nur gebilligt, sondern auch von ihr weitergeführt.

6. Der ‚Sonderstatus' und die Besonderheiten des Projektes

Die bereits öfters erwähnten Eigenheiten setzen sich ebenso im inhaltlichen Bereich der Erfassung der Deutschordensliturgie fort. An erster Stelle muß natürlich noch einmal die Tatsache Erwähnung finden, daß es sich nicht um DFG-finanziertes Projekt handelt. Dies hat in diesem Fall jedoch den Vorteil, daß die Katalogisierungs-Freiheiten des Bearbeiters ungleich größer sind.

Bei der Bearbeitung hatte es sich gezeigt, daß die Mehrheit der Fragmente der Liturgie des Deutschen Ordens folgt. Es stand zwar von Anfang an nicht außer Frage, daß einige/mehrere/viele Fragmente dieser Liturgieausprägung folgen würden, da es sich schließlich um Schriftgut aus dem Ordensland Preußen handelte. Dennoch gab es natürlich weitere Orden, hauptsächlich Zisterzienser, Dominikaner und Franziskaner, und Klöster in diesem weiträumigen Gebiet.

Erschwerend machte sich jedoch bei der Katalogisierung der Fragmente bemerkbar, daß es nur außerordentlich wenige liturgische Handschriften des Deutschen Ordens, die man zu Vergleichszwecken hätte heranziehen können, gab. Diese Codices waren und sind zudem nur sehr unzureichend bekannt oder erforscht und verstreut über sehr viele europäische Bibliotheken, Archive und Museen. Hier handelt es sich hauptsächlich um die heute in der Bibliothek der Akademie der Wissenschaften in Danzig, der Württembergischen Landesbibliothek

gewesen. Nach Abschluß dieses Projektes arbeite ich seit dem 1. April 2004 an den medizinischen Handschriften der UBL.

32 Anette Löffler: Fragmente liturgischer Handschriften des Deutschen Ordens im Historischen Staatsarchiv Königsberg II (Einzelschriften der Historischen Kommission für ost- und westpreußische Landesforschung 24). Marburg 2004.

in Stuttgart, der Landes- und Hochschulbibliothek Darmstadt, dem Zentralarchiv des Deutschen Ordens (DOZA) in Wien und der Seminarbibliothek in Pelplin aufbewahrten Codices[33]. Weitere vereinzelte Handschriften sind quer über den europäischen Kontinent verstreut. Eine Folge des mangelhaften Kenntnisstandes ist das Fehlen von Forschungsarbeiten zum Thema Liturgie des Deutschen Ordens[34]. Erst in den letzten Jahren ist hier die Forschung in Fluß gekommen. Von polnischer Seite ist das zweifelsohne das Verdienst des leider früh verstorbenen Henryk Piwoński[35]. Abhilfe von deutschsprachigen Forschern wird derzeit von Ewald Volgger und Anette Löffler geschaffen, wenngleich noch sehr viel zu tun bleibt[36].

Bei einer Einordnung dieses Fragmentbestandes innerhalb der Liturgie des Deutschen Ordens und in Abgrenzung zu anderen liturgischen Fragmentbeständen sollte zunächst Folgendes bedacht werden. Es handelt sich bei den Königsberger Fragmenten um einen Bestand mit Corpuscharakter, der trotz seiner verzweigten Überlieferung als geschlossener Bestand gelten darf[37]. Die Ergebnisse rechtfertigen infolgedessen eine ausführlichere Katalogisierung, auch wenn die Vergleichs- und Zuordnungsarbeiten der Fragmente zu den Codices sich als sehr zeitaufwendig gestalten.

---

33 Es würde zu weit führen, an dieser Stelle alle Handschriften mit Katalognachweisen vorzustellen. Ein Überblick über alle vorhandenen liturgischen Handschriften wird in der Edition des „Liber Ordinarius OT“, die ich in Bearbeitung habe, gegeben.

34 Eine Auswahl der wenigen älteren Arbeiten: Michael Krüger: Der kirchliche Ritus in Preußen während der Herrschaft des Deutschen Ordens. In: Zeitschrift für Geschichte und Altertumskunde Ermlands 3 (1866), S. 694–712; Guillaume Eugène Josèphe de Wal: Recherches sur l'ancienne constitution de l'Ordre Theutonique. Mergentheim 1807. Eine weitere Zusammenstellung bei Löffler: Liturgische Fragmente (wie Anm. 9), bes. S. 131–135.

35 Henryk Piwoński: Kult swietych w zabytkach liturgicznych Krzyzakow w Polsce [Heiligenverehrung in den liturgischen Quellen des Deutschen Ordens in Polen] (Nadbitka z Czasopisma Archiwa, Biblioteki i Muzea Koscielne 47). Lublin 1983, S. 312–362; ders.: Indeks sekwencij w zabytkach liturgicznych Krzyzakow w Polsce [Indizes der Sequenzen in liturgischen Schriften des Deutschrordensritter in Polen] (Index sequentiarum in monumentis liturgicis Cruciferorum in Polonia) (Nadbitka z Casopisma Archiwa, Biblioteki i Muzea Kościelne 49). Lublin 1984, S. 221–244; ders.: Hymny brewiarzowe w zabytkach liturgiczno-muzycznych Krzyżaków w Polsce. Studium muzykologiczne [Die Hymnen des Breviers in den liturgisch-musikalischen Quellen des Deutschen Ordens in Polen. Eine musikwissenschaftliche Untersuchung]. Kielce 1989.

36 Ewald Volgger: Die Feier von Kreuzauffindung und Kreuzerhöhung. Ursprung, Verbreitung und Bedeutung unter besonderer Berücksichtigung als Hochfeste des Deutschen Ordens. In: Udo Arnold (Hg.): Beiträge zur Geschichte des Deutschen Ordens 2 (Quellen und Studien zur Geschichte des Deutschen Ordens 49). Marburg 1993, S. 1–50; ders.: Georg in der Liturgie westlich-römischer Tradition und im Deutschen Orden. In: Ewald Volgger (Hg.): Sankt Georg und sein Bilderzyklus in Neuhaus/Böhmen (Jindrichuv Hradec). Historische, kunsthistorische und theologische Beiträge (Quellen und Studien zur Geschichte des Deutschen Ordens 57). Marburg 2002, S. 80–123. In diesem Zusammenhang sei noch auf eine ungedruckte Diplomarbeit verwiesen: Manfred Zeller: Die Messe im Meßbuch des Deutschen Ordens von 1499. Diplomarbeit an der Theologischen Hochschule St. Gabriel in Mödling 1994. Die Forschungen von Anette Löffler s. in den Fußnoten dieses Beitrages.

37 Vgl. hierzu den Vortrag von Felix Heinzer auf dem Workshop in Jena (s. Anm. 1): Über die Erkennbarkeit des abwesenden Ganzen – Zur Frage nach dem Sinn einer Katalogisierung liturgischer Fragmente.

6.1 Möglichkeiten und Schwierigkeiten

Aus dem bisher Dargelegten ergibt sich, daß sowohl die liturgischen Handschriften des Deutschen Ordens als auch die Königsberger Fragmente einen sehr hohen Wert als Primärquelle besitzen. Die Erforschung beider Bereiche kann mit Recht als Grundlagenforschung bezeichnet werden. Hier zeigt es sich, daß es von Vorteil sein kann, wenn eine überschaubare Anzahl von Handschriften einer Liturgieausprägung vorhanden ist, da die Erarbeitung in diesem Fall gebündelt von einer Hand erfolgen kann.

Bevor allerdings irgendeine Aussage zur Deutschordens-Liturgie getroffen werden kann, muß diese Liturgie zunächst einmal in ihrer Eigenheit und Ausformung definiert werden. Dies bedeutet konkret, daß die vorhandenen Handschriften vorab gesucht und ausgewertet werden müssen. Die Spezifika dieser Liturgie müssen herausgearbeitet und erarbeitet werden, was üblicherweise mit der Erstellung von Sekundärliteratur einhergeht. Erst dann oder höchstens in parallelen Schritten ist eine gesicherte Zuordnung der Fragmente möglich.

6.2 Die Beschreibungsform der Fragmente

Die Beschreibung der Fragmente folgt den Richtlinien für Handschriftenkatalogisierung der Deutschen Forschungsgemeinschaft. Infolgedessen ist jede Beschreibung zweigeteilt. Der erste Teil ist die kodikologische Beschreibung, die Beschreibung des Äußeren. Dazu gehören Handschriftenart, Beschreibstoff[38], Umfang, Datierung, restauratorische und überlieferungsgeschichtliche Hinweise, alte Signaturen, Format, Größe des Schriftraums, Zeilen- und Spaltenanzahl[39], Schriftgröße, Schriftart, alte Foliierung oder Paginierung, Lagenbezeichnungen oder -zählungen, Neumentypus, Initialen, weitere sekundäre Beschriftungen des Koperts und Überlieferung.

Die inhaltliche Beschreibung gibt zunächst die genaue liturgische Zuordnung wieder, also beispielsweise bei einem Sanktorale-Teil die Nennung aller im Fragment aufgeführten Feste. Darüber hinaus werden innerhalb der Beschreibung zusätzliche Punkte aufgeführt. Jedes liturgische Initium wird, sofern möglich, mit einem Einzelnachweis versehen. So wird etwa der im Fragment Nr. 33 vorhandene Hymnus „Christe, sanctorum decus“ mit entsprechenden Nachweisen in den „Analecta Hymnica“, bei Chevalier und im „Corpus Antiphonalium Officii“

38 Alle liturgischen Königsberger Fragmente sind mit einer Ausnahme aus Pergament. Zur einzigen Ausnahme eines Papierfragmentes vgl. Löffler: Fragmente (wie Anm. 28), S. 84 f., Nr. 62.

39 Dazu wird eine Maßangabe für jeweils fünf Zeilen gegeben, die es erlaubt, auch kleine Partien einem weiteren Fragment zuzuordnen. Diese Art der Maßangabe auch bei Klöckner II (wie Anm. 27), S. 8 ff. Der Katalogisierer der Melker und Klosterneuburger Fragmente Alois Haidinger (Wien) gibt zehn Zeilen an.

aufgeführt[40]. Ein spezifiziertes Initienregister ermöglicht die Suche nach jedem einzelnen Initium. Dieses Initienregister ist geteilt in Initia cantuum officii, Initia cantuum missae, Orationes und Lesungen. Jede einzelne Partie ist nochmals unterteilt in die entsprechenden liturgischen Teile in der Reihenfolge des Formulars. Bei den Initia cantuum missae bedeutet dies beispielsweise eine Unterteilung in Introitus, Psalmi introitus, Gradualia, Versus Gradualiae, Versus Alleluiatici, Tractus, Versus Tractus, Sequentiae, Offertoria, Versus Offertorii, Communiones, Versus Communionis und Antiphonae in missalibus. Innerhalb dieser Gruppen werden die Initien alphabetisch mit liturgischem Ort und Katalognummer bezeichnet[41].

Ferner ist das komplette Registerprogramm der Handschriftenkataloge der DFG in den Fragmentkatalogen vorhanden. In diesem konkreten Fall bedeutet das die Anlage eines Personen-, Orts- und Sachregisters, dessen Aussagekraft bei liturgischen Fragmenten aber eher geringer zu veranschlagen ist als bei Handschriftenkatalogen[42]. Weitere Register dieses Bestandes sind: Index sanctorum; Dominicae, feriae et festa domini per circulum anni; Index Commune sanctorum, Missae votivae et Missae mortuorum; Bibelstellen der Lesungen; Homilien-Index; Übersicht über die vorhandenen Fragmentgattungen; Konkordanz der Trägerbücher; Konkordanz der alten Signaturen; Abkürzungs- und Literaturverzeichnis.

Standardmäßig wird bei allen vorliegenden Fragmenten eine Ritus-Zuweisung vorgenommen, d. h. es wird überprüft, ob diese Makulatur inhaltlich der Liturgie des Deutschen Ordens folgt. Ist dies nicht der Fall, wird versucht, den Ritus des entsprechenden Fragments zu bestimmen[43].

6.3 Die Ritus-Zuweisung

Im Ordensland Preußen wie auch in anderen Balleien gab es im Mittelalter in nicht unerheblichem Umfang liturgische Handschriften. Über die Anzahl dieser

40 Löffler: Fragmente (wie Anm. 28), S. 49; Analecta Hymnica medii aevi. Bd. 50, S. 178, Nr. 197; Ulysses Chevalier: Repertorium Hymnologicum. Bd. 1. Löwen 1892, Nr. 3000; René-Jean Hesbert (Hg.): Corpus Antiphonalium Officii (Rerum ecclesiasticarum documenta. Series maior. Fontes 10). Rom 1970, Nr. 8287.

41 Löffler: Fragmente (wie Anm. 28), S. 199–222.

42 Das Personen-, Orts- und Sachregister der Königsberger Fragmente wird aufgrund seines relativ geringen Umfangs im abschließenden dritten Teil der liturgischen Fragmente gedruckt.

43 Für die liturgisch eng verwandten Dominikaner s. Franciscus Guerrini: Ordinarium iuxta ritus sacri ordinis fratrum Praedicatorum. Rom 1921. Zu dem franziskanischem Liber Ordinarius s. Stephan J. P. van Dijk: Sources of the modern roman liturgy. The ordinals by Haymo of Faversham and related documents (1243–1307) (Studia et Documenta Franciscana 1–2). Leiden 1963. Eine Liste mit Editionen weiterer „Libri Ordinarii“ bei Aimé-Georges Martimort: Les „Ordines“, les Ordinaires et les Cérémoniaux (Typologie des sources au moyen âge occidental 56). Turnhout 1991. Weiterführend außerdem Jürgen Bärsch: Stiftsliturgie und städtische Religiosität im Mittelalter. Beziehungen und Abgrenzungen im Zeugnis des Liber Ordinarius. In: Katrinette Bodarwé/Thomas Schilp (Hg.): Herrschaft, Liturgie und Raum. Studien zur mittelalterlichen Geschichte des Frauenstifts Essen (Essener Forschungen zum Frauenstift 1). Essen 2002, S. 132–145.

Handschriften gibt in Preußen das große Ämterbuch Auskunft. So sind im Zeitraum 1430–1440 ca. 400 liturgische Codices nachweisbar[44]. Für viele Ordenshäuser belegen die Inventare aus der Mitte des 16. Jahrhunderts oft recht detailliert die Art und Anzahl der Liturgica[45].

Bei der Vorgehensweise zur Ritus-Zuweisung ist der Ausgangspunkt die Festlegung eines liturgischen Handschriftentyps, also beispielsweise Missale mit bestimmten Festen in einer bestimmten Festreihenfolge. Folgende Fragen stehen im Mittelpunkt einer weiteren Betrachung. Folgt das vorliegende Fragment der Liturgie des Deutschen Ordens? Wie kann diese Zuordnung verifiziert werden?

Grundsätzlich gibt es nun zwei Möglichkeiten diese Verifizierung durchzuführen. Die erste und wichtigste bildet die Überprüfung anhand des „Liber Ordinarius" (Notula) des Deutschen Ordens[46]. In diesem Normcodex mit bindendem Charakter werden die Eigenheiten der Liturgie festgelegt und die Abfolge von Meß- und Chordienst geregelt. Der Vergleich mit dem „Liber Ordinarius" sollte als absolut vorrangig behandelt werden[47]. In Hinblick auf den Deutschen Orden ist an dieser Stelle festzuhalten, daß es heute nur noch außerordentlich wenige Exemplare des „Liber Ordinarius" gibt, wiewohl auch hier im großen Ämterbuch nachzuweisen ist, daß die Anzahl im Mittelalter nicht unerheblich gewesen ist[48]. Allein für Preußen sind zu Anfang des 15. Jahrhunderts mindestens 27 Exemplare nachweisbar[49]. Die wenigen heute vorhandenen Exemplare des „Liber Ordinarius" sind zeitlich und regional sehr stark gestreut. Dies bedeutet, daß einerseits aus dem Ordensland Preußen ein Exemplar für eine Überlieferungstradition steht, andererseits die Balleien im Reich exemplarisch mit dem Stuttgarter „Liber Ordinarius" verglichen werden können. Aufgrund dieser Kriterien ist die Einführung neuer Feste gut nachzuvollziehen.

Ein spezifischer Zusatz zum „Liber Ordinarius" ist die sog. „Correctio Notulae", in der Änderungen in der Liturgie aufgenommen und Eigenmächtigkeiten behoben wurden[50]. In der „Correctio Notulae" werden stärkere liturgische Unterschiede

---

44 Löffler: Königsberger Fragmente (wie Anm. 25), S. 322–324. Dazu auch Edward Potkowski: Spirituality and reading. Book collections of the Teutonic Order in Prussia. In: Zenon Hubert Nowak (Hg.): Die Spiritualität der Ritterorden im Mittelalter (Ordines militares 7). Toruń 1993, S. 217–239. Zu den Büchern und Bibliotheken des Ordens jetzt auch Arno Mentzel-Reuters: Arma spiritualia. Bibliotheken, Bücher und Bildung im Deutschen Orden (Beiträge zum Buch- und Bibliothekswesen 47). Wiesbaden 2003.

45 Z. B. Katharina Schaal: Das Deutschordenshaus Marburg in der Reformationszeit. Der Säkularisationsversuch und die Inventare von 1543 (Untersuchungen und Materialien zur Verfassungs- und Landesgeschichte 15). Marburg 1996.

46 Anette Löffler: Neue Erkenntnisse zur Entwicklung des Liber Ordinarius (Notula) OT. In: Udo Arnold/Mario Glauert/Jürgen Sarnowsky (Hg.): Preußische Landesgeschichte. Festschrift für Bernhart Jähnig zum 60. Geburtstag (Einzelschriften der Historischen Kommission für ost- und westpreußische Landesforschung 22). Marburg 2001, S. 137–150.

47 Entgegen anderer Meinungen, die die Überprüfung anhand des „Liber Ordinarius" nicht in das Aufgabengebiet des Bearbeiters stellen wollen.

48 Löffler: Erkenntnisse (wie Anm. 46), S. 138.

49 Ämterbuch (wie Anm. 18), S. 124 und 126.

50 Löffler: Erkenntnisse (wie Anm. 46), S. 137 ff. Eine Abbildung der Danziger „Correctio Notulae" aus der Handschrift Ms. Mar. Q 10 mit sehr kurzer Erläuterung in: 800 Jahre Deut-

zwischen Preußen und dem Balleien im Reich sichtbar. So wird das Fest Divisio apostolorum in den Balleien im Reich mit einem eigenem Formular versehen, was auf eine entsprechende Festausprägung schließen läßt, während im preußischen „Liber Ordinarius“ kein eigenes Festformular vorgesehen ist. Am Rande sei hier noch vermerkt, daß die „Correctio Notulae“ in ihrer liturgischen Bedeutung in der „Correctura“ der Dominikaner, die ohnehin liturgisch sehr eng verwandt sind, eine Entsprechung findet[51].

Die zweite Möglichkeit einer Rituszuweisung basiert auf der Überprüfung anhand der liturgischen Handschriften des Deutschen Ordens. Hier gilt es außerdem, die bereits in den Statuten verankerten regionalen Besonderheiten zu beachten. So wird das Fest des heiligen Georg im allgemeinen am 23. April gefeiert, lediglich im Bistum Ermland wird dieses Fest auf den 24. April verlegt, da der 23. April bereits mit dem dort höherrangigen Fest des Bistumsgründers Adalbert belegt ist. Der Überlieferungsschwerpunkt der liturgischen Handschriften des Deutschen Ordens liegt auf der Danziger Marienkirche, in der hauptsächlich Liturgica des 15. Jahrhunderts überliefert sind. Dieser regionale Schwerpunkt ist für die Königsberger Fragmente sicherlich von Vorteil, da die Fragmente ja gleichfalls aus dieser Region stammen, wenn auch mehrheitlich aus dem 14. Jahrhundert. Andererseits gewinnt der Fragmentfundus an Bedeutung, da einige Fragmente bereits im 13. Jahrhundert entstanden sind und die frühe Liturgie des Deutschen Ordens repräsentieren. Außerdem sind einige Fragmente in Preußen geschrieben worden oder zumindest für Preußen und die preußischen Liturgie-Eigenheiten. So existiert das Doppelblatt eines Antiphonarfragments aus dem späten 13. Jahrhundert mit den Sanktorale-Festen des Monats Dezember, die in dieser Reihenfolge und mit diesen Texten nur im Ordensland Preußen nachzuweisen sind[52].

Zusammenfassend läßt sich also sagen, daß zuerst eine Verifizierung anhand des „Liber Ordinarius“ vorgenommen werden muß, als zweiter Schritt müssen dann die liturgischen Handschriften zu Rate gezogen werden. Der zweite Schritt ist bei bestimmten Fragmenten alleine schon deshalb zwingend, da bei den Lesungen des Breviers der „Liber Ordinarius“ nicht die erwünschte Auskunft geben kann. Dort sind zu den Lectiones lediglich Bemerkungen wie „sex lectiones de vita eius, tres de expositione evangelii“ an der Tagesordnung, während die exakten Textstellen in den Handschriften aufgeführt werden.

---

scher Orden. Ausstellungskatalog. Hg. vom Germanischen Nationalmuseum Nürnberg und der Internationalen Historischen Kommission zur Erforschung des Deutschen Ordens von Gerhard Bott und Udo Arnold. München, Gütersloh 1990, Nr. VI.5.3, S. 410. Diese Handschrift ist äußerst kurz und nicht ganz zutreffend beschrieben bei Günther: Handschriften (wie Anm. 13), S. 475–478.

51 Hier beispielsweise die Würzburger Handschrift M.p.th.q. 54; vgl. Anette Löffler: Das älteste bekannte Missale des Deutschen Ordens. Eine neu entdeckte Handschrift im Pfarrarchiv Weißenburg i. E. In: Zeitschrift für die Geschichte des Oberrheins 151 (2003), S. 67–92.

52 Löffler: Fragmente Königsberg II (wie Anm. 32), Nr. 289. Dazu in Kürze dies.: Secundum consuetudinem terrae. Bemerkungen zu den liturgischen Eigenheiten des Deutschen Ordens in den Balleien (in Vorbereitung).

Sollte eine Überprüfung hinsichtlich der Deutschordensliturgie insgesamt negativ ausfallen, muß nach Zuordnungskriterien zu anderen Liturgieausprägungen gesucht werden.

6.4 Die Bearbeitungsschritte

Die Bearbeitungsschritte bei der Katalogisierung und Textbestimmung von Fragmenten und Handschriften gleichen sich in vielen Bereichen. Der zentrale Punkt ist bei beiden die Herausarbeitung von Spezifika und die Umschreibung bestimmter Textteile. Sind diese Spezifika nicht vorhanden, wird eine Aussage zum Ritus kaum zu treffen sein. So ist beispielsweise ein Fragment mit Formularen zum 1. Adventssonntag relativ wenig aussagekräftig, da sich die Liturgien hier generell so gut wie gar nicht unterscheiden. Bei der Suche nach Spezifika wird das Augenmerk auf bestimmte liturgische Eigenheiten und das Vorhandensein bestimmter Feste gerichtet. Für den Deutschen Orden bedeutet dies die Suche nach Festen wie Translatio Elisabeth, Hupert, Wenzel oder die verschiedenen Anniversarien-Feste. Dann werden die bereits erwähnten Schritte eingeleitet, also die Suche im „Liber Ordinarius", in den Ordenshandschriften und im Kalendarium.

Die Suche nach bestimmten Textteilen gestaltet sich natürlich viel dezidierter. Als aussagekräftige Textteile gelten etwa Hymnen, Reimoffizien, Sequenzen und Alleluia-Verse. Für diese Teile habe ich mir entsprechende Listen geschaffen, die es mir erlauben, mit relativ geringem Zeitaufwand die gesuchten Texte zu identifizieren und ihre Abweichungen oder ihre Konformität festzustellen.

Am Beispiel der Hymnen soll der Aufbau dieser Listen stellvertretend erläutert werden. Zunächst werden in einem ersten Feld in numerischer Reihenfolge die Angaben der „Analecta Hymnica" aufgelistet. Das zweite Feld ist für das Fest vorgesehen. Ab dem dritten Feld erscheinen alle Handschriften mit einer eigenen Spalte, so daß am Kreuzungspunkt die entsprechende Folio-Angabe eingetragen werden kann. Man kann mit geringem Aufwand eruieren, in welchen Handschriften der bereits oben erwähnte Hymnus „Christe, sanctorum decus" angegeben wird.

In einer zweiten Ausgabe dieser Liste wurde der Aufnahmemodus verändert. Dort stellen nicht mehr die Nummern der „Analecta Hymnica" das Ordnungsprinzip dar, sondern die Reihenfolge der Feste. In der ersten Zeile des Temporale-Teils wird mit dem Beginn des Kirchenjahres, dem 1. Adventssonntag, begonnen, im Sanktorale-Teil entsprechend mit dem Apostel Andreas. Hier kann man sich sehr schnell einen Überblick verschaffen, welche Hymnen zu einem bestimmten Fest gewählt werden, welche Handschriften dieselben Hymnen wählen, wo es Abweichungen gibt. Am Ende steht ein alphabetischer Index mit dem jeweiligen Textbeginn der Hymnen sowie ein Index nach Numerus currens der „Analecta Hymnica".

Bei jeder neuen Handschrift, die dem liturgischen Ritus des Deutschen Ordens zugewiesen werden konnte, ist es also notwendig, diese Angaben in die Listen einzutragen. Selbst bei den ‚nur‘ ca. 50 liturgischen Handschriften des Deutschen Ordens ist dies ein recht erheblicher Aufwand, der jedoch nach Fertigstellung einer solchen Liste die weiteren Arbeiten, gerade im Rahmen der Zuordnung zum Deutschordensritus, erheblich erleichtert.

7. Projekt „Deutschordensliturgie“

Alle diese Punkte zusammen erlauben es, von einem übergreifenden Projekt zur Erforschung der Liturgie des Deutschen Ordens zu sprechen. Die einzelnen Bausteine dieses Projekts sind folgende: die Edition des „Liber Ordinarius“, die Erforschung der liturgischen Handschriften, die Katalogisierung der liturgischen Fragmente aus dem Historischen Staatsarchiv Königsberg in mehreren Bänden, die Darstellung relevanter Texte in Tabellenform als Methode zur Bestimmung regionaler Eigenheiten bei Fragmenten und Handschriften sowie die Erstellung von diversen Publikationen[53].

Dies alles zusammen macht dieses Projekt aus, das aus einer Fülle von Besonderheiten und Sonderkonditionen besteht. Die bisherigen Ergebnisse sprechen für die Gangbarkeit des eingeschlagenen methodischen Weges.

---

53 Weitere diesbezügliche Projekte, vor allem weitere Editionsvorhaben, befinden sich in der Planung.

Berichte und Forschungen 12 (2004), S. 71–98.

Zofia Bandurska

Archivalien der ehemaligen Breslauer Kunstmuseen

Die Archivmaterialien der ehemaligen Breslauer Kunstmuseen umfassen den Zeitraum von der Entstehung des ersten öffentlichen Museums im Jahr 1815 bis Anfang 1945, als deren Tätigkeit infolge des Zweiten Weltkriegs abbrach. Kurz vor Kriegsende waren die Kunstgegenstände aus den Breslauer Sammlungen an 80 verschiedene, vom damaligen Provinzialkonservator Günther Grundmann ausgewählte Orte in Schlesien ausgelagert worden. Wo die Inventare und Dokumentationen zur Tätigkeit der Museen untergebracht wurden, ist nicht bekannt. Möglicherweise verblieben sie als weniger wertvolle Objekte vor Ort und konnten so nach dem Krieg teilweise aus den zerstörten Museumsgebäuden geborgen werden. Józef Gębczak gibt an, daß Grundmann, der die Sicherungsaktion leitete, bei seiner Flucht im Februar 1945 die wichtigste Dokumentation aus Mettkau (Mietków) mitnahm[1]. Dabei handelte es sich mit Sicherheit um die heute im Marburger Herder-Institut aufbewahrten Lagerbücher des Schlesischen Museums der bildenden Künste (SMdbK).

Die in Breslau geretteten Materialien werden heute in drei Institutionen aufbewahrt: in der Dokumentenabteilung des Nationalmuseums (Gabinet Dokumentów, Muzeum Narodowe we Wrocławiu, pl. Powstańców Warszawy), in den Akten der Selbstverwaltung der Provinz Schlesien und den Akten der Stadt Breslau im Staatsarchiv (Wydział Samorządowy Prowincji Śląskiej, Akta miasta Wrocławia, Archiwum Państwowe we Wrocławiu, ul. Pomorska) sowie in der Universitätsbibliothek (Biblioteka Uniwersytecka, ul. Św. Jadwigi). Gegenstand des vorliegenden Beitrags sind die Archivalien, die sich in der Dokumentenabteilung des Nationalmuseums befinden. Es handelt sich um Inventarbücher und verschiedene Arten von Verzeichnissen sowie ca. 850 Archiveinheiten.

Die ältesten Materialien betreffen das Königliche Museum für Kunst und Altertümer, auch Universitäts- bzw. Akademisches Museum genannt, dessen Gemäldegalerie 1815 im Gebäude des ehemaligen Augustinerklosters auf der Sandinsel, dem späteren Sitz der Universitätsbibliothek, eröffnet wurde[2].

Vom März 1821 stammt das erste „Verzeichnis der Gemälde-Sammlung im Universitäts-Gebäude zu Breslau“, das nach den Ausstellungsräumen geordnet ist. Sein Autor war Johann Gustav Gottlieb Büsching, der 1812 im Staatsauftrag die Sicherung der Bibliotheken, Archive und Sammlungen der säkularisierten

---

1 Józef Gębczak: Losy ruchomego mienia kulturalnego i artystycznego na Dolnym Śląsku w czasie drugiej wojny światowej [Das Schicksal der beweglichen Kunst- und Kulturgüter in Niederschlesien während des Zweiten Weltkriegs]. Wrocław 2000, S. 29.

2 Zofia Bandurska: Königliches Museum für Kunst und Altertümer. In: Piotr Łukaszewicz (Hg.): Muzea Sztuki w dawnym Wrocławiu – Kunstmuseen im alten Breslau. Wrocław 1998, S. 27.

schlesischen Klöster abschloß und in der Folge die Leitung des Königlichen Museums übernahm. Im Inventar werden die Titel der Gemälde aufgeführt, nur selten sind Herkunft, Künstlername, Material und Maße verzeichnet. Zu jedem Bild findet sich jedoch ein Vermerk über dessen weitere Bestimmung: ob es in der Galerie verbleiben sollte, zum Verkauf oder Tausch bestimmt war oder an die Kirche gegeben werden sollte. Ein Verzeichnis vom Oktober desselben Jahres enthält nur noch 227 Bilder, die in der Galerie aufbewahrt wurden. Erhalten ist auch das erste Inventar der sog. Altertümer. Unter dem Titel „Verzeichnis der vorhandenen Bildhauerei, Schnitzwerke, Gefäße, Rüstungen, Waffen und sonstigen Gerätschaften aus dem Mittelalter bis auf die neuern Zeiten. Zweites Zimmer der Altertümer" listet es 288 Exponate auf, die in einem Saal ausgestellt wurden. Auf der Titelseite des Verzeichnisses ist eine Bemerkung erkennbar, die in einer anderen Schrift hinzugefügt wurde: „Im October 1839 Ambrosch" (Julius Athanasius Ambrosch leitete das Museum 1839–1856). Vermutlich entstand das Inventar jedoch bereits 1829, noch unter Büsching.

*

Das Museum Schlesischer Altertümer (MSA) war im Besitz des 1858 gegründeten „Vereins zur Errichtung und Erhaltung eines Museums für schlesische Alterthümer", dessen Hauptakteur, der Altphilologe und Historiker Hermann Luchs, sich ebenso verdient um das Breslauer Museumswesen machte wie Büsching[3]. Die Eröffnungsausstellung fand im vorübergehend für diesen Zweck zur Verfügung gestellten Sitz der „Schlesischen Gesellschaft für vaterländische Kultur" am damaligen Salzmarkt (Pl. Solny) statt. Erster Sitz des Museums war eine Mietwohnung im 2. Stock des Hauses Altbüßerstraße 42 (ul. Łaciarska). 1861 reifte die Idee zur Vereinigung des neuen Museums mit dem bestehenden Königlichen Museum. Die feierliche Eröffnung der vereinigten Sammlungen erfolgte 1862 im ehemaligen Kloster auf der Sandinsel. 1879 verließ das MSA jedoch das Bibliotheksgebäude, es zog als eigenständige Institution in den Ostteil des Erdgeschosses im neuerbauten Schlesischen Museum der bildenden Künste und blieb unter der Verwaltung seines Besitzers. Ende der neunziger Jahre zeichnete sich die Möglichkeit eines Zusammenschlusses des MSA mit dem geplanten Kunstgewerbemuseum und, damit verbunden, ein Übergang in die Zuständigkeit der Stadt ab.

Drei Inventarbücher des MSA sind erhalten: 1) „Abtheilung B. Kirchliche Alterthümer", 2) „Abtheilung C. u. E. Waffen und Architect. Alterthümer", 3) „Abtheilung D. Häusliche Alterthümer". Die ersten Eintragungen stammen aus dem Jahr 1859, die letzten von 1898. Die Inventare enthalten die Rubriken „No. Inv.", „Gegenstand", „Jahrhundert" und „Bemerkungen"; unter der letztgenannten Rubrik wurden die Herkunft des Objekts und die Art des Erwerbs verzeichnet. Aus dem Jahr 1885 stammt ein vierbändiger systematischer Katalog

3 Piotr Łukaszewicz: Museum Schlesischer Altertümer. In: Łukaszwicz: Muzea (wie Anm. 2), S. 51.

der Sammlungen. Die Gliederung innerhalb dieser Bände erfolgt nach folgenden Objektgruppen: „Band I. A–B, [A – Vorgesch. Provinz Schles., Vorgesch. Römisch; B – Kirchl. 12. Jh.–14. Jh., Kirchl. 15. Jh., Kirchl. 16. Jh., Kirchl. 17. Jh., Kirchl. 18. Jh., Kirchl. 19. Jh., Kirchl. Russisch]"; „Band II. C–D, [C – Ritterl. 12. Jh.–19. Jh., Ritterl. Orient.; D – Häusl. 12. Jh.–19. Jh., Häusl. Orient.]"; „Band III. E–O, [E – Archit. 12. Jh.–18. Jh.; F – Siegel u. Petschafte Fürstl., Siegel Kirchl., Siegel Städte, Siegel u. Petschafte Privat, Siegel Allerlei; G – Porträts; H – Bilder Zeitgesch., Bilder Schles., Bilder Allerlei; I – Kupferstichplatten; K – Adelsbriefe u. Stammbücher; L – Handschriften Allgem. Obrigk., Handschr. Breslau, Handschr. Handwerk; M – Beschreibung Schles., Beschreibung Nichtschl.; N – Allotria; O – Bibliothek; P – Münzen u. Medaillen; X – Unbestimmt.]"; „Band IV. Systemat. Katalog: Register, Verzeichnis der Geschenk-Geber".

Im Katalog ist jeder Gegenstand mit einer Inventarnummer versehen und auf einer separaten Karte beschrieben, die bei der entsprechenden Objektgruppe eingeklebt ist. Einige Karten haben gedruckte Beschreibungen, die aus dem publizierten Sammlungskatalog ausgeschnitten wurden. Zu dieser Archivaliengruppe gehören auch das „Münzen-Eingangsbuch" aus den Jahren 1886–1899 (zu Beginn des Buches sind Münzen aus der Kgl. Universitäts-Sammlung verzeichnet) sowie die „Bibliotheks-Zugänge 1888–1890" und das „Eingänge-Journal in die Bibliothek 1893–1896". Objektverzeichnisse enthält außerdem die Archiveinheit aus den Jahren 1859–1899 mit dem Titel „Überweisung von Gegenständen unter Vorbehalt des Eigentums-Rechtes an das Museum" (Sign. I/56).

*

Das vom Schlesischen Provinziallandtag ins Leben gerufene Schlesische Museum der bildenden Künste wurde im Juni 1880 eröffnet. Es erhielt einen Neubau, dessen Form an die romantische Konzeption des Museums als Kunsttempel anknüpfte[4]. Der Entwurf stammte von Otto Rathey aus Berlin, der als Sieger aus dem im Vorfeld ausgeschriebenen Architekturwettbewerb hervorgegangen war. Der monumentale Bau, der in der Mitte des ehemaligen Kürassierplatzes in der Schweidnitzer Vorstadt entstand (später in Museumsplatz umbenannt; der Name pl. Muzealny besteht bis heute, obwohl der Bau nicht mehr existiert), war einzigartig in der Stadt. Bereits 1876 wurde ein Museumskuratorium einberufen, zwei Jahre später wurde der Berliner Maler Albert Berg zum Direktor ernannt[5]. Zur feierlichen Eröffnung waren Kaiser Wilhelm I., Prinz Albrecht von Preußen, der Fürst von Pleß, der Herzog von Ratibor und viele andere Persönlichkeiten geladen; die Entwürfe der Einladungen sind in den Archivalien erhalten (Sign. II/52).

An archivalischen Verzeichnissen des Museums sind drei „Brief-Tagebücher (Journale)" der Zeiträume 1928–1929, 4. April 1939 – 12. Februar 1943 und 23. Ja-

4 Zofia Bandurska: Architektur der Museumsgebäude. In: Łukaszewicz: Muzea (wie Anm. 2), S. 182.

5 Piotr Łukaszewicz: Schlesisches Museum der bildenden Künste. In: Łukaszewicz: Muzea (wie Anm. 2), S. 73.

nuar 1943 – 18. November 1944, zwei Einnahme- und Ausgabebücher aus den Jahren 1935–1937 und 1942 – 18. Januar 1945, ein Kassenbuch von 1934 bis 18. Januar 1945, ein Verzeichnis „Ausgeliehene Kunstwerke" aus den Jahren 1935–1944 (ohne Ausstellungen), eine Gehaltsliste des Jahres 1940 sowie das „Luftschutz-Wachbuch. Erweiterter Selbstschutz" von 1944 überliefert. Aus der ehemaligen Museumsbibliothek stammen die Benutzerbücher mit den Namen der Leser aus den Jahren 1880–1887 und 1937 – 18. Januar 1945.

Außerdem besitzen wir 280 Archiveinheiten des SMdbK, welche die Tätigkeit des Museums zwischen 1869 und 1944 dokumentieren. Die größtenteils gebündelten Akten sind nach ihren ursprünglichen Signaturen geordnet, die sich zumeist auf angeklebten Leinenschildchen oder Kärtchen befinden. Die Signatur setzt sich zusammen aus einem stichwortartigen Titel und einer Nummer (z. B. „Angebote 28"), dieselbe Nummer erscheint manchmal auch unten auf der Seite der einzelnen Dokumente. Archivalien aus verschiedenen Jahren, aber zum gleichen Thema besitzen dieselbe Signatur. Innerhalb der Archiveinheiten herrscht meist eine chronologische Ordnung, doch auch alphabetische Reihenfolgen kommen vor; so ist die Korrespondenz nach Herkunftsorten oder nach Absendern geordnet. Einige Archiveinheiten sind durch ein Inhaltsverzeichnis erschlossen, manche Inhaltsverzeichnisse befinden sich in eigenen Heften. Der gesamte Bestand, der verschiedene Einzelprobleme betrifft, läßt sich in drei thematische Gruppen untergliedern: künstlerische Fragen, Verwaltungs- und Rechnungswesen. Kunsthistoriker und Museumsfachleute haben sich in erster Linie mit den Materialien zur fachlichen Tätigkeit des Museums beschäftigt, welche die Sammlung, Bearbeitung, Ausstellung und Sicherung der Kunstobjekte umfaßt. Anhand ausgewählter Beispiele seien hier in Kürze die Archivalien dieser ersten Gruppe beschrieben. Die umfangreichste Dokumentation ist zu den Untergruppen „Ausstellungen", „Angebote von Kunstwerken", „Schriftverkehr mit Behörden, Museen, Vereinen und Künstlern", „Verleihung von Kunstgegenständen", „Anschaffungen und Zuwendungen von Kunstwerken", „Verschiedenes" und „Restaurierung" erhalten.

Die Dokumente aus dem 19. Jahrhundert, ca. 20 Archiveinheiten, informieren u. a. über die Arbeiten im Zusammenhang mit der Ausschmückung des Gebäudes, über den Beginn der Museumsorganisation, über erste Schenkungen, Kaufangebote, Ankäufe, Ausstattung, Stipendien. Die älteste Archiveinheit aus den Jahren 1869–1872 dokumentiert die Tätigkeit des „Comités zur Errichtung des Schlesischen Provinzial-Museums der bildenden Künste", das 33 Mitglieder hatte (Sign. I/270). In der Korrespondenz mit den an der Ausstattung des Museumsneubaus beteiligten Künstlern finden sich ein Kostenvoranschlag und der Vertrag des Museumskuratoriums mit dem Berliner Bildhauer Otto Lessing zur Ausführung der Sgraffito-Dekoration an der Rückwand des Eingangsportikus aus dem Jahr 1877 (II/44). Erhalten sind auch die Briefe Arnold Böcklins an Museumsdirektor Albert Berg, die er 1881 in Florenz verfaßte. Sie betreffen die Projektskizzen zu den Fresken, mit denen Böcklin das repräsentative Treppenhaus des Museums ausmalen sollte. Leider gelangte dieses Vorhaben nicht zur Realisierung; 1882 kaufte das Museum lediglich die Entwürfe Böcklins, die in der Galerie ausgestellt wurden (heute in der Nationalgalerie Berlin). Der Gemäldezyklus im Treppenhaus wurde später von Heinrich Prell ausgeführt. Der diesbezügliche Vertrag des Kuratoriums mit dem Künstler, die Kostenaufstellung und die Projektbeschreibung aus dem Jahr 1890 sind erhalten (Sign. II/25). Viel Raum nimmt in den Archivalien die Besetzung der Leiterstellen der sog. Meisterateliers für Landschaftsmalerei und Bildhauerei ein, die im nördlichen Risalit des Museums untergebracht waren. Die Gründung dieser Ateliers war eine reduzierte Form des Plans, das Museum mit einer Kunstakademie zu verbinden. Die Leitung des Ateliers für Landschaftsmalerei übernahm der Breslauer Maler Adolf Dressler; 1879 wurde der Vertrag zwischen der Provinzregierung und dem Künstler geschlossen. Nach dessen Tod 1881 bot Direktor Berg die freie Stelle der Reihe nach den Malern Wilhelm Riefstahl, Carl Rettich und Carl von Schlicht an, die jedoch alle ablehnten (Sig. II/51). 1883 trat Carl Schirm Dresslers Nachfolge an. Leiter des Bildhauerateliers wurde der Bildhauer Robert Toberentz aus Berlin. Nach seinem Ausscheiden bemühten sich 1884 Carl Begas, Christian Behrens, Robert Dietz, Carl Hilgers, Richard Gustav Neumann, Carl Schlüter und Carl Schuler um die Stelle. Ihren Bewerbungen sind Empfehlungsschreiben beigefügt; Behrens wurde eingestellt. Das Atelier für Landschaftsmalerei wurde bereits 1889 aufgelöst, die Bildhauerwerkstätte bestand bis 1905.

Unter dem Titel „Anschaffungen und Zuwendungen von Kunstwerken“ finden sich Verzeichnisse der ersten Ankäufe, die noch vor der offiziellen Eröffnung des Museums erworben wurden. An erster Stelle steht das „Verzeichnis der für Rechnung der Provinz in der Zeit vom 8. Juli 1876 bis 20. Juni 1877 angekauften Kupferstiche“. Weitere Verzeichnisse betreffen „Photographien und sonstige Abbildungen von Kunstwerken“, „Kunstgewerbliche Gegenstände und plastischen Nachbildungen solcher Gegenstände einschließlich der historischen Alterthümer“, „Bücher“, „Gemälde“ (u. a. Hermann Tom Ring, Heinrich Dreber, Johann David Grüson, Salomon van Rombouts, Rachel Ruysch, Abraham Bloemart), „Einrichtungsgegenstände und Utensilien“ sowie „Gÿpsabgüsse von Sculpturen“. Letzteres bezieht sich auf Kopien, die in den Jahren 1876–1878 erworben wurden. Am Ende jedes Verzeichnisses findet sich die Unterschrift „A. Berg, 4. Juni 1878“. Alle in den Verzeichnissen aufgeführten Objekte, ob Kunstwerke, Werkzeuge oder Bücher, haben eine Nummer in den Lagerbüchern. Als „No. 1 Lgb.“ figuriert „ein Steinmosaikgemälde der Sibylla persica von Guercino“ (Sign. II/32). In derselben Archiveineiheit befindet sich die Korrespondenz zur Suermondt-Sammlung in Berlin, aus der das Museum einige Bilder erhielt. Manchmal bestellte das Kuratorium Werke direkt beim Künstler. Von 1879 datiert ein Vertrag mit Robert Haertel über die Ausführung der Figuren Albrecht Dürers und Michelangelos im Vestibül des Museums (heute stehen diese vor dem Eingang des Muzeum Narodowe), 1878 erhielt Reinhold Begas den Auftrag, die Büste des Kaisers in Carrara-Marmor auszuführen. In einem der Briefe zeichnete Begas eine Skizze der Büste auf einem hohen Sockel. Der Münchner Maler Franz Lenbach korrespondierte 1885 mit dem Museumskuratorium wegen des Bismarckporträts, das bei ihm bestellt worden war. Auch die Briefe des Malers Heinrich von Angel aus den Jahren 1883 und 1884 betreffen Aufträge des Museums für Porträts, hier des Feldmarschalls Helmuth von Moltke sowie des späteren Kaisers Friedrich und seiner Frau (Sign. II/31). Zahlreiche Kunstwerke und Bücher erhielt das Museum als Geschenk. Marie von Kramsta aus Muhrau (Morawy) bei Striegau (Strzegom), die dem SMdbK zahlreiche Kunstobjekte vermachte, übergab dem Museum 1897 fünf Gemälde: Laurens Alma Tademas „Spring flowers", Arnold Böcklins „Lautenspielerin", Franz von Lenbachs „Bildnis Arnold Böcklins" sowie Francisco Pradillas „Römische Landschaft" und „Wäscherinnen". Auch Künstler schenkten dem Museum ihre Arbeiten, so etwa Rudolf Hirth du Frênes, der 1898 die Skizze „Studienkopf" übergab (Sign. II/36). Das Museum erhielt viele Kaufangebote für Bilder, Gipsabgüsse, fotografische Reproduktionen von Gemälden, Plastiken und Architektur, Bücher etc. Am häufigsten sind Angebote folgender Kunsthandlungen: Wimmer & Cie (München), Amsler & Ruthardt, N. L. Lepke, Honrath & van Baerle sowie Max Levit (alle Berlin), Ludwig Danner (Nürnberg), Hugo Grosser (Leipzig), E. Karsch und Theodor Lichtenberg (Breslau) (Sign. II/34).

Das SMdbK übernahm eine Mittlerrolle bei der Vergabe von Stipendien an Künstler. Erhalten sind dazu die Dokumentationen der Jahre 1877–1905 sowie 1920–1935 (Sign. II/55, II/56). In der Aufzählung der Stipendiaten der Jahre 1877–1900 erscheinen u. a. die Bildhauer Johann Boese, August Latt und Ernst Seger, die Maler Max Fleischer, Hans Dressler, Theodor Blache, Adolf Münzer, Fritz Erler, Eugen Spiro, Hermann Völkerling, Paul Weimann, Oscar Sitzmann sowie die Malerinnen Helene Grande, Margarethe von Kurowski, Gertrude Knobloch, Anna Kunzendorf und Margarethe Waldau.

Interessierte Künstler reichten ihre Bewerbungen mit Empfehlungsschreiben ein, beispielsweise Otto Kreyher (1895) oder Alexander Kanoldt (1932). In den Verzeichnissen sind auch die Auszahlungsquoten vermerkt. Unter den wenigen erhaltenen Personalakten finden sich die Unterlagen des Malers Oskar Paul Hermann Sitzmann, der 1893–1906 als Museumsrestaurator tätig war. Sie enthalten u. a. die Bewerbung und den Lebenslauf Sitzmanns sowie einen Brief aus dem Jahr 1932, verfaßt von einer anderen Person, mit der Bitte, dem Künstler eine Rente zu gewähren (Sign. II/124).

Das Kuratorium, das bereits vor der offiziellen Eröffnung des Museums gegründet worden war, bestand ohne Unterbrechung bis 1933 und wurde dann durch einen Beirat mit wesentlich geringeren Kompetenzen ersetzt. Die erhaltenen „Sitzungsprotokolle des Kuratoriums" und die „Niederschriften über die Sitzungen des Beirats" aus den Jahren 1904–1940 (Sign. II/26–II/28) enthalten wertvolle Informationen. Auf den Sitzungen wurden u. a. Entscheidungen über Ankäufe, Leihgaben, Ausstellungen, Schenkungen sowie über den Haushalt des Museums und Personalangelegenheiten getroffen. Der Vorsitzende des Kuratoriums schickte Einladungen mit Angaben zu Tagesordnung, Termin und Tagungsort an die Kuratoriumsmitglieder. Jede Abwesenheit bei der Sitzung wurde mit schriftlicher Begründung entschuldigt. Dem Kuratorium gehörten neben dem Museumsdirektor Vertreter der Provinzregierung, der Stadt, der Breslauer Schulen und örtlicher Vereinigungen, Künstler und andere an. Zur Sitzung am 28. Januar 1928 waren beispielsweise eingeladen „Landeshauptmann von Niederschlesien, Geheimer Regierungsrat von Lippa, Geheimer Kommerzienrat Dr. Georg Haase, Großkaufmann Karl Sachs, Obermagistratsrat Dr. Callomon, Universitätsprofessor Dr. Grisebach, Landesbaurat Dr. Burgemeister, Konsul Theodor Ehrlich, Direktor der Staatl. Kunstakademie Prof. Moll, Direktor Professor Dr. Braune, Bankier Dr. Kurt von Eichborn, Stadtrat Brendgen, Universitätsprofessor Dr. Landsberger, Regierungsdirektor Dr. Wagner, Kunstmaler Prof. Haertel, Kunstmaler Prof. von Kardorff, Frau Stadtrat verw. Else Neißer". Die Tagesordnung sah folgende Punkte vor: „1. Mitteilungen, 2. Annahme von Schenkungen, 3. Ankauf altschlesischer Kunstwerke, 4. Haushaltsplan für 1928" (Sign. II/22). Die Tätigkeit des Kuratoriums ist auch in der Akte „Schriftwechsel zwischen Kuratorium und Direktion des Museums und umgekehrt" (Sign. II/144) dokumentiert.

Die weitreichenden Kontakte des Museums spiegeln sich in den Akten unter dem Titel „Schriftverkehr mit Museen, Vereinen und Künstlern" wider. Darunter befinden sich u. a. Briefe von Arnold Busch, Paul Klee, Georg Kolbe, Peter Ludwig Kowalski, Walter Kühn, Maria Luise Kaempffe, Johannes Molzahn, Georg Nerlich, Max Pechstein, Wolf Röhricht, Clara Sachs, Maximilian Schmergalski, Karl Schmidt-Rottluff, Ernst Seger, Gertrud Staats (Sign. II/57–II/63). Die Korrespondenz betrifft unterschiedliche Angelegenheiten, z. B. den 1929 bei Johannes Molzahn in Auftrag gegebenen Entwurf für „Briefformulare" des SMdbK. Die Akten enthalten mehrere Exemplare des Briefbogens mit aufgeprägtem Adler. Die Korrespondenz des letzten Direktors Cornelius Müller ist in einer separaten Akte erhalten. Unter den Briefen aus den Jahren 1935–1941 befindet sich auf einem kleinen Karton eine Bleistiftzeichnung des Kopfs von Gerhart Hauptmann im Profil, signiert mit dem Monogramm L. K. 37. Es handelt sich um eine Skizze Leo von Königs, die Hauptmann Müller schenkte. Im zugehörigen Brief vom 9. Juli 1937 lädt der Schriftsteller den Museumsdirektor in sein Haus in Agnetendorf (Jagniątków) ein, damit dieser „meine Leo Königs" ansehen könne (Sign. II/200).

In den Archivalien sind ca. 40 Ausstellungen dokumentiert, vorwiegend Veranstaltungen der dreißiger und vierziger Jahre des 20. Jahrhunderts. Sie wurden in erster Linie vom SMdbK selbst organisiert, doch finden sich auch Übernahmen aus anderen Museen. Überliefert sind beispielsweise die Materialien zu der großen und bedeutenden „Ausstellung schlesischer kirchlicher Malerei und Plastik des Mittelalters" des Jahres 1926, die ausnahmsweise nicht im Museum, sondern im Städtischen Ausstellungsgebäude in Scheitnig (Poelzigs Vier-Kuppel-Pavillon) stattfand (Sign. II/175, II/180–II/186, II/216). Dokumentiert sind ferner die „Jubiläums-Ausstellung Michael Willmann 1630–1930" (Sign. II/187–II/190), die „Gedächtnis- Ausstellung Otto Mueller 1874–1930" im Jahr 1931 (Sign. II/176, II/177, II/195, II/211), die „Thomas Myrtek Gedächtnis-Ausstellung" 1936 (Sign. II/91), die Ausstellung „Die Straßen Adolf Hitlers in der Kunst"

1936/1937 (Sign. II/92), die Präsentationen „Das Riesengebirge in der Kunst des 19. Jahrhunderts“ 1937 (Sign. II/89) und „Schlesische Landschaftskunst vor 30 Jahren. Gertrud Staats-Gedächtnis-Ausstellung, Eugen Burkert, Robert Sliwinski“ 1939 (Sign. II/178), die „Gedächtnis-Ausstellung Caspar David Friedrich 1774–1840, Karl Blechen 1798–1840“ im Jahr 1940 (Sign. II/96), die Ausstellung „Japanische Malerei und Farbholzschnitte, Leihgaben aus den Beständen der Ostasiatischen Kunstsammlung und Staatl. Kunstbibliothek Berlin“ 1941 (Sign. II/99), die „Ausstellung Friedrich der Große – Maria Theresia und ihr Kreis in Bildnissen der Zeit“ 1942 (Sign. II/101, II/102). Zu den genannten Ausstellungen erschienen Kataloge, die ebenfalls überliefert sind.

In Fällen, in denen kein Katalog publiziert wurde, ist die archivalische Dokumentation um so wertvoller, etwa zur „Gedächtnis-Ausstellung für Adolf Dressler“ 1933 (Sign. II/82), zur „Ausstellung von Gemälden der schlesischen Künstler Erich Kubierschky, Adolf Schlabitz zu Ehren ihres 80. Geburtstages“ 1934 (Sign. II/86), zu „Raphael Schall 1814–1859. Gemälde und Zeichnungen eines schlesischen Romantikers“ 1935 (Sign. II/85), zur „Foto-Ausstellung Deutsche Kunst im ehemaligen Polen“ 1939 (Sign. II/95) oder zur Ausstellung „10 Jahre Denkmalpflege in Niederschlesien“ 1943 (Sign. II/107). In den Akten finden sich vor allem die Briefwechsel bezüglich der Leihgaben, sowohl mit Institutionen wie auch mit Privatpersonen, außerdem Presseausschnitte mit Ausstellungsrezensionen. Anläßlich der Ausstellung von Otto Mueller korrespondierte Museumsdirektor Erich Wiese u. a. mit der Familie – mit Maschka Mueller und Elfriede Mueller, mit dem Maler Karl Schmidt-Rottluff und dem Breslauer Rechtsanwalt und Sammler Ismar Littmann. In den Archivalien zu Ausstellungen zeitgenössischer Kunst finden sich z. B. Briefe von Josef Hegenbarth, Willy Jaeckel, Ludwig Peter Kowalski, Erich Kubierschky, Alexander Olbricht, Hans Theo Richter, Adolf Schlabitz und Eugen Spiro. Während der Ausstellungsdauer fanden begleitende Vorträge statt, zu denen gesondert eingeladen wurde.

*

Das SMdbK hatte eine eigene Restaurierungswerkstatt, die stets von einem Maler geleitet wurde. Dem bereits genannten Oskar Sitzmann folgten Oskar Loch und Georg Münch, die beiden Letztgenannten trugen den Titel „Technischer Kustos“. Zu einigen Dutzend Bildern des 19. und 20. Jahrhunderts gibt es Dokumentationen unter dem Titel „Angaben der Künstler über die Maltechnik ihrer Bilder“ (Sign. II/140, II/141). Dabei handelt es sich um von den Künstlern ausgefüllte Fragebögen zu Malgrund, Fixierung, Untermalung etc. Einige dieser Bögen füllten die Museumsrestauratoren selbst aus, teilweise ist ein Brief des jeweiligen Künstlers mit den gewünschten Informationen beigefügt. Die Fragebögen tragen die Unterschriften u. a. von Arnold Busch, Hans Dahl, Fritz Erler, Rudolf Hirth du Frênes, Heinrich Irmann, Willy Jaeckel, Lyonel Feininger, Eduard Kaempffer, Leopold Graf von Kalckreuth, Alexander Kanoldt, Max Liebermann, Paul Linke, Otto Modersohn, Carl Ernst Morgenstern, Oskar Moll,

Otto Mueller, Georg Nerlich, Hans Oberländer, Fryderyk Pautsch, Max Pietschmann, Hans Purrmann, Karl Röchling, Clara Sachs, Karl Schmidt-Rottluff, Carl Schirm, Max Slevogt, Marie Spieler, Hans Thoma, Hans Volkmann und Anton von Werner. In der Restaurierungswerkstatt wurden auch Kunstwerke von privaten Sammlern sowie aus Kirchen, Klöstern oder anderen Museen restauriert; dazu haben sich Rechnungen über die geleisteten Arbeiten erhalten, v. a. aus den vierziger Jahren. Ein alphabetisches Verzeichnis listet die Künstler auf, deren Werke 1934–1938 restauriert wurden. Eine Beschreibung jedes Objekts ist auf einer gesonderten Karteikarte beigefügt; darauf sind katalogartige Angaben zum Werk, Bemerkungen zum „Zustand bei Einlieferung und Maßnahmen" sowie das Restaurierungsdatum vermerkt (Sign. II/209). Unter den Archivalien finden sich außerdem Materialien zu „Kopieren und Vervielfältigen von Bildern", „Kopiererlaubnis", „Erwerbung der Reproduktionsrechte an Kunstwerken des Museums" (Sign. II/115–II/119). Besitzer von Kunstwerken wandten sich auch mit der Bitte um Begutachtung ihrer Schätze an die Museumsfachleute; dazu sind Materialien aus den Jahren 1922–1944 überliefert.

Unter den Archivalien zu verwaltungstechnischen und wirtschaftlichen Angelegenheiten des Museums nimmt die Korrespondenz mit dem Landeshauptmann den größten Raum ein. Sie ist untergliedert in die Abteilungen „Allgemeines", „Besoldungsordnung", „Kassensachen", „Beamtenangelegenheiten", „Abgabe von Gutachten", „Versorgungsanwärter", „Schwerbeschädigte", „Reisekosten", „Vergebung von Aufträgen", „Angestellten-Angelegenheiten", „Umsatzsteuer". Ferner finden sich hier Rechnungen, Entwürfe der Haushaltspläne, Versicherungsunterlagen, Anweisungen zum Schutz des Museums bei kriegerischen Auseinandersetzungen etc.

*

Das zweite der großen Breslauer Museen vor 1945, das Schlesische Museum für Kunstgewerbe und Altertümer (SMfKuA), entstand durch die Zusammenlegung des bereits seit 1881 vom Schlesischen Zentralgewerbeverein geplante Kunstgewerbemuseum mit dem Museum Schlesischer Altertümer (SMA)[6]. Das SMA war auf der Suche nach neuen Räumlichkeiten für seine zunehmend umfangreicheren Sammlungen, die u. a. auch Objekte des Kunstgewerbes und -handwerks umfaßten. Dank einer Schenkung von Heinrich von Korn, einem bekannten Kunstmäzen, konnte die Stadt das ehemalige Ständehaus an der Graupenstraße (ul. Krupnicza) erwerben und zum neuen Sitz des Museums umgestalten, das im November 1899 feierlich eröffnet wurde. Direktor wurde Karl Masner, bislang Kustos am Österreichischen Museum für Kunst und Industrie in Wien. Sein Stellvertreter war Hans Seger. 1920 wurde die 1897/1898 von dem bekannten Berliner Architekten Hans Grisebach erbaute Villa von Albert Neis-

6 Piotr Łukaszewicz: Schlesisches Museum für Kunstgewerbe und Altertümer. In: Łukaszwicz: Muzea (wie Anm. 2), S. 97.

ser, einem weltberühmten Dermatologen, zur Dependance des SMfKuA[7]. Gemäß der Verfügung von Toni und Albert Neisser ging das Haus in der Nähe des Scheitniger Parks einschließlich der wertvollen Kunstsammlungen nach dem Tod des Ehepaars in den Besitz der Stadt über. Nach dem Wunsch der Stifter sollte die Villa, auch wenn sie als „eine Art Museum" genutzt wurde, ihren Wohncharakter behalten. Im Kontext der Machtübernahme der Nationalsozialisten wurde die Dependance 1934 geschlossen. Eine weitere Unterabteilung des Museums war das Königsschloß, das nach der Ausrufung der Republik seine Residenzfunktion verloren hatte. Im September 1926 wurde das Schloßmuseum eröffnet, das mit Erwin Hintze einen eigenen Leiter erhielt. Später wurden SMfKuA und Schloßmuseum unter dem Namen „Kunstsammlungen der Stadt Breslau" geführt. Die ehemalige monarchische Residenz, deren Ausstattung teilweise erhalten geblieben war, diente als Museum historischer Innenräume. Die Säle ohne originale Einrichtung wurden als Ausstellungsräume genutzt.

An archivalischen Verzeichnissen haben sich Fragmente des „Konzept-Inventars" aus den Zeiträumen 1898, 31. Oktober 1904 – 8. April 1909, 18. April 1912 – 31. März 1934, 15. April 1935 – 1. November 1937 erhalten. Die Inventare umfassen die Rubriken „Inv. No., Datum, Gegenstand, Material, Art der Erwerbung, Preis, Erhaltungszustand, Aufstellungsort, Bemerkung". Außerdem haben sich erhalten: „Münzen Eingangs-Buch 1899–1919", „Inventar der zur Ausstellung modernen Kunstgewerbes eingegangenen Stücke" aus dem Jahr 1899, „Ausleihungen 1899–1938" (ohne Ausstellungen), „Eingänge für Ausstellungen 1899–1934" (betrifft nur einige Ausstellungen dieses Zeitraums), „Ausstellung zur Jahrhundertfeier der Freiheitskriege 1913: Verzeichnis der angekauften Ausstellungsgegenstände", „Verzeichnis der aus Museumsbesitz bereitgestellten Ausstellungsgegenstände", „Verzeichnis der entliehenen Ausstellungsgegenstände" sowie „Inventar des Kriegsmuseums 1915–1930".

Erhalten blieben auch Bücher zu Verwaltungs- und Wirtschaftsangelegenheiten und zu Finanzfragen: „Besucher-Bücher" der Jahre 1899–1921 und 1926–1940 (mit den täglichen Besucherzahlen des Museums); „Bestimmungen für Museumsbeamte 1902–1920", „Ausgabenbücher 1933–1937", „Ausgaben-Kontrolle 1938 bis 1943", „Hausinventar 1921–1933" sowie 1935, „Arbeitsstunden 1939–1943", „Meldebuch für den Nachmittags- und Nachtdienst 1941–1944".

Zur Villa Neisser als Dependance des SMfKuA sind folgende Unterlagen überliefert: „Inventar der Villa Neisser"; „Verzeichnis der Gegenstände, die vom SMfKuA nach dem Haus Albert und Toni Neisser abgegeben sind", sowie das „Hausinventar 1918–1935". Das Schloßmusem betreffen das „Hausinventar 1926–1936" sowie die „Ausgabenbücher" 1934/1935, 1935/1936.

Die Tätigkeit der Bibliothek des SMfKuA dokumentieren „Buch-Inventare" aus den Jahren 1900/1901 (Inv. No. 1–360) und 1909–1944 (Inv. No. 4701–13266), das Zeitschriftenverzeichnis, die „Geschenkliste der Bibliothek" sowie die Akten

7 Piotr Łukaszewicz: Das Haus Albert und Toni Neisser. In: Łukaszwicz: Muzea (wie Anm. 2), S. 139.

„Verkauf von Gegenständen, Dubletten" 1902–1938, „Buchbinder-Journal" 1910–1944, „Besucher-Buch der Bibliothek 1912–1935, „Bibliothek Besucherzahlen 1933 bis 1937", „Inventar der aus Mitteln des Kaiser-Friedrich-Fonds vom Museum bestellen Bucheinbände", „Lichtbilder-Inventar" 1901–1942, „Negativ-Inventar" 1901 bis 1909, „Tagebuch des Museums der Jahre 1899–1905 und 1906–1926. Angefangen und geführt von Eugen Jung Kastellan am Schlesischen Museum für Kunstgewerbe und Altertümer" (enthält handschriftliche Eintragungen sowie eingeklebte Presseausschnitte und Einladungen), Zeitungsausschnitte der Jahre 1882–1909 und 1927–1937 (eingeklebte Ausschnitte), Zeitungsausschnitte der Jahre 1937–1944 (lose Ausschnitte) sowie „Zeitungsausschnitte aus ganz Deutschland über die Veit Stoß Ausstellung" von 1938.

Etwa 580 Archiveinheiten betreffen die Tätigkeit des Museums in den Jahren 1899–1944. Die Ordnung der Archivalien erfolgt auch hier nach den alten Signaturen. Die Materialien bis etwa 1935 sind gebunden und tragen auf dem Umschlag die Aufschrift „Bureau-Akten des Magistrats zu Breslau". Der Titel des jeweiligen Bandes, die Zeitspanne, die er umfaßt sowie die Signatur (bestehend aus „Rep. Sekt. Kap. Tit. No.") sind handschriftlich vermerkt. Die Archivalien der Zeit nach 1936 wurden in Schnellheftern abgelegt; sie sind größtenteils alphabetisch geordnet und besitzen kein Inhaltsverzeichnis. Die Signaturen bestehen aus Buchstaben mit tiefgestellten arabischen Ziffern. Der gesamte Bestand läßt sich – wie beim SMdbK – in drei thematische Gruppen untergliedern: Künstlerische Fragen, Verwaltungs- und Rechnungswesen. Innerhalb dieser Oberbegriffe gibt es zahlreiche Untergruppen, u. a. zu folgenden Themen (beginnend mit den umfangreichsten Beständen): Ausstellungen (über 100 Archiveinheiten), „Angebote und Ankauf von Sammlungsgegenständen", „Rechnungen", „Ausleihungen, Anfragen und Auskünfte", Publikationstätigkeit (Kataloge, Zeitschriften), „Geschenke und Testamente, Vermächtnisse und Notizen über zugedachte Legate", „Anfertigung photographischer Aufnahmen, Fotos und Klischees", „Preisausschreibungen", „Restaurierung", „Verkehr mit anderen Museen", „Besuch der Sammlungen", „Bücherei", „Allgemeine Sachen"; „Heimatmuseen", „Überwiesen unter Vorbehalt des Eigentumsrechts an das Museum", „Rundverfügungen", „Personalien" (betrifft nicht die wissenschaftlichen Mitarbeiter), „Kostenanschläge" (Verkehr mit Handwerken und Lieferanten), „Führungen und Vorträge", „Luftschutz", „Versicherung", „Beschaffung von Gebrauchsgegenständen", „Eröffnungsfeier, Jubiläumsfeier, Kondolenzen", „Haushaltpläne der Museen", „Hilfsaufseher und Aufräumefrauen", „Sitzungsprotokolle, die sich auf das Museum beziehen"; „Museums-Direktoren-Verband", „Unterstützung schlesischer Künstler", „Kongresse und auswärtige Versammlungen", „Organisation von Museums-Beamten", „Beschaffung von Ehrenpreisen und Geschenken", „Die Villa Websky und andere Lagerräume", „Die Wilhelm Grempler Stiftung", „Publikation von Sammlungs-Stücken in fremden Zeitschriften und Büchern".

*

Zum Gedenken an die Eröffnung des Museums gestaltete Eduard Kaempffer eine Plakette; die hierzu erhaltene Korrespondenz gibt u. a. Auskunft über das Honorar des Künstlers, das 1 000 Mark betrug (Sign. I/105). Die Einladungskarte zur Festlichkeit entwarf Max Wislicenus, die Liste der geladenen Gäste ist überliefert (Sign. I/201). Zur Gestaltung des Exlibris der Museumsbibliothek wurde ein Wettbewerb ausgeschrieben; unter den zahlreichen eingesandten Arbeiten (die nur mit Kennwörtern versehen sind) wurde die von Erich Erler-Samaden ausgewählt (Sign. I/103). In den ersten Jahren seines Bestehens war das Museum an zahlreichen Wettbewerbsausschreibungen beteiligt, die von verschiedenen Institutionen finanziert wurden. Ein Beispiel ist der Wettbewerb für einen Brunnen auf dem Universitätsplatz im Jahre 1901, zu dem 214 Einsendungen eingingen (Sign. I/106). 1902 fand das „Preisausschreiben zur Erlangung künstlerischer Plakate für den Verein zur Hebung des Fremdenverkehrs in Breslau" statt (Sign. I/107). Im selben Jahr schrieb das Museum zur Unterstützung des örtlichen Kunstgewerbes den „Wettbewerb für ein Speiseservice" aus (Preisträger: Hugo Scheinert, Erich Erler, Paul Hampel; Sign. I/109), 1903 folgte der Wettbewerb für ein „bürgerliches Wohnzimmer in modernem Stile, das zugleich als Empfangszimmer dient" (Preisträger: Kunsttischler Franz Holsteiner, Firma Heinrich Hauswald und Kunsttischler Martin Kimbel; Sign. I/111). Im selben Bestand finden sich Materialien zu Wettbewerben der Jahre 1905–1909, u. a. für einen Gustav-Freytag-Brunnen und Denkmäler für Johannes von Mikulicz-Radecki und Joseph von Eichendorff (Sign. I/253).

In den Untergruppen aus den Jahren 1899–1944 mit den Titeln „Acta betreffend Angebote, Ankauf von Sammlungsgegenständen", „Anfragen und Auskünfte" sind Münzen, Medaillen, „Prähistorie" und Bücher gesondert zusammengefaßt. In der Untergruppe „Angebote" finden sich nicht selten Fotografien der zum Kauf angebotenen Gegenstände. Beim Erwerb von Exponaten spielten neben den Ankäufen, für die im Museumsetat relativ geringe Summen angesetzt waren, Schenkungen eine wichtige Rolle. Auch innerhalb der „Geschenke" sind Münzen, Medaillen, Bücher und „Prähistorie" gesondert ausgewiesen. Schenkungen tätigten neben Privatpersonen Breslauer Handwerksinnungen, Vereine und andere Institutionen. Die „Geschenkliste" wurde anfangs im Breslauer Gemeindeblatt veröffentlicht; in den Akten sind dazu Presseausschnitte der Jahre 1901–1908 gesammelt (Sign. I/69). Eine der wertvollsten Schenkungen war die Kollektion japanischer Kunst von Paula und Viktor Zuckerkandl im Jahr 1914 (Sign. I/68, I/73). Eine Marmorbüste des Stifters von Theodor von Gosen wurde im Ausstellungsraum der Sammlung aufgestellt. Erhalten sind auch Unterlagen aus dem Jahr 1939 betreffend die Übertragung der bekannten Glassammlung Pazaurek (damals Direktor des Landesgewerbemuseums in Stuttgart) als Leihgabe auf acht Jahre; der größte Teil der Sammlung war 1932 dem Tschechischen Kunstgewerbemuseum in Prag überlassen worden (Sign. I/318). In den Akten zur „Übernahme der Sammlung Max Pringsheim" findet sich der „Vertrag zwischen der Stadtgemeinde Breslau und Herrn Fabrikbesitzer Emil Pringsheim zu Breslau in seiner Eigenschaft als Vormund der minorennen Erben Kurt und Fritz

Pringsheim", aus dem hervorgeht, daß die Sammlung bis zur Volljährigkeit der Söhne des Besitzers im Museum verbleiben sollte. Unter dem Titel „Überweisen unter Vorbehalt des Eigentumsrechtes an das Museum" (Sign. I/57–I/60) sind zeitweilige Leihgaben vermerkt, darunter die „ethnologische Mende'sche Südseesammlung", Silbergegenstände, die Josef Epstein aus Berlin für die Ausstellung 1899 zur Verfügung stellte, zwei Briefe Karl von Holteis an den Herzog Wilhelm von Württemberg, deren Rückgabe die Breslauer Stadtbibliothek 1914 anmahnte (Sign. I/57), sowie das Bild „Die Messe des heiligen Gregor" aus dem 15. Jahrhundert, das für zehn Jahre aus Grottkau (Grodków) ausgeliehen war und 1926 vom dortigen Magistrat zurückgefordert wurde (Sign. I/58).

Die Ausstellungstätigkeit des SMfKuA, die sowohl alte als auch zeitgenössische Kunst umfaßte, ist in den Archivalien ausführlich dokumentiert – was, wie erwähnt, besonders wertvoll ist, wenn zu einer Ausstellung kein Katalog erschien. Die Ausstellungen fanden im Hauptbau des Museums, seit 1926 auch im Schloß statt. In den ersten Jahren nach der Eröffnung gab es einige Präsentationen zeitgenössischen Kunstgewerbes, zu denen sich eine umfangreiche Korrespondenz mit den beteiligten Firmen erhalten hat. Aus Breslau nahmen u. a. teil die Gebrüder Bauer, Carl Denner, Martin Kimbel, H. Kuveke, Julius Koblinsky, Benno Schenk, Tillmann Schmitz, J. Schlossarek, Gustav Trelenberg, Moritz Wentzel, Herrmann Will und C. T. Wiskott, ferner Fritz Heckert von der Petersdorfer Glashütte im Riesengebirge, die Gräflich Schaffgotsche Josephinenhütte Schreiberhau (Szklarska Poręba) sowie die Kgl. Keramische Fachschule in Bunzlau (Sign. I/119). In den Materialien zur „Dritten Ausstellung schlesischen Kunstgewerbes" finden sich Briefwechsel mit den Künstlern Wanda Bibrowicz, Hans Dressler, Sigfried Haertel, Heinrich Irmann, Julius Koblinsky, Bertha Lent, Else Roemer, Laura Rosenberg, Clara Sachs, Alfred Seiffert, Ignatus Taschner, Max Wislicenus sowie mit dem Architekten Hans Poelzig (Sign. I/127). Eine weitere Akte betrifft die „Schlesische Kunst- und Kunstgewerbe-Ausstellung" 1902 in Liegnitz (Sign. I/123–I/125). Beachtenswert ist auch der Briefwechsel im Zusammenhang mit der „Miniaturen-Ausstellung" 1903 (Sign I/128) sowie mit der Präsentation „Alt Breslau im Bilde" 1905 (Sign I/139). Die Archivalien der Ausstellung von Goldschmiedekunst des Jahres 1905 bestehen in erster Linie aus Leihzetteln der Leihgeber – katholische und evangelische Kirchen, Privatleute, Vereinigungen, Innungen und Künstler (Sign. I/131–I/134). Den Höhepunkt der Museumsaktivitäten bildete die 1913 unter Leitung von Karl Masner zusammengestellte „Historische Ausstellung" zum Jubiläum der Völkerschlacht von Leipzig. Die „Ausstellung zur Jahrhundertfeier der Freiheitskriege" wurde im eigens dafür errichteten Vier-Kuppel-Pavillon von Hans Poelzig auf dem Ausstellungsgelände in Breslau-Scheitnig präsentiert. Das Verzeichnis der 6.990 Exponate der Ausstellung ist erhalten, ferner 39 Archiveinheiten aus den Jahren 1911–1913 u. a. mit folgenden Inhalten: „Schriftwechsel mit Museen, Pfarrämtern und Archiven", „Briefwechsel mit Fürsten", „Briefwechsel mit Personen", „Briefwechsel mit Behörden", „Schriftverkehr über geliehene Gegenstände", „Anmeldung über eingegangene Gegenstände". 1929 wurde die Ausstellung „Das Judentum in der Geschichte

Schlesiens“ eröffnet (Sign. I/380). Eine umfangreiche Dokumentation existiert zur Jubiläumsausstellung anläßlich des 70. Geburtstags von Gerhart Hauptmann (Sign. I/145–I/148). Darin finden sich u. a. Presseausschnitte, Briefe der geladenen Gäste, das Ausstellungsplakat sowie ein Brief des Schriftstellers vom 3. Februar 1930 aus Rapallo, in dem er seiner Freude über die geplante Ehrung im Breslauer Museum Ausdruck verleiht. Auch zu zahlreichen anderen Ausstellungen gibt es Unterlagen, beispielsweise zu „Thomas Rehdiger zum Gedächtnis (1540–1576) – Ein Jahrhundert bedeutender Breslauer Gelehrter und Förderer der Kunst“ (1940; Sign. I/388), zur „Wander-Ausstellung: Das schöne Wiener Frauenbild“ (1942; Sign. I/394), zur Ausstellung „Lob der Heimat“ mit Gemälden, Zeichnungen und Lithographien schlesischer Städte und Landschaften (Sign. I/393) oder zur Ausstellung „Danziger Maler in Breslau“ (1943; Sign. I/397). Kleinere Ausstellungen, vom Museum selbst organisiert oder von anderen Institutionen übernommen, sind für den Zeitraum 1902–1936 in der Untergruppe „Laufende kleine Ausstellungen im Museum“ überliefert. Hier finden sich Briefwechsel, Einladungen zur Eröffnung und zu Begleitvorträgen, Plakate und Presseausschnitte mit Rezensionen. Genannt sind u. a. folgende Veranstaltungen: „Plakat-Entwurfs-Wettbewerb“ (1903), „Ausstellung von Meisterwerken der Uhrmacherkunst“ (1905), „Ausstellung freier Kinderzeichnungen“ (1906; Sign. I/126), „Ausstellung von künstlerischen Reklame-Drucksachen u. Entwürfen für die Praxis und den Unterricht“ (1907), „Ausstellung der Königl. Kunst- und Kunstgewerbeschule“ (1907), „Ausstellung d. neuen Frauentracht und Wettbewerb für Straßenkleider“ (1908), „Georg Rassel“ (1908; Sign. I/135), „E. Friedlaender-Kentschkau“ (1909), „Künstlerbund Schlesien“ (1909), „Puppen-Ausstellung“ (1911), „Wanda Bibrowicz“ (1914; Sign. I/136), „Marie Luise Kaempffe“ (1919; Sign. I/138), Lessing-Ausstellung (1929), „Ausstellung alter chinesischer Kunst“ (1931), Schinkel-Ausstellung (1931), „Internationale Foto-Ausstellung“ (1931; Sign. II/143), „Krippen-Ausstellung 1931/1932“, „Hans Wildermann-Ausstellung“ (1933), Luther-Ausstellung (1933), „Sippenforschung in Schlesien“ (1934; Sign. I/144), „Ehrengaben und Siegespreise einst und jetzt“ (1935), „Germanen über Europa“ (1936), „Wehrhaftes Deutschland“ (1936; Sign. I/149) etc.

Archivalien der Jahre 1933 und 1934 geben Auskunft über die Teilnahme schlesischer Museen an der Berliner Ausstellung des „Bundes deutscher Osten“ (Sign. I/155). Erhalten sind ferner Unterlagen zur „Beschickung auswärtiger Ausstellungen“ in den Jahren 1903–1937. In der Untergruppe „Ausleihungen“ finden sich neben Leihzetteln auch Briefwechsel mit Künstlern wie Arnold Busch, Fritz Erler, Erich Fuchs, Marie Luise Kaempffe, Ernst Wilhelm Knippel, Eduard Kaempffer, Hugo Ulbrich, Hermann Völkerling, Max Wislicenus. Die Akten „Besuch der Sammlungen von Schulen, Vereinen und Verlängerung der Besuchsstunden“ geben Auskunft über die Besucherfrequenz. Die Museumsräume wurden auch für Vorträge und Übungen genutzt, so richtete beispielsweise Hans Poelzig als Direktor der Königlichen Kunst- und Kunstgewerbeschule mehrfach die Bitte an das SMfKuA, im Museum Übungen mit Studenten abhalten zu dürfen (Sign. I/208). Die in den Jahren 1937–1943 intensivierte museumspädagogische Arbeit findet ihren Niederschlag in den Akten „Führungen und Vorträge".

Das Museum gab die Zeitschrift „Schlesiens Vorzeit in Bild und Schrift. Jahrbuch des Schlesischen Museums für Kunstgewerbe und Altertümer" heraus, in Fortführung der gleichnamigen Zeitschrift des „Vereins für das Museum Schlesischer Altertümer". Redakteure waren Museumsdirektor Karl Masner und sein Stellvertreter Hans Seger; zwischen 1900 und 1933 erschienen zehn Bände. Die Herausgebertätigkeit ist umfassend dokumentiert (Sign. I/191–I/199). Aus den Jahren 1937 und 1938 stammen Archivalien betreffend das neue Jahrbuch des Museums mit dem Titel „Die hohe Straße". Unterlagen der Jahre 1937–1943 informieren über weitere Herausgebertätigkeiten, u. a. von Ausstellungskatalogen und dem „Schlesischen Kulturspiegel" sowie über den Verkauf der Publikationen (Sign. I/353–I/363).

Dokumentiert sind auch die Restaurierungsaufträge des Museums. Bereits 1899 erhielt die Berliner Gobelin-Manufactur W. Ziesch & Co Hofkunstweber den Auftrag zur Reinigung und Restaurierung von Gobelins aus dem 15.–18. Jahrhundert (Sign. I/99). Seit 1903 führte der Kunstmaler und Konservator Adalbert Bekker zahlreiche Arbeiten für das Museum aus, u. a. am Triptychon des Canonicus Helentreuter von 1496, an der „Madonna mit Kind in einem gotischen Zimmer", am Porträt des Heinrich Rybisch sowie an verschiednen „Klappaltären und Gedenktafeln". Objekte aus Edelmetall konservierte der Goldschmied Tillmann Schmitz (Sign. I/100). Als weiteren Restaurator für Bilder und Plastiken verzeichnen die Akten den Kunstmaler Walter Schölei, der bis zum Ende seines Bestehens für das Museum tätig war. Die wissenschaftlichen Mitarbeiter des Museums verfaßten Gutachten zu einzelnen Kunstwerken oder Objektgruppen. Privatpersonen, Museen und andere Institutionen erbaten Fotografien von Kunstwerken aus den Sammlungen des SMfKuA für wissenschaftliche Zwecke. Sorgfältig wurden alle Kostenvoranschläge und Rechnungen aufbewahrt, so finden sich etwa in der Untergruppe „Kostenanschläge – Verkehr mit Handwerkern und Lieferanten" Informationen zu den Firmen, die Tischler- oder Malerarbeiten (z. B. der Dekorationsmaler Hans Rumsch), Beleuchtungsarbeiten etc. vornahmen. Sogar Entwurfszeichnungen verschiedener Möbel – Siegelschrank, doppelseitiger Münzschrank, Büroschrank – sowie verschiedene Materialproben sind erhalten (Sign. I/89, I/90). In der Korrespondenz mit der Werkstatt für Glasmalerei Adolph Seiler zu Fenstern im Museum sind beispielsweise 1911 die Maler Albert Bothe und Max Wislicenus und 1914 Siegfried Haertel als Projektanten genannt (Sign. I/91, I/93).

Seit 1937 war Gustav Barthel Direktor der Städtischen Kunstsammlungen, der wie sein Vorgänger auch als „Staatlicher Pfleger der Heimatmuseen für [die] Provinz Niederschlesien" fungierte. Unter den Archivalien des Breslauer Museums befinden sich daher auch Materialien zu den Regionalmuseen, vorwiegend aus den Jahren 1936–1944. In Schlesien gab es ca. 60 Heimatmuseen. 1938 antworteten die Museen auf eine Umfrage mit den Rubriken „A. Geschichte und Verwaltung des Museums, B. Arbeitsgebiet, Inventar, Schrifttum, Schulung usw., C. Sammlungsbestände". 38 dieser Fragebögen sind erhalten, dazu verschiedene Arbeitsberichte, Briefwechsel etc. 1942 mußten die einzelnen Museen beispielsweise eine „Meldung entbehrlicher Metallbestände zur Verstärkung der Rettungsreserve (Gegenstände aus Zinn, Bronze, Messing und Kupfer)“ einreichen (Sign. I/415).

Aus den erhaltenen Dokumenten geht hervor, daß Barthel mit Kajetan Mühlmann zusammenarbeitete, der von Göring zum „Sonderbeauftragten für die Sicherung der Kunst- und Kulturgüter“ in den besetzten Gebieten ernannt worden war. Im besetzten Polen nahm Barthel an der Aktion der sog. „Sicherstellung“ von Kunstwerken teil. Gemeinsam mit Dagobert Frey, der 1931–1945 Ordinarius für Kunstgeschichte an der Breslauer Universität war, und mit Erich Meyer-Heising, Kustos an den Breslauer Städtischen Kunstsammlungen, unternahm er die „Überprüfung des Domschatzes und des Schatzes des Andreas-Klosters in Krakau“. Er stellte eine Liste zur „Sicherstellung deutscher oder für das Deutschtum in Polen wichtiger geschichtlicher, volkskundlicher und künstlerischer Gegenstände in den Museen“ zusammen. Erfolglos bemühte er sich anhand des von ihm erstellten „Verzeichnisses der für die schlesischen Museen wichtigen Kunstwerke aus den besetzten polnischen Gebieten“ um die Übertragung der konfiszierten Kunstschätze, die er in einem neuen Museumsbau in Breslau ausstellen wollte (Sign. I/374). Bereits im Dezember 1937 hatte er ein „Bauprogramm für den Neubau der Kunstsammlungen der Stadt Breslau“ an den Berliner Architekten Werner March gesandt (Sign. I/281). 1941 und 1942 erwarb der Direktor zahlreiche Kunstgegenstände in den Antiquariaten in Paris, Belgien und Holland für das Museum (Sign. I/315).

Die Archivalien zur Dependance des SMfKuA in der Neisser-Villa sind in einer eigenen Untergruppe mit dem Titel „Allgemeine Sachen und Rechnungen“ aus den Jahren 1919–1935 zusammengefaßt. Daraus geht hervor, daß die Villa und ihr Garten beständig gepflegt wurden. Die Akten geben auch Auskunft über die hier veranstalteten Ausstellungen und Vorträge sowie über die Herausgabe eines Führers durch die Villa. Vergleichbare Materialien sind auch zur Dependance im Schloß überliefert. Sie geben u. a. Auskunft über die langandauernden Bemühungen des Direktors Masner, den Bau übernehmen zu können, und dokumentieren dann die Adaption des dreiteiligen Schloßkomplexes – des barocken Palais Spätgen, des Rokoko-Flügels Friedrichs II. und des Flügels von Friedrich Wilhelm IV. im Stil der florentinischen Neo-Renaissance – für Ausstellungszwecke. Die Innenräume und der Ehrenhof der ehemaligen Residenz wurden häufig für Staatsempfänge, für Vorträge oder Konzerte vermietet. Einige Ausstellungen fanden im Schloßmuseum statt, beispielsweise die schon erwähnte Schau „Der deutsche Meister Veit Stoß“ im Jahr 1938[8].

(Übersetzung: Beate Störtkuhl)

---

8 Dieser Bericht über die Archivalien zu den Breslauer Kunstmuseen in der Dokumentenabteilung des Nationalmuseums sollte durch eine vergleichbare Darstellung zu den Beständen ergänzt werden, die sich, wie erwähnt, im Breslauer Staatsarchiv und in der Universitätsbibliothek befinden. Ebenso wünschenswert wäre es, daß andere Institutionen, die Materialien zu

Abbildungsverzeichnis

1. Das ehemalige Augustinerkloster auf der Sandinsel, Sitz des Königlichen Museums für Kunst und Altertümer, später des Archäologischen Museums (Aufnahme vor 1945, Muzeum Narodowe we Wrocławiu / MNWr).
2. Auszug aus Büschings Inventar des Königlichen Museums für Kunst und Altertümer (MNWr).
3. Schlesisches Museum der bildenden Künste, Eingangsseite, 1880, Stahlstich (MNWr, nr inw. VII–3589).
4. Treppenhaus des Schlesischen Museums der bildenden Künste mit Malereien von Hermann Prell und Johann Ernst Schaller, Aufnahme 1895 (MNWr).
5. Fragment des Briefes von Arnold Böcklin an den Direktor des Schlesischen Museums der bildenden Künste Albert Berg, 8. März 1881 (MNWr, akta SMdbK, Sign. II/25).
6. Brief von Paul Klee an den Direktor des Schlesischen Museums der bildenden Künste Erich Wiese, 10. Oktober 1928 (MNWr, akta SMdbK, Sign. II/60).
7. Leo von König: Gerhart Hauptmann, Kopfprofil, Bleistiftzeichnung, 1937 (MNWr, akta SMdbK, Sign. II/200).
8. Das ehemalige Ständehaus nach dem Umbau zum Sitz des Schlesischen Museums für Kunstgewerbe und Altertümer, Ansicht von Osten, Tuschzeichnung von Hugo Ulbrich, 1899 (Reproduktion aus: Schlesiens Vorzeit 1 [1900]).
9. Die Villa Neisser, Ansicht von Südwesten, Foto: Eduard van Delden, 1905 (Universitätsbibliothek Breslau / Biblioteka Uniwersytecka we Wrocławiu).
10. Das Schloßmuseum von Süden, Aufnahme 1930 (MNWr).
11. Brief Gerhart Hauptmanns an den Direktor des Schlesischen Museums der bildenden Künste Erich Wiese, 3. Februar 1930 (MNWr akta SMfKuA, Sign. I/148).

---

den Breslauer Museen besitzen, diese in ähnlicher Weise publik machen. Dank solcher Veröffentlichungen könnten wir Kenntnis über bislang unbekannte Aufbewahrungsorte der infolge des Zweiten Weltkriegs verstreuten Archivalien gewinnen, die von immenser Bedeutung für die Erforschung des Breslauer Kulturlebens des 19. und der ersten Hälfte des 20. Jahrhunderts sind.

1. Das ehemalige Augustinerkloster auf der Sandinsel, Sitz des Königlichen Museums für Kunst und Altertümer, später des Archäologischen Museums (Aufnahme vor 1945).

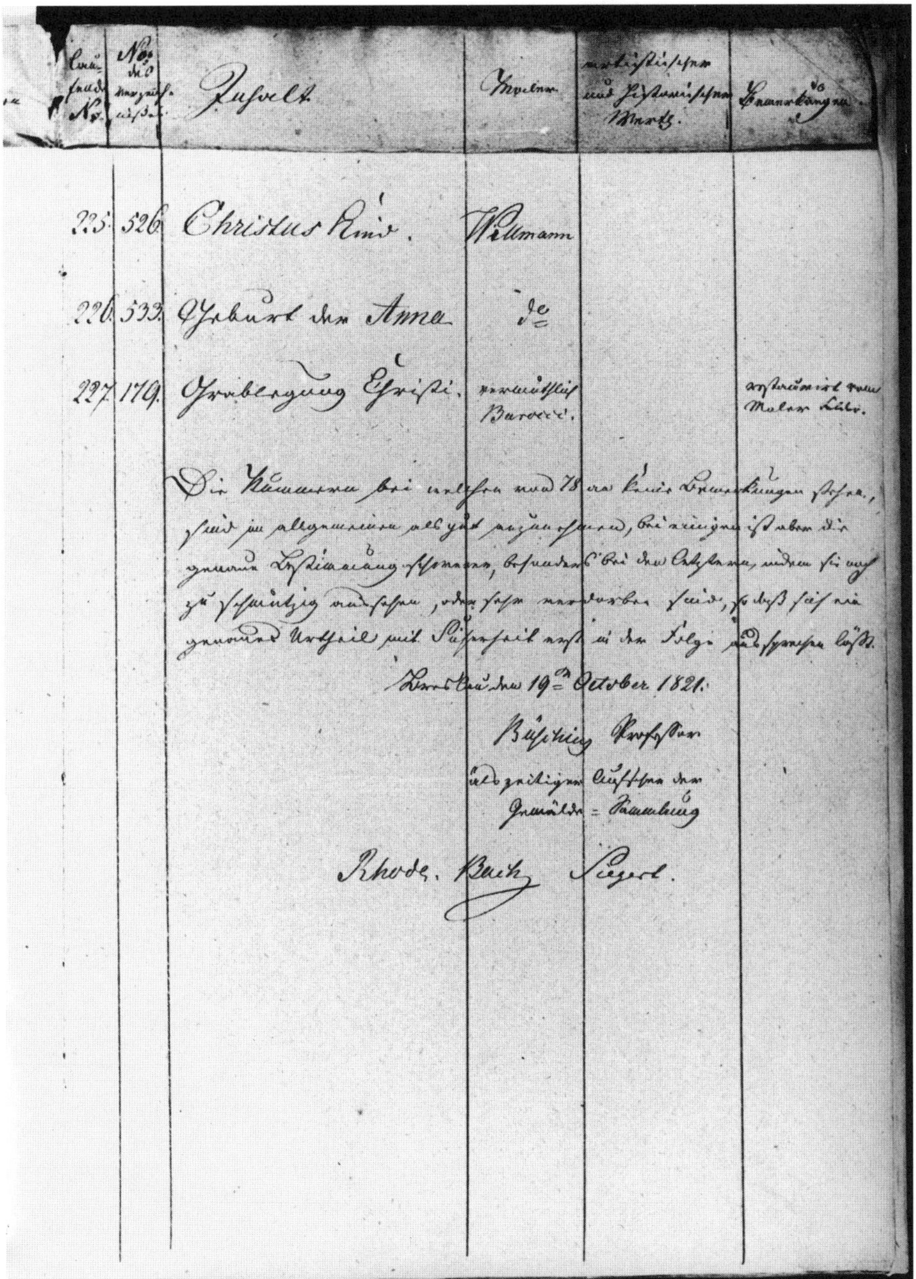

2. Auszug aus Büschings Inventar des Königlichen Museums für Kunst und Altertümer.

3. Schlesisches Museum der bildenden Künste, Eingangsseite, 1880, Stahlstich.

4. Treppenhaus des Schlesischen Museums der bildenden Künste mit Malereien von Hermann Prell und Johann Ernst Schaller, Aufnahme 1895.

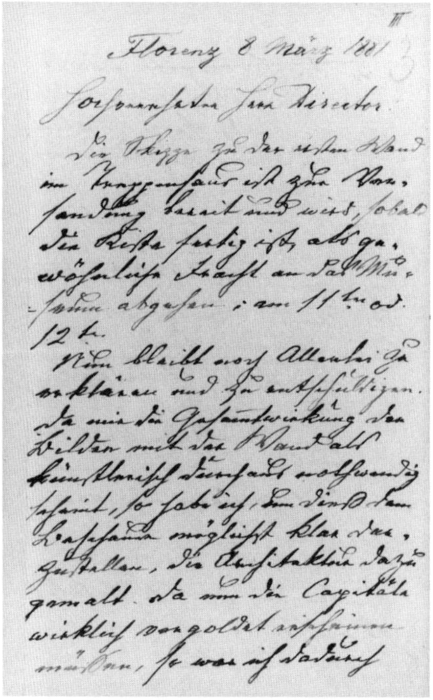

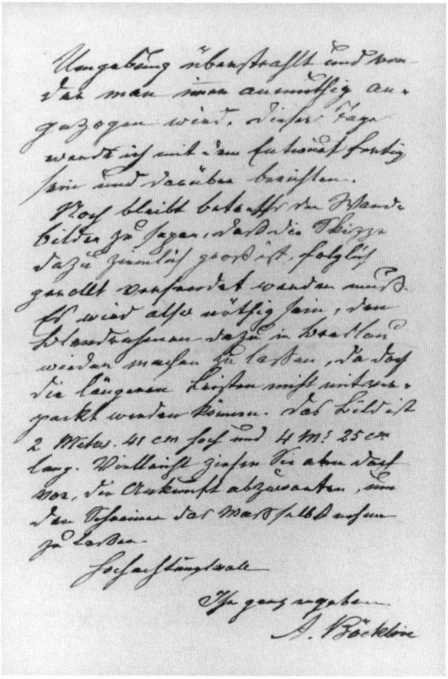

5. Fragment des Briefes von Arnold Böcklin
an den Direktor des Schlesischen Museums der bildenden Künste Albert Berg,
8. März 1881.

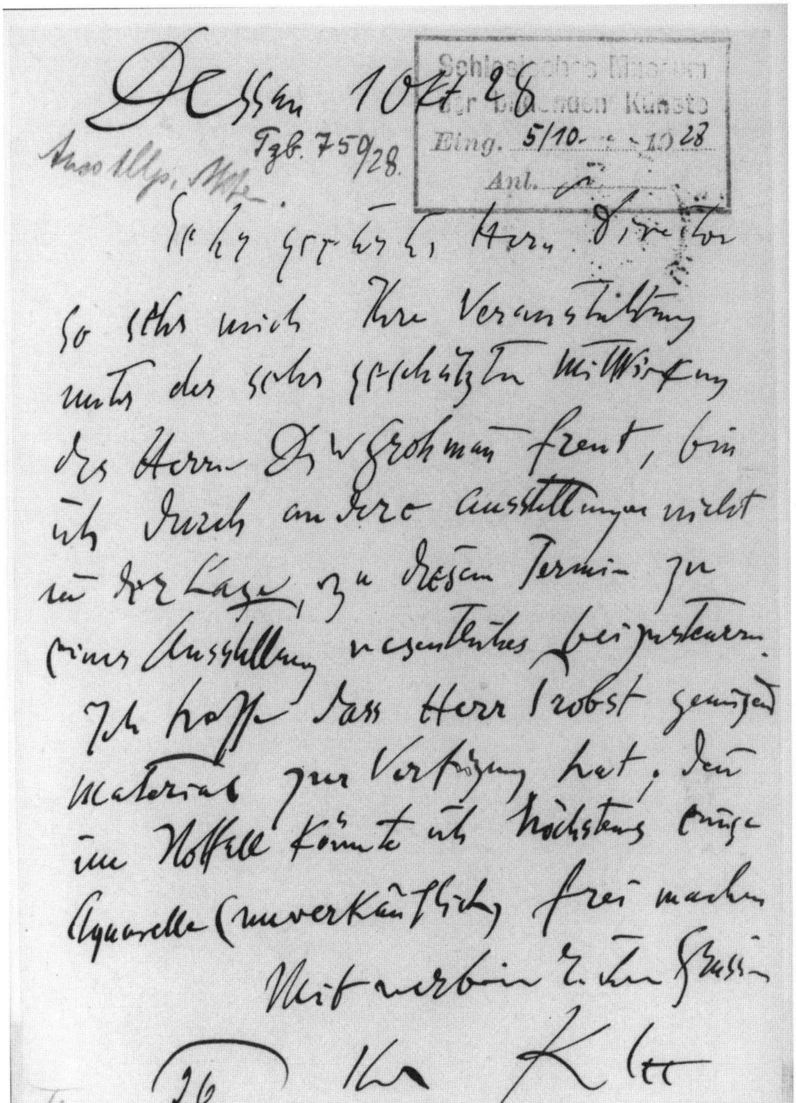

Schlesisches Museum der bildenden Künste
Eing. 5/10. 1928
Anl.

Tgb. 759/28.

Dessau 10 Okt 28

Sehr geehrter Herr Direktor

So sehr mich Ihre Veranstaltung unter der sehr geschätzten Mitwirkung des Herrn Dr. Grohmann freut, bin ich durch andere Ausstellungen nicht in der Lage, zu diesem Termin zu einer Ausstellung Wesentliches beizusteuern.

Ich hoffe dass Herr Probst genügend Material zur Verfügung hat, denn im Notfall könnte ich höchstens einige Aquarelle (unverkäuflich) frei machen.

Mit verbindl. [illegible] Grüssen

Ihr Klee

6. Brief von Paul Klee an den Direktor des Schlesischen Museums der bildenden Künste Erich Wiese, 10. Oktober 1928.

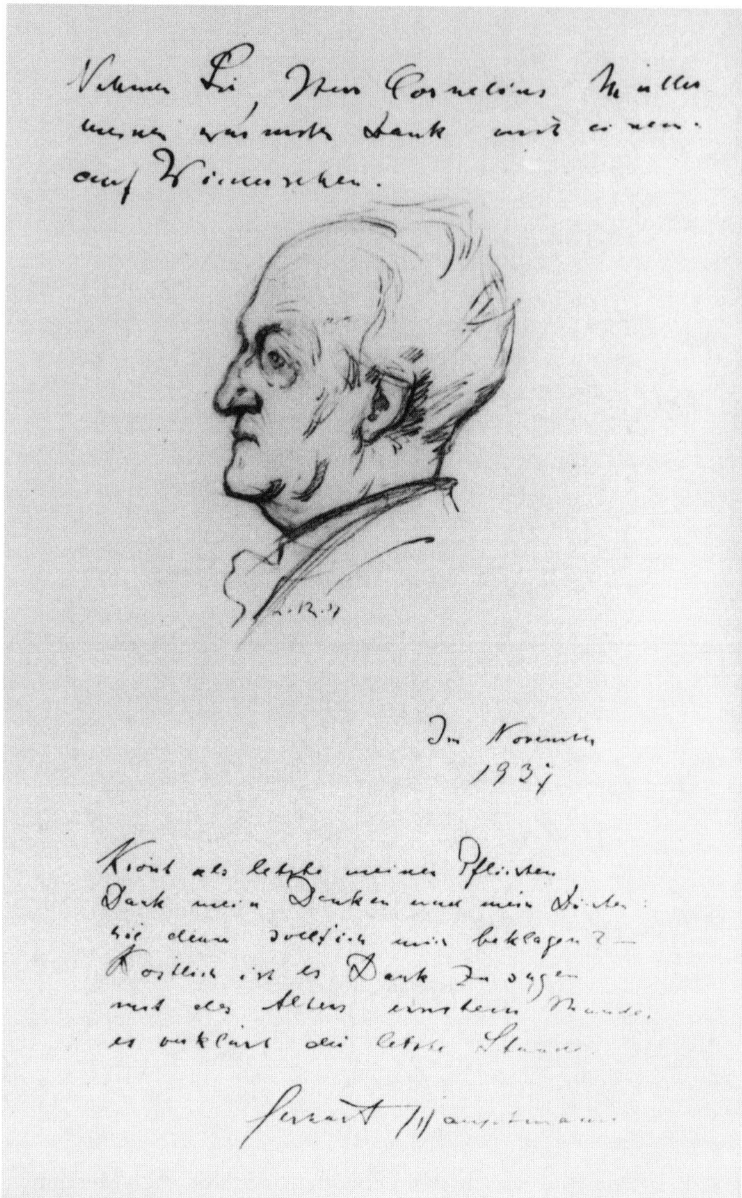

7. Leo von König: Gerhart Hauptmann, Kopfprofil, Bleistiftzeichnung, 1937.

8. Das ehemalige Ständehaus nach dem Umbau zum Sitz des Schlesischen Museums für Kunstgewerbe und Altertümer, Ansicht von Osten, Tuschzeichnung von Hugo Ulbrich, 1899.

9. Die Villa Neisser, Ansicht von Südwesten, Foto: Eduard van Delden, 1905.

10. Das Schloßmuseum von Süden, Aufnahme 1930.

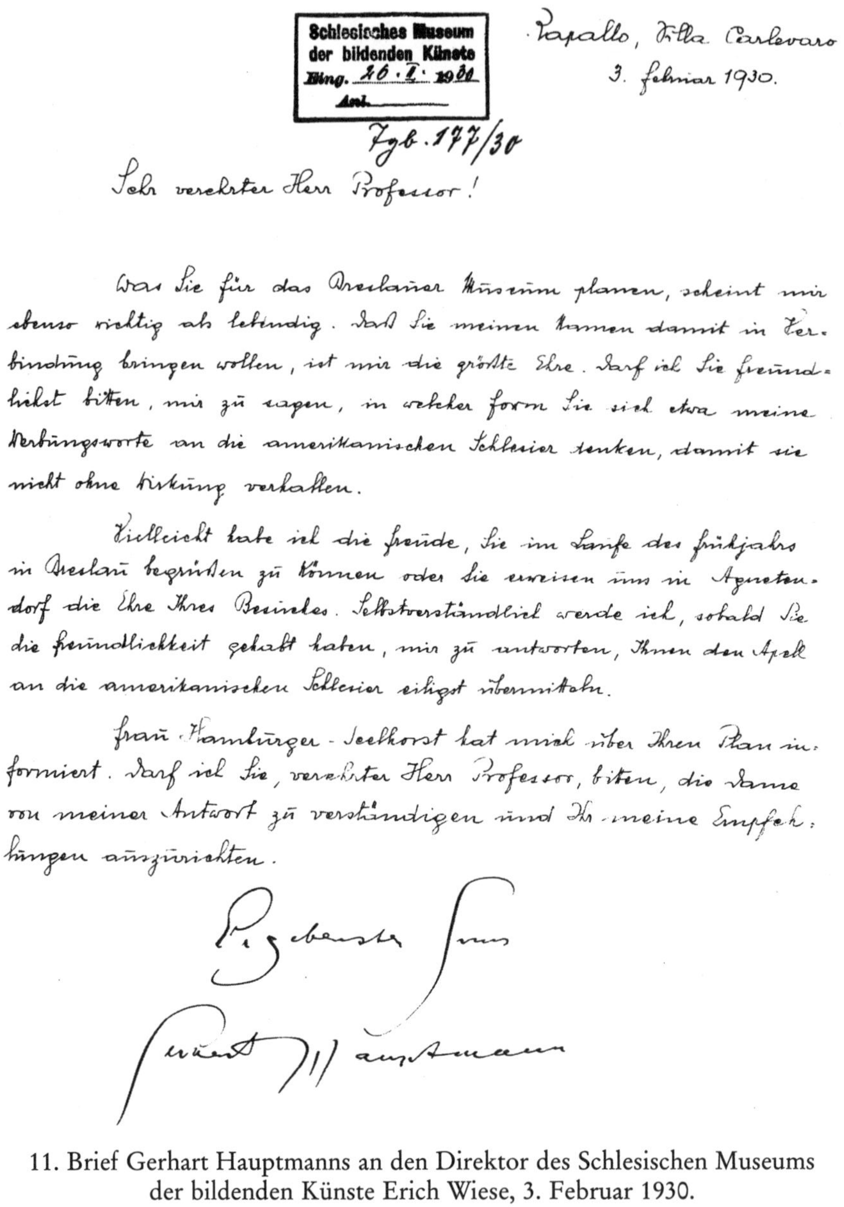

Schlesisches Museum der bildenden Künste
Eing. 26. II. 1930
Anl.

Rapallo, Villa Carlevaro
3. Februar 1930.

Tgb. 177/30

Sehr verehrter Herr Professor!

Was Sie für das Breslauer Museum planen, scheint mir ebenso richtig als lebendig. Daß Sie meinen Namen damit in Verbindung bringen wollen, ist mir die größte Ehre. Darf ich Sie freundlichst bitten, mir zu sagen, in welcher Form Sie sich etwa meine Werbungsworte an die amerikanischen Schlesier denken, damit sie nicht ohne Wirkung verhallen.

Vielleicht habe ich die Freude, Sie im Laufe des Frühjahrs in Breslau begrüßen zu können oder Sie erweisen uns in Agnetendorf die Ehre Ihres Besuches. Selbstverständlich werde ich, sobald Sie die Freundlichkeit gehabt haben, mir zu antworten, Ihnen den Appell an die amerikanischen Schlesier eiligst übermitteln.

Frau Hamburger-Seelhorst hat mich über Ihren Plan informiert. Darf ich Sie, verehrter Herr Professor, bitten, die Dame von meiner Antwort zu verständigen und ihr meine Empfehlungen auszurichten.

Ergebenster
Gerhart Hauptmann

11. Brief Gerhart Hauptmanns an den Direktor des Schlesischen Museums der bildenden Künste Erich Wiese, 3. Februar 1930.

Berichte und Forschungen 12 (2004), S. 99–122.

Beate Störtkuhl

Schulbauten in Breslau 1918–1933*

Zu Beginn der Weimarer Republik verständigten sich die deutschen Länder auf eine weitreichende Reform des Schulwesens. Zahlreiche Ideen der sogenannten „Reformpädagogik“ der Jahrhundertwende fanden jetzt Eingang in den allgemeinen Schulbetrieb[1]. Das preußische Schulsystem sah eine vierjährige Grundschulausbildung vor, nach der entweder die Volksschule mit dem Abschluß nach der 8. Klasse folgte oder eine weiterführende Schule besucht werden konnte: eine Mittel- oder Realschule mit einem Abschluß nach der 10. Klasse oder eine Schule des gymnasialen Typs (Gymnasium, Oberrealschule, Deutsche Oberschule) mit dem Abitur nach der 13. Klasse. Mit der Reform wurde das Schulsystem durchlässiger; so konnte nach der 10. Klasse von der Realschule ins Gymnasium gewechselt werden. Unter dem Stichwort „Einheitsschule“ sollte allen sozialen Schichten der Zugang zur Bildung ermöglicht werden[2]. In Preußen wurde die Koedukation von Jungen und Mädchen nunmehr auch auf die Volksschulen ausgedehnt[3].

Auf die Architektur der Schulgebäude wirkten sich vor allem die pädagogischen Neuerungen und Neugewichtungen aus, die u. a. die Auflösung des strengen Frontalunterrichts und die Arbeit in Gruppen, die Einrichtung von Räumen für den Fachunterricht (insbesondere für die naturwissenschaftlichen Fächer) sowie eine höhere Gewichtung von Sport- und Freiluftunterricht beinhalteten[4]. Die

---

* Der vorliegende Beitrag erschien in polnischer Sprache im Zusammenhang der Ausstellung „Breslauer Schulen. Geschichte und Architektur“, die von Juni bis Oktober 2004 im Breslauer Architekturmuseum / Muzeum Architektury we Wrocławiu gezeigt wurde: Budownictwo szkolne we Wrocławiu w latach 1918–1933. In: Maria Zwierz (Hg.): Wrocławskie Szkoły. Historia i Architektura. Wocław 2004, S. 221–231.

1 Vgl. u. a. Ullrich Amlung / Dietmar Haubfleisch / Jörg W. Link / Hanno Schmitt (Hg.): „Die alte Schule überwinden“. Reformpädagogische Versuchsschulen zwischen Kaiserreich und Nationalsozialismus. Frankfurt/M. 1993; Andreas Flitner: Reform der Erziehung. Impulse des 20. Jahrhunderts. Jenaer Vorlesungen. München, Zürich [2]1993.

2 Vgl. Otto Boelitz: Der Aufbau des preußischen Bildungswesens nach der Staatsumwälzung. Leipzig 1924; Adolf Grimme (Hg.): Wesen und Wege der Schulreform. Berlin 1930.

3 Johanna Weiser: Das preußische Schulwesen im 19. und 20. Jahrhundert. Ein Quellenbericht aus dem Geheimen Staatsarchiv Stiftung Preußischer Kulturbesitz. Köln, Weimar, Wien 1996, S. 167.

4 „Grundlegend haben sich in unserer Zeit die Anschauungen über das geistige Leben, über Ethik, Kunst und Bildung geändert. Daraus folgen veränderte Bauforderungen für die Volks-, Mittel- und höheren Schulen, die besonders auf eine stärkere Durchsetzung mit technischen Unterrichtsräumen und Räumen für die körperliche Ausbildung hinausgehen. Die sich von Jahr zu Jahr verstärkende Berufsausbildung fordert neue und andere Berufs- und Fachschulen.“ – Hugo Althoff: Das städtische Bauprogramm 1929. In: Schlesische Monatshefte 6 (1929), S. 7 f. Althoff war von Ende 1926 bis Ende 1928 Stadtbaurat in Breslau und damit u. a. für den Schulbau verantwortlich. Bei Erscheinen des Beitrags war Althoff bereits Senator für

pädagogischen Reformen und die Ideen des Neuen Bauens der zwanziger Jahre ergänzten sich gegenseitig[5]. Beide Bewegungen wurden im nationalsozialistischen Deutschland unterdrückt, so daß das Jahr 1933 auch im Schulhausbau eine Zäsur bedeutet.

In Breslau entstanden zwischen 1918 und 1933 relativ wenige Schulgebäude größeren Ausmaßes[6]. Dies lag einerseits an der angespannten Wirtschaftssituation; andererseits war aufgrund der intensiven Bautätigkeit im Schulwesen im späten 19. Jahrhundert bis zum Ersten Weltkrieg der Bedarf im innerstädtischen Bereich und in den Wohnvierteln der Gründerzeit weitgehend gedeckt, auch wenn einige dieser Schulgebäude während des Krieges zweckentfremdet wurden und daher renoviert werden mußten[7]. Der Schwerpunkt des Schulbaus während der Weimarer Republik lag in den neuen Wohngebieten, v. a. in der Südvorstadt und den Siedlungen Pöpelwitz und Zimpel, sowie in den dörflichen Vororten, die 1928 eingemeindet wurden. Bei den Neubauten handelte es sich größtenteils um „Volksschulen" für die Klassen 1–8, d. h. Grund- und Hauptschulen unter einem Dach. Neu errichtet wurden außerdem das Magdalenen-Gymnasium und die Mädchenberufsschule. Eine Volksschule an der Kniestraße (heute ul. Wejherowska) und eine Knabenberufsschule, die sich 1929 in Planung befanden[8], kamen nicht zur Ausführung.

Alle genannten Schulen entstanden unter städtischer Ägide[9]. Auch wenn teilweise Architekturwettbewerbe ausgeschrieben wurden, lag die Planung der ausgeführten Bauten ausschließlich in den Händen des Städtischen Hochbauamts.

Städtische Volksschule an der Kleinburgstraße (ul. Januszowicka, heute Grundschule Nr. 47)

Als erster Schul-Neubau nach Kriegsende wurde 1925/26 die sogenannte Gaudig-Schule an der ehemaligen Kleinburgstraße errichtet. In der Nähe des Südparks gelegen, bediente sie das Einzugsgebiet des Villenviertels der Südvorstadt.

Bauwesen in Danzig. Zur Biographie Althoffs vgl. Jerzy Ilkosz/Beate Störtkuhl (Hg.): Hochhäuser für Breslau 1919–1932. Delmenhorst 1997, S. 188; siehe auch Günther Althoff: Memoiren. http://www.mynetcologne.de/~nc-althoffl2/Memoiren.htm.

5 Vgl. Emanuel Joseph Margold (Hg.): Bauten der Volkserziehung und Volksgesundheit. Berlin 1931 (Reprint Berlin 1999).

6 Behandelt werden im folgenden nur Volks- und weiterführende Schulen; Hochschulbauten wie etwa die architektonisch bemerkenswerte Pädagogische Hochschule an der ehemaligen Hardenbergstraße (ul. Pretficza) bleiben unberücksichtigt.

7 Vgl. Roland B. Müller: Das Breslauer Schulwesen in der Weimarer Republik. Dresden 2003, S. 19.

8 Plan einer Volksschule an der Kniestraße erwähnt in [A. O.:] Breslau – die Stadt der vorbildlichen Schulhausneubauten. Breslauer Zeitung, 14. 06. 1929. Die beiden übrigen Projekte bei Hugo Althoff: Bauprogramm (wie Anm. 4), S. 9.

9 Bei den staatlichen Schulen gab es keine baulichen Veränderungen; staatlich geführt waren das Friedrichs-, das St. Matthias- und das König-Wilhelm-Gymnasium sowie die Augusta-Schule; vgl. Müller: Schulwesen (wie Anm. 7), S. 64.

Sie entstand anstelle eines früheren Schulgebäudes, das bereits 1898 existierte und im April 1921 um vier Klassen erweitert worden war. Da dieser Ausbau den Bedarf des expandierenden Stadtteils nicht decken konnte, war ein Neubau erforderlich[10]. Für das Städtische Hochbauamt als Bauherr zeichnete auf den Plänen Max Schirmer, der damals erst am Anfang seiner Laufbahn als „Magistrats-Baurat" stand; vermutlich war er für den Entwurf verantwortlich.

Die äußere Gestalt der Gaudig-Schule steht noch in der Tradition der Vorkriegszeit, die zwar die kasernenartige Bauweise des späten 19. Jahrhunderts überwand, aber bei der Gestaltung der Schulbauten repräsentative Aspekte in den Vordergrund stellte[11]: Die Straßenfront des Putzbaus war durch einen Mittelrisalit symmetrisch gegliedert; der mittig angelegte Eingang war um einige Treppenstufen über das Straßenniveau erhöht und durch eine Art Portikus mit dorischen Säulen ausgezeichnet. Diese Situation wurde nach 1945 verändert, um einen zusätzlichen Raum in dem nach wie vor als Schule genutzten Gebäude zu gewinnen. Der Zugang erfolgt heute über den Schulhof.

Auf der Hofseite ist der repräsentative Anspruch zurückgenommen: Die symmetrische Gliederung ist beibehalten, doch fehlen hier architektonische Würdeformen. Außerdem ist diese Front, hinter der alle Klassenzimmer liegen, wesentlich stärker durchfenstert, so daß eine gute Belichtung der Räume gewährleistet ist. Der Bau besitzt ein ausgeprägtes Souterrain, in dem sich neben Kellerräumen und Heizung auch ein Schülerbad mit Umkleide befand. Der Eintretende gelangte zunächst in eine Halle, von der aus beidseitig Treppen in den Flur des „Erdgeschosses" führten. Die beiden übrigen Geschosse wurden durch zwei Treppenhäuser zu beiden Seiten des Mittelrisalits erschlossen. Ursprünglich dienten Dreiviertel des Gebäudes dem Unterrichtsbetrieb, der Südteil enthielt zwei Hausmeisterwohnungen. Die Klassenräume befanden sich, wie erwähnt, auf der Hofseite. Ihre Ausrichtung nach Westen schützte im Sommer vor zu starker Sonneneinstrahlung, außerdem wurden Störungen durch den Straßenverkehr vermieden. Die Flure lagen an der Straßenseite. Im Erdgeschoß und im ersten Obergeschoß waren je drei Klassenzimmer eingerichtet; in der Nordost-Ecke befanden sich ein Lehrmittel- und Arztzimmer bzw. ein Lehrerzimmer. Im zweiten Obergeschoß waren vier Klassenzimmer und ein Handarbeitsraum untergebracht. In einer Planänderung vom November 1925 wurde auch das ursprünglich als Speicher vorgesehene Dachgeschoß zu zwei Klassenzimmern ausgebaut; die Dachgauben an der Hofseite wurden entsprechend vergrößert. Ein Raum im ersten Stock konnte nun als „Vorführraum" genutzt werden. Weitere Räume für den Fachunterricht, eine Aula, Turnhalle oder ein Platz für Freiluftunterricht fehlten, obwohl diese Elemente bereits in der Reformdiskussion vor dem Ersten Weltkrieg eine große Rolle spielten. Auch die Toilettenanlagen wurden nicht in den Bau integriert, sondern in einem „Abort"-Häuschen auf dem Schulhof unter-

10 Archiwum Budowlane miasta Wrocławia (ABmW), t. 2243; die Baupläne sind im Juni/Juli 1925 datiert.

11 Vgl. Romana Schneider: Die Suche nach dem idealen Schulbau im 20. Jahrhundert. In: Das Klassenzimmer. Schulmöbel im 20. Jahrhundert, S. 47–61 (mit weiterführender Literatur).

gebracht. Nicht nur im Außenbau, sondern vor allem in der Grundrißgestaltung verkörperte die Gaudig-Schule – ungeachtet ihres Namenspatrons, des Reformpädagogen Hugo Gaudig – einen bereits veralteten Schultyp. Dies war vermutlich auf die damalige Unerfahrenheit Schirmers, vor allem aber auf das Fehlen einer künstlerischen Autorität im Hochbauamt nach dem Weggang des langjährigen Stadtbaurats Max Berg Ende Januar 1925 zurückzuführen.

Städtische Volksschule Klodnitzstraße (Siedlung Pöpelwitz/Popowice; zerstört)

Die durchgreifenden Änderungen, die der Schulbau in jenen Jahren erfuhr, kamen in Breslau erstmals 1926 bei den Planungen für die Volksschule an der Klodnitzstraße in der Siedlung Pöpelwitz zum Tragen. Die schulische Versorgung der neu entstehenden Großsiedlungen gehörte zu den vordringlichen Bauaufgaben der Stadt. Die von dem Breslauer Architekten Theodor Effenberger geplante Siedlung im Westen der Stadt entstand in den Jahren 1919 bis 1927 und bot ca. 8 000 Menschen Wohnung[12]. Die katholische Hedwigskirche (1925–1927) und die Volksschule an der Klodnitzstraße, welche sich hier zu einem begrünten Platz erweiterte, bildeten das Zentrum der Siedlung. Pöpelwitz wurde während des Zweiten Weltkriegs völlig zerstört, daher stützt sich die folgende Rekonstruktion des Schulbaus vor allem auf die im Breslauer Bauarchiv überlieferten Pläne[13]. Ein 1927 in der „Ostdeutschen Bauzeitung" veröffentlichtes Modell[14] belegt, daß der Entwurf im Hochbauamt entstanden war; der Architekt ist dort allerdings nicht genannt. Vermutlich übernahm wiederum Max Schirmer die Planung, nachdem die Stelle des Stadtbaurats nach wie vor vakant war. Erst zum Jahresende 1926 trat Hugo Althoff, der zuvor in derselben Funktion in Frankfurt/Oder tätig war, das Amt des Stadtbaurats an[15].

Das Modell zeigt, daß die Schule an der Klodnitzstraße von Anfang an als symmetrischer Komplex zweier dreigeschossiger Hauptbauten mit hohen Satteldächern geplant war, die durch zweigeschossige, flachgedeckten Seitentrakte zu einem U-förmigen Grundriß verbunden waren. Der Bau erfolgte in zwei Abschnitten, deren erster im Frühjahr 1927 vollendet wurde[16]. Zu diesem Bauteil besitzt das Bauarchiv lediglich „Aufnahme-Zeichnungen" aus dem Jahr 1933[17], die jedoch genügend Aufschluß über die räumliche Ausstattung geben. Die Schule war offensichtlich nicht unterkellert, da Heizung und Kohlenlager im Erd-

---

12 Vgl. Christine Nielsen: Theo Effenberger 1882–1968. Architekt in Breslau und Berlin. Egelsbach u. a. 1999, S. 101–111.

13 ABmW, t. 63.

14 Kurt Langer: Breslauer Siedlungsbauten. In: Ostdeutschen Bauzeitung 25 (1927), S. 203.

15 Vgl. Anm. 4.

16 Langer: Siedlungsbauten (wie Anm. 14).

17 „Aufnahme-Zeichnungen", gefertigt im Februar 1933 von Bernhard Rühling aus dem Städtischen Hochbauamt; ABmW, t. 63.

geschoß untergebracht waren. Auch die Hausmeisterwohnung befand sich hier. Die zehn Klassenräume des ersten Bauabschnitts waren über das erste und zweite Ober- und das Dachgeschoß verteilt. Daneben verfügte die Schule über Fachräume für Physik, Werken und Handarbeitslehre – ein wesentlicher Fortschritt gegenüber der Gaudig-Schule. Dies zeigt sich noch deutlicher in der sanitären Ausstattung (Knaben- und Mädchentoiletten im Schulgebäude) sowie in den Einrichtungen für Sport und Spiel: Im Seitentrakt befand sich die Turnhalle, deren Flachdach als Terrasse für Freiluftunterricht zur Verfügung stand. Das Schulgebäude war eingebettet in Grünflächen, die in den Pausen zum Spielen genutzt werden konnten. Die Klassenräume waren nach Osten und Westen ausgerichtet und damit vor dem Einfall der Mittagssonne geschützt.

Die Entwürfe für den zweiten Bauteil entstanden ab Juli 1929 und tragen die Unterschriften von Wilhelm Anders, Max Schirmer sowie z. T. von Fritz Behrendt, der nach Althoffs Weggang nach Danzig Anfang 1929 Stadtbaurat geworden war. Das Gebäude mit 20 Klassenräumen im Erdgeschoß, den beiden Obergeschossen und im Dachgeschoß fungierte als Erweiterungsbau, um den Bedarf der noch im Wachsen begriffenen Siedlung zu befriedigen. Gleichzeitig erfolgte eine fachliche Spezifizierung, der sich an die weiblichen Schüler richtete: Der Seitentrakt war im Erdgeschoß als „Haushaltungsschule" mit Lehrküche, Eßraum und Vorratsraum sowie einer Waschküche ausgestattet. Eine direkte Verbindung zur benachbarten Turnhalle bestand nicht. Im ersten Stock darüber lagen u. a. Zeichensaal und Handarbeitsklasse.

Die Planung von Pöpelwitz – wie auch der meisten anderen Breslauer Siedlungen bis ca. 1928 – war von zwei Grundelementen der vor dem Ersten Weltkrieg entwickelten Wohnreform geleitet: vom Ideal der Gartenstadt, d. h. eines weitgehend autonomen Siedlungsgebildes mit eigener Infrastruktur und ausgedehnten Grünflächen, sowie von den Vorstellungen der Heimatschutzbewegung, die ein traditionsbewußtes Bauen propagierten. So ist die Wahl des Backsteins als Baumaterial in Pöpelwitz – auch für Kirche und Schule – sicherlich als explizite Anknüpfung an die lokale Tradition im Sinne eines Heimatstils zu werten, da Breslau schon im Mittelalter eine Backsteinstadt war. Gleichzeitig ist die häufige Verwendung dieses Materials auch für zahlreiche weitere Breslauer Siedlungs- und Einzelbauten ein Phänomen des architektonischen Expressionismus der zwanziger Jahre.

Eine besondere Bedeutung schrieb die Heimatschutzbewegung dem Steildach zu, das schon um 1900 zur typisch „deutschen" Dachform (im Sinne eines Nationalstils) stilisiert wurde. Neben frühen Realisierungen wie München-Laim von Theodor Fischer (1910) oder der Gartenstadt Dresden-Hellerau (1908–1914, von Hermann Muthesius, Richard Riemerschmidt, Heinrich Tessenow) wirkte vor allem der Wiederaufbau Ostpreußens ab 1915 vorbildhaft. Unter der Ägide des Deutschen Bundes für Heimatschutz wurden dort Haustypen entwickelt, die in Deutschland zum Teil bis in die fünfziger Jahre fortwirkten[18].

---

18 Vgl. Hartmut Frank: Heimatschutz und typologisches Entwerfen. Modernisierung und Tra-

1919, bei der Planung der Siedlung Pöpelwitz, war deren architektonische Form ganz auf der Höhe der Zeit. 1926, als die Schule entworfen wurde, galten das Satteldach und die einzeln stehenden Sprossenfenster jedoch bereits als Ausdruck einer konservativen Gesinnung – die Avantgarde propagierte rhythmisch gestaffelte, kubische Baukörper. Zwar wurde der sogenannte „Dächerstreit" in Breslau nicht aggressiv geführt, doch standen die städtischen Behörden[19] nach dem Weggang Max Bergs modernen Architekturströmungen, die vor Ort in erster Linie von den Architekten der Breslauer Kunstakademie Adolf Rading und Hans Scharoun vertreten wurden, zunächst reserviert gegenüber. Die Klodnitz-Schule ist gleichsam ein Zwitter – einerseits der Idee des Heimatstils verbunden und damit auch dem Charakter der Siedlung angepaßt[20], andererseits bereits mit einem flachgedeckten Flügel mit Dachterrasse versehen. Die ursprüngliche Planung wurde 1929/30 nicht verändert. Lediglich der Eingang war durch horizontale Profilplatten fortschrittlicher gestaltet als das dekorative Portal des Breslauer Bildhauers Richard Schipke am ersten Bauabschnitt[21].

Ungeachtet der konservativen Tendenzen in der äußeren Gestaltung war die Schule an der Klodnitzstraße ein moderner Schulbau, der die zentralen Forderungen der Reform erfüllte: Er bot geräumige Klassenzimmer, Räume für den Fachunterricht, Sport- und Spielmöglichkeiten, vor allem auch an der frischen Luft, und gute hygienische Bedingungen. Dicht gestellte Fensterreihen sorgten für eine gute Belichtung; die Fensterfrequenz wurde im zweiten Bauabschnitt noch erhöht (von 14 auf 17/Reihe). Die Eingänge lagen auf Straßenniveau – auch dies ein Signal des Reformziels, Bildung für alle zugänglich zu machen.

Städtische Friedrich-Ebert-Volksschule in Zimpel (Sępolno, ul. Krajewskiego 1; heute Grundschule Nr. 45)

Wie Pöpelwitz mußte auch die seit 1919 im Osten der Stadt entstehende zweite Breslauer Großsiedlung Zimpel, die für ca. 10 000 Einwohner ausgelegt war, eine schulische Infrastruktur erhalten.

Zur Jahreswende 1926/27 wurde ein Architekturwettbewerb für einen Komplex aus Schule, Kindergarten, öffentlicher Bücherei und Polizeiwache am Kuckucksweg (ul. Krajewskiego) ausgeschrieben. Auch in Zimpel sollten der Schulkomplex und ein noch zu planender Kirchenbau die Dominanten der groß-

---

dition beim Wiederaufbau von Ostpreußen 1915–1927. In: Vittorio Lampugnani/Romana Schneider (Hg.): Moderne Architektur in Deutschland 1900 bis 1950. Reform und Tradition. Stuttgart 1992, S. 105–132; dort auch weiterführende Literatur.

19 Aufgrund des hohen Aktienanteils der Stadt bei der größten Wohnungsbaugesellschaft, der Breslauer Siedlungsgesellschaft A.G., hatten die städtischen Behörden auch in diesem Bereich großen gestalterischen Einfluß.

20 Dies wurde in zeitgenössischen Kommentaren positiv hervorgehoben, vgl. Breslau – die Stadt der vorbildlichen Schulhausneubauten (wie Anm. 8).

21 Ostdeutsche Bauzeitung 25 (1927), S. 54: Notiz über die Gestaltung des Haupteingangs durch den Breslauer Bildhauer Richard Schipke.

zügigen begrünten Platzanlage im Zentrum der Siedlung bilden. Am Wettbewerb beteiligten sich u. a. der Breslauer Architekt Paul Häusler sowie Hans Scharoun, der seit 1925 als Professor an der Breslauer Kunstakademie wirkte[22]. Der einzige bildlich überlieferte und gesicherte Wettbewerbsbeitrag ist das Projekt Scharouns in den Formen des Neuen Bauens. Der Architekt untergliederte das Bauensemble nach Funktionseinheiten in kubische Baukörper, die durch Höhenstaffelungen differenziert sind. Zur Siedlung hin öffnet sich der Komplex in einer Art Forum zwischen der Bücherei und der Polizeistation. Diese Anordnung entsprach dem zeitgenössischen Postulat einer Entwicklung des Grundrisses aus den „Erfordernissen des Zweckes". Die Wände bestehen aus breiten Fensterbändern und relativ schmalen Mauerstreifen, um möglichst viel Licht in die Innenräume zu lassen. Architektonische Schmuckformen wie an der Gaudig-Schule fehlen völlig; ganz deutlich tritt auch der Gegensatz zum Außenbau der Pöpelwitzer Schule zutage. Für die moderne Architektur – und auch für Scharoun – eher ungewöhnlich ist allerdings die symmetrische Anlage des Projekts[23].

Vermutlich steht auch das „Modell einer Volksschule mit Haushaltungsschule und Kindergarten" des Breslauer Architekten Heinrich Lauterbach, das in einer zeitgenössischen Publikation zum Schulbau überliefert ist, im Kontext des Zimpeler Wettbewerbs[24]. Lauterbach schlug eine vielteilige Aufgliederung des Baukörpers vor, eine weitgehende Umsetzung des Pavillonsystems.

Keines der Wettbewerbsprojekte wurde verwirklicht. Statt dessen lieferte Anfang 1927 Max Schirmer vom Städtischen Hochbauamt unter Mitarbeit von Bruno Buschmann und Wilhelm Anders den Entwurf nur für den Schulbau; die Realisierung der übrigen Bauteile wurde aus finanziellen Gründen zurückgestellt. Die Leitung des Projekts übernahm Stadtbaurat Hugo Althoff[25]. Zum Schuljahrsbeginn Ostern 1928 konnte die Friedrich-Ebert-Schule eröffnet werden.

Der ausgeführte Bau wirkt wegen seiner Walmdächer und der Sprossenfenster zunächst weit weniger modern als der Scharoun-Entwurf. Der Einfluß des Neuen Bauens zeigt sich jedoch deutlich in dem bogenförmig angelegten Grundriß

---

22 Scharouns Projekt ist im Nachlaß des Architekten in der Berliner Akademie der Künste überliefert und u. a. bei Vladimir Šlapeta: Breslau. Rassegna 40/4 (1989), S. 56, publiziert. Die Teilnahme Häuslers ist erwähnt bei Kurt Langer: Architekturausstellung des Landesbezirks Schlesien des B.D.A. In: Ostdeutsche Bauzeitung 25 (1927), S. 98. Im „Zentralblatt der Bauverwaltung", das in der Regel alle Wettbewerbe in Preußen sowohl durch die Ausschreibung als auch durch die Bekanntgabe der Ergebnisse dokumentierte, findet sich kein Hinweis auf den Zimpeler Wettbewerb.

23 Bruno Taut kritisiert die Ästhetik der Symmetrie ausdrücklich als Merkmal der „Starrheit" früherer Baukunst, v. a. auch im Schulbau. Bruno Taut: Der neue Schulbau. In: Grimme (Hg.): Wesen und Wege (wie Anm. 2), S. 166–170, hier S. 166. Derselbe Text auch bei Margoldt: Bauten (wie Anm. 5), S. 1–4.

24 Margoldt: Bauten (wie Anm. 5), S. 69. Für das Baugrundstück der Volksschule an der Roonstraße, von der später noch zu sprechen sein wird, scheint das Volumen des Entwurfs zu groß zu sein.

25 Hugo Althoff: Die Volksschule in Zimpel. In: Ostdeutsche Bauzeitung 26 (1928), S. 278 f.; vgl. auch Jerzy Ilkosz: Dawna Szkoła Ludowa im. Friedricha Eberta. In: Jan Harasimowicz (Hg.): Atlas Architektury Wrocławia Bd. 1. Wrocław 1997, S. 173. Pläne: ABmW, t. 2571; 124; Ansichtszeichnungen fehlen.

des Haupttrakts – dynamisch fließende Linien als Kennzeichen moderner Großstadtarchitektur propagierte in Breslau bereits Hans Poelzig im Bürohaus an der Junkernstraße (ul. Ofiar Oświęcimskich, 1911–1913). Er beeinflußte damit Max Berg und Adolf Rading ebenso wie Erich Mendelsohn, dessen Kaufhaus Petersdorff im Stadtzentrum 1927 fertiggestellt wurde. Auch im Zimpeler Schulbau war die gekurvte Linie keine ästhetische Spielerei, sondern „sprechende Architektur": Die konkav einschwingende Front des langgestreckten, viergeschossigen Hauptbaus und seine beiden rechteckigen, zweigeschossigen Flügelbauten bilden einen Hof, der einladend und zugleich schützend wirkt. Ihre Größe und Höhe macht die Schule zur Dominante, die den zentralen Platz der Siedlung abschließt; dazu trägt auch das Backsteinmauerwerk bei, das sich farblich von den verputzen Wohnhäusern absetzt. Die Fassaden des Haupttrakts sind durch großformatige Fenster gegliedert, deren Fläche etwa zwei herkömmlichen Einzelfenstern entsprach. Dazwischen bleiben nur schmale Mauerstege stehen, so daß die Klassen- und Arbeitsräume viel Licht erhalten. Daß diese Fenster nach wie vor durch Sprossen unterteilt sind und nicht – wie etwa an modernen Geschäftshäusern – als durchgehende Bänder gestaltet wurden, hatte nicht zuletzt funktionelle Gründe: Die Untergliederung ermöglicht eine flexible Öffnung je nach Außentemperatur. Große Fensterflügel, die bei Öffnung weit ins Klassenzimmer ragen, wären zudem ein Verletzungsrisiko. Nicht zu vernachlässigen war auch der Kostenfaktor: Großformatiges, ungeteiltes Fensterglas war teuer.

Wie schon in Pöpelwitz ist der Schulbau nicht durch ein Sockelgeschoß von der Straße abgehoben. Der Zugang erfolgt ebenerdig durch zwei symmetrisch angelegte Portale, zwischen denen sich eine offene Wandelhalle erstreckt. Terracottafiguren des Bildhauers Thomas Myrtek, eines Absolventen der Breslauer Kunstakademie, schmücken die Portale, über der Wandelhalle verläuft ein expressiver Zick-Zack-Fries, ebenfalls aus Terracotta.

In Raumprogramm und Raumgestaltung wurden die Ansätze der Schulreform befolgt. Die Unterrichtsräume sind ausschließlich nach Westen ausgerichtet, so daß sie sich während der Unterrichtszeit nicht durch das Sonnenlicht aufheizen. Die Erschließung erfolgt über geräumige Flure an der Ostseite des Gebäudes. In allen Stockwerken sind Sanitäranlagen eingerichtet.

In der Raumaufteilung wurde zwischen Klassenzimmern und Räumen für den Fachunterricht (Werken, Säuglingspflege, Hauswirtschaft etc). unterschieden, da der praktischen Ausbildung in der Schulreform ein hoher Stellenwert zuerkannt wurde. Der südwestliche Teil des ersten Obergeschosses ist im Grundriß als „Haushaltungsschule" ausgewiesen. Auch die Einrichtung relativ großer Klassenzimmer, um „die Bänke zwanglos im Kreis oder in elliptischer Form um den Lehrer oder die Lehrerin anzuordnen"[26], steht im Zusammenhang der Schulreform: Das alte „Disziplinarsystem" sollte ersetzt werden durch eine „Bildungsgemeinschaft"[27] von Schülern und Lehrern; die Schüler sollten sich stärker in

26 Althoff: Zimpel (wie Anm. 25), S. 278.
27 Ebd.

den Unterricht einbringen. An die Stelle enger Pulte mit festen Bänken traten nun bequemere Tische und Stühle. Diese konnten variabel gestellt werden, um den Frontalunterricht aufzulockern und Arbeitsgruppen bilden zu können – auch dies ein neues pädagogisches Konzept. Um eine freundliche Atmosphäre zu schaffen, wurden die Räume unter Berücksichtigung farbpsychologischer Erkenntnisse in „warmen Tönen“ gestaltet. Großer Wert wurde jetzt auch der sportlichen Betätigung beigemessen. Die Friedrich-Ebert-Schule erhielt zwei Turnhallen in den beiden Flügelbauten, wobei die Halle des Nordflügels auch als Aula genutzt werden konnte und eine Bühne besaß. War die Licht- und Luftzufuhr schon durch die großen Fenster gewährleistet, so konnte auf den Balkonen vor dem ersten Stock der Flügelbauten Freiluftunterricht stattfinden, und die offene Wandelhalle ermöglichte in den Pausen den Aufenthalt im Freien auch bei schlechtem Wetter. Außerdem besaß die Schule große Spiel- und Sportflächen.

Da sowohl Zimpel wie auch die benachbarte Siedlung Bischofswalde (Biskupin) weiter wuchsen, entstanden 1930 im Hochbauamt Pläne zur Erweiterung der Schule. Ausführender Architekt war wiederum Max Schirmer, die Leitung lag nun bei Althoffs Nachfolger Fritz Behrendt. Als Zukunftsperspektive war dabei nicht nur eine Bebauung des trapezförmigen Geländes westlich des bestehenden Baus durch insgesamt fünf zum Teil freistehende Trakte vorgesehen; auf dem Lageplan sind außerdem zwei weitere große Gebäude auf der anderen Seite des Nachtigallenwegs (ul. W. Sławka) als geplant eingezeichnet. Eine genaue Bestimmung der einzelnen Bauten ist nicht angegeben, in einem Zeitschriftenbeitrag ist die Rede von Kinderhorten und Kindergärten[28]. Die finanzielle Situation der Stadt erlaubte jedoch nur die Errichtung eines rechteckigen, zweigeschossigen Schulgebäudes mit elf Klassenzimmern und einem Werkraum gegenüber dem bestehenden Bau, um den Grundbedarf zu decken.

Pläne für den Neubau des Zwingergymnasiums

Anfang 1927 entstanden Pläne für einen Neubau des Zwingergymnasiums, dessen Stammhaus aus den zwanziger Jahren des 19. Jahrhunderts am Zwingerplatz (pl. Teatralny) in der Innenstadt kaum noch erweiterungsfähig war. Der Neubau sollte im Stadtsüden, im Carrée Oranien-/Fehrbellinstraße (ul. Wandy/ Słowicza) entstehen. Ob zu diesem Zweck ein Architekturwettbewerb ausgeschrieben wurde, konnte bislang nicht geklärt werden; jedenfalls sind Ansichtszeichnungen für den Schulbau von den Breslauer Architekten Kurt Langer und Adolf Rading überliefert[29]. Langers Projekt, von dem nur ein Schaubild bekannt ist, kennzeichnet das Schwanken zwischen Konvention – strenge Symmetrie,

28 Ebd., S. 279.

29 Weder in der „Ostdeutschen Bauzeitung“ noch im „Zentralblatt der Bauverwaltung“, den beiden Zeitschriften, die gewöhnlich über Wettbewerbsausschreibungen und -ergebnisse berichteten, findet sich ein Hinweis auf einen Wettbewerb. Der Entwurf von Kurt Langer ist in der „Ostdeutsche Bauzeitung“ abgebildet bei Langer: Architekturausstellung (wie Anm. 22),

Dreiecksgiebel über den Fenstern, Steildach des Baublocks im Vordergrund – und Annäherung an die Ästhetik der Moderne beim (Treppen-?)Turm im Hintergrund. Ganz dem Neuen Bauen verpflichtet ist hingegen der Entwurf Adolf Radings, der wie Scharoun Professor an der Breslauer Kunstakademie war. Er sah einen in der Höhe differenzierten Komplex aus kubischen Pavillons vor, die, nach den drei erhaltenen Ansichtszeichnungen zu urteilen, gemäß ihren Funktionen (Hauptbau, Turnhalle/Aula, Hausmeisterwohnung) untergliedert waren. Die Glasfront der Eingangsseite ist deutlich von der „Curtain-Wall" des Bauhauses von Walter Gropius inspiriert, das im Dezember 1926 eröffnet worden war. Die Hoffront, an der die Klassenräume liegen sollten, besteht aus breiten Fensterbändern zwischen schmalen Wandstreifen und -stegen.

Es ist nicht bekannt, ob einer der beiden Entwürfe für das Zwingergymnasium zur Ausführung bestimmt war oder ob auch hier letztlich wieder ein Projekt aus dem Städtischen Hochbauamt realisiert werden sollte. Die Planungen liefen jedenfalls weiter: Im Breslauer Bauarchiv sind Pläne des Städtischen Hochbauamts vom Juni 1928 erhalten, die einen Umbau des alten Zwingergymnasiums in ein Büro- und Geschäftshaus vorsahen[30]. In einem im Januar 1929 publizierten Artikel nannte Stadtbaurat Althoff das Zwingergymnasium als Vorhaben, das aus wirtschaftlichen Gründen zurückgestellt, aber noch nicht aufgegeben sei[31]. Letztlich fiel der Neubau jedoch den Sparmaßnahmen zum Opfer, damit wurde auch der Umbau des alten Schulbaus hinfällig. Bis 1934 behielt die Schule ihren ursprünglichen Sitz ohne größere Umbauten bei, dann bezog sie das aufgelöste Johannes-Gymnasium an der früheren Paradiesstraße (ul. Stanisława Worcella). Heute befindet sich in dem Gebäude am pl. Teatralny die „Niederschlesische Fachschule des öffentlichen Dienstes".

Neubau des Magdalenen-Gymnasiums an der Parkstraße (ul. Parkowa 18–26; heute Allgemeinbildendes Lyzeum Nr. II)

Die Planungen zum Neubau des Magdalenen-Gymnasiums am Scheitniger Park begannen 1927, Anfang 1930 war die Schule bezugsfertig. Obwohl in dem oben zitierten Beitrag in den „Schlesischen Monatsheften" von 1929 Max Schirmer und Bernhard Rühling als verantwortliche Architekten genannt sind[32], ist

S. 98 – ohne Verweis darauf, daß es sich um einen Wettbewerbsbeitrag handelte. Radings Entwurf im Nachlaß des Architekten in der Berliner Akademie der Künste ist hingegen als „Wettbewerbsentwurf" bezeichnet; er ist u. a. publiziert bei Peter Pfankuch: Adolf Rading (Schriftenreihe der Akademie der Künste 3). Berlin 1970, S. 58 f., sowie bei Šlapeta: Breslau (wie Anm. 22).

30 ABmW, t. 148, projektiert von Wilhelm Anders, Hugo Althoff und Max Schirmer. Vermutlich ist dies der Entwurf, den Agnieszka Zabłocka-Kos (Dawne Gimnazjum na Międzymurzu [Zwingergymnasium]. In: Harasimowicz [Hg.]: Atlas [wie Anm. 25], S. 169) als „Entwurf zum grundlegenden Umbau des bestehenden Schulgebäudes im Sinne des Neuen Bauens" bezeichnet.

31 Althoff: Bauprogramm (wie Anm. 4), S. 9.

32 Ebd., S. 11.

davon auszugehen, daß Stadtbaurat Hugo Althoff einen wesentlichen Anteil an der Planung hatte. Das erste Planset zum Bau vom Juni 1927 trägt seine Unterschrift, teilweise auch die Unterschrift Schirmers. Diese ursprüngliche Planung wurde im Laufe der Bauzeit nur unwesentlich modifiziert. Nach Althoffs Wechsel nach Danzig führten sein Nachfolger Fritz Behrendt – vorher Leiter des Stadterweiterungsamts –, Max Schirmer und Bernhard Rühling den Bau zuende[33].

Das Gymnasium erhielt einem Z-förmigen Grundriß, mit einem langgestreckten viergeschossigen Hauptbau und dreigeschossigen Flügelbauten. Der Komplex wurde in Skelettbauweise errichtet. Die Gliederung der einzelnen Flügel folgte funktionalen Gesichtspunkten. Im Hauptbau wurden die Klassenzimmer, die Räume der Schulverwaltung und die Hausmeisterwohnung untergebracht; außerdem gab es eine Schulcafeteria[34]. Im zur Straße hin vorgelagerten Südflügel befanden sich die Räume für den naturwissenschaftlichen Unterricht, ein „Lehrsaal für Geschichte" und der Zeichensaal. Im zur Oder ausgerichteten Nordflügel wurden die Turnhalle und die Aula mit angegliedertem Musikraum/Singklasse eingerichtet. Zum Flußufer hin verjüngt sich dieser Flügel zu einem schmaleren und ein Stockwerk niedrigeren, halbrund geschlossenen Pavillon. Sein Erdgeschoß diente als Ruderraum, im ersten Obergeschoß gab es einen Werkraum, darüber eine Sternwarte mit eigener Dachterrasse zur Himmelsbeobachtung. Damit war die Schule auch für gymnasiale Verhältnisse sehr gut ausgestattet. Besonderer Wert wurde auch hier wieder auf die körperliche Ertüchtigung und den Aufenthalt im Freien gelegt. Um Letzteres zu gewährleisten, legte man wie in Zimpel an der Eingangsseite eine offene Wandelhalle an. Auf der Hofseite befanden sich Sport- und Spielplätze sowie baumbestandene „Klassenräume im Freien".

Ein wesentlicher Bestandteil der Reform des Schulbaus war die farbige Gestaltung der Räume, die motivierend und beruhigend wirken sollte; allerdings läßt sie sich nur in seltenen Fällen rekonstruieren. Die Koloristik sowie die Fresken der Aula im Magdalenen-Gymnasium entwarf der Maler Alfred Walter[35]. Das Hauptportal der Schule wird flankiert von den lebensgroßen Figuren des „antiken" und des „gegenwärtigen Menschen".

Der Komplex ist mit Walmdächern gedeckt, die so flach sind, daß sie als echte Flachdächer wahrgenommen werden. Die Rundung des Nordflügels zur Oder hin mit der relingartigen Dachterrasse läßt an Schiffsarchitektur denken, ein typisches Motiv des Neuen Bauens, das gerade bei der Breslauer Avantgarde sehr beliebt war. Im Fall des Magdalenen-Gymnasiums hatte diese Form eine doppelte

33 ABmW, t. 38, 39: Planset vom Juni 1927; Planset vom Oktober 1929. Zur Biographie Behrendts vgl. Ilkosz/Störtkuhl (Hg.): Hochhäuser (wie Anm. 4).

34 Acht Klassen und zwei Ersatzklassen – die Schule war zweizügig. Zur Raumaufteilung vgl. [O. A.:] Der Neubau des Magdalenen-Gymnasiums. Breslauer Zeitung, 1. Beilage, 26. 01. 1928.

35 Jerzy Ilkosz: Nowe Gimnazjum Św. Marii Magdaleny. In : Harasimowicz (Hg.): Atlas (wie Anm. 25), S. 167.

Berechtigung als Element der Uferbebauung und als Pavillon des Ruderraums. Alle Fronten sind stark durchfenstert, um optimale Lichtverhältnisse zu gewährleisten. Da die Fenstergrößen und -formen variieren ergibt sich eine abwechslungsreiche Gliederung. An der Eingangsfront sind die Fenster durch Umrahmungen aus hellen Travertinplatten zu Bändern zusammengefaßt, welche die Klinkerfront beleben. Diese Hauptfassade ist zusätzlich durch ein schlankes, polygonales Uhrtürmchen akzentuiert, das mittig aufsitzt und mit einem schmalen Steg bis zum obersten Fensterband hinabreicht.

Das Magdalenen-Gymnasium ist der erste (realisierte) Breslauer Schulbau, der nicht nur in Raumprogramm und Grundrißgestaltung den Forderungen der Schulreform folgte, sondern auch die Ästhetik des Neuen Bauens vollständig umsetzte.

Mädchenberufsschule an der Clausewitzstraße (ul. Gen. J. Haucke-Bosaka; heute verschiedene Berufsschulen)

Von Hugo Althoff (unter Mitarbeit von Magistratsbaurat Carl Zoller)[36] stammt ein weiteres, auch im Außenbau modernes Schulgebäude: die Mädchenberufsschule, die 1929/30 an der Clausewitzstraße entstand. Die Räume der Berufsschule waren über das gesamte Stadtgebiet verteilt gewesen, daher war ein Neubau dringend erforderlich. Anfang Oktober 1930 wurde die Schule eingeweiht[37].

Das Gebäude hat einen T-förmigen Grundriß, der nach der ursprünglichen Planung durch einen weiteren Flügel an der parallel verlaufenden Paradiesstraße zu einem „H" erweitert werden sollte. Dazu kam es nicht, daher mußte auch auf die hier vorgesehene Turnhalle verzichtet werden. Die Schule war ansonsten hervorragend ausgestattet: 24 Klassenräume dienten dem „theoretischen Unterricht", die praktische Ausbildung fand in „vier Küchen, drei Waschküchen, drei Plättklassen, zwei Säuglings- und Krankenpflegestationen und einem Frisierraum" statt. Den Schülerinnen standen eine Bibliothek, Aufenthaltsräume und eine Schulkantine/-cafeteria zur Verfügung. Außerdem gab es 20 „Badezellen" – eine durchaus häufig anzutreffende Hygienemaßnahme in einer Zeit, in der längst nicht alle Haushalte über Bäder verfügten –, sowie einen Arzt- und Röntgenraum für Schuluntersuchungen. Im Erdgeschoß befanden sich zwei Wohnungen für den Hausmeister und den „Schulheizer".

Der Bau ist im Kern dreigeschossig, das vierte Obergeschoß ist teilweise von der Straße zurückversetzt. Dadurch entstanden zu beiden Seiten des viergeschossigen Treppenturms im Zentrum der Straßenfront zwei Dachterrassen, die der

---

36 Althoff: Bauprogramm (wie Anm. 4), S. 10.

37 [O. A.:] Die neue Berufsschule für Mädchen. Schlesische Zeitung, 11. 07. 1930. ABmW, t. 71: Hier sind nur Grundrisse des Erdgeschosses und des vierten Obergeschosses sowie eine Ansicht der Hoffront mit einem Schnitt durch das Treppenhaus des Mittelbaus erhalten.

„Erholung“ und bei gutem Wetter dem Unterricht im Freien dienten. Auch auf der Ostseite der Aula, die das vierte Obergeschoss des Hofflügels einnimmt, ist eine Terrasse angelegt.

Der Rücksprung der Straßenfront geht auf eine Auflage der Baupolizei zurück, um die Traufhöhe der Nachbargebäude einzuhalten und gegenüberliegende Bauten an der relativ schmalen Straße nicht zu verschatten[38]. Althoff nutzte dies für eine rhythmische Gliederung der Fassade durch die Höhenstaffelung der kubischen Baukörper. Belebend wirkt auch der Kontrast zwischen der „rotbraunen Klinkerverblendung“ des Erdgeschosses und dem (ursprünglich) „blau-grauen Edelputz“ der übrigen Stockwerke. Anstelle der kleinteiligen Sprossenfenster sind hier schmale, nur einmal horizontal unterteilte längsrechteckige Einzelfenster verwendet, die sich zu horizontalen Bändern fügen. Neben den funktionellen Aspekten – gute Lichtverhältnisse und flexible Lüftungsmöglichkeiten – hat diese Gestaltung eine ästhetische Dimension: Die Dynamik der horizontalen Linien, ein Charakteristikum des Neuen Bauens, ist hier noch weiter geführt als beim Magdalenen-Gymnasium.

Privates Oberlyceum von Zawadzky, Gutenbergstraße 18 (ul. Drukarska 28; zerstört)

Nicht nur städtische oder staatliche Schulen folgten den Anforderungen der Schulreform, auch die Privatschulen richteten sich danach. Ein Beispiel hierfür ist der Um- und Ausbau des im Krieg zerstörten „Privaten Oberlyceums von Zawadzky“ in der ehemaligen Südvorstadt[39]. Das Mädchengymnasium bestand seit 1911 in einem eigens errichteten Gebäude auf dem Hintergrundstück Gutenbergstraße 18. 1928/29 wurde es nach dem Entwurf des Breslauer Architekten Otto Schenderlein auf mehr als die doppelte Größe erweitert, und die Fassaden wurden vereinheitlicht. Der Außenbau ist architektonisch nicht weiter bemerkenswert, die Eingangsfront war durch das etwas erhöhte Treppenhaus und die weißen Fensterumrahmungen im dunkleren Putz akzentuiert. Entscheidend ist, daß der erweiterte Bau neben 18 Klassenzimmern Räume für den Fachunterricht wie Gesangssaal und Zeichensaal sowie eine Turnhalle erhielt, die gleichzeitig als Aula genutzt werden konnte. Wie den wenigen überlieferten Schwarzweißaufnahmen der Schule zu entnehmen ist[40], galt auch hier der farbigen Gestaltung der Räume ein besonderes Augenmerk. Obwohl die Farbgebung nicht überliefert ist, lassen die stark kontrastierenden Wandsteifen auf den Zeitungsfotos auf eine kräftige Koloristik im Stil des Neuen Bauens schließen, wie

38 Ähnlich mußten z. B. Adolf Rading beim Bau der Mohrenapotheke am Blücherplatz (pl. Solny) oder Erich Mendelsohn beim Kaufhaus Petersdorff an der Schuhbrücke (ul. Szewska) verfahren.

39 ABmW, t. 1631.

40 Abbildung in der „Schlesischen illustrierten Zeitung. Wochenbeilage der Schlesischen Zeitung“, 21. 12. 1929, S. 2 f.

sie auch in den Musterhäusern der Breslauer Wohn- und Werkraumausstellung (WuWA) 1929 gezeigt wurde – möglicherweise ließen sich die Auftraggeber hiervon inspirieren.

Volksschulen in den eingemeindeten Vororten Breslaus

Mit der seit den frühen zwanziger Jahren geplanten, aber erst 1928 realisierten Eingemeindung einer Reihe von umliegenden Dörfern übernahm die Stadt auch die Zuständigkeit für den Schulbau in den Vororten. In manchen Fällen deckten die vorhandenen Dorfschulen mit ein bis zwei Klassenräumen und Lehrerwohnung weiterhin den Bedarf. Sie wurden zum Teil modernisiert, wie die katholische Schule in Stabelwitz (Stabłowice), oder um einen Klassenraum erweitert, wie deren evangelisches Pendant[41]. Aufgrund der angespannten Wirtschaftslage konnten in einigen Fällen keine Erweiterungen oder Neubauten in fester Bauweise erfolgen, so daß man sich mit „Schulbaracken“ aus Holz behalf. Ein Beispiel ist die Erweiterung der Mittelschule in Deutsch-Lissa (Leśnica), die Max Schirmer 1930 entwarf, ein schlichter Holzpavillon mit zwei Klassenräumen (getrennt durch einen Flur), großen Fenstern und flachen Walmdächern[42]. Ein identisches Modell wurde 1931 als Volksschule im Stadtteil Groß-Tschansch (Księże Wielkie) errichtet.

Ein neues Schulgebäude im Typus der einklassigen Dorfschule mit Lehrerwohnung entstand 1930/31 in Breslau-Ottwitz (Opatowice), projektiert von Max Schirmer unter Mitarbeit von Bernhard Rühling[43]. Die hochwassergefährdete Region zwischen Oder und Ohle (Oława) war dünn besiedelt, so daß kein größerer Bau erforderlich war. Im ersten Entwurf vom April 1930 sind die sanitären Anlagen – Schüler und Lehrertoiletten und Waschküche – in einem gesonderten Nebengebäude untergebracht; im ausgeführten Entwurf, der ein Jahr später entstand, ist das Nebengebäude als Anbau an das Haus gerückt. Außerdem wurde die Raumanordnung geändert: Das Klassenzimmer ist nach Osten statt nach Westen ausgerichtet. Der Außenbau wirkt zunächst wie ein Wohnhaus im Heimatstil: ein einfacher Rechteckbau mit niedrigerem Annex und steilem Satteldach, entsprechend den Haustypen der Siedlungsgesellschaft „Schlesische Heimstätte“, die seit 1919 zahlreiche ländliche oder kleinstädtische Siedlungen realisierte[44]. Auf die Funktion als Schule weisen die großen Fenster des Klassenraums hin. Die lange Planungszeit für den bescheidenen Bau verdeutlicht ein weiteres Mal die wirtschaftlich angespannte Lage der Stadt.

41 ABmW, t. 81.

42 ABmW, t. 73.

43 ABmW, t. 74.

44 Dieses Muster ist auch ganz deutlich erkennbar bei dem „Entwurf zum Neubau einer einklassigen Volksschule mit Lehrerwohnung“ (ABmW, t. 125), der vermutlich als Examens- oder Einstellungsaufgabe gestellt wurde – der Autor [?] Johannes versichert „an Eides statt, die Zeichnung ohne fremde Hilfe angefertigt“ zu haben.

Katholische Volksschule in Breslau-Neukirch (Żerniki; zerstört)

Der einzige vergleichsweise große Schulbau in den neu eingemeindeten Vororten entstand an der Seidelstraße (ul. Rumiankowa) in Breslau-Neukirch. Der Bau wurde bereits 1927 begonnen, um vor der Eingemeindung noch staatliche Zuschüsse zu erhalten, die der Stadt nicht gewährt worden wären[45]. Der Entwurf stammte jedoch bereits aus dem Städtischen Hochbauamt von Max Schirmer und Hans Müller. Im April 1928, zum neuen Schuljahr, konnte der Bau bezogen werden. Das Grundrißrechteck ist an der Eingangsseite mittig um einen Vorbau erweitert, der als Eingang und Treppenhaus zum Obergeschoß dient. Im Erdgeschoß waren neben der Lehrerwohnung und dem Lehrerzimmer eine Lehrküche, ein Sammlungszimmer und ein Schulbad angelegt, die Toiletten lagen in einem Nebengebäude. Im ersten Stock befanden sich vier Klassenzimmer. Auch hier wurde die psychologische Wirkung einer farbigen Raumgestaltung genutzt, die Töne der „einfachen, aber freudigen“ Farbgebung[46] sind allerdings nicht rekonstruierbar. Der Bau trägt ein Walmdach; er ist schlicht und zweckmäßig gegliedert durch die großen Fenster, deren Form Schirmer von der Zimpeler Schule übernahm.

Städtische Volksschule an der Elsa-Brandström-Straße (ul. Rękodzielnica) in Pilsnitz (Pilczyce; heute Grundschule und Vorschule Nr. 19)

Die Außengestaltung der Neukircher Schule verwendete Schirmer mit Modifikationen wieder, als er drei Jahre später die Volksschule für die neue Siedlung Pilsnitz (Pilczyce) am nordwestlichen Rand des damaligen Stadtgebiets plante. In Pilsnitz bauten seit den späten zwanziger Jahren verschiedene Siedlungsgesellschaften und individuelle Bauherren. Seit 1931 befand sich die für ca. 6 400 Bewohner angelegte Großsiedlung der Siedlungsgesellschaft Breslau in Bau, die die Architekten Paul Heim und Albert Kempter nach aktuellen Vorbildern – z. B. Karlsruhe-Dammerstock – in Zeilenbauweise geplant hatten[47]. Die Wirtschaftskrise der frühen dreißiger Jahre und die Machtergreifung der Nationalsozialisten verhinderte die Ausführung des ursprünglichen Plans, doch wurde Pilsnitz zwischen 1934 und 1938 gemäß der Ästhetik des nationalsozialistischen Wohnungsbaus weiter ausgebaut.

Die ersten Pläne für den ersten Bauabschnitt entstanden Ende 1930 im Städtischen Hochbauamt unter der Leitung von Max Schirmer[48]. Neben 20 Klassen-

45 Vgl. Hugo Althoff: Die neue Volksschule in Breslau-Neukirch. In: Ostdeutsche Bauzeitung 26 (1928), S. 345–347. Da der Bau noch vor der Eingemeindung begann, sind im Breslauer Bauarchiv keine Pläne erhalten.

46 Ebd.

47 Beate Störtkuhl: Verfemte Moderne – vergessene Moderne. Die Breslauer Siedlung Pilsnitz 1930–1939. In: Berichte und Forschungen. Jahrbuch des Bundesinstituts für Kultur und Geschichte der Deutschen im östlichen Europa 7 (1999), S. 139–152.

48 ABmW, t. 64; die Pläne sind im November 1930 datiert.

zimmern sah der Entwurf ein umfangreiches Raumprogramm vor: Im Erdgeschoß sollte eine Lehrküche eingerichtet werden, im ersten Obergeschoß ein Gymnastik- und ein Handarbeitsraum, im zweiten Obergeschoß ein Werk- und ein Zeichensaal. Die Turnhalle, gleichzeitig als Aula gedacht, sollte im eingeschossigen Südflügel untergebracht werden. Auch ein Projektorraum war vorgesehen, so daß in der Aula auch Filmvorführungen möglich gewesen wären.

Unter dem Eindruck des „Siegs des neuen Baustils"[49] auch im Breslau der späten zwanziger Jahre – mit verschiedenen Geschäftsbauten in der Innenstadt, der „WuWA" und nicht zuletzt den Schulbauten seines Vorgesetzten Hugo Althoff – entwarf Schirmer ein Ensemble unterschiedlich hoher, rhythmisch gestaffelter kubischer Baukörper mit sehr flachen Walmdächern, die hier wiederum wie Flachdächer wirken. Auch hier sollte das Schulgebäude dem Charakter der Siedlung entsprechen.

Aufgrund der wirtschaftlichen Lage wurde diese Anlage schon kurz darauf in einer Serie von Ausführungsplänen vom April 1931 (gezeichnet von Behrendt, Schirmer und Rühling) wesentlich reduziert. Die Fachräume und die Turnhalle/ Aula entfielen; zehn Klassenzimmer und die Hausmeisterwohnung verteilten sich auf zwei schmale, L-förmig aneinandergeschobene Kuben. Die Höhenstaffelung wurde als Gliederungselement beibehalten, der Hoftrakt ist viergeschossig, der Trakt an der Elsa-Brandström-Straße dreigeschossig. Charakteristisch sind die großflächigen Fenster, zwischen denen nur schmale Wandstreifen und Stege stehen bleiben. Der Baubeginn verzögerte sich; im Dezember 1932 entstand eine zweite Serie von Ausführungsplänen, die jedoch keine weiteren Veränderungen brachte. Der Bau wurde 1933 in der ursprünglich geplanten modernen Formensprache errichtet. Dies gilt auch für die Erweiterungen der Schule nach Norden hin 1934 (sieben Klassen und ein Zeichensaal) und 1936/37 (neun Klassen und eine Schulküche), obwohl die benachbarten Wohnbauten längst wieder hohe „deutsche" Dächer trugen[50].

Volksschule Roonstraße (al. Pracy; heute Gymnasium Nr. 6)

Geschah die Reduktion des Raumprogramms in der Pilsnitzer Schule zunächst aus wirtschaftlichen Gründen und sicherlich mit der Option einer späteren Ergänzung, so wurde nach der Machtergreifung der Nationalsozialisten die Abkehr von den „übertriebenen [...] Raumanforderungen des früheren Systems" programmatisch betrieben[51]. Das Raumangebot der Schule wurde wieder auf die

49 Walter Curt Behrend: Der Sieg des neuen Baustils. Stuttgart 1927 (erschienen im Kontext der Stuttgarter Weißenhofsiedlung).

50 ABmW, t. 439.

51 Karl Bonatz: Schulneubauten im Verwaltungsbezirk Berlin-Neukölln. In: Bauwelt 22 (1936), H. 11, zit. nach Anna Teut: Architektur im Dritten Reich 1933–1945. Berlin, Frankfurt/Main, Wien 1967, S. 239.

Klassenzimmer reduziert, Fachräume sollten auf das „Allernotwendigste“ beschränkt werden.

Dieser Umschwung zeigt sich in Breslau deutlich am Beispiel der Volksschule an der Roonstraße (al. Pracy) in der Siedlung Eichborngarten (Grabiszyn). Die von den Architekten Paul Heim und Albert Kempter entworfene Siedlung befand sich seit 1919 im Bau. 1926 wurde ein Wettbewerb für ein Schulgebäude an der Roonstraße ausgeschrieben, das – ähnlich wie in Pöpelwitz und Zimpel – mit der Kirche den zentralen Platz der Siedlung bilden sollte. Der einzige bildlich überlieferte Wettbewerbsentwurf ist das mit dem 1. Preis ausgezeichnete Projekt von Paul Häusler[52]. Es zeigt einen Komplex aus einem Hauptbau mit niedrigeren Seitenflügeln sowie zwei weiteren, zur Straße vorgelagerten Pavillons. Zwischen den Bauten erstreckt sich ein großer Schulhof, und auch hinter dem Hauptbau gibt es ausgedehnte Spiel- und Sportflächen. Über das Raumprogramm des Entwurfs ist nichts bekannt, es läßt sich jedoch vermuten, daß die Flügelbauten Aula und Turnhalle aufnehmen sollten. In seiner großzügigen Anlage entspricht der Entwurf den Vorstellungen der Schulreform ebenso wie das Modell für den Komplex von Kirche und Schule aus dem Breslauer Stadterweiterungsamt, das 1929 in der „Deutschen Bauzeitung“ publiziert wurde[53].

Der Gräbschener Schulbau wurde zurückgestellt, offensichtlich konnten die Schüler vorerst auf andere Einrichtungen verteilt werden. Erst ab April 1933 nahm das Städtische Bauamt die Planungen wieder auf; Architekt war auch hier wieder Max Schirmer[54]. Dieser hielt sich nun aber an die neuen Vorschriften: Auf den Plänen erscheinen 16 Klassenräume, aber keine Fachunterrichtsräume mehr, auch eine Turnhalle und/oder Aula fehlt. Obwohl in der NS-Zeit großer Wert auf Leibesertüchtigung gelegt wurde, erfolgte auch später keine Ergänzung – bei dem 1938 auf dem Schulhof errichteten Nebengebäude handelte es sich um einen Luftschutzkeller. An die Stelle der großflächigen Fenster oder Fensterbänder der vorangehenden Jahre traten einfache Sprossenfenster, deren Anordnung zu Vierergruppen die Strenge des rechteckigen Klinkerbaus mit hohem Satteldach nicht mildern kann. Der Bau wirkt wie eine Kaserne – die architektonische Entsprechung der erzieherischen Vorstellungen während des „Dritten Reichs“.

---

52 [O. A.]: Veröffentlichung des Landesbezirks Schlesien des Bundes Deutscher Architekten. In: Ostdeutsche Bauzeitung 25 (1927), S. 67 (Abbildung); Langer: Architekturausstellung (wie Anm. 22), S. 98; Zentralblatt der Bauverwaltung 46 (1926), S. 374: Ausschreibung nur unter in Breslau ansässigen, freien Architekten; ebd., S. 533: Preisentscheidung: 1. Preis Paul Häusler, 2. Alfons Pantke, 3. Hermann Wendell; Ankauf: Ludwig Moshamer, Paul Häusler, Paul Heim, Alfons Pantke, Albert Kempter, zwei Entwürfe von Heinrich Rump.

53 Fritz Behrendt: Das neue Breslau. In: Deutsche Bauzeitung 63 (1929), S. 577–584, hier S. 584. Behrendt, der seit 1922 das Stadterweiterungsamt leitete, wurde 1929 zum Stadtbaurat ernannt. Da die Stadterweiterung mit den Eingemeindungen 1928 vorläufig abgeschlossen war, wurden damals Städtisches Hochbauamt und Stadterweiterungsamt zusammengelegt. Daraus erklären sich die Angaben zur Autorschaft des Stadterweiterungsamtes bei mehreren Projekten, die in dem zitierten Artikel vorgestellt sind und eigentlich ins Ressort des Hochbauamtes gehörten.

54 ABmW, t. 3773.

Schluß

Trotz der angespannten Finanzsituation der Stadt erreichte der Breslauer Schulbau der zwanziger Jahre ein gutes Niveau – zeitgenössische Publikationen wie Emanuel Josef Margoldts „Bauten der Volkserziehung und Volksgesundheit" (1931)[55] bieten dazu reiches Vergleichsmaterial. Mit Ausnahme der Gaudig-Schule wurden in den Neubauten die Forderungen der Schulreform umgesetzt. Die beiden ästhetisch wohl bemerkenswertesten Projekte, Scharouns Entwurf für die Zimpeler Volksschule und Radings Zwingergymnasium, wurden nicht realisiert; ob sich aber beispielsweise Radings „Curtain-Wall" unter funktionellen Aspekten bewährt hätte, muß dahingestellt bleiben. Die Ideen des Neuen Bauens, vermittelt nicht zuletzt durch die Arbeiten der beiden Akademieprofessoren[56], setzten sich im letzten Drittel der zwanziger Jahre auch im Städtischen Hochbauamt durch. Vor allem Hugo Althoff zeigte sich gegenüber den neuen Tendenzen in der Architektur aufgeschlossen. Gegen den Widerstand des Stadtbaudirektors Fritz Behrendt unterstützte er beispielsweise Lauterbachs und Radings Initiative zum Bau einer Mustersiedlung des Neuen Bauens im Rahmen einer Werkbundausstellung in Breslau – der 1929 verwirklichten „WuWA"[57]. Althoff setzte in seinen Entwürfen des Magdalenen-Gymnasiums und der Mädchenberufsschule die Ästhetik des Neuen Bauens konsequent um. Ebenso bemerkenswert sind die Volksschulen in Zimpel und Pilsnitz von Max Schirmer, der an allen Schulbauten der zwanziger Jahre beteiligt war.

Wie rasch die Ideale der Schulreform und auch der Enthusiasmus für das Neue Bauen aufgegeben wurden – bzw. aufgegeben werden mußten –, zeigt das Beispiel des Baubeamten Max Schirmer, der fast gleichzeitig eine Schule im Stil des Neuen Bauens und eine nach den neuen Vorgaben der NS-Zeit errichtete.

---

55 Margoldt (Hg.): Bauten (wie Anm. 5); Walter Müller-Wulckow: Architektur der Zwanziger Jahre in Deutschland. Bauten der Gemeinschaft. Königstein i. Taunus 1929, S. 79–89.

56 Rading und Scharoun waren die führenden Köpfe der Breslauer Architektur-Avantgarde. Als Mitglieder des „Rings", der Vereinigung progressiver Architekten, standen die beiden Akademieprofessoren in Verbindung u. a. mit Walter Gropius, Mies van der Rohe und Bruno Taut. 1927 waren beide mit je einem Einfamilienhaus auf der Stuttgarter Weißenhofsiedlung vertreten, der ersten großen und international besetzten Manifestation des Neuen Bauens.

57 Zur Vorgeschichte der „WuWA" siehe Beate Störtkuhl: Die Wohn- und Werkraumausstellung „WuWA" in Breslau 1929. In: Berichte und Forschungen. Jahrbuch des Bundesinstituts für ostdeutsche Kultur und Geschichte 3 (1995), S. 107–176, hier S. 113 f.; Institut für Auslandsbeziehungen (Hg.): Auf dem Weg zum Neuen Wohnen. Die Werkbundsiedlung Breslau 1929. Basel, Boston, Berlin 1996, S. 19.

Abbildungen

1. Breslau Pöpelwitz, Luftbild 1928/29, im Zentrum die Kirche und die Schule (Fritz Behrendt: Das neue Breslau. In: Deutsche Bauzeitung 63 [1929], S. 579).
2. Heinrich Lauterbach: Modell einer Volksschule mit Haushaltungsschule und Kindergarten in Breslau, ca. 1927 (Emanuel Joseph Mangoldt (Hg.): Bauten der Volkserziehung und Volksgesundheit. Berlin 1931, S. 69).
3. Max Schirmer u. a.: Ehemalige Friedrich-Ebert-Volksschule in der Siedlung Breslau-Zimpel (Sępolno), aktueller Zustand (Waldemar Borski).
4. Kurt Langer: Entwurf eines Neubaus für das Breslauer Zwingergymnasium, 1927 (Ostdeutsche Bauzeitung 25 [1927], S. 99).
5. Adolf Rading: Entwurf eines Neubaus für das Breslauer Zwingergymnasium, 1927 (Peter Pfankuch: Adolf Rading [Schriftenreihe der Akademie der Künste 3]. Berlin 1970, S. 59).
6. Hugo Althoff/Max Schirmer: Entwurf des Neubaus für das Magdalenen-Gymnasium an der Parkstraße (ul. Parkowa) 18–26, West-(=Eingangs-)Fassade, 1927 (ABmW).
7. Hugo Althoff: Mädchenberufsschule an der Clausewitzstraße (ul. Gen. J. Haucke-Bosaka), aktueller Zustand (B. Störtkuhl).
8. Eingangsbereich des von Zawadzky-Lyceums an der Gutenbergstraße (ul. Drukarska) 28 (zerstört; Schlesische illustrierte Zeitung. Wochenbeilage der Schlesischen Zeitung, 21. 12. 1929, S. 2).
9. Schulgebäude und Kirche an der Roonstraße (al. Pracy), 1929 (Deutsche Bauzeitung 67 [1929], S. 584).
10. Max Schirmer: Schulgebäude an der Roonstraße (al. Pracy), 1933/34, aktueller Zustand (B. Störtkuhl).

1. Breslau Pöpelwitz, Luftbild 1928/29, im Zentrum die Kirche und die Schule.

2. Heinrich Lauterbach: Modell einer Volksschule mit Haushaltungsschule und Kindergarten in Breslau, ca. 1927.

3. Max Schirmer u. a.: Ehemalige Friedrich-Ebert-Volksschule in der Siedlung Breslau-Zimpel (Sępolno), aktueller Zustand.

4. Kurt Langer: Entwurf eines Neubaus für das Breslauer Zwingergymnasium, 1927.

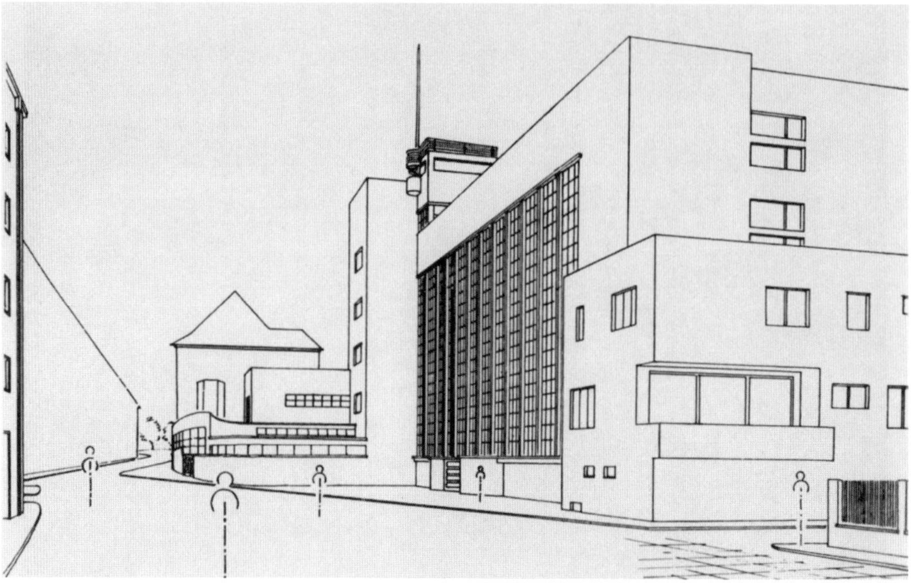

5. Adolf Rading: Entwurf eines Neubaus für das Breslauer Zwingergymnasium, 1927.

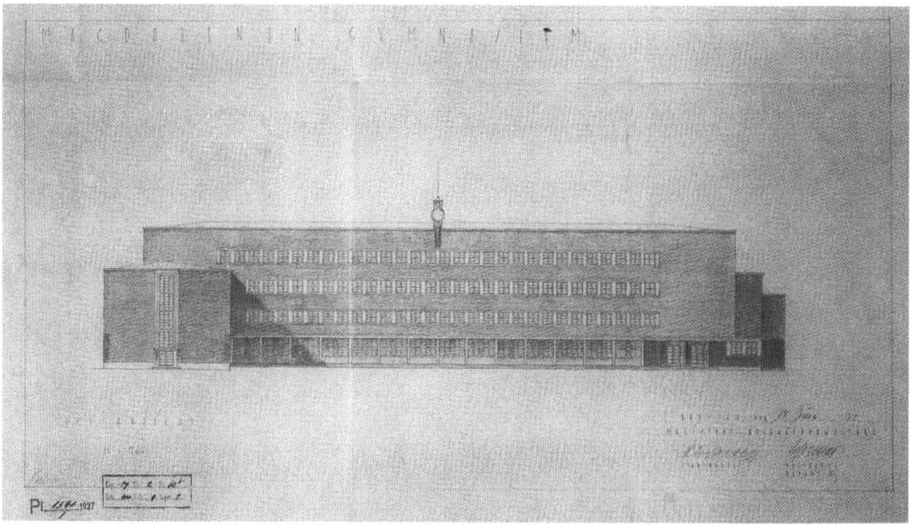

6. Hugo Althoff / Max Schirmer:
Entwurf des Neubaus für das Magdalenen-Gymnasium an der Parkstraße
ul. Parkowa) 18–26, West-(=Eingangs-)Fassade, 1927.

7. Hugo Althoff: Mädchenberufsschule an der Clausewitzstraße (ul. Gen. J. Haucke-Bosaka), aktueller Zustand.

8. Eingangsbereich des von Zawadzky-Lyceums an der Gutenbergstraße (ul. Drukarska) 28 (zerstört).

9. Schulgebäude und Kirche an der Roonstraße (al. Pracy), 1929.

10. Max Schirmer: Schulgebäude an der Roonstraße (al. Pracy), 1933/34, aktueller Zustand.

Berichte und Forschungen 12 (2004), S. 123–178.

Wiebke Rohrer

Archäologie und Propaganda

Die Ur- und Frühgeschichtliche Archäologie in der deutschen Provinz Oberschlesien und der polnischen schlesischen Wojewodschaft zwischen 1918 und 1933

1. Einleitung

Über die enge Verbindung zwischen Wissenschaft und Politik in der Zeit des Dritten Reiches besteht heute kein Zweifel mehr; auch in der Ur- und Frühgeschichtlichen Archäologie ist diese Erkenntnis mittlerweile weit verbreitet. Was aber die Zeit zwischen den beiden Weltkriegen betrifft, so ist die Wechselwirkung von Wissenschaft und Politik – zumindest in der großenteils wenig über sich selbst reflektierenden Prähistorie – nur recht selten in der Literatur behandelt worden[1]. In Untersuchungen der deutschen Ost- und der polnischen Westforschung wird die Prähistorie meist nur gestreift[2], obgleich sie eine „hervor-

1 Verwiesen sei auf einige der positiven Beispiele: Uta Halle: „Die Externsteine sind bis auf weiteres germanisch!“ Prähistorische Archäologie im Dritten Reich (Sonderveröffentlichungen des Naturwissenschaftlichen und Historischen Vereins für das Land Lippe 68). Bielefeld 2002, bes. S. 106–115, geht auf politische Aspekte der ur- und frühgeschichtlichen Forschung ein; Wolfgang Pape: Zehn Prähistoriker aus Deutschland. In: Heiko Steuer (Hg.): Eine hervorragend nationale Wissenschaft. Deutsche Prähistoriker zwischen 1900 und 1995 (Ergänzungsbände zum Reallexikon der Germanischen Altertumskunde 29). Berlin, New York 2001, S. 55–88, bes. S. 64–65, erwähnt parteipolitisches, anti-demokratisches und rassistisches Engagement ausgewählter Prähistoriker auch in der Zwischenkriegszeit.

2 Etwa in Jan M. Piskorski: „Deutsche Ostforschung“ und „polnische Westforschung“. In: Berliner Jahrbuch für osteuropäische Geschichte (1996) [Festschrift für K. Zernack], S. 379–389; Mathias Niendorf: Deutsch-polnische Polemiken zur Zeit der Weimarer Republik. In: Studia Historica Slavo-Germanica 17 (1988–1990 [1992]), S. 85–109, bes. S. 89–91; Roland Gehrke: Der polnische Westgedanke bis zur Wiedererrichtung des polnischen Staates nach Ende des Ersten Weltkrieges. Genese und Begründung polnischer Gebietsansprüche gegenüber Deutschland im Zeitalter des europäischen Nationalismus (Materialien und Studien zur Ostmitteleuropa-Forschung 8). Marburg 2001, bes. S. 128–140. Außerdem die Beiträge in: Jan M. Piskorski/Jörg Hackmann/Rudolf Jaworski (Hg.): Deutsche Ostforschung und polnische Westforschung im Spannungsfeld von Wissenschaft und Politik. Disziplinen im Vergleich (Deutsche Ostforschung und polnische Westforschung 1). Osnabrück, Poznań 2002; Michael Müller-Wille: Deutsche Ostforschung und Archäologie. Ebd., S. 81–92; Zofia Kurnatowska/Stanisław Kurnatowski: Der Einfluss nationalistischer Ideen auf die mitteleuropäische Urgeschichtsforschung. Ebd., S. 93–103. Vgl. auch die kritischen Rezensionen dazu von Błażej Białkowski: in: H-Soz-u-Kult, http://hsozkult.geschichte.hu-berlin.de/rezensionen/NEG-2003-2-120 (vom 28. 5. 2003); Wiebke Rohrer in: Rundbrief der Arbeitsgemeinschaft Theorie in der Archäologie 2/1 (2003), http://www.theorie-ag.de/Rubriken/Rezensionen/rez_2_1_2003.htm (vom 5. 12. 2003).

ragend nationale Wissenschaft"[3] mit großer Eignung für propagandistische Zwecke war.

Ausgangspunkt für die folgenden Untersuchungen[4] war die Beobachtung, daß zwischen 1918 und 1933 in Deutschland zwischen polnischen und deutschen Archäologen eine polemische Auseinandersetzung um bestimmte fachliche und topographische Fragen stattfand. Es wurden propagandistische Texte verfaßt, mit denen die Archäologie auf die politische Gegenwart einzuwirken trachtete. Vor allem drehte sich der Disput – auf deutscher wie auf polnischer Seite – um die Rechtfertigung territorialer Ansprüche sowie die Legitimierung von Gebietsbesitz in Zusammenhang mit den Grenzverschiebungen des Versailler Vertrages.

1.1 Politische und gesellschaftliche Situation in Oberschlesien nach 1918

Politische Konflikte entstanden durch die Forderungen der Polen-Kommission bei den Verhandlungen zum Versailler Vertrag im März 1919. Ganz Oberschlesien bis auf zwei südwestliche Bezirke sollte an Polen fallen. Dagegen brachte die deutsche Delegation Ende Mai vor, eine Abtrennung dürfe nicht stattfinden, da die Reparationsleistungen des Vertrages ohne die wirtschaftliche Stärke des oberschlesischen Industriereviers kaum zu leisten wären. Daraufhin brachte der britische Premier David Lloyd George das Thema Oberschlesien nochmals auf die Tagesordnung der Konferenz, und am 3. Juni 1919 wurde der Beschluß gefaßt, unter alliierter Kontrolle eine Volksabstimmung durchzuführen. Ein Einspruch der polnischen Abordnung brachte keine Änderung. Das Abstimmungsgebiet wurde 1920 von Alliierten besetzt; für die Organisation waren zwei Plebiszitkommissare zuständig: Wojciech Korfanty mit Sitz in Beuthen für die polnische Propaganda, Kurt Urbanek in Kattowitz für die deutsche. Urbanek kümmerte sich allerdings mehr um die technische Seite der Durchführung, da ihm die Agitation von anderen Organisationen abgenommen wurde[5]. Die nun einsetzende Propaganda nennt Czapliński „unerhört intensiv"[6], Gehrke spricht von einer „äußerst emotional geführten Propagandaschlacht"[7]. Beide Seiten bedienten sich jeglicher Mittel und versuchten, mit Kundgebungen, Flugblättern, Plakaten, Filmen, vor allem aber mit Hilfe der Presse die Wähler zu beeinflussen[8].

3 So im Titel einer Publikation des Nestors der deutschen Ur- und Frühgeschichte, Gustaf Kossinna: Die deutsche Vorgeschichte – eine hervorragend nationale Wissenschaft. Würzburg 1912.

4 Grundlage bildet meine im Sommersemester 2003 an der Humboldt-Universität Berlin eingereichte Magisterarbeit zum Thema „Archäologie und Propaganda. Die Ur- und Frühgeschichte von 1918 bis 1933. Beispiel Schlesien."

5 Gehrke: Westgedanke (wie Anm. 2), S. 334 f.; Marek Czapliński: Dzieje Śląska od 1806 do 1945 roku [Die Geschichte Schlesiens von 1806 bis 1945]. In: Ders. (Red.): Historia Śląska [Geschichte Schlesiens] (Acta Universitatis Wratislaviensis 2364). Wrocław 2002, S. 250–424, hier S. 359. Leider gibt Czapliński keine genaueren Angaben zu diesen Organisationen.

6 Czapliński: Dzieje Śląska (wie Anm. 5), S. 359.

7 Gehrke: Westgedanke (wie Anm. 2), S. 335.

8 Zur Abstimmungspropaganda mittels Flugblättern, Plakaten, Broschüren, Vignetten u. ä. vgl. Waldemar Grosch: Deutsche und polnische Propaganda während der Volksabstimmung in

Die Propagandamaßnahmen wurden von Terror begleitet. Polen wie Deutsche gründeten militärische Verbände, die sich gegenseitig angriffen. Streiks und Demonstrationen waren keine Seltenheit, teilweise gab es auch gewalttätige Übergriffe. Im August 1920 kam es zum Ersten Schlesischen Aufstand, der von der freiwilligen *Polska Organizacja Wojskowa* (POW, Polnische Militärorganisation) geführt wurde. Nach wenigen Tagen konnte der Aufstand unterdrückt werden. Es sollte dies aber nur eine Etappe sein: Bei einer Demonstration vor der französischen Territorialkontrolle in Kattowitz wurden zehn deutsche Demonstranten erschossen und viele andere verletzt. Als daraufhin polnische Geschäfte geplündert und Zeitungsredaktionen sowie das Kreisplebiszitkommissariat zerstört wurden, kam es im September zum Zweiten Schlesischen Aufstand. Auch hier geschahen Gewalttaten wie die Niederbrennung eines vorwiegend deutsch besiedelten Dorfes. Die POW wurde verboten, existierte im Untergrund jedoch weiter[9].

Das Plebiszit fand am 20. März 1920 statt. Etwa 60 % der Wähler stimmten für eine Zugehörigkeit zu Deutschland, rund 40 % für den Anschluß an Polen[10]. Das tatsächliche Ergebnis ist nach wie vor umstritten. Eine weitere Tatsache, die heute noch für Komplikationen in der sachlichen Auseinandersetzung mit einem so emotional besetzten Thema sorgt, ist die Wahlteilnahme von beinahe 200 000 sog. Emigranten (Menschen, die zwar in Oberschlesien geboren waren, zum Zeitpunkt der Abstimmung jedoch nicht mehr dort wohnten, und die sich in der Mehrheit für Deutschland aussprachen). Gleichzeitig durften nach 1903 in Oberschlesien ansässig gewordene Personen nicht an der Wahl teilnehmen. Diese beiden Bestimmungen waren ausdrücklicher Wunsch der polnischen Seite gewesen[11].

In der Folge der Abstimmung kam es zum Dritten Aufstand der POW im Mai 1921 und zur Schlacht um den Annaberg, bis die blutigen Auseinandersetzungen im Juni von englischen Truppen unterbunden wurden. Der Entschluß zu einem neuen Aufstand war wohl auch von dem Gedanken getragen, auf diese Weise mißliebige Entscheidungen der Alliierten über den Grenzverlauf zu beeinflussen. Den polnischen Kämpfern wurden im Zuge dieses Aufstandes verschiedene Grausamkeiten wie Mord und Folter vorgeworfen, was Czapliński für nicht un-

---

Oberschlesien 1919–1921 (Veröffentlichungen der Forschungsstelle Ostmitteleuropa an der Universität Dortmund B 72). Dortmund 2002.

9 Czapliński: Dzieje Śląska (wie Anm. 5), S. 358, 360 f.

10 Die genauen Zahlen gehen in der Literatur auseinander – bei Czapliński: Dzieje Śląska (wie Anm. 5), S. 362: 59,4 % für Deutschland, 40,3 % für Polen, bei Gehrke: Westgedanke (wie Anm. 2), S. 335: 59,6 % und 40,4 %. Bestimmend sollte allerdings nicht das absolute Wahlergebnis, sondern dasjenige der einzelnen Gemeinden sein. Auch hier differieren die Zahlen nicht unwesentlich: Czapliński gibt an, daß 674 Gemeinden für Polen und nur 624 für das Deutsche Reich gestimmt hätten. In anderer – deutscher – Literatur findet sich die Angabe, in 597 Gemeinden sei eine polnische Mehrheit zustande gekommen, in mehr, nämlich 664, eine deutsche (Konrad Fuchs: Vom deutschen Krieg zur deutschen Katastrophe [1866–1945]. In: Norbert Conrads [Hg.]: Schlesien [Deutsche Geschichte im Osten Europas 3]. Berlin 1994, S. 554–692, hier S. 621).

11 Czapliński: Dzieje Śląska (wie Anm. 5), S. 362; Gehrke: Westgedanke (wie Anm. 2), S. 335.

wahrscheinlich hält – „Die polnische Literatur schweigt jedoch darüber.“[12] Im Oktober 1921 wurde die Teilung Oberschlesiens durch den Abgesandtenrat ratifiziert. Eine Berücksichtigung der Abstimmungsergebnisse war dabei praktisch unmöglich[13]. Deutschland erhielt 71 % des Abstimmungsgebietes mit 1 116 500 Einwohnern, Polen 29 % des Territoriums mit 996 500 Einwohnern. In beiden Teilen fand sich eine bedeutende nationale Minderheit der jeweils anderen Bevölkerungsgruppe. Wirtschaftlich war die Teilung für Polen ein Gewinn. Die deutsche Öffentlichkeit war von diesem Beschluß, von dem wirtschaftlichen Verlust und der ‚willkürlichen‘ Zersplitterung Oberschlesiens bitter enttäuscht. Die Revision der ‚blutenden Grenze im Osten‘ wurde von den meisten deutschen Parteien gefordert[14].

Insgesamt war die Zeit zwischen dem Kriegsende und der Teilung Oberschlesiens geprägt von sozialen Mißständen, wirtschaftlicher Misere und gesellschaftlichen Auseinandersetzungen. Demonstrationen von Gruppen beider Nationalitäten waren an der Tagesordnung, nicht selten auch bewaffnete Konfrontationen zwischen deutschen Freikorps und polnischer POW. Kaum eines dieser Probleme wurde mit der Teilung gelöst. Die deutsche Provinz Oberschlesien blieb in einer äußerst angespannten Situation: Hier zeigten sich deutlich die Nachteile der Teilung. In beiden schlesischen Provinzen, vor allem aber in Niederschlesien, sah man sich plötzlich abgetrennt von alten Absatzmärkten, Rohstofflieferanten und Transportwegen. Gewachsene wirtschaftliche Netzwerke wurden zerrissen, neue Verkehrswege mußten geschaffen werden. Obwohl polnische Oberschlesier aus der deutschen Provinz Oberschlesien nach Polen emigrierten – unter anderem aus dem Grund, daß sie Repressalien wie Arbeitsplatzverlust und Angriffen auf ihre Häuser ausgesetzt waren – erfuhr die Region einen Bevölkerungszuwachs: Deutsche, die Wohnung und Arbeit benötigten, zogen aus der polnischen schlesischen Wojewodschaft zu. Sie bedeuteten eine weitere Belastung für die Region. Vereine und Gesellschaften trugen entscheidend zur Identität der polnischen Minderheit in der Provinz Oberschlesien bei: 1923 gründete sich die schlesische Abteilung des deutschlandweiten *Związek Polaków* (Bund der Polen), deren Mitgliederzahl rasant wuchs; die *harcerzy*, Pfadfinder, erfreuten sich großer Beliebtheit. Wichtigste Zeitschrift war der „Katolik“. Polnische Schulen wurden gegründet (aber auch bald wieder geschlossen). Erst 1932 konnte mit der Unterstützung des Völkerbundes ein polnischsprachiges Gymnasium eingerichtet werden. Im polnischen Teil Oberschlesiens brachte die Teilung ähnliche Probleme wie in der deutschen Provinz – Transportwege und wirtschaftliche Zusammenhänge waren abgeschnitten worden. Zudem fehlte den Hütten auf polnischer Seite das im deutschen Teil verbliebene Erz für die Verarbeitung. Polen als landwirtschaftlich geprägtes Land war ein schlechter Absatzmarkt für Hüt-

---

12 Czapliński: Dzieje Śląska (wie Anm. 5), S. 362 f.

13 Da in Städten häufig für Deutschland, im Umland jedoch für Polen gestimmt worden war, hätte eine am Wahlergebnis orientierte Trennung zu deutschen Inseln in polnischem Land geführt (Gehrke: Westgedanke [wie Anm. 2], S. 336).

14 Ebd.

tenerzeugnisse, im Export herrschte starke Konkurrenz. Dennoch war die schlesische Wojewodschaft die wirtschaftlich stärkste Provinz des neuen Staates. Auch in der *województwo śląskie* wurde die nationale Minderheit unterdrückt: Nicht-Polen wurden aus staatlichen Ämtern entlassen; Deutsch wurde als Verkehrssprache eingeschränkt; das deutsche Schulwesen war Schikanen ausgesetzt; die deutschen Schulen, die auch von vielen polnischen Kindern besucht wurden, sollten durch polnische Lehranstalten ersetzt werden. Im Herbst 1928 wurden vielen Deutschen die Arbeitsplätze gekündigt. Deutsche Parteien und Vereinigungen konnten fortbestehen, mit dem Volksbund als wichtigstem gemeinsamen Repräsentanten. In der Krisenzeit 1929–1933 bildeten sich erste rechtsextreme Gruppierungen wie die National-Sozialistische Deutsche Arbeiterbewegung. 1931 entstand die Jungdeutsche Partei für Polen, die der NSDAP verbunden war und vor allem Zulauf von Deutschen und Oberschlesiern ohne Zugehörigkeitsgefühl zu einer der beiden Nationen hatte[15].

Die deutsch-polnischen Beziehungen waren, insbesondere seit dem Kulturkampf, nicht besonders gut und hatten sich mit dem ‚Problem Oberschlesien' nicht verbessert. Mit dem Vertrag von Locarno 1925 wurde die revisionistische Propaganda im gesamten Deutschen Reich verstärkt. Schlesien war eine für solche Politik besonders empfängliche Region. Vor allem Breslau entwickelte sich zu einem „wichtigen Zentrum des deutschen Revisionismus [und] Nationalismus", in dem viele der Publikationen erschienen, „die das Unrecht, das Deutschland infolge des Versailler Vertrages und des Verlustes von Teilen Schlesiens widerfahren war, beweisen sollten"[16]. Mehr und mehr verschlechterten sich die Beziehungen zwischen den beiden Nachbarländern, wobei keine Seite sich durch besondere Diplomatie hervortat: „Die Frontstellung gegen Deutschland wurde damit in Polen genauso zum politischen Grundprinzip erhoben wie der Revisionismus in Deutschland."[17]

Die Wissenschaft in Polen und in Deutschland hatte nach 1918 das gleiche grundlegende Problem: unzureichende Finanzierung, die sich in akutem Bücher- und Zeitschriftenmangel in Universitäten und Bibliotheken äußerte. Hinzu kamen in Polen Schwierigkeiten bei der Strukturierung einer eigenen Wissenschaftslandschaft. Vor dem Ersten Weltkrieg bestanden immerhin zwei polnische Universitäten in Krakau und Lemberg, 1917 entstand in Warschau mit Erlaubnis der deutschen Militärbehörden eine weitere polnische Hochschule. Einzig in Galizien war unter österreichischer Herrschaft eine relativ ungehinderte Entwicklung möglich gewesen; die anderen Universitäten wurden reglementiert. Viele polnische Studenten zogen ein Studium im Ausland, vor allem in Deutschland, Frankreich und der Schweiz, vor. Eine weitere wichtige Forschungsinstitution neben den Universitäten war die 1872 gegründete *Polska Akademia Umiejętności* (PAU), die Polnische Akademie der Wissenschaften in Krakau[18]. Mit der Unabhängigkeit setzten

15 Czapliński: Dzieje Śląska (wie Anm. 5), S. 366–404; Fuchs: Krieg (wie Anm. 10), S. 635, 639.
16 Czapliński: Dzieje Śląska (wie Anm. 5), S. 378.
17 Gehrke: Westgedanke (wie Anm. 2), S. 337.
18 Karl Hartmann: Hochschulwesen und Wissenschaft in Polen. Entwicklung, Organisation und Stand 1918–1960. Frankfurt/Main, Berlin 1962, S. 3.

in Polen die Bemühungen um eine Organisation der Wissenschaft ein, meist im engeren Sinne auf die Universitäten bezogen. Wichtiges Organ für fächerübergreifende Überlegungen und für die Bilanz der einzelnen Disziplinen war die jährlich erscheinende Schrift „Nauka Polska" [Polnische Wissenschaft]. Über die miserable Situation wird in der Einleitung zum zweiten Band geklagt:

> Die wirtschaftlichen Umstände haben die Intelligenz völlig, fast bis ganz in den Hintergrund, zurückgedrängt, im besonderen aber die Leute, die auf dem wissenschaftlichen Feld arbeiten. Sie verarmten. Ihnen wurden die Ruhe und die Arbeitsmittel weggenommen; ausländische Bücher sind heute aufgrund der Teuerung fast nicht zugänglich, was die wissenschaftliche Verbindung mit dem Westen unterbrochen hat; das gleiche geschieht mit anderen wissenschaftlichen Hilfsmitteln; der Druck polnischer Bücher wird immer mehr erschwert; einige wertvolle Manuskripte, die Früchte jahrelanger Forschungen, liegen wie im Mittelalter unpubliziert und tragen nichts zum Leben bei. Der nicht gerade große Kreis von Gelehrten, den uns die vergangene Epoche hinterlassen hat, ist mit Arbeit überlastet, die nicht viel mit Forschungswissenschaft zu tun hat: pädagogische, organisatorische und administrative Arbeit.[19]

Die deutsche Wissenschaft hatte außerdem mit einer starken Isolation vom Ausland zu kämpfen. Das Ansehen deutscher Wissenschaftler hatte sich international bedeutend verschlechtert, da viele von ihnen im Ersten Weltkrieg eine militaristische Haltung gezeigt hatten. Zudem wurde im Versailler Vertrag festgesetzt, daß „alle bisherigen internationalen Konventionen auf wissenschaftlichem Gebiet mit Deutschland als aufgelöst zu betrachten seien"[20]. Deutsche wurden nicht mehr zu internationalen Kongressen eingeladen; deutsche wissenschaftliche Publikationen wurden in die Bibliographien der alliierten Staaten nicht mehr aufgenommen[21].

1.2 Ur- und Frühgeschichte und Politik im 19. und Anfang des 20. Jahrhunderts

Schon im 18. und 19. Jahrhundert war Archäologie ‚politisch' – dies in zweifacher Hinsicht: 1. wurden mit Hilfe der Archäologie politische Aussagen gemacht – wobei hier ‚Politik' und ‚politisch' nicht nur als Staatsgeschäfte betreffend verstanden wird, sondern auch Handlungen von Nicht-Regierungsbeteiligten einschließt, die auf eine Beeinflussung der staatlichen Politik bzw. der öffentlichen Meinung abzielen. 2. wurde Archäologie als Politikum betrachtet, d. h. archäolo-

19 Nauka Polska. Jej potrzeby, organizacja i rozwój [Polnische Wissenschaft. Ihre Ansprüche, Organisation und Entwicklung] 2 (1919), S.VII–IX.

20 Ulrich Marsch: Notgemeinschaft der Deutschen Wissenschaft. Gründung und frühe Geschichte 1920–1925 (Münchner Studien zur neueren und neuesten Geschichte 10). Frankfurt/Main 1994, S. 38.

21 Marsch: Notgemeinschaft (wie Anm. 20), S. 35–41; Frank R. Pfetsch: Wissenschaftspolitik in Deutschland. Drei Interaktionsmodelle: Weimar, Berlin, Bonn. In: Karl Strobel (Hg.): Die deutsche Universität im 20. Jahrhundert. Die Entwicklung einer Institution zwischen Tradition, Autonomie, historischen und sozialen Rahmenbedingungen (Abhandlungen zum Studenten- und Hochschulwesen 5). Greifswald 1994, S. 218–237, hier S. 219–223.

gische Forschung wurde als Tätigkeit von politischer Bedeutung empfunden; die politischen Andeutungen, die mit Hilfe der Archäologie gemacht werden konnten, wurden auch als solche wahrgenommen.

Als Mittel für politische Aussagen in der Archäologie diente – und dient in manchen Fällen bis heute – besonders die ethnische Interpretation, d. h. die Gleichsetzung bestimmter archäologischer Formenkreise (sog. archäologischer Kulturen) mit einer ethnischen Gruppe. Es ist davon auszugehen, daß ethnische Interpretation als solche eine politische Handlung ist, insofern als die Wissenschaftler der Zwischenkriegszeit eine intellektuelle Elite bildeten und als „bewußt [...] handelnde Subjekte“[22] zu sehen sind. Sie wußten über die politische Lage ihrer Zeit Bescheid und konnten dementsprechend abschätzen, welche Implikationen und Konsequenzen eine ethnische Interpretation haben konnte (auch wenn die Archäologen selbst vielleicht keine direkte politische Verwendung beabsichtigten).

Starke Prägung erfuhr die Ur- und Frühgeschichtliche Archäologie durch die Philosophien von Johann Gottfried Herder (1744–1803) und Georg Wilhelm Friedrich Hegel (1770–1831). Herder entwarf, angelehnt an Rousseaus „edlen Wilden“, ein idealisiertes Bild der frühen slawischen Völker; sie waren der Gegenentwurf zum dekadenten Westeuropäer. Hegels Auffassung, die Sprache sei zentrales Merkmal der Völker, bewirkte auch in der Altertumskunde eine stark philologische Ausrichtung und führte zudem zu der Vorstellung einer panslawischen Einheit aller slawisch sprechenden Völker. Im allgemeinen kann der Panslawismus als eine anti-deutsche Bestrebung gewertet werden, zumindest in Polen, wo Grenzen, Politik und Geschichte genügend Zündstoff für ein schwieriges Verhältnis der beiden Nationalitäten boten. Diese Vorstellungen steigerten sich in den 1920er Jahren in der sowjetischen Ur- und Frühgeschichtlichen Archäologie bis zu den Theorien Nikolaj Jakovlevič Marrs (1864–1934), der eine gemeinsame slawische Vorgeschichte bis ins Neolithikum statuierte[23].

Die Romantik ging einher mit der Bildung und Festigung von Nationalstaaten und Nationen. Die Geschichte des eigenen ‚Volkes‘ rückte in den Vordergrund auch der archäologischen Forschung[24]. Besonderer Beliebtheit erfreute sich die

22 Mitchell G. Ash: Wissenschaft und Politik als Ressourcen füreinander. Programmatische Überlegungen am Beispiel Deutschlands. In: Jürgen Büschenfeld / Heike Franz / Frank-Michael Kuhlemann (Hg.): Wissenschaftsgeschichte heute (Festschrift für P. Lundgreen). Bielefeld 2001, S. 117–134, hier S. 118.

23 Sebastian Brather: Ethnische Identitäten als Konstrukte der frühgeschichtlichen Archäologie. In: Germania 78 (2000), S. 139–177, hier S. 148; ders.: Archäologie der westlichen Slawen. Siedlung, Wirtschaft und Gesellschaft im früh- und hochmittelalterlichen Ostmitteleuropa (Ergänzungsbände zum Reallexikon der Germanischen Altertumskunde 30). Berlin, New York 2001, S. 9–11; Włodzimierz Rączkowski: „Drang nach Westen“? Polish archaeology and national identity. In: Margarita Díaz-Andreu / Timothy C. Champion (Hg.): Nationalism and archaeology in Europe. London 1996, S. 189–217, hier S. 197 f.; Jan Żak: Słowianie i Germanie w prahistorii polskiej i niemieckiej [Slawen und Germanen in der polnischen und deutschen Urgeschichte]. In: Stosunki polsko-niemieckie w historiografii 1. Studia z dziejów historiografii polskiej i niemieckiej. Poznań 1974, S. 21–149, hier S. 32.

24 Brather geht hier von einer klaren Einflußnahme der gesellschaftlichen und politischen Gegebenheiten auf die Ur- und Frühgeschichtliche Archäologie und ihre Forschungskomplexe aus:

‚vaterländische Altertumskunde' im Südwesten Deutschlands sowie östlich von Elbe und Saale. Der Blick auf die eigene Vergangenheit führte bei Bodenfunden zu der Frage, welcher ethnischen Gruppe sie zuzurechnen seien, und in Grenzgebieten kam dieser Frage durch die Nachbarschaft zu einem anderen Volk eine besondere Bedeutung zu. Für Schlesien sind vornehmlich zwei Amateur-Archäologen bekannt, die sich mit der Frage nach Slawen oder Germanen auseinandersetzten: Johann Gustav Gottlieb Büsching (1783–1829), Archivar und Altertumskundler in Breslau, und der Dresdener Bibliothekar Gustav Friedrich Klemm (1802–1867). Büschings erklärtes Ziel war es, „wenn auch nicht die einzelnen Stämme, doch die Hauptstämme, Deutsche und Slawen, in den Altertümern voneinander zu sondern", was ihm allerdings für Schlesien nicht gelang. Klemm erschien es in seinem „Handbuch der germanischen Altertumskunde" (1835) gar „hohe Zeit den Muth zu fassen, das germanische vom slawischen zu trennen und den Versuch zu wagen, einen antiquarischen Gegenstand [...] entweder keck als germanisch oder als slawisch zu benennen"[25]. Auch bei polnischen Prähistorikern wie Józef Łepkowski (1826–1894) war die Trennung germanischer und slawischer Fundstücke wichtiger Bestandteil der Forschung: „Unsere Fundstücke kann man nicht separat behandeln, um so mehr, als es im Endeffekt darum gehen sollte, ihre (wenn ich mich so ausdrücken darf) Heimatzugehörigkeit aufzuzeigen, ihre ihnen eigenen Merkmale, und ihre Unterschiede zu dem, was die Deutschen auf einstmals slawischem Land finden."[26] Für die Polen bedeutete eine ‚völkische Altertumskunde' endlich die Auseinandersetzung mit ihrer eigenen Kultur und Geschichte, die trotz der langen Aufteilung zwischen drei Staaten eine gemeinsame war[27].

Eine politische Nutzung ethnischer Interpretation stellt Brather seit dem späten 19. Jahrhundert fest, als mittels Siedlungskontinuitäten Gebietsansprüche begründet werden sollten. Dabei geht er davon aus, daß diese politische Instrumentalisierung kritischen Forschern der Zeit durchaus bewußt war. Beispiel für die politische Verwendung archäologischer Argumentation ist das Vorgehen dänischer und französischer Prähistoriker nach der preußischen Annexion dänischen Gebietes in Schleswig-Holstein im Jahr 1864 oder der deutschen Besetzung von Elsaß-Lothringen 1870[28]. Auch Abramowicz sieht in den Prähistorikern des 19. Jahrhunderts politisch bewußte Menschen; so wußte Józef Łepkowski 1851 genau, daß das Interesse an der Vergangenheit eng mit dem Verlust der politischen Identität der Polen zusammenhing. Nach dem Gelehrten Ludwik

„Die Relevanz und Emphase ethnischer Fragestellungen in der archäologischen Forschung lag offenbar weniger im primär wissenschaftlichen Interesse, sondern in den zeitgenössischen Vorstellungswelten und dem damit verbundenen politischen ‚Bedarf' an entsprechenden, vermeintlich wissenschaftlich begründeten Aussagen" (Brather: Ethnische Identitäten [wie Anm. 23], S. 140).

25 Zit. nach Brather: Ethnische Identitäten (wie Anm. 23), S. 140–142.

26 Zit. nach Andrzej Abramowicz: Historia archeologii polskiej XIX i XX wiek [Die Geschichte der polnischen Archäologie im 19. und 20. Jahrhundert]. Warszawa, Łódź 1991, S. 42.

27 Ebd., S. 15.

28 Brather: Ethnische Identitäten (wie Anm. 23), S. 146, Anm. 32, 148.

Łętowski (1786–1868) trug die Archäologie sogar „politischen Wert [...]. Ein Archäologe ist bei uns zugleich ein guter Pole."[29] Und bei der Eröffnung des archäologisch-historischen Museums in Thorn 1875 wurde auch „der Konflikt um die Nationalität der ersten Bewohner dieses Landes" angesprochen: „Es gibt solche, die uns im Erbhaß sogar das geschichtliche Recht, auf diesem Land zu leben, absprechen wollen [...] wir sollten beizeiten Beweise ansammeln, um auf umfassende und wissenschaftliche Weise Widerstand zu leisten."[30] Kritik ernteten allerdings in Polen sowohl maßlos Slawophile als auch gar zu heftige Verteidiger der ethnischen Deutung: Schon in den 1850er und 60er Jahren kamen Zweifel an der Annahme auf, sämtliche Fundorte auf slawischem Boden seien auch den Slawen zuzuordnen; und der polnische Philologe Aleksander Brückner spottete 1900: „Jeder Archäologe erklärt sich eine Ausgrabung, wie es ihm gefällt: was für einen Deutschen unbestreitbar germanisch ist, das wird bei uns als slawisch ausgegeben."[31]

Für die polnischen Prähistoriker waren außer Veröffentlichungen die Teilnahme an Kongressen sowie Ausstellungen politische Manifestationen. Hier konnte trotz der Trennung die Einheit aller polnischen Forscher demonstriert werden. So wurden bei einer großen Ausstellung archäologischer Fundstücke 1858 in Krakau Exponate aus dem gesamten polnischen Gebiet versammelt[32]. Eine andere Ausstellung in Budapest 1876 wurde von einem Besucher mit der Bemerkung gelobt, sie zeige deutlich: „jeszcze Polska nie zginęła" – „noch ist Polen nicht verloren"[33], eine Anspielung auf ein Gedicht Józef Wybickis, dessen Vertonung seit 1918 polnische Nationalhymne ist.

Deutsche Prähistoriker waren aufgrund der politischen Gegebenheiten nicht in so defensiver Lage und konnten in die Offensive gehen: Die Germanen mochten wohl den antiken Zivilisationen unterlegen gewesen sein, den Slawen aber waren sie – wie durch die Besetzung Westpolens den Zeitgenossen immer noch vor Augen gehalten werden konnte – offenkundig überlegen[34].

Eine wissenschaftliche Fundierung erfuhr die ethnische Interpretation mit der ‚Methode der Siedlungsarchäologie', deren Grundsatz Gustaf Kossinna (1858–1931) 1911 formulierte: „Scharf umgrenzte archäologische Kulturprovinzen decken sich zu allen Zeiten mit ganz bestimmten Völkern oder Völkerstämmen."[35] Damit konnten über archäologische Funde z. B. die germanischen Stämme in ihren Wanderbewegungen verfolgt werden, was sich zum Nachweis ‚historischer Rechte' nutzen ließ[36]. Zu bedenken ist bei einer Bewertung der po-

29 Zit. nach Abramowicz: Historia (wie Anm. 26), S. 42.
30 Zit. nach Abramowicz: Historia (wie Anm. 26), S. 72.
31 Zit. nach Abramowicz: Historia (wie Anm. 26), S. 82.
32 Ebd., S. 40, 74.
33 Zit. nach Abramowicz: Historia (wie Anm. 26), S. 61.
34 Brather: Archäologie (wie Anm. 23), S. 14.
35 Gustaf Kossinna: Die Herkunft der Germanen. Zur Methode der Siedlungsarchäologie. Würzburg 1911, S. 3.
36 Vgl. etwa Gustaf Kossinna: Die deutsche Ostmark, ein Heimatboden der Germanen. In: Oberschlesien 17 (1919), Heft 12, bes. S. 2, wo er deutsche Rechte auf Schlesien allerdings auf

litischen Absichten Kossinnas, daß es ihm vor allem auch ein Anliegen war, den Deutschen ihre eigene Geschichte und Kultur näherzubringen, damit sie Nationalstolz entwickeln könnten. Gerade nach dem verlorenen ‚Großen Krieg' von 1914–1918 „sah er seine Aufgabe darin, beizutragen, das Bewußtsein der erniedrigten Nation zu heben, sie mit Lebensmut und Selbstbewußtsein zu erfüllen"[37]. Gebietsforderungen lagen ihm – bis 1918 – wohl eher fern (da sie schlicht nicht notwendig waren), ‚völkische Interessen' jedoch nicht.

Nicht nur in der deutschen, auch in der polnischen Archäologie war die Kossinnasche Methode von großem Einfluß: Einer seiner Schüler, Józef Kostrzewski, wurde zum prägenden Ur- und Frühgeschichtsforscher in Polen. Er wandte die Arbeitsweise seines Lehrers an, selbst wenn er sie „ad absurdum" führte, „indem er durch ihre Anwendung die slawische Ethnizität der Lausitzer Kultur behauptete und damit die autochthone Schule der polnischen Urgeschichtsforschung begründete"[38]. Überdies war Kostrzewski der Meinung, zeitlich aufeinanderfolgende archäologische Kulturen könnten ebenso gut verschiedene Phasen ein und derselben ethnischen Einheit darstellen. Auch wenn die ethnische Interpretation eine weit verbreitete Arbeitsweise war, blieb die Methodik nicht unumstritten[39].

Eine Konstellation, in der die Beschäftigung mit der Ur- und Frühgeschichte als Politikum empfunden wurde, war in den polnischen Teilungsgebieten gegeben. Die ‚vaterländische Altertumskunde' wurde von den Besatzungsmächten häufig als zu national empfunden und daher in ihrer Entwicklung gehindert. Deutlich wurden z. B. die Nachwirkungen des Novemberaufstandes 1831 spürbar: Als Antwort auf polnisches Aufbegehren wurde u. a. auch die *Warszawskie Towarzystwo Przyjaciół Nauk* (Warschauer Gesellschaft der Freunde der Wissenschaften) aufgelöst; das gleiche Schicksal erfuhren viele Altertümersammlungen. Im preußischen Teil, in dem größere politische Freiheit herrschte, wurden daraufhin Funde aus Kongreßpolen konzentriert. Auch der Januaraufstand, der 1863 niedergeschlagen wurde, hatte Nachwirkungen: Der Leiter des inzwischen gegründeten archäologischen Museums kündigte seine Stelle, da er sich nicht anpassen und keine Vorträge zur „im Kern russischen Vergangenheit" Polens halten wollte; so wurde das Museum aufgelöst und die Sammlungen zum Teil nach Moskau verbracht. Zudem wurde wegen dieses Aufstandes eine große, ganz Polen umfassende Ausstellung ur- und frühgeschichtlicher Fundstücke, die in Posen geplant war, nicht realisiert. Der Kreis von archäologisch Interessierten in

---

die mittelalterliche Ostsiedlung und nur indirekt auf eine ‚germanische' Besiedlung zurückführt (vgl. unten).

37 Heinz Grünert: Gustaf Kossinna (1858–1931). Vom Germanisten zum Prähistoriker. Ein Wissenschaftler im Kaiserreich und in der Weimarer Republik (Vorgeschichtliche Forschungen 22). Rahden/Westfalen 2002, S. 267 f.

38 Grünert: Kossinna (wie Anm. 37), S. 269.

39 Rączkowski, „Drang nach Westen" (wie Anm. 23), S. 204. Zu zeitgenössischer Kritik an der ‚Methode der Siedlungsarchäologie' von seiten polnischer und deutscher Prähistoriker vgl. Jolanta Twardecka: Erazm Majewski jako pierwszy polski krytyk tez Gustafa Kossinny [Erazm Majewski als erster polnischer Kritiker der Thesen Gustaf Kossinnas]. In: Archeologia Polski 22 (1977), S. 399–420.

Wilna, der prägend für andere polnische Forscher gewesen war, ging auseinander[40].

Museen waren in den polnischen Gebieten eine wichtige Voraussetzung für die Entfaltung der Archäologie, da sie eine Möglichkeit zur (autodidaktischen) Weiterbildung waren, die sonst kaum möglich war. Die Besatzungsmächte hinderten diese Entwicklung vor allem im russischen und preußischen Teil, während in Galizien eine relativ freie Entfaltung möglich war, wie auch die Gründung der Akademie der Wissenschaften (*Państwowa Akademia Umiejętności*, PAU) und ihres Museums zeigt. In der Provinz Posen wandte sich ein Mitglied der *Towarzystwo Przyjaciół Nauk Poznańskiego* (Gesellschaft der Freunde der Wissenschaften im Posenschen) 1858 gegen den Aufruf zur Gründung eines öffentlichen Museums – und zwar mit der Begründung, private Sammlungen seien vor der Schließung besser geschützt und damit einer öffentlichen Institution vorzuziehen. Nur im Exil, wo es vor Eingriffen der Teilungsmächte geschützt war, konnte ein Polnisches Nationalmuseum in Rapperswil/Schweiz eingerichtet werden[41].

2. Institutionalisierung der Ur- und Frühgeschichtlichen Archäologie in Oberschlesien

Der Aufbau einer archäologischen Infrastruktur von Denkmalpflege, Museen und Gesellschaften ist für Propaganda und politische Polemik entscheidend[42]. In beiden Teilen Oberschlesiens mußten Institutionen und Zuständigkeiten in der Ur- und Frühgeschichtlichen Archäologie neu begründet werden. Der entscheidende Vorteil war in der deutschen Provinz aber die Nähe zu einem wissenschaftlichen Zentrum in Breslau. Hier waren die notwendigen Strukturen vorhanden, von hier aus wurde die oberschlesische Ur- und Frühgeschichtliche Archäologie aufgebaut. Angeblich plante Bolko von Richthofen[43] in Oberschle-

40 Abramowicz: Historia (wie Anm. 26), S. 15 f., 37, 45.

41 Ebd., S. 39; Barbara Stolpiak: Rozwój prahistorii polskiej w okresie 20-lecia międzywojennego. Część 1: 1918–1928 [Die Entwicklung der polnischen Urgeschichte im Zeitraum der 20 Jahre Zwischenkriegszeit. Teil 1: 1918–1928] (Uniwersytet im. Adama Mickiewicza w Poznaniu, Seria Archeologia 23). Poznań 1984, S. 23, 82.

42 Bei der Suche nach Informationen über archäologische Organisationen und Institutionen zeigten sich große Unterschiede im Forschungsstand für den deutschen und den polnischen Teil. Für Polen liegt mit der Publikation von Barbara Stolpiak (Stolpiak: Rozwój [wie Anm. 41]) ein umfangreiches Nachlagewerk vor, für Deutschland nicht. Deshalb mußten die Personalmitteilungen verschiedener Zeitschriften in den relevanten Jahrgängen durchgesehen werden, um den Ablauf rekonstruieren zu können. Teilweise liegen aus diesen Gründen für den einen Teil Oberschlesiens Daten vor, die für den anderen nicht ermittelt werden konnten.

43 Bolko Freiherr von Richthofen (1899–1983). 1917–1919 Militärdienst. Studium der Rechtswissenschaften, Volkswirtschaft, Vorgeschichte, Klassischen Archäologie und Geographie in München und Breslau. 1924 Promotion in Vorgeschichte bei Hans Seger. 1924/25 wissenschaftlicher Mitarbeiter des Schlesischen Museums für Kunstgewerbe und Altertümer. 1926–1929 Abteilungsleiter der ur- und frühgeschichtlichen Abteilung im Städtischen Museum Beuthen und Staatlicher Vertrauensmann für kulturgeschichtliche Bodendenkmäler der Provinz Oberschlesien, ab 1927 mit Dienstsitz Ratibor, dort in der Provinzialsammlung

sien ein eigenes „Institut“ der Ur- und Frühgeschichte; es findet sich allerdings in der deutschen Literatur keine nähere Angabe, welcher Art und mit welcher Aufgabenstellung versehen ein solches „Institut“ sein könnte. Eventuell handelt es sich hierbei um reine ‚Gedankenspielerei‘ oder schlicht um Gerüchte. Die oberschlesische Fachzeitschrift, die Richthofen anscheinend ebenfalls plante, kam zumindest nicht zustande[44].

2.1 Provinz Oberschlesien

2.1.1 Denkmalpflege

Die Denkmalpflege in den Provinzen Nieder- und Oberschlesien wurde durch das preußische Grabungsgesetz vom 26. März 1914 geregelt. Archäologische Ausgrabungen bedurften danach der Genehmigung des Regierungspräsidenten. Kulturgeschichtliche Fundstücke waren am nächsten Werktag bei der örtlichen Polizei zu melden, die wiederum den Staatlichen Vertrauensmann für die kulturgeschichtlichen Bodenaltertümer als den höchsten Denkmalpfleger in Kenntnis setzte. Diesen Posten hatte zunächst der Studienrat Alfred Arndt inne. Ihm folgte nach seinem Rücktritt Ende 1925 – auf Arndts Vorschlag – Bolko von Richthofen. Zum Juli 1926 wurde das Landesdenkmalamt, die sog. Provinzialstelle für wissenschaftliche und heimatkundliche Auswertung der oberschlesischen Bodenaltertümer, von Beuthen nach Ratibor verlegt, wo nun auch eine Sammlung ur- und frühgeschichtlicher Stücke eröffnet werden konnte[45].

Abteilungsleiter. 1929 Abteilungsleiter im Museum für Völkerkunde Hamburg. 1930 Habilitation an der Universität Hamburg, Dozent. 1933 o. Prof. an der Universität Königsberg, zunächst nur für Ur- und Frühgeschichte, ab 1936 zusätzliche Lehrbefugnis für „Auslandspressekunde“. Im Zweiten Weltkrieg als Reserveoffizier Militärdienst, hauptsächlich als Dolmetscher. 1942 o. Prof. für Ur- und Frühgeschichte an der Universität Leipzig. Im Reichsbund für Deutsche Vorgeschichte war Richthofen Landesleiter, in der Berufsvereinigung Deutscher Vorgeschichtsforscher ab 1933 Leiter. 1. 5. 1933 Eintritt in die NSDAP. Schon vor diesem Datum wurde Richthofen allerdings von einem Fachkollegen Joseph Goebbels gegenüber als „begeisterter Nationalsozialist“ bezeichnet (Halle: Externsteine [wie Anm. 1], S. 144). Nach 1945 arbeitete er in der Bundesrepublik als Dolmetscher, Übersetzer und Sprachlehrer sowie in verschiedenen Betrieben. 1948/49 war Richthofen Berater deutscher Verteidiger in den Nürnberger Prozessen. Er arbeitete für Vertriebenenverbände, in diversen Forschungsprojekten zur Ur- und Frühgeschichte, veröffentlichte Gedichtbände, revanchistische Literatur vor allem über Polen und war Mitbegründer der neuen Gesellschaft für Deutsche Vorgeschichte. 1964 erhielt er das Bundesverdienstkreuz 1. Klasse (Kürschners Gelehrtenkalender 1971; Georg Schaufler: Zur Biographie des Verfassers. In: Bolko von Richthofen, Schlesien und die Schlesier. Eine landes- und stammeskundliche Übersicht [Die Schlesier vor und nach der Vertreibung aus ihrer Heimat 1]. Wolfenbüttel 1967, S. 44–47; Mechthild Unverzagt: Wilhelm Unverzagt und die Pläne zur Gründung eines Instituts für die Vorgeschichte Ostdeutschlands [Das Deutsche Archäologische Institut. Geschichte und Dokumente 8]. Mainz 1985, S. 97 f.).

44 Andrzej Krzemień: Śląsk a niemieckie badania przedhistoryczne [Schlesien und die deutschen vorgeschichtlichen Forschungen]. In: Ziemia 12 (1927), S. 210–215, hier S. 213.

45 Karl Sczodrok: Unserem lieben Bolko von Richthofen zum Abschied aus Oberschlesien. In:

Richthofen blieb bis November 1929 im Amt, dann wurde Georg Raschke[46] zu seinem Nachfolger berufen. Stellvertretender Vertrauensmann war Walther Matthes[47], der Leiter des Städtischen Museums Beuthen[48]. Richthofens Abschied wurde als „überaus schwerer Verlust" für die oberschlesische „Heimatarbeit" empfunden. Unter seiner Leitung war innerhalb von vier Jahren die Anzahl der bekannten Fundstellen von ca. 250 auf rund 800 angewachsen; die Zahl der ständigen Mitarbeiter hatte sich von etwa 30 auf rund 300 erhöht[49]. In Raschkes Amtszeit wurde die fruchtbare organisatorische Arbeit Richthofens weitergeführt. Weitere freiwillige Helfer vor allem aus der Lehrerschaft, aber auch aus Landwirtschaft und Industrie konnten gewonnen werden. Dabei waren nach Raschke insbesondere der Schlesische Altertumsverein und die Arbeitsgemeinschaft für oberschlesische Ur- und Frühgeschichte um Werbung neuer interessierter Laien bemüht. Diese Tatsache in Verbindung mit reger Bautätigkeit in den 1930er Jahren führte zu einem steten Anwachsen der Fundzahlen[50].

Die Bedeutung der Landesdenkmalpflege auch in politischer Hinsicht scheint zumindest für einige der Ur- und Frühgeschichtsforscher in Schlesien kein Geheimnis gewesen zu sein. Martin Jahn[51] schreibt 1933 über Aufgaben und Funktion der

---

Der Oberschlesier 11 (1929), S. 650–651; Bolko von Richthofen: Zum Stand der Denkmalpflege in Oberschlesien. In: Nachrichtenblatt für deutsche Vorzeit 4 (1928), S. 21 f.

46 Georg Raschke (1903–1973). 1928 Promotion in Vorgeschichte in Breslau. Ab 1929 Staatlicher Vertrauensmann für die kulturgeschichtlichen Bodenaltertümer in Beuthen (nicht, wie in Jan Filip: Enzyklopädisches Handbuch zur Ur- und Frühgeschichte Europas. 2 Bde. Prag 1966 u. 1969 angegeben, von 1929 bis 1943 Direktor des Landesamtes für vorgeschichtliche Denkmalpflege in Breslau). Ab 1947 Konservator für Ur- und Frühgeschichte am Germanischen Nationalmuseum in Nürnberg.

47 Walther Matthes (1901–?). Studium der deutschen Archäologie bei Gustaf Kossinna, 1925 Promotion bei Hubert Schmidt. 1925–1928 Leiter der archäologischen Landesaufnahme für den Kreis Ostprignitz, Brandenburg. 1928–1934 Leiter des Oberschlesischen Landesmuseums Beuthen. 1932 Mitglied der Fachgruppe für Vorgeschichte im Kampfbund für deutsche Kultur. 1934 Prof. in Hamburg. Nach 1945 Prof. in Hamburg, 1969 emeritiert (Filip: Handbuch [wie Anm. 46]; Grünert: Kossinna [wie Anm. 37], S. 279 f.; Gunter Schöbel: Hans Reinerth. Forscher – NS-Funktionär – Museumsleiter. In: Achim Leube/Morten Hegewisch [Hg.]: Prähistorie und Nationalsozialismus. Die mittel- und osteuropäische Ur- und Frühgeschichtsforschung in den Jahren 1933–1945 [Studien zur Wissenschafts- und Universitätsgeschichte 2]. Heidelberg 2002, S. 321–396, hier S. 336; Kürschners Gelehrtenkalender. 12. Aufl. 1969).

48 Georg Raschke: Bericht über die Tätigkeit des Vertrauensmannes für die kulturgeschichtlichen Bodenaltertümer der Provinz Oberschlesien (1. November 1929 bis 31. August 1930). In: Nachrichtenblatt für deutsche Vorzeit 6 (1930), S. 159–167, hier S. 159.

49 Sczodrok: Richthofen (wie Anm. 45), S. 651.

50 Raschke: Bericht (wie Anm. 48), S. 159 f.

51 Martin Jahn (1888–1974). 1913 Promotion in deutscher Archäologie in Berlin bei Gustaf Kossinna. 1912–1931 wissenschaftlicher Mitarbeiter des Schlesischen Museums in Breslau. 1930 Habilitation in Breslau. 1931–1934 Direktor des Landesamts für vorgeschichtliche Denkmalpflege in Breslau. 1934–1945 o. Prof. für Vor- und Frühgeschichte in Breslau. Übernahm im WS 1943/44 und SS 1944 (bis zu seiner Einberufung in die Wehrmacht) die Vorlesungen an der Reichsuniversität Posen. 1946–1958 Prof. sowie Direktor des Landesmuseums für Vorgeschichte in Halle/Saale. 1959 emeritiert (Filip: Handbuch [wie Anm. 46]; Tadeusz Makiewicz: Archäologische Forschung in Poznań. In: Leube/Hegewisch [Hg.]: Prähistorie und Nationalsozialismus [wie Anm. 47], S. 517–533, hier S. 528). Smolla bezeichnet Jahn in seinem

Denkmalpflege in seinem Zuständigkeitsbereich, der Provinz Niederschlesien: „Für Schlesien als Grenzland ist die Rettung, Pflege und wissenschaftliche Bearbeitung der Bodenaltertümer, dieser ältesten Zeugen unserer heimischen Kultur, von besonderem Werte. Beweisen doch hunderte und aberhunderte von schlesischen Fundstätten mit zwingender Klarheit, daß unser Land ein Jahrtausend lang von hochstehenden germanischen Stämmen besiedelt und unter Kultur genommen worden ist, ehe die ersten slawischen Einwanderer schlesischen Boden betraten. [...] Mehr als tausend Fundmeldungen sind im Jahre 1932 beim Landesamt eingelaufen! Kein Gebiet Deutschlands kann eine ähnliche Hochflut von Alarmrufen über gefährdete Bodenfunde aufweisen."[52] Demnach hatten die Bemühungen der Denkmalpfleger gefruchtet, die Ur- und Frühgeschichte zu popularisieren. Dabei ist freilich schwer zu entscheiden, ob die zahlreichen Fundmeldungen die „zwingende Klarheit" germanischer Siedlung brachten oder ob nicht vielmehr das Bedürfnis, „Beweise" dafür vorzulegen, das Anwachsen der Meldungen bedingte.

2.1.2 Museen

Die popularisierende Wirkung kleinerer Heimatmuseen war den Ur- und Frühgeschichtsforschern offensichtlich ebenso bewußt. Fritz Geschwendt[53], außer in der Laienfortbildung auch in diesem Bereich sehr engagiert, führte in den „Altschlesischen Blättern" von 1926 bis 1929 eine Statistik über die Entwicklung der Heimatmuseen in ganz Schlesien[54].

Das Ausgrabungsgesetz von 1914 verlangte die ordnungsgemäße Konservierung und Haftung für ausgestellte ur- und frühgeschichtliche Fundstücke, die (wie sämtliche urgeschichtlichen Abteilungen der Heimatmuseen) dem Staatlichen Vertrauensmann für die kulturgeschichtlichen Bodenaltertümer unterstanden. Für ein Gesamtverzeichnis, das 1929 veröffentlicht wurde[55], holte man Aus-

---

Nachruf mit Bezug auf das Dritte Reich als einen „politisch ‚Unbelasteten'" (Günter Smolla: Martin Jahn. 20. September 1888–11. September 1974. In: Prähistorische Zeitschrift 50 [1975], S. 1–8, hier S. 6).

52 Martin Jahn: Das Landesamt für vorgeschichtliche Denkmalpflege. In: Altschlesische Blätter 8 (1933), S. 41.

53 Fritz Geschwendt (1892–?). Seit 1929 Lehrer in Breslau, Studium der Vor- und Frühgeschichte in Breslau, Promotion (Jahr nicht bekannt, wohl bei Hans Seger). 1931–1939 Kustos, 1939 Direktor des Landesamtes für vorgeschichtliche Denkmalpflege in Breslau. Beitritt zur Fachgruppe für Vorgeschichte im Kampfbund für deutsche Kultur im April 1932. Sehr bemüht um die „Einbeziehung der Vorgeschichte in den Unterricht" an Schulen (Hans Gummel: Forschungsgeschichte in Deutschland [Die Urgeschichtsforschung und ihre historische Entwicklung in den Kulturstaaten der Erde 1]. Berlin 1938, S. 383). Nach 1945 in Westdeutschland (Kürschners Gelehrtenkalender. 9. Aufl. 1961; Filip: Handbuch [wie Anm. 46]; Wolfgang Pape: Zur Entwicklung des Faches Ur- und Frühgeschichte in Deutschland bis 1945. In: Leube/Hegewisch [Hg.]: Prähistorie und Nationalsozialismus [wie Anm. 47], S. 163–226, hier S. 176).

54 Fritz Geschwendt: Schlesische Heimatmuseen I. In: Altschlesische Blätter 1 (1926), S. 9–11; ders.: Schlesische Heimatmuseen II. Ebd. 2 (1927), S. 19 f.; ders.: Schlesische Heimatmuseen III. Ebd. 3 (1928), S. 26–28; ders.: Schlesische Heimatmuseen IV. Ebd. 4 (1929), S. 78–83.

55 Geschwendt: Heimatmuseum IV (wie Anm. 54).

künfte mittels Fragebögen ein. Danach finden sich 1929 in der Provinz Oberschlesien zwölf Museen, von denen gut die Hälfte, nämlich sieben, nach 1918 gegründet wurden. Einige davon, wie das Heimatmuseum Groß Strehlitz oder das Städtische Museum Oppeln, verfügten über separate urgeschichtliche Abteilungen. Kleinere regionale Ausstellungen waren ebenfalls nicht selten, sind jedoch aus der Literatur schwieriger zu rekonstruieren. Bei einer „Heimat-Ausstellung“ in Kreuzburg z. B. war die Ur- und Frühgeschichte mittels Leihgaben „so vertreten, daß die ausgestellten Funde einen Überblick gaben über das Land mit seinen *deutschen* ältesten Bewohnern, das uns trägt. Besonders hier im äußersten Osten ist dieser Beweis nicht oft genug zu erbringen, und zu betonen, daß Land und Volk schon vor Tausenden von Jahren vor Christi Geburt *deutsch* war; *deutsch* wie heute und allerwege.“[56]

Zwei Museen, über die relativ viel Material vorliegt, sind das Oberschlesische Landesmuseum in Beuthen sowie die Provinzialsammlung Ratibor. Das Heimatmuseum Beuthen war 1910 im Rahmen des Beuthener Geschichts- und Museumsvereins gegründet worden und war lange Zeit ehrenamtlich von Alfred Arndt gepflegt worden[57]. Dank Richthofens Engagement konnte zum Oktober 1926 eine hauptamtliche Stelle geschaffen und besetzt werden; zunächst mit Hugo Mötefindt[58], ab Oktober 1927 aushilfsweise mit H. Kurtz,

---

56 Rückblick und Ausblick zur Heimat-Ausstellung des Kr. Kreuzburg O/S. vom 13. bis 24. September 1925. In: Der Oberschlesier 7 (1925), S. 545–547, hier S. 546; Hervorhebungen nach dem Originaltext. Der Autor des Textes zog es leider vor, anonym zu bleiben; es läßt sich also nicht feststellen, ob er Prähistoriker oder Laie war. Für ihn war die Schnittmenge von Ur- und Frühgeschichte und Politik jedenfalls offensichtlich: Archäologische Funde waren – unter anderem – dazu ausgestellt, um Gebiete als „deutsch“, nicht ‚germanisch‘, zu definieren.

57 Walther Matthes: Zum Ausbau der ur- und frühgeschichtlichen Abteilung des Beuthener Museums. In: Nachrichtenblatt für deutsche Vorzeit 5 (1929), S. 162–167, hier S. 162.

58 Hugo Mötefindt (1893–?). Studium der deutschen Archäologie bei Gustaf Kossinna, Kommilitone von Józef Kostrzewski. 1923 Promotion in Volkskunde in Hamburg (Grünert: Kossinna [wie Anm. 37], S. 279, Anm. 1377). Kossinna war auf Mötefindt nicht gut zu sprechen, bezeichnete ihn im Briefwechsel sogar als „ganz gefährliche[n] Bursche[n]“. Er war ein recht harscher Kritiker seines ehemaligen Lehrers, so lehnte er z. B. dessen polemische Angriffe auf seine Gegner ab und beanstandete in seiner Würdigung zu Kossinnas 60. Geburtstag die „deutschvölkische Tendenz“ in dessen Publikation „Deutsche Vorgeschichte“ (2. Aufl. 1914) (Grünert: Kossinna [wie Anm. 37], S. 157, 194, 236, Anm. 1143). 1926/27 wissenschaftlicher Leiter des Städtischen Museums in Beuthen, vorher Inventarisierung von Bodenaltertümern in Berlin (Personalnachrichten. In: Altschlesische Blätter 1 [1926], S. 78). Mitarbeiter des Verlages F. A. Brockhaus in Leipzig (Kürschners Gelehrtenkalender. 3. Aufl. 1928/29 und 4. Aufl. 1931). Kostrzewski erwähnt Mötefindt in seiner Autobiographie lobend; so habe er ihn und seine Familie nach Ausbruch des Ersten Weltkrieges, als Kostrzewski ausgewiesen werden sollte, zum Schutz zu sich nach Hause eingeladen. Nach 1919 habe Mötefindt Kostrzewski um eine Stellung in Kattowitz gebeten, wo dringend ein Fachprähistoriker benötigt wurde. Dies kam allerdings nicht zustande, da das Geld für eine hauptamtliche Stelle fehlte und die polnischen zuständigen Ämter einen Deutschen nicht akzeptiert hätten. „Kurz darauf“ sei Mötefindt unter „geheimnisvollen Umständen“ gestorben, angeblich hat er Selbstmord begangen (Józef Kostrzewski: Z mego życia. Warszawa 1970, S. 75 f.). In der 4. Auflage von Kürschners Gelehrtenkalender aus dem Jahr 1931 ist Hugo Mötefindt noch erwähnt, in der 5. Auflage von 1935 nicht mehr.

einem Studenten[59]. Ab Mitte August 1928 war Walther Matthes neuer Museumskustos; in dessen Zeit ging das Museum (im Frühjahr 1929) in städtischen Besitz über; Matthes wurde städtischer Beamter. Diese Neuerung bedeutete eine große finanzielle Erleichterung und zudem die öffentliche Anerkennung. Vom 1. 1. bis 1. 11. 1929 zählte die Städtische Sammlung Beuthen 45 591 Besucher – „wobei zweifellos die ur- und frühgeschichtliche Abteilung eine starke Anziehungskraft ausübt[e]“[60] – und hatte damit einen Tagesdurchschnitt von über 130 Gästen. Die Stadt Beuthen hatte zu dieser Zeit ca. 350 000 Einwohner[61]. 1932 ergab sich die Möglichkeit einer großzügigeren Ausstellung innerhalb des neuen Oberschlesischen Landesmuseums. Die Kulturgeschichtliche Abteilung, der die Ur- und Frühgeschichte angegliedert war, behandelte die „Kultur- und Siedlungsgeschichte Oberschlesiens von der Altsteinzeit bis zur deutschen Rückwanderzeit im Mittelalter“[62]. Zudem wurde die Kustos-Stelle im Museum mit der des Stellvertretenden Staatlichen Vertrauensmannes für kulturgeschichtliche Bodendenkmäler zusammengelegt.

Die Eröffnungsrede für das Oberschlesische Landesmuseum hielt der inzwischen in Hamburg tätige Richthofen. Er betonte darin wiederholt die Bedeutung und die Aufgaben der „Grenzlandarbeit“. Das Beuthener Museum habe „eine der führenden Stellen in der gesamten Kulturarbeit des ostdeutschen Grenzlandes“ und diene somit „nicht nur allen Oberschlesiern, sondern auch dem gesamten deutschen Volk“[63]. Als „Grenzlandmuseum“ wurde Beuthen direkt dem polnischen *Muzeum Śląskie* (Schlesisches Museum) in Kattowitz gegenübergestellt, wobei einmal mehr die ‚objektive Wissenschaftlichkeit‘ der deutschen Forscher der ‚subjektiven polnischen Propaganda‘ entgegengehalten wurde. Ziel des Museums sei es, „dem oberschlesischen und dem ganzen deutschen Volke und der Wissenschaft zu dienen“[64]. Das Museum wurde denn auch gut von den Besuchern angenommen: In den ersten zwei Monaten nach seiner Öffnung zählte man immerhin über 41 000 Gäste, was eine außergewöhnlich hohe Zahl von durchschnittlich über 670 Besuchern pro Tag bedeutete[65].

Ein weiteres Museum von Bedeutung war das 1927 in Ratibor eröffnete, dessen ur- und frühgeschichtliche Provinzialsammlung dem Staatlichen Vertrauensmann Richthofen unterstand. In der ersten Öffnungszeit, vom 4. bis 22. 12. 1927, waren

59 Bolko von Richthofen: Neuordnung der Denkmalpflege für Vor- und Frühgeschichte und neue Funde für Oberschlesien im Jahr 1925. In: Nachrichtenblatt für deutsche Vorzeit 2 (1926), S. 20–23, 67 f., hier S. 21; Raschke: Bericht (wie Anm. 48), S. 159.

60 Matthes: Ausbau (wie Anm. 57), S. 167.

61 Ebd., S. 163, 166 f.

62 Walther Matthes: Das oberschlesische Landesmuseum in Beuthen eröffnet! In: Altschlesische Blätter 8 (1933), S. 28–30.

63 Bolko von Richthofen: Zur Eröffnung des Oberschlesischen Landesmuseums in Beuthen. In: Der Oberschlesier 14 (1932), S. 3–11, hier S. 4.

64 Ebd., S. 7.

65 Matthes: Landesmuseum (wie Anm. 62), S. 30. Bei diesen Angaben (wie auch den Besucherzahlen vor der Neueröffnung und denen der Provinzialsammlung Ratibor) stellt sich allerdings die Frage nach dem Wahrheitsgehalt der Daten.

neben zwölf Schulklassen mit 904 Schülern noch 1 002 weitere Besucher zu vermerken – was einen Durchschnitt von immerhin 100 Besuchern pro Tag ergibt. Mit der Stelle in Ratibor übernahm Georg Raschke auch das damit in Personalunion verbundene Amt des Staatlichen Vertrauensmannes. Er baute die Ausstellung weiter aus und schnitt sie auf ein Laienpublikum zu; den größten Teil der Besucher bildeten Schulklassen. Für Fachleute war das Provinzialfundarchiv jederzeit zugänglich. Weiterhin war die Werkstatt mit der Herstellung von Kopien und Modellen beschäftigt: Heimat- und Schulsammlungen hatten Anspruch auf eine kostenlose Kopie, wenn sie das Original dem Provinzialmuseum zur Verfügung stellten[66].

2.1.3 Gesellschaften

Als direkte Hilfe für die Denkmalpflege wirkten in der Provinz Oberschlesien archäologische Gesellschaften. Um die freiwilligen Helfer der Provinz zu vernetzen und die Zusammenarbeit untereinander und mit den öffentlichen Stellen zu verbessern, wurde im November 1927 die Arbeitsgemeinschaft für oberschlesische Ur- und Frühgeschichte wieder einberufen. Als Organe fungierten die in Zusammenarbeit mit dem Schlesischen Altertumsverein herausgegebenen Zeitschriften „Altschlesische Blätter“ und „Altschlesien“[67]. Die Arbeitsgemeinschaft war schon im Jahr 1922[68] ein erstes Mal gegründet worden; sie war allerdings nur bis 1924 aktiv. Ab 1927 wurden wieder regelmäßige Treffen im Museum Ratibor abgehalten, mit meist 20 bis 30 Teilnehmern – so die Angaben für 1928; 1932 sollen durchschnittlich schon 70 Personen an den Vorträgen teilgenommen haben. Themen für Vorträge waren naturgemäß die Ur- und Frühgeschichte Oberschlesiens, die Arbeitsweisen der Urgeschichtswissenschaft sowie neue Funde und Publikationen. Auch Ausflüge in die nähere Umgebung fanden statt. Zudem wurde mit örtlichen Vereinen zusammengearbeitet, u. a. mit dem Naturbund für Nieder- und Oberschlesien, dem Beuthener Geschichts- und Museumsverein und den ansässigen Volkshochschulen[69]. Die Vortragstitel sind zumeist unverfänglich, da es sich um rein antiquarisch orientierte Themen zu handeln scheint. 1931 legte allerdings Richthofen einen „Bericht über neue Veröffentlichungen polnischer Prähistoriker unter besonderer Berücksichtigung der oberschlesischen Ur- und Frühgeschichte“ vor. Bei Betrachtung seiner Publikationen zu diesem Thema (s.

---

66 Bolko von Richthofen: Eröffnung der ur- und frühgeschichtlichen Provinzialsammlung in Ratibor. In: Altschlesische Blätter 3 (1928), S. 1–4; Raschke: Bericht (wie Anm. 48), S. 167.

67 Richthofen: Stand der Denkmalpflege (wie Anm. 45), S. 22.

68 Hans Seger: Aus Oberschlesiens Vorgeschichte. In: Paul Knötel (Hg.): Oberschlesien, ein Land deutscher Kultur. Gleiwitz 1921, S. 42–49, hier S. 31, gibt als Gründungszeitraum Anfang 1921 an.

69 Bolko von Richthofen: Tätigkeitsbericht der Arbeitsgemeinschaft für oberschlesische Ur- und Frühgeschichte. In: Altschlesische Blätter 3 (1928), S. 74 f.; ders.: Tätigkeitsbericht der Arbeitsgemeinschaft für oberschlesische Ur- und Frühgeschichte. Ebd. 4 (1929), S. 88; Georg Raschke, Walther Matthes: Tätigkeit der Arbeitsgemeinschaft für oberschlesische Ur- und Frühgeschichte. Ebd. 7 (1932), S. 29–31.

unten) kann ein recht polemischer Vortrag vermutet werden, in dem er mit seiner Meinung zu Kostrzewski und dessen Schülern nicht hinter dem Berg gehalten haben wird.

Von geringerer Bedeutung für Oberschlesien war der Schlesische Altertumsverein mit Sitz in Breslau. Bei den prähistorischen „Fachsitzungen", die einmal im Monat stattfanden, nahmen neben niederschlesischen Archäologen auch Interessierte aus Oberschlesien und der Oberlausitz teil. Der Vorsitzende der Arbeitsgemeinschaft für oberschlesische Ur- und Frühgeschichte war zugleich Mitglied des Vorstandes im Schlesischen Altertumsverein[70].

2.1.4 Weitere sog. Volksbildungsmaßnahmen

Einen sicherlich großen Stellenwert in der Popularisierung der Ur- und Frühgeschichte hatten die sog. Volksbildungsmaßnahmen. Dazu gehörten Kurse zur Lehrerfortbildung, Anweisung von Pfarrern und öffentliche Vorträge an Volkshochschulen. Unter Georg Raschke als Staatlichem Vertrauensmann wurden in der Ratiborer Provinzialsammlung alle zwei bis drei Wochen Vorträge abgehalten, mit durchschnittlich 25 Besuchern. Dies geschah in Zusammenarbeit mit der örtlichen Volkshochschule. Außerdem veranstaltete Raschke separate Führungen und Vorträge für Lehrer[71]. Auch in Beuthen müssen derartige Kurse stattgefunden haben, da sich ein polnischer Autor über dieses „wirksamste Propagandamittel" im deutschen Oberschlesien empörte[72].

In der Schule zeigte die Lehrerfortbildung sicherlich Wirkung. Seit Juni 1928 war die Urgeschichte in oberschlesischen – im Gegensatz zu niederschlesischen – Schulen offiziell Teil des Lehrplans[73]. Sehr engagiert in der Vermittlung archäologischen Wissens zeigte sich der ehemalige Lehrer Fritz Geschwendt. Dabei stand für ihn die Denkmalpflege im Vordergrund. Für ihn war die Ur- und Frühgeschichte aber auch ein gutes Mittel, um das Selbstbewußtsein des Volkes zu stärken: Die „Tatsache der germanischen Vorbesiedlung" sei „seelisches Stärkungsmittel" und erst durch die deutsche Ostkolonisation sei „aus einer Wildnis ein Land gesegneten Schaffens" geworden[74].

Beliebtes Medium für die Popularisierung war seit der Einrichtung der Station Gleiwitz im November 1925 der Rundfunk. Schon im März 1927 wurde vom Gleiwitzer Sender ein Vorlesungszyklus zur oberschlesischen Ur- und Früh-

---

70 Fritz Geschwendt: Werbetätigkeit im Dienste der Vorgeschichtswissenschaft. In: Mannus 7. Ergänzungsbd. (1929), S. 179–182, hier S. 180; Schlesischer Altertumsverein. Bericht über das Vereinsjahr 1926/27. Ebd. 2 (1929), S. 71 f.; Schlesischer Altertumsverein. Bericht über das Vereinsjahr 1927/28. Ebd. 2 (1929), S. 167 f.; Schlesischer Altertumsverein. Bericht über das Vereinsjahr 1928/29. Ebd. 3 (1931), S. 113 f.; Schlesischer Altertumsverein. Nachträge für das Vereinsjahr 1926/27 und 1927/28. Ebd. 3 (1931), S. 327–329; Schlesischer Altertumsverein. Bericht über das Vereinsjahr 1930/31. Ebd. 3 (1931), S. 329 f.

71 Raschke: Bericht (wie Anm. 48), S. 167.

72 Krzemień: Śląsk (wie Anm. 44), S. 214.

73 Fritz Geschwendt: Stand der Urgeschichte in den Volks- und Mittelschulen Ober- und Niederschlesiens. In: Nachrichtenblatt für deutsche Vorzeit 7 (1931), S. 51–53, hier S. 52.

74 Fritz Geschwendt: Die Urgeschichte in der Schule. Eine Einführung. Breslau 1926, S. 2 f.

geschichte ausgestrahlt[75]. Geschwendt forderte Ur- und Frühgeschichtsforscher dazu auf, sich auch zu anderen Themenbereichen als der Archäologie zu Wort zu melden, etwa zu „Zeitfragen wie Rassenkunde, Volkstums- und Grenzlandprobleme[n], plötzliche[r] Ab- und Zunahme der Bevölkerung einzelner Siedlungen oder ganzer Landstriche“[76]. Filme wurden erst spät für die Popularisierung von Wissen über die Ur- und Frühgeschichte eingesetzt. 1929 drehte ein Student der Vorgeschichte aus Breslau, H. Kurtz, einen kurzen Beitrag über „Oberschlesische ur- und frühgeschichtliche Wall- und Wehranlagen“, der zu „wissenschaftlichen und volkstümlichen Vorführungen“ bestimmt war und die Bestände des Provinzialfundarchivs ergänzen sollte[77]. In den 1930er Jahren engagierte sich Lothar F. Zotz auf diesem Gebiet, indem er mindestens sechs Kurzfilme – die später zum Teil verändert und als nationalsozialistische Propagandafilme verwendet wurden – über archäologische Tätigkeiten in Schlesien erstellte[78].

2.2 Schlesische Wojewodschaft

Ähnlich wie in der deutschen Provinz Oberschlesien war auch in der polnischen schlesischen Wojewodschaft kein wirklicher intellektueller und kultureller Mittelpunkt vorhanden. Das nächstgelegene wissenschaftliche Zentrum befand sich in Krakau. Sehr engagiert war jedoch Józef Kostrzewski[79] von der Posener Universität, der sich um Denkmalpflege und die Aufnahme archäologischer Fundorte in der neuen Wojewodschaft bemühte. Im Rückblick definierte Tadeusz Waga die Forschung zur Urgeschichte Polens, insbesondere in den ehemals deutschen Gebieten,

75 Krzemień: Śląsk (wie Anm. 44), S. 215.

76 Fritz Geschwendt: Urgeschichte und Rundfunk. In: Nachrichtenblatt für deutsche Vorzeit 8 (1932), S. 179–183, hier S. 179–181.

77 Bolko von Richthofen: Zum Stand der Ur- und Frühgeschichtsforschung in Oberschlesien (Berichtszeit vom 1. Januar 1928 bis 1. November 1929). In: Nachrichtenblatt für deutsche Vorzeit 5 (1929), S. 147–154, hier S. 152.

78 Vgl. hierzu Tom Stern: Der propagandistische Klang stummer Zeugen deutscher Vorzeit. Archäologiefilme im Nationalsozialismus. In: Hans-Peter Kuhnen (Hg.): Propaganda. Macht. Geschichte. Archäologie an Rhein und Mosel im Dienst des Nationalsozialismus. Trier 2002, S. 213–228.

79 Józef Kostrzewski (1885–1969). Studium der Urgeschichte 1909 in Krakau bei Włodzimierz Demetrykiewicz, 1910–1914 in Berlin bei Gustaf Kossinna. 1914 Promotion. Kostrzewski war schon zu Schulzeiten anti-deutsch orientiert, engagierte sich in geheimen polnischen Bildungsangeboten und war bei der Untergrundpresse tätig (Rączkowski: „Drang nach Westen“ [wie Anm. 23], S. 203; Kostrzewski: Życia [wie Anm. 58], S. 29–37). Prägend auf seine antideutsche Einstellung wirkten auch die Erfahrungen seiner Berliner Zeit, über die Roman Jakimowicz sich folgendermaßen äußerte: „Er wurde härter und stärker in der fremden Umgebung, die nicht nur einmal ihre feindlichen Gefühle gegenüber seinem Polentum bekundete“ (zit. nach Kazimierz Tymieniecki: Profesor Doktor Józef Kostrzewski. In: Konrad Jażdżewski [Red.]: Liber Iosepho Kostrzewski octogenario a veneratoribus dicatus. Wrocław, Warszawa, Kraków 1968, S. 8–16, hier S. 9f.). 1919 veröffentlichte er mehrere – rein politische, nicht ur- und frühgeschichtliche – Artikel in verschiedenen Zeitungen, in denen er sich mit den Bestimmungen der Versailler Verhandlungen auseinandersetzte und Forderungen für Polen aufstellte (Kostrzewski: Życia [wie Anm. 58], S. 112–114).

als eines der wichtigsten Ziele des Prähistorischen Institutes der Universität Posen[80]. Bei der Posener Universität handelte es sich um eine Neugründung: 1919 wurde die sog. *Wszechnica Piastowska*, die Piastische Hochschule, als ein Gegenpol zur deutschen Wissenschaft und Forschung angelegt. Politisch standen die meisten der Posener Wissenschaftler der Nationaldemokratie Roman Dmowskis nahe. Sie bildeten den inneren Kreis der polnischen Westforschung. Als erste der polnischen Hochschulen nach dem Ersten Weltkrieg führte die *Wszechnica Piastowska* die Ur- und Frühgeschichte als akademisches Fach ein. Kostrzewski, der auch aktiv an der Gründung und Organisation der Universität beteiligt war, übernahm 1919 den Lehrstuhl des *Instytut Prehistorii* (Institut für Prähistorie). Seine Vorstellungen von universitärer Lehre waren durch sein Studium bei Gustaf Kossinna in Berlin geprägt; seine Lehre war materialorientiert. Exkursionen mit Oberflächenuntersuchungen stellten bei Kostrzewski einen wichtigen Teil des Studienplanes dar, auch nach Schlesien und Pommern, wo zuvor polnischen Archäologen die Forschung verwehrt gewesen war[81].

2.2.1 Denkmalpflege

Die Organisierung einer staatlichen Denkmalpflege ging von der Akademie der Wissenschaften in Krakau aus, bis diese Aufgabe vom Ministerium für Kultus und Volksbildung übernommen wurde. Grundlage blieb die Verordnung zum Schutz von Kunst- und Kulturdenkmälern (*Dekret o opiece nad zabytkami sztuki i kultury*) von 1918. Eine staatliche Institution für Denkmalpflege wurde schon 1920/1922 eingerichtet, nämlich der *Państwowe Grono Konserwatorów Zabytków Przedhistorycznych* (PGKZP, Staatlicher Kreis der Konservatoren urgeschichtlicher Denkmäler). Organ des PGKZP waren die „Wiadomości Archeologiczne“ [Archäologische Mitteilungen]. Mitte 1922 konnten – nach den Plebisziten in den verschiedenen Gebieten und nach Ende der Kämpfe im Osten – endgültig die Grenzen für die Konservatorenkreise festgelegt werden. Dabei wurde Józef Żurowski[82] als dem Kreiskonservator für Krakau auch

80 Tadeusz Waga: Sprawozdanie z działalności Instytutu Prehistorycznego Uniwersytetu Poznańskiego za lata 1919–1929 [Bericht über die Tätigkeiten des Institutes für Urgeschichte der Posener Universität in den Jahren 1919–1929]. In: Z otchłani wieków 5 (1930), S. 86–89, hier S. 86.

81 Markus Krzoska: Nation und Volk als höchste Werte: die deutsche und die polnische Geschichtswissenschaft als Antagonisten zwischen den Weltkriegen. In: Bernard Linek/Kai Struve (Hg.): Nacjonalizm a tożsamość narodowa w Europie środkowo-wschodniej w XIX i XX w. Nationalismus und nationale Identität in Ostmitteleuropa im 19. und 20. Jahrhundert (Tagungen zur Ostmitteleuropa-Forschung 12). Opole, Marburg 2000, S. 297–312, hier S. 304 f.; Markus Krzoska: Die institutionelle und personelle Verankerung der polnischen Deutschlandforschung in der Zwischenkriegszeit und der unmittelbaren Nachkriegszeit. In: Matthias Middell/Gabriele Lingelbach/Frank Hadler (Hg.): Historische Institute im internationalen Vergleich (Geschichtswissenschaft und Geschichtskultur im 20. Jahrhundert 3). Leipzig 2001, S. 269–283, hier S. 272; Stolpiak: Rozwój (wie Anm. 41), S. 130.

82 Józef Żurowski (1892–1936). Studium der Urgeschichte in Krakau bei Włodzimierz Demetrykiewicz. 1921 Demetrykiewiczs Assistent. 1922 Promotion. Ab 1923 in der Denkmalpflege tätig, Kreiskonservator der Wojewodschaften Kleinpolen und Schlesien (Filip: Handbuch

die schlesische Wojewodschaft zugeteilt, womit er allerdings immer noch ein im Vergleich relativ kleines Gebiet zu verwalten hatte. Ein großes Problem dieser Neuerung war für Żurowski, daß in der schlesischen Wojewodschaft die Verordnung zum Schutz von Kunst- und Kulturdenkmälern von 1918 bisher nicht verpflichtend war und dadurch seine Arbeit nicht rechtlich abgesichert war. Der PGKZP bemühte sich 1927 beim zuständigen Ministerium um eine Erweiterung der Verordnung auf die schlesische Wojewodschaft, dies wurde jedoch mit der Begründung abgelehnt, daß ein neues Denkmalschutzgesetz ohnehin in Vorbereitung sei. Daher vertrat Żurowski auf Sitzungen des PGKZP wiederholt die Interessen der schlesischen Archäologie, worin er von Kostrzewski engagiert unterstützt wurde[83]. Im Januar 1927 stellten Żurowski und Kostrzewski dem Marschall des Schlesischen Sejm die Möglichkeiten prähistorischer Forschung sowie Aktionen zur Popularisierung der Prähistorie in Schlesien vor. Dabei sah das Programm neben Exkursionen und Ausgrabungen „allgemein die Ausführung von Aktionen, die die Wissenschaft der urgeschichtlichen Archäologie *vor dem Hintergrund der Vorgeschichte Polens* popularisieren“, vor[84]. Schlesien und die Schlesier sollten auf diese Weise in die Zweite Republik eingebunden werden.

Wichtige Maßnahme der Denkmalpflege waren die Exkursionen für die Studenten der Universitäten Krakau, Posen und Warschau. Die erste Posener Expedition fand 1925 statt, sie dauerte allerdings nur zwei Tage. Längere Aufenthalte wurden erst durch Subventionen des Schlesischen Sejm möglich, der einen Ausflug mit Studenten 1928 mit 1 200 Złoty unterstützte. Die Expeditionen der Studenten aus Krakau 1930 und 1932 wurden von Józef Żurowski geleitet; er erhielt finanzielle Unterstützung vom Schlesischen Museum in Kattowitz[85].

[wie Anm. 46]; Stolpiak: Rozwój [wie Anm. 41], S. 92; Kostrzewski: Życia [wie Anm. 58], S. 59).

83 Włodzimierz Antoniewicz: Die Organisierung der vorgeschichtlichen Forschung in Polen. In: Wiener Prähistorische Zeitschrift 1922, S. 99–101, hier S. 99; Brather: Archäologie (wie Anm. 23), S. 20; Stolpiak: Rozwój (wie Anm. 41), S. 95, Karte III, S. 134 f., Anm. 577.

84 Józef Żurowski: Sprawozdanie z działalności konserwatora zabytków przedhistorycznych okręgu zachodnio-małopolskiego i śląskiego za lata 1927 i 1928 [Bericht über die Tätigkeiten des Konservators vorgeschichtlicher Fundstücke für den süd-kleinpolnischen und schlesischen Kreis für die Jahre 1927 und 1928]. In: Wiadomości Archeologiczne 13 (1935), S. 284–294, hier S. 285; Hervorhebung W. R.; vgl. auch Stolpiak: Rozwój (wie Anm. 41), S. 135, Anm. 578.

85 Józef Kostrzewski: Przyczynki do pradziejów Śląska [Beiträge zur Urgeschichte Schlesiens]. In: Przegląd Archeologiczny 3 (1925), S. 54–61, hier S. 54; Józef Kostrzewski: Nowe materiały do pradziejów Górnego Śląska [Neues Material zur Urgeschichte Oberschlesiens]. In: Przegląd Archeologiczny 4 (1928), S. 81–89, hier S. 81; Józef Żurowski: Wycieczka archeologiczna Koła Prehistoryków Uniw. Jagiellonskiego na Śląsk [Archäologische Schlesien-Exkursion des Kreises der Prähistoriker der Jagiellonen-Universität]. In: Z otchłani wieków 5 (1930), S. 50–53, hier S. 50; Józef Żurowski: Sprawozdanie z wycieczki archeologicznej na Śląsk [Bericht über eine archäologische Exkursion nach Schlesien]. In: Z otchłani wieków 8 (1933), S. 16–19, hier S. 16.

2.2.2 Museen

Im polnischen Teil Schlesiens fanden sich zunächst keine größeren Museen mit ur- und frühgeschichtlicher Abteilung. Das nächstgelegene war das Museum der Akademie der Wissenschaften in Krakau. Mit der staatlichen Unabhängigkeit wuchs in Polen ein stärkerer Lokalpatriotismus. Es entstanden zahlreiche neue Regionalmuseen, von denen ein großer Teil auch prähistorische Sammlungen besaß. Außerdem wurde das System vieler Museen nach dem Ersten Weltkrieg modernisiert, indem die Abteilungen häufig nach Disziplinen getrennt wurden – dadurch kam es zu vielen selbständigen urgeschichtlichen Abteilungen. Eine der bedeutenderen Neugründungen war das *Muzeum Śląskie* (Schlesisches Museum) in Kattowitz. Mit der Arbeit an diesem großen Projekt wurde im Herbst 1927 begonnen; die amtliche Eröffnung erfolgte anderthalb Jahre später, am 29. Mai 1929[86]. Allerdings scheint das Museum erst später für die Öffentlichkeit zugänglich gemacht worden zu sein, wie sich aus Bemerkungen Richthofens schließen läßt (s. unten). Im Gesamtbericht des Museumsdirektors Tadeusz Dobrowolski wird als Ziel genannt, die geistige und materielle Kultur der schlesischen Wojewodschaft und „im Rahmen des Möglichen des ganzen ethnisch polnischen Schlesiens" sowie die „historisch-kulturellen Verbindungen zwischen Schlesien und dem Rest Polens" aufzuzeigen[87]. Aufgabe des Museums mußte zunächst die Sammlung prähistorischer Funde innerhalb der Grenzen der Wojewodschaft sein, die in Originalen, Fotografien und Zeichnungen ausgestellt und mit Texten und Karten ergänzt werden sollten. Außerschlesische Funde wurden, sofern zugänglich, gegenübergestellt. Damit sollten Analogien bzw. Unterschiede zur Urgeschichte des übrigen Polen sowie Europas verdeutlicht werden[88].

Das Programm für die Organisation und Finanzierung der prähistorischen Abteilung wurde von Józef Kostrzewski entworfen. Die Abteilung nahm zwar nur einen Bruchteil des Museums ein (neben Sektionen wie Kunst, Kirchengeschichte oder Naturkunde), wurde aber wissenschaftliches Zentrum für die Ur- und Frühgeschichtswissenschaft der Wojewodschaft. Die Ausgrabungen in Boronów und Piasek, durchgeführt von Tadeusz Reyman und Konrad Jażdżewski, wurden z. B. vom Museum angeregt und finanziert. Festangestelltes Personal gab es entgegen früheren Plänen für die prähistorische Abteilung nicht[89].

Die deutschen Reaktionen auf die Planungen für das Kattowitzer Museum waren vor allem warnend: Die Deutschen sahen die Gefahr, daß das Museum einen

86 Tadeusz Dobrowolski: Działalność Muzeum Śląskiego w Katowicach [Die Tätigkeit des Schlesischen Museums in Kattowitz]. In: Roczniki Towarzystwa Przyjaciół Nauk na Śląsku 2 (1930), S. 170–208.

87 Dobrowolski: Działalność (wie Anm. 86), S. 170.

88 Tadeusz Dobrowolski: Oddział Sztuki i Muzeum Śląskie w Katowicach [Die Abteilung für Kunst und das Schlesische Museum in Kattowitz]. In: Roczniki Towarzystwa Przyjaciół Nauk na Śląsku 1 (1929), S. 90–109, hier S. 94 f.; Stolpiak: Rozwój (wie Anm. 41), S. 142.

89 Żurowski: Sprawozdanie (wie Anm. 84), S. 285; Dobrowolski: Działalność (wie Anm. 86), S. 184, 207.

Vorsprung für die polnische Seite bedeuten könne. Mak[90] zeigt sich über ur- und frühgeschichtliche Forschung in „Ost-Oberschlesien", wie er die polnische schlesische Wojewodschaft bezeichnet, gut unterrichtet und betont, daß dort praktisch noch nicht gearbeitet worden sei, während „in West-Oberschlesien allein drei hauptamtlich angestellte Vorgeschichtler tätig sind". Gefährlich sei allerdings die Absicht des Museums, „das Bewußtsein der Zugehörigkeit Oberschlesiens zu Polen [zu] stärken". Richthofen äußerte sich 1929 spöttisch darüber, daß das Kattowitzer Museum immer noch nicht eröffnet worden sei – dennoch könne es „mit weit höheren amtlichen Geldmitteln [arbeiten] als alle anderen oberschlesischen Museen zusammen"[91]. Die (politische) Verwendung der Ergebnisse zur Lausitzer Kultur war für Richthofen eine nicht zu vernachlässigende Komponente des Museums: „Möchten [bei der Konzeption] die Fehler der Posener Museumsausstellung Kostrzewskis nicht wiederkehren und in Kattowitz auch die Funde der ‚Lausitzer' Kultur richtig datiert werden. Hoffen wir weiter, daß in Kattowitz auch die wirkliche Bedeutung der germanischen Besiedlung in der Urzeit Polens und Ostdeutschlands nicht wie in Posen absichtlich unterdrückt wird, sondern den rein wissenschaftlichen Erfordernissen gemäß, klar zum Ausdruck kommt!"[92]

2.2.3 Gesellschaften

Größere regionale Gesellschaften mit ausschließlich archäologischem Schwerpunkt scheint es in der schlesischen Wojewodschaft nicht gegeben zu haben. Die *Polskie Towarzystwo Prehistoryczne* (PTP, Polnische Prähistorische Gesellschaft) hatte auch hier ihre Mitglieder; außerdem war die *Towarzystwo Przyjaciół Nauk na Śląsku* (Gesellschaft der Freunde der Wissenschaften in Schlesien) ein wichtiger Teil des wissenschaftlichen Lebens. Allerdings beschäftigte sie sich kaum mit ur- und frühgeschichtlichen Belangen, sondern eher allgemein mit polnischer Wissenschaft und Kunst; aus einem literarischen Verein entstanden, wurden in ihrem Namen Vortragsreihen organisiert und Bibliotheken mit öffentlichen Lesesälen gefördert. Die Gesellschaft erhielt immerhin Finanzhilfen des Schlesischen Sejm. Ab 1929 erschienen ihre Jahrbücher („Roczniki Towarzystwa Przyjaciół Nauk na Śląsku"), die auf deutscher Seite keine Zustimmung fanden: Wirkliche Absicht der Reihe sei es, „eine polnische Kultur Oberschlesiens nachzuweisen, und diese mit dem geistigen Leben Gesamtpolens zu verknüpfen"[93]. Dies wurde schon im Vorwort des ersten Bandes deutlich, wo als Aufgabenstellung der Gesellschaft und der Jahrbücher die „wissenschaftliche Erhellung der Vergangenheit und der Gegenwart dieses ewig polnischen Gebietes, dessen die polnische Wissenschaft sich bis heute nicht an-

---

90 Mak: Die polnische Kulturbewegung in O/S. In: Der Oberschlesier 11 (1929), S. 626–629, hier S. 628 f.
91 Richthofen: Ur- und Frühgeschichtsforschung (wie Anm. 79), S. 154.
92 Ebd.
93 Mak: Kulturbewegung (wie Anm. 90), S. 626 f.

gemessen erinnert, und das heldenhaft um die Rückkehr zum Vaterland zu kämpfen verstand"[94], festgehalten wurde.

Die *Polskie Towarzystwo Prehistoryczne* entstand 1920 ausgehend von Posen (und damit von Kostrzewski), um auch interessierten Laien ein Forum für ihre archäologischen Aktivitäten zu geben. Stolpiak spricht sogar von einer „popularisatorisch-propagandistischen Tätigkeit"[95], die die PTP von anderen, auf Fachleute beschränkten Gesellschaften unterschied. Archäologische Gesellschaften wie die PTP spielten in der schlesischen Wojewodschaft allerdings keine große Rolle; die meisten Aktivitäten gingen von Einzelpersonen oder dem *Muzeum Śląskie* aus.

2.2.4 Weitere sog. Volksbildungsmaßnahmen

Welche Mittel zur Popularisierung in der schlesischen Wojewodschaft angewendet wurden, läßt sich aus der Literatur nur schwer erschließen. Zu den Aktionen, die sich auf ganz Polen erstreckten, zählten wie in Deutschland Vortragsreihen und Fortbildungskurse für Lehrerschaft und Klerus, zum Teil im Rahmen von Ferienkursen oder Ausgrabungen oder auch auf Einladungen von Schulen. Józef Żurowski hielt allein in Krakau bis 1924 sieben derartige Kurse ab. Ob aufgrund der Nähe auch Lehrer aus der schlesischen Wojewodschaft zu den Krakauer Kursen anreisten, ist nicht bekannt. An den Kursen zur Ur- und Frühgeschichte, die erstmals 1927 in Posen stattfanden, nahmen unter anderem auch Lehrer aus dem polnischen Teil Schlesiens teil. Der Rundfunk wurde im polnischen Teil Schlesiens ebenfalls genutzt, um die Bevölkerung über die Ur- und Frühgeschichte des Landes sowie die Wichtigkeit der Denkmalpflege zu informieren. Eine eigene Radiostation gab es in der schlesischen Wojewodschaft, in Kattowitz, ab 1927. Zumindest im Jahr 1929 sendete sie auch einen Beitragszyklus über Themen der Ur- und Frühgeschichte[96].

2.3 Ergebnisse

Eine deutliche Gemeinsamkeit in der deutschen und polnischen Prähistorie, nicht nur in Oberschlesien, tritt bei der Betrachtung der Institutionalisierung hervor: die Betonung der Denkmalpflege als Grundlage der Forschung sowie der Notwendigkeit, die Bekanntheit der Ur- und Frühgeschichtlichen Archäologie, ihrer Methoden und Ziele zu fördern. Dabei wird die Popularisierung häufig im Hinblick auf die Denkmalpflege gefordert, um eine größere Aufklärung der Bevölkerung zu schaffen und somit der Zerstörung archäologischer Denkmäler vor-

94 Wstęp [Vorwort]. In: Roczniki Towarzystwa Przyjaciół Nauk na Śląsku 1 (1929).

95 Stolpiak: Rozwój (wie Anm. 41), S. 71.

96 Ebd., S. 119, 159, 161; Mirosław Fazan: Życie kulturalne i artystyczne [Das kulturelle und künstlerische Leben]. In: F. Serafin (Red.): Województwo śląskie (1922–1939). Zarys monograficzny [Die schlesische Wojewodschaft (1922–1939). Monographischer Abriß]. Katowice 1996, S. 504–527, hier S. 504; Żurowski: Wycieczka (wie Anm. 85), S. 53.

zubeugen. Die zu diesem Zweck verwendeten Medien gleichen sich in Polen und Deutschland. Eine weitere Gemeinsamkeit findet sich in den Voraussetzungen: In beiden Teilen fand sich zunächst kein nennenswertes wissenschaftliches Umfeld; es fehlte an einer organisierten Intelligenz. Zu berücksichtigen ist allerdings immer der enorme Vorsprung, den die deutsche gegenüber der polnischen Ur- und Frühgeschichtswissenschaft hatte. Bemerkenswert bleibt, daß die Entwicklung von organisatorischen Strukturen dennoch in beiden Teilen Oberschlesiens erst um die Mitte der 1920er Jahre in die Tat umgesetzt wurde. Gegen Ende der 1920er waren in Polen wie in Deutschland die anfänglichen großen Finanzprobleme nach dem Ersten Weltkrieg überwunden. Für Wissenschaft und Forschung wurden üppigere Gelder frei; auch Organisationen wie der Stiftung für deutsche Volks- und Kulturbodenforschung standen großzügigere Mittel zur Verfügung. So förderte diese im Jahre 1928 die Ur- und Frühgeschichtsforschung in Oberschlesien mit immerhin 10 000 Reichsmark (insgesamt wurden 221 200 Reichsmark an 16 Projekte vergeben). Antragsteller war der Landeshauptmann von Oberschlesien[97].

In der Provinz Oberschlesien übernimmt 1925 mit Bolko von Richthofen der erste ausgebildete Prähistoriker ein Amt in der Ur- und Frühgeschichtswissenschaft. Józef Żurowski ist ab 1922 auch für die schlesische Wojewodschaft zuständig; eine wirkliche Denkmalpflege kommt aber erst mit den Exkursionen der Universitäten Posen und Krakau ab 1925 in Gang. Auch die Museen haben eine lange Anlaufzeit: Die größeren Museen auf der deutschen Seite werden 1927 (Provinzialsammlung Ratibor) und 1925/1932 (Beuthen, zunächst Wiedereröffnung nach Umbau, dann Umzug in neue Räumlichkeiten und Umbenennung in Oberschlesisches Landesmuseum) gegründet. Das polnische *Muzeum Śląskie* in Kattowitz wird 1929 der Öffentlichkeit zugänglich gemacht. Soweit sich aus der Literatur auf die Konzeptionen der verschiedenen Ausstellungen schließen läßt, tritt ein Merkmal hervor: Die ur- und frühgeschichtliche Ausstellung in Kattowitz betont – laut deutschen *und* polnischen Aussagen – den Zusammenhang mit dem gesamten polnischen Gebiet. Die deutschen Sammlungen werden hingegen nicht zu anderen deutschen Museen in Beziehung gesetzt. Der Schwerpunkt liegt bei ihnen auf dem „Grenzlandkulturkampf“.

Insgesamt zeichnet sich natürlich eine Zunahme an archäologischen Institutionen und Organisationen in beiden Teilen Oberschlesiens ab – schon allein deshalb, weil vor dem Ersten Weltkrieg sehr wenige derartige Einrichtungen existierten. Fachzeitschriften, die sich speziell auf Oberschlesien beziehen, wurden auf deutscher Seite nicht gegründet. In Polen konzentrierte man sich mehr auf überregionale Zeitschriften wie „Z otchłani wieków“ [Aus dem Abgrund der Zeiten] oder die „Wiadomości Archeologiczne“. Hier erschienen häufig auch Artikel zur Ur- und Frühgeschichte der schlesischen Wojewodschaft.

97 Michael Fahlbusch: „Wo der deutsche … ist, ist Deutschland!“ Die Stiftung für deutsche Volks- und Kulturbodenforschung in Leipzig 1920–1933 (Abhandlungen zur Geschichte der Geowissenschaften und Religion-Umwelt-Forschung. Beiheft 6). Bochum 1994, S. 274, Tabelle 6.2.

Betrachtet man die Gesamtsituation, so hat die Provinz Oberschlesien den – zu erwartenden – Vorsprung: zwei Museen (statt eines einzigen), eine eigene archäologische Gesellschaft, ab 1926 mit der hauptamtlichen Stelle im Museum Beuthen zwei ausgebildete Prähistoriker (statt eines einzigen Kreiskonservators). Die Archäologen der Provinz konnten zudem von der engen Verbindung zu den niederschlesischen Institutionen profitieren. Richthofen kam aus dem niederschlesischen Netzwerk von Archäologen und blieb ihm weiterhin eng verbunden – auch während des Dritten Reiches. Zudem waren er und später Georg Raschke als Staatlicher Vertrauensmann zugleich Vorsitzender der Arbeitsgemeinschaft für oberschlesische Ur- und Frühgeschichte, was wiederum bedeutete, daß sie auch im Vorstand des Schlesischen Altertumsvereins mitwirkten, der hauptsächlich in Niederschlesien tätig war. Diese Personalunion half sicherlich der Vernetzung von Ober- und Niederschlesien, während das oberschlesische System von Archäologen auch dadurch engmaschig blieb, daß der Leiter der urgeschichtlichen Abteilung im Museum Beuthen gleichzeitig das Amt des Stellvertretenden Staatlichen Vertrauensmannes innehatte.

Für die Finanzierung war man im polnischen und im deutschen Teil auf staatliche Beihilfen angewiesen. Daß die Ausflüge zur Landesaufnahme ausgehend von Posen und Krakau vom Schlesischen Sejm und dem Museum in Kattowitz teilfinanziert wurden, wurde schon erwähnt. In Deutschland war es unter anderem die Notgemeinschaft der Deutschen Wissenschaft, die Publikationen förderte und Zuschüsse zu Ausgrabungen gab. Außerdem gab es zumindest einmal Unterstützung seitens des Verbandes zur Erforschung der nord- und ostdeutschen Wall- und Wehranlagen[98].

Trotz allem war der deutsche Vorsprung nicht so groß, wie vielleicht anzunehmen gewesen wäre. Die polnischen Prähistoriker, allen voran Józef Kostrzewski und Józef Żurowski, bemühten sich erfolgreich darum, den Anschluß an die allgemeine Entwicklung im polnischen Staat nicht zu verlieren. In diesem Zusammenhang soll noch einmal kurz auf die große Rolle, die Kostrzewski in der Urgeschichtswissenschaft Schlesiens spielte, hingewiesen werden. Die prähistorische Abteilung des *Muzeum Śląskie* in Kattowitz kam wesentlich durch sein Engagement zustande. Unter anderem war sein Schüler Konrad Jażdżewski für Ausgrabungen zuständig; mit dem Denkmalpfleger Józef Żurowski unterhielt er ebenfalls guten Kontakt. Auf die Ausprägung der Ur- und Frühgeschichtlichen Archäologie auch im südwestlichen Teil Polens hatte Kostrzewski bedeutenden Einfluß. Sein ‚Gegenpol' auf deutscher Seite war Bolko von Richthofen. Die Institutionalisierung verlief auf beiden Seiten der Grenze durchaus erfolgreich. Sichtbar wird dies besonders deutlich in der Propaganda, die zum Großteil von eben jenen Personen produziert wurde, die auch im Aufbau engagiert waren. Dabei steht auf polnischer Seite wiederum Józef Kostrzewski an vorderster Stelle, auf deutscher Bolko von Richthofen.

98 Richthofen: Ur- und Frühgeschichtsforschung (wie Anm. 79), S. 150.

3. Propaganda und Polemik

Zur Betrachtung von Propaganda und Polemik wurden verschiedene Themenkomplexe ausgewählt, die eine entscheidende Rolle in der deutsch-polnischen Auseinandersetzung spielten. Neben archäologischen Fragen treten allgemeine Argumentationsmuster auf, die keine oder kaum fachliche Bedeutung haben und somit für die wissenschaftlichen Aussagen der Texte eigentlich unnötig waren, z. B. die Diskussion um die Subjektivität bzw. Objektivität von Forschung und Interpretation des jeweiligen Gegners. Anhand der Themenbereiche wurden die Versuche, Gebietsbesitz zu legitimieren bzw. zu fordern – grob gesagt: die Propaganda – herausgearbeitet; außerdem wurde dem Stil – speziell: der Polemik – Beachtung geschenkt.

Bei der Bearbeitung der Literatur stellt sich natürlich die Frage, ob jedes Mal, wenn einer der Themenkomplexe in einem Text angesprochen wird, politische Motive zugrunde liegen müssen. In diesem Zusammenhang muß nochmals auf Mitchell G. Ashs Devise von den „bewußt, zuweilen recht selbstbewußt handelnde[n] Subjekte[n]"[99] hingewiesen werden. Eine wichtige Prämisse meiner Arbeit ist, daß die Prähistoriker, die im deutschen und im polnischen Oberschlesien zwischen 1918 und 1933 tätig waren, politisch bewußte Menschen waren. Zum Teil kann dies durch außerarchäologische, im weitesten Sinne politische Tätigkeiten bekräftigt werden. Wer z. B. die Lausitzer Kultur für eine Untersuchung wählte und die Forschungsdiskussionen der letzten Jahre verfolgt hatte, war sich über die politische Brisanz des Themas höchstwahrscheinlich bewußt. Auch in der Geschichtswissenschaft finden sich bestimmte Themenkomplexe, die die Ziele des Autors schon erahnen ließen[100].

Bei der verwendeten Primärliteratur mußten Grenzen gezogen werden. So wurden Artikel der Tagespresse nicht ausgewertet, zum einen, da sie sich ausschließlich an ein Laienpublikum wenden, zum anderen, da sie häufig nicht zugänglich waren und außerdem das Material unverhältnismäßig hätten anschwellen lassen. Das Publikum der verwendeten Publikationen waren also vor allem interessierte Laien (z. B. bei Vereinszeitschriften wie den „Altschlesischen Blättern", dem „Oberschlesier" oder der „Przegląd Archeologiczny" und „Z otchłani wieków") sowie andere Fachleute aus beiden Ländern.

Statt dessen richtete sich das Hauptaugenmerk auf eine Einordnung der bearbeiteten Literatur in den Kontext der deutschen Ost- und polnischen Westforschung vor dem Zweiten Weltkrieg. Im allgemeinen ist die Geschichtswissenschaft am gründlichsten untersucht, was deutsche Ostforschung und polnischen *myśl zachodnia*, ‚Westgedanken', angeht. Die deutsche Ostforschung hatte ihren Höhepunkt durch den stärkeren Nationalismus direkt nach dem Ende des Ersten

99 Ash: Wissenschaft und Politik (wie Anm. 22), S. 118.

100 Vgl. dazu Krzoska: Nation und Volk (wie Anm. 81), S. 311: „Schon die Wahl der behandelten Themen zeigte häufig, mit welchen Absichten man zur Sache ging. Die behandelten Regionen waren natürlich immer schon deutsch bzw. polnisch, gleiches galt für die national umstrittenen Dichter und Denker."

Weltkrieges; die polnische Westforschung blühte erst nach 1945 auf, als die Legitimation der Grenzverschiebungen nach Kriegsende und die Akzeptanz dieser Grenzen durch die Bevölkerung gewährleistet werden mußten. In der deutschen Ostforschung stand dagegen die Rechtfertigung territorialer Ansprüche im Vordergrund. Zentrum der polnischen Westforschung war die neugegründete Posener Universität, deren Vertreter (vor allem der Urgeschichte, Sprachwissenschaften, Anthropologie und Geographie) „ziemlich schnell von einer bloßen Verteidigungshaltung der ersten Periode zu einem aktiven Vorgehen übergegangen“ waren[101]. Die Universität Posen wurde als *uczelnia kresowa* („Grenzmarkhochschule“) angelegt und sollte eine „Pflanzstätte der polnischen Kultur in unseren Westgebieten werden und im Wettbewerbskampf gegen die deutsche Geisteskultur stehen“, wie eine Zielsetzung lautete[102].

Auf Oberschlesien, eventuell sogar ganz Schlesien bezogen, wird eine differenziertere Sichtweise notwendig. Auch auf polnischer Seite spielten Gebietsforderungen, nicht nur Legitimation von Gebietsbesitz eine Rolle. Hierin kann Krzoskas Auffassung zugestimmt werden, wenn er Klaus Zernack widerspricht, der der Politisierung der polnischen Geschichtswissenschaften in der Zwischenkriegszeit einen rein defensiven Charakter zuspricht. Nicht alle Aspekte des polnischen „Westgedankens“ seien auf diese Weise erklärbar, statt dessen sei, wie in der Ostforschung, ein aggressiver „Wunsch nach einer ‚Rückgewinnung‘ weiterer Gebiete von Deutschland“ enthalten[103]. Das hier untersuchte Material unterstützt diese Ansicht.

Gemeinsamkeiten in deutscher Ost- und polnischer Westforschung sind die ‚Selbstinstrumentalisierung‘ der Forscher, die Interdisziplinarität der wissenschaftlichen Forschung – eine wirkliche Neuerung in der Wissenschaft, die in Deutschland allerdings durch Selbstüberschätzung gehemmt wurde – sowie die publizistischen Bemühungen, in die auch die Tagespresse – in Posen vor allem der konservative „Kurier Poznański“ [Posener Kurier] – mit einbezogen wurde[104]. Krzoska sieht in einzelnen Elementen der Westforschung sogar eine Nachahmung der deutschen Ostforschung, „ohne dass freilich ein so unmittelbarer Bezug zur Politik hergestellt wurde wie bei dieser. Das lag aber nicht an den Westforschern, die gerne dazu bereit gewesen wären, wenn man sie gefragt hätte…“[105] Daß die allgemeinen Ziele der Ostforschung wesentlich größer und aggressiver als die der Westforschung waren, indem sie auf die Vernichtung des polnischen Staates hinausliefen, muß nicht diskutiert werden. Deutsche Ostforscher waren zum Teil an den Verbrechen des Dritten Reiches theoretisch und praktisch beteiligt. Die polnische Westforschung ist nie so weit

101 Piskorski: „Ostforschung“ (wie Anm. 2) S. 380 f.
102 Krzoska: Verankerung (wie Anm. 81), S. 272.
103 Ebd.
104 Piskorski: „Ostforschung“ (wie Anm. 2), S. 383–385; Krzoska: Nation und Volk (wie Anm. 81), S. 303.
105 Krzoska: Nation und Volk (wie Anm. 81), S. 306.

gegangen – wenngleich einige ihrer Vertreter nach 1945 an der Vertreibung oder Polonisierung von Deutschen beteiligt waren[106].

3.1 Propaganda und Polemik – archäologische Themenkomplexe

3.1.1 Lausitzer Kultur

Die früheisenzeitliche Lausitzer Kultur wurde zuerst von Rudolf Virchow im Jahr 1872 als „Lausitzer Typus" – nach den ersten Keramikfunden in der Niederlausitz – benannt. Schnell bildete sich nach weiteren Funden die Vorstellung einer gesamten ‚Kultur' heraus[107]. Die Fundorte in Schlesien standen u. a. deswegen bald im Mittelpunkt des Forschungsinteresses, weil dieses Gebiet als ein „Kernland" der Lausitzer Kultur galt[108]. Von Virchow wurde die ethnische Zugehörigkeit der Lausitzer Kultur als „vor-germanisch" betrachtet, im Gegensatz zur „slawischen" Burgwallkeramik. Um die Jahrhundertwende identifizierten Alfred Götze (1865–1948) und Kossinna die Lausitzer Kultur als thrakisch, genauer: karpodakisch, auch diese Interpretation des Fundmaterials wurde aber bald wieder verworfen; Kossinna korrigierte seine Ansichten und definierte die Bevölkerung der Lausitzer Kultur als illyrisch. Diese Meinung blieb in der deutschen Forschung vorherrschend, auch wenn immer wieder andere Völkerschaften in die Diskussion eingebracht wurden[109].

Archäologen aus slawischen Ländern bevorzugten meist eine weitere Möglichkeit, die schon von einigen österreichischen Prähistorikern wie Heinrich Wankel angedeutet worden war: Die Lausitzer Kultur war für sie als slawisch oder sogar ‚urslawisch' anzusehen. Die explizite Gleichsetzung stammte von dem Prager Ur- und Frühgeschichtswissenschaftler J. L. Pič (1847–1911), der diese Ansicht in seiner Veröffentlichung „Archeologický vyzkum ve strednich Čechach" [Archäologische Forschung in Mitteltschechien] von 1893 vertrat[110]. Ein weiterer tschechischer Verfechter dieser These war Lubor Niederle (1865–1944), bei dem u. a. Roman Jakimowicz[111] studierte.

---

106 Vgl. Piskorski: „Ostforschung" (wie Anm. 2), S. 384; Krzoska: Nation und Volk (wie Anm. 81), S. 300.

107 Inwiefern die Keramik des Lausitzer Typs eine eigene Kultur formt oder als eine Gruppierung innerhalb der mitteleuropäischen Urnenfelderkulturen anzusehen ist, bleibt umstritten. Vgl. R. Müller: Lausitzer Kultur. In: Reallexikon der Germanischen Altertumskunde. Bd. 18. Berlin, New York 2001, S. 144–157.

108 Hans Seger: Lausitzische Kultur. In: M. Ebert (Hg.): Reallexikon der Vorgeschichte. Bd. 7. Berlin 1926, S. 251–256, hier S. 251.

109 Seger: Lausitzische Kultur (Anm. 108), S. 255 f.; Żak: Słowianie i Germanie (wie Anm. 23), S. 42.

110 Żak: Słowianie i Germanie (wie Anm. 23), S. 45.

111 Roman Jakimowicz (1889–1951). 1910–1913 Studium der Urgeschichte, klassischen Archäologie und Anthropologie u. a. in Lemberg und Krakau, 1913 Wechsel nach Prag zu Lubor Niederle, dort Volontär in der urgeschichtlichen Abteilung des Nationalmuseums. 1914–1916 Lehrer in Warschau. 1916–1918 Assistent der archäologischen Abteilung der anthropologi-

Die These von der ‚urslawischen' Lausitzer Kultur nahm verschiedene Formen an. Zunächst wurde die Bevölkerung der Lausitzer Kultur als Einwanderer aus polnischen und ostdeutschen Gebieten angesehen, später wurde sie als eine autochthone Kultur interpretiert, deren Siedlungskontinuität bis ins frühe Mittelalter zu den Slawen und weiter sogar bis in die Gegenwart belegt werden konnte. Vertreter dieses sog. Neoautochthonismus war in Polen vor allem die ‚Posener Schule' um Józef Kostrzewski, d.h. seine Schüler Konrad Jażdżewski (1908–1985) und Władysław Łęga (1889–1960), aber auch Leon Kozłowski (1892–1944) und Roman Jakimowicz (1889–1951) sowie der Anthropologe Jan Czekanowski (1882–1965) und der Sprachwissenschaftler Mikołaj Rudnicki (1881–1978). Es gab allerdings auch in der polnischen Ur- und Frühgeschichtswissenschaft Gegenstimmen, z.B. wandte sich Włodzimierz Antoniewicz (1893–1973) gegen Kostrzewskis ‚neoautochthone Schule'[112].

Das Verdienst Kostrzewskis um neue Anregungen in dieser Diskussion war unumstritten[113]. Er selbst sah in der Lösung der Frage der slawischen Autochthonie „in den Ländern, die sie heute bewohnen", das „oberste Problem unserer Prähistorie"[114]. Wichtigstes Argument für eine weitergehende Ansässigkeit der ‚Lausitzer' Bevölkerung war die Ähnlichkeit des Haustypus „von der späten Bronzezeit bis zur frühgeschichtlichen Zeit und in wenig abgeänderter Form sogar bis zur heutigen Zeit"[115]. Außerdem seien sowohl in der Lausitzer Kultur als auch bei den frühmittelalterlichen Slawen Urnenfriedhöfe üblich gewesen sowie eine vergleichbare Befestigungsweise ihrer Burgen nachweisbar[116]. Das Wiederauftreten dieser Charakteristika war laut Kostrzewski erklärbar

> als Auftauchen an der Oberfläche und Verselbständigung der altansässigen Bevölkerung (den Nachfahren des Volkes mit den Gräberfeldern vom ‚Lausitzer' Typ), die nach der Abwanderung der Unterdrücker wiederersteht und beginnt, ein eigenes Leben zu leben. [...] Die historischen Tatsachen bezeugen deutlich, daß die schwächere Bevölkerung, der es nicht gelingt, sich dem siegreichen Einfall zu widersetzen, eher

---

schen Werkstatt der *Towarzystwo Naukowe Warszawskie* (Warschauer Gesellschaft der Wissenschaften) und Kustos des Landeskundlichen Museums in Warschau. 1919 Promotion an der Jagiellonen-Universität Krakau. 1934 Habilitation an der Universität Posen. 1919–1930 Kustos der Abteilung für Ausgrabungen des Museums für Industrie und Landwirtschaft. Ab 1923 Vorsitzender des PGKZP und Konservator für urgeschichtliche Altertümer im Nord-Warschauer Kreis. 1929–1940 Direktor des Archäologischen Museums in Warschau. Ab 1940 Prof. für Urgeschichte in Thorn (Filip: Handbuch [wie Anm. 46]; Polski Słownik Biograficzny. Bd. 10. Wrocław, Warszawa, Kraków 1962–1964).

112 Abramowicz: Historia (wie Anm. 26), S. 125; Rudolf Jamka: O praojczyźnie Słowian [Über die Urheimat der Slawen]. In: Z otchłani wieków 6 (1931), S. 50–57, hier S. 57; Seger: Lausitzische Kultur (wie Anm. 108), S. 255 f.; Żak: Słowianie i Germanie (wie Anm. 23), S. 83.

113 Leon Kozłowski: Kultura łużycka a problem pochodzenia Słowian [Die Lausitzer Kultur und das Problem der Herkunft der Slawen]. In: Pamiętnik IV. zjazdu historyków polskich w Poznaniu 1925. Sekcja VI A. Lwów 1925, S. 1–19, hier S. 1.

114 Józef Kostrzewski: Potrzeby prehistorji polskiej [Die Bedürfnisse der polnischen Urgeschichte]. In: Nauka Polska 2 (1919), S. 140–147, hier S. 140.

115 Józef Kostrzewski: Wielkopolska w czasach przedhistorycznych [Großpolen in vorgeschichtlicher Zeit]. 2. Aufl. Poznań 1923, S. 213.

116 Kostrzewski: Wielkopolska (wie Anm. 115), S. 213, 134.

das Haupt unter das Joch beugt und es erlaubt, daß ihr ein Teil des bisherigen Eigentums weggenommen wird, als daß sie freiwillig die heimische Scholle verläßt. Die Sieger wechseln zwar, aber die bäuerliche Bevölkerung, unabhängig von aufeinanderfolgenden Eroberungen, bleibt für gewöhnlich am Ort.[117]

Kostrzewskis Slawenbild wird hier sehr deutlich. Slawen sind seßhaft, an ihre Scholle gebunden, sie sind friedliebende Bauern, die während einer Besetzung durch feindliche Truppen geduldig ausharren. Es bliebe zu untersuchen, inwiefern diese Sichtweise auch von der über 120 Jahre langen Fremdherrschaft nach der letzten Teilung Polens beeinflußt war, während der Durchhaltevermögen und Festhalten an slawischen bzw. polnischen Traditionen zum Ideal wurden. Sicher spielt das Geschichtsbild Joachim Lelewels (1786–1861) mit seiner Vorstellung einer demokratischen, klassenlosen „urslawischen Landgemeinde" auch in Kostrzewskis Auffassung eine Rolle. Von romantischen Einflüssen im Slawenbild Kostrzewskis zeugt auch sein Verständnis des „Volksgeistes". Für Kostrzewski hat das schlesische Volk „tief im Geist"[118] die Gewißheit, daß es polnischer, nicht deutscher Herkunft ist. Diese Vorstellung und seine Betonung der Sprache als definierendes Merkmal von Nationalität erinnern an Hegels Philosophie. Nebenbei bemerkt: Auch bei Bolko von Richthofen finden sich Anklänge an die Romantik, wenn er sich auf das „Empfinden"[119] der Oberschlesier beruft, um ihre Zugehörigkeit zu Deutschland zu belegen[120].

Ein Schluß, der aus den neoautochthonistischen Ansichten gezogen werden konnte, war, daß die ‚seit Urzeiten' slawischen Gebiete auch jetzt rechtmäßig polnisches Staatsgebiet seien. Mit Bezug auf Teile der ehemaligen deutschen Provinz Posen schreibt Kostrzewski in seinem anerkannten Lehrbuch „Wielkopolska w czasach przedhistorycznych" [Großpolen in vorgeschichtlicher Zeit]: „Folglich sind wir nicht seit eineinhalb Tausend Jahren, sondern seit dreieinhalb Tausend Jahren die *wahren Erben dieser Erde*, und im Vergleich mit dieser langen Zeitdauer haben sämtliche Wellen fremder Einfälle, die sich durch die polnischen Länder wälzten und sich hier in der prähistorischen und historischen Zeit länger oder kürzer aufhielten, nur die Bedeutung kurzer, flüchtiger Episoden."[121] Dieser politische Unterton wurde von deutscher Seite klar wahrgenommen; so schreibt Richthofen in seiner Rezension zu Kostrewskis Werk: „Dennoch bleibt eine Widerlegung [von Kostrzewskis Thesen] notwendig; denn das Ziel K.'s ist, den Deutschen die Heimatberechtigung abzusprechen. Dabei beschränkt sich K. nicht nur auf Posen und Westpreußen, sondern nimmt auch Schlesien und die Neumark

117 Ebd., S. 213.

118 Józef Kostrzewski: O prawach naszych do Śląska w świetle pradziejów tej dzielnicy [Über unsere Rechte auf Schlesien im Licht der Urgeschichte dieser Region]. In: Z otchłani wieków 2 (1927), S. 1–9, hier S. 8.

119 Bolko von Richthofen: Oberschlesische Urzeit auf Grund der Bodenfunde. In: Sonderausgabe der „Ostdeutschen Morgenpost". Beuthen O/S, 4. Blatt (Mai 1928).

120 Vgl. zum Einfluß der Romantik auf die Ur- und Frühgeschichtliche Archäologie Brather: Ethnische Identitäten (wie Anm. 23), S. 149 f.

121 Kostrzewski: Wielkopolska (wie Anm. 115), S. 234; Hervorhebung W. R.

für die Slaven in Anspruch."[122] Für Kostrzewski ebenso wie für Richthofen war demnach schon zu Beginn klar, daß es um mehr als um reine Wissenschaft oder Wahrheitsfindung ging. Das eigentliche Thema war die Legitimation von Gebietsansprüchen, was sich beide Seiten, hier zwei der schärfsten Kontrahenten, gegenseitig unterstellten. Dabei wurde nicht nur auf Oberschlesien, sondern auf das gesamte schlesische Gebiet Bezug genommen, wiederum von Vertretern beider Länder: Kostrzewski rechnet Schlesien zu den „polnischen Landen"[123]; für Richthofen besteht ganz Schlesien aus „rein deutschen Gebieten"[124].

Mit Bezug auf Schlesien und Oberschlesien im speziellen kämpften Kostrzewski und Richthofen mit ebenso harten Bandagen wie auf dem Feld der Ur- und Frühgeschichte des übrigen Polen[125]. Im ersten zusammenfassenden Artikel zur Ur- und Frühgeschichte Oberschlesiens, der auf polnisch erschien, behandelt Kostrzewski ausführlich die Lausitzer Kultur. Sie sei durch die lange Kulturdauer für Schlesien (nicht nur Oberschlesien) bestimmend, die darauf folgende Gesichtsurnen- bzw. Steinkistengräberkultur dagegen sei nur eine kurzfristige Erscheinung und nicht von großem Einfluß gewesen[126]. Dabei sollte bedacht werden, daß diese Kultur von deutschen Forschern als germanisch betrachtet wurde. Schon zuvor hatte sich Kostrzewski zur Ur- und Frühgeschichte Oberschlesiens geäußert, nämlich in einem Vortrag zur Jahreshauptversammlung der Polnischen Prähistorischen Gesellschaft Anfang 1921. Dabei ging er ebenfalls von einer „einheimischen Völkerschaft, sicherlich slawisch" aus, die nach der Zeit der germanischen Besiedlung, seiner Meinung nach im 2. und 3. Jahrhundert n. Chr., wieder zum Vorschein kam[127].

Richthofen und mit ihm weitere, nicht nur in Schlesien tätige Prähistoriker hielten sich in der Frage der ethnischen Zugehörigkeit der Lausitzer Kultur an Kossinna: Sie sahen sie für illyrisch an. In seiner Dissertation von 1926 beschäftigt sich Richthofen nur kurz mit der „Frage des Volkstums" der schlesischen Bevölkerung in der II. Periode der Bronzezeit. Hier kritisiert er deutlich die Methodik Kostrzewskis. Er würde „ohne auch nur nach Verbindungsgliedern in der

122 Bolko von Richthofen: Bericht über J. Kostrzewski: Vorgeschichte von Großpolen. In: Stiftung für deutsche Volks- und Kulturbodenforschung Leipzig. Die Tagungen der Jahre 1923–1929. Hg. vom Verwaltungsrat der Stiftung für deutsche Volks- und Kulturbodenforschung. Langensalza o. J. [1930?], S. 53.

123 Kostrzewski: Wielkopolska (wie Anm. 115), S. 18.

124 Bolko von Richthofen: Rezension zu Józef Kostrzewski: Wielkopolska w czasach przedhistorycznych (Poznań 1923). In: Erdmann Hanisch (Hg.): Jahresberichte für Kultur und Geschichte der Slaven 1. Breslau 1924, S. 1 f., hier S. 2.

125 Zum allgemeinen Verlauf ihrer Auseinandersetzung und Argumentationsweise vgl. Wiebke Rohrer: Die politisch-wissenschaftliche Polemik zwischen Jósef Kostrzewski und Bolko von Richthofen in den 1920er Jahren. In: Bogusław Gediga / Wojciech Piotrowski (Hg.): Archeologia – Kultura – Ideologia (Biskupińskie Prace Archeologiczne 3). Im Druck.

126 Józef Kostrzewski: Górny Śląsk w czasach przedhistorycznych [Oberschlesien in vorgeschichtlicher Zeit]. In: Ziemia 7 (1922), S. 54–61, hier S. 58.

127 1. Walne Zebranie Polskiego Towarzystwa Prehistorycznego [1. Hauptversammlung der Polnischen Prähistorischen Gesellschaft]. In: Przegląd Archeologiczny 1 (1920 [1921]), S. 75–77, hier S. 77.

Zwischenzeit zu suchen, [...] viele Jahrhunderte auseinander liegende Kulturgruppen auf Grund äußerlicher Ähnlichkeiten von Gefäßen" miteinander verknüpfen. Zudem könne die Lausitzer Kultur nicht slawisch sein, da Slawen erst im Frühmittelalter belegt seien und in der Zwischenzeit in Schlesien eine germanische Bevölkerung gesiedelt habe[128] – allerdings widerlegt dieses Argument in keiner Weise die These Kostrzewskis, die ‚slawische' Lausitzer Bevölkerung habe die Jahrhunderte unter ‚germanischer' Herrschaft einfach überdauert.

Die ‚Illyrier-These' wurde wiederum von Kostrzewski als geradezu lächerlich angesehen, da sie sich auf einen einzigen angeblich illyrischen Ortsnamen stütze[129]. In seinem Artikel mit dem vielsagenden Titel „Über unsere Rechte auf Schlesien im Lichte der Urgeschichte dieser Region" [O prawach naszych do Śląska w świetle pradziejów tej dzielnicy], erschienen in der Zeitschrift der Polnischen Prähistorischen Gesellschaft, bezieht Kostrzewski sich auf Kossinnas Schrift zur „Ostmark" als dem „uralten Heimatboden der Germanen"[130]. Er kritisierte das Vorgehen und die Argumentation seines akademischen Lehrers so heftig, daß es daraufhin zum endgültigen Bruch zwischen ihnen kam[131]. In diesem Artikel zeigt sich zudem ein charakteristischer Zug der Debatte um die Lausitzer Kultur und um die Legitimierung von Gebietsbesitz bzw. -forderungen mit archäologischer Argumentation: Kostrzewski und Richthofen werfen sich gegenseitig die Fehler vor, die sie selbst begehen[132]. Kostrzewski bescheinigt deutschen Publikationen eine „starke politische Färbung" und wirft den Deutschen vor, daß sie „nachdem sie es mit Waffengewalt verloren haben, [...] Schlesien mit einer geistigen Waffe von neuem erlangen [wollen], indem sie sich tendenziös verfärbter Ergebnisse wissenschaftlicher Forschung bedienen"[133]. Dennoch benutzte auch er archäologische Funde, um darauf hinzuweisen, daß die Polen „die ewigen Erben Schlesiens"[134] seien. Die „tückischen deutschen Argumente" würden „zu nichts nützen, da sogar dort, wo die polnische Sprache längst verstummt ist, jeder Stein vom ewig polnischen Charakter dieses Landes zeugt"[135]. Hier wird die bisherige Annahme, die polnische Westforschung sei erst nach 1945 voll entwickelt gewesen[136], widerlegt: Zumindest Kostrzewski scheint schon in der Zwischenkriegszeit in Forschung und Argumentation nicht nur auf Legitimation von Gebietsbesitz, sondern auch auf die Erringung weiterer Gebiete, nämlich des restlichen Schlesien, abzuzielen.

---

128 Bolko von Richthofen: Die ältere Bronzezeit in Schlesien. Berlin 1926, S. 125–128.
129 Kostrzewski: Prawach (wie Anm. 118), S. 3.
130 Kossinna: Ostmark (wie Anm. 36).
131 Grünert: Kossinna (wie Anm. 37), S. 269.
132 Vgl. Rohrer: Polemik (wie Anm. 125).
133 Kostrzewski: Prawach (wie Anm. 118), S. 2.
134 Ebd., S. 8.
135 Ebd.
136 Piskorski: „Ostforschung" (wie Anm. 2), S. 384. Piskorski geht allerdings selbst schon darauf ein, daß gerade die Posener Westforschung bereits vor 1939 eine Revision der polnischen Nord- und Westgrenzen in Pommern, Ostpreußen und Schlesien zugunsten des polnischen Staates forderte (ebd., S. 380 f.).

Richthofen wirft seinerseits Kostrzewski und seinen Schülern vor, sie würden einen „nur scheinbar wissenschaftlich verbrämten politischen Imperialismus stärkster Art“[137] betreiben. Kostrzewski wolle mit Hilfe seiner Wissenschaft Gebietsansprüche Polens stützen, nicht nur schon erreichten Gebietsbesitz rechtfertigen – ein Vorgehen, das die energische Kritik Richthofens findet: Mit (Vor-)Geschichte Gebietsansprüche legitimieren zu wollen, hält er für unzulässig, denn auf diese Weise könnten sowohl Deutsche als auch Polen als auch „ein anderes Volk die Wiedergewinnung irgend eines anderen Raumes [erstreben], der irgendwann gerade vorübergehend zu seinem Herrschaftsbereich gehörte“[138]. Sein Standpunkt dabei ist, daß solcherlei von deutschen Wissenschaftlern nicht praktiziert würde – allerdings dürfte ihm bewußt gewesen sein, daß das Gegenteil der Fall war, wie etwa der schon erwähnte Text Kossinnas über die „deutsche Ostmark, ein Heimatboden der Germanen“[139] zeigt. Deutlich ist auch eine Verknüpfung von Prähistorie mit politischen Vorgängen in der deutschen Standardeinführung in die Ur- und Frühgeschichte Oberschlesiens: „Welcher Wissende darf leugnen, daß falsche Vorstellungen von der Vor- und Frühgeschichte Oberschlesiens mit schuld waren an dem hereingebrochenen Unglück!“ – wobei mit „Unglück“ „unsere zerrissene Heimat“ gemeint ist[140]. Weiter schreibt Arndt: „Wenn es nun wahr ist, dass Steine reden und aus Gräbern Zeugen entstehen können, dann sei endlich einmal auch in der kleinsten Hütte und in der ärmsten Dorfschule diesen Stimmen Gehör gewährt. Nicht auf klirrende Waffen wollen wir unsere Hoffnung setzen, sondern auf die Wahrheit, die uns frei machen muss.“ Er zieht demnach durchaus aus archäologischen Funden den Schluß, die momentanen Verhältnisse in Oberschlesien müßten geändert werden, und dies vermutlich nicht im Sinne der Forderungen polnischer Politiker.

Die weitere fachliche Argumentation, die hauptsächlich Kostrzewski und Richthofen bestreiten, betrifft zusätzliche Beweise Kostrzewskis für ein Fortdauern der Bevölkerung der Lausitzer Kultur. Direkt auf (Ober-)Schlesien bezogen argumentiert Kostrzewski, anthropologische Forschungen hätten ergeben, daß die steinzeitliche Bevölkerung zum gleichen Typus gehörig sei wie die frühgeschichtlichen slawischen Bewohner – allerdings sieht er davon ab, auf eine slawische Bevölkerung bis in die steinzeitliche Epoche zu schließen. Auch die Schweinerassen seien zur Wende von der Bronze- zur Eisenzeit die gleichen gewesen wie in der römischen Kaiserzeit und im Frühmittelalter. Diese beiden Argumente seien ausreichende Beweise für eine fortdauernde Siedlung seit der Bronzezeit, da ein mehrmaliges Abwandern der Bevölkerung diese Kontinuitäten nicht gewährleisten könnte[141]. Auf diese Beweis-

137 Bolko von Richthofen: Gehört Ostdeutschland zur Urheimat der Polen? Kritik der vorgeschichtlichen Forschungsmethode an der Universität Posen (Ostland-Schriften 2). Danzig 1929, S. 24.

138 Ebd.

139 Kossinna: Ostmark (wie Anm. 36).

140 Alfred Arndt: Oberschlesische Vor- und Frühgeschichte in volkstümlicher Darstellung. Dortmund 1925, S. 3.

141 Kostrzewski: Prawach (wie Anm. 118), S. 6 f.

führung reagiert Richthofen mit der – rhetorischen – Frage: „Glaubt Kostrzewski im Ernst, daß man Schlüsse auf die völkische Übereinstimmung zweier durch mehr als 1 000 Jahre getrennter Kulturkreise daraus ziehen könne, daß die Träger der betreffenden Kulturen Schweine der gleichen Rasse gehalten hätten??!“[142]

Neben der ethnischen Zugehörigkeit ist das Ende der Lausitzer Kultur Thema der deutschen und polnischen Veröffentlichungen. Kostrzewski und mit ihm die Vertreter des Neoautochthonismus gehen, wie erwähnt, von einem Fortdauern der ‚Lausitzer‘ Bevölkerung als Substrat unter einer – eventuell germanischen – Herrschaft aus. Von deutscher Seite vertritt auch Arndt diese Meinung, wenngleich er nur wenige Zurückbleibende annimmt, die „den neuen Herren“ „dienten“; die restliche Bevölkerung sei „nach Süden“ abgewandert[143]. Daß die Menschen der Lausitzer Kultur sich gegen eine Einwanderung der „germanischen“ Gesichtsurnen- und Steinkistengräberkultur wehrten, ist für Richthofen für Oberschlesien durch befestigte Anlagen der Zeit belegt. Dann seien die Unterlegenen jedoch ausgewandert, u. a. auch wegen einer Klimaverschlechterung und eines unerklärlichen Bevölkerungsschwundes. Die wenigen ‚Lausitzer‘, die sich einer Abwanderung widersetzten, seien in der Steinkisten- und Gesichtsurnenkultur aufgegangen[144]. Dem Konzept einer „Herrenschicht“ setzt Richthofen entgegen, es sei eigentlich undenkbar, daß eine slawische „Unterschicht“ nicht einmal eigene Keramik hergestellt hätte[145].

Abgesehen von den fachlichen Argumenten sind in der Diskussion um die Lausitzer Kultur häufig rein politische oder polemische Angriffe zu finden. So werde – laut Richthofen – „von polnischer, politischer und leider auch wissenschaftlicher Seite [...] immer wieder in politisierender Form die Behauptung aufgestellt, Ostdeutschland sei urpolnisches Land“[146]. Die eigene Ur- und Frühgeschichtsforschung wolle dies für Oberschlesien nur widerlegen, keinesfalls aber politisch tätig sein[147]. Kostrzewski reagiert darauf mit dem Hinweis, Richthofen habe ihn falsch zitiert, weswegen der Eindruck entstehen könne, er habe ganz Schlesien statt nur ganz Oberschlesien für Polen beanspruchen wollen; zudem habe er sich in dem zitierten Artikel keineswegs auf ur- und frühgeschichtliche Beweise gestützt, sondern auf die Nationalität der heutigen Bewohner Oberschlesiens. Dies hält ihn aber nicht davon ab, sogleich darauf hinzuweisen, daß Oberschlesien insgesamt keine vier Jahrhunderte lang germanisch besiedelt gewesen sei und „lange Jahrhunderte vor der ersten Einwanderung der Deutschen“ Polen dort ansässig gewesen seien[148]. Ein weiteres Beispiel für die Über-

142 Richthofen: Ostdeutschland (wie Anm. 137), S. 31.
143 Arndt: Vor- und Frühgeschichte (wie Anm. 140), S. 21.
144 Richthofen: Ostdeutschland (wie Anm. 137), S. 22.
145 Bolko von Richthofen: Ist Oberschlesien urpolnisches Land? In: Der Oberschlesier 8 (1926), S. 116–123, hier S. 121.
146 Richthofen: Ostdeutschland (wie Anm. 137), S. 47.
147 Ebd.
148 Józef Kostrzewski: Vorgeschichtsforschung und Politik. Eine Antwort auf die Flugschrift von Dr. Bolko Frh. von Richthofen: Gehört Ostdeutschland zur Urheimat der Polen. Poznań 1930 [1929], S. 11 f., Zitat: S. 12.

tragung rezenter Politik auf ur- und frühgeschichtliche Verhältnisse findet sich bei Kostrzewski: Er belegt seine Theorie, die Lausitzer Kultur habe als Substrat weiterbestanden, mit dem Hinweis auf die Situation im ehemaligen Kongreßpolen nach vierjähriger deutscher Besetzung. Die polnische Kultur sei dabei völlig unterdrückt gewesen, nach dem Abzug der Deutschen aber wieder zum Leben erwacht[149].

Die Lausitzer Kultur war ein Themenbereich, in dem die polnische Seite aggressiver argumentieren konnte als die deutsche. Deutsche Arbeiten zur Lausitzer Kultur waren häufig reine Materialvorlagen[150]. Der Grund hierfür ist darin zu sehen, daß diese archäologische Kultur von deutscher Seite – ausgenommen die frühen Versuche Kossinnas und der spätere Vorschlag Carl Schuchhardts (1859–1943) – nicht für die Germanen in Anspruch genommen werden konnte. Geeignetere Themenkomplexe waren etwa die Gesichtsurnenkultur, die von manchen Prähistorikern als germanisch angesehen wurde, oder auch die mittelalterliche Ostsiedlung. Aggressive deutsche Argumentation gegenüber defensiverer polnischer findet sich z.B., wenn die ‚germanische' Besiedlung Oberschlesiens behandelt wird. Die politische Bedeutung der Lausitzer Kultur war den deutschen Historikern und Prähistorikern allerdings bewußt: Für den Internationalen Historikerkongreß 1933 in Warschau wurde unter der Leitung Alfred Brackmanns ein Leitfaden für die deutschen Vertreter zusammengestellt, anhand dessen mit Polen diskutiert werden sollte. Auch die Lausitzer Kultur wurde hierin behandelt[151].

3.1.2 Germanen

In der germanischen Besiedlung des Gebietes gab es nach Meinung der in Schlesien wirkenden deutschen Prähistoriker grob umrissen zwei zu unterscheidende Phasen. Zum einen war die ostdeutsch-polnische Steinkistengräber- und Gesichtsurnenkultur als frühgermanisch anzusehen; die meisten Wissenschaftler setzten diese Kultur mit dem Stamm der Bastarnen gleich. Zum anderen siedelte sich in der Spätlatènezeit eine neue germanische Kultur in Teilen Schlesiens an, die von einigen Prähistorikern mit dem Stamm der Wandalen identifiziert wurde[152].

Nach dem Eintrag im „Reallexikon der Vorgeschichte" von 1927/28 war es allgemeine Lehrmeinung, die Gesichtsurnenkultur, die in Steinkisten beisetzte, als frühgermanisch zu betrachten. Sie verdrängte mit dem Ende der Hallstattzeit um 500 v. Chr. die Lausitzer Kultur aus Niederschlesien. Die polnische Wissen-

---

149 Kostrzewski: Prawach (wie Anm. 118), S. 7f.

150 Etwa Martin Jahn: Zur Chronologie der Lausitzer Kultur. In: Mannus 3. Ergänzungsbd. (1922), S. 28–42; weitgehend auch Richthofen: Bronzezeit (wie Anm. 128).

151 Krzoska: Nation und Volk (wie Anm. 81), S. 307.

152 Vgl. Hans Seger: Gesichtsurnenkultur, ostdeutsch-polnische B. Schlesien. In: M. Ebert (Hg.): Reallexikon der Vorgeschichte. Bd. 4/1. Berlin 1926, S. 302–304; Hans Seger: Schlesien. Ebd., Bd. 11. Berlin 1927/28, S. 269–283, hier S. 279–282.

schaft sah hingegen in der Gesichtsurnenkultur und der Steinkistengräberkultur zwei verschiedene, voneinander relativ unabhängige Erscheinungen. Beide wurden jedoch „nordischen Völkern" zugerechnet[153]. In Mittel- und Oberschlesien ging man ebenfalls um 500 v. Chr. von einer Einwanderung keltischer „Stämme" aus. In der Spätlatènezeit, nach den damaligen Datierungen um 100 v. Chr., wanderte von neuem ein ostgermanischer Stamm ein: die Wandalen. In ihrer Kultur verschmolzen germanische Merkmale mit Charakteristika der vorher ansässigen Kelten. Oberschlesien blieb – zumindest nach Meinung Hans Segers (1864–1943), des Breslauer Professors für Vorgeschichte – weithin unbesiedelt, während in Niederschlesien nördlich der Oder die namengebenden Silingen siedelten[154]. Was das Ende der germanischen Besiedlung Schlesiens anging, hielt man sich im allgemeinen an Kossinna: Vom 1. bis Ende des 3. Jahrhunderts n. Chr. besiedelten Wandalen Schlesien immer dichter und auch bis nach Oberschlesien. Für die Völkerwanderungszeit, also für die Zeit vom 4. bis Anfang des 6. Jahrhunderts n. Chr., sind in ganz „Ostgermanien", auch in Schlesien, nur noch vereinzelt germanische Funde anzutreffen. Der Großteil der Bevölkerung war abgewandert, nur einzelne Germanen blieben ansässig – bis ab 600 slawische Einwanderer das Land übernahmen, was nur möglich war, weil die Anzahl der germanischen Siedler inzwischen stark zurückgegangen war: „Der Wenden, die zudem nirgends als Eroberer auftreten, werden Germanen, die ein römisches Reich überwinden konnten, sich wohl noch haben erwehren können."[155] Von dem wandalischen Teilstamm der Silingen blieb der Name, der in slawisierter Form („Slenzane") noch in moderner Zeit im Namen „Schlesien" erhalten sei[156].

Die Publikation Kossinnas zur Ostmark[157] wurde von seinem Schüler Kostrzewski als eindeutig politische Provokation empfunden; Ziel Kossinnas sei der „Nachweis, daß die Rechte der Deutschen auf Oberschlesien sogar bis in vorgeschichtliche Zeiten zurückreichen, da die Germanen hier angeblich vor den Slawen waren"[158]. Die Identifizierung der Gesichtsurnenkultur mit germanischen Stämmen rief ebenfalls den Widerstand polnischer Prähistoriker hervor. Für Kostrzewski stand durchaus nicht fest, daß es sich bei dieser Kultur um eine germanische handelte. Zudem sei in Oberschlesien noch keine einzige Bestattung mit Gesichtsurne in einem Steinkistengrab gefunden worden, eine so frühe germanische Besiedlung des Landes sei demnach noch nicht nachgewiesen. Die weitergehende Theorie Arndts, die Siedler der Lausitzer Kultur hätten unter dem Druck der Einwanderer aus dem Norden Oberschlesien friedlich verlassen und seien weitergezogen, sei unhaltbar: Eine seit Jahrhunderten ansässige bäuerliche Bevölkerung würde doch nicht ohne triftigen Grund und ohne Widerstand zu leisten ihre Heimat verlassen, zumal die ‚Ger-

153 Kostrzewski: Wielkopolska (wie Anm. 115), S. 134.
154 Seger: Schlesien (wie Anm. 152), S. 279–282.
155 Kossinna: Ostmark (wie Anm. 36), S. 19 f.
156 Ebd.
157 Kossinna: Ostmark (wie Anm. 36).
158 Kostrzewski: Górny Śląsk (wie Anm. 126), S. 54.

manen' nachgewiesenerweise nicht bis in das oberschlesische Gebiet vorgedrungen seien[159].

Mit diesen Aussagen provozierte Kostrzewski natürlich eine Replik Richthofens. Dieser empörte sich darüber, daß Kostrzewski als einziger polnischer Prähistoriker sich der Erkenntnis verweigere, daß die Steinkistengräber- und Gesichtsurnenkultur von germanischen Stämmen getragen werde. Kostrzewski ignoriere die neuesten deutschen und skandinavischen Forschungen zu diesem Thema. Daß Germanen der Gesichtsurnenkultur bis Oberschlesien vorgedrungen sein müßten, sieht Richthofen zudem in den Befestigungen der Lausitzer Kultur begründet, außerdem finde sich ein „germanischer" Fundort immerhin nur 10 km von der Grenze zu Oberschlesien entfernt[160]. Kostrzewskis Versuch, die Gesichtsurnenkultur aus der Lausitzer Kultur herzuleiten[161], wird von Richthofen ebenfalls harsch als „abwegig" zurückgewiesen. Die Gesichtsurnenkultur sei eindeutig germanisch: In Dänemark seien ebenfalls Urnen mit Gesichtsverzierung gefunden worden und die gesamte Kultur stehe in engem Zusammenhang mit „anderen germanischen Gruppen, insbesondere Skandinaviens"[162]. Kritik übt Richthofen auch an Kostrzewskis Darstellung der germanischen Besiedlung, die dieser nur für „möglich" hält[163] – in Richthofens Augen ein weiterer Beleg für Kostrzewskis Ignoranz der allgemeinen Forschungsmeinung. „Die von allen in Frage kommenden Wissenschaften schon seit Jahrzehnten nachgewiesene einwandfreie Tatsache, daß Ostdeutschland und Westpolen in urgeschichtlicher Zeit Jahrhunderte lang von Germanen besiedelt war, glaubt Kostrzewski somit als bloße Möglichkeit hinstellen zu dürfen!!"[164] Bezeichnend ist der hier verwendete Stil: Richthofen stellt Kostrzewskis Thesen als völlig außerhalb aller wissenschaftlichen Normen stehend dar; aus seiner Sicht steht Kostrzewski gegen den Rest der wissenschaftlichen Welt.

Gerade die Frage der Besiedlung des oberschlesischen Landesteiles wurde also in der Zwischenkriegszeit häufiger aufgegriffen, zum einen, was die ‚bastarnische' Gesichtsurnenkultur anging, zum anderen aber auch die wandalische Periode betreffend. Arndt in seiner populären Einführung in die Ur- und Frühgeschichte Oberschlesiens erblickte in diesem Gebiet ein zwar wichtiges Durchgangsland, das verkehrsgünstig an der Mährischen Pforte gelegen war, jedoch ohne eine ständig ansässige Bevölkerung in der wandalischen Zeit[165]. Auch Jahn nahm eine kontinuierliche wandalische Besiedlung im 1. Jahrhundert n. Chr. nur für den nördlichsten Rand Oberschlesiens an, der Rest des Landes sei „öde Wildnis" gewesen. Das Grab von Wichulla in Nord-Oberschlesien weise aber immerhin Ein-

159 Kostrzewski: Prawach (wie Anm. 118), S. 3 f.

160 Richthofen: Ostdeutschland (wie Anm. 137), S. 20–22.

161 Hierzu fand sich keine Literatur, deshalb konnten nur die Aussagen Richthofens benutzt werden. Er bezieht sich auf einen Vortrag Kostrzewskis auf dem Internationalen Historikerkongreß in Oslo.

162 Richthofen: Neuordnung (wie Anm. 59), S. 45–48.

163 Kostrzewski: Prawach (wie Anm. 118), S. 4.

164 Richthofen: Ostdeutschland (wie Anm. 137), S. 23 f.

165 Arndt: Vor- und Frühgeschichte (wie Anm. 140), S. 20, 22.

flüsse aus Seeland auf und sei daher als „silingisch“ (angeblich etymologisch von „Seeland“ abzuleiten) anzusprechen. Erst im 2. Jahrhundert n. Chr., als weitere germanische Einwanderer aus dem Norden nachdrängten, seien Wandalen auch in Oberschlesien seßhaft geworden[166].

Neue Einsichten in die oberschlesische Siedlungsgeschichte brachte die verstärkte Denkmalpflege unter Richthofen. Als großes Ergebnis des Jahres 1926 führt er selbst die Erkenntnis an, daß ganz Oberschlesien von Wandalen besiedelt gewesen sei und nicht nur das Gebiet links der Oder, wie bisher angenommen. Diese Besiedlung sei mindestens für das 1. bis 4. Jahrhundert n. Chr. nachzuweisen, eventuell sogar bis ins 5. Jahrhundert[167]. Zudem habe die von ihm so benannte „pseudo-mittelalterliche“ germanische Keramik überraschend große Ähnlichkeit mit der „deutsch-mittelalterlichen“ Keramik über (nach damaliger Datierung) 800 Jahre später[168]. Dieser Versuch, eine Kontinuität in der materiellen Kultur über einen langen Zeitraum hinweg anzudeuten, erinnert an Kostrzewskis Vorgehen, wenn er anhand von Grabsitte, Hausbau und Tierrassen eine Verbindung zwischen Lausitzer Kultur und den Slawen des frühen Mittelalters herstellen möchte. Richthofen geht allerdings nicht so weit wie sein polnischer Kontrahent; er hält sich in Schlußfolgerungen zurück.

Neben der Frage, ob überhaupt Germanen in Oberschlesien für eine längere Zeitdauer siedelten, beschäftigte ihr Status in diesem Gebiet die Gemüter. Kostrzewski sprach von einem „Besatzervolk“[169], von „Kriegertruppen“[170] und von einer „Herrscherschicht“[171]. Die Träger der Lausitzer Kultur hätten von ihren Besatzern nicht nur die materielle Kultur, sondern sogar den Namen übernommen: aus „Silingen“ wurde „Slenzane“ und später „Ślązak“ (Schlesier)[172]. Richthofen sah in der Fundzunahme Anfang der 1920er Jahre, die durch die forcierte Landesaufnahme bedingt war, einen Gegenbeweis zu Kostrzewskis Thesen: „Von einer bedeutungslosen germanischen Herrenschicht wird bei der großen Zahl germanischer Funde jetzt wohl niemand mehr zu sprechen wagen, ganz abgesehen davon, daß es ungermanische Funde aus der fraglichen Zeit nicht gibt und nicht geben kann.“[173] Kostrzewski konterte mit einem sprachwissenschaftlichen Beleg: Falls zu irgendeinem Zeitpunkt in der Ur- und Frühgeschichte Germanen als einzige in Schlesien gesiedelt hätten, so müßten zahlreiche hinterbliebene germanischstämmige Ortsnamen darauf hinweisen: „Nun, die gibt es nicht und kann es (bis auf einige Ausnahmen) nicht geben, da die rein polnische historische Nomenklatur nicht nur Oberschlesiens, sondern auch Mittel- und Niederschlesiens

---

166 Martin Jahn: Die oberschlesischen Funde aus der römischen Kaiserzeit. In: Prähistorische Zeitschrift 13 (1921), S. 127–149, hier S. 143 f.

167 Richthofen: Oberschlesien (wie Anm. 145), S. 118.

168 Bolko von Richthofen: Neue Ergebnisse der Vorgeschichtsforschung in Oberschlesien. In: Altschlesien 1 (1926), S. 185–198, hier S. 193, 197.

169 Kostrzewski: Górny Śląsk (wie Anm. 126), S. 54.

170 Ebd.

171 Kostrzewski: Górny Śląsk (wie Anm. 126), S. 60.

172 Ebd., S. 59.

173 Richthofen: Ergebnisse (wie Anm. 168), S. 197.

die beste Bestätigung für unsere Rechte auf dieses Land bildet.«[174] In diesem Zitat findet sich einer der deutlichsten Belege für Legitimierung von Gebietsansprüchen mittels wissenschaftlicher Erkenntnis. Allerdings ist es hier nicht die Ur- und Frühgeschichte, die zu Hilfe genommen wird, sondern die diachrone Sprachwissenschaft.

Während deutsche Prähistoriker die polnischen Theorien gerne als abwegig darstellen und auf der früheren Ansässigkeit der Germanen beharren[175], nutzen polnische Vertreter ein anderes letztes Argument: Selbst wenn Germanen über 400 Jahre die einzige Bevölkerung Schlesiens gestellt hätten, so wäre dies im Vergleich mit der nicht-germanischen Besiedlung späterer Zeiten nur ein kurzer Zeitraum und könne daher nicht für heutige Gebietsforderungen geltend gemacht werden[176]. Diese Argumentation findet sich ebenso bei Kossinna[177], wenn er 500 Jahren slawischer Herrschaft über 9 000 Jahre germanischer Besiedlung entgegenstellt. Die Dauer der Besiedlung ist für ihn ausschlaggebend für moderne Rechte auf das Land.

Weitere derartige stark politische Äußerungen im Zusammenhang mit der germanischen Besiedlung (Ober-)Schlesiens finden sich vor allem bei deutschen Prähistorikern. So wird immer wieder der polnischen Seite vorgeworfen, sie stelle die Geschichte im „politischen Kampfe, der augenblicklich um Oberschlesien entbrannt ist", so dar, als ob das Land immer polnisch gewesen sei und „Germanen" erst im 12. Jahrhundert eingewandert seien – „Demgegenüber kann nicht stark genug betont werden, daß lange vor den Slawen die Germanen viele Jahrhunderte lang die alleinigen Bewohner Oberschlesiens waren, und daß die Slawen erst nach den Germanen hier eingewandert sind."[178]

Was sich in der deutschen Literatur allerdings nicht findet, sind direkte Gebietsforderungen aufgrund einer „germanisch" geprägten Vorgeschichte Oberschlesiens. Ein indirekter Hinweis findet sich bei Arndt[179], wenn er Schlesien (ganz Schlesien!) um die Zeitenwende als „deutsches Gebiet" bezeichnet. Auch Lothar F. Zotz (1899–1967), ab 1930 in Breslau angestellt, bestätigt zwar Schlesien als deutsches Gebiet aufgrund von Bodenfunden, schließt aber keine ausdrücklichen weitergehenden Ansprüche an: „Der Bauer an der polnischen Grenze, als ich ihm die nach seinem Hinweis gefundenen Scherben als germanisch-wandalische vorwies, schloß richtig: ‚Seit den ältesten Zeiten ist es doch deutsch gewesen, dieses Land.'"[180] Zu bedenken

174 Kostrzewski: Prawach (wie Anm. 118), S. 8.

175 Z. B.: „Oberschlesien ist nicht urpolnisches Land, sondern war Jahrhunderte lang altgermanischer Siedlungsboden, ehe je eines Polen oder anderen Slawen Fuß seine Gaue betrat" (Richthofen: Oberschlesien [wie Anm. 145], S. 123); „[...] vor den Slawen [waren] die Germanen viele Jahrhunderte lang die alleinigen Bewohner Oberschlesiens" (Martin Jahn: Die germanische Besiedlung Oberschlesiens in ur- und frühgeschichtlicher Zeit. In: Mannus 11/12 [1919/20], S. 416–418, hier S. 416 f.).

176 Kostrzewski: Vorgeschichtsforschung (wie Anm. 148), S. 5.

177 Kossinna: Ostmark (wie Anm. 36), S. 2.

178 Jahn: Besiedlung (wie Anm. 175), S. 416 f.

179 Arndt: Vor- und Frühgeschichte (wie Anm. 140), S. 21.

180 Lothar F. Zotz: Volkstümliche Urgeschichte. In: Altschlesische Blätter 6 (1931), S. 21 f., hier S. 22.

bleibt bei einer solchen Äußerung, daß Zotz' Vorstellung von „Schlesien" durchaus die Grenzen vor dem Versailler Vertrag beinhalten könnte.

Ansonsten wird die „germanische" Zeit Oberschlesiens erforscht und hervorgehoben sowie ein idealisierendes Germanenbild gefördert. Äußerungen wie die Kostrzewskis finden sich aber nicht. Die Identifikation mit den Germanen wird vielmehr subtiler erreicht – etwa, wenn die mittelalterliche „Ostkolonisation" als „Wiederaufnahme der deutschen Siedelungsarbeit"[181] bezeichnet wird. Kostrzewski sieht die archäologische Erforschung der germanischen Periode jedoch als Politikum. Für ihn war sie verknüpft mit politischen Forderungen, die er folgendermaßen kommentiert: Die germanische Besiedlung Schlesiens „gibt den heutigen Nachkommen der Germanen kein größeres Recht auf Schlesien, als die einige Jahrhunderte währende Herrschaft anderer germanischer Völker in Frankreich, Spanien, Italien oder Nordafrika auf diese Länder"[182].

Motivation für ihre Arbeit zogen deutsche Prähistoriker wie Martin Jahn im Jahre 1921 eindeutig aus der politischen Bedeutung. Die weitere Erforschung der germanischen Periode sei unbedingt wünschenswert, da es sich „um die Zeit der ältesten germanischen Besiedelung Oberschlesiens [handele], in der germanisches Wesen hier rein und ungemischt herrschte und germanische Kultur in reicher Blüte stand, lange bevor der erste slawische Siedler oberschlesischen Boden betrat"[183]. Auch die aus einer angeblich ‚politischen' polnischen Forschung gewonnene Motivation findet sich im Themenbereich ‚Germanen'. 1932 und 1933 wurde in den „Altschlesischen Blättern", herausgegeben durch das niederschlesische Landesamt für Vorgeschichte und den Schlesischen Altertumsverein, ohne Angabe des Autors eine Anzeige veröffentlicht, die in scharfem Ton die unbedingt notwendige Widerlegung der polnischen Forschung propagierte. Schlesien (nicht nur Oberschlesien) wird hier als „uralter germanischer Volksboden" bezeichnet, die Bastarnen hätten „mehrere Jahrhunderte *bei uns*"[184] gewohnt und unter den Wandalen habe „höchste Kultur" geblüht, bevor Slawen das Land besiedelt hätten. Auf die mittelalterliche deutsche Besiedlung wird ebenso Bezug genommen.

Den verschiedenen Streitpunkten zugrunde liegend zeigt sich das unterschiedliche Germanenbild der deutschen und polnischen Prähistoriker. Für sein Laienpublikum zeichnete Arndt das Bild der „blonden, helläugigen ‚Nordmänner'", „gestählt, auch auf dem Lande allen Gefahren zu trotzen. Feigheit war entweder unbekannt oder der Verachtung preisgegeben, endlose Kampfeswonne in Walhalla letzter Gedanke des zum Tode verwundeten Kriegers."[185] Etwas andere Vorstellungen herrschten bei Richthofen vor, der die Germanen als „strebsame Akkerbauern" mit einer „weit entwickelteren Kultur wie [sic!] viele aufgrund

181 Arndt: Vor- und Frühgeschichte (wie Anm. 140), S. 26.
182 Kostrzewski: Górny Śląsk (wie Anm. 126), S. 60 f.
183 Jahn: Oberschlesische Funde (wie Anm. 166), S. 148.
184 Schlesien deutsch oder polnisch? In: Altschlesische Blätter 7 (1932), S. 69; Hervorhebung W. R.
185 Arndt: Vor- und Frühgeschichte (wie Anm. 140), S. 21.

veralterter Vorstellungen noch heute vermuten“[186]. Seine Auffassung könnte durchaus auch in Opposition zu Kostrzewskis Darstellungen entstanden sein: Der polnische Prähistoriker empfand die „germanischen“ Wanderungen als Zeichen für Unbeständigkeit, die mit dem „uralten germanischen Prinzip“ „ubi bene, ibi patria“ charakterisiert werden konnte. Die Germanen seien auf der Suche „nach reicher Beute“ immer weiter gezogen, um „neue, fruchtbarere Länder“ zu unterwerfen[187]. Diese Darstellung empfindet Richthofen als „besonders gehässig“, zu erklären nur mit Kostrzewskis politischen Absichten[188]. Die Wanderungen der Germanen seien aus anderen Gründen geschehen, Klimaänderungen und Überbevölkerung hätten zur Emigration geführt. Zudem seien auch die „Urslawen“ nicht nur seßhafte Ackerbauern gewesen, sondern hätten neue Länder erobert[189]. Ein Vergleich der slawischen mit den germanischen Wanderungen ist für Kostrzewski jedoch nicht möglich, da sie völlig anderer Natur gewesen seien: Germanen hätten altes Land verlassen, um neues zu besetzen, Slawen hingegen hätten ihre angestammte Heimat niemals aufgegeben, sondern ihren Wirkungskreis erweitert. Mit seinen Erläuterungen zur germanischen Kultur habe er durchaus „nichts Beleidigendes“ beabsichtigt, im Gegensatz zu den deutschen Äußerungen über die slawische „Kultur beziehungsweise Unkultur“[190].

In Ergänzung zum Stichwort „ubi bene, ibi patria“ läßt sich ein laut Niendorf wichtiger Punkt in der deutsch-polnischen Publizistik der Zwischenkriegszeit anführen: Bei der wissenschaftlichen Untersuchung der deutschen Ansiedlungspolitik im 19. Jahrhundert, als u. a. die Provinz Posen durch die gezielte Ansiedlung deutscher Bauern „germanisiert“ werden sollte, wurde von polnischen Forschern häufig der Topos des materialistischen Deutschen gegenüber dem idealistischen Polen verwendet. Deutsche würden nicht an ihrem Land festhalten, wenn es keinen materiellen Gewinn brächte – „ubi bene, ibi patria“ – der treue polnische Bauer hingegen bliebe lieber auf der Scholle seiner Väter, als für Geld oder eine bessere Chance seine Heimat zu verlassen[191]. Kostrzewskis Darstellung der ‚germanischen Wanderungen‘ erinnert an diese Argumentation.

3.1.3 Slawen

Die Jahrhunderte zwischen der ‚wandalischen‘ und der frühmittelalterlich-slawischen Besiedlung waren in der Zwischenkriegszeit in Oberschlesien nur durch wenige Funde vertreten. Kostrzewski erklärte die Fundarmut mit der Armut der Einwohner, dem Abbruch von Handelskontakten und einer eventuell nachlässigen Bestattungssitte[192]. Die folgende Periode der frühmittelalterlichen Slawen

186 Richthofen: Oberschlesien (wie Anm. 145), S. 120.
187 Kostrzewski: Górny Śląsk (wie Anm. 126), S. 61.
188 Richthofen: Oberschlesien (wie Anm. 145), S. 121.
189 Richthofen: Ostdeutschland (wie Anm. 137), S. 18, 23.
190 Kostrzewski: Vorgeschichtsforschung (wie Anm. 148), S. 22 f.; Kostrzewski: Życia (wie Anm. 58), S. 74.
191 Niendorf: Polemiken (wie Anm. 2), S. 95.
192 Kostrzewski: Górny Śląsk (wie Anm. 126), S. 59 f.

und des ersten polnischen Herrschergeschlechtes, der Piasten, diente den polnischen Prähistorikern wider Erwarten wenig zu Propagandazwecken. Die deutsche Seite hingegen verbreitete ihr negatives Slawenbild auch im Zusammenhang mit der ‚oberschlesischen Frage'.

Die Piasten spielten im polnischen Selbstverständnis der Zwischenkriegszeit eine besondere Rolle, in Schlesien um so mehr, als sich hier eine Linie des Geschlechtes bis ins 17. Jahrhundert halten konnte. Die Vorstellung eines piastischen Schlesien setzte sich bis in politische Konzepte fort: In der Nationaldemokratie (*Narodowa Demokracja*) entwickelte sich seit dem Ende des 19. Jahrhunderts die *idea piastowska* (piastische Idee) zu einem Hauptpunkt des Parteiprogramms. Schlesien als „uraltes piastisches Land" war Teil der Staatsvorstellungen der Nationaldemokratie[193]. Linek sieht diese Ideen als Weiterführung der Identifikation mit mythologischen Vorfahren, die wiederum weiterentwickelt wurde zu Autochthonietheorien und der Vorstellung der „ewigen Anwesenheit auf einem bestimmten Gebiet"[194]. Inwieweit Archäologen am Entwurf dieser Konzepte einer *Polska piastowska* (eines piastischen Polen) beteiligt waren oder inwieweit sie eventuell davon beeinflußt wurden, ist bisher nicht geklärt. Kostrzewski war entschiedener Anhänger der Nationaldemokratie und sicher mit ihren Forderungen Schlesien betreffend vertraut. Auf deutscher Seite waren die nationaldemokratischen politischen Ideen zumindest zum Teil bekannt: Richthofen wurde nach eigenem Bericht über diese Bestrebungen unterrichtet, und zwar durch Landeskonservator Józef Żurowski[195].

Als Urheimat der Slawen stand Oberschlesien (als Teil des Verbreitungsgebietes der Lausitzer Kultur) nur bei Kostrzewski und den ‚Neoautochthonisten' zur Diskussion. Die meisten Deutschen, aber auch tschechische Prähistoriker wie Lubor Niederle, vermuteten das slawische Ursprungsland weiter im Osten, etwa im mittleren und oberen Dnjeprgebiet[196]. Politisch eindeutige Formulierungen mit Bezug auf Oberschlesien finden sich in der Behandlung dieses Komplexes allerdings nicht.

Das Bild der Slawen, das die deutschen Forscher unter anderem anhand der oberschlesischen Funde zeichneten, ist alles andere als positiv. Die Fundarmut

193 Gehrke: Westgedanke (wie Anm. 2), S. 101, 105, 139; Bernard Linek: Mit Ziem Odzyskanych w powojennej Polsce na przykładzie Górnego Śląska (wybrane aspekty) [Der Mythos von den ‚wiedergewonnenen Gebieten' im nachkriegszeitlichen Polen am Beispiel Oberschlesiens (ausgewählte Aspekte)]. In: Bernard Linek / Kai Struve (Hg.): Nacjonalizm a tożsamość narodowa w Europie środkowo-wschodniej w XIX i XX w. [Nationalismus und nationale Identität in Ostmitteleuropa im 19. und 20. Jahrhundert] (Tagungen zur Ostmitteleuropa-Forschung 12). Opole, Marburg 2000, S. 229–256.

194 Linek: Mit (wie Anm. 193), S. 233.

195 Bolko von Richthofen: Vorgeschichtsforschung und Politik. Ein Wort der Erwiderung an Museumsdirektor Universitätsprofessor Dr. J. Kostrzewski aus Posen. In: Die Provinz Oberschlesien. Wochenzeitschrift für Verwaltung, Wohlfahrtswesen, Wirtschaft und Kultur. Amtliches Publikationsorgan der Provinzial-Verwaltung von Oberschlesien, Nr. 45, 8. 11. 1929, S. 4.

196 Wie Kossinna: Ostmark (wie Anm. 36), S. 15 f.; zur gesamten Diskussion Jamka: O praojczyźnie (wie Anm. 112).

in slawischem Gebiet im allgemeinen[197] sowie in Oberschlesien im speziellen[198] wird durch die „erschreckend niedrige Stufe“ bzw. die „Dürftigkeit der damaligen Lebensform“ erklärt. „Je unvollkommener die Wohnungen, je unansehnlicher und vergänglicher die Geräte sind, desto leichter entgehen ihre Reste dem suchenden Auge“[199], erklärt Arndt dem Leser, hingegen seien wandalische Grabausstattungen ausgesprochen gut erhalten[200]. Nicht nur die materielle, auch die politische Kultur der Slawen in Oberschlesien ließe zu wünschen übrig: Die Untertanen seien Leibeigene der Landesherren gewesen und mußten durch ihre Arbeit alle Staatslasten tragen – „das Wohl des Volkes war die geringste Sorge der polnischen Fürsten“[201]. All diese Mißstände seien erst mit den deutschen Siedlern des Mittelalters behoben worden.

Ein gutes Beispiel für eine Ausgrabung an einem frühmittelalterlichen Fundort sind die Forschungen im Stadtkern von Oppeln. Ende 1930 fanden hier zweimonatige Ausgrabungen unter der Leitung von Georg Raschke statt; Objekt war eine Siedlung, die in das 11./12. Jahrhundert datiert wurde und damit zeitlich direkt vor der deutschen „Ostkolonisation“ eingeordnet wurde[202]. Raschkes erster Grabungsbericht in der Zeitschrift „Altschlesien“ legt relativ sachlich die Funde und Befunde vor, die Siedlung sei als regionales Zentrum an wichtigen Handelswegen von einiger Bedeutung gewesen. Allerdings ist er der Auffassung, daß die Funde keine hervorragenden einheimischen Leistungen zeigen würden, selbst die Schläfenringe seien nur aus einfachem Draht gefertigt, und im Fundmaterial fänden sich außer Messerklingen keinerlei Waffen. Die „mittelalterliche Burg ganz im Gepräge der westlichen Kultur“ habe erst in der ersten Hälfte des 13. Jahrhunderts mit dem Wissen der deutschen Siedler gebaut werden können[203]. Obwohl er die slawische Kultur gegenüber der deutschen deutlich niedriger einstuft, hält Raschke sich mit Bemerkungen im Stil von Kossinna, Arndt oder Richthofen zurück. Er geht sogar so weit, im März 1932 bei einer Sitzung der Anthropologischen und Prähistorischen Kommission der Akademie der Wissenschaften in Krakau einen Vortrag über die Grabungsergebnisse zu halten, d. h. zwischen Raschke und polnischen Kollegen fand eine gewisse Zusammenarbeit statt[204]. Den genauen Inhalt des Vortrags überliefert die Zeitschrift der Kommission leider nicht[205].

Die Aufnahme der Grabungsergebnisse in Polen spiegelt sich in einem kurzen Bericht von Roman Jakimowicz. Auch er berichtet sachlich über die Funde aus

197 Kossinna: Ostmark (wie Anm. 36), S. 5.

198 Arndt: Vor- und Frühgeschichte (wie Anm. 140), S. 25; Seger: Vorgeschichte (wie Anm. 68), S. 49.

199 Arndt: Vor- und Frühgeschichte (wie Anm. 140), S. 25.

200 Ebd., S. 23.

201 Ebd., S. 26.

202 Georg Raschke: Die Entdeckung des frühgeschichtlichen Oppeln. In: Altschlesien 3 (1931), S. 261–266, hier S. 261 f.

203 Ebd., S. 265 f.

204 Abramowicz: Historia (wie Anm. 26), S. 134, Anm. 200.

205 Vgl. die Mitteilungen in: Materiały Prehistoryczne 1 (1934), S. 166.

Oppeln; die einzigen entfernt politisch zu deutenden Äußerungen beziehen sich auf seine Wertschätzung der Kultur: Er sieht eine „große kulturelle Qualität und Einheitlichkeit“. Zudem spricht er von „lokalen, polnischen Funden [...]. Wir haben hier eine veranschaulichte eigene Kultur, die sich unabhängig entwickelte.“[206] Demnach identifiziert er die Oppelner Siedlung mit ihren kulturellen Überresten zwar eindeutig als polnisch, schließt jedoch keine weiteren Konsequenzen oder gar Gebietsforderungen an. Aus Richthofens Sicht sehen die Oppelner Ergebnisse entschieden anders aus. Sie würden den „äußerst groß[en]“ Unterschied zwischen der slawischen und der deutschen Kultur „jedem vorurteilsfreien Betrachter“ veranschaulichen; die „friedliche[n] Kulturtaten“ der deutschen Siedler hätten dem Land einen „ungeheuren Kulturfortschritt“ gebracht[207]. Bei der Bewertung dieser Aussagen ist zu bedenken, daß Richthofens Einschätzung bei einer öffentlichen Veranstaltung geäußert wurde, nämlich beim Eröffnungsvortrag für das Oberschlesische Landesmuseum in Beuthen. Er hatte weitgehend Laien zu erwarten, während Raschke mit seinem Artikel in „Altschlesien“ und Jakimowicz in „Z otchłani wieków“[208] in mehr oder weniger fachlich orientierten Zeitschriften veröffentlichten. Vor dem Gesamtbild der politischen und polemischen Aussagen Richthofens erscheint dieser wesentlich schroffer und drastischer als die beiden anderen Autoren. Die verschiedenen Äußerungen zu den Grabungen in Oppeln machen deutlich, daß die politische Verwertung von Archäologie, der Versuch der Einflußnahme auf die Leser respektive Hörer mit archäologischen Argumenten durchaus auch personenabhängig war.

Ein weiteres Beispiel für relativ sachliche Darlegung von Forschungsergebnissen, die ein gewisses politisches Potential hatten, findet sich in der Frage von Silberhortfunden in Schlesien: Eine These, die vor allem in den Jahren des Dritten Reiches unter deutschen Prähistorikern sehr beliebt war, erklärte den ersten Piastenfürsten Mieszko I. zu einem eingewanderten Wikinger, der unter seiner Herrschaft die ansässigen polnischen Stämme geeint habe[209]. Sie läßt sich zumindest bis in das Jahr 1918 zurückverfolgen, zu einem Artikel Robert Holtzmanns, der sich weitgehend auf schriftliche Quellen stützt, ohne archäologische Belege zu verwenden[210]. Mieszko habe seinen germanischen Namen Dago abgelegt, um als Herrscher akzeptiert zu werden; seine Krieger hätten für Einheit unter den Slawen gesorgt. Auf diese Theorien greift Seger schon in den 1920er Jahren zurück, um das Auftreten von Silberschätzen in Schlesien erklären zu können. Keiner der von ihm behandelten Fundorte befindet sich in Oberschlesien, weshalb

206 Roman Jakimowicz: Odkopanie osady wczesnohistorycznej w Opolu [Die Ausgrabungen der frühgeschichtlichen Siedlung in Opole]. In: Z otchłani wieków 7 (1932), S. 29–37, hier S. 34.
207 Richthofen: Eröffnung Beuthen (wie Anm. 63), S. 6.
208 Raschke: Oppeln (wie Anm. 202); Jakimowicz: Odkopanie (wie Anm. 206).
209 Vgl. Brather: Archäologie (wie Anm. 23), S. 21 f.
210 Robert Holtzmann: Böhmen und Polen im 10. Jahrhundert. Eine Untersuchung zur ältesten Geschichte Schlesiens. In: Zeitschrift des Vereins für Geschichte Schlesiens 59 (1918), S. 1–37.

hier nur kurz darauf eingegangen werden soll. Dennoch verdienen seine Ansichten Erwähnung, zumal Seger offensichtlich mit „Schlesien" beide Provinzen inklusive des polnischen Teiles versteht: Seine Fundkartierung zeigt z. B. die Grenzen von 1918; außerdem bezieht er sich niemals ausdrücklich auf die Provinz Niederschlesien. Zu seinen Hauptthesen gehörte, daß Dago/Mieszko nicht nur Krieger, sondern auch Verwaltungsbeamte und Kaufleute aus seiner nordischen Heimat mitgebracht habe und daß Hacksilber als Wertträger zu vergraben typisch skandinavischer Opferbrauch sei. Zudem sei der Silberschmuck in den Schatzfunden nicht aus einheimischer Herstellung, sondern über Handel aus dem byzantinischen Raum eingeführt worden – als Bezahlung für die einzige Ausfuhrware der Slawen, nämlich Sklaven[211]. In seiner Rezension des Artikels widerlegt Roman Jakimowicz alle diese Annahmen[212]. Seine genaue Argumentation soll hier nicht dargelegt werden; entscheidend ist, daß weder Seger noch Jakimowicz ausdrückliche Schlüsse für damalige politische Verhältnisse aus ihren Ausführungen ziehen. Beide Artikel sind sachliche Fachliteratur, ohne polemische Anklänge.

3.1.4 Mittelalterliche Ostsiedlung

Die mittelalterliche Ostsiedlung deutscher ‚Kolonisten' wurde schon häufiger angeführt; sie ist eines der Hauptargumente deutscher Archäologen, wenn es um die Legitimierung von Gebietsbesitz in Oberschlesien geht. Schon Kossinna verwendet nicht die germanische Besiedlung, um ein deutsches Recht u. a. auf Schlesien abzuleiten, sondern bezieht sich auf deutsche Siedler, die das Land zivilisiert hätten: „Es sind das Gebiete, deren Erwerb wir der Kolonialtätigkeit des deutschen Volks im Mittelalter verdanken. [...] Er [der deutsche Bauer, Mönch und Städter] hat also hier genau dasselbe Recht auf den Boden, wie seine polnisch sprechenden Nachbarn, wo sie noch vorhanden sind."[213] Die Vorstellung eines zivilisatorisch wirkenden Deutschen spielt eine wesentlich größere Rolle als etwa die eines – obwohl weitaus früher ansässigen – kriegerischen Germanen. Richthofen weist sogar in einer Veröffentlichung, die als eigentliches Thema das Mesolithikum Oberschlesiens hat, auf das Mittelalter als eine Zeit hin, „wo durch den Unternehmungsgeist und Fleiß deutscher Siedler" Städte und Dörfer gegründet worden seien und eine eigentliche Zivilisation erst entstanden sei[214]. Durchgängig wird auch betont, daß die deutsche Besiedlung keinesfalls eine Eroberung oder ähnliches gewesen sei, sondern auf Einladung und ausdrücklichen Wunsch der

211 Hans Seger: Die schlesischen Silberfunde der spät-slawischen Zeit. In: Altschlesien 2 (1927), S. 129–161, hier S. 155–161 und Taf. 9.

212 Roman Jakimowicz: H. Seger: Die schlesischen Silberfunde der spätslawischen Zeit. Altschlesien t. II, s. 129–161 i Gandert i Seger. Nachträge zu den schlesischen Silberfunden der spätslawischen Zeit. Altschlesien t. III, s. 67–75. In: Slavia Occidentalis 10 (1931), S. 376–387, hier S. 381–387.

213 Kossinna: Ostmark (wie Anm. 36), S. 2.

214 Bolko von Richthofen: Erste Funde aus der mittleren Steinzeit in Oberschlesien. In: Der Oberschlesier 9 (1927), S. 130–136, hier S. 130 f.

ansässigen polnischen Piasten geschehen sei, um die „niedrige, halbasiatische“[215] slawische Kultur voranzubringen[216].

An die Gebietslegitimierung mittels der mittelalterlichen Ostsiedlung schließt sich jedoch häufig ein Verweis auf die germanische Besiedlung an: Es ist von „Wiederaufnahme der deutschen Siedelungsarbeit“, von einer „deutschen Rückwanderung“[217] oder von „Wiedereindeutschung“[218] die Rede. Den Begriff „Kolonisation“ wies Richthofen[219] mit der Begründung zurück, die Besiedlung eines „altgermanischen Volksboden[s]“ sei schließlich keine vereinnahmende Handlung, sondern legitim. Über diese direkte Verbindung wird in der Argumentation der deutschen Prähistoriker eine besonders lange Dauer der germanisch/deutschen Besiedlung ‚bewiesen‘ – und die Dauer ist zumindest für Kossinna ausschlaggebend für gegenwärtige Rechte auf ein Gebiet[220]: „Nie und nimmer ist diese Episode [von 500 Jahren slawischer Herrschaft] geeignet, den übermütigen Ansprüchen heutigen polnischen Größenwahns als Vorspann zu dienen.“[221] In diesem Ergebnis lag im übrigen laut Jahn „der große politische Wert, den Kossinnas Schrift gerade jetzt besitzt“[222].

Die Begriffe ‚deutsch‘ und ‚germanisch‘ wurden von Polen und Deutschen gleichermaßen austauschbar verwendet, insbesondere im Zusammenhang mit der mittelalterlichen Ostsiedlung bzw. der historisch belegbaren Frühgeschichte. Beispiele finden sich in der Bezeichnung der mittelalterlichen Ostsiedlung als „Wiedereindeutschung“ o. ä., oder wenn in der Zeitschrift des Schlesischen Altertumsvereins, an Laien ebenso wie Fachleute gerichtet, Sätze wie der folgende gedruckt werden: „So wurde das altgermanische Silingenland *wieder* unser deutsches Schlesien!“[223] Auch Kostrzewski setzt „deutsch“ für „germanisch“: „Niemcy“, die Deutschen, nicht „Germanie“ hielten sich in Schlesien als „fremde Ankömmlinge“ auf[224]. Ein anderes Mal zieht er Parallelen zwischen den rezenten Deutschen und den mittelalterlichen Kreuzrittern: „Ähnlich siegreich überdauerte dieses [slawische] Volk schon in historischen Zeiten 600 Jahre fremder Herrschaft, nachdem es im 14. Jahrhundert von der Muttererde getrennt worden war, und überdauert – so gebe Gott – in einem Teil des schlesischen Landes, der noch nicht von den Füßen der Kreuzritter befreit wurde, immer noch die, wie wir

215 Martin Jahn: Rezension zu: Gustaf Kossinna: Die deutsche Ostmark ein Urheimatboden der Germanen. Monatsschrift Oberschlesien Jahrgang 17, Heft 12 (März 1919). In: Mannus 11/12 (1919/20), S. 226 f., hier S. 227.

216 Z. B. Schlesien deutsch (wie Anm. 184); Arndt: Vor- und Frühgeschichte (wie Anm. 140), S. 27; Jahn: Rezension (wie Anm. 215), S. 227; Kossinna: Ostmark (wie Anm. 36), S. 2; Seger: Vorgeschichte (wie Anm. 68), S. 49; Richthofen: Oberschlesien (wie Anm. 145), S. 123.

217 Arndt: Vor- und Frühgeschichte (wie Anm. 140), S. 26 f.

218 Richthofen: Oberschlesien (wie Anm. 145), S. 123; Richthofen: Ergebnisse (wie Anm. 168), S. 198.

219 Richthofen: Oberschlesien (wie Anm. 145), S. 123.

220 Kossinna: Ostmark (wie Anm. 36), S. 2.

221 Ebd., S. 21–23.

222 Jahn: Rezension (wie Anm. 215), S. 227.

223 Schlesien deutsch (wie Anm. 184); Hervorhebung W. R.

224 Kostrzewski: Prawach (wie Anm. 118), S. 8.

glauben, zeitweilige Trennung von Polen und verliert weder Land noch Sprache, die Grundlagen unserer zukünftigen Rückforderungen.“[225] Den Brückenschlag in die Gegenwart, zu akuten politischen Problemen, wagte in besonders expliziter Weise Martin Jahn: „Wie nach der Völkerwanderung im Mittelalter der deutsche Bauer, Mönch und Kaufmann in emsiger Kulturarbeit einen großen Teil des verlorenen Bodens wiedergewonnen hat, so wollen auch wir jetzt der Zukunft vertrauen und der gesunden, unzerstörbaren Lebenskraft des deutschen Volkes, eingedenk des Wortes ‚Es ist nur das verloren, was man selbst aufgibt‘.“[226] Er nennt zwar den verlorenen Weltkrieg oder die Verhandlungen um den Versailler Vertrag nicht ausdrücklich, schafft aber mit seiner Anspielung ein identitätsstiftendes Vergangenheitsbild für die gegenwärtigen Deutschen in ihrer politisch prekären Lage.

Die Auseinandersetzung zwischen Richthofen und Kostrzewski zieht in den Themenbereichen der slawischen Besiedlung und der mittelalterlichen Ostsiedlung keine Kreise. Dies mag an den persönlichen Forschungsinteressen der beiden gelegen haben; beide konzentrieren sich auf andere Zeitabschnitte. Richthofen verweist ab und zu auf die Frühgeschichte, wirft Kostrzewski auch vor, „die hohen friedlichen Kulturtaten der von den einheimischen Piasten und der Kirche ins Land gerufenen deutschen Siedler [...] vollkommen zu übergehen und so die Tatsachen zu entstellen“[227], aber eine Diskussion zwischen ihnen entwickelt sich in der Literatur nicht.

Von polnischer Seite beteiligt sich vor allem Roman Jakimowicz an der Diskussion um Slawen und mittelalterliche Ostkolonisation. Jedoch hält er sich – wie erwähnt – mit politischen oder polemischen Äußerungen sehr zurück; einzig in einem Artikel über die Ziele der Denkmalpflege in Polen wählt er einen polemischen Ton. Hier bezeichnet er die ‚germanische Unterwerfung‘ einer slawischen Bevölkerung – nicht nur in Schlesien – als „Eroberung und Ausrottung der Elb- und Oderslawen mit Feuer und Schwert“[228]. Als anscheinend einziger der deutschen Archäologen geht Richthofen auf diese Bemerkung in gewohnt lakonisch-aggressiver Weise ein: „soviel unhistorische Nicht-Sachlichkeit [bleibt] bei einem Wissenschaftler mehr als zu bedauern“[229].

3.2 Propaganda und Polemik – nicht-fachliche Themenkomplexe

Neben den archäologischen Themenbereichen werden in der bearbeiteten Literatur immer wieder für die fachliche Argumentation völlig irrelevante Probleme aufgegriffen. Im folgenden werden die Differenzen, die über die fachlichen Meinungsverschiedenheiten hinausgehen, deutlich. Die nicht-fachlichen Streitfragen

---

225 Kostrzewski: Górny Śląsk (wie Anm. 126), S. 61.
226 Jahn: Besiedlung (wie Anm. 175), S. 418.
227 Richthofen: Ostdeutschland (wie Anm. 137), S. 38.
228 Roman Jakimowicz: Ochrona zabytków przedhistorycznych [Schutz vorgeschichtlicher Fundstücke]. In: Wiadomości Archeologiczne 10 (1929), S. 1–26, hier S. 16.
229 Richthofen: Ostdeutschland (wie Anm. 137), S. 46.

– obwohl sie in den archäologischen Themenkomplexen teilweise schon angeschnitten wurden – werden deshalb nochmals dezidiert aufgeführt.

3.2.1 Ortsnamendiskussion

Mit der Grenzziehung des Versailler Vertrages und der Teilung Oberschlesiens ergab sich das Problem, daß ehemals deutsche Orte polnisch wurden – zum Teil hatten sie vordem schon polnische Namen neben den deutschen Bezeichnungen getragen, zum Teil wurden auch neue Namen geschaffen. In der Archäologie ergab sich die spezielle Schwierigkeit, daß Fundorte nun unter mindestens zwei verschiedenen Namen in der Forschung geführt wurden. Anstatt sich in die Gegebenheit zu fügen und schlicht beide Namensformen anzugeben, entbrannte eine Diskussion darum, ob die deutschen oder polnischen Benennungen zu verwenden seien. Hinzu kam, daß bei der Benutzung der jeweils ‚falschen' Form dem Kontrahenten politische Hintergedanken vorgeworfen werden konnten. Wieder einmal tat sich besonders Bolko von Richthofen hervor. Allgemein forderte er die zusätzliche Nennung der deutschen Ortsnamen auch in der polnischen Literatur, was eine längere Replik Józef Kostrzewskis herausforderte[230]. Mit Hugo Mötefindt fand sich ein weiterer in Oberschlesien tätiger Prähistoriker, der sich der Angelegenheit sogar in einem ganzen Artikel annahm. Er gestand den polnischen (und tschechischen) Ur- und Frühgeschichtsforschern immerhin zu, für Fundorte auf ihrem jetzigen Staatsgebiet allein die nun gültigen Ortsnamen zu benutzen: „Aber die in den deutschen Gebieten liegenden Orte tragen deutsche Namen, und es ist wirklich nicht zuviel verlangt, wenn man fordert, daß diese Namen ihnen auch von den tschechischen beziehungsweise polnischen Forschern belassen werden – wenn andere Forscher an diesen Arbeiten teilnehmen sollen."[231]

Speziell auf Schlesien und Oberschlesien bezogen, tragen wiederum Richthofen und Kostrzewski den ‚Kampf' aus. Richthofen schreibt notorisch über das „zur Zeit polnische Ostoberschlesien", anstatt sich in die politische Realität zu fügen[232]. Kostrzewski schreibt im Gegenzug über „polnische Lande", wenn Schlesien gemeint ist[233]. Von Richthofen wird dies als ein Beweis für Kostrzewskis „politische Einstellung" gewertet, da er selbst Schlesien als „rein deutsche Gebiete" betrachtet[234] – wobei wiederum Richthofens eigene „politische Einstellung" zutage tritt, da er offensichtlich ganz Schlesien inklusive des polnischen Teiles im Sinn hat. Richthofen argumentiert bei der Diskussion um die

230 Bolko von Richthofen: Zum Stand der Vorgeschichtsforschung in Polen und dem westlichen Kongresspolen. In: Mannus 16 (1924), S. 302–324, hier S. 323; Kostrzewski: Vorgeschichtsforschung (wie Anm. 148), S. 14–17; vgl. Rohrer: Polemik (wie Anm. 125).

231 Hugo Mötefindt: Deutsche Ortsnamen in der tschechischen und polnischen Literatur. In: Wiener Prähistorische Zeitschrift 10 (1923), S. 99–101, hier S. 101.

232 U. a. Richthofen: Ostdeutschland (wie Anm. 137), S. 18; ders.: Vorgeschichtsforschung (wie Anm. 195), S. 3.

233 Kostrzewski: Wielkopolska (wie Anm. 115), S. 18, Anm. 41.

234 Richthofen: Stand (wie Anm. 230), S. 323; ders.: Rezension (wie Anm. 124), S. 2.

Ortsnamen deutlich aggressiver als Kostrzewski. Sogar in seiner Dissertation, die im übrigen eher sachlich gehalten ist, wirft er Kostrzewski vor, er bezeichne u. a. Ortschaften im deutschen Teil Oberschlesiens mit polnischen Namen, „da er diese Gegenden offenbar als polnische Lande kennzeichnen will“[235]. Kostrzewski wehrt dies ab: Er habe „alle Teile des alten geschichtlichen Polens“ (darunter Schlesien) der Einfachheit halber als „polnische Lande“ zusammengefaßt[236].

Aus heutigem Blickwinkel erscheint diese Diskussion, zumal in Publikationen mit eigentlich fachbezogenem Inhalt, kleinlich und unpassend. In den 1920er Jahren wurde sie aber offensichtlich ernst genommen. Die Frage, welche Form von Ortsnamen in Publikationen welcher Sprache verwendet wurde, war für die Beteiligten von großer Bedeutung.

3.2.2 ‚Subjektive‘ vs. ‚objektive‘ Wissenschaft

Ein weiterer Aspekt der nicht-fachlichen Motive in der archäologischen Literatur zu Oberschlesien ist der gegenseitige Vorwurf, subjektiv gefärbte Wissenschaft zu betreiben und gleichzeitig die eigenen Forschungsergebnisse als ‚Wahrheit‘ zu deklarieren. Schon in Kossinnas Schrift zur Ostmark findet sich der Topos der eigenen objektiven Wissenschaft, die der ausländischen subjektiven entgegensteht[237]. Als Nestor der deutschen Prähistorie hatte er sicher auch mit diesen Ansichten einen großen Einfluß, was entsprechende Äußerungen von Martin Jahn, Bolko von Richthofen oder Józef Kostrzewski vermuten lassen. Letzterer hatte unter der Abneigung seines Lehrers gegen die Slawen zu leiden[238]. Jahn wirft in seiner Rezension zu Kossinnas ‚Ostmark-Schrift‘ den Polen vor, dem Kampf „mit Waffengewalt“ nun einen „geistigen Kampf“[239] hinzugefügt zu haben, um deutsche Ostgebiete für sich vereinnahmen zu können. Kossinnas Schrift stelle eine „unparteiische, gewissenhafte Bearbeitung des archäologischen und geschichtlichen Quellenstoffes“ dar, im Gegensatz zur polnischen Archäologie, die in „ganz voreingenommener, den vorhandenen Quellen Gewalt antuender Weise die Wissenschaft mißbraucht“[240]. Kossinnas Darlegung der Besiedlungsgeschichte der Ostmarken, darunter (Ober-)Schlesiens, war sicherlich „gewissenhaft“ und – ohne hier die Kossinnasche Siedlungsarchäologie näher be-

235 Richthofen: Bronzezeit (wie Anm. 128), S. 112.

236 Kostrzewski: Vorgeschichtsforschung (wie Anm. 148), S. 17.

237 „Für deutsche Wissenschaft ist völlig sachliche, unbedingt unparteiische Wahrheitsvermittlung selbstverständliche Voraussetzung aller Forschung, mag auch das eigene Volkstum unter dieser Voraussetzung zu leiden haben. Anders bei der slawischen Wissenschaft. Stets hat diese, sobald sie slawische Kulturverhältnisse geschichtlich behandelte, die völkisch-politischen Belange in die erste Reihe gestellt, hiernach ihre Auffassung bestimmt und ihre Ergebnisse sich zurechtgelegt“ (Kossinna: Ostmark [wie Anm. 36], S. 3 f.).

238 Vgl. dazu Kostrzewskis Berichte über Kossinnas Lehrtätigkeit und abfällige Bemerkungen über die „slawische Unkultur“ (Kostrzewski: Życia [wie Anm. 58], S. 74).

239 Vgl. dazu eine ähnliche Formulierung bei Kostrzewski: Prawach (wie Anm. 118), S. 2: „Nachdem sie es mit Waffengewalt verloren haben, wollen die Deutschen Schlesien mit einer geistigen Waffe von neuem erlangen [...].“

240 Jahn: Rezension (wie Anm. 215), S. 226.

sprechen zu wollen – in ihrer Methodik geschlossen, „unparteiisch" war sie jedoch entschiedenermaßen nicht.

Auch zwischen Kostrzewski und Richthofen entspinnt sich die Diskussion, welche Nation mit ihrer Wissenschaft der ‚Wahrheit' diene. Jeder betont, selbst unparteiische, objektive, vorurteilslose und fundierte Forschung und Interpretation zu betreiben[241]. Die andere Seite sei „nationalistisch tendenziös" (Richthofen)[242] bzw. habe eine „starke politische Färbung" (Kostrzewski)[243]. Dagegen sei die eigene Arbeit nur „Abwehr" (Richthofen)[244], „um die deutschen Behauptungen auf das richtige Maß zurückzuführen" (Kostrzewski)[245]. Es wird deutlich, wie austauschbar die Anschuldigungen sind. Beide Seiten werfen sich gegenseitig dieselben Entgleisungen vor.

Die Ansicht, die jeweils andere Nation sei in ihrer Wissenschaft politisch motiviert, diente gleichzeitig als Rechtfertigung für Forschungsvorhaben. So betonte z. B. Richthofen, die deutsche Ur- und Frühgeschichtsforschung müsse vor allem wegen der polnischen Behauptung, daß Schlesien schon seit der Urgeschichte polnisches Land sei, „verständnisvolle Unterstützung" „von möglichst vielen Seiten" erfahren[246]. Damit dürften zum einen finanzielle Mittel gemeint sein, zum andern aber auch ehrenamtliche Mitwirkung in der Denkmalpflege. Auch für Kostrzewski war die deutsche politische und damit nicht objektive Forschung Grund zur Motivation: „[...] solange mit den Resultaten der Vorgeschichtsforschung deutsche Ansprüche auf polnisches Land begründet werden, solange werden wir genötigt sein, diesem Treiben mit den Waffen der Wissenschaft entgegenzutreten, um die deutschen Behauptungen auf das richtige Maß zurückzuführen."[247]

In seiner Rede zur Eröffnung der neuen Räumlichkeiten des Beuthener Museums weist Richthofen auf die besondere Aufgabe der „Grenzlandarbeit" im „uns aufgezwungenen Grenzlandkampf" hin: Sie habe mit „größte[m] Ernst" und „eine[r] vorurteilsfreie[n] Einstellung" zu geschehen und sich „mit den Waffen der strengen Wissenschaft gegen die Behauptung von dem angeblich urslawischen oder gar urpolnischen Gepräge des schlesischen Landes zu wehren"[248]. Die deutschen Wissenschaftler könnten sich „darauf beschränken, die Dinge so darzustellen, wie sie wirklich waren und sind. Damit dienen sie zugleich dem deutschen

241 Z. B. Walne Zebranie (wie Anm. 127), S. 76; Kostrzewski: Górny Śląsk (wie Anm. 126), S. 34, bezieht sich auf Kossinna: Ostmark (wie Anm. 36) und Jahn: Besiedlung (wie Anm. 175); Bolko von Richthofen: Zu dem Aufsatz „Neue Ausgrabungen in Schlesien". In: Schlesische Monatshefte 1 (1924), S. 138 f. (vor allem gegen Kostrzewski und seine Posener Schule); Richthofen: Vorgeschichtsforschung (wie Anm. 195) (allgemein).

242 Richthofen: Aufsatz (wie Anm. 241), S. 139.

243 Kostrzewski: Prawach (wie Anm. 118), S. 2.

244 Richthofen: Ostdeutschland (wie Anm. 137), S. 19.

245 Kostrzewski: Vorgeschichtsforschung (wie Anm. 148), S. 32.

246 Bolko von Richthofen: Neue Ausgrabungen in Schlesien. In: Schlesische Monatshefte 1 (1924), S. 91–93, hier S. 91.

247 Kostrzewski: Vorgeschichtsforschung (wie Anm. 148), S. 32.

248 Richthofen: Eröffnung Beuthen (wie Anm. 63), S. 3.

Belange und der internationalen Wissenschaft und Zusammenarbeit am besten“[249].

Wie ‚objektiv‘ oder ‚subjektiv‘ die Forschungen und Ergebnisse der deutschen und der polnischen Archäologie tatsächlich waren, läßt sich nur schwer beurteilen. Krzoska geht so weit, die „Parolen von der objektiven Erforschung der Vergangenheit“ als „Lippenbekenntnisse“ zu bezeichnen[250]. Sicher waren die Vertreter beider Nationen in ihrem politischen Denken und ihren Vorstellungen, was insbesondere die Grenzziehung in Oberschlesien anging, gefangen. Um eine Bewertung ihrer Forschungen abzugeben, müßte ihr damaliger Wissensstand genauer rekonstruiert werden.

3.2.3 Rückstand als Motivation

Weitere Motivation für Forschungsvorhaben konnte aus der Furcht, in der Forschung im Nachteil zu sein, gezogen werden. Beide Staaten wachten eifersüchtig über den Fortschritt des anderen[251]. Die polnischen Archäologen waren insbesondere darauf bedacht, die „Vernachlässigung der letzten Jahre“[252] schnellstmöglich aufzuholen und mit der deutschen und internationalen Forschung schrittzuhalten. Wiederkehrendes Motiv in der polnischen Literatur ist, daß die Bemühungen im deutschen Teil Oberschlesiens unbedingt Ansporn für eigene Leistungen sein müßten[253]. Als ein spezielles Ereignis, bei dem es einen deutschen Vorsprung auszugleichen gelte, wurde in einem Artikel das 750jährige Jubiläum der Stadt Beuthen gewertet: „Aus Anlaß dieser Festlichkeit versäumen es die Deutschen nicht, ihr Arsenal historischer Argumente auszunutzen. Es ist also auch für uns an der Zeit, ohne jeden Aufschub an die Arbeit zu gehen!“[254] Ein Effekt dieser Appelle scheint gewesen zu sein, daß archäologische Publikationen „sehr großzügig“ auch ins Ausland verschickt wurden, um der polnischen Forschung zu weiter Verbreitung zu verhelfen – zumindest sah Richthofen dies so[255].

Kostrzewski wirft seinerseits der deutschen Forschung vor, sie habe sich bisher kaum um das abgelegene Oberschlesien gekümmert und erst die Volksabstimmung habe die Aufmerksamkeit auf diesen Teil Schlesiens gelenkt[256]. Erst nach

249 Richthofen: Eröffnung Beuthen (wie Anm. 63), S. 7.

250 Krzoska: Nation und Volk (wie Anm. 81), S. 311.

251 Vgl. ebd., S. 309.

252 Józef Kostrzewski: Sprawozdanie z działalności Polskiego Towarzystwa Prehistorycznego w r. 1920 [Tätigkeitsbericht der Polnischen Prähistorischen Gesellschaft für 1920]. In: Przegląd Archeologiczny 1 (1920), S. 74 f., hier S. 74.

253 Kostrzewski: Przyczynki (wie Anm. 85), S. 54; Krzemień: Śląsk (wie Anm. 44), S. 214 f.; Z. Z. [Zygmunt Zakrzewski?]: Badania nad pradziejami Śląska [Forschungen zur Urgeschichte Schlesiens]. In: Z otchłani wieków 3 (1928), S. 37–41, hier S. 41; Roman Jakimowicz: Najpilniejsze potrzeby w zakresie prehistorji w Polsce [Die dringendsten Bedürfnisse auf dem Gebiet der Urgeschichte in Polen]. In: Nauka Polska 10 (1929), S. 259–265, hier S. 260.

254 Krzemień: Śląsk (wie Anm. 44), S. 215.

255 Bolko von Richthofen: Die polnische archäologische Forschung. In: Stiftung für deutsche Volks- und Kulturbodenforschung Leipzig (wie Anm. 122), S. 454–457, hier S. 457.

256 Kostrzewski: Górny Śląsk (wie Anm. 126), S. 54.

dem Plebiszit sei im deutschen Teil ein „lebendiger wissenschaftlicher Betrieb“[257] entstanden. Das Zentrum dieser Bewegung sah Kostrzewski im Museum Beuthen, auch schon vor dem Ausbau zum Oberschlesischen Landesmuseum. Dagegen sei der polnische Teil Oberschlesiens trotz der Nähe zum wissenschaftlichen Zentrum Krakau weiterhin viel zu wenig erforscht, weswegen Kostrzewski seine Forschungsreisen in die schlesische Wojewodschaft aufnahm. Auch Ende der 1920er Jahre sah Kostrzewski noch Bedarf an intensiverer Tätigkeit in der schlesischen Wojewodschaft. „Man muß allerdings offen zugeben, daß die Arbeit zur Erforschung der Urgeschichte des polnischen Teiles Oberschlesiens bisher eine unvergleichlich schwächere Intensität hat und sich nicht vergleichen kann mit der Wucht, mit der die betreffende Forschung in der Provinz Oberschlesien betrieben wird.“[258] Wichtige Voraussetzung für effektivere Arbeit im polnischen Oberschlesien sei ein festangestellter Fachmann, der sich um die Denkmalpflege kümmern, systematische Grabungen durchführen und durch Vorträge, Kurse und Artikel Interesse bei der Bevölkerung wecken könnte.

Außerdem fürchtete Kostrzewski eine deutsche Einmischung in die polnische Forschung: „Heute schon machen uns deutsche Forscher Angebote, Geländeuntersuchungen in der schlesischen Wojewodschaft zu unternehmen, und dabei haben doch wir, als die rechtmäßigen Erben dieses Landes, an erster Stelle die Verpflichtung, seine Vergangenheit zu erforschen. Es würde unseren Nationalstolz verletzen, wenn uns Fremde über die Vorgeschichte einer Region unterrichten müßten, die wir berechtigterweise Altpolen nennen.“[259] Krzemień entwirft auf der Grundlage, daß sich Polen gegen die deutsche archäologische Propaganda verteidigen müsse, sogar ein komplettes Grundsatzprogramm für den Ausbau der oberschlesischen Ur- und Frühgeschichte. Erstens müßten polnische Prähistoriker darauf achten, welche Ansichten deutsche Forscher zur Besiedlung Schlesiens in der Ur- und Frühgeschichte aufstellen würden. Zweitens müßte die deutsche archäologische Propaganda „auf objektive Weise“ in Fach- und Tagespresse bekämpft werden, „besonders in Oberschlesien“. Und zuletzt seien im polnischen Oberschlesien die gleichen „wissenschaftlichen, organisatorischen und Forschungsarbeiten in der Archäologie“ aufzunehmen „wie im deutschen Oberschlesien“[260]. Krzemień wie Kostrzewski[261] appellieren dabei an den Ehrgeiz und das Ehrgefühl der polnischen Prähistoriker.

Auf deutscher Seite finden sich derlei Aufrufe mit direktem Bezug auf Oberschlesien wiederum vor allem bei Richthofen. Seine Aufforderungen, nicht hinter die polnische Forschung zurückzufallen, sind allerdings meist verknüpft mit dem

257 Kostrzewski: Przyczynki (wie Anm. 85), S. 54.
258 Józef Kostrzewski: Śląsk polski jako teren badań prehistorycznych [Das polnische Schlesien als Gebiet urgeschichtlicher Forschungen]. In: A. Targa (Red.): Księga o Śląsku wydana z okazji 35-lecia istnienia „Znicza“ [Buch über Schlesien, herausgegeben aus Anlaß des 35jährigen Bestehens (des Vereins) „Znicz“]. Cieszyn 1929, S. 75–78, hier S. 76.
259 Kostrzewski: Śląsk (wie Anm. 258), S. 76.
260 Krzemień: Śląsk (wie Anm. 44), S. 214 f.
261 Z. B. Kostrzewski: Śląsk (wie Anm. 258), S. 76.

Hinweis auf den politischen Hintergrund der Prähistorie in Polen. So setzt er sich für die Einrichtung eines hauptamtlichen Denkmalpflegers in der Provinz Oberschlesien mit dem Hinweis auf die Arbeit in der schlesischen Wojewodschaft, die „in einseitiger und schädlicher Weise" geleistet werde, ein[262]. Es sollte dabei bedacht werden, daß Richthofen eventuell auch ein persönliches Interesse an einer solchen Stelle hatte: Er war derjenige, der Ende 1925 nach dem Rücktritt des ehrenamtlichen Vertrauensmannes den bezahlten Posten in der Denkmalpflege einnehmen konnte. Auch finanzielle Forderungen verbindet Richthofen mit dem Hinweis auf polnische Verhältnisse: Das Beispiel des Museums in Kattowitz wird herangezogen, um entsprechende Mittel für die oberschlesischen Museen zu verlangen[263].

Daß sich ähnliche Äußerungen – mit speziellem Bezug auf Oberschlesien – bei anderen deutschen Archäologen nicht finden ließen, ist wohl u. a. mit der Monopolstellung Richthofens zu erklären. Er war in den entscheidenden Jahren des Aufbaus die beherrschende Person in der deutschen oberschlesischen Ur- und Frühgeschichte. Seine Nachfolger mußten ihre Stellung nicht mehr so stark rechtfertigen und waren daher nicht zu einer derartig prononcierten Gegenüberstellung Polens und Deutschlands gezwungen.

Die grundsätzliche Frage, welche Seite nun tatsächlich in der Forschung einen Vorteil oder Nachteil hatte, ist schwierig zu entscheiden. Sicherlich hatten die deutschen Prähistoriker direkt nach dem Versailler Vertrag bis in die 1920er Jahre hinein die besseren Voraussetzungen, wenn man die allgemeine politische Lage Polens bedenkt. Krzoska sieht in seiner Beurteilung der deutschen Ost- und polnischen Westforschung allerdings den großen Vorteil der polnischen Wissenschaftler, vor allem der Historiker, in der großen Einsatzbereitschaft und dem nicht gering zu achtenden gesellschaftlichen und politischen Einfluß. Zudem sei durch eine gemeinsame Grundannahme von der „deutschen Gefahr" ein „Gruppengefühl" unter den Wissenschaftlern entstanden. Die deutschen Kollegen seien durch dieses geschlossene Verhalten verunsichert gewesen und hätten erst in der Reaktion auf die polnische Forschung ihre staatlichen Stellen zur Unterstützung von „wirksame[n] Gegenmaßnahmen gegen die ‚polnische Gefahr'"[264] aufgefordert.

4. Schluß

Wie entwickelt sich die Verknüpfung von Ur- und Frühgeschichtswissenschaft und Politik in den Jahrzehnten nach dem behandelten Zeitraum weiter? Wie entwickeln sich die beteiligten Archäologen? In Deutschland ändern sich die Bedingungen für die Prähistorie mit der Machtergreifung der Nationalsozialisten er-

262 Richthofen: Ausgrabungen (wie Anm. 246), S. 91.
263 Richthofen: Forschung (wie Anm. 255), S. 454 f.
264 Krzoska: Verankerung (wie Anm. 81), S. 277.

heblich. Auch im deutschen Teil Schlesiens wird dies spürbar: „Seit Beginn dieses Jahres [1933] ist das allgemeine Interesse für die deutsche Vorgeschichtsforschung außerordentlich gewachsen. Von Reichs- und Staatsbehörden, von Parlamenten und wissenschaftlichen Körperschaften ist in klarer Erkenntnis der großen kulturpolitischen Bedeutung dieses jungen, bisher häufig vernachlässigten Wissenschaftszweiges eine stärkere Berücksichtigung der deutschen Vorgeschichte in Schule und Hochschule gefordert worden“[265], schreibt Martin Jahn in seinem Jahresbericht für das niederschlesische Landesamt für vorgeschichtliche Denkmalpflege. Die Institutionalisierung der Ur- und Frühgeschichtlichen Archäologie kam in den Jahren der nationalsozialistischen Herrschaft in Deutschland sicherlich einen großen Schritt voran[266]; die Entwicklung zur ideologiebelasteten Prähistorie des Dritten Reiches begann jedoch – wie gezeigt werden konnte – nicht erst 1933.

In Polen wird die Entwicklung durch den Überfall Nazi-Deutschlands 1939 jäh unterbrochen. Nach dem Krieg ist das Werk der Zwischenkriegszeit beim neuerlichen Aufbau der Strukturen eine wertvolle Stütze. Die Vorstellungen, die sich 1918 bis 1939 über die strukturelle und institutionelle Gestaltung der Prähistorie herausgebildet hatten, wirken bis in die heutige Organisation nach[267]. Viele der Prähistoriker kehrten in ihre Funktionen zurück, so z. B. Józef Kostrzewski, der – mit einer Unterbrechung, da seine konservative Einstellung mit sozialistischen Ideen nicht konform ging – weiterhin an der Posener Universität lehren konnte. Im übrigen vertrat er noch in der posthum veröffentlichten Schrift „Pradzieje Śląska“ [Vorgeschichte Schlesiens] (Wrocław, Warszawa, Kraków 1970) die Meinung, die Lausitzer Kultur sei mit den Urslawen zu identifizieren, als schon die Mehrheit der polnischen Prähistoriker von dieser Position abgekommen war. Auch Gesellschaften wie die *Polskie Towarzystwo Prehistoryczne* (Polnische Prähistorische Gesellschaft) bestanden nach 1945 weiter. Die polnische Westforschung wurde ebenfalls weitergeführt. Dabei war ein Ziel die Legitimierung der *ziemie odzyskane*, der ‚wiedergewonnenen Gebiete‘ im Westen[268]. Die Auseinandersetzungen zwischen Kostrzewski und Richthofen waren mit dem Ende des Zweiten Weltkrieges ebenfalls nicht vorbei. Richthofen attackierte Kostrzewski noch 1969 in einem Beitrag über „Grundsätzliches zu polnischen Veröffentlichungen über die Volks- und Stammesgeschichte der ur- und frühgeschichtlichen Zeit in Ostdeutschland und Polen“[269]. Kostrzewski hielt sich allerdings zurück.

Die Zusammenarbeit von Prähistorikern beider Nationen mit staatlichen Institutionen und Organisationen, obwohl nach Piskorski[270] eine der Gemeinsamkei-

265 Jahn: Landesamt (wie Anm. 52).
266 Vgl. Pape: Entwicklung (wie Anm. 53).
267 Stolpiak: Rozwój (wie Anm. 41), S. 44.
268 Vgl. dazu Linek: Mit (wie Anm. 193).
269 Bolko von Richthofen: Grundsätzliches zu polnischen Veröffentlichungen über die Volks- und Stammesgeschichte der ur- und frühgeschichtlichen Zeit in Ostdeutschland und Polen. In: Mannus 35 (1969), S. 1–26, 31–72, 73–95.
270 Piskorski: „Ostforschung“ (wie Anm. 2), S. 382.

ten der deutschen Ost- und polnischen Westforschung, ist bislang wenig erforscht. Bis auf die Tätigkeit Kostrzewskis für die Polnische Plebiszitzentrale ist in der Literatur kaum etwas greifbar. Richthofen stellte laut Kostrzewski[271] eine Broschüre über Fortschritte der oberschlesischen Denkmalpflege für den Preußischen Pressedienst zusammen; ob er darüber hinaus weitere Dienste für diese oder andere Institutionen leistete, muß zunächst fraglich bleiben. Kossinna soll angeblich seine ‚Ostmark-Schrift' zu den Verhandlungen nach Versailles geschickt haben, um Einfluß auf die Entscheidungen zur Grenzziehung Polens zu nehmen. Dies ist aber den Nachforschungen von Heinz Grünert im Archiv des Auswärtigen Amtes zufolge nicht sicher zu belegen[272]. Auf jeden Fall war für Kossinna das „geschichtliche Anrecht eines Volkes an seinem Grund und Boden" eine politische „Unwägbarkeit"[273] und dafür auch mit wissenschaftlichen Mitteln zu kämpfen eine Selbstverständlichkeit. Ob er seine Schrift nach Versailles schickte oder nicht, ist letztlich nicht entscheidend; er *wollte* politischen Einfluß nehmen, soviel steht fest und zählt. Zudem entstand diese Schrift zumindest nach Jahns Rezension „auf Wunsch der ‚Freien Vereinigung zum Schutze Oberschlesiens'"[274]. Für die Zwischenkriegszeit läßt sich festhalten, daß die Prähistoriker ihrem jeweiligen Staat wohl nicht zuarbeiteten, da sich wenigstens Kostrzewski und Richthofen eher in der Opposition zu ihren jeweiligen Staatssystemen befanden. Sie benutzten aber ihre wissenschaftlichen Ergebnisse und Publikationen, um ihre Vorstellung der politischen Verhältnisse zu fördern.

---

271 Kostrzewski: Vorgeschichtsforschung (wie Anm. 148), S. 24.
272 Grünert: Kossinna (wie Anm. 37), S. 268.
273 Kossinna: Ostmark (wie Anm. 36), S. 1.
274 Jahn: Rezension (wie Anm. 215), S. 226. Zur ‚Freien Vereinigung zum Schutze Oberschlesiens' vgl. Grosch: Propaganda (wie Anm. 8), S. 37–39.

Berichte und Forschungen 12 (2004), S. 179–197.

Jürgen Joachimsthaler

Literarisches Kulturraummodell Oberschlesien

Entwurf eines Projekts

Bereits in der Titelformulierung „Literarisches Kulturraummodell Oberschlesien" vereinen sich die thematischen wie die methodologischen Prämissen, unter denen versucht werden soll, die über Jahrhunderte gewachsene multiethnische und plurikulturelle Region Oberschlesien unter dem doppelten Gesichtspunkt der Literarisierung der Region und der Regionalisierung ihrer (häufig auch exterritorialen) Literatur darzustellen. Zugleich soll die Untersuchung exemplarischen Charakter für die Anwendung, Überprüfung, Korrektur und Erweiterung eines verschiedene Forschungsansätze disziplinenübergreifend synthetisierenden Kulturraummodells[1] haben, das dem derzeit stark zunehmenden Interesse an Regionalität und Räumlichkeit nicht zuletzt auch in der germanistischen Literaturwissenschaft in Deutschland[2] wie in Polen[3] entgegenzukommen versucht.

---

1 Vgl. meinen Synthetisierungsversuch „Regionalität als Kategorie der Sprach- und Literaturwissenschaft" in dem von mir redigierten, unter kollektiver Herausgeberschaft des Instytut Filologii Germańskiej der Uniwersytet Opolski erschienenen Sammelbandes gleichen Titels (Frankfurt/M. 2002).

2 Vgl. zuletzt Klaus Hermsdorf: Regionalität und Zentrenbildung. Kulturgeographische Untersuchungen zur deutschen Literatur 1870–1945 (Literatur – Sprache – Region 2). Frankfurt/M. 1999; Dietmar Lieser: Literaturräume. Zu Begriff und Gegenstand regionaler Literaturgeschichtsschreibung. In: Bernd Witte (Hg.): Oberschlesische Dialoge. Kulturräume im Blickfeld von Wissenschaft und Literatur (Schriften des Eichendorff-Instituts an der Heinrich-Heine-Universität Düsseldorf 2). Frankfurt/M. 2001, S. 25–39; Martina Wagner-Egelhaaf (Hg.): Region – Literatur – Kultur. Regionalliteraturforschung heute (Veröffentlichungen der Literaturkommission für Westfalen 2). Bielefeld 2001.

3 Die Aktualität dieses Themas in der polnischen Germanistik ist Bestandteil einer gesamtpolnischen Tendenz zu mehr Interesse für die jeweils eigene regionale Lebenswelt seit dem Zusammenbruch des zentralistischen Sozialismus und Ausdruck eines in Polen offenbar weit verbreiteten Bedürfnisses, das sich vor 1989 kaum offen hat äußern können; vgl. Hubert Orłowski: Et in Arcadia ego? Heimatverlust in der deutschen und polnischen Literatur. In: Jan-Pieter Barbian / Marek Zybura (Hg.): Erlebte Nachbarschaft. Aspekte der deutsch-polnischen Beziehungen im 20. Jahrhundert. Wiesbaden 1999, S. 209–225, hier 224 f. Zur polnischen Germanistik selbst sei neben meinem Forschungsüberblick („Die Zukunft der Vergangenheit. Die Auseinandersetzung der polnischen Germanistik mit den deutschen Spuren in Polen". In: Berichte und Forschungen 8 [2000], S. 7–32) exemplarisch hingewiesen auf die Schwerpunktthemen in „Convivium. Germanistisches Jahrbuch Polen" 1999 („Deutsch-Polnische Erfahrungswelten im Spannungsfeld zwischen Fiktionalität und Geschichte"), 2001 („Aspekte deutsch-polnisch-mitteleuropäischer Regionalitäts- und Interkulturalitätsforschung: Großpolen, Schlesien und das Teschener Land") und 2003 („Regionalität – Nationalität – Europäität").

Unter „Region" wird dabei eine räumlich konkretisierbare Verdichtung verschiedener sich überlagernder Kulturräume kategorial verschiedenen Charakters (etwa der Verbreitungsgebiete einer oder mehrerer Konfessionen mit denen einer oder mehrerer Sprachen und denen einer oder mehrerer Staats- und Rechtsordnungen etc.) zu einer im Bewußtsein von Innen- und Außenbeobachtern klar unterscheidbaren und scheinbar ‚eigenständigen' kulturellen Sinn- und Lebenswelt[4] verstanden. Im Literarischen Kulturraummodell geht es dabei einerseits um jene sich überschneidenden kulturräumlichen Gegebenheiten (insbesondere staatlich-politischer, ökonomisch-sozialer und sprachlich-ethnischer, aber auch konfessioneller Art), die die dem jeweiligen Kulturraum zuzurechnende Literatur bedingen und überhaupt erst ermöglichen, gleichzeitig aber auch um das in dieser Literatur entworfene Bild des jeweiligen Kulturraums, das dessen Heterogenität oft erst zu einem oder mehreren verschiedenen (möglicherweise auch in Konkurrenz zueinander entworfenen) ‚gültigen' Bild(ern) des jeweiligen Kulturraums zusammenfaßt, die dann wiederum als medial vermitteltes Abbild der Region Außen- oder Innenbeobachtern lebensweltlich wirksame und handlungstreibende Möglichkeiten eines (abbildkonform sie dann mitgestaltenden) Umgangs mit der Region ermöglichen, so daß schließlich auch nach den Wechselbeziehungen zwischen literarischer Repräsentation und textexterner Wahrnehmungswirklichkeit zu fragen ist.

Oberschlesien eignet sich schon aufgrund der komplexen Vielschichtigkeit der Region in herausragender Weise für eine derart exemplarisch angelegte Untersuchung:

- Als sprachliches, ethnisches und konfessionelles Mischgebiet mit gleichzeitiger Zugehörigkeit zum deutschen und zum polnischen (und im Süden auch zum mährisch-tschechischen), zum katholischen, protestantischen und diaspora-jüdischen Kulturraum voll heterogenster historischer Traditionen (polnisch, piastisch, böhmisch, habsburgisch und preußisch, um nur die wichtigsten zu nennen[5]) galt die aufgrund ihrer relativen Abgeschiedenheit bis ins 19. Jahrhundert hinein von kulturellen und politischen Vereinheitlichungsbestrebungen (sieht man einmal von der nur teilweise erfolgreichen Gegenreformation ab) verschont gebliebene Region lange Zeit als „unkultiviert"[6], was schließlich im

4 Walter Schmitz: Regionalität und interkultureller Diskurs. Beispiele zur Geschichtlichkeit ihrer Konzepte in der deutschen Kultur. In: Bernd Thum / Gonthier-Louis Fink (Hg.): Praxis interkultureller Germanistik. Forschung – Bildung – Politik. Beiträge zum II. Internationalen Kongreß der Gesellschaft für Interkulturelle Germanistik. Straßburg 1991. München 1993, S. 417–438, hier S. 418.

5 Mit gutem Grund widmet Norbert Conrads auch der ungarischen Ära Schlesiens ein eigenes Kapitel. Vgl. Norbert Conrads: Schlesiens frühe Neuzeit (1569–1740). In: Ders. (Hg.): Schlesien (Deutsche Geschichte im Osten Europas). Berlin 1994, S. 177–344, insbesondere S. 185–188. – Hinzu kommt die (aufgrund der zahlreichen Verpfändungen und Besitzwechsel) verwirrende Vielzahl ständischer und lokaler Sondertraditionen.

6 Vgl. Wojciech Kunicki: Oberschlesien im Spiegel der Breslauer Publizistik von 1780–1806. In: Joachim J. Scholz (Hg.): Breslau und die oberschlesische Provinz. Literarische Studien zum Umfeld einer Beziehung. Berlin 1995, S. 11–32.

Zeitalter der internationalen Vorherrschaft des nationalen Paradigmas zu Versuchen führte, die „Kultivierung" Oberschlesiens durch Integration der Region in die jeweils eigene Nationalität voranzutreiben, so daß die Region seit der zweiten Hälfte des 19. Jahrhunderts in zunehmendem Maße mit Programmen und Entwürfen überzogen wurde, die die Region germanisieren[7], polonisieren[8] oder (im österreichischen Teil) tschechisieren[9] wollten. Der kulturelle Verdichtungsraum Oberschlesien sollte so durch Ausschluß der jeweils ‚anderen' Kulturbestandteile in den jeweils ‚eigenen' der hier sich überschneidenden Kulturräume ‚heimgeholt' werden und wurde bis in die Selbstwahrnehmung der Bewohner hinein zunehmend überlagert von einander widersprechenden, medial (und nicht zuletzt literarisch[10]) vermittelten Bildern dessen, was er sein sollte.

- Dies war Ergebnis einer (parallel mit der Industrialisierung und der wachsenden ökonomischen Bedeutung der Region zunehmenden) intensiven „Kulturarbeit", in der die in erbitterter Konkurrenz miteinander verbundenen Träger der jeweiligen nationalen Bestrebungen einander beeinflußten, voneinander lernten und bei allem scheinbaren Gegeneinander gemeinsam einen auf nationalen Alteritätspostulaten aufgebauten Kulturraum schufen, der trotz der Katastrophen des 20. Jahrhunderts in der Region selbst (in natürlich von Ort zu Ort unterschiedlichem Maße) bis heute überlebt hat[11].

Diese „Kulturarbeit(en)" stellte(n) die Literatur(en) in den Mittelpunkt der jeweils nationalen Anstrengung, sie griff(en) die (relativ wenigen) unabhängig und vor ihnen entstandenen literarischen Erzeugnisse der Region auf (insbesondere Eichendorff auf deutscher Seite), um sie in jeweils nationale Traditionskonstruktionen einzubinden, und formte(n) über politisch inspirierte und beeinflußte Institutionalisierungen des literarischen Lebens die oberschlesische(n) Literatur(en)

---

7 Vgl. Jürgen Joachimsthaler: „Erziehung zum Deutschthum". Aspekte der wilhelminischen Literaturpolitik unter besonderer Berücksichtigung der Verhältnisse im mehrsprachigen Oberschlesien. In: Zeszyty Naukowe Uniwersytetu Opolskiego. Filologia Germańska 2 (1996), S. 37–72.

8 Vgl. etwa Dorota Simonides: Folklor polski jako oręż w walce o polskość [Die polnische Folklore als Waffe im Kampf um das Polentum]. In: Barbara Bazielich (Hg.): Kultura ludowa sercem Śląska. Materiały z konferencji etnograficznej, zorganizowanej we Wrocławiu w dniach 5–7 XII 1985 r. [Die Volkskultur als das Herz Schlesiens. Materialien der ethnologischen Konferenz in Breslau, 5.–7. 12. 1985]. Wrocław 1988, S. 30–45.

9 Erwin Streit: Der Anteil Schlesiens an der tschechischen Literatur. In: Ferdinand Liewehr (Hg.): Tschechische und slowakische Studien (Veröffentlichungen der Slavistischen Arbeitsgemeinschaft an der Deutschen Universität Prag. Reihe 1: Untersuchungen 7). Reichenberg 1939, S. 166 f.

10 Die überaus hohe Zahl an Bild-, besonders Fotobänden zu (Ober-)Schlesien bereits vor der Vertreibung ist natürlich ebenfalls in diesem Zusammenhang zu sehen und zumindest am Rande zu berücksichtigen.

11 Hierzu sei verwiesen auf die von Walter Schmitz und mir im Dezember 2001 in Dresden veranstaltete Tagung „Verhandlungen der Identität. Literatur und Kultur in Schlesien seit 1945". Der Tagungsband ist in Vorbereitung.

in einem in anderen Regionen seltenen Umfang mit. Innerhalb des beabsichtigten Untersuchungszeitraums (ca. 1848[12]–2000) lassen sich (mit geringfügigen zeitlichen Verschiebungen) dieselben (zeitlich sich natürlich häufig überschneidenden) Entwicklungsstufen in den jeweiligen nationalen oberschlesischen Regionalliteraturen ausmachen:

- bis ca. 1880: Romantisch-„volkshaft"-folkloristisch orientierte Literarisierung (im Sinne einer Aufzeichnung eher durch Außenbeobachter) einer oft exotisch wirkenden Volkskultur zwischen den Ethnien (meist noch ohne Nationalisierungsabsicht);
- 1850–1918: „realistische", mehr oder weniger „sozial" und volksbildend gemeinte Literarisierung der Region durch das in Oberschlesien ansässige oder zugezogene oder – man denke an Gustav Freytag – aus ihm stammende Bildungsbürgertum (inkl. der für die polnische Seite so wichtigen Geistlichen[13]), gleichzeitig werden die überregional gültigen Entwürfe der jeweiligen Nation zunehmend regionalisiert, also den Besonderheiten der Region angepaßt (Volksbildungsprobleme gehen dabei langsam in Nationalisierungsfragen über);
- ab ca. 1880/1900: eine institutionell geförderte nationalistische Propagandaliteratur entsteht unter massiver Einwirkung der außerhalb Oberschlesiens gelegenen Verwaltungszentralen des jeweiligen Nationalbewußtseins (Berlin[14] für die deutsche, Posen und Krakau für die polnische, Prag für die tschechische Seite);
- um 1921 (mit Nachwirkungen bis nach 1945, ja bis in die Gegenwart[15]): aggressive Abstimmungspropaganda auf der deutschen und der polnischen Seite;
- 1923–1933: langsame Problematisierung der nationalistischen Zuspitzung, zunehmende Betonung eines zwischen den Nationen stehenden „schwebenden Volkstums" ‚der Oberschlesier';

12 Um 1848 erschienen für vorerst wenige Jahre erste polnische Tageszeitungen in Oberschlesien, 1847 begann Julius Rogers Tätigkeit in Rauden, 1848 erschien in den „Grenzboten" Gustav Freytags satirischer Brief „An den Bauer Michael Mroß, erwählten Deputierten des Kreises Strehlitz in Schlesien für die konstituierende Versammlung in Berlin".

13 Vgl. Aleksander Kwiątek: Przywódca i przywództwo narodowe na Górnym Śląsku w polskiej tradycji (1848–1914) [Anführer und nationale Führungsstruktur Oberschlesiens in polnischer Tradition (1848–1914)]. Opole 1919.

14 Natürlich war auch Breslau für Oberschlesien immer ein geistiges Zentrum; bis zum „Export" der Nationalitätenfrage im Zusammenhang mit den Abstimmungskämpfen jedoch scheint Breslau, so zumindest mein derzeitiger, auch auf das Studium amtlicher Quellen im Staatsarchiv Oppeln gestützter Eindruck, trotz vereinzelter und dann häufig im Sande verlaufener Initiativen – wie einem 1873 von Baron von Nordenflycht, dem Oberpräsidenten der Provinz Schlesien, erarbeiteten (aber dann nicht umgesetzten) Programm zur Germanisierung der Ortsnamen in Oberschlesien – in der Germanisierungspolitik nicht gerade treibend gewesen zu sein. Die entsprechenden Initiativen auf deutscher Seite gingen hauptsächlich von der kgl. Regierung in Berlin, von der Bezirksregierung Oppeln selbst und nicht zuletzt vom „Ostmarkenverein" mit Sitz in Berlin aus.

15 Vgl. Marek Szołtysek: Biblia Ślązoka. Historia – kultura – gwara. [Schlesische Bibel. Geschichte – Kultur – Dialekt]. Rybnik 2000, S. 30 f.

- 1933/1939–1945: Höhepunkt nachträglicher Abstimmungspropaganda;
- 1945–1989: „Nachbeben“ der nationalistischen Propaganda (mit neuen Höhepunkten unter nun sozialistischem Vorzeichen in Polen und einem langsamen Verschwinden der schlesischen Thematik in Tschechien), die in Deutschland überlagert werden vom Erinnerungscharakter, den Oberschlesien nach der Vertreibung zunehmend annimmt und der das Land langsam in einem literarisch gefestigten Erinnerungsbild nicht ohne trauernde Nostalgie fixiert[16].
- Das lange vorhersehbare Absterben insbesondere der deutschen Literatur zu und über Oberschlesien mit dem Tod der letzten Angehörigen der Erlebnisgeneration in Deutschland erscheint seit 1989/90 in unerwarteter Weise aufgeschoben: Das vom sozialistischen (und nationalistischen) Einheitsideal abweichende und deshalb jahrzehntelang unterdrückte regionale Sonderbewußtsein der in der Region (zumindest ihrem heute polnischen Teil) selbst lebenden Menschen (gleichgültig welcher nationalen Option und inkl. der seit 1945 „Zugewanderten“) führt seit der politischen Wende zu einem zunehmenden Interesse an der multinationalen Geschichte der Region und äußert sich nicht zuletzt auch in einer breiten Rezeption der in Deutschland entstandenen oberschlesischen Literatur (insbesondere Bieneks[17], aber auch andere deutsche Autoren bis hin zu Hans Niekrawietz[18] werden in der Region selbst wieder aufgelegt), die nun auf die in Polen entstehende oberschlesische Literatur zurückzuwirken beginnt. Literatur im weitesten Sinne (also inkl. *aller* Printmedien[19]) bleibt dabei angesichts der nach wie vor als unzureichend empfundenen Repräsentation der Region im polnischen Fernsehen[20] das (erst in letzter Zeit

---

16 Vgl. dazu grundsätzlich auch Jürgen Joachimsthaler: Die Semantik des Erinnerns. Verlorene Heimat – mythisierte Landschaften. In: Elke Mehnert (Hg.): Landschaften der Erinnerung. Flucht und Vertreibung aus deutscher, polnischer und tschechischer Sicht. Frankfurt/M. u. a. 2001, S. 188–227.

17 1994–1996 erschien im Gleiwitzer Wydawnictwo „Wokół nas“ [Verlag „Unter uns“] eine zweisprachige Ausgabe der Gleiwitzer Tetralogie, die jahrelang in so gut wie allen Buchhandlungen der Region erhältlich war, was angesichts der praktisch nicht existierenden Distributionsmechanismen des polnischen Buchhandels eine nicht genug hervorzuhebende Besonderheit für einen regionalen Verlag in Polen darstellt und nur mit einer überdurchschnittlich hohen Nachfrage erklärt werden kann.

18 Vgl. etwa die im Verlag des einflußreichen Instytut Śląski erschienene zweisprachige Ausgabe Hans Niekrawietz: Złoty klucz. Opowiadania i poezje opolskie. Der goldene Schlüssel. Oppelner Geschichten und Gedichte. Opole 1999.

19 Neben der Lokalpresse und den Zeitschriften vereinsähnlich strukturierter Organisationen wie dem Eichendorff-Konversatorium (mit einer gleichnamigen Zeitschrift) ist hier insbesondere zu verweisen auf die regional ausgerichtete Kulturzeitschrift „Śląsk“ (Katowice) und das „Schlesische Wochenblatt“ (Opole) als dem bedeutendsten Periodikum der deutschen Minderheit.

20 Das polnische Fernsehen kennt keine föderale Gliederung, lokale Produktionsstationen des Staatsfernsehens in den Großstädten (darunter auch Kattowitz) waren ursprünglich eher der Einheit der Nation als regionalen Besonderheiten gewidmet, entwickelten sich aber seit der Wende zu eigenständigen Dritten Programmen weiter, die zunehmend auch lokale Interessen vertreten. So bringt der Sender Katowice Nachrichten aus Kattowitz und den umliegenden Industriestädten, das Oppelner Schlesien aber ist dort lediglich mit einem Sendefenster im Vorabendprogramm vertreten, in dem dann wiederum die deutsche Minderheit einen eher

durch das Internet ergänzte) zentrale Selbstverständigungsmedium Oberschlesiens und der Oberschlesier (mit markanten Unterschieden zwischen dem „Oppelner Schlesien" und dem Industrierevier um Kattowitz).

Unter diesen Voraussetzungen ergeben sich vor dem Hintergrund einer (bis 1989/90 und darüber hinaus ihrerseits oft noch von den nationalen Auseinandersetzungen geprägten) umfangreichen internationalen Forschung, die es systematisch und kontrastiv zu synthetisieren gilt, die spezifischen Aufgaben der angestrebten Untersuchung. Angesichts der breit angelegten enzyklopädischen Arbeit, die bereits Arno Lubos geleistet hat, kann und muß auf dieser (trotz mittlerweile nötiger Ergänzungen und Korrekturen im Detail) bis heute unverzichtbaren Basis zu einer systematisch problemorientierten Darstellung übergegangen werden, die sich nicht, wie noch Bernd Wittes „Oberschlesische Literatur 1900–1925"[21], auf monographische Studien zu einzelnen poetae minores beschränkt, welche für sich betrachtet von nur geringem Interesse sind.

Darzustellen ist demgegenüber unter Berücksichtigung politischer Einflußnahmen, aber auch ‚von unten' entstandener Bewegungen die Herausbildung und Entwicklung programmatisch Oberschlesischer[22] Literaturen, die ein Bild der Region mit der Absicht entwerfen, daß die Region oder ihre (und sei es ehemaligen) Bewohner sich in ihm wiedererkennen, sich mit ihm identifizieren, ja sich ihm vielleicht sogar angleichen sollen. Den sich überschneidenden Kulturräumen entsprechen dabei sich überlagernde Kommunikationsräume, die sich nicht allein entlang der sprachlich-nationalen Grenzziehungen gegeneinander ausdifferenzieren: Deutsch-, polnisch- und tschechischnationale, aber auch deutschsprachig separatistische, schlonsakische oder lachische Entwürfe für Oberschlesien überlappen sich und haben jeweils eigene Institutionalisierungen zur Folge (Parteien, konfessionelle, politische und/oder kulturelle Vereine, Literaturhäuser, Museen, Zeitschriften, Verlage u. v. m., zu denen dann nach 1945 noch die Organisationen und Einrichtungen der deutschen Vertriebenen hinzutreten), denen Differenzierungen und Lagerbildungen in der literarischen Darstellung Oberschlesiens ent-

---

kleinen Programmanteil hält. Die bis heute wirksamste Fernsehpräsentation Oberschlesiens waren die mit polnischnationaler Tendenz während der 1980er Jahre polenweit ausgestrahlten Oberschlesienfilme von Kazimierz Kutz. Kaum meßbare Bedeutung kommt den zahlreichen privaten Radiosendern mit meist nur lokaler Reichweite zu, in denen sogar, so etwa im Sender Kluczbork, stundenlang deutschsprachige Lieder im Musikantenstadl-Stil über Mutterliebe, Heimattreue u. ä. gehört werden können. Im Nachrichtenteil dieser Sender dominieren meist lokale und (von den Agenturen zentral verbreitete) gesamtpolnische Nachrichten, für die rasche Vermittlung regionaler Nachrichten innerhalb der Region selbst fehlt noch eine auf den konkreten Raum bezogene Infrastruktur der Radiosender.

21 Bernd Witte (Hg.): Oberschlesische Literatur 1900–1925. Historischer Umbruch und literarische Reflexion (Schriften des Eichendorff-Instituts an der Heinrich-Heine-Universität Düsseldorf 1). Frankfurt/M. u. a. 2000.

22 Zur methodologischen Begründung der Großschreibung vgl. Jürgen Joachimsthaler: Anged/Deutsch. Kleinere Schwierigkeiten mit der ‚wissenschaftlichen' Behandlung von ‚Deutscher Identität' und ihrer ‚Geschichte'. In: Joanna Jabłkowska / Małgorzata Półrola (Hg.): Nationale Identität. Aspekte, Probleme und Kontroversen in der deutschsprachigen Literatur. Łódź 1998, S. 94–117.

sprechen (ohne daß umgekehrt gleich jedes literarische Werk eindeutig auf ein politisches Konzept reduzierbar wäre). Die politisch emotionale und schließlich auch (bis hin zum partiellen Bevölkerungstransfer) tatsächliche Mobilisierung der Bevölkerung Oberschlesiens im 20. Jahrhundert hatte ja mehr noch als die Industrialisierung des 19. Jahrhunderts eine Herauslösung der Lebensläufe aus den sie einst konturierenden Mustern zur Folge und führte zu substituthaften Solidarisierungen in einer kaum noch überschaubaren Vielzahl von Organisationen und Zusammenschlüssen mit jeweils eigenen Formen der Verschriftlichung ihrer Vision von Oberschlesien, die hier insoweit zu berücksichtigen sind, als sie zum literarischen Gesamtbild Oberschlesiens beitragen.

Doch ein solches „literarisches Gesamtbild Oberschlesiens" ist, wie allein schon innerhalb Deutschlands die Auseinandersetzungen um Bienek deutlich machten, ein innerhalb der Literatur über Oberschlesien selbst schon fast zum Topos gewordenes Bedürfnis nach einer versöhnenden Synthese, die angesichts der radikalen Widersprüchlichkeit der Deutungen der Region auf absehbare Zeit als unmöglich erscheint. Dennoch gibt es oberhalb aller Unterschiede so etwas wie eine Themen setzende und Diskussionen akzentuierende ‚Oberschlesische Höhenkammliteratur' (dazu später mehr), die, unterstützt von spektakulären persönlichen Kontaktaufnahmen (etwa deutschsprachiger Autoren mit Wilhelm Szewczyk) bis hin zum Austausch von Themen, Motiven und Stilmitteln, dazu beiträgt, daß die verschiedenen Kommunikationsräume und Literaturen nicht völlig den Kontakt zueinander verlieren.

Insgesamt sind folgende Problem- und Fragestellungen zu bewältigen:

a) Geographische Grenzziehung

Als Ausgangspunkt der Untersuchung erscheint im Sinne des Modells einer „Literatur *in* einer Region"[23] das einst preußische Oberschlesien in den Grenzen des Regierungsbezirks Oppeln vor 1918 wenig geeignet: Bereits diese Beschränkung verweist (allein schon wegen der kulturräumlichen Überschneidungen mit dem einstigen Österreichisch-Schlesien) über die mit ihr benannten Grenzen hinaus. So bewegt sich die Oberschlesien programmatisch thematisierende Literatur Oberschlesiens nicht nur in Abhängigkeit überregional wirksamer Zentren (und Autoren[24]) der verschiedenen Nationalliteraturen, sie entstand auch häufig außerhalb Oberschlesiens (nicht selten in Breslau) oder gar Schlesiens (mit Berlin

---

23 Norbert Mecklenburg: Wieviel Heimat braucht der Mensch? Gedanken über Beziehungen zwischen Literatur und Region. In: Alexander Ritter (Hg.): Literaten in der Provinz – Provinzielle Literatur? Schriftsteller einer norddeutschen Region (Steinburger Studien 6). Heide 1991, S. 11–30, hier S. 16.

24 Goethes Gelegenheitsgedicht ins Stammbuch der Knappschaft in Tarnowitz wurde zu einem feststehenden Motiv oberschlesischer Selbstreflexion (nicht nur) in der deutschsprachigen Oberschlesischen Literatur und über diese Tradierung nicht nur zum Anlaß für Heinz Pionteks Roman über Goethes Schlesien-Reise (Heinz Piontek: Goethe unterwegs in Schlesien. Fast ein Roman. Würzburg 1993), sondern auch für die Aufnahme Goethes in Franz Heiduks Oberschlesisches Literatur-Lexikon.

als einem fast schon eigenen Zentrum schlesischer und oberschlesischer Literatur); die deutsche Literatur Oberschlesiens bewegt sich zudem spätestens seit der allgemeinen Anerkennung der Brüder Hauptmann und Hermann Stehrs in Schlesien in einem gesamtschlesischen Diskurs (insbesondere seit der Abstimmungszeit), der seinerseits von spezifisch oberschlesischen Fragestellungen beeinflußt wird und auf sie zurückwirkt – dieser gesamtschlesische Diskurs (und mit ihm die Differenzen zwischen Nieder- und Oberschlesien einerseits und Oberschlesien und ‚ganz Schlesien' andererseits) wird denn auch in der gehörigen Breite zu berücksichtigen sein. Das Modell der sich überschneidenden Kultur- und Kommunikationsräume verweist darüber hinaus auch auf die Zentren der Nationalisierungspolitik, was einen vergleichenden Blick insbesondere auf das in der polnischen Germanistik in letzter Zeit intensiv erforschte sogenannte „Großherzogtum Posen" nötig macht[25] (von wo aus ja die polnischsprachige Oberschlesische Literatur ebenso beeinflußt wurde wie über die „Ostmarkenpolitik" die nicht zuletzt auch literarisch agierende Germanisierungspolitik in Oberschlesien), um anhand der unterschiedlichen (in Oberschlesien vor der Zeit der Abstimmungskämpfe dann vergleichsweise niedrigen) Intensitätsgrade der nationalen Auseinandersetzungen inner- wie überregionale Reaktionen der Literatur(en) besser abwägen zu können. Als umkämpftes Objekt nationaler Sinnprojektionen wird das geographische Oberschlesien mit seinen topographischen Merkmalen (insbesondere dem St. Annaberg) schließlich zu einem mit einander widersprechenden Semantiken aufgeladenen Symbol für die jeweilige Nation; insofern kann der Kulturraum Oberschlesien gar nicht dargestellt werden als in sich klar abgeschlossenes Gebilde, sondern muß begriffen werden als Bestandteil gleichzeitig mehrerer verschiedener größerer Kulturräume[26].

Daneben ist zu berücksichtigen, daß auch auf der literarischen Gegenstandsebene die Grenzen der in Oberschlesischer Literatur behandelten Region Oberschlesien ihrerseits nicht unproblematisch sind. Ein konkretes Beispiel: Die Schriftstellerfamilie Bronner/Bronnen (Ferdinand Bronner, dessen Sohn Arnolt Bronnen und dann wiederum dessen Tochter Barbara Bronnen) hat sich familiengeschichtlich halbkreisförmig (von Auschwitz über Wien bis Berlin) um (ein weit verstandenes) Oberschlesien herumbewegt, das, wiewohl sie außerhalb Oberschlesiens lebte, einen geheimen Mittelpunkt im Familienschaffen darstellt: Bronners in Österreichisch-Schlesien angesiedeltes Drama „Die Familie Wawroch",

25 Neben der Arbeit von Maria Wojtczak: Literatur der Ostmark. Posener Heimatliteratur (1890–1918). Poznań 1998, sei hier verwiesen auf die Posener Dissertation von Marek Rajch, der sich in Ergänzung zu Wojtczak der polnischen Seite des literarischen Nationalitätenkampfes im „Großherzogtum Posen" widmet; Marek Rajch: Preußische Zensurpolitik und Zensurpraxis in der Provinz Posen 1848/49 bis 1918. In: Archiv für Geschichte des Buchwesens 56 (2002), S. 1–77.

26 Zur literarischen Zugehörigkeit (Ober-)Schlesiens auch zum größeren deutschsprachigen Kulturraum vgl. Gerhard Rademacher: Von Eichendorff bis Bienek. Schlesien als offene literarische „Provinz". Studien zur Lyrik schlesischer Autoren des 19. und 20. Jahrhunderts im transregionalen Kontext (Studien der Forschungsstelle Ostmitteleuropa an der Universität Dortmund 9). Wiesbaden 1993.

das als „programmatisches ‚Österreichisches Drama', [...] die Österreicher vieler Zungen im Bergbaugebiet Österreichisch-Schlesiens im Kampf gegen die Herrschaft und im Kampf gegeneinander vereinigte"[27], legte strukturelle Grundlagen für Arnolt Bronnens (auch) gegen „Die Familie Wawroch" konzipierten berüchtigten Roman „OS", der (und dessen Inhalt) dann wiederum für Barbara Bronnen zentraler Bestandteil ihres familienarchäologischen Romans „Das Monokel" wurde. Nicht nur wurde im Familienschaffen so thematisch immer wieder auf Oberschlesien zurückgegriffen, mit „OS" wurde zu Beginn der 30er Jahre eine kurzzeitige (über Oberschlesien weit hinausreichende) Mode oberschlesienzentrierter Abstimmungs- und Freikorpsromane (z. B. Max Koch: „OS... verratenes deutsches Land", Hanns Heinz Ewers: „Reiter in deutscher Nacht", Wilhelm Wirbitzky: „Gequältes Volk") ausgelöst, die das Bild Oberschlesiens innerhalb wie außerhalb der Region stark mitgeprägt haben. Dadurch rückt nun aber nicht nur (was nicht sonderlich strittig sein dürfte) über „Die Familie Wawroch" Österreichisch-Schlesien als thematisch struktureller Hintergrund für „OS" in den zu behandelnden Kulturraum Oberschlesien mit herein, damit stellt sich von der vordergründig biographischen Ebene aus auch die Frage nach der Verortung des in der „Familie Wawroch" verschlüsselt widergespiegelten und im „Monokel" an zentraler Stelle behandelten Herkunftsortes der Familie (Auschwitz) auf der Landkarte des literarischen Kulturraummodells Oberschlesien (das alte Piastenstädtchen Auschwitz fiel 1457 an Polen und wurde während der NS-Besatzung der Provinz Oberschlesien zugeteilt). Diese Frage, seit 1945 subkutaner (und in Deutschland und in Polen eher konträr beantworteter[28]) Bestandteil des internationalen literarischen (Ober-)Schlesien-Diskurses, rührt zutiefst an das Selbstverständnis jedes (Ober-)Schlesien-Entwurfes: „War das im erweiterten Oberschlesien gelegene Auschwitz zur Zeit des Mordens gar ein Teil der schlesischen Geschichte, seiner letzten und unheilvollsten? Man darf die Frage sicheren Gewissens verneinen, es sei denn, man wollte sich auf den Standpunkt der Okkupanten begeben. Nur in einer Hinsicht gehört dieser Ort des Schreckens dazu. Auch ein Großteil der 1941 noch in Schlesien lebenden Juden wurde vermutlich dort ermordet."[29] Eine nicht im gleichen Maße differenzierende, eine eindeutig „richtige" Antwort läßt sich auf diese Frage wohl kaum geben. Es kann hier nicht

---

27 Friedbert Aspetsberger: „arnolt bronnen". Biographie. Wien, Köln, Weimar 1995, S. 468 f.

28 Noch Henryk Wanieks literarische Schlesienreise (Opis podróży mistycznej z Oświęcimia do Zgorzelca 1257–1957 [Mystische Reise von Auschwitz nach Görlitz 1257–1957]. Kraków 1996) beginnt in Auschwitz, während in deutscher Oberschlesien-Literatur der zentrale Symbolort des Holocaust oft eher ausgeblendet wird. Bienek beschreibt die Ankunft Arthur Silbergleits in (Auschwitz-)Birkenau, ohne den Ort („drei Stunden von Kattowitz" – Horst Bienek: Gleiwitz. Eine oberschlesische Chronik in vier Romanen. München 2000, S. 1060) regional eindeutig irgendeiner Region zuzuschreiben. Zum Problem der Lokalisierung von Auschwitz vgl. auch – ohne (Ober-)Schlesien-Bezug – Barbara Breysach: „Schauplatz Polen". Polenbilder und Polenmetaphern in der deutschsprachigen Holocaust-Prosa. In: Convivium. Germanistisches Jahrbuch Polen 1999, S. 163–186.

29 Norbert Conrads: Schlußbetrachtung. In: Ders. (Hg.): Schlesien (wie Anm. 5). Berlin 1994, S. 693–704, hier S. 701.

Aufgabe sein, die Frage nach der regionalen Zuordnung von Auschwitz stellvertretend für die Oberschlesische Literatur zu beantworten, hingegen muß das Problem (mit den äußerst verschiedenen und für sich jeweils sehr verständlichen Reaktionen darauf) als Bestandteil des literarischen Themenkomplexes Oberschlesien soweit nachgezeichnet werden, als es in der Literatur selbst thematisiert wird.

b) Text- und Materialbasis

Die Konzentration auf das literarisch programmatische Bild Oberschlesiens bringt zwangsläufig die Konzentration auf die in thematischer oder formaler Hinsicht innovativen, richtungsweisenden oder wirkungsmächtigen Texte mit sich, die als Traditionen begründende und Diskussionen auslösende (oder den bisherigen Oberschlesien-Diskurs kritisch hinterfragende) Bezugstexte so etwas wie eine ‚Oberschlesische Höhenkammliteratur' bilden (v.a. von Max Waldau, Józef Lompa, Cyprian Lelek, Gustav Freytag, Norbert Bonczyk, Robert Kurpiun, Petr Bezruč, Franz Jung, Max Herrmann-Neisse, Max Tau, Òndra Łysohorský, Arnolt Bronnen, August Scholtis, Gustaw Morcinek, Hans Lipinsky-Gottersdorf, Wilhelm Szewczyk, Ota Filip, Heinz Piontek, Horst Bienek, Janosch, Henryk Gajewski), wobei die zahlreichen poetae minores in repräsentativ exemplarischer Auswahl (z.B. Valeska v. Bethusy-Huc, Marie Klerlein, Emil Maxis, Viktor Kaluza, Hans Niekrawietz, Jan Pierzchała, Henryk Bereska, Albin Siekierski, Jan Goczoł, Bogusław Żurakowski) mit einzubeziehen sind (es geht um thematisch relevante Texte, nicht um Autoren, biographische Momente werden nur insoweit berücksichtigt, als sie wie etwa im oben dargestellten Beispiel der Schriftstellerfamilie Bronner/Bronnen von thematischer Relevanz sind). Angesichts der Heftigkeit und Intensität der Auseinandersetzungen, aber auch der puren Quantität der Texte und Autoren stehen die deutsche und die polnische Literatur im Mittelpunkt, Ausblicke auf die tschechische Literatur erfolgen – nicht um enzyklopädischer Vollständigkeit willen, sondern um einen klar konturierten Problemaufriß über einen doch beträchtlichen Zeitraum hinweg zu erreichen.

Diese literarische Textbasis ist freilich, soll die Entstehung literarischer Entwürfe Oberschlesiens rekonstruiert werden, zu ergänzen um nicht- oder außerliterarische Textzeugnisse in und für die Region maßgeblicher Publizisten und Organisatoren des Literatur- und Kulturbetriebs, wobei besondere Aufmerksamkeit zu legen ist auf die seit der wilhelminischen Zeit (v.a. ab 1890) programmatisch im Kontext der jeweils nationalen (vorwiegend polnischen und deutschen) Volksbildungsprogramme erarbeiteten Grundlagen für die literarisch vermittelte Verbreitung nationalprogrammatisch geformter Bilder der Region. Auf der polnischen Seite nimmt hier Karol Miarka mit seinen (katholisch) polnischsprachig volksbildungsorientierten, von Adam Napieralski dann im zunehmend nationalpolnischen Sinne fortgeführten Verlags-, Vereins- und Zeitungsprojekten, Lesestuben und Theaterinitiativen eine initiale Schlüsselrolle ein, aufgrund derer in

Konkurrenz zur deutschen Schule ein dichtes kulturelles Netzwerk zur Verbreitung eines nationalpolnisch orientierten Bildes von Oberschlesien installiert werden konnte[30], in das zahlreiche Schriftsteller involviert waren. Auf der deutschen Seite wäre hier Karl Kaisig zu nennen, u. a. Leiter des Verbandes der oberschlesischen Volksbibliotheken, dessen Zeitschrift „Die Volksbücherei in Oberschlesien" (seit 1907) eine Fundgrube für Überlegungen zur Formung des regionalen und nationalen Bewußtseins der Mischbevölkerung Oberschlesiens im deutschen Sinne darstellt (bis hin zu Maßnahmen zur Steuerung des Buchmarktes und des Leseverhaltens weiter Bevölkerungskreise). Kaisig arbeitete eng mit der Oppelner Regierung zusammen, die ihrerseits die Vermittlung des Selbstbildes der Region v. a. in den Volksschulen streng überwachte und (auch gegen den Widerstand der Schulen) durch massenhafte Zwangsabonnements der Jugendzeitschriften Anton Jelittos (die alle Volksschulen und alle Volksschüler zu beziehen hatten) nachhaltig zu formen versuchte. Die Lehrer wurden entsprechend instruiert[31] und übten dann, soweit sie nicht gar selbst schriftstellerisch tätig wurden, ihrerseits mittelbar oder unmittelbar Einfluß auf die Literatur aus (erinnert sei nur an den Volksschullehrer Karl Sczodrok/Schodrok, der noch vor dem Ersten Weltkrieg August Scholtis unterrichtet hatte[32], sich dann seit den Abstimmungskämpfen eine bedeutenden Rolle im oberschlesischen Literatur- und Kulturbetrieb zu erarbeiten wußte und schließlich noch bedeutende Akzente in der Kulturarbeit der Vertriebenenverbände setzen konnte). Dies alles ist wiederum einzubetten in ein disziplinenübergreifendes Gesamtbild des Kulturraums Oberschlesien mit all seinen Heterogenitäten und inneren Widersprüchen.

Nach Möglichkeit sind darüber hinaus außerliterarische Zeugnisse heranzuziehen, die zeigen können, inwieweit die literarisch vermittelten Deutungsmuster für die Region in der Region selbst verbreitet waren oder noch immer sind (die Frage nach einem Primat der literarischen oder der außerliterarischen Selbstverständigungsmodelle, die von Fall zu Fall sicherlich unterschiedlich zu beantworten wäre, ist dabei wohl leichter zu stellen als zu klären. Immerhin kann dank der materialreichen Untersuchung von Martin Hollender[33] klar gezeigt werden, wie die – auch in zahllosen literarischen Texten nachweisbare – Wahrnehmung oberschlesischer Landschaft nach dem Muster der Gedichte Eichendorffs durch eine institutionell getragene massenhafte Propagierung Eichendorffs als ‚des Dichters' Oberschlesiens mindestens unterstützt wurde, wie also die in diesem Fall breite Übereinstimmung zwischen literarischer Darstellung und regionaler Selbstwahr-

---

30 Vgl. auch Halina Kowalczyk-Dudała: Edukacja historyczna mieszkańców Górnego Śląska w drugiej połowie XIX i na początku XX wieku [Die historische Erziehung der Bewohner Oberschlesiens in der 2. Hälfte des 19. und zu Beginn des 20. Jahrhunderts]. Warszawa 1998.

31 Umfangreiches Material dazu konnte ich in den im Archiwum Państwowe w Opolu aufbewahrten Aktenbeständen oberschlesischer Kreisschulinspektionen finden.

32 Vgl. Marek Zybura: August Scholtis. Untersuchungen zu Leben, Werk und Wirkung. Paderborn u. a. 1997, S. 11.

33 Martin Hollender: Die politische und ideologische Vereinnahmung Joseph von Eichendorffs. Einhundert Jahre Rezeptionsgeschichte in der Publizistik (1888–1988). Frankfurt/M. u. a. 1997 (vgl. dazu auch meine Rezension in „Convivium" 1999, S. 388–392).

nehmung Oberschlesiens auf der Grundlage literarischer Vorgaben entstanden ist – und bis in die heute mehrheitlich polnische Gegenwart hinein weiterwirkt, der Eichendorff nach wie vor als ‚der Dichter' Oberschlesiens gilt[34], so daß er als identitätsstiftender ‚Regionaldichter' schließlich sogar von der oberschlesischen Polonistik ‚entdeckt' werden kann[35]).

c) Oberschlesische Motivverflechtungen

In Ergänzung zu dem in der literaturwissenschaftlichen Regionalitätsforschung derzeit vorherrschenden Modell einer literatursoziologisch orientierten Darstellung der „Literatur in (und aus[36]) einer Region[37]" umfaßt das hier anzuwendende Kulturraummodell die von innen wie von außen an die Region herangetragenen Sinnkonstruktionen und ihre Auswirkungen auf die literarische Produktion Gültigkeit beanspruchender Entwürfe der Region, so daß im Zentrum der Untersuchung nicht eine enzyklopädische Darstellung des literarischen Lebens *in* der Region steht, sondern die in unterschiedlichen (und nicht allein auf das geographische Gebiet Oberschlesien beschränkbaren) Kommunikationsräumen verankerten Modelle für einen Sinnraum Oberschlesien. Jedes dieser Modelle erhebt dabei einen monopolähnlichen Anspruch auf eine der Region angeblich wesenhaft innewohnende ‚Wahrheit', ohne daß (trotz aller politischen Unterstützung) einer dieser Entwürfe je eine realistische Chance gehabt hätte, das von ihm beanspruchte Deutungsmonopol den konkurrierenden Projekten und Projektionen gegenüber erfolgreich durchzusetzen.

Der den verschiedenen Entwürfen Oberschlesiens innewohnende Wahrheitsanspruch impliziert einen jeweils privilegierten Zugang zur ‚oberschlesischen Wirklichkeit'. Diese widerzuspiegeln oder ‚auszudrücken' erscheint als die wichtigste Aufgabe Oberschlesischer Literatur, die allein deshalb schon gezwungen ist, selbst noch in symbolistisch oder expressionistisch gefärbten Texten mit einem im Kern realistischen oder naturalistischen Referentialitätspostulat aufzutreten, das verbirgt, inwieweit die bloße Thematisierung Oberschlesiens bereits überformt wird von Beschreibungskategorien und literarischen Traditionen innerhalb der Kommunikationsräume, in die Oberschlesien integriert bzw. ‚heimgeholt' werden soll. Der Verweis auf regionale Realia erfolgt so von Anfang an von unterschiedlichen Deutungssystemen aus (z. B. ‚Heimat' vs. ‚[mała] ojczyzna'). Da auch und v. a. (aber nicht nur) die Bewohner Oberschlesiens als

34 Hingewiesen sei hier nur auf die zweisprachige Oppelner Kulturzeitschrift „Joseph von Eichendorff Konversatorium" (seit 1989).

35 Jerzy Pośpiech (Hg.): Joseph von Eichendorff – wybitny niemiecki poeta romantyczny z ziemi raciborskiej [Joseph von Eichendorff – ein berühmter deutscher Dichter aus dem Ratiborer Land]. Gliwice 2000.

36 Auf dieser notwendigen Ergänzung insistierte in mehreren während des Jahres 2000 von mir gehörten Tagungsbeiträgen Jens Stüben.

37 Vgl. den Forschungsüberblick bei Regina Hartmann: „Regionalität" – „Provinzialität"? Zu theoretischen Aspekten der regional-literarischen Untersuchungsperspektive. In: Zeitschrift für Germanistik N. F. 7 (1997), S. 585–598.

Leser intendiert sind und Oberschlesische Literatur meist in erster Linie deren nationale Option beeinflußen will, muß die von der Literatur beanspruchte Referentialität (notfalls auch gegen den Augenschein und mit Hilfe von Aussparungen, Leerstellen und thematischen Absenzen) zumindest textinterne Evidenz für das jeweilige Deutungsmuster aufweisen (so gibt es in einigen Texten kaum deutsch-, und in anderen kaum polnischsprachige Bewohner Oberschlesiens), wobei der (auch nach 1945 weiterbestehende) Konkurrenzdruck im Hinblick auf den anvisierten Leserkreis den Deutungskampf zunehmend um einige besonders umstrittene oder deutungsbedürftige Motive zentriert, die sich, weil sie in kaum einem Text fehlen, aufgrund innerliterarischer Traditionsbildungen langsam verdichten zu einem Ensemble für die Region angeblich oder wirklich ‚typischer' Besonderheiten.

Ein und dasselbe Motiv wird so, von den verschiedenen Literaturen in ihre jeweilige Tradition eingepaßt, dazu genutzt, der „unkultiviert" mehrdeutigen Region Eindeutigkeit im jeweils ‚eigenen' Sinne dadurch zu gewähren (oder aufzuzwingen), daß ihre Ambivalenzen auf der Beschreibungsebene auf nur einen der diese Ambivalenzen wiedergebenden Signifikanten reduziert werden – die Region soll(te) eben nur „deutsch" sein oder nur „polnisch". Noch in einem 1999 veröffentlichten Gedicht Jan Goczołs darf sich ‚der Oberschlesier' nicht einmal im Jenseits vom Zwang zur nationalen Selbstvereindeutigung frei fühlen[38]. (Bezeichnenderweise bleiben die in dieses Spannungsgeflecht schwer integrierbaren Juden in Oberschlesien trotz all ihrer ökonomischen Modernität in identitätspolitischer Hinsicht eher konservativ und gemäßigt orthodox[39], wie ja auch die aschkenasische Agudat Israel[40], heute eine der bedeutendsten religiösen Parteien Israels, auf einem antizionistisch orientierten „Weltkongreß" von tatsächlich europaweiter Ausstrahlung 1912 in Kattowitz gegründet worden ist.)

Eines der zentralen Motive in Oberschlesischer Literatur bis zur Zeit der Abstimmungskämpfe (und darüber hinaus) ist das der noch zu vollziehenden „Kultivierung" der Region. Als es dynamisierende Variation des deutschen Deutungsmusters „Bildung und Kultur" unterstellt es der Region als ihr eigentümlichstes Spezifikum einen zwar bereits begonnenen, aber erst noch zu seinem Ziel fortzuführenden Prozeß ‚notwendiger' Kulturarbeit. So betont Karl Kaisig 1907, daß ‚der Oberschlesier' „der Kindheit noch recht nahe steht [...], daß ihm gegenüber das Deutschtum im eigentlichen Sinne des Wortes pädagogisch aufzufassen ist"[41]. 1920 heißt es dann bei Emil Maxis: „Unser Oberschlesien. Was darin noch an Unkultur vorhanden ist, das bildet lediglich den Rest des ehemaligen Zustan-

38 Jan Goczoł: Zapisy śladowe [Schriftzeichenspuren]. Katowice 1999, S. 27.

39 Vgl. Gabriele von Glasenapp: Annäherung an Preußens östliche Kulturlandschaften. Oberschlesien und die Provinz Posen im Werk von Ulla Frankfurter-Wolff und Isaak Herzberg. In: Hans Henning Hahn/Jens Stüben (Hg.): Jüdische Autoren Ostmitteleuropas im 20. Jahrhundert (Mitteleuropa – Osteuropa. Oldenburger Beiträge zur Kultur und Geschichte Ostmitteleuropas 1). Frankfurt/M. u. a. 2000, S. 19–60.

40 Vgl. grundsätzlich Alan Mittleman: The Politics of Torah. The Jewish Political Tradition and the Founding of „Agudat Israel". New York 1996.

41 Karl Kaisig: Zur Einführung. In: Die Volksbücherei in Oberschlesien 1 (1907), Nr. 1/2, S. 3.

des. Noch ein, zwei Jahrzehnte, und Oberschlesien unterscheidet sich von keiner anderen Landschaft unseres Vaterlandes."[42] Und noch 1933 klagt Janoschek, der Held in Rudolf Fitzeks „Volk an der Grenze", über die durch die Gründung Polens unterbrochene Germanisierung der Oberschlesier: „In zwei, drei Generationen wären wir schon deutsch."[43] Oberschlesien bleibt so für lange Zeit auf eine erst noch zu erreichende national eindeutige Zukunft hin orientiert – noch Korfantys Versprechungen während der Abstimmungskämpfe tradieren das Bild einer noch unfertigen, einer erst durch die ‚richtige' (nationalisierende) Entwicklung in einen ‚fertigen' Zustand eintretenden Region, die so in das (in Posen entwickelte) nationalpolitisch polnische Konzept der „Organischen Arbeit" integriert wurde. Unter diesem Vorzeichen wurde auf polnischer Seite nationale Kulturarbeit angesichts des offensichtlichen Mischcharakters der Bevölkerung als notwendige Polonisierung (im Sinne einer nur durch ‚Kultivierung' erreichbaren ‚Bewegung' auf das Ziel einer Angleichung an die übrige polnische Kultur hin) und als Abschleifung oberschlesischer Eigentümlichkeiten[44] betrieben, die von den übrigen Polen eher abgelehnt wurden[45]. „Kultivierung" sollte so die Region auf das Ziel eines im jeweils nationalen Kernland bereits herrschenden Kulturstandes zuführen, bei dem „Kultur" überschrieben und ersetzt wurde durch das (die jeweils ‚Anderen' dann aus der „Kultur" ausschließende) Paradigma der Nation. Bereits Gustav Freytag hatte mit derartigen Implikationen 1849 vom „Übergangsprozeß aus der polnischen Nationalität in die deutsche, welchen es [‚das oberschlesische Volk'] noch jetzt nicht beendigt hat"[46], gesprochen.

Die Abstimmungskämpfe erzwingen dann eine Modifikation dieses Motivs, muß doch jetzt der jeweilige Anspruch auf die Region belegt werden nicht mit der in ihr noch zu leistenden, sondern mit der in ihr bereits geleisteten Kulturarbeit. Plötzlich „ist" Oberschlesien bereits polnisch *oder* deutsch und auf jeden Fall bereits in die jeweilige Nation hineinkultiviert: „Oberschlesien, ein Land deutscher Kultur. Auf deutsch: eine Musterkolonie, die so gut kolonisiert vor Jahrhunderten wurde, daß sie dem Mutterlande ähnelte."[47] Umgekehrt soll die „Ehre Polens und der Oppelner Piasten zur Verteidigung der polnischen Schlesier"[48] dienen. Die kulturellen Deutungsmuster beider Seiten werden statisch

42 Emil Maxis: Tiefengold. Kulturroman aus Oberschlesien. Breslau, Leipzig 1920, S. 60.

43 Rudolf Fitzek: Volk an der Grenze. Breslau 1933, S. 17.

44 Dorota Simonides: Folklor polski (wie Anm. 8).

45 Vgl. Maria Wanda Wanatowicz: Polskość Górnoślązaków w opiniach Polaków innych dzielnic (1922–1939) [Das Polentum der Oberschlesier in der Meinung der Polen aus anderen Regionen (1922–1939)]. In: Studia Śląskie 50 (1991), S. 71–85.

46 Gustav Freytag: Soziale Trauerspiele in der preußischen Provinz Schlesien. In: Die Grenzboten 8 (1849), Bd. 1, S. 84–86, hier S. 85.

47 Alfred Hein: Die Seele des Oberschlesiers. In: Alfred Hein/Wilhelm Müller-Rüdersdorf (Hg.): Oberschlesien. Heimatbuch. Leipzig 1926, S. 182–190, hier S. 185.

48 Szymon Koszyk: W walce o górnośląski kraj rodzinny. Wspomnienia Polaka-Opolanina; książka ludowa, pisana ku chwale Polski i Piastów opolskich oraz w obronie Ślązaków – Polaków [Im Kampf um die Entwicklung der oberschlesischen Familien; Polnisch-Oppelner Erinnerungen; Volksbücher, geschrieben zur Ehre der Oppelner Piasten und zur Verteidigung der polnischen Schlesier]. Katowice 1935.

und vergangenheitsorientiert, beide Seiten reklamieren nun die Piasten für sich. Dieser nun statisch gewordene Kulturbegriff erlaubt dann (insbesondere seit 1945) nostalgische oder legitimatorische Rückblicke auf die Zeit der nationalen Auseinandersetzung, in der die damals gegen den nationalen Mischcharakter der Region gerichteten Nationalisierungsbestrebungen nachträglich zum legitimatorisch angeführten Traditionsschatz der jeweils eigenen nationalen „Kultur" hinzugerechnet werden. Die polnische wie die deutsche Oberschlesien-Forschung ist voll von Beispielen dafür, wie die nationalisierende ‚Kulturarbeit' nachträglich selbst zum Gegenstand nationaler Kulturdeutung wurde.

Natürlich fordern derartige Einseitigkeiten auch Widerspruch heraus und fördern gegen die nationalen Deutungsmuster gerichtete national relativierende Darstellungen, in denen die ‚Kulturarbeit' beider Seiten als ‚von außen' kommendes Unrecht an der Region dargestellt wird, der, beginnend mit Scholtis und Szramek bis hin zu Bienek und Gajewski, mehr und mehr zwischen- oder gar übernationaler Eigencharakter zugeschrieben wird. Aus Sicht sich mit der Region identifizierender Innenbeobachter wird die Region so im Zuge der nationalen Vereinnahmungen weniger vereindeutigt als überschrieben mit als unangemessen geltenden Beschreibungsmustern. In Reaktion darauf kann (oder muß?) deshalb langsam eine regional(istisch) orientierte Literatur entstehen, die sich den einander widersprechenden überregionalen Deutungsmustern zu entziehen versucht, indem sie deren Vorgaben nicht einfach ablehnt, sondern sie gerade dort, wo bisher Unvereinbarkeiten behauptet wurden, miteinander vermischt: ‚Der Oberschlesier' ist nun deutsch *und* polnisch und als quasi Drittes dieses Gegensatzes auf keine seiner Seiten wirklich völlig zu reduzieren. Dieses Deutungsmodell, das sich nur langsam und im Widerspruch gegen die jeweils ‚eigene' Seite entwickeln konnte, wird heute in der Region selbst insbesondere von Jüngeren gerne vertreten, ohne daß es sich bisher endgültig gegen die älteren nationalisierenden Deutungen hätte durchsetzen können, aus deren Sicht es ja der jeweils ‚anderen' Seite zuzurechnen ist, so daß es durch seine bloße Existenz wider Willen einseitig nationale Standpunkte bestätigt und unterstützt.

Dies hat methodisch zur Folge, daß die aus dem Kulturraummodell erklärbaren (und oft binär konstruierten) semantischen Spannungsgefüge (‚fremd' vs. ‚eigen', ‚deutsch' vs. ‚polnisch', ‚katholisch' vs. ‚protestantisch' etc.) auf der Beschreibungsebene Oberschlesischer Literatur systematisch analysiert und als der Rahmen abgesteckt werden müssen, innerhalb dessen dann jedes programmatisch Oberschlesische literarische Werk sich selbst verortet. Denn die von der nationalen Alteritätsrhetorik aufgebauten und dann synkretistisch gegen sie weiterentwickelten binären Beschreibungsmuster neigen zur Abbildung ihrer selbst auf die übrigen, in ihrer Gesamtheit Oberschlesien auf der Beschreibungsebene überhaupt erst konstituierenden Gegensatzpaare: ‚Landschaft' (Eichendorff-deutsch oder ‚naturhaft' polnisch[49]) vs. Industrie, Religiosität vs. ‚Materialismus', folk-

49 Vgl. Elżbieta Malinowska: „Nad wojenną sztuką – praca". O problemach pozytwizmu na Śląsku [„Über die Kriegskunst – Arbeit". Zu Problemen des Positivismus in Schlesien]. In:

loristisch ‚verwurzeltes' ‚Volk' vs. (räumliche wie soziale) Mobilität, arbeitsam vs. ‚ausbeuterisch', ‚Kultur' vs. ‚Unkultur' usw. Je mehr, so meine These, in Oberschlesischer Literatur versucht wird, regionale Eigenständigkeit zu evozieren, desto mehr wird versucht, diese binären Gegensätze zu synthetisieren. Der dann betonten Gleichzeitigkeit von deutsch *und* polnisch (und tschechisch und schließlich auch jüdisch) entspricht nun eine Verschmelzung[50] von Industrie- und Landschaftsbildern zur naturanalogen „Stadtschaft"[51], von Religiosität und antiklerikaler Weltlichkeit zu mystisch sinnesfrohem Erleben, von ‚Volk' und Mobilität zu glücklich in die ‚Heimat' zurückführenden Karrieren, was dann wiederum den wirtschaftlich-sozialen Gegensatz zumindest in sozialistischem Kitsch oder kapitalistischer Utopie auszusöhnen erlaubt.

d) ‚Der oberschlesische Mensch' und seine ‚oberschlesische Seele' – die Regionalisierung der Literatur

Die im regionalen Motiv- und Signifikantengeflecht sich konstituierenden Bilder Oberschlesiens stehen unter dem Bann des Identitätsgebots: Oberschlesische Literatur ist Identifikationsliteratur; satirisch oder brechtianisch verfremdend gegen das in ihr explizit oder implizit allgegenwärtige Motiv der Identitätssuche geschriebene Texte sind (trotz einiger in diese Richtung zumindest zielender Versuche Franz Jungs), soweit ich zumindest bisher sehe, nirgendwo anzutreffen. Selbst die nach der politischen Wende entstandene postmoderne Kattowitzer Zeitschrift „FA-ART" wendet sich nach jahrzehntelang im Raum Katowice dominanter ostoberschlesisch-polnischnationaler Identitätsliteratur brüsk von den Themen „Identität" und „Regionalität" ab, ohne sie überhaupt noch dekonstruieren zu wollen. So zählt sie sich denn auch explizit nicht mehr zur Oberschlesischen Literatur. Ex negativo freilich trägt sie dadurch wiederum zu einer relativen Einheitlichkeit Oberschlesischer Literatur bei: In dieser geht es darum, ‚dem oberschlesischen Menschen' das ‚richtige' Bild seiner selbst und seiner ‚Verankerung' in seiner ‚Heimat' zu vermitteln – wie unterschiedlich diese Begriffe auch immer verstanden werden mögen.

Mit jedem literarischen Oberschlesien-Entwurf ist so die Konstruktion eines den Leser zur Identifikation einladenden ‚oberschlesischen Menschen' und seiner ‚Seele' verbunden. In dieser ‚Seele' mischen sich konfessionalistische, folkloristische, national(istisch)e und sozial(istisch)e Traditionen bei weitem nicht nur

---

Edmund Jankowski/Janina Kulczycka-Saloni (Hg.): Problemy literatury polskiej okresu pozytywizmu. Seria druga [Fragen zur polnischen Literatur in der Zeit des Positivismus]. Wrocław 1983, S. 193–216.

50 Ein frühes Beispiel: „Wie Pappeln, die am Wege stehn,/Kannst du die Essen ragen sehn." Friedrich Feldhuß: Lied des Oberschlesiers. In: August Klink (Hg.): Der junge Schlesier in der Heimat und im Beruf als angehender Staatsbürger. Ein Lese- und Hausbuch für die schulentlassene männliche Jugend in ländlichen Fortbildungsschulen, Jugendheimen und ähnlichen Anstalten. Unter Mitwirkung eines Teiles der Lehrerschaft des Schulaufsichtsbezirkes Hultschin und anderer Freunde der Jugend. Breslau 1911, S. 290 f.

51 Walter Benjamin: Das Passagen-Werk. Frankfurt/M. 1983, Bd. 2, S. 530.

oberschlesischer Provenienz, die aufgrund regional spezifischer Problemlagen hier eine eigenartige Färbung annehmen. Der für das 19. Jahrhundert charakteristische Widerspruch zwischen folklorisierender „Volks"-Romantik und realer Pauperisierung und anschließender Proletarisierung großer Teile eben dieses „Volkes" fiel in Oberschlesien ja deshalb besonders ins Gewicht, weil hier die Industrialisierung vergleichsweise früh mit weit überproportionaler Heftigkeit eingesetzt hatte, während trotz der damit einhergehenden wachsenden Mobilität in allen Bevölkerungsschichten auf die auf allen Seiten zunehmend national ideologisierte „Volks"-Romantik allein deshalb nicht verzichtet werden konnte, weil es dieses „Volk" war, auf dessen „Abstammung" die jeweiligen Nationalismen ihre Ansprüche auf das Gebiet gründeten (wobei pikanterweise ein erheblicher Prozentsatz der jeweiligen Nationalitätskämpfer selbst nicht aus der Region stammte, nationen- bzw. ethnienübergreifend aber gleichzeitig die – als unberechtigt dargestellte – Anwesenheit der Angehörigen der jeweils ‚anderen' Gruppen auf das als ‚schädlich' interpretierte Phänomen der Mobilität zurückführte). In den Mittelpunkt der regionalen Charakterkonstruktion rückt – bedingt durch das fast völlige Fehlen bildungsbürgerlicher Traditionen in der Region selbst – mehr als sonst der ‚einfache Mensch', der als zudem häufig erst noch zu „kultivierender" (dieses Merkmal wird er bis hin zu Janosch nicht mehr los; Bienek will dann mit seinen Entwürfen oberschlesischer Charaktere explizit „weg vom Antek- und Franzek-Typ, vom Sub-Proletariat, vom dumpfen Kaczmarek-Typ"[52]) thematisch im Spannungsfeld zwischen agraridyllischer ‚Verwurzelung' in einem ihm angeblich seit Urzeiten her ‚wesenhaft' ‚zugehörigen' Land und industriezeitlicher Dynamisierung und Mobisilierung angesiedelt und anfangs der jeweils eigenen Nation (oder dem ‚kultivierenden' Weg dorthin) zugeschrieben und später dann den Nationalismen entgegengestellt wird; in seinem Inneren hat er mit den von Alkohol und problematischen Klerikern (so die deutsche Seite) oder problematischen Lehrern (so die polnische Seite) unterstützten ‚Verführungen' der jeweils ‚falschen' (‚germanischen' bzw. ‚slawischen') Seite seiner ‚Seele' zu kämpfen. Der von diesen ‚inneren' Kämpfen häufig begleitete ‚äußere' Lebensweg führt die Protagonisten dann aus der heimischen Natur- oder Hinterhofidylle durch die Bergwerke und Fabriken, bis sie am im Idealfall happy-endartigen Schluß in einem Glück ankommen, das ihnen mit der definitiven ‚Ankunft' auf der national ‚richtigen' Seite die ‚Überwindung' des Gegensatzes zwischen Natur und Industrie etwa durch eine von der härtesten Arbeit befreiende Karriere und/oder Hochzeit erlaubt. Wird den Protagonisten dieses happyend erzähltechnisch verweigert, so werden sie dadurch fast automatisch zu märtyrerähnlichen Helden erhoben – dieses aus der Zeit der Nationalitätskämpfe übernommene Muster überlebt dann in entheroisierter Form bis in post- oder antinationale Entwürfe Oberschlesiens hinein, in denen die Helden fast zwangsläufig zu Opfern eines oder mehrerer Nationalismen werden, durch ihr Scheitern

52 Horst Bienek: Beschreibung einer Provinz. Aufzeichnungen, Materialien, Dokumente. München, Wien 1983, S. 29.

oder ihren Untergang aber dann zumindest noch die moralische Fragwürdigkeit der Nationalismen beweisen können.

Insgesamt wird die ‚Seele des Oberschlesiers' aus jenen Elementen zusammengesetzt, in deren oben beschriebenem motivlichem Spannungsfeld sie zugleich positioniert wird. Die literarische Beantwortung der Identitätsfrage ist mit dieser Positionierung identisch, der Raum und ‚die Seele' seiner Bewohner setzen sich aus denselben Bauteilen zusammen. Damit aber werden durch dieses Signifikantenfeld auch jene Merkmale konstituiert, die mit ‚dem oberschlesischen Menschen' auch die Oberschlesische Literatur selbst kennzeichnen und so die ihr zuzurechnenden Texte zu oberschlesischen regionalisieren. Diese Selbstmarkierung als ‚oberschlesisch' findet Ausdruck v. a. auf der Wortschatzebene: Polonismen in deutschen und Germanismen in polnischen Texten sowie ‚wasserpolnische' Textfragmente kennzeichnen, ob nun positiv oder negativ gewertet, die in der ‚oberschlesischen Seele' auszutragenden Identitätskämpfe und stützen das Motivgeflecht Oberschlesischer Literatur, das sich, in formaler Hinsicht meist eher als traditionell[53] oder bestenfalls eigenwillig (wie z. B. Scholtis) einstufen läßt, darüber hinaus speist aus Synkretismen und multinationalen Bild- und Traditionsverschmelzungen heterogenster Art: Eichendorff und Mickiewicz, Hauptmann und polnischnationale Christologie und Martyriologie, schlesische Mystik und polnischer Katholizismus bilden das im Detail noch zu untersuchende und darzustellende Bilderreservoir, aus dem die Konstruktion Oberschlesiens und der ‚oberschlesischen Seele' sich nährt, wobei oft nicht mehr eindeutig festzustellen ist, auf welche dieser thematisch sich ja auch oft überschneidenden Traditionslinien welche Bildverbindung nun letztendlich zurückgeführt werden kann. Die vielfach kolportierte und in Bilder umgesetzte Formulierung vom „Land unterm Kreuz"[54] z. B. drückt nicht nur die lagerübergreifend gemeinsame Leiderfahrung einer Zeit aus, „als Großvater / bei den Polen kämpfte und sein Bruder auf deutscher Seite"[55], sondern verdichtet deutsche und polnische literarische und mystisch-religiöse Traditionen zu einem wirkungsmächtigen Bild, das – in vielerlei

53 Grob gesagt vollzieht oberschlesische Literatur in formaler Hinsicht die aus den Zentren kommenden Strömungen nach; natürlich gibt es Oberschlesier, die sich außerhalb Oberschlesiens den jeweils modernsten Strömungen anschließen (z. B. Franz Jung), nur gibt es dann, soweit ich bisher sehe, in deren experimentellster Literatur keine relevanten Oberschlesienbezüge. Die Verschmelzung auch moderaterer literarischer Modernität (im weitesten Sinne des Wortes) mit oberschlesisch-regionaler Thematik insbesondere bei Jung und Herrmann-Neisse, aber auch bei Scholtis, ist noch eingehender zu untersuchen. Zum Zusammenhang zwischen Literatur und Industrialisierung vgl. bereits den Sammelband von Joachim J. Scholz: Industrie und Literatur. Beiträge zur oberschlesischen Regionalliteratur. Berlin 1993.

54 Z. B. Hans Niekrawietz: Das magische Land. Gedichte und Erzählungen um Oberschlesien. Breslau o. J., S. 95 (erschienen in der Reihe „Schlesische Dichter sprechen zur Front"). Deutlich verbildlicht wird die Formulierung schon in einem ikonenhaft aufgebauten Schwarz-Weiß-Plakat in dunklen Tönungen aus der Zeit der Abstimmungskämpfe, auf dem ein überproportionales Kreuz vor einer Industriekulisse zu sehen ist. In gebogener Halbkreissequenz steht in jeweils leuchtendweißer Schrift um den oberen Kreuzbalken „Kreuz der Heimat:" und unter dem Kreuz auf zwei Zeilen verteilt „Oberschlesien / bleibe deutsch!" Abgebildet in: Rudolf Schricker: Blut Erz Kohle. Der Kampf um Oberschlesien. Berlin o. J. [16.–30. Tausend], Abb. 16 [nach S. 64].

Variationen (die natürlich nachzuzeichnen sind) – bis in die Gegenwart in deutsch- wie polnischsprachiger Oberschlesischer Literatur überlebt hat: „Tak, bo my, Ślązacy, jesteśmy ludźmi Nowego Testamentu.“[56] [„Jawohl, wir Oberschlesier, wir sind Menschen des Neuen Testaments.“]

Auf dieser Basis gilt es, das in Oberschlesischer Literatur sich konstituierende Abbild der Region auf seine regionalen wie überregionalen Bestandteile zurückzuführen, um das Literarische Kulturraummodell Oberschlesien in seinen zwei aufeinander bezogenen Ebenen klar konturieren zu können, einerseits als literatursoziologisch und -historisch zu erfassenden Kulturraum einer Literatur nämlich, die innerhalb oder außerhalb der Region entstand, die auf Textebene aber dann andererseits *ihre* jeweils eigenen Literarischen Kulturraummodelle für Oberschlesien entwirft, die in ihren strukturellen Gemeinsamkeiten wie in ihren motivlich-thematisch-ideologischen Differenzen und Diskrepanzen auszuleuchten sind[57].

---

55 Henryk Bereska: Oberschlesisches Allerseelen. In: Ders.: Familoki. Kraków 2001, 36–39, hier S. 38.

56 Henryk Gajewski: Górnośląskie obrachunki [Oberschlesische Abrechnungen]. Opole 1991, S. 79.

57 Dieser (für den Druck überarbeitete) Text wurde ursprünglich verfaßt als erster Teil einer Projektskizze für die Ausschreibung des Immanuel-Kant-Habilitationsstipendiums im Kalenderjahr 2002 (und möglichst eng an die Bedingungen der Ausschreibung angelehnt). Die dann erfolgte Abschaffung des Stipendiums mit dem Ergebnis, daß auch zur Ausschreibung des Jahres 2003 kein Habilitationsstipendium mehr vergeben werden konnte, läßt die Realisierung des vorliegenden Projekts in weite Ferne rücken.

Berichte und Forschungen 12 (2004), S. 199–240.

Tanja Žigon

Deutschsprachige Presse in Slowenien (1707–1945)*

1. Teil: Deutschsprachige Presse in Krain bis 1860

Willkommen werthes Krain! Und du belobte Stadt [...]
Dich soll dies neue Jahr der Eintracht Glück beleben;
Und sich mein Zeitungsblatt in deinem Schooß erheben ...[1]

1. Einleitung: Gegenstand, Problemstellung, Forschungslage

In der vorliegenden Arbeit wird eine regionale Zeitschriftenlandschaft in ihren wichtigsten Teilen wiedergegeben. Im Zeitraum von 1707 bis zum Ende des Zweiten Weltkrieges sind in den slowenischen Gebieten mehr als 70 verschiedene deutschsprachige[2] Zeitungen und Zeitschriften[3] erschienen. Der erste Teil meiner Studie umfaßt die von 1709 bis 1860 im Kernland Krain, der zweite die in Krain von 1860 bis 1945 und alle in Kärnten, in der slowenischen Steiermark, in Görz und Triest erschienenen deutschen Periodika, die im kulturellen, politischen und literarisch-publizistischen Leben eine wichtige Rolle spielten.

---

* Die vorliegende Untersuchung wurde von Dr. Mira Miladinović Zalaznik angeregt. Für die entgegenkommende Unterstützung bei meinen Forschungen, für all die freundlichen Ratschläge, für die wertvollen Hinweise und für die hilfreiche Kritik spreche ich ihr an dieser Stelle meinen besonderen Dank aus.

1 Willkommen werthes Krain! In: Wöchentlicher Auszug von Zeitungen, Nr. 1, v. 1. 1. 1783, unpag.

2 Gemäß dem im slowenischen Kulturraum üblichen Sprachgebrauch bezieht sich der Begriff „deutsch“ in meinen weiteren Ausführungen auf die in deutscher Sprache erschienenen Zeitungen. Als „deutsch“ werden gemeinhin auch alle in deutscher Sprache verfaßten literarischen oder publizistischen Erzeugnisse verstanden ohne Rücksicht auf ihr Herkunftsland.

3 Der Bedeutungsunterschied zwischen den Begriffen „Zeitung“ und „Zeitschrift“ ist sowohl in slowenischer als auch in deutscher Sprache vorhanden. Die Zeitungen üben durch ihre meist tägliche bzw. zweitägige bis wöchentliche Erscheinungsweise einen erheblichen Einfluß auf die öffentliche Meinung aus. Sie wenden sich an eine breite Leserschaft, welche sie über die wichtigsten Tagesereignisse und -fragen besonders politischer, wirtschaftlicher und kultureller Art informieren. Im Gegensatz zur Zeitung erscheint eine Zeitschrift in mehr oder weniger regelmäßigen Zeitabständen, jedoch nicht täglich, sondern meist wöchentlich. Ihre Aufgabe besteht weniger in der Übermittlung von aktuellen Tagesnachrichten als in deren kritischer Auswahl und Betrachtung (vgl. Gero von Wilpert: Sachwörterbuch der Literatur. 7. Aufl. Stuttgart 1989, S. 1044–1047). Allerdings ist zwischen literarischen, kulturellen, publizistischen, humoristischen, wissenschaftlichen, technischen, fachlichen u. a. Zeitschriften zu unterscheiden (vgl. Janko Šlebinger: Slovenski časniki in časopisi. Bibliografski pregled od 1797–1936 [Slowenische Zeitungen und Zeitschriften. Bibliographische Übersicht von 1797–1936] In: Razstava slovenskega novinarstva v Ljubljani [Ausstellung des slowenischen Journalismus in Ljubljana 1937]. Ljubljana 1937, S. 1–175).

Bereits Ende des 19. Jahrhunderts setzten sich einzelne Autoren mit diesem Forschungsthema auseinander. Allerdings weisen alle diese Untersuchungen einen Mangel auf: Die diese Thematik behandelnden Texte sind kurze, faktographische Auflistungen der deutschen Presseorgane mit häufig falschen Angaben; längere Abhandlungen sind, von wenigen Ausnahmen abgesehen, selten.

Janez Jesenko (1838–1908), Historiker und Geograph, veröffentlichte in den 80er Jahren des 19. Jahrhundert im Feuilleton des Tageblattes „Slovenski narod“ [Slowenisches Volk] in mehreren Fortsetzungen seine Geschichte des Zeitungswesens in den slowenischen Gebieten. Darin zieht Jesenko, der seine Feuilleton-Beiträge als Anonymus beisteuerte, auch die deutschsprachige Presse heran. Seine eher informative als wissenschaftliche Arbeit, in der er die Rolle der deutschen Publizistik ausgesprochen negativ bewertet, erschien 1884 auch in Buchform[4].

Der Krainer Historiograph Peter von Radics (1836–1912) und der Publizist Albin Arko (1845–1893) gingen über die Grenzen des Journalistischen hinaus und nahmen die deutschsprachigen Presseerzeugnisse im Land Krain unter die Lupe[5].

Der Historiker August Dimitz (1827–1886) untersuchte im Jahre 1859 das Zeitungswesen in Krain und berichtete kenntnisreich in erster Linie über die meistgelesene Publikation in Ljubljana (Laibach), die „Laibacher Zeitung“[6].

Als erster unter den Autoren des 20. Jahrhunderts schrieb Ante Gaber, Kunsthistoriker und Publizist, in den 30er Jahren eine längere Abhandlung über den slowenischen Journalismus[7]. Bereits einige Jahrzehnte später widmete sich der Publizist Fran Vatovec (1901–1976) in seiner Monographie „Slovenski časnik 1557–1843“[8] eingehend und sachkundig auch der deutschen Presse in Slowenien. Nach umfangreichen und gründlichen Recherchen befaßte sich der Literaturhistoriker, Essayist, Übersetzer und Mitbegründer der ersten slowenischen Universität (Ljubljana, 1919), Ivan Prijatelj (1875–1937), in seiner Monographie „Slovenska kulturnopolitična in slovstvena zgodovina 1848–1895“[9] vorwiegend mit den Blättern, die in slowenischer Sprache bis in die 60er Jahre des 19. Jahrhunderts erschienen. Doch läßt er auch die deutschen Periodika in den slowenischen

4 Janez Jesenko: Naši časniki in časopisi [Unsere Zeitungen und Zeitschriften]. Ljubljana 1884.

5 Peter von Radics: Geschichte des deutschen Buchhandels in Krain. Leipzig 1881; Albin Arko: Tristoletnica tiskarstva v Ljubljani [300 Jahre des Druckwesens in Ljubljana]. Ljubljana 1875. Eine Faksimileausgabe mit einem Geleitwort von Rok Glavan erschien 2000 in Ljubljana. In letzter Zeit behandelte diesen Forschungsaspekt die Historikerin Anja Dular: Živeti od knjig. Zgodovina knjigotrštva na Kranjskem do začetka 19. stoletja [Von Büchern leben. Geschichte des Buchhandels in Krain bis zum Beginn des 19. Jahrhunderts]. Ljubljana 2002.

6 August Dimitz: Zeitungswesen in Krain. In: Mittheilungen des historischen Vereines für Krain 14 (1859), S. 70–72.

7 Ante Gaber: Skozi stoletja za našim novinarstvom [Unser Journalismus durch die Jahrhunderte]. In: Razstava slovenskega novinarstva v Ljubljani 1937 [Ausstellung des slowenischen Journalismus in Ljubljana 1937]. Ljubljana 1937, S. 179–223.

8 Fran Vatovec: Slovenski časnik 1557–1843 [Slowenische Zeitung 1557–1843]. Maribor 1961.

9 Ivan Prijatelj: Slovenska kulturnopolitična in slovstvena zgodovina 1848–1895 [Slowenische kulturpolitische und Literaturgeschichte 1848–1895]. Bd. 1. Ljubljana 1955; ders.: Slovenska kulturnopolitična in slovstvena zgodovina 1848–1895 [Slowenische kulturpolitische und Literaturgeschichte 1848–1895]. Bd. 2. Ljubljana 1956.

Gebieten nicht ganz unbeachtet. Die deutschen Blätter sieht Prijatelj als ein Forum, in dem slowenische Autoren – notgedrungen, da die Zeit zwischen 1801 bis 1843 durch fast völliges Fehlen von Zeitungen und Zeitschriften in der Landessprache gekennzeichnet ist – ihre literarischen Beiträge veröffentlichen konnten, manchmal sogar auf Slowenisch.

Eine bibliographische Übersicht der slowenischen Presse von 1937 bis 1945 verfaßte im Jahre 1973 Jože Bajec. Im Anhang dazu werden alle in Slowenien erschienenen fremdsprachigen Blätter verzeichnet[10]. In den 80er Jahren schrieb Smilja Amon kurz über die deutschsprachige Zeitschriftenlandschaft in slowenischen Gebieten. Allerdings sind der Autorin in ihrer in der wissenschaftlichen Zeitschrift „Teorija in praksa“ veröffentlichten Studie einige Ungenauigkeiten unterlaufen[11]. In meiner Darstellung der deutschen Presse, die 2001 veröffentlicht wurde, habe ich sowohl deutschsprachige Zeitungen und Zeitschriften katalogisiert als auch kurz auf ihren Stellenwert innerhalb der slowenischen Publizistik hingewiesen[12].

In diesem Zusammenhang sollen noch drei Arbeiten erwähnt werden. Mira Miladinović Zalaznik hat als erste aus germanistisch-literaturwissenschaftlicher Sicht eine bedeutende, in Ljubljana erschienene Zeitschrift untersucht: „Carniolia. Vaterländische Zeitschrift und Unterhaltungsblatt für Kunst, Literatur, Theater und geselliges Leben“ (1838–1844). Die Autorin geht in ihrer Dissertation auf die geschichtlichen Ereignisse im Krain der ersten Hälfte des 19. Jahrhunderts ein, untersucht die Entstehungsgeschichte der „Carniolia“ und weist ihrem ersten und letzten Redakteur, Leopod Kordesch (1808–1879), seinen verdienten Platz unter den krainischen Literaten zu. Ihr besonderes Augenmerk richtet sie auf das im Titel des Blattes hervorgehobene „Vaterländische“, das einige Jahre vor der Märzrevolution sowohl das Regionale (Krainische, d. h. Slowenische) als auch das Deutsche (die Donaumonarchie Betreffende) fast gleichermaßen beinhaltete[13].

---

10 Jože Bajec: Slovenski časniki in časopisi [Slowenische Zeitungen und Zeitschriften]. Ljubljana 1973.

11 Smilja Amon: Nemško časopisje na Slovenskem [Deutsches Zeitungswesen im slowenischen Raum]. In: Teorija in praksa [Theorie und Praxis] 25 (1988), Nr. 9/10, S. 1329–1333.

12 Tanja Žigon: Nemško časopisje na Slovenskem [Deutsches Zeitungswesen im slowenischen Raum]. Ljubljana 2001.

13 Mira Miladinović Zalaznik: Das literarische und kritische Schaffen in der deutschen Zeitschrift Carniolia (Ljubljana 1838–1844) mit besonderem Hinblick auf das Vaterländische. Phil. Diss. Ljubljana 1994. Vgl. auch dies.: Deutsch-slowenische literarische Wechselbeziehungen. Ljubljana 2002 (siehe vor allem die Abhandlung: Carniolia – Vaterländische Zeitschrift und Unterhaltungsblatt für Kunst, Literatur und geselliges Leben [Ljubljana 1838–1844], S. 13–81). Die Autorin untersuchte die angesprochene Thematik auch in anderen Studien; vgl. Mira Miladinović Zalaznik: Das Revolutionsjahr 1848 in den Laibacher Blättern *Laibacher Zeitung*, *Illyrisches Blatt* und *Kmetijske in rokodelske novice*. In: Literarisches Leben in Österreich 1848–1890. Hg. v. Klaus Amann, Hubert Lengauer, Karl Wagner. Wien, Köln, Weimar 2000, S. 601–623; dies.: Theaterkritik in der Zeitschrift „Carniolia“. In: Methodologische und literarhistorische Studien zur deutschen Literatur Ostmittel- und Südosteuropas (Veröffentlichungen des Südostdeutschen Kulturwerks B 67). Hg. v. Anton Schwob unter

Die Forschungen von Matjaž Birk fügen sich in diese Reihe ein. In seiner Dissertation behandelt der Autor das „Illyrische Blatt“, die literarische Beilage der „Laibacher Zeitung“, die von 1819 bis 1849 erschienen ist[14]. Seine Untersuchung setzt sich mit dem deutschsprachigen literarischen, literatur- und theaterkritischen Schaffen auseinander.

Kürzlich untersuchte ich eine dritte deutschsprachige Zeitschrift aus Krain, „Triglav. Zeitschrift für vaterländische Interessen“, unter literarhistorischen und kulturellen Aspekten[15]. Unter Berücksichtigung der historischen Gegebenheiten wird in dieser Studie auf die redaktionelle Politik näher eingegangen, die Entstehungsgeschichte des Blattes rekonstruiert, und es werden die feuilletonistischen Beiträge sowohl deutscher als auch slowenischer Autoren, die in deutscher Sprache schrieben, erörtert.

Einen wichtigen Beitrag zur Erforschung der deutschen Presse in den slowenischen Gebieten, die bis zum Ende des Ersten Weltkrieges ein Teil des habsburgischen Territoriums waren, stellen auch die ausführlichen Arbeiten zu den krainischen Literaten dar. Anton Janko analysiert in einer seiner Abhandlungen das Leben und Wirken von Anastasius Grün (Anton Alexander Auersperg; 1806–1876)[16] und legt eingehend die Bedeutung des literarischen Schaffens des Professors für Geschichte und Geographie in Celje (Cilli) Johann Anton Suppantschitsch (1785–1833) dar[17]. Mira Miladinović Zalaznik schrieb zwei weitere grundlegende Studien zu diesem Thema. In der ersten untersucht sie das Leben und Schaffen des Literaten Leopold Kordesch, in der zweiten stellt sie den Krai-

Mitarbeit v. Carla Carnevale u. Fridrun Rinner. München 1994, S. 67–79; dies.: „Vom 23. auf den 24. Oktober jagte dann der Hofzug durch die tiefhängenden Wolken und durch das Dunkel der Nacht gegen Osten.“ Die Laibacher Zeitung und das Jahr 1918. In: Germanistik im Kontaktraum Europa II. Beiträge zur Literatur. Symposion, Ljubljana 17.–20. April 2002. Hg. v. Mira Miladinović Zalaznik. Ljubljana 2003, S. 291–311.

14 Matjaž Birk: „...vaterländisches Interesse, Wissenschaft, Unterhaltung und Belehrung...“. Illyrisches Blatt (Ljubljana 1819–1848), literarni časopis v nemškem jeziku v slovenski provinci predmarčne Avstrije. Maribor 2000.

15 Tanja Žigon: Nemški časnik za slovenske interese – Triglav (1865–1870) [Deutsche Zeitschrift für slowenische Interessen – Triglav (1865–1870)]. Ljubljana 2004. Die Ergebnisse meiner Recherchen zu deutschsprachigen Zeitschriften in Krain wurden auch in einigen anderen Studien veröffentlicht; vgl. Tanja Žigon: „Von Krainern verfaßt, und für Krainer berechnet ...“. Laibacher Wochenblatt zum Nutzen und Vergnügen (1804–1810, 1814–1818). In: Germanistik im Kontaktraum Europa II (wie Anm. 13), S. 476–501; dies.: Wochentliches Kundschaftsblatt des Herzogthum Krain (1775–1776). Balthasar Hacquet als Journalist. In: Hacquetia (Miscellanea Hacquet. International Conference on the Life and Work of Balthasar Hacquet. Idrija, Slovenia, October 9–10, 2003) 2 (2003), Nr. 2, S. 55–64.

16 Anton Janko: Anastasius Grün und die slowenische Literaturgeschichte. In: Anastasius Grün und die politische Dichtung Österreichs in der Zeit des Vormärz (Veröffentlichungen des Südostdeutschen Kulturwerks B 68). Hg. v. Anton Janko u. Anton Schwob. München 1995, S. 109–121.

17 Anton Janko: Johann Anton Suppantschitsch/Janez Anton Zupančič (1785–1833) – Bedeutung und Grenzen seines literarischen Werkes. In: Schriftsteller zwischen (zwei) Sprachen und Kulturen (Veröffentlichungen des Südostdeutschen Kulturwerks B 74). Hg. v. Antal Mádl u. Peter Motzan. München 1999, S. 59–68.

ner Politiker und Literaten Carl Alexander Ullepitsch (1811–1862) dar[18]. Seine hervorragende politische Karriere wie auch seine literarischen Leistungen erörtert in einer längeren Studie Tone Smolej[19].

Neben Germanisten nehmen sich dieses Themas auch Historiker an. Die deutsche Presse wird in diesen Studien von einem anderen Standpunkt aus betrachtet: Im Vordergrund stehen politische Nachrichten und historische Gegebenheiten. Besonders ausführlich untersuchte Janez Cvirn die deutschsprachige Presse in der Untersteiermark in seinem Werk „Trdnjavski trikotnik“[20]. Darin figurieren die Zeitungen als eine unentbehrliche historische Quelle für Untersuchungen zur politischen Orientierung der Deutschen in der Untersteiermark (Ptuj/Pettau, Celje/Cilli und Maribor/Marburg). Stane Granda erforschte die deutsche Presse in Unterkrain im Revolutionsjahr 1848[21], während Igor Grdina einige Beiträge zum Thema der deutsch-slowenischen Wechselbeziehungen verfaßte[22].

2. Von den ersten Anfängen bis zur „Laibacher Zeitung“

2.1 Die ersten deutschen unperiodischen Drucke in slowenischen Gebieten

Die Erfindung des Letterndrucks durch Johannes Gutenberg (um 1400–1468)[23] revolutionierte die Druckerkunst in Europa. Die neuerworbenen Kenntnisse in der Drucktechnik hatten einen großen Einfluß auf die Entwicklung der „schwarzen Kunst“ und damit des geschriebenen Wortes im allgemeinen.

Die Slowenen haben mit der europäischen Entwicklung Schritt gehalten. Bereits Mitte des 16. Jahrhunderts wurde vom slowenischen Reformator im Geiste Luthers, dem Begründer der slowenischen Schriftsprache Primož Trubar (1508–1583)[24], der Anstoß zur Gründung einer slowenisch-kroatischen pro-

---

18 Mira Miladinović Zalaznik: Leopold Kordesch, ein Krainer Literat des Vormärz. In: Janko/Schwob (Hg.): Anastasius Grün (wie Anm. 16), S. 157–168; dies.: Carl Alexander Ullepitsch, Edler von Krainfels (1811–1862) – ein Literat und Politiker aus Unterkrain. In: Mádl/Motzan (Hg.): Schriftsteller (wie Anm. 17), S. 85–94.

19 Tone Smolej: Victor Hugo en Slovénie: aspects d’une réception (1838–1995). In: Revue de Littérature comparée 76 (2002), Nr. 3, S. 355–369, hier S. 355–361.

20 Janez Cvirn: Trdnjavski trikotnik. Politična orientacija Nemcev na Spodnjem Štajerskem [Festungs-Dreieck. Die politische Orientierung der Deutschen in der Untersteiermark]. Maribor 1997. Vgl. auch ders.: Deutsche und Slowenen in der Untersteiermark: Zwischen Kooperation und Konfrontation. In: Slowenen und Deutsche im gemeinsamen Raum. Neue Forschungen zu einem komplexen Thema (Buchreihe der Südostdeutschen Historischen Kommission 38). Hg. v. Harald Heppner. München 2002, S. 111–125.

21 Stane Granda: Sloveniens Blatt – časopis iz leta 1848 [Sloveniens Blatt – eine Zeitung des Jahres 1848]. In: Zgodovinski časopis 48 (1994), Nr. 2, S. 231–252.

22 Igor Grdina: Die Rezeption der Deutschen und der deutschen Kultur bei slowenischen Intellektuellen von der Aufklärung bis zur Moderne. In: Kulturelle Wechselseitigkeit in Mitteleuropa. Deutsche und slowenische Kultur vom Anfang des 19. Jahrhunderts bis zum Zweiten Weltkrieg. Hg. v. Feliks J. Bister u. Peter Vodopivec. Ljubljana 1995, S. 236–285.

23 Als erstes großes Werk der neuen Kunst wurde 1455 die 42zeilige lateinische Bibel (Gutenberg-Bibel) gedruckt.

testantischen Druckerei in Ljubljana gegeben. Um seine Idee zu verwirklichen, wandte er sich 1560 an seine Protektoren, den württembergischen Fürstbischof Christoph und die krainischen Landstände, die bei Kaiser Ferdinand I. vermitteln und die Erlaubnis für die Eröffnung der Druckerei einholen sollten. Jedoch scheiterten seine Pläne, denn Trubars Verbündete erkannten die Sinnlosigkeit ihres Vorhabens, beim streng katholischen Landesfürsten ein protestantisches Gesuch einzureichen[25]. So wurden die slowenischen wie auch die kroatischen Bücher weiterhin im Ausland gedruckt[26].

Erst 1575 ebneten einflußreiche Befürworter, darunter Jurij Dalmatin und der Superintendent der krainischen protestantischen Kirche Christoph Spindler, dem „slowenischen Gutenberg"[27] Janez Mandelc (gest. 1605)[28] den Weg nach Ljubljana. Es ist nur wenig über Mandelc' Leben bekannt. Er muß noch vor 1575 nach Ljubljana gekommen sein, woher, ist nicht belegt. Allerdings erwarb er in der Stadt das Bürgerrecht, arbeitete als Buchhändler und beantragte noch im Jahre 1575 beim Landespräsidium die Erlaubnis zur Errichtung einer Drukkerei. Seinem Gesuch wurde bald entsprochen, und bereits im Sommer des gleichen Jahres war sein Unternehmen in Betrieb[29]. Mandelc arbeitete eng mit Jurij Dalmatin zusammen, der seine Lebensaufgabe darin sah, die slowenische Bibel-

24 Die Reformation steht am Anfang der slowenischen Literaturentwicklung. Der führende Vertreter der slowenischen Reformation Primož Trubar veröffentlichte 1550 die beiden ersten Bücher in slowenischer Sprache: Katechismus („Catechismus in der Windischen Sprach") und „Abecedarium". Mit seiner Übersetzung des Neuen Testaments (1557–1582) legte er das Fundament für die Entwicklung der slowenischen Schriftsprache. Im Jahre 1557 wurde bei Mandelc auch Trubars „informative, aktuelle und didaktische Schrift für ein breites Publikum" („Ta slovenski koledar kir vselej terpi") gedruckt, die heute für „das erste Beispiel einer slowenischen periodischen Publikation gehalten wird" (Mira Miladinović Zalaznik: Deutsch-slowenische literarische Wechselbeziehungen. Ljubljana 2002, S. 112). 1584 wurde die slowenische Gesamtübersetzung der Bibel von Jurij Dalmatin (um 1547–1589) gedruckt.

25 Vgl. Branko Reisp: Prvi (protestantski) tiskar na Slovenskem Janez Mandelc [Janez Mandelc – der erste (protestantische) Drucker in Slowenien]. In: Zgodovinski časopis 47 (1993), Nr. 4, S. 509–514, hier S. 509.

26 Der Versuch des Straßburger Druckers Friess, der in den 60er Jahren des 16. Jahrhunderts in Ljubljana die erste Druckerei eröffnen wollte, scheiterte. Vermutlich bildete sich gegen seine Pläne eine scharfe katholische Opposition, die beim Kaiser Einspruch einlegte. Wahrscheinlich hat ihn aber auch Trubar nicht unterstützt, denn der Mäzen und Gönner der protestantischen Literatur, Baron Hans Ungnad (1493–1564), gründete 1561 in Urach bei Tübingen eine größere Druckanstalt. Hier druckte man Bücher in lateinischer, kyrillischer und glagolitischer Schrift. Friess verließ die krainische Hauptstadt, die danach noch gute 13 Jahre auf ihre erste Druckerei warten mußte; vgl. Reisp: Prvi (protestantski) tiskar (wie Anm. 25), S. 509; Vatovec: Slovenski časnik (wie Anm. 8), S. 41.

27 Arko: Tristoletnica tiskarstva (wie Anm. 5), S. 25.

28 Mandelc druckte seine Bücher unter verschiedenen Namen, je nach Sprache, in der sie verfaßt waren: Ivan Mandelz bei den slowenischen, Johannes Manlius bei den lateinischen und Hans Mannel bei den deutschen Drucken; vgl. Reisp: Prvi (protestantski) tiskar (wie Anm. 25), S. 509; Marijan Smolik: Novi odlomki protestantskih tiskov. Ob 400-letnici prihoda tiskarja Mandelca v Ljubljano. [Neue Fragmente aus den protestantischen Schriften. Zur 400-Jahrfeier des Druckers Mandelc' Ankunft in Ljubljana]. In: Kronika, časopis za slovensko krajevno zgodovino 23 (1975), Nr. 3, S. 161–166.

29 Vgl. Reisp: Prvi (protestantski) tiskar (wie Anm. 25), S. 509.

übersetzung herauszugeben. Wegen der katholischen Gegenreformation scheiterten die vielversprechenden Vorbereitungen zum Druck der Bibel in slowenischer Sprache. Im Jahre 1582 mußte Mandelc auf Befehl des Erzherzogs Karl I. die Stadt verlassen[30]. Ljubljana blieb so fast ein Jahrhundert lang ohne eine Druckerei.

In der Zeit seines Aufenthalts in Ljubljana ließ Mandelc mehr als 30 Werke drucken. Für uns ist in diesem Zusammenhang besonders die im Jahr 1578 gedruckte „Wahrhafftige und Erschröckliche Neuwe Zeitung“ von Bedeutung[31], das älteste überlieferte Flugblatt in deutscher Sprache in Slowenien. Der Kunsthistoriker Ante Gaber hielt diesen Druck wegen des Holzschnittes auf der Titelseite gar für die erste Laibacher Illustrierte[32]. Solche nichtperiodischen Drucke, die über die Türkenkriege oder über verschiedenste Naturerscheinungen zu berichten wußten, sind auch in anderen Teilen Europas erschienen. Auch das bei Mandelc gedruckte Blatt bringt Nachrichten über die Türken: „Die erste handelt von [den Türken vor] Metlika (Möttling), die zweite vom Kampf der slowenischen und kroatischen Bauern gegen die Türken und die dritte vom russischen Zaren und seiner Brautwerbung.“[33] Bei Mandelc wurden noch wenigstens zwei weitere ähnliche Flugblätter gedruckt, die ebenfalls die Türken-Thematik behandeln: Das erste, aus dem Jahre 1578, stellt den Sieg über die Türken in Kroatien dar, das zweite, aus dem darauffolgenden Jahr, gibt die Geschichte vom Sultan Bayezid (1389–1403) wieder, der seinen Astrologen zerstückeln ließ, nachdem sich dessen Prophezeiungen nicht erfüllt hatten[34].

2.2 Die erste unregelmäßig erscheinende Zeitung in Ljubljana

Die katholischen Gegenreformatoren in slowenischen Gebieten hatten es sich zur Aufgabe gemacht, das protestantische Element aus dem Lande zu verbannen, und unterschieden sich somit keinesfalls von ihren Gesinnungsgenossen in anderen europäischen Ländern. Allerdings brachte die Gegenreformation hier, wie

---

30 Die Dalmatin-Bibel wurde in Wittenberg gedruckt und heimlich nach Krain gebracht. Dieses nicht hoch genug einzuschätzende Werk wußte auch die zentrale Persönlichkeit der Gegenreformation, der Laibacher Bischof Tomaž Hren (1597–1630), einer der wichtigsten katholischen Reformatoren in Innerösterreich, zu würdigen. Während die meisten protestantischen Bücher bedenkenlos den Flammen übergeben wurden, setzte sich der Bischof dafür ein, die Dalmatin-Bibel zu erhalten. Seiner Meinung nach konnte dieses fundamentale Bildungswerk katholischen Priestern dienlich sein; vgl. Igor Grdina: Tomaž Hren, Bischof von Laibach (1597–1639). In: Querschnitte. „Der wissendlich Romanen für Historien ausgibt ...“. Deutsch-slovenische Kultur und Geschichte im gemeinsamen Raum (Veröffentlichungen des Südostdeutschen Kulturwerks B 80). Hg. v. Krista Zach u. Mira Miladinović Zalaznik. München 2001, S. 63–90, hier S. 65 f.

31 Branko Reisp weist darauf hin, daß es wissenschaftlich noch nicht einwandfrei feststeht, ob dieser Druck tatsächlich auch Mandelc' Druckerei entstammt; vgl. Reisp: Prvi (protestantski) tiskar (wie Anm. 25), S. 512.

32 Vgl. Gaber: Skozi stoletja (wie Anm. 7), S. 203.

33 Miladinović Zalaznik: Revolutionsjahr 1848 (wie Anm. 13), S. 601–623, hier 601.

34 Vgl. Vatovec: Slovenski časnik (wie Anm. 8), S. 53.

Mira Miladinović Zalaznik feststellt, „nicht nur die alten kirchlichen Zustände zurück, sondern sie machte für die Dauer von 240 Jahren den Bemühungen um das slowenische publizistische Wort ein Ende“[35].

Während die erste Zeitung in slowenischer Sprache, „Lublanske novize“, die unter der Redaktion des Lyrikers Valentin Vodnik (1758–1819) stand, im Jahre 1797 das Licht der publizistischen Welt erblickte, gab es in Ljubljana bereits zu Beginn des 18. Jahrhunderts ein in unregelmäßiger Folge erscheinendes Blatt in deutscher Sprache.

Nachdem die Druckerei von Mandelc 1582 ihre Tätigkeit hatte einstellen müssen, nahm fast hundert Jahre später die Familie Mayr die Einladung der Krainer Landstände an[36], siedelte von Salzburg nach Ljubljana über und gründete im Jahre 1678 eine neue Druckerei in der Stadt. Johann Georg Mayr (um 1675–1733) konnte seine in der Salzburger Familiendruckerei gesammelten Erfahrungen in Ljubljana gut einbringen. Seit 1668 wurde nämlich bei Mayr in Salzburg eine Wochenzeitung gedruckt: „Wochentliche Post-Zeitungen“, später „Saltzburgische Ordinari-Zeitungen“ betitelt. 1707 knüpfte Mayr an seine bisherigen Erfahrungen an und gab in Ljubljana die erste Zeitung heraus[37]. Anfang des 18. Jahrhunderts, genauer im Jahre 1707, bekam so auch die krainische Hauptstadt mit den „Wochentlichen Ordinari-Laybacher Zeitungen“[38] ihre erste (unregelmäßig publizierte) Zeitung. Ihre Erscheinungsweise richtete sich mehr oder weniger nach dem Verkehrsplan der Reit- und Fahrposten, aber auch nach dem Einlaufen der Schiffe auf den Flüssen Save und Laibach, die das Nachrichtenmaterial beförderten.

Das kleine quartformatige erste Blatt Laibachs wurde, so jedenfalls Albin Arko, auf unansehnlichem Papier und mit großen Schriftzeichen gedruckt[39]. Die

35 Miladinović Zalaznik: Revolutionsjahr 1848 (wie Anm. 13), S. 601.

36 Die Einladung erfolgte auf Empfehlung des Theologen, Rhetorikers und Polyhistors Johann Ludwig Schönleben (1618–1681). Johann Weichard Valvasor (1641–1693), der Autor des monumentalen, 1689 gedruckten Werkes „Die Ehre des Herzogthums Krain“, das ihm Ruhm und Anerkennung in den wissenschaftlichen Kreisen brachte, berichtet im elften Buch seiner umfangreichen Monographie: „Zu Laybach wird eine Buchdruckerey aufgerichtet. Anno 1678 hat die Löbl. Landschafft in Crain eine Buchdruckerey auflegen lassen, weiln selbige der gelehrte Johann Ludwig Schönleben verlangte, und ist von Saltzburg, Johann Baptista Mayer, hereingereist [...]“ (J. W. Valvasor: Die Ehre des Herzogthums Krain. 2., unveränd. Aufl. Rudolfswerth 1877–1879, 11. Buch, S. 725).

37 Die beiden ältesten Wochenblätter sind 1609 in Straßburg („Relation Aller Fürnemmen vnd gedenckwürdigen Historien“ bzw. „Straßburger Relation“) und in Wolfenbüttel („Aviso Relation oder Zeitung“) erschienen.

38 Die grammatikalischen Fehler und die in der Quelle benutzte Orthographie werden hier und im Weiteren beibehalten. In der Nationalbibliothek in Ljubljana ist nur die Nummer 23 vom 22. 2. 1708 erhalten (Signatur: 142789). Einige Nummern werden noch in der Bibliothek des Nationalmuseums in Ljubljana und in der Priesterseminarbibliothek aufbewahrt. Viktor Steska veröffentlichte im Jahre 1936 die Titelseite der Zeitung aus dem Jahre 1707. Der Titel lautete: „Wochentliche Ordinari Laybacher Zeitungen oder Extract-Schreiben von unterschiedlichen Orthen/was sowohl die gewöhnliche Staffeta von Wien/als auch die Ordinari-Post aus Italien mitgebracht“ (vgl. Viktor Steska: Najstarejši časnik v Ljubljani [Das älteste Zeitungsblatt in Ljubljana]. In: Kronika slovenskih mest 3 [1936], S. 223–225).

39 Arko: Tristoletnica tiskarstva (wie Anm. 5), S. 19.

Zeitung diente hauptsächlich der Information. Sie veröffentlichte Neuigkeiten und kurze Berichte aus verschiedensten Orten, sowohl inländischen als auch ausländischen. Dem Titelblatt konnte man entnehmen, aus welchen Orten die Neuigkeiten stammten; es fanden sich zudem die Angaben darüber, auf welchem Wege die Nachrichten den Drucker in Ljubljana erreicht hatten. Kamen sie mit gewöhnlicher Post an, wurden sie als „Ordinari“ bezeichnet, wurden sie „extra“ oder per Boten zugestellt, nannte man sie „Extraordinari“: Am 21. September 1707 heißt das Blatt „Wochentliche Ordinari-Laybacher Zeitungen“, am 16. Januar 1708 wird es zu „Wochentliche Extra-Ordinari Zeitungen“, am 30. Januar 1708 lautet der Titel „Ordinari und Extra-Ordinari Zeitungen von Wien und unterschiedlichen Orthen“. Am 18. April 1708 werden „Wochentliche Ordinari-Zeitungen, Extract-Schreiben von unterschiedlichen Orthen aus ganz Italien“ herausgegeben, und am 9. Januar 1709 wird das Blatt einfach als „Wochentliche Laybacherische Ordinari Zeitungen“ publiziert[40].

Alle Nachrichten wurden fremden Blättern entnommen, meist aus großen Städten wie Wien, Rom, Den Haag u. a. August Dimitz berichtet im Jahre 1859 in einem Artikel über das Zeitungswesen in Ljubljana wie folgt:

> Das Blatt [...] enthält lediglich politische Nachrichten, und zwar aus Wien über einen Zeitraum von 4 bis 5 Tagen, aus der Schweiz, England, dem Ober- und Nieder-Rhein, dem Haag und aus Polen in bunter Reihe. Eine Paginierung ist nicht ersichtlich, auch die Zeiträume des periodischen Erscheinens können nicht entnommen werden. Es liegen 2 Nummern vor, und zwar vom 30. Jänner und 13. Febr. [1708].[41]

Die Zeitung wurde bereits nach dreijährigem Erscheinen, 1709, eingestellt. Aus dem letzten Erscheinungsjahr liegt nur eine Nummer vor. Der heutige Forschungsstand unterscheidet sich nicht wesentlich von dem zu Beginn des 20. Jahrhunderts. So konnte auch der vielseitige Krainer Historiker, Germanist und Publizist Peter von Radics vor mehr als hundert Jahren in einem längeren Aufsatz dazu bloß kritisch feststellen:

> Wie lange Zeit hindurch diese Laibacher Ordinari und Extraordinari Zeitungen erschienen sind, wissen wir bei dem Stande unserer heimatlichen Quellen, die diesbezüglich zur Verfügung stehen, vorläufig nicht auszugeben, vielleicht spielt wieder einmal ein Zufall weitere Nummern derselben ans Tageslicht.[42]

Doch ging bis zum heutigen Tag dieser Wunsch von Radics nicht in Erfüllung.

---

40 Vgl. Vatovec: Slovenski časnik (wie Anm. 8), S. 54.

41 Dimitz: Zeitungswesen (wie Anm. 6), S. 70.

42 Peter von Radics: Das älteste Laibacher Zeitungsblatt (1708). In: Laibacher Zeitung, Nr. 181, v. 11. 8. 1903, S. 1557.

2.3 „Wochentliches Kundschaftsblatt des Herzogthum Krain" – die erste Laibacher Wochenzeitung

Ende Oktober 1767 wurde in Ljubljana die Gesellschaft für Ackerbau und nützliche Künste gegründet, die sich bereits in der Gründungsversammlung verpflichtete, für ihre Mitglieder jährlich eine periodische Druckschrift herauszugeben. So ist im Jahre 1770 das erste Heft der Gesellschafts-Publikation „Sammlung nützlicher Unterrichte"[43] erschienen. Da die Gesellschaft neue Leser gewinnen wollte, reichte sie schon im Jahre 1774 beim Landespräsidium das Ersuchen um Erlaubnis ein, ein Wochenblatt herausgeben zu dürfen. Das Blatt sollte nicht nur für die Gesellschaftsmitglieder von Interesse sein, sondern auch für einen breiteren Leserkreis[44]. Ende Dezember 1774 kündigte die Gesellschaft für Ackerbau und nützliche Künste in einer Pränumerationsnachricht das Erscheinen der Zeitung „Wochentliches Kundschaftsblatt des Herzogthum Krain" an. In der kurzen, vierseitigen, kleinformatig gedruckten Subskriptionseinladung[45] gab die Redaktion folgendes bekannt:

> Es ist durch eine kaiserl. königl. Gesellschaft des Ackerbaues, und der nützlichen Künste im Herzogtum Krain ein Kundschaftsblatt veranstaltet worden, welches solche Dinge anzeigen wird, die in einem Lande zu wissen öfters nothwendig sind, und wenn auch deren Wissenschaft nicht so nothwendig seyn sollte, dennoch grossen Nutzen verschaffen können, wenn sie allgemein bekannt gemacht werden.[46]

Am 7. Januar 1775, einem Sonnabend, erschien die erste Nummer des Blattes. Die einzelnen Nummern im Kleinformat wurden auf einem ganzen Bogen gedruckt, umfaßten also 16 Seiten. Wie die erste Publikation der Ackerbaugesellschaft, die „Sammlung nützlicher Unterrichte", wurde auch das „Kundschaftsblatt" bei Johann Friedrich Eger (um 1735–1799) gedruckt, zu jener Zeit dem einzigen Drucker Laibachs[47].

---

43 Von 1770 bis 1779 sind vier Hefte erschienen: die ersten zwei in den Jahren 1770 und 1771, das dritte im Jahre 1776 und das letzte im Jahre 1779; dieses wurde unter dem Titel „Neue Sammlung nützlicher Unterrichte" Ende des Jahres 1779 nachgedruckt.

44 Vgl. Nachricht, v. 31. 12. 1774, unpag. Die „Nachricht" wird in der Handschriftensammlung (Nationalbibliothek, Ljubljana) aufbewahrt, sie ist dem ersten Jahrgang (1775) des „Wochentlichen Kundschaftsblattes" beigelegt.

45 Das Format des Blattes war 9,5 × 16 cm.

46 Nachricht (wie Anm. 44).

47 Johann Friedrich Eger setzte die Tradition der Mayr'schen Druckerei fort. Die Familie Mayr vermietete den familiären Besitz an verschiedene Drucker bzw. Verleger; im 18. Jahrhundert schließlich verkaufte sie ihn. Mitte des 18. Jahrhunderts leitete Johann Georg Heptner das Unternehmen. Nachdem er gestorben war, heiratete seine junge Witwe Johann Friedrich Eger, der als Geselle bei ihrem verstorbenen Mann gearbeitet hatte. Mit der Eheschließung ging die Druckerei in seine Hände über. Bei Eger wurde Ende des Jahrhunderts auch die erste slowenische Zeitung „Lublanske Novize" (1797–1800) gedruckt.

2.3.1 Der Inhalt des Blattes

Das Wochenblatt veröffentlichte verschiedenste Abhandlungen, welche die Entwicklung der Landwirtschaft und der nützlichen Künste förderten. Es wurden im Blatt Beiträge aus anderen gelehrten Zeitschriften nachgedruckt, entweder im Ganzen oder nur auszugsweise, und Nachrichten aus ökonomischen Sammlungen veröffentlicht, die in Krain noch nicht verbreitet und nicht allgemein bekannt waren[48]. Im ersten Jahrgang brachte das „Wochentliche Kundschaftsblatt" auch „Generalien, Patente, und Verordnungen, welche zur öffentlichen Kundmachung gelangen"[49], ferner amtliche Verordnungen, Edikte, Bekanntmachungen und Proklamationen, Urteile in Kriminalfällen und Steckbriefe der flüchtigen Verbrecher[50], aber auch Berichte über die Ackerbaugesellschaft und Aufsätze zu Themen von allgemeinem Interesse, alles in verständlicher Sprache verfaßt. Gegen Bezahlung der Inseratgebühr wurden im Blatt Termine von Versteigerungen und Auktionen bekanntgegeben und per Anzeigen Dienstboten gesucht. Das Blatt informierte seine Leser auch über die Laibacher Marktpreise und Brotgewichte, berichtete von Beförderungen weltlicher wie geistlicher Amtsinhaber im Lande und brachte gelegentlich sogar Namenslisten von Durchreisenden bzw. von den sich einige Zeit in Ljubljana aufhaltenden Besuchern. Schließlich veröffentlichte es Verzeichnisse aller in Ljubljana und den Vorstädten kürzlich Verstorbenen[51].

Das wöchentliche Blatt wurde von seinem Publikum hoch geschätzt und gerne gelesen. Bedenklich war nur der Umstand, daß sich das Blatt mit der Zeit immer mehr zu einem langweiligen, geistlosen, „geschäftlichen Informationsorgan"[52] entwickelte, wie Branko Berčič feststellte. So zog es nur mehr fachorientierte Leser an und konnte auf die Dauer die breiteren Leserkreise, vornehmlich die bäuerliche Bevölkerung, nicht mehr ansprechen.

In den zweiten Jahrgang trat das „Kundschaftsblatt" inhaltlich verändert. Ein wenig wurde auch der Kopf des Blattes mit dem abgeänderten Titel umgestaltet, der nun lautete: „Des wöchentlichen Kundschaftsblattes im Herzogthume Krain". Seinen Inhalt machten, ganz im aufklärerischen Geist, zahlreiche humorvolle und unterhaltsam-belehrende Aufsätze[53] aus. Auch die Rubrik „Laybacherische Meteorologie", die über die Wetterverhältnisse berichtete, sorgte für

---

48 Vgl. Nachricht (wie Anm. 44).

49 Ebd.

50 Zum letztgenannten Thema kann man beispielsweise lesen: „Mittels dieß wird auch kund gemacht, daß derjenige, so den obbeschrieben famosen Räuber, den Mathias Hierand, oder sogenannten Paradeißwirth handfest machen, und in die Justizhände, jedoch lebendig, überliefern wird, gleich bey derjenigen Obrigkeit, wohin er solchen in die Eisenfronfeste überliefert 100. fl. bar zu einem Recompens, ohne mindesten Abzug gegen Schein zu erheben haben solle [...]." In: Wochentliches Kundschaftsblatt (fortan WK), Nr. 10, v. 11. 3. 1775, S. 155 f.

51 Vgl. Nachricht (wie Anm. 44).

52 Branko Berčič: Tiskarsvo na Slovenskem [Das Druckwesen im slowenischen Raum]. Ljubljana 1968, S. 70.

53 Siehe z. B.: Die Art sich zu bereichern. In: WK, Nr. 16, v. 20. 4. 1776, S. 247–249; Nr. 17, v. 27. 4. 1776, S. 263–266.

Aktualität. Die Leser muß die Tatsache besonders erfreut haben, daß die wöchentlich erscheinende Zeitung sie jetzt auf mehr Seiten über politische Neuigkeiten aus dem In- und Ausland informierte. Die Nachrichten aus Wien, Moskau, aus Spanien, Portugal, Frankreich, Schweden und aus anderen Ländern wurden fremden Blättern entnommen. Nachdem die „Wochentliche Ordinari-Laybacher Zeitungen" Anfang des 18. Jahrhunderts eingestellt worden waren, fand sie ihren würdigen Nachfolger im „Wochentlichen Kundschaftsblatt", welches, nebenbei, auch noch zum „politischen Berichterstatter" wurde. Nach mehr als einem halben Jahrhundert wurden die Leser in Ljubljana erneut über das Neueste in der Politik informiert.

Im zweiten Jahrgang des „Wochentlichen Kundschaftsblattes" wurden auch verschiedenste Inserate abgedruckt. Die Redaktion des Blattes trug damit zur allgemeinen Informiertheit bei und sicherte sich zugleich eine gute Geldquelle. So wie bereits im ersten Jahrgang veröffentlichte das Blatt auch im zweiten die Titel der neuerschienenen deutschen, aber auch slowenischen Bücher[54]. Außerdem wurden die Leser darüber informiert, bei welchem Buchdrucker bzw. in welcher Buchhandlung in Ljubljana bestimmte – seien es deutsche, seien es slowenische – Bücher zu beziehen waren[55].

2.3.2 Der (anonyme) Redakteur

In der Subskriptionseinladung für das „Kundschaftsblatt" vom 31. Dezember 1774 sucht man vergeblich nach dem Namen eines Redakteurs, desgleichen in der ersten Nummer des Blattes und in allen darauf folgenden[56]. Nach heutigem Stand der Forschung ist in diesem Zusammenhang festzustellen, daß zwei berühmte Männer jener Zeit als mögliche Redakteure in Betracht kommen: Gregor Schöttl (1732–1777)[57], seit 1768 ordentlicher Professor für Physik am Jesuitenkolleg in Ljubljana[58], und Balthasar Hacquet (1739/40–

54 Vgl. WK, Nr. 16, v. 22. 4. 1775, S. 253; Nr. 50, v. 14. 12. 1776, S. 804; Nr. 51, v. 21. 12. 1776, S. 820; Nr. 50, v. 14. 12. 1776, S. 804.

55 Unsere besondere Aufmerksamkeit erregt z. B. das in der Nummer 18 des ersten Jahrgangs (1775) erwähnte Buch über den See von Cerknica (Zirknitzer See), welches vom Krainer Franz Anton Steinberg (1684–1765) verfaßt wurde. Der Titel des Buches wurde im „Kundschaftsblatt" falsch wiedergegeben, und zwar als „Gründliche Nachricht, und Beschreibung von dem Zürknizer-See in Krain, mit Kupfer" (vgl. WK, Nr. 18, v. 6. 5. 1775, S. 285) statt „Gründliche Nachricht von dem in dem Inner-Crain gelegenen Czirknitzer-See". Es wurde in der Buchhandlung von Michael Promberger in Ljubljana verkauft. Zum ersten Male erschien es 1758 in Ljubljana, danach im Jahre 1761 in Graz und im gleichen Jahr auch in französischer Übersetzung in Brüssel.

56 Im ersten wie auch im zweiten Jahr sind jeweils 52 Nummern des Wochenblattes erschienen.

57 Mehr über Gregor Schöttl bei Stanislav Južnič: Pouk fizike v Ljubljani v času Jurija Vege [Physikunterricht in Ljubljana in der Zeit von Georg Vega]. In: Zbornik za zgodovino naravoslovja in tehnike/History Reviews – Science and Technology. Hg. v. Sandi Sitar. Ljubljana 1998, Bd. 13/14, S. 201–246.

58 Die jesuitischen Quellen berichten fast ausnahmslos, daß Gregor Schöttl das erste wöchentliche Blatt in Ljubljana redigierte; vgl. Joannes Nepomuk Stoeger: Scriptores Provinciae Austriacae Societatis Jesu. Collectionis scriptorum ejusdem Societatis universae. Viennae 1855,

1815)[59], der begabte Forscher, Naturwissenschaftler, Arzt, Professor und Ethnologe, dessen Aufsätze sogar Johann Wolfgang von Goethe (1749–1832) kannte[60].

Gute hundert Jahre darauf, 1880, schreibt im Feuilleton des „Laibacher Wochenblattes", des Organs der Verfassungspartei in Krain, ein ungenannter Autor über das erste Wochenblatt in Ljubljana. In seinem Beitrag, „Ein ‚Laibacher Wochenblatt' aus früherer Zeit" betitelt, schneidet der Anonymus das Thema der Krainer Publizistik an und erwähnt, daß die erste Herausgabe des „Wochentlichen Kundschaftsblattes" in Laibach in das Jahr 1775 fällt. Seinen weiteren Angaben nach wurde das Blatt vom Professor Hacquet ins Leben gerufen:

> Der erste Versuch der Herausgabe einer Wochenschrift in Laibach fällt in das Jahr 1775; damals wurde vom *Professor Hacquet*, der zugleich Secretär der Landwirthschaftsgesellschaft war, das ‚Wochentliche Kundschaftsblatt des Herzogthums Krain' ins Leben gerufen, die ganze Redaction lag ausschließlich ihm [Hacquet] ob, er scheint keine anderen Mitarbeiter gehabt zu haben. Im Jahre 1776 ging dieses Blatt ob Mangels an Theilnahme ein."[61]

Hacquet ist also möglicherweise Redakteur des Blattes gewesen. Der berühmte Krainer Biograph Constant von Wurzbach Ritter von Tannenberg (1818–1893) führt in seinem „Biographischen Lexikon des Kaiserthums Österreich" bei Hacquet die redaktionelle Tätigkeit zwar nicht an[62], doch berichtet er vom Aufenthalt dieses mysteriösen Mannes in Ljubljana in den Jahren 1773 bis 1787. Hacquet war ein ausgesprochener Aufklärer. In seinen Werken trug er zur Verbreitung der Landeskunde bei und förderte somit das allgemeine Wissen. Er bekämpfte den Hexen- und Aberglauben[63], was oft den Unwillen der einfachen Bevölkerung hervorrief[64]. Dessen un-

---

S. 320. In Ljubljana befindet sich das Werk nur in der Bibliothek des Nationalmuseums, Sign.: 6557. Siehe auch: Bibliothèque de le Compagnie de Jésus. Bibliographie par les Pères Augustin et Aloys de Backer. Nouvelle Édition par Carlos Sommervogel, S. J. Bd. 1–9. Bruxelles, Paris 1890–1900, hier Bd. 7 (1896), S. 859; Slovenski biografski leksikon [Slowenisches Biographisches Lexikon]. Bd. 3. Ljubljana 1960–1971, S. 234–235.

59 Im Jahre 1774 wurde Hacquet Sekretär der Gesellschaft für Ackerbau und nützliche Künste. Höchstwahrscheinlich wurde ihm in dieser Stellung die Redaktion der Vereinszeitung anvertraut. Die gleiche Praxis wiederholte sich 68 Jahre später (1843), als der Sekretär der Ackerbaugesellschaft, Dr. Janez (Johann) Bleiweis (1808–1881), zum Redakteur des Organs der Gesellschaft, „Kmetijske in rokodelske novice" [Krainer Landwirtschaftszeitung], wurde.

60 Goethe erwähnt die Aufsätze Hacquets in seiner „Italienischen Reise" (J. W. Goethe: Italienische Reise. Goethes Werke in zwölf Bänden. Bd. 10. 2. Aufl. Berlin, Weimar 1968, S. 12).

61 Anonym: Ein „Laibacher Wochenblatt" aus früherer Zeit. In: Laibacher Wochenblatt, Nr. 1, v. 21. 8. 1880, unpag. Bemerkenswert, aber auch wichtig ist dieser Beitrag vor allem deswegen, weil hier zum ersten und einzigen Mal in einer Primärquelle Hacquet als Redakteur dieses Blattes namentlich erwähnt wird. (Hervorhebung von T. Ž.)

62 Vgl. Constant von Wurzbach: Biographisches Lexikon des Kaiserthums Österreich. Bd. 7. Wien 1861, S. 163–165.

63 Vgl. dazu Jurij Fikfak: About Hacquet's representation and description of the Other. In: Hacquetia (wie Anm. 15), S. 37–48.

64 Das abergläubische Bürgertum soll einmal wegen Hacquet so sehr aufgebracht gewesen sein, daß der Gelehrte sich genötigt sah, zwei Jahre lang unter falschem Namen und in aller Heimlichkeit durchs Land zu reisen, um nicht ergriffen und gelyncht zu werden (vgl. Peter Bori-

geachtet ließ Hacquet im Jahre 1778 seine wohlwollenden Ansichten zu Krain und dessen Bevölkerung auch in seinem vierteiligen, in deutscher Sprache in Leipzig erschienenen Werk „Oryctographia Carniolica“ drucken. In seiner Widmung wird all das festgehalten, was man in jeder der „Kundschaftsblatt“-Nummern bemerken kann: seine Sympathie zum krainischen Volk[65].

Trotz meiner eingehenden Recherchen bleibt die Frage nach dem eigentlichen Redakteur des Blattes nach wie vor offen. Ich bin der Meinung, daß es sogar möglich ist, daß das „Kundschaftsblatt“ zwei Redakteure hatte: Balthasar Hacquet und Gregor Schöttl. Es steht auf jeden Fall fest, daß die beiden beim Blatt mitgewirkt haben. Es ist auch anzunehmen, daß Ende des zweiten Jahrgangs nur noch ein Redakteur am Blatt arbeitete. Meiner Vermutung nach war das Balthasar Hacquet[66].

2.3.3 Die letzte Nummer des „Kundschaftsblattes“

Es hat den Anschein, als ob das Interesse an diesem in der zweiten Hälfte des 18. Jahrhunderts einzigen wöchentlich erscheinenden Blatt in Ljubljana nachgelassen hätte. Dazu kamen auch noch die Schwierigkeiten mit Abonnenten, die ihre Gebühren nicht bezahlten. Sie wurden in der vorletzten Nummer des zweiten Jahrgangs des Blattes freundlich ersucht, ihre Geldschulden bei der Zeitung zu tilgen[67]. Andererseits verfügte das Blatt über keine ständigen Mitarbeiter. So verwundert es nicht, daß am 28. Dezember 1776 die letzte (52.) Nummer des „Wochentlichen Kundschaftsblattes“ erschien. Darin wurde auch eine Ankündigung an die Leser veröffentlicht, in der ihnen Gründe für die unwiderrufliche Einstellung des Blattes in einem fünf Seiten langen, barock anmutenden Abschiedsartikel mitgeteilt wurden. Der Redakteur verglich sein einsames Bemühen, das „Kundschaftsblatt“ noch weiter herauszugeben, unter anderem mit der Enttäuschung einer Theatergruppe, deren Schauspieler ihr Leben dem Theater zwar widmen, aber vom Publikum nicht einmal wahrgenommen werden:

> Stellen Sie sich eine Schauspielergesellschaft vor, welche mit gut gewählten Stücken dem gesamten Publikum einen zugleich lehrreichen und angenehmen Zeitvertreib zu verschaffen suchet. Das Zutrittgeld ist so klein angesetzt, als es nur immer möglich war; die Schauspieler bieten alle ihre Kräfte auf, die Rollen auf das beste zu spielen;

---

sov: O Hacquetovem značaju [Von Hacquets Charakter]. In: Zgodovinski časopis 53 (1999), Nr. 4, S. 455–482, hier S. 474).

65 „Pres use shele eniga dobizhka, inu pres / neressnize, ampak is sgol nagnenja tó / povédati kar se je vidilu inu skussilu, / is Lubesni pruti eni dusheli tiga nar / mogozhneishiga inu nar bél rèshirieniga / Fòlka od tiga Stariga Sueitá.“ In: Balthasar Hacquet: Oryctographia Carniolica, oder Physikalische Erdbeschreibung des Herzogthums Krain, Istrien, und zum Theil der benachbarten Länder. Leipzig 1778, Vorblatt.

66 Er war ein schwieriger, streitsüchtiger Mensch, der sich die Freunde von heute am nächsten Tag bereits zu Feinden machte. Es ist durchaus möglich, daß er in der zweiten Hälfte des 18. Jahrhunderts mit den Jesuiten in Ljubljana in offenen Streit geriet. Deswegen wollten sie sich vermutlich auch nicht mehr beim „Kundschaftsblatt“ betätigen, und Hacquet fiel die Redaktion des Blattes zu.

67 Vgl. Nachricht. In: WK, Nr. 51, v. 21. 12. 1776, S. 817.

und Kenner loben beydes die Spiele und die Spieler. Allein dessen allen ungeachtet, erscheinet aus dem zahlreichsten Publikum fast niemand [...].[68]

Das „Wochentliche Kundschaftsblatt“ stellte sein Erscheinen ein, und Ljubljana blieb für eine geraume Zeit ohne eine einzige Zeitung.

3. Die „Laibacher Zeitung“

3.1 In Ljubljana entstehen neue Druckereien

In der zweiten Hälfte des 18. Jahrhunderts kam es in Ljubljana zu eingreifenden Veränderungen. Zunächst öffneten in der Stadt drei Buchhändler ihre Läden, nämlich Raab, Bernbacher und Promberg[69].

Besaß einst der Drucker Eger noch eine Art Monopolstellung auf dem Bücher- und Zeitungsmarkt, so brachte das 18. Jahrhundert die Wende. Im Jahre 1778 kam der Drucker und Verleger Ignaz Alois Kleinmayr (1745–1802) nach Ljubljana[70]. Die Kleinmayrsche familiäre Druckertradition reicht bis in die Jahre 1688/89 zurück, als man erstmals in Klagenfurt eine Offizin in Betrieb nahm[71]. Hier wurden unter anderem auch zwei Werke gedruckt, die sich auf Slowenisches beziehen: im Jahr 1731 die Predigtsammlung „Palmarium empyreum“ von Rogerio Labacensi (Rogerius von Laibach) und 1744 die zweite Auflage des viersprachigen Wörterbuchs „Dictionarium quatuor linguarum“, verfaßt vom Linguisten und Polyhistor deutscher Herkunft Hieronymus Megisser (um 1555–1619)[72].

Ihr Goldenes Zeitalter erlebte die Kleinmayrsche Druckerei unter Ignaz Alois Kleinmayr. Als dieser hochgebildete Mann, ein wahrhafter Sohn der Aufklärung, im Jahr 1769 die Leitung der väterlichen Offizin in Klagenfurt übernahm, war er fest entschlossen, dem Druckereigewerbe einen neuen Aufschwung zu verleihen. Ein Jahr darauf (1770) heiratete er die Tochter des berühmten Arztes Dr. Vest, die in die Ehe eine beträchtliche Aussteuer einbrachte. Auch dank dieser Heirat wurde Kleinmayr in die geistigen Kreise der Stadt Klagenfurt aufgenommen, unternahm bald viele Reisen, vor allem nach Graz und Wien, aber auch nach Krain. Sein Unternehmen erzielte gute wirtschaftliche Erfolge. Aufschlußreich für seine Beziehungen zur Umwelt ist seine Mitgliedschaft in der Klagenfurter Freimaurerloge „Zur wohltätigen Marianna“ wie auch in der Grazer Loge „Zu den vereinigten Herzen“, wo er als Meister der Loge fungierte[73]. Geht man davon aus,

68 An das Publikum. In: WK, Nr. 52, v. 28. 12. 1776, S. 830 f.

69 Vgl. Berčič: Tiskarsvo (wie Anm. 52), S. 72.

70 Vgl. Arko: Tristoletnica tiskarstva (wie Anm. 5), S. 20.

71 Mehr zu Familie Kleinmayr und ihrem Unternehmen bei Karl Ernst Newole: Die Offizin Kleinmayr in Klagenfurt bis zur Gründung der Zeitschrift „Carinthia“. In: Carinthia I 144 (1954), S. 417–539; ders.: Die Offizin Kleinmayr in Klagenfurt seit der Gründung der Zeitschrift „Carinthia“. In: Carinthia I 146 (1956), S. 295–403.

72 Darin zeigt sich der Autor als ein ausgesprochen guter Kenner des slowenischen Wortschatzes.

73 Newole: Offizin Kleinmayr (wie Anm. 71), S. 513.

daß in den Logen all diejenigen zusammenkamen, die Spitzenfunktion in der Gesellschaft anstrebten oder bereits innehatten, so kann man wohl sagen, daß Kleinmayr in Politik und Kultur über gute Beziehungen verfügt haben muß. Diese wußte er gut zu nutzen. Der größte äußere Erfolg seines tätigen Lebens wurde ihm 1787 zuteil: Er wurde geadelt.

Im Jahre 1769 wurde ihm in Klagenfurt die erbetene Bewilligung erteilt, ein Wochenblatt aufzulegen[74]. Auch holte er im Frühling 1782, ohne größere Schwierigkeiten, aus Wien die Erlaubnis zur Gründung einer neuen Druckerei in Ljubljana ein. Kurz danach machte er die vierte Buchhandlung in der Stadt auf. Die Herausgabe der Zeitung war zweifellos ein gutes Geschäft, das Kleinmayr finanziellen Gewinn brachte. Bald traf er die Entscheidung, auch in seiner Laibacher Filiale eine Zeitung wöchentlich erscheinen zu lassen. Bei Kleinmayr wurden vornehmlich deutsche Werke gedruckt, er war Gesetzesverleger und Drucker aller amtlichen Stellen in Kärnten, in der Steiermark und in Krain[75].

Kleinmayrs Standeskollege, der Drucker Ignaz Merk (1750–1797), reichte bereits im Jahre 1781 ein Gesuch um Genehmigung einer Druckerei in Ljubljana ein. Allerdings war ihm anscheinend der Stadtrat nicht besonders gewogen. Denn in seinem Gesuch beklagt sich Merk auch über die Monopolstellung des Drukkers Eger in Ljubljana. Zu Merks Pech fungierte gerade zu dieser Zeit ausgerechnet besagter Eger als Bürgermeister von Ljubljana. Dieser stellte in einer kurzen Erklärung fest, daß „kein besonderes Literaturbedürfnis hier im Lande sei und nur die amtlichen Arbeiten zu besorgen seien“, und gab zwischen den Zeilen zu verstehen, daß er keinen Konkurrenten in Ljubljana benötige. Kurz und bündig wurde dem Drucker Merk mitgeteilt, daß „Eger nicht nur ein gewöhnliches Gewerbe, sondern die Kunst betreibt“, und sein Gesuch abgelehnt[76]. Erst im Jahre 1786 wurde ihm, auf ein erneutes Ersuchen hin, erlaubt, die Merkische Druckerei in Ljubljana zu errichten. Von 1787 an druckte Merk zunächst im Auftrag des Stadtrates dessen amtliche Bekanntmachungen[77].

74 Unter dem Titel „Wöchentliches Intelligenzblatt“ brachte die Zeitung die gesamten öffentlichen Verlautbarungen; der Nachrichtenteil des Blattes, „Wöchentlicher Auszug von Zeitungen“, bildete bloß eine Beilage. Die Zeitung wurde allem Anschein nach, so Newolle, spätestens 1788 in „Klagenfurter Zeitung“ umbenannt (vgl. Newole: Offizin Kleinmayr [wie Anm. 71], S. 528).

75 Allerdings soll hier noch hervorgehoben werden, daß die slowenische Komödie „Matiček se ženi“ [Matiček heiratet] (1790), eine Überarbeitung der „Hochzeit des Figaro“ von Pierre Augustin Beaumarchais (1732–1799), slowenisch aus der Feder von Anton Tomaž Linhart (1756–1795), bei Kleinmayr gedruckt wurde. Die Matiček-Komödie mit stark aufklärerischen Merkmalen und die nach Joseph Richters Lustspiel in zwei Aufzügen „Die Feldmühle“ von Linhart verfaßte Komödie „Županova Micka“ (1790) markieren den Beginn der slowenischen Dramatik.

76 Vgl. Arko: Tristoletnica tiskarstva (wie Anm. 5), S. 22.

77 Dular: Živeti od knjig (wie Anm. 5), S. 171.

3.2 Die „Kleinmayrsche Laibacher Zeitung“

Am 20. Dezember 1782 wurde dem Drucker Kleinmayr das Recht auf die Herausgabe des neuen Blattes in Ljubljana erteilt, und er gab 1783 den „Wöchentlichen Auszug von Zeitungen“ heraus, der im Folgejahr zur „Laibacher Zeitung“ wurde. Wie seine Klagenfurter Vorgängerin trug auch die mit dem neuen Jahr 1783 zum ersten Mal in Ljubljana erschienene Zeitung den Titel „Wöchentlicher Auszug von Zeitungen“. Am 1. Januar 1783 begrüßte die Zeitung ihre Leser, das Land Krain und die Stadt Ljubljana mit folgenden, heute etwas pathetisch klingenden, Versen:

> Willkommen werthes Krain! und du belobte Stadt,
> Die theure Nachbarschaft mit uns verbrüdert hat,
> Dich soll dies neue Jahr der Eintracht Glück beleben;
> Und sich mein Zeitungsblatt in deinem Schooß erheben.
> Bisher erschien es oft im blut'gen Kriegsgewand,
> Und schrieb von Menschenblut, Verheerung, Mord, und Brand.
> Nun hüll es sich nicht mehr in trauernde Cypressen;
> Was Furcht und Umfall wirkt, sey dieses Jahr vergessen.
> [...]
> Auch Laybach sey vergnügt, und seine Flur erfreut,
> Und seh in neuem Jahr die alte güldne Zeit.
> Des Friedens güldner Zweig soll zwischen seinen Mauern
> In stetem Flore blühn, und unverwelket dauern,
> Kein bitt'rer Unglücksfall, noch drohende Gefahr
> Dräng sich mit kühnem Schritt in dieses Neue Jahr.
> Dies wünscht mein Zeitungsblatt, das ihr das erst'mal sehet,
> Und Nachsicht und Geduld von eurer Güte flehet.[78]

Der „Wöchentliche Auszug von Zeitungen“ erschien jeden Mittwoch in Kleinquart, also im kleinen Achtelformat, gedruckt. Eigene Berichterstatter konnte sich das Blatt schon aus wirtschaftlichen Gründen nicht leisten. Den Hauptteil der Zeitung bildeten deswegen die Nachrichten aus aller Welt. In leicht lesbarem Plauderton brachte das Blatt Informationen aus den Metropolen und anderen Orten des In- und Auslandes, beispielsweise aus Berlin, Paris, Petersburg, Siebenbürgen, Madrid, Mailand, aber auch aus Wien, wobei Abweichungen von den Quellen durchaus vorkamen. Hie und da brachte das Blatt trotz des Umstandes, daß es keine hauseigenen Mitarbeiter hatte, doch Berichte aus Krain. Zu den besseren wird jener über das Quecksilberwerk Idria (Idrija) in Krain gezählt. Wer diesen verfaßte, wird nicht erwähnt, jedoch muß es jemand gewesen sein, der entweder in Krain ansässig oder mit Krain sehr vertraut war[79]. Auf der hinteren Zei-

78 Wöchentlicher Auszug von Zeitungen, Nr. 1, v. 1. 1. 1783, unpag.

79 An dieser Stelle könnte man schlußfolgern, daß der Autor dieses Beitrags Balthasar Hacquet gewesen war. Er kam 1766 in die Bergbaustadt Idria und war dort sieben Jahre lang als Chirurg tätig. Von Idria ging er 1773 nach Ljubljana. Am dortigen Lyzeum lehrte er Anatomie, Physiologie, Chirurgie und Geburtshilfe und blieb bis 1787 in der Stadt. Danach ging er nach

tungsseite wurde regelmäßig die Liste der Verstorbenen abgedruckt, es wurden Termine von Versteigerungen bekannt gegeben und die Leser über die Laibacher Marktpreise in Kenntnis gesetzt.

Dem Nachrichtenteil wurden meistens kurze philosophische Weisheiten vorausgeschickt oder angeschlossen, wie zum Beispiel:

Spar bey der Fürsicht keine Müh!
Denn der Verräter schläfet nie.[80]

Der furchtsame Nachbar.
An meines Nachbars Haus hab' ich nicht gerne Fenster,
Man sieht bey Tag und Nacht die fürchterlichsten G'spenster.[81]

Die letzte Nummer des „Wöchentlichen Auszugs" kam im Dezember 1783 aus der Presse. Die erste Nummer des Jahres 1784 wurde mit dem Namen „Laibacher Zeitung" herausgegeben[82] und erschien so wie ihr Vorgänger einmal wöchentlich, jeweils donnerstags[83]. Die „Laibacher Zeitung" blieb bis zu ihrer Einstellung 1918, ausgenommen die Zeit der Illyrischen Provinzen (1809–1813), nicht nur eine Art offizielles Amtsblatt, sondern auch das meistgelesene Blatt in Ljubljana. Sie veröffentlichte in den ersten Jahren ihres Erscheinens sowohl Nachrichten aus aller Welt als auch die amtlichen Bekanntmachungen, Marktpreise und anderes. August Dimitz merkt in seinem Beitrag aus dem Jahre 1859 an:

Im J. 1784 erscheint die ‚Laibacher Zeitung' [...] Das Blatt zeigt den Doppeladler mit dem erzherzoglich österreichischen Wappen und enthält an der Spitze ein Motto in Versen, dessen Beziehung zum Inhalte nicht immer ersichtlich. Beigegeben ist ein Anhang, enthaltend Edicte, Verordnungen, Bücher-Anzeigen der Buchhandlungen von Kleinmayr, Promberger, Korn.[84]

Als Leitspruch jeder Ausgabe wurden bis März 1785 in der „Laibacher Zeitung" hintergründige, scharfsinnige, philosophische Betrachtungen in „Gellert-

Lemberg, wo er als Professor für Naturwissenschaften wirkte. Meine Vermutung kann ich nicht durch Quellen stützen; selbstverständlich wäre auch eine andere Autorschaft denkbar.

80 Wochentlicher Auszug von Zeitungen, Nr. 3, v. 13. 1. 1783, unpag.

81 Ebd., Nr. 20, v. 12. 5. 1783, unpag.

82 Einige Autoren behaupten, die „Laibacher Zeitung" sei zum ersten Mal im Jahre 1778 erschienen; vgl. Gaber: Skozi stoletja (wie Anm. 7), S. 222; Amon: Nemško časopisje (wie Anm. 11), S. 1330; Vatovec: Slovenski časnik (wie Anm. 8), S. 46. Allerdings liegt uns keine einzige Nummer vor, die vor dem Jahre 1783 gedruckt worden ist. Daß die „Laibacher Zeitung" erst ab dem Jahre 1784 erschien, beweisen die erhalten gebliebenen Exemplare in der Nationalbibliothek in Ljubljana sowie auch die Tatsache, daß Kleinmayr erst im Jahre 1782 die behördliche Erlaubnis erhielt, eine Druckerei in Ljubljana zu gründen. Es ist nicht auszuschließen, daß in den 1770er Jahren eine Zeitung beim Drucker Eger erschienen ist, doch liegen keine Exemplare vor.

83 Die Leser wurden informiert, wo sie die Zeitung kaufen konnten: „Wird alle Donnerstag auf dem Platz N. 185. im Skrinerischen Hause im Gewölbe ausgegeben", und ab 20. 9. 1787: „Wird alle Donnerstag auf dem Platz N. 185. in der Kleinmayrschen Buchhandlung ausgegeben".

84 Dimitz: Zeitungswesen (wie Anm. 6), S. 71.

scher Manier“ abgedruckt[85]. Im Mai 1784 etwa liest man:

Guter Rath.
Willst du vor den Blicken
Eines Narren sicher seyn,
Zerschlag dein Spiegel in tausend Stücken,
Und sperr dich auf immer ein.[86]

In ihrer ersten Nummer drückte die Zeitung gute Wünsche aus, die an ihre Leser gerichtet wurden:

Gesundheit und ein frohes Herz
Bei jedem Spiel und muntern Scherz,
Dies Freunde! glaube mir
Ist Glück, ich wünsch es Dir.[87]

Erstaunlicherweise legte man anfangs keinen großen Wert auf lokale Nachrichten. Fast nur der Titel zeugt davon, daß es sich um ein Laibacher Blatt handelt. Es fehlte jede Bezugnahme auf das tägliche Geschehen im Land Krain. Auch auf die Kultur des Landes wurde nie verwiesen, denn einen kulturellen bzw. literarischen Teil hatte das Blatt nicht. Vielmehr bestand die Zeitung seit 1789 aus zwei Teilen: Der erste brachte die inländischen, der zweite die ausländischen Nachrichten. Ein Jahr darauf wurde sie umfangreicher, sie wurde auf sechs (statt wie bis dahin vier) Seiten gedruckt.

Die Kleinmayrsche Zeitung wurde in Ljubljana gerne gelesen, der Verleger erzielte mit ihr auch finanzielle Erfolge, was ihn dazu bewog, die Zeitung zweimal wöchentlich, dienstags und freitags, herauszugeben[88].

Alle merkwürdigen in- und ausländischen Begebenheiten, Kriegsvorfälle, Beförderungen, die eigenen Korrespondenznachrichten, dann auch litterarische, und ökonomische Anzeigen werden in diese meine Zeitungsblätter aufgenommen, und den Lesern unverzüglich mitgetheilt werden.[89]

In der ersten Nummer des Jahres 1791 wandte sich Kleinmayr erneut an seine Leser[90]. Er teilte ihnen mit, daß seine Zeitungsblätter mit dem neuen Jahr einige inhaltliche Veränderungen bringen würden.

Es wurden von nun an inländische Nachrichten abgedruckt, d. h. das Wichtigste, das das Land Krain betraf. Die Nachrichten aus Wiener Zeitungen und ausländische Berichte wurden weiterhin anderen regionalen oder überregionalen

---

85 Dimitz berichtet über diese „äußeren“ Veränderungen der „Laibacher Zeitung“: „[...] das Aeußere hat eine Aenderung erlitten, indem es kein Motto und an der Spitze den ständischen einköpfigen Adler mit dem horizontal liegenden Halbmond an der Brust zeigt. In den vorliegenden Nummern findet sich keine Local-Nachricht“ (Dimitz: Zeitungswesen [wie Anm. 6], S. 71).

86 (Kleinmayrsche) Laibacher Zeitung, Nr. 21, 1784 (undat.), unpag.

87 (Kleinmayrsche) Laibacher Zeitung, Nr. 1, 1784 (undat.), unpag.

88 Vgl. (Kleinmayrsche) Laibacher Zeitung, Nr. 26, v. 29. 6. 1790, beigelegtes Blatt, unpag.

89 Ebd.

90 (Kleinmayrsche) Laibacher Zeitung, Nr. 1, v. 4. 1. 1791, unpag. (als Vorblatt der 1. Nummer).

Blättern entnommen. Die dritte Zeitungssparte widmete Kleinmayr allen wichtigen Mitteilungen. Außerdem bekam die Zeitung eine neue Beilage nach Art eines „Intelligenzblattes". Hier kamen verschiedene Verlautbarungen, Annoncen, Versteigerungstermine und Marktpreise zum Abdruck[91].

Hinter diesen Bemühungen Kleinmayrs, die Qualität seines Blattes zu heben, darf man allerdings tiefere Gründe vermuten: Seit 1788 gab es auf dem Laibacher Zeitungsmarkt nämlich eine Konkurrenzausgabe zur Kleinmayrschen Zeitung. Der Buchdrucker Merk gab eine Zeitung mit ähnlichem Titel und Inhalt heraus: die „Merkische Laibacher Zeitung".

3.2.1 Die „Merkische Laibacher Zeitung"

Ignaz Merk arbeitete zunächst bei Ignaz Alois Kleinmayr, dessen Laibacher Unternehmen er leitete. Er hatte recht früh erkannt, wie gewinnbringend eine Zeitung war. Zwei Jahre nach der Aufnahme seiner Tätigkeit in Kleinmayrs Betrieb traf er die Entscheidung, sein eigener Verleger zu werden. Im Jahre 1786 wurde ihm erlaubt, eine eigene Druckerei zu eröffnen[92]. Hier druckte er auch eine eigene Zeitung. Selbst wenn die Auflage seiner Zeitung gering gewesen sein sollte[93], schmälerte sie doch den Erfolg des Blattes von Kleinmayr und gefährdete dessen Monopolstellung auf dem Zeitungsmarkt in Ljubljana.

Wann die erste Nummer der „Merkischen Laibacher Zeitung" erschien, ist heute nicht mehr festzustellen. Dimitz berichtet jedoch von einer erhalten gebliebenen Nummer aus dem Jahre 1788:

> Vom J. 1788 liegt uns lediglich eine Nummer, das 27. Stück von 3. Dez. 1788, vor, welches den Titel führt: „Merkische Laibacher Zeitung", nach dem Verleger. Die Sitte der Motto's ist wieder aufgenommen, das Aeußere dasselbe, der Anhang mit dem Blatt verschmolzen.[94]

Die ältesten noch vorhandenen Nummern der „Merkischen Zeitung", die gut zehn Jahre lang die Laibacher Zeitschriftenlandschaft mitprägte (1788–1797), stammen aus dem Jahre 1789. Die Zeitung erschien zweimal die Woche, mittwochs und samstags, und hatte gelegentlich, so wie das Konkurrenzblatt von Kleinmayr, eine Beilage, das „Intelligenzblatt". Das Layout der Zeitung ähnelt fast bis aufs kleinste Detail dem des Kleinmayrschen Blattes, was etwas phantasielos und gleichzeitig merkwürdig und verwirrend wirkt[95]. Zwischen Zeitungskopf und Nachrichtenteil brachte jede Nummer einen Leitgedanken (Dimitz spricht von „Motto"), der mit dem Zeitungsinhalt wenig oder gar nicht zusammenhing. Das waren gereimte, meist in pathetischem Ton und im aufklärerischen

---

91 Nachricht an die Leser der von Kleinmayrischen Laibacher Zeitung. Ebd.

92 Branko Reisp: Merk, Ignac. In: Enciklopedija Slovenije [Enzyklopädie Sloweniens]. Bd. 7. Ljubljana 1993, S. 74.

93 Es liegen uns keine Zahlen vor.

94 Dimitz: Zeitungswesen (wie Anm. 6), S. 71. In Ljubljana ist keine einzige Nummer aus dem Jahre 1788 erhalten.

95 Heute stellt man sich die Frage, ob diese Ähnlichkeit vom Drucker sogar intendiert war.

Geist verfaßte Weisheiten wie:

Betrachtung bei zwo Wanduhren.
Die eine gleicht dem Richter Schlicht:
Schmiert man nicht brav, so geht sie nicht,
Die andre gleicht dem Richter Schlecht,
Geht ungeschmiert, doch selten recht.[96]

Mitunter stoßen wir auf Ausnahmen von dieser Regel, so z. B in der 93. Nummer des zweiten Jahrgangs (1789), wo man einen Leitspruch abdruckte, ein Loblied auf den glorreichen Feldmarschall Gideon Ernst von Laudon (1717–1790), das nicht in deutscher, sondern in slowenischer Sprache verfaßt wurde[97]. Im Feldzug gegen die Türken vom Oktober 1789 hatte Laudon den Oberbefehl inne und errang vor Belgrad einen großen Sieg[98], der in der „Merkischen Zeitung“ auf Slowenisch glorifiziert und besungen wurde.

1797 starb Ignaz Merk im Alter von 46 Jahren. Vermutlich erschien die Zeitung bis zu seinem Todesjahr, obwohl in Ljubljana nur einige Nummern aus den Jahren 1789 bis 1791 erhalten geblieben sind. Da Merk außer einer minderjährigen Tochter keine Nachkommen hatte, wurde sein Unternehmen an Anton Degotardi (1773–1800) verkauft[99], der die Tradition seines Vorgängers fortsetzte, indem er bis zu seinem frühen Tode im Jahre 1800 die „Degotardische Laibacher Zeitung“ herausgab[100].

3.2.2 Die „Degotardische Laibacher Zeitung“

Obwohl Anton Degotardi ein äußerst erfolgreicher Laibacher Unternehmer und Buchhändler war, ist uns über sein Leben nur wenig bekannt. Besonders lükkenhaft sind alle mit seiner Druckerkarriere verbundenen Angaben. Fest steht nur, daß er spätestens im Jahre 1799 die „Degotardische Laibacher Zeitung“ gründete. Da es keine erhalten gebliebenen Ausgaben aus den zwei vorangehenden Jahren gibt, kann die Behauptung, daß seine Zeitung eine direkte Nachfolgerin der „Merkischen“ war, nicht untermauert werden.

Die früheste, heute noch vorhandene Nummer des Blattes, welches mittwochs und sonntags erschien, datiert vom 2. Januar 1799. Darin nehmen einen breiten Raum die Nachrichten aus Wien, Köln, Mailand und Brüssel ein. Doch sind die

---

96 Merkische Laibacher Zeitung, Nr. 97, v. 6. 12. 1789, unpag.

97 Shivite jenu pite/Lubleni Lublanski Ludie/Vukaite, vekajte/Thu Laudonov vefelje [Leben Sie wohl und trinken Sie/liebe Laibacher Leute/jauchzen Sie, singen Sie/zur Freude Laudons]; Übersetzung von T. Ž. (Merkische Laibacher Zeitung, Nr. 93, v. 21. 11. 1789, unpag.).

98 Nach seiner Rückkehr vom Kriegsschauplatz hatten ihn die Stände Krains aus Dankbarkeit dafür, daß er ihre Provinz vor den Einfällen der Türken bewahrt hatte, zu ihrem Mitglied gemacht (vgl. Constant von Wurzbach: Biographisches Lexikon des Kaiserthums Österreich. Bd. 16. Wien 1867, S. 78). Als sehr verdienstvoll bei der Verteidigung des belagerten Belgrad zeigte sich auch der berühmte slowenische Mathematiker Jurij (Georg) Vega (1754–1802), der die Kanoniere befehligte.

99 Degotardi war mit Regina Cirk, der Magd der Familie Merk, verheiratet.

100 Vgl. Berčič: Tiskarsvo (wie Anm. 52), S. 76 f.

meisten Berichte derart veraltet, daß sie kaum mehr als aktuell bezeichnet werden können. So wird z. B. in einer kleinen Nachricht aus Rom von einem Ereignis berichtet, das sich bereits Ende November des vorhergehenden Jahres zugetragen hatte[101]. Selbst die aktuellsten Berichte sind noch mehr als zehn Tage alten fremden Blättern entnommen. Der auf acht Achtelformatseiten gedruckten Degotardi-Zeitung war die vierseitige „Beilage zur Laibacher Zeitung" beigefügt, die man als „Intelligenzblatt" bezeichnen kann. Sie brachte verschiedene Ankündigungen, Gewinnzahlen der Lotterie, Getreidepreise, Verzeichnisse kürzlich Verstorbener u. a.

Daß die Degotardische und die Kleinmayrsche Zeitung gleichzeitig erschienen, geht aus den wenigen vorhandenen Nummern hervor. Ein Vergleich der beiden Blätter offenbart überraschende Ähnlichkeiten[102]. So wie die Merkische Zeitung in den achtziger Jahren war auch das „Degotardische" Blatt ein fehlgeschlagener Versuch, Kleinmayr auf dem Laibacher Zeitungsmarkt ernsthaft Konkurrenz zu machen.

Zum Neujahr 1800 beschenkte die „Degotardische Laibacher Zeitung" ihre Leser mit einem marktorientierten Glückwunsch:

Ein Glückwunsch zu dem neuen Jahr,
Ist keine Neuigkeit;
Man weiß, daß immer dies so war
Von Adam bis auf heut.
Doch eben dieß macht mir zur Pflicht
Dem Brauche nach zu geh'n;
Bleib auf dem Pfade, wie man spricht,
So wirst du sicher geh'n.
Ich bringe denn dem Publikum,
Hier meine Wünsche dar;
Es ende dieses Seckulum
Beglückt, wie keines noch war.
[...]
Zuletzt wünscht der Verleger sich
Abnehmer ohne Zahl;
Denn nur dadurch gewinnt er sich
Und seiner Frau das Mahl.[103]

Mit verhaltenem Optimismus trat die Zeitung zur Jahrhundertwende ins neue Jahr. Doch bald starb Degotardi, erst 27 Jahre alt. Mit ihm erlosch auch seine Zeitung. Am 6. August 1800 erschien die letzte, die 63. Nummer der „Degotar-

101 Vgl. Degotardische Laibacher Zeitung, Nr. 1, v. 2. 1. 1799, unpag.

102 Am Freitag, den 2. 5. 1800, erschien die 35. Nummer der Kleinmayrschen Zeitung mit dem Anhang „Beilage zur Laibacher Zeitung"; am darauffolgenden Tag wurde die 36. Nummer der „Degotardischen Laibacher Zeitung" herausgegeben. Die Blätter unterscheiden sich nur durch geringfügige Veränderungen an den Titelseiten. Beide Zeitungen werden in der Nationalbibliothek Ljubljana aufbewahrt.

103 Glückwunsch zum neuen Jahr 1800. In: Degotardische Laibacher Zeitung, Nr. 1, v. 1. 1. 1800, unpag.

dischen Laibacher Zeitung". Die junge Degotardi-Witwe, der das Vermögen des verstorbenen Gatten zufiel, heiratete bald – es hieß ja, ihre eigene Existenz und jene der Druckerei zu retten – Johann Leopold Eger (1773–1829), einen gelernten Drucker, dessen Eltern sich seit den sechziger Jahren des 18. Jahrhunderts mit der „schwarzen Kunst" in Ljubljana befaßten. Auch dieser setzte die Verlegerschaft an der Zeitung fort: Bis 1807 gab er seine „Leopold Egerische Laibacher Zeitung" heraus.

3.2.3 Die „Leopold Egerische Laibacher Zeitung"

Von allen Laibacher Druckereien war die Egerische diejenige, die am besten mit den schwierigen politischen Umständen in der Zeit der Napoleonischen Kriege zurecht kam, die wirtschaftliche und finanzielle Krisen überwand und dem Konkurrenzkampf trotzte. Der junge Johann Leopold Eger erbte überraschenderweise nicht das väterliche Unternehmen. Auch erlernte er seinen Beruf bei verschiedenen Laibacher Druckern. Eine Verkettung glücklicher Umstände machte ihn zum Besitzer des einstigen Degotardischen Betriebs gerade zu der Zeit, als seine Mutter die Egerische Offizin an Andrej Gassller[104], einen Hausbesitzer und Buchhändler in Ljubljana, vermietete. Gassller war seit 1795 auch Pächter der Kleinmayrschen Druckerei gewesen und war für die Herausgabe der „Kleinmayrschen Laibacher Zeitung" verantwortlich. Das Konkurrenzblatt, ein direkter Nachfolger der „Degotardischen Zeitung", erschien ohne vorherige Ankündigung bereits am 9. August 1800 mit dem Titel „Leopold Egerische Laibacher Zeitung"[105].

Die Zeitung umfaßte acht Seiten; hinzu kam die Beilage mit mehr als vier Seiten. Es ist hervorzuheben, daß das Egerische Blatt nicht nur Veranstaltungen ankündigte und Wissenswertes aus fremden Blättern abschrieb, sondern auch Nachrichten über das Geschehen in Laibach brachte, wie z. B. im Artikel „Die Aufstellung zweyer Feuerwächter auf dem Kastel betreffend"[106]. Auch waren die Berichte ziemlich aktuell und wurden mit höchstens einigen Tagen Verspätung veröffentlicht. Am 13. August 1800 etwa liest man in der Egerischen Zeitung über die Ereignisse, die sich in Laibach zwei Tage zuvor zugetragen

104 Seine Abstammung ist nicht geklärt.

105 Dimitz und Arko berichten, daß der ältere Eger bereits im Jahre 1797 „eine Eger'sche Laibacher Zeitung" gedruckt hat, die aber bald eingestellt wurde; vgl. August Dimitz: Zeitungswesen (wie Anm. 6), S. 72. Neben dem „Wochentlichen Kundschaftblatt" soll Eger auch eine „Egerische Laibacher Zeitung" gedruckt haben. Jedoch ist keine einzige Nummer erhalten geblieben. Dimitz schreibt außerdem, daß Ende des 18. Jahrhunderts in Ljubljana ein Theaterjournal herausgegeben wurde (vgl. ebd.). Das erwähnte Theaterblatt – auch in diesem Fall gibt es keine erhalten gebliebenen Exemplare – lieferte, so Dimitz, die Rezensionen der Laibacher Theateraufführungen ab 1. 1. 1798; vgl. auch Alfonz Gspan: K najdbi doslej neznanega ljubljanskega gledališkega lista [Zum Fund der bisher unbekannten Laibacher Theaterzeitung]. In: Naši razgledi 4 (1955), Nr. 7, S. 165 f.; Dušan Ludvik: Prvi ljubljanski gledališki list [Die erste Laibacher Theaterzeitung]. In: Naša sodobnost 2 (1954), Nr. 10, S. 955–959.

106 Leopold Egerische Laibacher Zeitung, Beilage zur Laibacher Zeitung, Nr. 64, v. 9. 8. 1800, unpag.

haben:

> Laibach. Vorgestern Abends um halb 11 Uhr empfing die hiesige Stadt wonnevoll unter Abfeuerung der Kanonen, Paradieren des löbl. Bürger- und Jägerkorps, und einer Abtheilung der Thurnischen Reserve, unter wiederholten jubelnden Vivat, in ihre Mauern Se. Maj. die regierende Königin beyder Sicilien, Karoline Erzherzogin von Oesterreich, und Mutter unserer allergnädigsten Kaiserin [...].[107]

Eger ließ sich, um einen breiteren Leserkreis zu gewinnen, auch etwas Neues einfallen. In gereimter Form informierte er seine Leser, worüber sein Blatt zu berichten beabsichtigte, nämlich über nichts weniger als das gesamte Weltgeschehen:

> Oesterreich und Frankreich unterhandeln –
> Engelland will sein System verwandeln.
> Preussen ist noch immer neutral!
> Spanien will über Portugall –
> Um Rußlands Kunst buhlt mancher unsrer Staaten,
> Dännemarck freut sich an den Traktaten;
> Schweden sitzt in stolzer, sichrer Ruh –
> Neapel sieht von ferne ängstlich zu!
> Die Pforte knirscht, wenn sie Egypten denckt –
> Und unser Trost bleibt nur – daß Gott die Staaten lenckt![108]

Trotz aller Bemühungen, dem Blatt einen eigenen Charakter zu geben, stößt man in der „Kleinmayrschen" und in der mit ihr konkurrierenden „Egerischen Laibacher Zeitung" bisweilen auf Berichte, die gleichlautend sind und die außerdem auch noch am gleichen Tag erschienen. Am 4. Dezember 1801 veröffentlichte die Kleinmayrsche Zeitung eine Nachricht aus Wien: „Den 24. d. M. nach 11 Uhr Nachts starb allhier, nach einer lang abgehaltenen Krankheit, im 77 Jahre seines Alters, an der Entkräftung, Franz Moritz, des heil. röm. Reichs Graf v. Lacy, Ritter des goldenen Vließes, Großkreuz und Kanzler des militärischen Marien Theresien-Ordens." Die gleichen Worte wurden auch in der „Leopold Egerischen Laibacher Zeitung" abgedruckt. Der einzige Unterschied besteht darin, daß die erstgenannte Zeitung den Artikel auf der zweiten, die andere ihn auf der ersten Seite brachte.

Beide Zeitungen hatten auch eine Beilage, die es sich zur Aufgabe machte, ihre Leser im aufklärerischen Geist zu bilden und zu unterhalten. Die Beilage der „Egerischen Zeitung" nannte sich „Anhang der Laibacher Zeitung" und erschien bis zum Jahr 1807. Ein Vergleich mit der Beilage der Kleinmayrschen Zeitung, dem „Laibacher Wochenblatt zum Nutzen und Vergnügen", ist bis heute nicht gezogen worden, was auch damit zusammenhängen mag, daß in Ljubljana nur 26 Nummern des Jahrgangs 1807 erhalten sind[109]. Ebenso kann man die Namen

107 Leopold Egerische Laibacher Zeitung, Nr. 65, v. 13. 8. 1800, unpag.

108 Leopold Egerische Laibacher Zeitung, Nr. 84, v. 17. 10. 1800, unpag.

109 Die erhalten gebliebenen Nummern werden in der Bibliothek des Nationalmuseums in Ljubljana aufbewahrt; sie sind dem vierten Jahrgang (1807) des „Laibacher Wochenblattes zum Nutzen und Vergnügen" beigelegt.

der Redakteure des Egerischen „Anhangs“ nur mehr vermuten. Auch ist wissenschaftlich noch nicht einwandfrei festgestellt worden, wann die erste Nummer der Beilage eigentlich erschien: noch bevor im Jahre 1804 die erste Nummer der Beilage der Kleinmayrschen Zeitung herausgegeben wurde oder doch erst danach. Oder ist vielleicht im Jahre 1807 überhaupt nur ein Jahrgang dieser Beilage erschienen? Die letzte Nummer der „Leopold Egerischen Laibacher Zeitung“ erschien nämlich am 30. Juni 1807.

3.3 Die „Vereinigte Edel von Kleinmayer'sche und Leopold Eger'sche Laibacher Zeitung“

Im Jahre 1807 war die Zeit der Konkurrenz vorbei. Beide Laibacher Drucker bzw. Verleger, Eger und Kleinmayr, schlossen sich zusammen und gaben die „Vereinigte Edel von Kleinmayr'sche und Leopold Eger'sche Laibacher Zeitung“ heraus. Das nun vereinigte Blatt brachte vor allem politische Neuigkeiten aus dem In- und Ausland, d. h. aus der Donaumonarchie und aus anderen Gebieten Europas, und hatte gelegentlich auch mehrere Beilagen. Eine davon war das „Intelligenzblatt“, das die Leserschaft mittels vorwiegend kurzer Nachrichten, aber auch Anzeigen und verschiedener Verlautbarungen informieren wollte. Spätestens ab dem Jahre 1814 kam noch die Sonderbeilage „Offizielle Kriegsbegebenheiten“ hinzu, deren Mitteilungen meistens von Wiener und Grazer Zeitungen übernommen wurden.

Als Napoleon Bonaparte (1769–1821) im Jahre 1809 die Illyrischen Provinzen gründete[110], wechselte die Zeitung ihren Namen und nannte sich „Vereinigte Laibacher Zeitung“. Über dem Titel prangte der Schriftzug „Illyrische Provinz“. Ende 1810 wurde die Herausgabe der Zeitung und ihrer Beilage eingestellt, da die Franzosen ihre eigene Zeitung („Der Telegraph“) auch in deutscher Sprache drucken ließen. In der 75. Nummer der „Vereinigten Laibacher Zeitung“, vom 11. Dezember 1810, wurde den Lesern folgendes mitgeteilt:

> Den Herrn Abnehmern dient hiermit zur Nachricht, daß mit de[m] ersten Jän[n]er die Laibacher Zeitung mit dem Telegraph vereinigt wird, der forthin in der französischen, illyrischen und deutschen Sprache besonders erscheinen wird. Der Telegraph wird die Nachrichten aus Frankreich nach den Pariser Journalen liefern, welche Seiner Exzellenz dem Herrn General Gouverneur mit Stafette überbracht werden, wodurch er denn auch in den Stand gesetzt ist, die französischen Journale, welche mit ordinärer Post ankommen, um einige Tage zu überholen. Die deutschen Artikel werden aus der Wiener, Ofner, Pressburger, Hamburger, Frankfurter, Augsburger und Ulmer Zeitung genommen werden. Der bisherige Redakteur der Laibacher Zeitung, Herr Peeseneg-

110 Nach dem am 14. 10. 1809 geschlossenen Frieden von Schönbrunn wurden die „Illyrischen Provinzen“ gegründet. Zu diesem Napoleonischen Verwaltungsgebiet mit vorwiegend slowenischer und kroatischer, aber auch serbischer, italienischer und deutscher Bevölkerung gehörten Teile des österreichischen und venezianischen Territoriums (Görz, Triest und Umgebung, Krain, das westliche Kärnten, Kroatien auf dem rechten Saveufer, Istrien, Dalmatien, Boka Kotorska) und die Republik Dubrovnik.

ger, der nun einer der Mitarbeiter des Telegraphen ist, wird sich mit der Ausbeute aus gedachten Zeitungen beschäftigen, und ausschließlich die Redaktion der deutschen Nachrichten für den Telegraph besorgen. Da die deutschen Angelegenheiten für die Bewohner der Illyrischen Provinzen ein so großes Interesse sowohl in Hinsicht der Handlung als in Bezug ihrer Gewohnheiten darbieten, so wird Herr Peesenegger nichts vernachläßigen, um sie in diesem Punkte gänzlich zu befriedigen.[111]

3.3.1 Das französische Interregnum: Die Illyrischen Provinzen und das Blatt „Offizieller Telegraph"

Zum neuen Jahr 1811 verfügten die Franzosen also die Einstellung der „Vereinigten Laibacher Zeitung" einschließlich ihrer Beilage „Laibacher Wochenblatt zum Nutzen und Vergnügen"[112]. Angeblich konnte die von den Franzosen gedruckte Zeitung in französischer, italienischer und deutscher Sprache zu wenige Abonnenten und Leser für sich gewinnen, und so sahen sich die Behörden der französischen Besatzer genötigt, das deutsche Konkurrenzerzeugnis zu sistieren, um dadurch dem französischen Blatt auf dem Markt eine Monopolstellung zu sichern.

Die Zeitung „Télégraphe officiel des Provinces Illyriennes" fungierte als das Amtsblatt der französischen Verwaltung in den Illyrischen Provinzen. Auguste Frédéric Louis Viesse de Marmont, Herzog von Ragusa (1774–1825), der erste Gouverneur der Illyrischen Provinzen, überließ die Leitung der zentralen illyrischen Druckerei „L'Imprimerie Impérial du Gouvernement des Provinces Illyriennes" dem Italiener Joseph Sardi.

Allem Anschein nach ist der ursprüngliche Plan, das offizielle Blatt in den Provinzen in französischer, italienischer, deutscher und illyrischer Sprache herauszugeben, gescheitert, denn bis heute konnte keine einzige „illyrische" Nummer gefunden oder deren Existenz bestätigt werden[113]. Die französische Ausgabe der Zeitung erschien von Oktober 1810 bis September 1813, die italienische war kurzlebiger – sie wurde nur von Oktober 1810 bis Ende des Jahres gedruckt. Die Redaktion teilte den Lesern in einer kurzen Benachrichtigung mit, daß „vom ersten Jänner angefangen der Telegraph nicht mehr in italienischer Sprache erscheinen [wird]"[114]. Die Gründe dafür mögen auch darin gelegen haben, daß Italienisch die Sprache der kleinsten Minderheit in den Provinzen war[115]. Im Unterschied dazu erschien die deutsche Ausgabe „Offizieller Telegraph", später „Der Telegraph" genannt, ununterbrochen von Beginn des Jahres 1811 bis zum 23. August 1813.

111 Nachricht. An die Titl. Herrn Abnehmer der Laibacher Zeitung. In: Illyrische Provinz. Vereinigte Laibacher Zeitung, Nr. 75, v. 11. 12. 1810, unpag.

112 Mehr zu diesem Blatt weiter unten.

113 Manchmal wird auch eine „slowenische" Ausgabe erwähnt, mit der höchstwahrscheinlich die illyrische gemeint ist. Allerdings gibt es keine erhalten gebliebenen Exemplare und damit keinen Beweis dafür, daß auch nur eine Nummer der besagten Zeitung erschienen ist.

114 Vereinigte Laibacher Zeitung, Nr. 75, 11. 12. 1810, unpag.

115 Italienisch wurde im Küstenland in Görz und Triest und seiner Umgebung gesprochen.

Die Zeitung wurde zweispaltig gedruckt und mittwochs und samstags ausgeliefert. Nach der Niederlage Napoleons ging das Blatt, das in den letzten acht Monaten des Jahres 1813 vom französischen Literaten Charles Nodier (1780–1844) redigiert wurde, ein[116].

3.3.2 Die „Vereinigte Laibacher Zeitung“ wird zur „Laibacher Zeitung“

Kaum hatten die Franzosen das slowenische Gebiet verlassen, betätigte sich Joseph Sassenberg (1773–1849), der seit 1809 Pächter der Kleinmayrschen Druckerei war, ab dem 19. Oktober 1813 als neuer Herausgeber der „Vereinigten Laibacher Zeitung“. Die erste Nummer des Blattes begrüßte euphorisch den Sieg über Napoleon und verherrlichte den geliebten Vater Franz, den Kaiser aller Österreicher:

> Ein schreckliches Ungewitter schwebte beynahe durch zwey Monate über die einst so glücklichen Gegenden Krains, Schrecken und Verderben drohte uns von allen Seiten, und sichtbar zeigte sich die Noth und das Elend täglich größer, als endlich am 29sten September um 1 Uhr Mittags [...] die braven Landwehrmänner in unserer Gegend erschienen [...] da überließ sich alles dem Taumel der Freude, und deutsche Brüder, deren Herzen weder politische Verhältnisse, noch gehemmter Verkehr jemals getrennt hat, konnten sich wieder arglos umarmen, konnten ungescheut ausrufen: Hoch lebe unser immer geliebter Vater, Franz der Große.[117]

Die Zeitung samt ihrer informativen Beilage erschien zunächst zweimal, später aber dreimal pro Woche. Auch der literarische Anhang der Zeitung, das „Laibacher Wochenblatt zum Nutzen und Vergnügen“ lebte wieder auf.

Das „Intelligenzblatt“ zur „Laibacher Zeitung“ vermittelte allgemeine Informationen sowie verschiedene Ankündigungen, Nachrichten, Bücheranzeigen, Termine von Versteigerungen und Verzeichnisse von Verstorbenen. Interessant sind auch Hinweise auf kulturelle Ereignisse, wie z. B. Konzerte:

> Künftigen Sonntag als den 24. Oct. werden die Gebrüder Matthäus und Anton Babnigg die Ehre haben im hiesigen ständischen Redouten-Saale eine große musikalische Vokal- und Instrumental-Akademie zu geben. Das Nähere wird der Anschlagzettel geben.[118]

Eine wichtige Ergänzung stellten die Nachrichten zum Theaterleben in Ljubljana dar. Eine davon lädt zu einer Kotzebue-Aufführung im Laibacher Theater ein:

> Theater-Nachricht. Künftigen Donnerstag den 21. Dezember 1815 wird im hiesigen Theater, zum Vortheil des Schauspielers Joseph Wilhelm, (und zum letzten Mahl vor

116 Diese besonders wertvolle Zeitung aus der Zeit der französischen Okkupation befindet sich in der Nationalbibliothek von Ljubljana, Handschriftensammlung (Signatur: R6617 – vollständig; R13284 – unvollständig).

117 Freuden-Ausdruck der Bewohner Illyriens, über die Ankunft Sr. Excellenz, Herrn Freyherrn von Lattermann, Ritter des Mar. Theresien-Ordens, k.k. wirklicher geheimer Rath, Feldzeugmeister, Inhaber eines Infanterie-Regiments, Hofkriegsrath, dann Civil und Militär-General, Gouverneur von Illyrien. In: Vereinigte Laibacher Zeitung, Nr. 1, v. 19. 10. 1813, unpag.

118 Intelligenzblatt zur Laibacher Zeitung, Nr. 2, v. 22. 10. 1813, unpag.

den Feyertägen) aufgeführt: Deodata das Gespenst oder der Schatz an der Lärenhöhle. Ein neues hier nie gegebenes romantisches Ritterschauspiel, mit Gesang in 4 Aufzügen v. August v. Kotzebue.[119]

Die „Vereinigte Laibacher Zeitung" wurde bis 1820 herausgegeben. Im Januar 1821 wurde sie umbenannt und trug seitdem nur mehr den Namen „Laibacher Zeitung". Sie war somit das einzige derartige Amtsblatt in deutscher Sprache in Ljubljana. Die erste Nummer erschien am 2. Januar 1821 bei Ignaz Kleinmayr, der zugleich Verleger und verantwortlicher Redakteur war. Nach wie vor brachte sie vor allem offizielle Mitteilungen und wurde zur meistgelesenen Zeitung Ljubljanas[120]. Später, in der zweiten Hälfte des 19. Jahrhunderts, brachte die Zeitung auch Nachrichten aus dem slowenischen politischen, kulturellen und wirtschaftlichen Leben. Im Jahre 1850 wurde die „Laibacher Zeitung", die bisher dreimal pro Woche erschienen war, zu einem Tageblatt, was sie bis zu ihrer Einstellung im Jahre 1918 auch blieb[121].

Etbin Heinrich Costa (1832–1875), in den 60er Jahren des 19. Jahrhunderts der Bürgermeister von Ljubljana, berichtet in seiner Abhandlung über das literarische Leben in der Habsburger Monarchie der 50er Jahre auch über die „Laibacher Zeitung":

> Die ‚Laibacher Zeitung' bringt in ihrem Hauptblatte und zwar im amtlichen Theil die amtlichen Nachrichten aus der ‚Wiener Ztg.' und selbständig die von krainischen Landesbehörden ausgehenden; im nichtamtlichen Theil die wichtigsten politischen Neuigkeiten, Tagesnotizen, Provinzial- und Lokalnachrichten [...] Das Feuilleton bringt belletristische Aufsätze, Gedichte, Biographien, Theaterkritiken und Literaturberichte, letztere meist aus Klun's [1823–1875] Feder. Das Amts- und Intelligenzblatt sind den amtlichen und privaten Annoncen gewidmet.[122]

Die bekanntesten Redakteure der „Laibacher Zeitung" waren: Franz Xaver Heinrich (1797–1844), ein in Olomouc geborener Lehrer, der von 1827 bis 1838 für die Redaktion verantwortlich war[123], sowie Leopold Kordesch (1808–1879), Peter von Radics (1836–1912) und Anton Funtek (1862–1932). Leopold Kordesch, Publizist, Lyriker und Erzähler, redigierte die Zeitung von Oktober 1845 bis Ende März 1849[124]. Peter von Radics war ein vielseitiger Krainer Historiker

119 Intelligenzblatt zur Laibacher Zeitung, Nr. 101, v. 19. 12. 1815, unpag.

120 Bereits kurz nach dem Völkerfrühlingsjahr 1848 hatte die „Laibacher Zeitung" einen Konkurrenten in Ljubljana. 1850 erschien zweimal wöchentlich die slowenische Variante des Amtsblattes, „Ljubljanski časnik", die sich aber nur zwei Jahre auf dem Markt halten konnte. Die Zeitung wurde 1852 eingestellt; vgl. Janez Jesenko: Naši časniki (wie Anm. 4), S. 30–37.

121 Zur „Laibacher Zeitung" im Jahre 1918 vgl. Miladinović Zalaznik: „Vom 23. auf den 24. Oktober [...]" (wie Anm. 13), S. 291–311.

122 Etbin Heinrich Costa: Die Literatur des österreichischen Kaiserstaates vom 1. Jänner 1853 bis Ende Dezember 1854 im Allgemeinen, und die Krains insbesondere. Separat-Abdruck aus der „Laibacher Zeitung". Ljubljana 1857, S. 36 (Nationalbibliothek in Ljubljana, Signatur: 23055).

123 Vgl. Slovenski Biografski leksikon [Slowenisches Biographisches Lexikon]. Bd. 1. Ljubljana 1925–1932, S. 300.

124 Mehr zu Kordesch: Miladinović Zalaznik: Leopold Kordesch (wie Anm. 18), S. 157–168.

und Publizist, der die „Laibacher Zeitung“ von 1880 bis 1884 redaktionell betreute. Außerdem sei noch der Lyriker und Übersetzer Anton Funtek erwähnt, der die Redaktion der „Laibacher Zeitung“ von 1895 bis zu ihrer Einstellung am Ende des Ersten Weltkrieges innehatte[125]. Die letzte Nummer des Blattes erschien ohne besondere Benachrichtigung über die Einstellung am 28. Oktober 1918[126]. Es war die 248. Ausgabe des 137. Jahrgangs.

3.4 Die Beilagen der „Laibacher Zeitung“

Neben der ursprünglichen Beilage der „Laibacher Zeitung“ mit der Bezeichnung „Beilage zur Laibacher Zeitung“ und den späteren Beilagen „Amtsblatt zur Laibacher Zeitung“ und „Intelligenzblatt zur Laibacher Zeitung“ sollen an dieser Stelle noch einige unterhaltsame, literarische Beilagen betrachtet werden[127]:

- „Laibacher Wochenblatt zum Nutzen und Vergnügen“ (1804–1810 und 1814–1818),
- „Illyrisches Blatt“ (1819–1849),

---

125 Anton Funtek übersetzte im Jahre 1908 den ersten Teil von Goethes „Faust“. Funtek machte sich 1886 einen Namen durch die Übertragung der Volkssage von Zlatorog, dem mythischen Steinbock mit den goldenen Hörnern, ins Slowenische. Diese, ihrem Ursprung nach slowenische Sage, hatte als erster der deutsche Lyriker Rudolf Baumbach (1840–1905) schriftlich festgehalten. Als Bergsteiger lernte Baumbach die slowenischen Berge kennen. Mit dem Alpenmärchen vom wundersamen Gamsbock, der im Garten des Triglav die Goldschätze hüten muß, machten ihn seine slowenischen Freunde vertraut, die ihm auch die slowenische mythologische und volkstümliche Welt nahe brachten. Über die Sage von Zlatorog wurde zuerst 1868 in der „Laibacher Zeitung“ berichtet. Baumbach wird diesen Text gelesen haben und dadurch angeregt worden sein, in den Jahren 1874 und 1875 während seiner Sommerurlaube in Bled (Veldes) die episch-lyrische Dichtung „Zlatorog“ niederzuschreiben. Sie wurde im Jahre 1877 in Leipzig veröffentlicht. Sein Gedicht ist von folkloreartigem Lokalkolorit geprägt. Es kommen darin slowenische Orts- und Personennamen vor, und es wird der Charakter der slowenischen Hirten und Hirtinnen, der Einheimischen, der Bewohner von Trenta und Bohinj (Wochein) dargestellt. Mit seiner Dichtung „Zlatorog“ setzte ihnen Baumbach ein romantisches Denkmal. Die slowenische Übersetzung von Funtek erschien 1886 in Ljubljana. Wie populär die Sage bis zum heutigen Tage geblieben ist, bezeugt die Tatsache, daß der Text 1968 nachgedruckt wurde. Der in seiner Heimat Slowenien weitgehend verkannte Rudolf Trofenik (1911–1991), der aus politischen Gründen in den 50er Jahren nach Deutschland emigrierte und sich in München als „slowenischer Verleger“ etablierte, brachte die Geschichte von Zlatorog in seinem Verlag als Nachdruck heraus. Sein Nachfolger, der Verleger Kovač, veröffentlichte 1995 sowohl die deutsche Versfassung Baumbachs als auch die slowenische Umdichtung von Anton Funtek.

126 Mehr dazu vgl. Miladinović Zalaznik: „Vom 23. auf den 24. Oktober [...]“ (wie Anm. 13), S. 291–311.

127 Kurz erwähnt sei hier noch das „Illustrierte Unterhaltungsblatt“, eine „Belletristische Wochenschrift für die Abonnenten der Laibacher Zeitung“, die in den Jahren 1911–1914 in Stuttgart gedruckt wurde, wahrscheinlich wegen der niedrigeren Druckkosten. Sie wurde einmal wöchentlich herausgegeben. Den Lesern der „Laibacher Zeitung“ bot diese Beilage eine leichte, unterhaltende, mitunter ans Triviale grenzende und humorvolle Lektüre. Anspruchslos klingen bereits die Titel der abgedruckten Beiträge: „Flitterwochen. Kriminalroman“, „Das wogende Licht. Roman aus den Kreisen der hohen Diplomatie“ usw.

- „Blätter aus Krain“ (1857–1865),
- „Politisches Blatt“ (1848).

Von großer Bedeutung sind die ersten drei erwähnten Beilagen, die unten noch einer eingehenden Betrachtung unterzogen werden. Das „Politische Blatt“ erschien im Revolutionsjahr 1848 als „Extra-Beilage zur Laibacher Zeitung“, die es sich zur Aufgabe gemacht hatte, ihren Lesern im aufklärerischen Sinne Begriffe wie Revolution und Demokratie näher zu bringen wie auch über die täglichen Geschehnisse aus der Politik zu berichten. Das „Politische Blatt“ erschien nicht regelmäßig, sondern nach Bedarf. Seine erste Nummer datiert von Mitte des Jahres 1848[128].

3.4.1 Das „Laibacher Wochenblatt zum Nutzen und Vergnügen“[129]

Im Jahre 1804 kam der in Bregenz am Bodensee geborene Georg Stadelmann (1780–1807) nach Ljubljana und wurde bald Pächter der Kleinmayrschen Buchhandlung und Buchdruckerei. Am 28. Februar 1804 informierte er in einer kurzen Vorankündigung mit der Überschrift „Der Verleger der Edel von Kleinmayr’schen Laibacher Zeitung an das Publikum“ seine Leser über eine neue Beilage der „Laibacher Zeitung“. Am 1. März 1804 erschien so als „Zugabe zur Kleinmayrschen Laibacher Zeitung“ die erste Nummer des „Laibacher Wochenblatts zum Nutzen und Vergnügen“. Dabei handelte es sich um ein Periodikum, das sich von allen anderen in Ljubljana erscheinenden Beiblättern bzw. Zeitungen unterschied: Es enthielt keine Nachrichten aus der Politik, sondern beschäftigte sich ausschließlich mit geographischen und historisch-topographischen Themen, die mit Krains Vergangenheit und Volkskunde zusammenhingen. Außerdem wurden darin kurze biographische Skizzen berühmter Krainer und gelegentlich auch Theaterkritiken, Buchrezensionen und verschiedene Artikel über Wirtschaft, Medizin, Erfindungen, Mode usw. veröffentlicht.

In den ersten Jahrgängen haben neben Stadelmann zwei verdienstvolle Männer entscheidend das Erscheinungsbild des „Laibacher Wochenblattes“ mitgestaltet: der Gymnasiallehrer aus Celje (Cilli) Johann Anton Suppantschitsch und der Sammler volkskundlicher Materialien Franz Anton Breckerfeld (1740–1807), der einer adeligen Familie aus Stari grad bei Novo mesto (Altenburg bei Neustädtl) entstammte[130]. Beide zeigten viel Interesse für die Vergangenheit Krains und begannen darüber zu schreiben. Suppantschitsch verfaßte vor allem Biographien berühmter Krainer. Zu seinen interessantesten Biographien gehören jene über Herbert Freiherrn von Auersperg[131], Johann Weichard Val-

128 Vgl. Miladinović Zalaznik: Revolutionsjahr 1848 (wie Anm. 13), S. 603.

129 Mehr dazu Žigon: „Von Krainern verfasst [...]“ (wie Anm. 15), S. 476–501.

130 Vgl. Slovenski biografski leksikon [Slowenisches Biographisches Lexikon]. Bd. 1. Ljubljana 1925–1932, S. 57.

131 In: „Laibacher Wochenblatt zum Nutzen und Vergnügen“ (fortan LW), Nr. 2, 1804 (undat.), unpag. Herbert bzw. Herbart Auersperg (1528–1575) zeichnete sich im 16. Jahrhundert besonders durch seine Feldzüge gegen die Türken aus. Aus der Adelsfamilie Auersperg stammte auch der spätere Politiker und Dichter Anton Alexander Auersperg, bekannt unter dem Na-

vasor[132] und Johann Ludwig Schönleben[133]. Im Sinne Herders verwies Suppantschitsch auf die Bedeutung volkskundlichen Materials, das von Geschichte und Charakter einer Nation kündet. In der 37. Nummer des „Laibacher Wochenblattes“ im Jahre 1806 veröffentlichte Suppantschitsch das Volkslied von Pegam und Lamberg: „Übersetzung des krainerischen Volksliedes von dem Turniere zwischen dem Ritter Lamberg und Pegam“[134].

Nach Stadelmanns Tod übernahm der Jurist Maximilian von Wurzbach (1781–1854), der Vater des Herausgebers des „Biographischen Lexikons des Kaiserthums Oesterreich“, Constant von Wurzbach (1818–1893), die Redaktion des Laibacher Wochenblattes. Jedoch gelang es ihm nicht, das Blatt auf einem ähnlich hohen Niveau zu halten wie Stadelmann. Die patriotischen Beiträge im Blatt wurden zur Rarität, „Krainerischem“ begegnete man bald gar nicht mehr. Am 13. Mai 1809 erschien die letzte Nummer unter Wurzbachs Redaktion. Der siebte Jahrgang wurde nach einer halbjährigen Pause wieder im Januar 1810 herausgegeben; die letzte erhalten gebliebene Nummer dieses Jahrgangs stammt vom 30. November 1810[135]. Mit dem neuen Jahr 1811 wurde auf Veranlassung der französischen Administration die „Laibacher“ Zeitung in deutscher Sprache mit dazugehörender Beilage eingestellt[136].

---

men Anastasius Grün (1806–1876), der 1850 in Leipzig die ins Deutsche übertragenen slowenischen Volkslieder („Volkslieder aus Krain“) herausgab.

132 In: LW, Nr. 4, v. 27. 1. 1807, unpag. Johann Weichard Valvasor (1641–1693), Polyhistor, Herausgeber des monumentalen Werkes „Die Ehre des Herzogtums Krain“ (1689). Eine erste Monographie über Valvasor verfaßte Peter von Radics: Johann Weikhard Freiherr von Valvasor (geb. 1641, gest. 1693). Laibach 1910. Branko Reisp veröffentlichte 1983 seine Dissertation, die zweite umfangreiche Monographie über Valvasor: Kranjski polihistor Janez Vajkard Valvasor [Der Krainer Polyhistor Johann Weichard Valvasor]. Ljubljana 1983. In der jüngsten Zeit hat sich Mira Miladinović Zalaznik mit Valvasor befaßt: „Ein Geschichtsschreiber, der wissendlich Romanen für Historien ausgibt...“. Johann Weichard Freiherr von Valvasor (1641–1693). In: Querschnitte. „Der wissendlich Romanen für Historien ausgibt ...“. Deutsch-slovenische Kultur und Geschichte im gemeinsamen Raum (Veröffentlichungen des Südostdeutschen Kulturwerks B 80). Hg. v. Krista Zach u. Mira Miladinović Zalaznik. München 2001, S. 91–124.

133 In: LW, Nr. 6, 1804 (undat.), unpag. Valvasor beabsichtigte, Schönleben zur Mitarbeit an seinem Werk „Die Ehre des Herzogtums Krain“ (von Schönleben angeregt) heranzuziehen. Doch durch den frühen Tod Schönlebens fiel diese Aufgabe dem Polyhistor Erasmus Francisci (eigentlich Erasmus von Finx, 1627–1694) aus Nürnberg zu.

134 Ein Jahr danach erschien seine Übertragung, die von verschiedenen Seiten begrüßt und gewürdigt wurde, in Ljubljana auch als Sonderdruck. Der slowenische Philologe und Slawist Jernej (Bartholomäus) Kopitar (1780–1844) sandte das Büchlein dem tschechischen Slawisten Joseph Dobrovský (1753–1829) zu, der von der Leistung des Übersetzers begeistert war; vgl. Anton Janko: Johann Anton Suppantschitsch (wie Anm. 17), S. 67.

135 Der siebte Jahrgang des „Laibacher Wochenblattes“ wird in der Bibliothek des Nationalmuseums in Ljubljana aufbewahrt (Signatur: 4032). Man kann vermuten, daß der frankophile Franz Peesenegger (um 1762–1841), der zugleich die „Vereinigte Laibacher Zeitung“ redigierte, die Redaktion innehatte.

136 Am 11. 12. 1810 wurde den Lesern der „Vereinigten Laibacher Zeitung“ mitgeteilt, „daß mit dem ersten Jänner die Laibacher Zeitung mit dem Telegraph vereinigt wird, der forthin in der französischen, illyrischen und deutschen Sprache besonders erscheinen wird“. In: Vereinigte Laibacher Zeitung, Nr. 75, v. 11. 12. 1810, unpag.

Der oben bereits erwähnte, seit 1809 als Pächter der Kleinmayrschen Druckerei und Herausgeber der „Vereinigten Laibacher Zeitung“ figurierende Joseph Sassenberg erweckte im Januar 1814 auch das „Laibacher Wochenblatt zum Nutzen und Vergnügen“ zu neuem Leben. Die Redaktion übernahm Pavel Deinzer (1786–1835), der bei Kleinmayr eigentlich Setzer gewesen war. Er hielt es für unnötig, Beiträge über Literatur und Theater zu veröffentlichen[137].

Seine Blütezeit erlebte das Blatt erst unter der redaktionellen Leitung des Lyzeumslehrers aus Ljubljana Franz Xaver Johann Richter (1783–1856)[138], worüber man noch im Jahr 1880 mit Begeisterung schrieb:

> Erst seit dem Jahre 1817 nimmt das Wochenblatt einen bedeutenderen Aufschwung, es hatte damals die Redaktion des Professors der Weltgeschichte am hiesigen Lyceum, Franz Xav. Richter, übernommen, zwar dem geistlichen Stande angehörig, aber wie aus all' seinen Schriften zu ersehen ist, ein hoch gebildeter, von dem Verkehre mit der Welt sich nicht abschließender Gelehrter [...]
> In einem am 7. November 1817 erschienenen Aufrufe wurden die Freunde der krainischen Literatur zu Beiträgen für dieses Blatt aufgefordert[139]. ‚Vaterlandskunde – heißt es daselbst – erhöht und stärkt die Vaterlandsliebe, darum ist es Pflicht der Zeitgenossen: erstens ihr Vaterland nach allen Beziehungen kennen zu lernen, um es gehörig zu würdigen, höher zu achten, inniger zu lieben; zweitens es bekannt zu machen, um es zu ehren und die fremden Urtheile zu berichtigen, die einheimischen fester zu begründen.‘
> Dieser Aufruf hatte seinen guten Erfolg [...]
> Im Wochenblatte 1818 begann der krainische Dichter Valentin Vodnik seine gediegenen Aufsätze über ‚Römische Denkmäler in Krain‘ zu veröffentlichen, in das Studium der Epigraphik war er durch den französichen Kriegs-Commissär Siauve eingeführt worden.
> Das erste in slovenischer Sprache erschienene ‚Sonnett‘ wurde von Akademiker Johann Vessel, dem später unter dem Namen Koseski gefeierten Dichter, in Nr. 24 des Jahrganges 1818 veröffentlicht, es ist betitelt ‚Potažba‘ (‚Der Trost‘), dem slovenischen Texte steht die deutsche Übersetzung zur Seite [...][140].
> Ein anderer Akademiker, Peter Petruzzi, aus Triest gebürtig, später durch viele Decennien am Laibacher Gymnasium als Professor thätig, feierte in einem Sonette den krainischen Floristen Skopoli und besang in einem durch mehrere Nummern fortgesetzten Poëm die Erbauung Emona's. Heinrich Costa versuchte sich in historischen Beiträgen und poetischen Anläufen.

137 Einen einzigen derartigen Bericht lesen wir in der 13. Nummer vom 28. 3. 1817. Dort veröffentlichte er einen Nachdruck des „votum separatum“ „Ueber die Trauerspiele: die Schuld von Müllner und die Ahnfrau von Grillparzer“. Als Autor des Beitrags zeichnete verantwortlich ein gewisser Berghoffer, der Grillparzers Werk äußerst negativ bewertete.

138 Wurzbach nannte ihn, keinesfalls zu Unrecht, „die Seele und die thätige Triebkraft alles Nützlichen, Guten und Schönen in Krain“ (vgl. Constant von Wurzbach: Biographisches Lexikon des Kaiserthums Österreich. Bd. 7. Wien 1861, S. 45).

139 Vgl. Franz Xav. Johann Richter: Ansichten und Vorschläge zu einer zweckmäßigeren Einrichtung des Laibacher Wochenblattes. In: LW, Nr. 44, v. 31. 10. 1817, unpag.

140 Jovan Vesel Koseski (1798–1884) wurde zeit seines Lebens als Lyriker mehr als der größte slowenische Dichter France Prešeren (1800–1849) gefeiert.

Der gediegene Kalenderograph und Astronom Professor Frank cultivierte mit Eifer die Meteorologie und veröffentlichte im Wochenblatt ein meteorologisches Tagebuch [...].[141]

Das „Laibacher Wochenblatt" bot slowenischen und deutschen Autoren die Möglichkeit, ihre Werke zu veröffentlichen. Eine ganz besondere Bedeutung hatte dieses Forum für die Slowenen, die seit dem Jahre 1800 kein einziges journalistisches Organ in ihrer eigenen Sprache mehr hatten[142].

Ende des Jahres 1818 wurde das Wochenblatt eingestellt. An seine Stelle trat unter der gleichen Redaktion das „Illyrische Blatt" (1819–1849). Daß Kaiser Franz I. mit der Verordnung vom 3. August 1816 die Gebiete, die unter Napoleon zu den Illyrischen Provinzen gehört hatten, zu einem Königreich mit dem Namen „Illyrien" erhoben hatte[143], brachte auch eine Veränderung für das Blatt. Die Umbenennung der Zeitung erfolgte ganz im Geiste der Zeit: Man wollte darin nun auch jene Beiträge veröffentlichen, die sich auf ganz Illyrien bezogen, und hoffte, für dieses Vorhaben auch einen erweiterten Kreis von Mitarbeitern und Lesern gewinnen zu können[144].

3.4.2 Das „Illyrische Blatt"[145]

Am 1. Januar 1819 erschien die erste Nummer des „Illyrischen Blattes zum Nutzen und Vergnügen", das von 1819 bis 1845 einmal und von 1846 bis 1849 zweimal wöchentlich bei Kleinmayr herausgegeben wurde. Zeit seines Erscheinens blieb es den Richtlinien seines Vorgängers, des „Laibacher Wochenblattes zum Nutzen und Vergnügen", treu. Literarische und nichtliterarische Texte, vaterländisch belehrende und den Regionalismus pflegende, aber auch informative und humoristische Aufsätze prägten seinen Inhalt. Zweimal wechselte das Blatt seinen Untertitel, was wahrscheinlich mit redaktionellen Änderungen zusammenhing. Von 1839 bis 1845, als der Krainer Literat und Politiker Carl Alexander

141 Laibacher Wochenblatt, Nr. 1, v. 21. 8. 1880, unpag.

142 Im Jahre 1800 wurde nämlich Vodniks Zeitung „Lublanske Novice" eingestellt, und Dr. Janez Bleiweis (1808–1881) durfte erst ab 1843 seine „Kmetijske in rokodelske novice" [Krainische Landwirtschaftszeitung] herausgeben. So konnten die Autoren im „Laibacher Wochenblatt zu Nutzen und Vergnügen", wenn auch in deutscher Sprache, ihre literarischen Werke einem breiteren Publikum präsentieren.

143 Dazu gehörten Krain, die Kreise Villach und Klagenfurt (Celovec), Görz (Gorica), Istrien, das Küstenland (Primorska), Čedad und Gradiška und ein Teil Kroatiens.

144 Vgl. An die Freunde der Laibacher politischen Zeitung und des damit verbundenen Wochenblattes. In: LW, Nr. 52, v. 18. 12. 1818, unpag.

145 In der Nationalbibliothek in Ljubljana werden alle 31 Jahrgänge des Blattes aufbewahrt. Die Dissertation von Matjaž Birk (1999) über das „Illyrische Blatt" erschien 2000 auch in Buchform (Matjaž Birk: „...vaterländisches Interesse [...]" [wie Anm. 14]). Birk untersuchte das „Illyrische Blatt" unter historischem und kommunikationswissenschaftlichem Aspekt, ferner ging er auf das literarische und publizistische Element des Blattes näher ein und stellte die Faktoren dar, die es beeinflußt haben. Dabei ist der Autor der Ansicht, das literarische Biedermeier sei für das Blatt grundlegend und bestimmend gewesen (vgl. ebd., 55–176), was gewiß nur eine von mehreren denkbaren Interpretationsmöglichkeiten ist.

Ullepitsch (1811–1862)[146] Redakteur war, hieß das Blatt „Illyrisches Blatt zur Unterhaltung und Belehrung". Unter dessen Nachfolger Leopold Kordesch (Ende 1845 bis 1849) nannte sich diese Beilage der „Laibacher Zeitung" dann „Zeitschrift für vaterländisches Interesse, Wissenschaft, Unterhaltung und Belehrung".

Das Blatt, das Birk als „eine charakteristisch provinzielle Vormärz-Zeitschrift mit unterhaltender, didaktischer und vaterländischer Funktion"[147] bezeichnet, enthielt oftmals neben dem literarischen deutschen Text auch das jeweilige slowenische Original. Obwohl es ein deutschsprachiges Organ war, druckte das „Illyrische Blatt" gerne auch slowenische Autoren. Mit ihren Beiträgen stellten sich hier Autoren wie France Prešeren, Matija Čop, Miha Kastelic, Jakob Zupan, France Malavašič und Leopold Kordesch einem breiten Publikum vor. Besonders erwähnenswert ist, daß der größte slowenische Lyriker, France Prešeren, im Jahre 1834 in einer Sonderbeilage zum „Illyrischem Blatt" seinen „Sonetni venec" [Sonettenkranz] veröffentlichen ließ. Das erste Gedicht Prešerens, das gedruckt erschien, war „Dekelcam" [An die Mädchen], das mit der vom Autor stammenden deutschen Übersetzung am 12. Januar 1827 ebenfalls im „Illyrischen Blatt" abgedruckt wurde.

Die Redakteure des „Illyrischen Blattes" fungierten gleichzeitig auch als Redakteure der „Laibacher Zeitung". 1819 bis 1838 oblag die Redaktion Franz Xaver Richter, dem der bereits erwähnte Carl Alexander Ullepitsch (Ps. Jean Laurent), folgte[148]. Ullepitsch war bereits im Jahre 1828 Mitarbeiter des „Illyrischen Blattes" gewesen. Während Wurzbach irrtümlicherweise das Gedicht „An die Griechen bei der Gelegenheit der herannahenden Ankunft ihres Königs Otto", für Ullepitschs erste Veröffentlichung hält[149], hat Mira Miladinović Zalaznik gezeigt, daß er bereits im Jahre 1828 das (noch) recht unbeholfen wirkende Gedicht „Die Fahrt auf dem See" im Blatt veröffentlichen ließ[150]. Ende des Jahres 1845, so stellt Miladinović Zalaznik anhand zahlreicher Belege fest, übernahm Leopold Kordesch die Redaktion[151]. Er hatte diese Stelle bis Ende des Jahres 1849 inne; danach ging die Redaktion für kurze Zeit in die Hände von Dr. Johann Hladnik über[152].

Ullepitsch und vor allem Kordesch sorgten mit ihren Mitarbeitern in den 40er Jahren für ein hohes literarisches und literaturkritisches Niveau des Blattes. Von besonderer Bedeutung war die Rubrik „Theaterbericht", in der die deutschen Theateraufführungen auf der Laibacher Ständischen Bühne kritisch be-

146 Eine übersichtliche Darstellung von Ullepitschs Leben und Schaffen bietet die Studie von Mira Miladinović Zalaznik: Carl Alexander Ullepitsch (wie Anm. 18). Ullepitsch machte eine hervorragende politische Karriere. So wurde er im Jahre 1861 vom Kaiser selbst als Landeschef ins Präsidium der Landesregierung in Krain berufen und wurde somit zum ersten ethnischen Slowenen, der diesen hohen Posten bekleidete (vgl. ebd., S. 87).

147 Birk: „...vaterländisches Interesse [...]" (wie Anm. 14), S. 10 (Übersetzung von T. Ž.).

148 Ullepitsch veröffentlichte unter zahlreichen Pseudonymen und Kürzeln.

149 Vgl. Constant von Wurzbach: Biographisches Lexikon des Kaiserthums Österreich. Bd. 48. Wien 1883, S. 301.

150 Vgl. Miladinović Zalaznik: Carl Alexander Ullepitsch (wie Anm. 18), S. 87 f.

151 Ebd. S. 88.

152 Vgl. Birk: „...vaterländisches Interesse [...]" (wie Anm. 14), S. 57.

sprochen wurden. Seit dem Jahre 1848 brachte das Blatt auch Kritiken der slowenischen Vorstellungen, die beim Dramatischen Verein zur Aufführung kamen[153].

3.4.3 Die „Blätter aus Krain"[154]

Nach Einstellung des „Illyrischen Blattes" im Jahre 1849 erhielt die „Laibacher Zeitung" erst nach einer mehrjährigen Pause wieder eine neue wöchentliche Beilage, die „Blätter aus Krain", die in den Jahren 1857 bis 1865 publiziert wurden. Die erste Nummer trägt das Datum 3. Januar 1857. Im literarischen Teil der Beilage kamen sowohl deutsch-österreichische Autoren als auch Slowenen, die deutsch schrieben, zu Wort. Unter den prominenteren sind zu nennen: die Lyrikerin Luise Pessiak (1828–1898), Tochter des namhaften Laibacher Juristen Blaž Crobath, in dessen Anwaltskanzlei France Prešeren jahrelang gearbeitet hatte, der Erzähler und Satiriker Jakob Alešovec (1842–1901) sowie „ein Krainer Literat deutscher Zunge"[155], Leopold Kordesch.

Die populärwissenschaftlichen Artikel in den „Blättern aus Krain" stammen von bekannten slowenischen Autoren. Grundwissen in Geschichte, Geographie und Ethnographie vermittelten deutsche und slowenische Historiker und Geographen. Beiträge für das Blatt verfaßten unter anderem der Ethnologe Wilhelm Urbas (1831–1900), der Historiker und Publizist Heinrich Costa (1796–1870), der sich sehr für die slowenische Kultur und Sprache einsetzte, ferner der Erzähler und Historiker Peter Hitzinger (1812–1867), der Politiker und Lehrer Valentin Konšek (1816–1899), der Historiograph und Publizist Peter von Radics (1836–1912) und der Historiker August Dimitz (1827–1886).

Die „Blätter aus Krain" kamen, solange es sie gab, aus der Kleinmayrschen Drukkerei. Diese wurde im Jahre 1846, nach der Eheschließung einer Kleinmayr-Tochter mit Fedor Bamberg, dem Buchhalter Kleinmayrs, umbenannt in „Ig. v. Kleinmayr & Fed. Bamberg". Verantwortlicher Redakteur des vier Seiten umfassenden Blattes war Bamberg selbst. Die „Blätter aus Krain" brachten Gedichte[156], Novellen, Erzählungen, Biographien sowie wissenschaftliche und literarische Beiträge. In den Rubriken „Verschiedenes und Literarisches" wurde über das Laibacher Theater berichtet[157], aber es wurden auch Neuerscheinungen vom Büchermarkt besprochen.

Im Jahre 1865 erschien in der Zeitschrift „Blätter aus Krain" eine interessante Abhandlung des Publizisten Ludwig Germonik (1823–1909). Er beschrieb in seinem Beitrag Prešerens Vorlagen zur Sage vom Wassermann und übersetzte Prešerens Ballade „Povodni mož" [Wassermann] ins Deutsche. Dies war im letzten

---

153 Ebd., S. 226.

154 Alle neun Jahrgänge befinden sich in der Nationalbibliothek in Ljubljana.

155 Mira Miladinović Zalaznik: Leopold Kordesch, ein Krainer Literat der deutscher Zunge. In: Deutsch-slowenische literarische Wechselbeziehungen. Ljubljana 2002, S. 82–111.

156 Seine Gedichte aus der 1861 herausgegebenen Sammlung „Slovenische Lieder" veröffentlichte der Lyriker, Dramatiker und Politiker Miroslav Vilhar (1818–1871) in den „Blättern aus Krain"; weitere Autoren waren auch Grillparzer und Anastasius Grün.

157 Vgl. Blätter aus Krain, Nr. 1, v. 3. 1. 1857, S. 4; Nr. 3, v. 17. 1. 1857, S. 12; Nr. 4, v. 24. 1. 1857, S. 16.

Jahrgang der Zeitung allerdings auch der einzige Beitrag, der sich mit slowenischem Kulturgut befaßte:

> Seit jeher schon rühmt man die Schönen von Laibach;
> Doch schöner als Rosa wohl keine erglühte
> Und keine ersehnter dem Aug' und Gemüte
> – Nicht Mädchen noch Frauen – zur Zeit ihrer Blüte.
> Dem Morgenstern gleichend, meist helle und klar,
> Das schönste der Mädchen Rosalia war.[158]

Ohne vorherige Benachrichtigung erschien am 30. Dezember 1865 die letzte Nummer der „Blätter aus Krain". Unter der Redaktion des aus Thüringen stammenden Ludwig Issleib (1827–1882) waren keine slowenischen Autoren mehr, sondern nur noch deutsche Lyriker wie Prutz, Dräxler-Manfred u. a. veröffentlicht worden[159]. Ein Jahr darauf (1866) brachte die Zeitschrift „Triglav" in ihrem Feuilleton diesen ironischen Nachruf auf das Blatt:

> Die „Blätter aus Krain" sind todt, es leben die „Blätter aus Krain"! Kaum begannen die zu grünen, welkten sie auch schon durch den preußischen Nord-Wind längst dahin, bis sie nun der „Wassermann" in den Flüthen hinwegführte. Seid getrost, ihr sentimentalen Leser und – Nichtleser, kein Hahn kräht darnach! Mit provinzialistischer Stille und ohne großstädtische Reclame begonnen, giengen sie klanglos zum Orkus hinab. Nachdem sie noch in den Pränummerations-Einladungen mit Leichenbitter-Miene figurirten und als Beilage der amtlichen Zeitung auch im laufenden Jahre zu erscheinen drohten – ob die Abonnenten zu fesseln oder abzuschrecken, werden künftige Historiker Krains feststellen – versteckten sie sich vor dem ahnungslosen aber angenehm enttäuschten Leser plötzlich als lockeres Indossat-Folio der „Laibacher Zeitung" mit dem zurückgelassenen Aushangschilde bureaukratisch-farbloser Redensarten, dahin zu verstehen, daß ihr Verschwinden eigentlich eine Wohlthat für den Leser ist. Allerdings, das bestreiten wir nicht.[160]

4 Die „Carniolia"[161]

Die Zeitschrift „Carniolia", ein von der „Laibacher Zeitung" unabhängiges Blatt, übte sowohl im kultur-historischen wie auch im literarischen Leben Krains

158 France Prešeren: Wassermann (Übertragung von Ludwig Germonik). In: Blätter aus Krain, Nr. 48, v. 2. 12. 1865, S. 189.

159 Ludwig Issleib (1827–1882) hatte kein Verständnis für slowenische Thematik und Kultur und „führte die anti-vaterländische Richtung ein, um sich alle heimatlichen Patrioten und Schriftsteller zu entfremden [...] Statt der vaterländischen Talente wurden nur deutsche Dichter: Prutz, Dräxler-Manfred u. a. eingeladen. Und was boten sie? Verse, nichts als Verse!" (Anonymus: Blätter aus Krain. – Laibacher Plaudereien. Doppel-Nekrolog. In: Triglav, Nr. 4, v. 12. 1. 1865, S. 13).

160 Ebd.

161 Die „Carniolia" wurde gründlich von Mira Miladinović Zalaznik untersucht. Die Autorin veröffenlichte ihre wissenschaftlichen Ergebnisse zur „Carniolia" in zahlreichen Beiträgen wie auch in ihrer Monographie über die deutsch-slowenischen Wechselbeziehungen (vgl. Mira Miladinović Zalaznik: Deutsch-slowenische literarische Wechselbeziehungen. Ljubljana 2002).

einen erheblichen Einfluß aus. Sie erschien in der ersten Hälfte des 19. Jahrhunderts und kann, im Unterschied zu den etablierten Presseorganen der 60er und 70er Jahre, nicht als ein auch politisches Journal angesehen werden – wie etwa das Blatt der deutschen Verfassungspartei, das „Laibacher Tagblatt" (1868–1880), das die Interessen der Krainer Deutschen vertrat. Ein anderes, der Opponent des vorigen, war der „Triglav" (1865–1870). Er stand für die Belange der Slowenen und strebte ein friedliches Zusammenleben von Deutschen und Slowenen an.

Die Zeitschrift „Carniolia" wurde in den Jahren 1838 bis 1844, mit einer Unterbrechung im Jahre 1843[162], als „Vaterländische Zeitschrift und Unterhaltungsblatt für Kunst, Literatur, Theater und geselliges Leben" herausgegeben. Zeit ihres Bestehens wurde sie bei Josef Blasnik (1800–1872) gedruckt und verlegt. Mit dem Dauerauftrag zum Druck dieser Blätter besaß Blasnik eine sichere Einnahmequelle[163].

Erstmals erschien „Carniolia" am 1. Mai 1838 und wurde zweimal wöchentlich, montags und freitags, zunächst unter der Redaktion von Leopold Kordesch herausgegeben. Kordesch gab diese Position bereits zwei Jahre später ab. Sein Nachfolger wurde Franz Hermann von Hermannstahl (1799–1875), der als erstes den Untertitel des Blattes geringfügig veränderte. Der gesamte Titel lautete nun: „Carniolia. Vaterländische Zeitschrift und Unterhaltungsblatt für Kunst, Wissenschaft und geselliges Leben". Auch von Hermannstahl bekleidete diese Stelle nur gut zwei Jahre. Vom 1. Januar 1844 an (bis zur letzten – 105. – Nummer des sechsten Jahrgangs) fungierte als Redakteur der „Carniolia" wieder Kordesch.

Die Genehmigung für die Herausgabe der „Carniolia" erteilte der Landesgouverneur von Krain und Kärnten, Baron Joseph Camillo von Schmidburg (1779–1846), der den Slowenen sehr freundlich gegenüberstand. Die Wiener zentrale Zensur- und Polizeihofstelle, deren Chef damals der strenge und pedantische Joseph Graf Sedlnitzky (1778–1855) war, erfuhr von der Existenz dieser Laibacher Zeitschrift erst einige Monate später. Leopold Kordesch beantragte diesmal, am 2. Juli 1838, beim Laibacher Landespräsidium die Erlaubnis, eine krainische politische Zeitschrift mit der literarischen Beilage „Zora", beides als Beiblatt der „Carniolia" gedacht, herausgeben zu dürfen. Das war in einer Zeit, in der keine einzige slowenische, schon gar keine Zeitschrift für Kultur oder sogar Politik aufgrund der strengen Zensurvorschriften erscheinen durfte, etwas Außergewöhnliches[164]. In der Tat wagte es der Landesgouverneur nicht, die heikle Angelegenheit alleine zu entscheiden, und leitete das Gesuch nach Wien weiter.

---

162 In der vorletzten April-Nummer kündigte der Verleger eine Umgestaltung der Zeitschrift an, die aber nicht wie geplant bis zum 1. 8. 1843 abgeschlossen werden konnte, sondern etwas mehr Zeit in Anspruch nahm. Die „Carniolia" erschien so erst nach einer achtmonatigen Unterbrechung am 1. 1. 1844 wieder. Die Ursache für das lange Ausbleiben der Zeitschrift wurde nicht genannt; es wurde jedoch der Titel des Blattes ein wenig abgeändert und lautete nun „Carniolia. Zeitschrift für Kunst, Wissenschaft und geselliges Leben".

163 Bei Blasnik wurde später zweimal pro Woche, mit Ausnahme der Jahre 1868/69, in denen sie nur einmal pro Woche erschien, auch die Zeitschrift „Triglav" gedruckt.

164 Nach der Einstellung von Vodniks „Lublanske Novice" erschien bis 1843 keine einzige Zeitung in slowenischer Sprache. Erst dem Drucker Blasnik gelang es, die Erlaubnis für die Her-

Sedlnitzky nahm, wahrscheinlich unangenehm überrascht und verärgert, zur Kenntnis, daß in Krain bereits seit drei Monaten die „Carniolia" herausgegeben wurde. Das Abweichen von der gewohnten Praxis durch die zentrale Wiener Zensurstelle bei einer so bedeutenden Entscheidung wie der Genehmigung zur Herausgabe einer Zeitschrift löste einen Skandal aus. Dennoch wurde nicht die Einstellung der „Carniolia" verfügt; sie durfte auch weiterhin gedruckt werden und erhielt die erforderliche Genehmigung nachträglich. Im Gegensatz dazu kam für Sedlnitzky die Herausgabe der slowenischen Blätter nicht in Frage[165].

Die Zeitschrift „Carniolia" konzentrierte sich auf slowenische Themen und Stoffe. Miladinović Zalaznik stellte fest, daß ihre Mitarbeiter sowohl Deutsche als auch Slowenen waren: Sie „versammelte auf ihren Seiten Autoren, die hauptberuflich Geistliche und Professoren, Ärzte und Advokaten, Beamte aber auch Freischaffende waren und nicht nur aus Krain stammten, sich deklarierterweise für Slowenen hielten und auf Slowenisch schufen (manche intensiver, manche verhaltener) [...] Darin publizierten auch Autoren, die zwar Deutsch-Österreicher waren, sich aber trotzdem für Slowenen, ihre Sprache und Kultur tätig interessierten."[166] Die Zeitschrift machte es sich zur Aufgabe, dem Leser auf unterhaltende Art die Schönheiten des Landes Krain vorzustellen und ihm die historischen, geographischen, biologischen, volkskundlichen, genealogischen, wirtschaftlichen und anderen für das Land Krain charakteristischen Besonderheiten näherzubringen. Darüber hinaus fand man in der „Carniolia" Gedichte, Aphorismen, Erzählungen, Reisebeschreibungen, Übersetzungen wie auch Theater- und Literaturkritiken. Zur Stärkung des slowenischen Nationalbewußtseins trug die Rubrik „Galerie berühmter Krainer" bei. Sie befaßte sich mit jenen Persönlichkeiten, die es, aus dem kleinen Land Krain stammend, in der größeren österreichischen Heimat oder in der weiteren Welt zu Ruhm und Ehren gebracht hatten.

Im letzten Jahrgang wurden in der „Carniolia" auch Abbildungen der Krainer Trachten aus dem Nachlaß des polnischen Ethnologen Emil Korytko veröffent-

---

ausgabe einer Fachzeitschrift in der Landessprache (Slowenisch) zu erhalten. Aufgrund der zusätzlichen Vermittlung der Krainer Landwirtschaftlichen Genossenschaft gab der Polizeipräsident Josef Graf Sedlnitzky (1778–1855) im Februar 1843 endlich die Zustimmung zur Herausgabe von „Kmetijske in rokodelske novice" [Krainische Landwirtschaftszeitung], die auf Slowenisch als eine Fachzeitschrift erscheinen durfte und von Dr. Janez Bleiweis redigiert wurde. Bleiweis, Tierarzt und Sekretär der Krainer Landwirtschaftlichen Genossenschaft, galt bei den Slowenen als die führende Persönlichkeit der damaligen Zeit und als „Vater der Nation". – Ende der 50er Jahren sind, ermutigt durch den revolutionären Geist der Zeit und wegen der Abschaffung der Zensur, einige slowenische Zeitungen erschienen, die allerdings sehr kurzlebig waren. Im Zeitalter eines erneuerten Absolutismus nahm die national-slowenische Bewegung fast ausschließlich den Charakter einer kulturellen Bewegung an. Die politischen Zeitungen, z. B. das erste slowenische politische Blatt „Slovenija" (Ljubljana, 1848/49), das erste slowenische Amtsblatt „Ljubljanski časnik" (Ljubljana, 1850/51), das Wochenblatt „Pravi Slovenec" (Ljubljana, 1849) u. v. a. m., wurden eingestellt.

165 Ausführlich dazu Miladinović Zalaznik: Leopold Kordesch (wie Anm. 18); vgl. auch dies.: Das literarische und kritische Schaffen (wie Anm. 13).

166 Mira Miladinović Zalaznik: Carniolia – Vaterländische Zeitschrift und Unterhaltungsblatt für Kunst, Literatur und geselliges Leben (Ljubljana 1838–1844). In: Deutsch-slowenische literarische Wechselbeziehungen (wie Anm. 161), S. 13–81.

licht. So trug Kordesch dazu bei, daß die Slowenen ihr kulturelles und nationales Erbe erhalten konnten[167].

5. Die „Theologische Zeitschrift"

Als letztes deutschsprachiges, in der ersten Hälfte des 19. Jahrhunderts in Ljubljana erschienenes Blatt sei hier die „Theologische Zeitschrift"[168] angeführt. Die erste Nummer dieses Wochenblattes, einer Nachfolgerin des im Jahre 1848 eingestellten Kirchenblattes, erschien am 6. Januar 1849 unter der Redaktion des Dogmatik- und Pädagogikprofessors und späteren Laibacher Bischofs (1875 bis 1884) Johann Chrys. Pogazhar (1811–1884). Ohne eine besondere Erklärung an die Leser erschien am 29. Dezember 1849 die letzte Nummer dieses bei Blasnik gedruckten Blattes; es wurde vermutlich mangels Abonnenten eingestellt.

Die Zeitschrift brachte verschiedene kirchliche Nachrichten, veröffentlichte Hirtenbriefe und andere Texte religiösen Inhalts sowie die Beilage „Zeit und Ewigkeit", die nicht einzeln erhältlich war, wie die Redaktion bekannt gab: „Die ‚Theologische Zeitschrift' samt dem Beiblatte ‚Zeit und Ewigkeit' wird auch im zweiten Semester des Jahres 1849 unter Mitwirkung der bisherigen Mitarbeiter erscheinen, jedoch so, daß das Hauptblatt ohne das Beiblatt ‚Zeit und Ewigkeit' nicht abgegeben wird [...]."[169]

Schlußbetrachtung

Man kann dieser kurzen Darstellung der Zeitungslandschaft Krains der Jahre 1709 bis 1860 entnehmen, daß das deutsche Zeitungswesen in verschiedenen kulturellen und geschichtlichen Perioden unterschiedliche Funktionen ausübte. Im 18. Jahrhundert diente es hauptsächlich der Vermittlung von Informationen. Das bedeutendste Amtsblatt des 19. Jahrhundert in Ljubljana ging 1784 aus der Tradition der ersten informativen Blätter „Wochentliche Ordinari-Laybacher Zeitungen" hervor. Vor ihrer Etablierung, die mit dem Ende des französischen Interregnums (1813) in Krain einsetzte, war die „Laibacher Zeitung" zwar eine glaubwürdige Berichterstatterin, doch übernahm sie die meisten Nachrichten

167 Als das Blatt 1844 bereits eingegangen war, kam Kordesch auf die Idee, ein ständiges in slowenischer Sprache spielendes Theater in Ljubljana zu gründen. Leider konnte er diese Idee nicht nach seinen Vorstellungen verwirklichen. In Ljubljana wurde erst im Jahre 1867, als Kordesch schon längst in Wien tätig war, der slowenische Verein „Dramatično društvo" [Dramatischer Verein] als Vorgänger des slowenischen Nationaltheaters gegründet. Trotzdem ist Kordesch zeit seines Lebens nicht ausreichend gewürdigt worden. Bezeichnenderweise erachtete es sein illustrer Landsmann, der große Lexikograph Constant von Wurzbach, als nicht für notwendig, Kordesch in seinem 60 Bände umfassenden „Biographischen Lexikon des Kaiserthums Österreich" zu erwähnen, obwohl in seinem Werk viel bescheidenere Talente als Kordesch genannt werden.

168 Der erste und einzige Jahrgang befindet sich in der Nationalbibliothek in Ljubljana.

169 Theologische Zeitschrift, Nr. 24, v. 16. 6. 1849, S. 200.

aus fremden, überwiegend Wiener, aber auch aus deutschen und italienischen Zeitungen. In den 1820er Jahren wurden immer öfter die regionalen und lokalen Ereignisse besprochen. Die verschiedenen Beilagen der „Laibacher Zeitung" vervollständigten seit 1804 ihren Inhalt mit patriotischen, historischen, volkskundlichen, geographischen und anderen „vaterländischen" Themen. Die Unterhaltungsbeilagen der „Laibacher Zeitung" öffneten ihre Spalten sowohl deutsch-österreichischen Autoren als auch Slowenen, die ihre Texte in deutscher Sprache verfaßten. Die deutschen Blätter waren für die Letztgenannten ein Forum, ihre Werke zu veröffentlichen. Abgesehen von der „Kranjska čbelica" [Krainer Biene], die in den Jahren 1830 bis 1834 und 1848 erschien[170], und der 1843 gegründeten „Kmetijske in rokodelske novice" [Krainer Landwirtschaftszeitung] gab es in Krain keine slowenischen Blätter. Erst 1848 wurden kurzfristig slowenische Zeitungen gegründet, die aber in der Zeit des erneuerten Absolutismus, d. h. spätestens bis 1852, wieder eingestellt wurden, wenn sie nicht schon früher wegen finanzieller Schwierigkeiten eingegangen waren. Insgesamt erschienen in der Zeit von 1709 bis 1860 in Ljubljana nicht mehr als zehn slowenische Zeitungen[171], wovon sich die Hälfte nicht länger als zwei Jahre behaupten konnte. Im gleichen Zeitraum waren 20 deutschsprachige Blätter auf dem Markt.

Man muß sich vor Augen halten, daß noch Mitte des 19. Jahrhunderts in den slowenischen Gebieten in den intellektuellen Kreisen und allgemein in den Städten hauptsächlich Deutsch gesprochen wurde[172]. Der Arzt, Erzähler, Dramatiker, Politiker und Publizist Josip Vošnjak (1834–1911) aus Šoštanj (Markt Schönstein) schrieb in seinen Memoiren: „In unserem Haus sprach man untereinander gewöhnlich deutsch, wir konnten aber auch slowenisch. Wir fühlten uns weder als Deutsche noch als Slowenen, weil für die nationale Angehörigkeit bis 1848 niemand etwas übrig hatte."[173]

Die Tagespresse in Krain erschien bis 1883 überwiegend auf Deutsch. Erst in den letzten beiden Jahrzehnten des 19. Jahrhunderts – ein Thema, worauf ich im zweiten Teil meiner Studie noch ausführlicher zu sprechen komme – wurde der Anteil der slowenischen (slowenischsprachigen) Periodika größer. So gesehen ist die deutsche Presse in Krain bis 1850 bis zu einem gewissen Grad in der Tat ein Forum gewesen, wo auch slowenische Interessen, notgedrungen vorsichtig, artikuliert und publiziert wurden.

---

170 Dabei ist äußerst interessant, daß die „Kranjska čbelica" 1834 an der Gegnerschaft des Wiener Zensors Jernej Kopitar (1780–1844), eines geborenen Slowenen, scheiterte und erst vier Jahre nach dessen Tod, also im Revolutionsjahr 1848, wieder erscheinen konnte.

171 Vgl. Šlebinger: Slovenski časniki (wie Anm. 3).

172 Mitte des 19. Jahrhunderts lag das ganze Sprachgebiet der Slowenen innerhalb der habsburgischen Hoheitsgrenzen. Im Kernlande Krain lebten damals 36 % aller Slowenen. Die anderen 64 % bewohnten die angrenzenden Gebiete: die Steiermark, Kärnten und das Küstenland (Görz, Istrien, Triest).

173 Zit. nach Vasilij Melik: Deutsche und Slowenen (1815–1941). In: Kulturelle Wechselseitigkeit in Mitteleuropa. Deutsche und slowenische Kultur im slowenischen Raum vom Anfang des 19. Jahrhunderts bis zum Zweiten Weltkrieg. Hg. v. Feliks J. Bister u. Peter Vodopivec. Ljubljana 1995, S. 15–20, hier S. 15.

Übersicht der in Krain von 1707 bis 1860 erschienenen Periodika

	Titel	**Erscheinungsort**	**Erscheinungszeit**
1.	„Wochentliche Ordinari-Laybacher Zeitungen“	Ljubljana	1707–1709
2.	„Sammlung nützlicher Unterrichte“	Ljubljana	1770, 1771, 1776, 1779
3.	„Wochentliches Kundschaftsblatt des Herzogthum Krain“	Ljubljana	1775–1776
4.	„Wöchentlicher Auszug von Zeitungen“	Ljubljana	1783
5.	„Laibacher Zeitung“	Ljubljana	1784–1807; 1821–1918
6.	„Merkische Laibacher Zeitung“	Ljubljana	1788 – spätestens 1797
7.	„Degotardische Laibacher Zeitung“	Ljubljana	1799–1800
8.	„Leopold Egerische Laibacher Zeitung“	Ljubljana	1800–1807
9.	„Anhang der Laibacher Zeitung“ (Beilage der „Leopold Egerischen Laibacher Zeitung“)	Ljubljana	? –1807
10.	„Vereinigte Edel von Kleinmayer’sche und Leopold Eger’sche Laibacher Zeitung“	Ljubljana	1807–1809
11.	„Illyrische Provinzen. Offizieller Telegraph“	Ljubljana	1811–1813
12.	„Vereinigte Laibacher Zeitung“	Ljubljana	1810; 1814–1820
13.	„Laibacher Wochenblatt zum Nutzen und Vergnügen“	Ljubljana	1804–1810; 1814–1818
14.	„Illyrisches Blatt“	Ljubljana	1819–1849
16.	„Politisches Blatt“	Ljubljana	1848
17.	„Blätter aus Krain“	Ljubljana	1857–1865
15.	„Carniolia“	Ljubljana	1838–1844
18.	„Laibacher Kirchenblatt“	Ljubljana	1848
19.	„Theologische Zeitschrift“	Ljubljana	1849

	Titel	Erscheinungsort	Erscheinungszeit
20.	„Mittheilungen des historischen Vereins für Krain“	Ljubljana	1846–1868
21.	„Sloveniens Blatt“[174]	Novo mesto (Neustädtl/ Rudolfswerth)	1848

174 Die deutschsprachige Presse in Unterkrain (Dolenjska), vor allem die Gottscheer Presse, stellt ein umfassendes und eigenständiges Kapitel dar. Obwohl „Sloveniens Blatt“ in der ersten Hälfte des 19. Jahrhunderts (1848) in Novo mesto erschienen ist, wird es eingehender im zweiten Teil meiner Studie erörtert.

Berichte und Forschungen 12 (2004), S. 241–386.

Annotationen

Neuerscheinungen aus Ostmitteleuropa

Vorbemerkung

Die folgenden annotierten bibliographischen Hinweise beziehen sich auf in den Ländern Ostmittel-, Nordost- und Südosteuropas erschienene Literatur (Monographien, Sammelbände, Zeitschriften und Reihen, Editionen) aus den Wissenschaftsbereichen Geschichte, Volkskunde/Soziologie, Germanistik und Kunstgeschichte. Erfaßt werden Titel, welche die Kultur und Geschichte der ehemaligen deutschen Ostgebiete und der Siedlungsgebiete der Deutschen im östlichen Europa (mit)betreffen. Die Anordnung erfolgt, um den interdisziplinären Charakter dieser Rubrik zu betonen, nicht nach Fachgebieten, sondern, entsprechend dem jeweiligen Thema oder den thematischen Schwerpunkten (nicht dem Erscheinungsort), nach – zum Teil historischen – Regionen:

1. Regional übergreifende Werke,
2. Baltikum,
3. Ostpreußen, Westpreußen, Danzig,
4. Pommern,
5. Schlesien,
6. Großpolen, Zentralpolen, Kleinpolen,
7. Slowenien, Kroatien,
8. Ungarn, Rumänien,
9. Rußland und andere GUS-Staaten.

Nicht aufgenommen wurden: einzelne Aufsätze; Bücher, die in einem deutschen, schweizerischen, österreichischen, französischen usw. Verlag erschienen sind; die vom Deutschen Akademischen Austauschdienst (DAAD) herausgegebenen germanistischen Jahrbücher, die zwar in den Staaten des östlichen Europa erscheinen, jedoch in Deutschland leicht zugänglich (beim DAAD kostenlos erhältlich) sind[1]; Übersetzungen von bereits in deutscher Sprache publizierten Titeln, es sei denn, sie enthalten ein neues wissenschaftliches Nachwort.

Bei thematisch über den Bereich ‚Deutsche im östlichen Europa' hinausreichenden Sammelbänden oder Zeitschriftenbänden sind im allgemeinen nur die thematisch einschlägigen Beiträge genannt.

---

1 „Brücken. Germanistisches Jahrbuch Tschechien-Slowakei", „Convivium. Germanistisches Jahrbuch Polen", „Jahrbuch der ungarischen Germanistik", „Transcarpathica. Germanistisches Jahrbuch Rumänien", „Triangulum. Germanistisches Jahrbuch für Estland, Lettland und Litauen", „Das Wort. Germanistisches Jahrbuch GUS".

Bei Namen von Orten im östlichen Europa wurde, wie im Jahrbuch des Bundesinstituts üblich, eine weitgehende Vereinheitlichung durchgeführt: Gebraucht wird in der Regel, soweit vorhanden, die deutschsprachige Namensform. Bei der jeweils ersten Erwähnung sind sowohl die deutschsprachige Form als auch die Form in der jeweiligen Landessprache angegeben, z. B.: Laibach/Ljubljana.

Der Dank des Bundesinstituts gilt allen Autorinnen und Autoren der Annotationen und den Übersetzerinnen.

Jens Stüben (Redaktion)

1. Regional übergreifende Themen

Bernd Balzer, Irena Światłowska (Hg.): Annäherungen. Polnische, deutsche und internationale Germanistik. Wrocław: Oficyna Wydawnicza ATUT – Wrocławskie Wydawnictwo Oświatowe 2003. 704 S. ISBN 83-89247-56-9.

Der Band ist dem Breslauer Germanisten Professor Dr. Norbert Honsza zu seinem 70. Geburtstag gewidmet. Mit der Festschrift möchten die Herausgeber, Irena Światłowska und Bernd Balzer, „dieses Ereignis und zugleich ein Lebenswerk würdigen, das an Umfang, Vielgestaltigkeit und Ansehen seines Gleichen sucht“. Die beteiligten Autorinnen und Autoren sind Geisteswissenschaftler vor allem aus Polen und Deutschland, aber auch aus Portugal, Kanada, Slowenien, Italien, Finnland. Das Buch besteht aus fünf Teilen, die sich mit den Forschungsgebieten Norbert Honszas decken: „Schlesien“, „Polen und Deutschland“, „Interkulturalität“, „Deutschsprachige Literatur nach 1945“, „Deutsche Literaturgeschichte“. Es enthält insgesamt 60 Beiträge sowie eine 735 Titel umfassende Bibliographie der Veröffentlichungen des Gelehrten. Im Schlesien-Komplex finden wir folgende Aufsätze: Alfons Nossol: „Der Beitrag der Kirche zum eigentlich Schlesischen. Eine geschichtstheologische Meditation“; Mirosława Czarnecka: „Die ‚Hoffmannswaldauer‘ – zur urbanen Literaturgesellschaft im barocken Breslau“; Erwin Leibfried: „Märtyrer und Terroristen. Die aktuelle Beerbbarkeit aller Texte. Ein Blick auf des Andreas Gryphius ‚Catharina von Georgien‘“; Winfried Freund: „Sinnsuche – Der Weg nach innen. Jakob Böhme, Angelus Silesius und die barocke Mystik“; Marek Hałub: „Germanistik versus klassische Philologie. Hoffmann von Fallersleben und sein Kampf um das germanistische Brotstudium“; Anna Stroka: „Schlesien im Leben und Werk Theodor Fontanes“; Eugeniusz Klin: „Paul Keller – ein schlesischer Schriftsteller aus heutiger Sicht“; Hans-Gert Roloff: „Zu einem Autograph Carl Hauptmanns“. Den Teil schließen Gedichte von Wolfgang Bittner ab, die Norbert Honsza gewidmet sind. – Aus dem Teil „Interkulturalität“ sind folgende Beiträge hier zu erwähnen: Hubert Orłowski: „Die Geburtsstunde der ‚ost-preußischen‘ Literatur“; Ernesta Račienė: „Zum deutschen Einfluss auf die litauische Kultur und Sprache“; Mira Miladinović Zalaznik: „Emil Korytko und ‚Carniolia‘, eine Vaterländische Zeitschrift und Unterhaltungsblatt für Kunst, Literatur, Theater und geselliges Leben“; Miroslava Kyselá: „Die Protagonisten des ‚Jüdischen Almanachs‘“; Ilpo Tapani Piirainen: „Die Suche nach einer Identität. Ein Beitrag zur Literatur der Russlanddeutschen“; Wojciech Kunicki: „Die Erzählkunst Hans Lipinsky-Gottersdorfs“. – Aus dem Teil „Deutschsprachige Literatur nach 1945“: Sigfrid Hoefert: „Im Banne des Mars: Zu einigen Gedichten von Hanns Cibulka“; Klaus

Pezold: „Im Krebsgang' und ‚Danziger Trilogie' – Weiterführung oder Zurücknahme?"; Gerhard Rademacher: „Schrift-Bilder und Bilder-Schriften lesen. Zur Rezeption von Günter Grass' Text- und Graphikband ‚Totes Holz' (1990)"; Marek Jaroszewski: „Deutschland nach der Wiedervereinigung. Einige Bemerkungen zu den Romanen ‚Die Nachrichten' von Alexander Osang und ‚Willenbrock' von Christoph Hein"; A. Renate Chedin: „Antinomien der Erinnerung – Stefanie Zweig ‚Nirgendwo in Afrika'". – Aus dem Teil „Deutsche Literaturgeschichte": Manfred Jurgensen: „‚Die fabelhafteste Sache von der Welt': Das Individuum und der Tod. Schopenhauer – Nietzsche – Thomas Mann"; Klaus Schuhmann: „Vom Völkerschlachtdenkmal zur Festspielhalle. Gerhart Hauptmann in Leipzig"; Gabriella Rovagnati: „‚Das Gegengift gegen alles Deutsche': ‚Verdi' von Franz Werfel"; Helmut Kreuzer: „Parabeln, Stimmen, ‚soziologische Darstellung': Zu Hörspielen Wolfgang Weyrauchs aus den frühen dreißiger Jahren".

Marta Kopij

Iwona Bartoszewicz, Marek Hałub, Alina Jurasz (Hg.): Werte und Wertungen. Sprach-, literatur- und kulturwissenschaftliche Skizzen und Stellungnahmen. Festschrift für Eugeniusz Tomiczek zum 60. Geburtstag. Wrocław: Oficyna Wydawnicza ATUT – Wrocławskie Wydawnictwo Oświatowe 2004. 588 S. ISBN 83-89247-54-2.

Die Festschrift für den Leiter des Instituts für Germanistik der Universität Breslau/Wrocław, Professor Dr. Eugeniusz Tomiczek, enthält insgesamt 67 Beiträge, die ein breites, abwechslungsreiches Spektrum von Themen präsentieren, und zwar nicht nur aus dem Bereich der Sprachwissenschaft, der Fachdisziplin Eugeniusz Tomiczeks, sondern auch aus der Literatur- und Kulturwissenschaft. Zum Forschungsfeld Schlesien sind folgende Aufsätze zu nennen: Mirosława Czarnecka: „Die schlesischen Gelehrten im Dienste der humanistischen Ideen"; Wojciech Kunicki: „Publizistische Tätigkeit Hans Lipinsky-Gottersdorfs im Rahmen seines schriftstellerischen und bürgerlichen Selbstverständnisses"; Jarochna Dąbrowska-Burkhardt: „Katholiken und Protestanten – ihr Zusammenleben im schlesischen und großpolnischen Grenzgebiet, niedergeschrieben in Chroniken des 18. Jahrhunderts"; Winfried Irgang: „Zum fürstlichen Kanzlei- und Urkundenwesen im ducatus Slesie bis zum Ausgang des 13. Jahrhunderts"; Ilpo Tapani Piirainen: „Frühneuhochdeutsche Handschriften der Stadt Liegnitz/Legnica in Schlesien". Von den weiteren Beiträgen seien hier erwähnt: Eugeniusz Klin: „Das protestantische Schuldrama in Danzig am Beispiel von Heinrich Mollers ‚Nabal'"; Józef Grabarek: „Die Ostkolonisation im westslawischen und baltischen Sprachraum bis 1350"; Hubert Orłowski: „Zum Begriff der Wirt(h)schaft im preußisch-polnisch-litauischen Grenzland"; Diana Wieczorek: „Ukraina wobec niemieckojęzycznych wpływów kulturowych" (Einflüsse deutschsprachiger Kultur in der Ukraine).

Marta Kopij

Biuletyn Instytutu Pamięci Narodowej [Bulletin des Instituts für Nationales Gedenken]. Jg. 2004. Nr. 5 (40). 136 S., Abb. ISSN 1641-9561.

Die Hauszeitschrift des Instituts für Nationales Gedenken (Warschau/Warszawa) beschäftigt sich in dieser Ausgabe mit Zwangsmigrationen nach dem Zweiten Weltkrieg. Das Heft beginnt mit einem umfangreichen deutsch-polnischen Gespräch über die Aussiedlung der Polen, unter anderem aus dem Distrikt Zamość, über die Erinnerung an diese Vorgänge und über ihren Einfluß auf die deutsch-polnischen Beziehungen. Abgedruckt ist darüber hinaus ein Interview mit B. Chrzanowski über die Aussiedlung der Polen aus Pommerellen während des Zweiten Weltkriegs und ihre Rückkehr in die Heimat nach 1945. Ein Aufsatz dieses Autors über die Aussiedlung der Polen aus Pommerellen und die deutsche Vernichtungspolitik ist ebenfalls in dieser Nummer veröffentlicht. Das Heft enthält außerdem einen Text über die familiären Verbindungen der Vorsitzenden des Bundes der Vertriebenen, Erika Steinbach, mit Gdingen/Gdynia, ein Thema, das viele Polen interessiert. Die Aufsätze werden durch drei Erinnerungen ergänzt.

Krzysztof Ruchniewicz

Włodzimierz Bonusiak (Hg.): Polska – Niemcy – Ukraina w Europie. Narodowe identyfikacje i europejskie integracje w przededniu XXI wieku [Polen – Deutschland – die Ukraine in Europa. Nationale Identifikationen und europäische Integrationen am Vorabend des 21. Jahrhunderts]. Rzeszów: Wyższa Szkoła Pedagogiczna 2000. 230 S., poln., dt. u. ukrain. Inhaltsverzeichnis u. Geleitwort. ISBN 83-7262-073-3.

In diesem vierten Band einer Serie über Polen, Deutschland und die Ukraine in Europa sind Beiträge versammelt, die auf einer internationalen Konferenz in Lemberg/L'viv/Lwów in der Ukraine (13.–18. September 1999) vorgetragen wurden. Alle in dem Band abgedruckten Artikel berühren folgende Problemfelder: Historische Tradition und Gegenwart; Probleme politisch-gesellschaftlicher Entwicklung; nationale Stereotype in Geschichtsschreibung und -unterricht; gesellschaftliche Kontakte und Überwindung der Stereotype. Vor diesem Hintergrund werden brisante Fragen der trilateralen Beziehungen aufgeworfen und erörtert. So schildert Erhard Cziomer „Polen in Zusammenarbeit mit Deutschland und der Ukraine im europäischen Kontext am Ausgang des 20. Jahrhunderts"; Andrij Kozickij betrachtet die „Ukrainisch-deutschen Beziehungen der letzten Jahre"; Zbigniew Mazur skizziert „das Deutschlandbild in den polnischen Schulbüchern für den Geschichtsunterricht (1945–1989)"; Maria Rutowska und Maria Tomczak räsonieren über die „Polnische Deutschlandkunde der neunziger Jahre"; Marian Mudrij entfaltet „das Bild des Polen (Polens) und des Deutschen (Deutschlands) in den heutigen ukrainischen Schulbüchern für Geschichte". Die übrigen Artikel behandeln Polen und die Ukraine oder allgemeine historische und soziologische Phänomene. Alle Texte sind in der Sprache der jeweiligen Autoren verfaßt.

Grzegorz Jaśkiewicz

Jan Michał Burdukiewicz: Technokompleks mikrolityczny w paleolicie dolnym środkowej Europy [Der Technokomplex der Mikrolithe in der Altsteinzeit Mitteleuropas]. Wrocław: Instytut Archeologii Uniwersytetu Wrocławskiego 2003. 373 S., Abb. ISBN 83-915048-9-1.

Die Frühgeschichte der Menschheit gehört zu den faszinierendsten Themen der Archäologie. Bis vor kurzem schien es, als wüßten wir bereits sehr viel über den Beginn der menschlichen Gattung und die ersten Kulturspuren. Die Diskussionen, ab wann von Kultur gesprochen werden kann, dauern an. Nach welchen Kriterien läßt sich kulturbedingtes Verhalten vom tierischen unterscheiden? Mit diesen Fragen befaßt sich der vorliegende Band, der Forschungsergebnisse aus verschiedenen Regionen Mitteleuropas enthält (Deutschland, Ungarn, Polen). Zum Beispiel findet man Beiträge zu archäologischen Forschungen in Trebnitz/Trzebnica, Rauske/Rusko bei Striegau/Strzegom und Breslau/Wrocław. Der Autor arbeitete mit Archäologen aus Israel, Deutschland und Italien zusammen, die wie er eine neue Methode anwenden: eine Computeranalyse auf der Basis qualitativer und quantitativer Merkmale, darunter auch der Maßangaben der Artefakte. Aus dieser Analyse geht hervor, daß kleine Steinwerkzeuge (Mikrolithe) typisch für eine Gruppe von Hominiden waren, die Mitteleuropa in der Altsteinzeit besiedelten.

Maria Zwierz

Colloquia Germanica Stetinensia. Nr. 9. Red.: Antoni Hodak. (Uniwersytet Szczeciński, Zeszyty Naukowe [Universität Stettin, Wissenschaftliche Hefte] 267). Szczecin: Wydawnictwo Naukowe Uniwersytetu Szczecińskiego 2000. 344 S. ISSN 0867–5791.

Das 9. Heft der Stettiner Germanistik ist thematisch nicht homogen und umfaßt 14 Aufsätze zur Literaturwissenschaft, sechs Aufsätze zur Linguistik und zur Methodik von Deutsch als Fremdsprache sowie abschließend fünf Rezensionen. Im Rahmen des literaturwissenschaftlichen Teils können mehrere thematisch einschlägige Beiträge genannt werden. So analysiert Jan Watrak die Erzählung „Meine grüne Wiese“ von Günter Grass, Barbara Jaroszek und Karol Koczy beschäftigen sich mit der Rekonstruktion der verlorenen Heimat, hauptsächlich bei Christian Graf von Krockow. Ewa Hendryk vergleicht Wolfgang Koeppens „Jugend“ und Hans Werner Richters „Spuren im Sand“ als Werke mit pommerschem Einschlag. Krzysztof Podfigurny und Antoni Hodak diskutieren Joseph Roths Roman „Die Flucht ohne Ende“. Ewelina Kamińska untersucht das Bild der polnischen Zwangsarbeiter und Häftlinge im gegenwärtigen deutschen Kinder- und Jugendbuch (u. a. in den Büchern von Irina Korschunow, Monika Hartig, Hanna Lehnert, Willi Fährmann, Nelly Däs, Herbert Somplatzki, Charlotte Zimmermann, Gudrun Pausewang, Ursula Höntsch). Anna Malinowska schildert kurz die Geschichte der Stadt Dramburg/Drawsko Pomorskie von 1297 bis 1939. Unter den sprachwissenschaftlichen Texten können die Beiträge von Anna Pilarski über die Fragen der Kongruenz im Deutschen und Polnischen sowie der einzige Beitrag in polnischer Sprache von Piotr Sulikowski über falsche Übersetzungen in der Pressesprache genannt werden. In der Rubrik „Rezensionen“ bespricht Karol Koczy Norbert Honszas Buch „Günter Grass. Skizze zum Porträt“.

Ewelina Kamińska

Maciej Forycki, Maciej Serwański (Hg.): Francja, Niemcy i Polska w Europie nowożytnej i najnowszej (XVI–XX w.) = La France, l’Allemagne et la Pologne dans l’Europe moderne et contemporaine (XVIe–XXe s.) = Frankreich, Deutschland und Polen im neuzeitlichen und modernen Europa (16. bis 20. Jh.) (Publikacje Instytutu Historii UAM [Veröffentlichungen des Instituts für Geschichte der Adam-Mickiewicz-Universität] 56). Poznań: Instytut Historii UAM 2003. 359 S. ISBN 83-89407-10-8.

Der Band umfaßt die Vorträge einer zum zehnjährigen Bestehen des „Weimarer Dreiecks“ veranstalteten Konferenz (10.–12. 10. 2001) über die Tradition und Gegenwart des

Verhältnisses zwischen Frankreich, Deutschland und Polen in Europa, an der Referenten aus den drei Staaten teilnahmen. In dem Band geht es um die polnisch-deutsch-französischen Beziehungen in der frühen Neuzeit, dem 16.–18. Jahrhundert (Teil 1), im 19. Jahrhundert (Teil 2) und im 20. Jahrhundert (Teil 3). Die Texte sind teils in polnischer, teils in französischer, teils in deutscher Sprache verfaßt.

Maria Wojtczak

Maria Gierlak: Deutschunterricht und Politik. Das Deutschlandbild in den Lehrbüchern für Deutsch als Fremdsprache in Polen (1933–1945) vor dem Hintergrund der deutsch-polnischen Beziehungen. Toruń: Wydawnictwo Uniwersytetu Mikołaja Kopernika 2003. 272 S. ISBN 83-231-1595-8.

Lehrbücher sind spannende Dokumente ihrer Zeit. Der politische Aspekt in der Historiographie des Deutschunterrichts war und ist in Polen kaum Gegenstand detaillierter Studien. Die vorliegende Monographie setzt sich zum Ziel, dieses Forschungsdefizit auszugleichen und die Zusammenhänge zwischen Politik und Deutschunterricht in Polen in der Zeit zwischen 1933 und 1945 zu untersuchen. Die Darstellung umfaßt eine kurze Periode aus der Beziehungsgeschichte zwischen Polen und dem Deutschen Reich, geht aber auch auf die langfristig wirkenden Stereotype in der polnischen Deutschlandwahrnehmung ein. Die Verfasserin versucht zu zeigen, wie die Lehrbücher die im polnischen Kollektivbewußtsein verankerten Deutschlandvorstellungen vor dem Hintergrund der jeweils aktuellen deutsch-polnischen Beziehungen beinflußten. Ihre Arbeit stellt einen hochinteressanten Beitrag zur Geschichte des polnischen Deutschlandbildes und zur Geschichte der Germanistik in Polen dar. Der in deutscher Sprache geschriebenen Studie ist ein reichhaltiges Literaturverzeichnis beigegeben.

Piotr Zariczny

Jadwiga Hoff (Hg.): Z przeszłości Europy Środkowowschodniej [Aus der Geschichte Ostmitteleuropas]. Rzeszów: Wydawnictwo Uniwersytetu Rzeszowskiego 2002. 228 S. ISBN 83-7338-065-5.

Das Buch ist eine Sammlung von Beiträgen, die dem Gedenken an Dr. habil. Zbigniew Fras (1952–1998), den früh verstorbenen Historiker an der Universität Breslau/Wrocław, gewidmet sind. Demzufolge entspricht das Spektrum der abgedruckten Beiträge dem Interessengebiet des Verstorbenen, nämlich Galizien. Darunter findet man auch Beiträge zur Geschichte Österreichs, aber – wie es im Vorwort heißt – „aus polnischer Perspektive". Darüber hinaus enthält der Band einen Aufsatz über den Gesundheitszustand der schlesischen Bevölkerung in der zweiten Hälfte des 19. und zu Beginn des 20. Jahrhunderts.

Grzegorz Jaśkiewicz

Andrzej Kamieński: Polska a Brandenburgia-Prusy w drugiej połowie XVII wieku. Dzieje polityczne [Polen und Brandenburg-Preußen in der zweiten Hälfte des 17. Jahrhunderts. Politische Geschichte]. Poznań: Wydawnictwo Poznańskie 2002. 415 S., Abb., dt. Zusammenfassung. ISBN 83-7177-189-4.

Die Monographie behandelt die wichtigsten Streitfragen im polnisch-brandenburgischen Verhältnis in der Zeit von 1657 bis 1696. Parallel dargestellt werden die Geschichte der politischen Beziehungen zwischen Brandenburg-Preußen und der Republik Polen im europäischen Kontext und die Geschichte Polens in der zweiten Hälfte des 17. Jahrhunderts. Die Arbeit zeichnet sich durch ein hohes wissenschaftliches Niveau aus. Von besonderem Wert ist das hervorragende Bildmaterial.

Maria Wojtczak

Krzysztof A. Kuczyński: Między Renem a Wisłą. Studia i szkice o niemiecko-polskich powinowactwach kulturalnych [Zwischen Rhein und Weichsel. Studien und Skizzen über die deutsch-polnischen kulturellen Verwandtschaften] (Orbis Linguarum, Wydanie specjalne 15). Wrocław: Oficyna Wydawnicza ATUT 2002. 343 S. ISBN 83-87299-83-9.

Es handelt sich um eine Sammlung von Essays zum Thema der vielfältigen deutsch-polnischen kulturellen Verwandtschaft. Der Autor versucht gängige Stereotype aufzulösen und zahlreiche Probleme in ein neues Licht zu rücken, in der Hoffnung, daß die „Dichtung und Wahrheit" über die deutsch-polnischen Kontakte, die von Anfang an dem Druck der politischen Geschichte ausgesetzt waren, dank diesem Buch besser verstanden wird. Kuczyński schreibt unter anderem über die mit Polen verbundenen Deutschen Alexander Bronikowski, Heinrich Nitschmann, Alexander Brückner, Hermann Buddensieg, Klaus Staemmler, Horst Bienek, Karl Dedecius, Richard Breyer. Der Band ist dem Andenken an zwei hervorragende Kenner der deutschen Kultur gewidmet: Wilhelm Szewczyk und Marian Szyrocki. Beiden gelten auch zwei Aufsätze des Bandes.

Maria Wojtczak

[Gennadij G. Litavrin (Hg.):] Slavjane i ich sosedi. Srednie veka – rannee novoe vremja. Vypusk 9: Slavjane i nemcy. 1000-letnee sosedstvo: mirnye svjazi i konflikty [Die Slawen und ihre Nachbarn. Vom Mittelalter bis zur Neuzeit. Ausgabe 9: Slawen und Deutsche. Eine tausendjährige Nachbarschaft: friedliche Kontakte und Konflikte]. Otv. redaktor G. G. Litavrin. Moskva: Nauka 1999. 245 S. ISBN 5-02-008608-8.

Die Autoren dieses Sammelbandes behandeln Aspekte der slawisch-deutschen Kontakte vom frühen Mittelalter bis zum 18. Jahrhundert in den Bereichen Außenpolitik, Wirtschaft, Kultur und Literatur. Die Aufsätze des Bandes kann man unter Vorbehalt in vier Abschnitte gliedern. Der erste Abschnitt bietet eine historiographische Untersuchung des sogenannten „Dranges nach Osten". Der zweite Abschnitt ist Fragen der Geschichte der deutsch-slawischen Beziehungen vor allem in bezug auf ethnische und kulturelle Kontakte gewidmet. Die Beiträge des dritten Abschnitts setzen sich mit dem Thema „Die Gestalt des Anderen" auseinander. Dabei sind nicht nur schriftliche Zeugnisse ausgewertet, sondern auch folkloristische Materialien mit einbezogen. In den Beiträgen des vierten Abschnitts wird die Staatenbildung in der frühen Neuzeit untersucht, eine geschichtliche Gegebenheit, die die Entwicklung slawisch-deutscher Beziehungen jener Zeit in starkem Maße beeinflußte.

Nadja Wulff

Bernd Martin, Arkadiusz Stempin (Hg.): Niemcy i Polska w trudnych latach 1933–1990. Nowe spojrzenie na dawne konflikty. Praca zbiorowa [Deutschland und Polen in schweren Zeiten 1933–1990. Alte Konflikte – neue Sichtweisen. Sammelband] (Publikacje Instytut Historii UAM [Veröffentlichungen des Instituts für Geschichte der Adam-Mickiewicz-Universität] 57). Poznań: Instytut Historii UAM 2004. 278 S. ISBN 83-89407-30-2.

Dieser zweisprachige Band ist ein Ergebnis der langjährigen Zusammenarbeit der Universitäten Posen/Poznań und Freiburg i. Brsg. Es handelt sich bereits um die zweite gemeinsame Publikation von Professor Martin, dem ‚spiritus rector' der Kontakte zwischen beiden Hochschulen, und seinem ersten Doktoranden und Mitarbeiter Arkadiusz Stempin. Der Band enthält Beiträge zu einer Tagung, die am 6. und 13. Juni 2003 in der Adam-Mickiewicz-Universität bzw. im Deutschen Historischen Institut in Warschau/Warszawa stattfand. Er thematisiert die ganze Bandbreite der deutsch-polnischen Konflikte, die kurz vor Piłsudskis Tod beginnen und mit der westdeutschen Resonanz auf die Posener Erhebung 1956 enden, und die Anfänge der deutsch-polnischen Aussöhnung nach dem Zweiten Weltkrieg. Die Abhandlungen des Sammelbandes bieten neue Ansätze zur weiteren Erforschung der konfliktbeladenen jüngeren Geschichte beider Staaten. Dabei werden auch manche schmerzlichen Schnitte in ein bisweilen zu bequemes polnisches Geschichtsbild vorgenommen. Der Band beginnt mit einem Aufsatz über Kulturbeziehungen zwischen Hitler-Deutschland und Piłsudskis Polen 1934–1939, geht dann zu Aufsätzen über den Zweiten Weltkrieg über – unter besonderer Berücksichtigung des großpolnischen Gebietes (sog. Warthegau, Posener Schloß) und Warschaus (Warschauer Aufstand 1944, Warschauer Ghetto), umfaßt den genannten Beitrag über die Posener Erhebung von 1956 und einen abschließenden Aufsatz über das Maximilian-Kolbe-Werk als Pionier der deutsch-polnischen Aussöhnung.

Maria Wojtczak

Maciej Muszyński: Przejęcie majątków niemieckich przez Polskę po II wojnie światowej. Studium prawnomiędzynarodowe i porównawcze [Die Übernahme des deutschen Eigentums durch Polen nach dem Zweiten Welkrieg. Eine völkerrechtlich vergleichende Studie]. Bielsko-Biała: STO 2003. 416 S. ISBN 83-87829-87-0.

Dieses Buch beschäftigt sich mit der Übernahme des deutschen Eigentums nach dem Zweiten Weltkrieg durch Polen und bietet eine juristische Beurteilung im Kontext der internationalen Veränderungen in den Jahren 1945–2002. Der Verfasser berücksichtigt nicht nur den Standpunkt des Staates unter dem Aspekt seiner Souveränität, sondern auch den Hintergrund des internationalen Eigentumsschutzes. Einen wichtigen Teil der Publikation bilden Überlegungen des Autors zur Frage der Übernahme des deutschen Eigentums durch Polen im Zusammenhang mit dem EU-Beitritt Polens und die Antwort, ob diese Frage vor dem Hintergrund des Völkerrechts nach wie vor offenbleibt. Im ersten Teil der Arbeit analysiert der Verfasser die Stellung des Eigentumsrechtes der Ausländer im Völkerrecht, stellt die juristischen Grundlagen der Übernahme des ausländischen Eigentums im Nachkriegspolen und im Nachkriegsdeutschland dar und beschäftigt sich mit der Frage der Entschädigung. Im zweiten Teil konzentriert er sich auf die Übernahme des deutschen Eigentums im Nachkriegseuropa als eine Form von Reparationen. Den dritten Abschnitt machen Überlegungen zur Frage der Übernahme des privaten Eigentums und der Entschädigung in der Bundesrepublik aus. Im letzten Teil äußert sich der Autor zum Einfluß der Mitgliedschaft Polens in der EU im Hinblick auf die

Forderungen der ehemaligen deutschen Besitzer, wobei er auch auf die internationale Rechtsprechung eingeht.

Krzysztof Ruchniewicz

Jerzy Olczak (Hg.): Studia z historii architektury i historii kultury materialnej [Studien zur Architekturgeschichte und zur Geschichte der materiellen Kultur] (Archaeologia Historica Polona 12). Toruń: Wydawnictwo Uniwersytetu Mikołaja Kopernika 2002. 215 S., Abb., Kt., dt. Zusammenfassungen. ISBN 83-231-1469-2.

Der vorliegende Band bezieht sich auf das sechste Forschungssymposium des Universitätszentrums für Archäologie des Mittelalters und der Neuzeit, das am 19. und 20. November 1999 in Rzeszów stattfand. Er versammelt sechs mit zahlreichen Fotos und anderem Quellenmaterial versehene Abhandlungen zum Thema „Der Turm in der Architektur des Mittelalters und der Neuzeit". Untersuchungsobjekte sind Türme und ihre Funktion in der Slowakei, der Toskana und Großpolen sowie Wallburgen in einzelnen Ortschaften (Zbrojewsko, Melsztyn und Memel/Klaipėda). Im zweiten Teil des Bandes sind sechzehn kürzere wissenschaftliche Aufsätze abgedruckt, die über archäologische Ausgrabungen aus den Jahren 1997–2001 in Pommern, Großpolen, in der Ukraine und in Litauen Auskunft geben. Besonders interessant sind Berichte über Grabstätten in Großpolen sowie Ausgrabungen, die im Unterwasserverfahren in pommerschen Seen durchgeführt wurden. Die ersten elf Beiträge verfügen über kurze Zusammenfassungen in deutscher Sprache.

Piotr Zariczny

Przegląd Zachodni. Jg. 60 (2004). Nr. 2 (311). 210 S., Abb., engl. Zusammenfassungen. PL ISSN 0033-2437.

Die Hauszeitschrift des Westinstituts (Instytut Zachodni) in Posen/Poznań beschäftigt sich in der vorliegenden Nummer mit dem 60. Jahrestag der Gründung dieser Einrichtung. Die veröffentlichten Texte kreisen um die deutschlandorientierten Forschungen des Instituts und deren Ergebnisse (Artikel von H. Olszewski und B. Piotrowski). In dem Heft ist darüber hinaus der Wortlaut einer Diskussion zwischen den ehemaligen polnischen Außenministern über die Stellung der deutschen Frage in der polnischen Politik abgedruckt. Der Quellenteil ist der Arbeit der Namenssektion des Westinstituts in den Jahren 1945–1947 gewidmet, die bei der Bestimmung der Ortsnamen in den 1945 an den polnischen Staat angeschlossenen Gebieten eine große Rolle gespielt hat.

Krzysztof Ruchniewicz

Sprawy Narodowościowe [Nationalitätenangelegenheiten]. Polska Akademia Nauk, Zakład Badań Narodowościowych. Zeszyt [Heft] 19. Red.: Wojciech J. Bursza. Poznań: Wydawnictwo Poznańskie 2001. 181 S., engl. Zusammenfassungen. ISBN 1230-1698.

Der Band wurde von dem 2001 gegründeten Zentrum für euroregionale Forschungen an der Polnischen Akademie der Wissenschaften in Posen/Poznań herausgegeben. Die in dem Band enthaltenen Aufsätze betreffen hauptsächlich die Thematik europäischer Regionen, darunter besonders das deutsch-polnische Grenzgebiet. Stefan Krätke z.B. schreibt über den Transformationsprozeß in der deutsch-polnischen Grenzregion, Zdzisław W. Puślecki über die Möglichkeiten der Entwicklung der deutsch-polnischen Zusammenarbeit im Grenzgebiet im Kontext der europäischen Integration. Hubert Orłowski berichtet unter dem Titel „Wie soll es weiter gehen?" über die Kulturgemeinschaft „Borussia" im Europa der Regionen. Maciej J. Dudziak befaßt sich mit der Multikulturalität im deutsch-polnischen Grenzgebiet.

Maria Wojtczak

Studia Niemcoznawcze = Studien zur Deutschkunde. Tom = Bd. XXVII. Hg. v. Lech Kolago. Warszawa 2004. 866 S. ISSN 0208-4597.

Dieser Band enthält über 50 deutsch- und polnischsprachige Aufsätze namhafter polnischer, deutscher und österreichischer Wissenschaftler und Künstler zu Themen aus den Bereichen Kultur-, Literatur- und Sprachwissenschaft, außerdem knapp dreißig Buchbesprechungen und Berichte. An dieser Stelle können nur die thematisch einschlägigen Aufsätze genannt werden. Der Band beginnt mit Beiträgen zum Gedenken an Tadeusz Namowicz, den verstorbenen Germanisten aus Warschau/Warszawa, und zu Ehren von Norbert Honsza, den Preisträger des Kulturpreises Schlesien des Landes Niedersachsen 2003. Die Abteilung „Kulturwissenschaft" enthält unter anderem folgende Aufsätze: Lech Kolago befaßt sich mit Goethes Aufenthalt in Schlesien im Jahr 1790; Jan Papiór liefert bibliographische Materialien zum Schweizer Polenbild; Joanna Wartoś-Szmigiero analysiert die Schilderungen des Alltags im Ghetto anhand des Überlebensberichts von Janina Bauman, „Als Mädchen im Warschauer Ghetto", des Tagebuchs von Halina Nelken, „Freiheit will ich noch erleben", und der Aufzeichnungen von Stella Müller-Madej, „Das Mädchen von der Schindler-Liste". Die Abteilung „Literaturwissenschaft" bietet unter anderem folgendes: Rüdiger Bernhardt berichtet über Peter Hilles Freundschaft mit Stanisław Przybyszewski; Dorota Pruss-Pławska betrachtet die närrische Wirklichkeit des Kleinbürgertums in der „Danziger Trilogie" von Günter Grass; Karol Czejarek porträtiert den aus Masuren stammenden Autor Hans Hellmut Kirst; Małgorzata Grabowska schreibt über Peter Härtling und seinen romantischen Helden Robert Schumann; Joanna Roczniak macht einige Bemerkungen zur Verskunst Joseph von Eichendorffs.

Lech Kolago

Zbigniew Światłowski: Lese- und Lebenserfahrungen mit der deutschsprachigen Literatur 1890–1945. Eine Literaturgeschichte für Buchliebhaber. Rzeszów: Wydawnictwo Uniwersytetu Rzeszowskiego 2002. 640 S., Abb. ISBN 83-7338-050-7.

„Es gibt keine alte und moderne Literatur, sondern nur eine ewige und eine vergängliche". Den Worten des österreichischen Lyrikers und Essayisten Ernst von Feuchtersleben folgend, kann man sagen, daß Zbigniew Światłowski in seinem monumentalen Werk alle literarischen Größen der deutschsprachigen Literatur in der Zeitspanne von 1890 bis 1945 unter die Lupe genommen hat. Der Vorzug des Buches liegt darin, daß der Verfasser deren Schaffen aus einer äußerst persönlichen Perspektive interpretiert, ohne auf wissenschaftliche Gründlichkeit zu verzichten. Da populärwissenschaftlich konzipiert, können nicht nur Fachleute an Światłowskis „Lese- und Lebenserfahrungen" teilhaben. „Literatur im Umbruch", „Literatur im Wartesaal", „Die beschädigte Literatur" lauten die Überschriften der drei Teile, in die diese Literaturgeschichte gegliedert ist. In Einzelkapiteln werden Autoren und literarische Erscheinungen mit viel Humor und unverkennbarer Sachkenntnis eingehend dargestellt. Man findet Porträts von Rilke, Schnitzler, Thomas und Heinrich Mann, Hesse, Canetti und anderen bedeutenden Autoren. In Kapiteln wie „The roaring Twenties", „Das deutsche Wort in der Verbannung" oder „Literatur unter dem Hakenkreuz" werden Abschnitte der deutschen Literaturgeschichte zusammenfassend abgehandelt.

Grzegorz Jaśkiewicz

Matthias Thumser, Janusz Tandecki, Antje Thumser (Hg.): Quellenvielfalt und editorische Methoden (Publikationen des Deutsch-Polnischen Gesprächskreises für Quellenedition = Publikacje Niemiecko-Polskiej Grupy Dyskusyjnej do Spraw Edycji Zródeł 2). Toruń: Wydawnictwo Uniwersytetu Mikołaja Kopernika 2003. 363 S., Abb. ISBN 83-231-1579-6.

Der in deutscher Sprache erschienene Band verbindet Ergebnisse von zwei internationalen Tagungen des sog. Deutsch-Polnischen Gesprächskreises zur Quellenedition, die im Jahre 2001 an der Freien Universität Berlin und im Jahre 2002 an der Nikolaus-Kopernikus-Universität Thorn/Toruń stattfanden. Der Themenbereich, in dem sich die hier versammelten 18 Beiträge bewegen, betrifft im ersten Teil methodische Ansätze der Quellenedition, im zweiten Abschnitt die Quellen und Quelleneditionen selbst und im dritten und letzten Teil laufende und zukünftige Forschungsvorhaben. Die Grundlage für die meisten Beiträge sind die sich in Polen befindenden deutschsprachigen Quellen aus dem 14. bis 16. Jahrhundert. Das geographische Spektrum umfaßt auch die historischen Regionen Pommern, Schlesien, Preußen und Livland. Orts- und Personenregister sind vorhanden. Mit der Publikationsreihe des Gesprächskreises, als deren zweiter Band die vorliegende Aufsatzsammlung erschien, wird in Zukunft womöglich ein wichtiges Forum zum Thema Quellenedition zum mittelalterlichen Ostmitteleuropa entstehen.

Piotr Zariczny

Bogdan Wachowiak, Andrzej Kamieński: Dzieje Brandenburgii-Prus. Na progu czasów nowożytnych (1500–1701) [Geschichte von Brandenburg-Preußen. Anfang der Neuzeit (1500–1701)] (Historia Prus [Geschichte Preußens]). Poznań: Wydawnictwo Poznańskie 2001. 714 S., Abb., Kt. ISBN 83-7177-195-9.

Der Band stellt die Geschichte Preußens dar, die Geburt einer Macht und ihr langsames Absterben. Er gilt einem Staat, den es zwar heute auf der politischen Karte Europas nicht mehr gibt, der jedoch immer noch ein großes Interesse erweckt – in Polen vor allem deswegen, weil er größtenteils auf slawischen und polnischen bzw. mit Polen verbundenen Gebieten entstand. Die Lektüre eignet sich vor allem für Leser, die über entsprechendes Wissen verfügen. Der große Vorzug des Werkes liegt darin, daß es auf eine vielseitige und objektive Weise die Mechanismen und Prozesse aufzeigt, die zur Entstehung des brandenburgisch-preußischen Staates beigetragen haben und später auch zur Umwandlung dieses Staates in eine Macht, die einen bedeutenden Einfluß auf die Geschichte Deutschlands und das Schicksal Europas ausübte.

Maria Wojtczak

Jan Watrak (Hg.): Zeit- und unzeitgemäße literarisch-sprachliche Betrachtungen (Colloquia Germanica Stetinensia Nr. 11; Uniwersytet Szczeciński, Zeszyty Naukowe [Universität Stettin, Wissenschaftliche Hefte] 308). Szczecin: Wydawnictwo Naukowe Uniwersytetu Szczecińskiego 2001. 222 S. ISSN 0867-5791.

Das als Themenheft konzipierte 11. Jahrbuch der Stettiner Germanistik besteht fast ausschließlich aus literaturwissenschaftlichen Aufsätzen und Buchbesprechungen (die Sprachwissenschaft und Methodik vertritt nur ein Aufsatz von Krzysztof Nerlicki), unter denen auffallend viele dem ehemaligen deutschen Osten gewidmet sind. Im ersten Teil untersucht Jan Watrak die behavioristischen Reflexe der menschlichen Welt in Kafkas Erzählungen. Jolanta Mazurkiewicz-Sokołowska stellt die Literatur über das deutsch-polnische Grenzland vorschlagsweise als Gegenstand eines kreativitätsorientierten interdisziplinären Literaturunterrichts dar, indem sie auf Texte von Marion Gräfin Dönhoff, Leonie Ossowski, Johannes Bobrowski, Christian Graf von Krockow, Horst Bienek, Hans Lipinsky-Gottersdorf, Siegfried Lenz, Günter Grass und Christine Brückner hinweist. Die Situation der kindlichen und jugendlichen Aussiedler aus Polen in der deutschen Kinder- und Jugendliteratur (bei Walter Flegel, Herbert Berger, Herbert Somplatzki, Angelika Kutsch, Willi Fährmann, Fritz Raab, Karlheinz Dürr, Gisa Margarete Zigan, Charlotte Zimmermann u. a.) diskutiert Ewelina Kamińska. Die übrigen Aufsätze dieses Teils gehen vorwiegend auf die gegenwärtige Literatur der Schweiz ein. Unter den Buchbesprechungen können folgende thematisch einschlägigen Beispiele genannt werden: Jan Watrak bespricht „Die Anfänge der Stadt Stolp" (aus Zeszyty Kulickie/Külzer Hefte), Urszula Berlińska beschäftigt sich mit Heinrich Eugen von Zitzewitz und seinen nach Pommernreisen entstandenen Bildern („Z pędzlem przez Pomorze. Mit dem Pinsel durch Hinterpommern", Sławno 1998). Małgorzata Magiera kommentiert Jan Watraks „Literarische Begegnungen. Moderne deutsche Literatur zwischen Verklärung und Resignation" (unter anderem über den Roman „Der Butt" von Günter Grass) sowie Ewelina Kamińskas „Polnische Motive im Deutschen Kinder- und Jugendbuch nach 1945" (unter anderem zur Heimatproblematik, Flucht und Vertreibung sowie Aussiedlerproblemen in der Kinder- und Jugendliteratur).

Ewelina Kamińska

Zdzisław Wawrzyniak, Krzysztof Drużycki (Hg.): Germanistik als interkultureller und interdisziplinärer Brückenschlag. Rzeszów: Wyższa Szkoła Pedagogiczna 2000. 232 S. ISBN 83-7262-169-1.

Der Band enthält Artikel und Referate, die auf einer gleichnamigen Konferenz im Dezember 1999 in Rzeszów vorgetragen wurden. 19 Beiträge werden in den drei Teilen „Kulturwissenschaft", „Literaturwissenschaft" und „Sprachwissenschaft" präsentiert. Aus den ersten beiden Abschnitten sei hier je ein Aufsatz mit einschlägigem Bezug genannt: Renata Trejnowska-Supranowicz betitelt ihren Beitrag „Sprache und Volk. Zu Johann Georg Hamanns, Johann Gottfried Herders und Wilhelm von Humboldts Sprachphilosophie", und Roman Golesz schreibt über das Thema „Rudolf Borchardt und der Nationalsozialismus".

Grzegorz Jaśkiewicz

Zbigniew Kazimierz Witek: Dokumenty strat kultury polskiej pod okupacją niemiecką 1939–1944. Z Archiwum Karola Estreichera = Cultural Losses of Poland during the German Occupation 1939–1944. Documents from the Archives of Karol Estreicher. Kraków: Towarzystwo Przyjaciół Sztuk Pięknych w Krakowie 2003. 935 S., Abb. ISBN 83-88121-16-2.

Der zweisprachige, polnisch-englische Band umfaßt Dokumente zu den Verlusten der polnischen Kultur während der deutschen Besatzung 1939–1944. Er enthält Informationen, die von einem polnischen Revindikationsteam unter der Leitung von Dr. Karol Estreicher seit dem Anfang des Zweiten Weltkriegs gesammelt wurden. Die Informationen stammen aus Spionageberichten, vom Geheimdienst der Widerstandsbewegung (hauptsächlich der sog. Landesarmee [Armia Krajowa]), aus einer Analyse der deutschsprachigen Presse sowie wissenschaftlichen Untersuchungen. Der Katalog Estreichers wurde 1944 in London in englischer Sprache unter dem Titel „Cultural Losses of Poland" herausgegeben und ist erst 2001 in Krakau wiederaufgefunden worden. Der Band bietet die polnische Übersetzung des Katalogs. Zbigniew Kazimierz Witek hat zusätzlich eine qualitative und quantitative Analyse der Verluste von beweglichen Kulturgütern durchgeführt. Dem übersetzten Katalog sind außerdem zahlreiche Museumsberichte und Vernehmungsprotokolle beigefügt.

Agnieszka Palej

Zbliżenia. Polska – Niemcy = Annäherungen. Polen – Deutschland. Pismo Uniwersytetu Wrocławskiego [Zeitschrift der Universität Breslau]. Hg. v. Karol Bal, Karol Fiedor, Romuald Gelles, Norbert Honsza. Wrocław 2003. [H.] 1 (34), [H.] 2 (35), [H.] 3 (36). 143, 215, 236 S. ISSN 00867-7417.

Der Jahrgang 2003 der Zeitschrift „Zbliżenia", dessen dritte Nummer dem Preisträger des Kulturpreises Schlesien 2003, dem Germanisten Professor Norbert Honsza, gewidmet ist, enthält (neben zahlreichen Rezensionen) unter anderem folgende Beiträge: In Heft 1: Karol Fiedor: „Habsburgowie a pierwszy uniwersytet nad Odrą" (Die Habsburger und die erste Universität an der Oder); Romuald Gelles: „Dwa wieki doktoratów honoris causa na Uniwersytecie Wrocławskim (1803–2002)" (Zwei Jahrhunderte Ehrenpromotionen an der Breslauer Universität [1803–2002], Teil 1, Fortsetzung in Heft 2); Norbert Honsza: „Der Patriarch aus Kaschubien" (Günter Grass); Miroslava Kyselá: „Max Brod als Vermittler der tschechischen Kultur"; Joanna Obruśnik: „Heimisch am Schreibtisch" (Jurek Becker); Ludwika Gajek: „Skandal w Teatrze Lobego (Sezon 1919/1920)" (Skandal am Lobetheater [Spielzeit 1919/1920]); Stephan Wolting: „Christa Wolf in Breslau". – In Heft 2: Jan Papiór: „Jeden gmach i aż cztery uniwersytety" (Ein Gebäude und dann vier Universitäten [über das Jubiläum der Universität Breslau]); Klaus Schuhmann: „Breslauer Universitätsjubel kritisch betrachtet – ein Absolvent aus Neisse meldet sich zu Wort"; Ewa Jarosz-Sienkiewicz: „Kto zna Fedora Sommera?" (Wer kennt Fedor Sommer?); Monika Wolting: „Pomorze odkrywa swego największego malarza – Maxa Pechsteina" (Pommern entdeckt seinen bedeutendsten Maler: Max Pechstein). – In Heft 3: Michael Segner: „Polnisch-deutsche Kulturbrücken bauen. Schlesischer Kulturpreis für den Breslauer Germanisten Norbert Honsza"; Izabela Lewandowska: „Licealiści o Niemcach i autochtonach zamieszkujących Warmię i Mazury" (Gymnasiasten über Deutschland und die autochthonen Einwohner der Region Ermland und Masuren); Klaus Schuhmann: „Koch contra Hauptmann – noch ein Germanistikprofessor auf literarischem Kriegskurs"; Wolfgang Bittner: „Der Versuch, sich schreibend Heimat zu bewahren. Das oberschlesische Schicksal am Beispiel Horst Bieneks".

Marta Kopij

Zeszyty Naukowe Uniwersytetu Rzeszowskiego [Wissenschaftliche Hefte der Universität Rzeszów] Nr. 3. Seria Filologiczna [Reihe Philologie], Studia Germanica Resoviensia 1. Hg. v. Zdzisław Wawrzyniak, Zbigniew Światłowski. Rzeszów: Uniwersytet Rzeszowski 2003. 199 S. ISSN 1643-0484.

In dem ersten Heft der – wie im Vorwort zu lesen ist – „hoffentlich langlebigen" Reihe der „Studia Germanica Resoviensia" sind 14 Beiträge abgedruckt. Vertreten sind Artikel aus den Ressorts Sprach- (acht) und Literaturwissenschaft (sechs Beiträge). Den Band eröffnet Zdzisław Wawrzyniak mit seinem Essay „Warum Texte?". Ihm folgen Zofia Bilut-Homplewicz mit „Einigen Bemerkungen zur Dialogtypologie in der Erzählung aus textlinguistischer Sicht", Renata Budziak, die unter dem Titel „Zwischen ‚Chaos' und ‚Behutsamkeit'" mit der deutschen Rechtschreibung ins Gericht geht, Joanna Golonka mit Beobachtungen über „Werte in der Werbung", Agnieszka Mac mit einem Beitrag zur Computerlinguistik, Małgorzata Sieradzka mit Überlegungen zum dramatischen Dialog in der Übersetzung, Mariola Wierzbicka mit einer vergleichenden Analyse von präsentischen Tempora im Deutschen und Polnischen, Lucyna Wille mit Bemerkungen zum „Stellenwert der Äquivalenz in der Übersetzungstheorie". Die Literaturwissenschaftler haben folgendes anzubieten: Zbigniew Światłowski bringt Auszüge aus seinem „Lexikon der frühen DDR-Literatur"; Grzegorz Jaśkiewicz befaßt sich mit dem Thema der Wende 1989/1990 in der deutschen Lyrik; Roman Golesz schreibt über „Rudolf Borchardts Auffassungen von den geistigen und politischen Aufgaben Deutschlands angesichts des Ersten Weltkrieges"; Aneta Jurzysta analysiert „Christa Reinigs Frauenbild in ‚Der Wolf und die Witwen' und ‚Die Frau im Brunnen'"; Rachel Pazdans Thema lautet „Zur Geschichte der Übersetzungen des ‚Pan Tadeusz' von Adam Mickiewicz und der Problematik der Realia-Begriffe"; Anna Chruścińska erläutert „Arthur Schnitzlers Physik und Metaphysik der Liebe".

Grzegorz Jaśkiewicz

Zeszyty Naukowe Uniwersytetu Rzeszowskiego [Wissenschaftliche Hefte der Universität Rzeszów]. Nr. 17. Seria Filologiczna [Reihe Philologie], Studia Germanica Resoviensia 2. Hg. v. Zdzisław Wawrzyniak, Zbigniew Światłowski. Rzeszów: Uniwersytet Rzeszowski 2004. 284 S. ISSN 1643-0484.

Der zweite Band der Reihe „Studia Germanica Resoviensia" enthält Beiträge zu den Teilkomponenten der Germanistik Übersetzungstheorie, Literaturwissenschaft, Sprachwissenschaft und Deutsch als Fremdsprache sowie drei Rezensionen. An dieser Stelle können nur die Beiträge zur Translationswissenschaft genannt werden: Lucyna Wille nimmt Theorien künstlerischer Übersetzung unter die Lupe und präsentiert alte und neue Tendenzen in kontrastiver Sicht. Małgorzata Sieradzka wartet mit Überlegungen zum Wesen und zur Geschichte des Übersetzens sowie zum Gegenstand der Übersetzungswissenschaft auf. Über Intertextualität in der Übersetzung schreibt Paweł Bąk, indem er Metaphern in der Dichtung Wisława Szymborskas in der Übersetzung Karl Dedecius' analysiert. Rachel Pazdan und Agnieszka Buk stellen Pflanzennamen in vier Übersetzungen des „Pan Tadeusz" von Adam Mickiewicz zusammen, heben Differenzen hervor und versuchen die Frage zu beantworten, inwieweit diese Unterschiede die Rezeption des Textes durch den Leser im fremdsprachigen Kulturkreis erschweren können.

Grzegorz Jaśkiewicz

Zeszyty Naukowe Wyższej Szkoły Pedagogicznej w Rzeszowie [Wissenschaftliche Hefte der Pädagogischen Hochschule Rzeszów] Nr. 41. Seria Filologiczna, Historia Literatury [Reihe Philologie, Literaturgeschichte] 7. Hg. v. Stanisław Uliasz. Rzeszów: Wyższa Szkoła Pedagogiczna 2001. 140 S. ISSN 0867-0757.

Im siebten Heft der philologischen Schriftenreihe der Pädagogischen Hochschule Rzeszów findet man neben Aufsätzen zur polnischen Literatur und Literaturtheorie auch Beiträge über deutsche Literatur und das Phänomen der Übersetzung polnischer Dichter ins Deutsche. Lucyna Wille analysiert in ihrem in polnischer Sprache verfaßten Beitrag den Roman von Günter Grass „Ein weites Feld"; Zbigniew Światłowski präsentiert in Auszügen sein großangelegtes Lexikon zur DDR-Literatur; unter dem Titel „Zwiespälte eines Nachdichters" betrachtet Anna Hanus aus linguistischer Sicht die deutsche Übersetzung der Gedichtsammlung „Pan Cogito" von Zbigniew Herbert durch Karl Dedecius.

Grzegorz Jaśkiewicz

Alexandru Zub, Flavius Solomon (Hg.): Sovietization in Romania and Czechoslovakia. Iaşi/Jassy: Polirom-Verlag 2002. 231 S. ISBN 973-681-426-2.

Der Sammelband umfaßt sechzehn Beiträge von rumänischen, slowakischen und tschechischen Historikern zur Sowjetisierung Ostmitteleuropas. Themenbedingt ist der Band in drei Teile eingeteilt: I. Kultur, Historiographie, Mentalitäten; II. Politik und Internationale Beziehungen; III. Das repressive System und die ethnischen Minderheiten. Im letzten Teil befinden sich zwei Aufsätze, die sich speziell mit der Situation der deutschen Minderheit auseinandersetzen: Flavius Solomon bietet einen Überblick zu deren Lage in der Tschechoslowakei gleich nach dem Ende des Zweiten Weltkriegs. Emanuela Chiriac befaßt sich mit der Politik des kommunistischen Rumänien gegenüber den ethnischen Minderheiten; der Schwerpunkt des Aufsatzes liegt bei dem „Handel" mit Deutschen und Juden, den das totalitäre Regime Rumäniens getrieben hat.

Ion Lihaciu

2. Baltikum

[Lembit Ainsoo, Uno Ainsoo (Hg.):] 1000 [Tuhat] tartlast läbi aegade [Tausend namhafte Dorpater im Spiegel der Geschichte]. Koostajad [Zusammengestellt v.] Lembit Ainsoo, Uno Ainsoo. Tartu 2003. 552 S. Keine ISBN.

Die Universitätsstadt Dorpat/Tartu war im Laufe ihrer Geschichte die Heimstätte zahlreicher weltberühmter Wissenschaftler und anderer namhafter Persönlichkeiten verschiedener Nationalitäten, darunter auch der estnischen Intelligenz. Die von den Verfassern getroffene Auswahl der berühmten Dorpater beginnt mit dem ersten Bischof von Dorpat Hermann I. Buxhoeveden (erste Hälfte des 13. Jh.s). Unter den bedeutenden Persönlichkeiten befinden sich ungefähr 150 Deutsche, in erster Linie Wissenschaftler (Ernst Bergmann, Alexander von Bunge, Carl Schirren u. a.), Architekten (Karl Rathaus, Reinhold Guleke u. a.) und Künstler (Eduard Hau, Carl August Senff, August Matthias Hagen u. a.). Als Quellenmaterial dienten den Verfassern Nachschlagewerke, kulturgeschichtliche und personengeschichtliche Literatur sowie Aufsätze aus Zeitungen und Zeitschriften. Das Buch enthält als Beilage mehrere Verzeichnisse: Dorpater Domherren von 1224 bis 1558; Bürgermeister der Stadt Dorpat/Tartu von 1917 bis zur Gegenwart; Ehrenbürger und Träger von Verdienstorden, Rektoren, Kanzler, Ehrendoktoren und Ehrenmitglieder der Dorpater Universität und der Estnischen Landwirtschaftlichen Akademie; Preisträger der Karl-Ernst-von-Baer-Medaille von 1976 bis 1996 sowie andere Preisträger.

Kersti Taal[2]

[A(leksejs) Apīnis (Hg.):] Retumi. Veltījums Latvijas Nacionālās bibliotēkas Reto grāmatu un rokrakstu nodaļas 50 darba gadiem. Rakstu krājums [Die Raritäten. Der Abteilung seltener Bücher und Handschriften in der Nationalbibliothek Lettlands zum 50jährigen Jubiläum gewidmet. Ein Sammelband]. Rīga: Apgāds Mantojums 2003. 160 S., Abb. ISBN 9984-607-53-4.

Die Festschrift ist zugleich eine Zwischenbilanz zum 50jährigen Bestehen der Abteilung seltener Bücher und Handschriften in der Nationalbibliothek Lettlands. Diese besonders wertvollen Bestände umfassen fast 50 000 Einheiten; über 20 000 davon sind Handschriften. Einige Benutzer dieser Sammlung stellen die Ergebnisse ihrer jüngsten Forschungen, die sie am 18. Oktober 2001 anläßlich des Jubiläums vortrugen, in dem vorliegenden Band vor: Aleksejs Apīnis: „Wie entstand eine Bibliothek in der Bibliothek?“ und „Ein Fund gibt Auskunft“; Zane Gailīte: „Eine alte Geschichte Rigas in Partituren“; Elita Grosmane: „‚Jauna latviska dziesmugrāmata ...‘ [Neues lettisches Gesangbuch] und die Entstehung der darin enthaltenen Emblemata“; Māra Grundule: „Johannes Cundisius“; Ināra Klekere: „Die Ausgaben der Livland gewidmeten Texte von Martin Luther im Kontext des Buchwesens in der Reformationszeit und die in der Nationalbibliothek Lettlands erhaltenen Exemplare“; Imants Lancmanis: „Die Schriften zur Heraldik in der Abteilung seltener Bücher und Handschriften der Nationalbibliothek Lettlands“; Lilija Limane: „Was erzählt der Einband?“; Irisa Priedīte: „Auf der Suche nach der Zither aus Semgallen“; Valdis Villeruš: „Einige Erkenntnisse über die Beschläge auf den Buchdeckeln lettischer Bauern“.

Andris Levans

Elmar Arro: Vana aja muusikud [Die Musik der Vergangenheit]. Tartu: Ilmamaa 2003. 247 S. ISBN 9985-77-082-X.

Der Musikwissenschaftler Elmar Arro (geboren 1899 in Riga, gestorben 1985 in Wien) studierte das Fach an den Universitäten von Berlin und Wien. Seine produktivste Lebenszeit verbrachte er von 1928 bis 1939 in Dorpat/Tartu, wo er sich nicht nur als Musikwissenschaftler, sondern auch als Pädagoge, Kritiker und Veranstalter von Konzerten betätigte. In seiner 1933 erschienenen „Geschichte der estnischen Musik I“ behandelte Arro die älteste Periode der Musikgeschichte, wobei er den Deutschbalten und ihrer Rolle in der Entwicklung der estnischen Musikkultur besondere Aufmerksamkeit widmete. Das vorliegende Buch enthält neben einer Bibliographie der Werke Arros und einem Beitrag von Urve Lippus, „Elmar Arro und die Untersuchung der Musikgeschichte in Estland“, drei Abhandlungen von E. Arro: Der Aufsatz „Die deutschbaltische Liedschule. Versuch einer

2 Die Übersetzung der Annotationen von Kersti Taal aus dem Estnischen besorgten Vilve Seiler und Kiira Schmidt.

nachträglichen musikhistorischen Rekonstruktion" (erschienen in „Musik des Ostens", Kassel 1965) beginnt mit einem Blick auf die Sammlung geistlicher Lieder des Landrates von Livland Gustav Freiherr von Mengden (1627–1688) und stellt den bedeutendsten deutschbaltischen Komponisten Johann Friedrich de la Trobe (1769–1845) vor. Ihren Höhepunkt erreichte die Liedschule mit der Tätigkeit von August Heinrich von Weyrauch (1788–1865), dessen lyrische Lieder sowohl lokales Kolorit als auch einen nationalen Charakter aufweisen. In einer Beilage sind zwölf ausgewählte Lieder mit Noten wiedergegeben. Die zweite Abhandlung trägt den Titel „Baltische Choralbücher und ihre Verfasser" (erschienen in „Acta Musiologica", Leipzig 1931). Die ersten einheimischen Choralbücher waren von den Organisten selbst verfaßt worden; eines des ältesten wird im Estnischen Literaturmuseum aufbewahrt. Da die Staatskirche für die Choräle keine festen Regeln aufstellte, waren verschiedene Melodievarianten im Gebrauch. Es war deswegen notwendig, für die baltischen Provinzen ein einheitliches Choralbuch herauszugeben; dessen Autor war Georg Michael Telemann (1748–1831). In dem dritten Aufsatz, „Die Dorpater Stadt-Musici 1587–1809" (erschienen in „Sitzungsberichte der Gelehrten Estnischen Gesellschaft 1931", Tartu 1932, auch als Separatdruck), wird eine nach alten Ratsdokumenten zusammengestellte Chronik der Dorpater Stadtmusikanten präsentiert. Als Stadtmusikanten im weiteren Sinn wurden auch Organisten betrachtet, denn die Stadt-Musici waren oft auch als Organisten der Johanniskirche tätig. Die Übersicht endet mit dem 19. Jahrhundert; zu der Zeit hatte sich die Stadtmusik bereits überlebt.

Kersti Taal

Tatjana Berga: Rīgas monētu kolekcija Rīgas Vēstures un kuģniecības muzejā. Livonijas periods (13.–16. gs.) [Die Sammlung der in Riga geprägten Münzen im Museum für Geschichte und Schiffahrt in Riga. Die livländische Periode (13.–16. Jh.)]. Rīga: Latvijas Vēstures institūta apgāds [Verlag des Instituts für Geschichte Lettlands] 2003. 103 S., Abb., dt. Zusammenfassung. ISBN 9984-601-53-6.

Das vorliegende Buch stellt den Versuch dar, die bekannten Münztypen der in Riga entstandenen Prägungen anhand der größten öffentlichen Münzsammlung Lettlands zu katalogisieren. Die Sammlung umfaßt etwa 3 000 Münzen, die in Livland vom 13. bis zum 16. Jahrhundert geprägt wurden; 800 davon haben Riga als Münzstätte. In der Einleitung zum Katalog wird die Geschichte der Sammlung kurz dargestellt. Sie nahm ihren Anfang mit der Schenkung einer Kollektion des antiquarisch interessierten Rigaer Arztes Nicolaus von Himsel 1773 und wurde auch im 20. Jahrhundert durch archäologische Fundstücke erweitert. Die Geschichte des Rigaer Münzwesens begann 1211. In diesem Jahr wird von Bischof Albert (1199–1229) festgelegt, wie er sein Recht als Münzherr umzusetzen beabsichtigte. Das Recht, Münzen zu prägen, beanspruchten auch der Meister des Deutschen Ordens in Livland und die Stadt Riga. Der Katalog ist in vier Teile gegliedert, nach den Münzherren, die dieses Privileg zu unterschiedlicher Zeit besaßen; es sind dies das Bistum Riga, das Erzbistum Riga, der Livländische Ordensstaat und das Erzbistum Riga gemeinsam mit dem Livländischen Zweig des Deutschen Ordens. Im Katalog werden die Münztypen in chronologischer Reihenfolge nach ihrem Entstehen (unter Angabe der Inventarnummern) vorgestellt. Jedes Exemplar wird knapp beschrieben hinsichtlich Darstellung und Legenden auf dem Avers und/oder Revers, Maß und Gewicht. Die fachsprachlichen Termini der Numismatik sind in einem zweisprachigen lettisch-deutschen Glossar aufgeführt.

Andris Levans

Marian Biskup (Hg.): Inflanty w średniowieczu. Władztwa zakonu krzyżackiego i biskupów [Livland im Mittelalter. Die Herrschaft des Deutschen Ordens und der Bischöfe]. Toruń: Wydawnictwo Uniwersytetu Mikołaja Kopernika 2002. 147 S., Abb. ISBN 83-87639-50-8.

Der Band beginnt mit einer detaillierten Abrechnung des Herausgebers mit dem bisherigen Stand der polnischen und internationalen Historiographie zum Thema. In sechs Beiträgen wird daraufhin versucht, die Defizite der polnischen Geschichtsschreibung hinsichtlich des mittelalterlichen Livland auszugleichen. Die Entwicklung der geistlichen Herrschaft im mittelalterlichen Livland und deren territoriale Grenzen werden im ersten Beitrag abgehandelt. Um kirchliche Grenzen zwischen Livland und Estland sowie Verwaltungsstrukturen des Deutschen Ordens in Livland geht es in weiteren Aufsätzen. Außerdem werden die Städte und Festungsanlagen in Livland und Estland zur Zeit des 13. und 14. Jahrhunderts betrachtet. Der Band schließt ab mit einem Amtsverzeichnis der Schwertritter- und Ordensbrüder in Livland sowie einem Personen- und einem geographischen Register.

Piotr Zariczny

Arturs Boruks: Zemnieks, zeme un zemkopība Latvijā. No senākiem laikiem līdz mūsdienām [Bauer, Land und Ackerbau in Lettland]. Otrais papildinātais izdevums [2., erweit. Aufl.]. Jelgava: Latvijas lauksaimniecības universitāte [Landwirtschaftliche Universität Lettlands] 2003. 717 S., Abb., Kt., Tab., lett., engl. u. russ. Zusammenfassungen. ISBN 9984-596680.

In dieser wichtigen Publikation wird zum ersten Mal die Agrargeschichte Lettlands vom Anfang der Entwicklung des Ackerbaus auf dem Territorium Lettlands bis heute zusammenfassend dargestellt. Der Autor des Buches, Professor der Landwirtschaftlichen Universität Lettlands, präsentiert die Ergebnisse seiner mehrjährigen Forschungen. Ein einleitendes Kapitel umfaßt chronologisch den Zeitabschnitt von der Eisenzeit bis zum Mittelalter. Auf der Basis der Ergebnisse archäologischer Ausgrabungen beschreibt der Verfasser die Ankunft der Balten auf dem Territorium Lettlands, die Kreuzzüge in Urlettland und die Geschichte Lettlands als deutsche Kolonie. Im Kapitel 2 („Livland unter fremden Mächten") werden die Entwicklung der Landwirtschaft sowie die Beziehungen zwischen den lettischen leibeigenen Bauern und den deutschen Gutsherren auf dem Territorium des Herzogtums Kurland-Semgallen untersucht. Eine vergleichende Analyse der landwirtschaftlichen Entwicklung der Herzogtümer auf dem Territorium Lettlands zeigt, daß sich seit dem Zerfall Livlands Mitte des 16. Jahrhunderts die ersten regionalen Unterschiede zwischen West- und Ostlettland herausbildeten. Im Kapitel 3 findet man Forschungsergebnisse zu der allgemeinen Lage auf dem Lande im Baltikum unter der Herrschaft des russischen Imperiums, zur Evolution der sog. „Landespolitik" und der Bauernpolitik der deutschen Gutsherren im 19. Jahrhundert sowie zum Einfluß des Industrialisierungsprozesses auf die Wirtschaftsverhältnisse in der Landwirtschaft. Der Autor schildert auch die Entstehung der Schicht lettischer Privateigentümer auf dem Land nach der Abschaffung der Leibeigenschaft. Das vierte Kapitel bezieht sich auf die Zeit der Republik Lettland (1918–1940) und die in dieser Zeit verwirklichte Agrarreform sowie auf die Veränderungen in der Agrarpolitik während des autoritären Regimes von Kārlis Ulmanis. Die Monographie wird mit dem Kapitel „Die singende Revolution und die Agrarpolitik Lettlands nach der Wiederherstellung der Unabhängigkeit" abgeschlossen, in dem sich der Autor mit den Ergebnissen der Agrarpolitik während der letzten zehn Jahre und den Perspektiven der künftigen Entwicklung der Landwirtschaft Lettlands nach dem EU-Beitritt auseinandersetzt. Das Buch hat einen umfassenden bibliographischen Anhang.

Helēna Šimkuva

[Andris Caune (Red.), Aivars Stranga, Marģeris Vestermanis:] Holokausta izpētes jautājumi Latvijā: Starptautiskā semināra referāti, 2001. gada 29. novembris, Rīga un 2001.–2002. gada pētījumi par holokaustu Latvijā [Forschungen zu Fragen des Holocausts in Lettland: Vorträge der internationalen Konferenz in Riga, 29. November 2001, und Forschungen über den Holocaust in Lettland aus den Jahren 2001–2002] (Latvijas vēsturnieku komisijas raksti [Schriften des Ausschusses der Historiker Lettlands] 8). Rīga: Latvijas vēstures institūta apgāds [Verlag des Instituts für die Geschichte Lettlands] 2003. 414 S., engl. u. lett. Zusammenfassungen. ISBN 9984-601064.

In diesem Sammelband sind die (teils lettisch-, teils englischsprachigen) Beiträge der internationalen Konferenz über den Holocaust auf dem Territorium Lettlands 1941–1945 veröffentlicht und die Ergebnisse der vom Ausschuß der Historiker Lettlands in den Jahren 2001–2002 durchgeführten Forschungen zum Holocaustproblem (in einem Beitrag des Mitglieds dieses Ausschusses Prof. Aivars Stranga) zusammenfassend dargestellt. Von besonderer Bedeutung sind die Aufsätze der Historiker Andrievs Ezergailis, „Rumbula – Verständnisperspektiven des Holocaust“, und Kārlis Kangeris, „Lettisch-jüdische Beziehungen aus der Sicht des ‚Dritten Reiches‘ 1933–1939“. Die meisten Beiträge des Bandes sind konkreten Aspekten des Holocausts auf dem Territorium Lettlands gewidmet. Rudīte Vīksne schreibt über die Ermordung der Juden in Ventspils/Windau 1941, Wolfgang Scheffler über das Schicksal der Juden im Rigaer Ghetto. Der Band besitzt einen umfassenden bibliographischen Anhang sowie Personen- und Ortsregister. Die Publikation leistet einen bedeutenden Beitrag zur Erforschung der Geschichte des Holocausts auf dem Territorium Lettlands.

Helēna Šimkuva

[Andris Caune (Hg.):] Kārlim Ulmanim 125 [Zum 125. Geburtstag von Kārlis Ulmanis]. Rīga: Latvijas vēstures institūta apgāds [Verlag des Instituts für die Geschichte Lettlands] 2003. 239 S., Abb. ISBN 9984-601-78-1.

Der Sammelband umfaßt 13 Vorträge der im Jahr 2002 in Riga veranstalteten wissenschaftlichen Konferenz „Die Staatswerdung Lettlands in den Jahren 1918–1920 und der Ministerpräsident Kārlis Ulmanis“. Ulmanis galt als eine der bedeutendsten und gleichzeitig auch widersprüchlichsten Persönlichkeiten in der Geschichte Lettlands des 20. Jahrhunderts, was auch die Staatspräsidentin Lettlands Vaira Vīķe-Freiberga in ihrer an die Teilnehmer der Konferenz gerichteten Ansprache betonte, die den Band einleitet. Die Tätigkeit und die Rolle Ulmanis’ während der Ausrufung der Republik Lettland am 18. November 1918 werden von dem ehemaligen Präsidenten der Akademie der Wissenschaften Jānis Stradiņš und dem Historiker Jānis Bērziņš eingehend betrachtet. Inesis Feldmanis und Aivars Stranga verfolgen die Evolution der Idee der nationalen Staatlichkeit vom Anfang des 20. Jahrhunderts bis zur Verwirklichung dieser Idee in den Jahren 1917/18, wobei sich A. Stranga besonders mit der Haltung der Sozialdemokratischen Partei Lettlands zur Staatswerdung der Republik Lettland befaßt. Der Historiker Antonijs Zunda charakterisiert die Rolle der Partei „Latviešu Zemnieku Savienība" (Bund der lettischen Bauern), deren Vorsitzender Ulmanis war. Elmārs Pelkaus untersucht die Tätigkeit der Persönlichkeiten, die drei alternative Staatsmodelle auf dem Territorium Lettlands im Jahre 1919 vertraten: Pēteris Stučka, Andrievs Niedra und Kārlis Ulmanis. Ēriks Jekabsons und Ainārs Lerhs zeigen die Rolle der ersten drei von Ulmanis geleiteten Regierungen in den Jahren 1918–1920 während des Unabhängigkeitskrieges und bei der Gründung des Außenministeriums Lettlands. Ulmanis nahm auch deutschbaltische Politiker in diese Regierungen auf. Die Deutschbalten spielten zudem eine große Rolle bei der Gründung des Außenministeriums Lettlands und bei der Entwicklung des diplomatischen Dienstes in Lettland. Den Band schließt ein Anhang mit den wichtigsten Akten bezüglich der Ausrufung der Republik Lettland und der Gründung des Volksrates Lettlands ab. Die Beiträge haben einen umfassenden bibliographischen Anhang.

Helēna Šimkuva

[Andris Caune (Red.), Iveta Šķiņķe:] Padomju okupācijas režīms Baltijā 1944.–1959. gadā: politika un tās sekas. Starptautiskās konferences materiāli, 2002. gada 13.–14. jūnijs, Rīga [Sowjetische Okkupation im Baltikum 1944–1959: Politik und ihre Folgen. Materialien der internationalen Konferenz, Riga, 13.–14. Juni 2002] (Latvijas vēsturnieku komisijas raksti [Schriften des Ausschusses der Historiker Lettlands] 9). Rīga: Latvijas vēstures institūta apgāds [Verlag des Instituts für die Geschichte Lettlands] 2003. 462 S., engl. u. lett. Zusammenfassungen. ISBN 9984-601-54-4.

Der neunte Sammelband der Schriften des Ausschusses der Historiker Lettlands, Forschungen der sowjetischen Okkupationspolitik im Baltikum gewidmet, besteht aus 35 Beiträgen in englischer und lettischer Sprache. Obwohl der Schwerpunkt des Bandes auf der Untersuchung der sowjetischen Politik in den drei baltischen Staaten liegt, haben einzelne Aufsätze eine thematisch übergreifende Bedeutung und können als methodologische Beispiele für die Erforschung der Okkupation betrachtet werden. Aus dieser Sicht sind von besonderer Relevanz die Artikel von Heinrihs Strods, „Die Okkupation der baltischen Staaten: Einblick in die Terminologie, Chronologie und Erforschung", von Erwin Oberländer, „Die Instrumentation der Sowjetisierung in den Jahren 1939/40 und nach 1944/45", von Kārlis Kangeris, „Die Beziehungen zwischen der evangelisch-lutherischen Kirche Lettlands und dem Staat 1944–1959", und von Valters Nollendorfs, „Das geschichtliche Bewußtsein des Exils im Spiegel der Literatur der 40er und 50er Jahre des 20. Jahrhunderts". Zu den Vorzügen dieses Bandes gehört das umfangreiche Literaturverzeichnis zu den Beiträgen.

Helēna Šimkuva

[Andris Caune (Red.):] Senā Rīga. 4.: Pētījumi pilsētas arheoloģijā un vēsturē [Das alte Riga. Bd. 4: Forschungen zur Archäologie und Geschichte der Stadt]. Rīga: Latvijas vēstures institūta apgāds [Verlag des Instituts für Geschichte Lettlands] 2003. 462 S., Abb., dt. u. engl. Zusammenfassungen. ISBN 9984-60189-7.

Das Institut für die Geschichte Lettlands und das Museum für Geschichte und Schifffahrt der Stadt Riga haben den vierten Band der „Forschungen zur Archäologie und Geschichte" des alten Riga erarbeitet. Das Buch besteht aus 25 Aufsätzen lettischer und ausländischer Wissenschaftler. Der thematisch und chronologisch gegliederte Band behandelt in vier Kapiteln archäologische, numismatische, anthropologische, odontologische, kartographische und historische Fragen. Mehrere Beiträge konzentrieren sich auf einzelne Aspekte der Geschichte Rigas: Viktorija Bebre betrachtet Holzgeräte im Haushalt der Rigaer im 13./14. Jahrhundert; Andris Caune beschreibt die Traditionen der Glasbearbeitung in Riga im 13./14. Jahrhundert; Tatjana Berga charakterisiert die Münzen Rigas aus der Zeit des Bischofs Nikolai (1229–1253); Sivija Tilko untersucht die Kämme der Rigaer im 13./14. Jahrhundert. Vier Beiträge (von Andris Celmiņš, Gunita Zariņa, Gaida Krūmiņa, Andris Platkāja und Irita Žeiere) widmen sich der Grabstätte des Erzbischofs Michael Hildebrand im Rigaer Dom. Im zweiten Kapitel des Sammelbandes sind Forschungen zur Rigaer Architektur von Andris Caune, Ieva Ose und Gunārs Jansons zusammengefaßt. Im dritten Abschnitt schreibt M. Barzdeviča über die Benutzung von Landkarten bei der Verwaltung Rigas während der schwedischen Herrschaft im 17. Jahrhundert; F. Benninghofen befaßt sich mit dem Rigaer Hafen am Anfang des 14. Jahrhunderts; D. Ozoliņa wendet sich der komplizierten Frage der territorialen Entwicklung Rigas und den Stadtgrenzen in verschiedenen Jahrhunderten zu; I. Šterns stellt fest, daß Riga zum organisatorischen Zentrum der Kreuzzüge wurde. Im vierten Kapitel werden die Bestände des Museums der Geschichte und Schiffahrt Rigas charakterisiert. Der Band wird mit der Rubrik „Erinnerungen alter Rigenser" abgeschlossen, in der diesmal die Erinnerungen von Kārlis Ozoliņš (1865–1935) veröffentlicht werden.

Helēna Šimkuva

[Ilona Celmiņa (Hg.):] Rīgas pārvalde astoņos gadsimtos [Die Verwaltung Rigas in acht Jahrhunderten]. Sastādītāja [Zusammengestellt v.] Ilona Celmiņa. Rīga: SIA „Rīgas Nami" / Rīgas Vēstures un kuģniecības muzejs 2000. 351 S., Abb., dt. u. engl. Zusammenfassungen. ISBN 9984-9116-3-2.

Der Sammelband ist dem 800jährigen Jubiläum der Stadt Riga gewidmet. Die Institutionen der Stadtverwaltung Rigas werden von sieben Autoren in historischer Perspektive, die Zeit vom 13. bis zum 20. Jahrhundert umfassend, beschrieben. Im Zentrum stehen dabei die Fragen nach der Entstehung der Institutionen der Stadtverwaltung, nach den diesen Prozeß begleitenden Umständen und nach den Funktionen dieser Strukturen im Laufe der Jahrhunderte. Die Aufsätze sind chronologisch angeordnet: Ingrīda Miklāva und Aivars Stašāns: „Das Territorium und die administrativen Grenzen der Stadt Riga"; Māra Caune: „Die Verwaltung der Stadt Riga im mittelalterlichen Livland (13. Jh. – erste Hälfte 16. Jh.)" und „Der Rigaer Rat unter der Vorherrschaft Polens, Schwedens und Rußlands (zweite Hälfte 16. Jh. – erste Hälfte 19. Jh.)"; Dzidra Ozoliņa: „Die Konstituierung des Rigaer Stadtrates und seine Wirkung (zweite Hälfte 19. Jh. – 1918)"; Ēriks Jēkabsons und Dzidra Ozoliņa: „Die Verwaltung der Stadt Riga in der Republik Lettland (1918–1940)". Daina Bleiere behandelt in gleich vier Aufsätzen die weiteren Phasen der Entwicklung der Verwaltungsorgane und -strukturen: während der sowjetischen Okkupation und Annexion in den Jahren 1940 bis 1941, während der deutschen Besatzung von 1941 bis 1944, in der Lettischen SSR von 1944 bis 1990 und nach der Wiederherstellung der staatlichen Souveränität von 1991 bis 2000. Pārsla Pētersone schreibt über die „Gebäude der administrativen Verwaltung der Stadt Riga“. Das sehr reiche, in hoher Druckqualität gebotene Bildmaterial ist mit Sorgfalt ausgewählt und unterstützt die Texte. Ein Personenregister beschließt das Buch.

Andris Levans

[Urmas Eelmäe, Enn Tarvel (Hg.):] Liivimaa vanem riimkroonika [Die älteste livländische Reimchronik]. Tõlkinud ja kommenteerinud [Übersetzt und kommentiert v.] Urmas Eelmäe. Teaduslik toimetaja [Wissenschaftlicher Redakteur:] Enn Tarvel. Tallinn: Argo 2003. 253 S. ISBN 9985-9407-4-1.

Die älteste livländische Reimchronik erscheint erstmalig in Estnisch parallel mit dem Originaltext. Als Grundlage der Übersetzung diente die textkritische Ausgabe von Leo Meyer, „Livländische Reimchronik“ (Paderborn 1876). Der Verfasser des Originalmanuskripts war anscheinend ein Ritter, denn die Kriegstätigkeit ist sehr ausführlich beschrieben. Die in mittelhochdeutscher Sprache geschriebene Chronik stammt aus der Zeit von 1291 bis 1298, umfaßt 12 017 Verse und muß schon von Anfang an vollständig vorhanden gewesen sein, denn es wird des öfteren auf spätere Ereignisse hingewiesen. Die Chronik, die nach den Worten des Verfassers den Einzug des Christentums in Livland beschreiben soll, berichtet über Ereignisse von der Mitte des 12. Jahrhunderts bis 1290, bis zur endgültigen Unterwerfung der Semgallen. Das Werk ist eine wichtige Quelle für die baltische Geschichte der zweiten Hälfte des 13. Jahrhunderts. Es hat eine besondere Bedeutung für die Geschichte Lettlands und Litauens, denn es behandelt die Kämpfe des Schwertbrüderordens und seines livländischen Nachfolgers, des Deutschen Ordens, gegen die Kurländer, Semgallen und Litauer. Der Kommentar erläutert die Zusammenhänge zwischen der gesamteuropäischen Geschichte und der Geschichte der baltischen Staaten. Es wird auch auf die in der Chronik vorkommenden Fehler hingewiesen. Das Buch enthält eine chronologische Übersicht über die behandelten Ereignisse und ein Verzeichnis der Personen-, Orts- und Stammnamen.

Kersti Taal

Dzintars Ērglis: Latvijas Centrālās padomes vēstures nezināmās lappuses [Die unbekannten Seiten der Geschichte des Zentralrates Lettlands]. Rīga: Latvijas vēstures institūta apgāds [Verlag des Instituts für Geschichte Lettlands] 2003. 231 S., Abb., engl. Zusammenfassung. ISBN 9984-60166-8.

Die Studie über die Geschichte des Zentralrates Lettlands zeichnet sich durch intensive Quellenforschungen, umfassende Analyse und kritische Interpretation der Historiographie aus. Im einleitenden Kapitel des Buches unternimmt Prof. Aivars Stranga eine allgemeine Charakterisierung der Widerstandsbewegung und der Kollaboration während der nationalsozialistischen Okkupation auf dem Territorium Lettlands. Der Zentralrat Lettlands, der am 13. August 1943 als organisatorisches Zentrum der Widerstandsbewegung gegen die nationalsozialistische Okkupation gegründet wurde, kämpfte für die Wiederherstellung der Unabhängigkeit der Republik Lettland auf der Grundlage der Verfassung von 1922. Dzintars Ērglis behandelt die Entstehung des Zentralrates, die organisatorische Struktur und den Mitgliederbestand der Organisation. Im ersten Kapitel des Buches untersucht er die Beziehungen zwischen dem Zentralrat und dem Truppenverband unter der Leitung von General Jānis Kurelis, der auf Befehl der nationalsozialistischen Okkupationsbehörden gegründet wurde. Der Verfasser bietet auch ein Verzeichnis der von den nationalsozialistischen und sowjetischen Okkupationsbehörden verhafteten Personen, die an der Widerstandsbewegung teilgenommen haben. Im zweiten Kapitel legt der Autor Zeugnis von der bekannten sogenannten „Bootsaktion" von Lettland nach Schweden ab, durch die das Leben von 2541 Personen gerettet wurde. Im dritten Kapitel wird über die Tätigkeit des Zentralrates in den Jahren 1946–1951 berichtet. Zu den Vorzügen dieses Buches gehören nicht nur das reichhaltige Literaturverzeichnis, sondern auch die zusammenfassende Beschreibung der vom Autor benutzten Archivalien.

Helēna Šimkuva

Elita Grosmane: Kurzemes baroka tēlniecība 1660–1740 [Die Plastik des Barock in Kurland 1660–1740]. Rīga: Jumava 2002. 288 S., Abb., engl. Zusammenfassung. ISBN 9984-05-560-4.

In dieser Monographie werden die Ergebnisse jahrzehntelanger Forschungsarbeit präsentiert. Es ist eine Besonderheit Kurlands, daß der Barock im Zeitraum von 1660 bis 1740 vor allem die Holzplastik stark geprägt hat: Eine ungewöhnlich reiche stilistische Vielfalt kann anhand der Fülle der erhaltenen Objekte nachgewiesen werden. Der Barock fand Eingang in erster Linie in die Innenräume der Kirchen; das Kircheninventar – Altäre, Kanzeln, Orgeln, Ambonen, Beichtstühle – weist die durch die neue Stilrichtung des Barock ausgelösten Veränderungen in der Form und der Anwendung von Farbe deutlich auf. Durch die wirtschaftliche, soziale und politische Ordnung des Herzogtums Kurland-Semgallen (1561) wurden günstige äußere Rahmenbedingungen für die Verbreitung des Barock gerade in dieser Region geschaffen. Die Durchsicht von Archivbeständen des kurländisch-herzoglichen Archivs in Riga ermöglichte es der Autorin, zu Erkenntnissen zu gelangen, die die Ansichten der Kunsthistoriker Wilhelm Neumann (1849–1919) und Boriss Vipers (1888–1967) um vieles Neue ergänzen und sogar in wesentlichen Details korrigieren. Sie stellte z.B. fest, daß die Schnitzwerkstatt in Windau/Ventspils, die der Bildhauer Nicolaus Soefrens der Jüngere seit der zweiten Hälfte des 17. Jahrhunderts betrieb, nicht die einzige war, wie dies etwa Neumann glaubte. E. Grosmane gelang es, die Existenz von mehreren weiteren Werkstätten in Kurland für das 17./18. Jahrhundert nachzuweisen, deren Vertreter unterschiedlichen Stilrichtungen der Holzschnitzkunst angehörten. Das Buch hat ein Personen- und Ortsregister.

Andris Levans

Rolfs Hamels-Kīzovs: Hanza [Die Hanse]. Zinātniskais redaktors [Wissenschaftliche Redaktion:] Ilgvars Misāns, tulkojusi [übersetzt v.] Valda Kvaskova. Rīga: Latvijas Universitātes žurnāla „Latvijas Vēsture" fonds [Stiftung der Zeitschrift „Latvijas Vēsture" der Universität Lettlands] 2003. 120 S., Abb. ISBN 9984-643-56-5.

Die Originalausgabe des Buches von Rolf Hammel-Kiesow „Die Hanse" erschien 2000 im Verlag C. H. Beck in München. Daß es in lettischer Sprache drei Jahre später übersetzt und gedruckt wird, ist ein für Lettland bemerkenswertes Faktum. Im Vorwort des wissenschaftlichen Redakteurs I. Misāns werden zwei Aspekte angesprochen: Er verortet das Buch im Kontext früherer der Hanse gewidmeter Arbeiten und fragt nach dem Stellenwert der Hanse als historisches Phänomen und als Begriff im Bewußtsein der heutigen lettischen Gesellschaft. Die tadellose Übersetzung wird von Kommentaren und Erläuterungen des Redakteurs und der Übersetzerin in den Fußnoten begleitet. „Die Hanse“ von Hammel-Kiesow wirkt auf die karge Landschaft der historischen wissenschaftlichen Literatur sicherlich belebend und wird hoffentlich von den Studenten der Geschichtswissenschaft mit Interesse gelesen.

Andris Levans

Ants Hein: Eesti mõisaarhitektuur. Historitsismist juugendini = Gutsarchitektur in Estland. Vom Historismus bis zum Jugendstil. Tallinn: Hattorpe 2003. 374 S., Abb., dt. Zusammenfassung. ISBN 9985-9073-2-9.

Die Monographie basiert auf der Inventarisierung der Herrenhäuser, die von 1976 bis 1980 durchgeführt wurde. In dem Werk wird die bis in die 70er Jahre des 20. Jahrhunderts vorherrschende Auffassung, daß der Historismus den Tiefstand in der Baukunst bedeutet habe, widerlegt. Im Zeitraum von 1830 bis 1913 wurden in Estland mindestens 310 Herrenhäuser (ungefähr 40 % ihrer Gesamtzahl) errichtet, außerdem Neben- und Wirtschaftsgebäude (Branntweinbrennereien, Molkereien und Viehställe). In den Archiven gibt es nur wenige Unterlagen über die Bautätigkeit, denn nicht selten wurde auf Wunsch des Gutsbesitzers ohne Hinzuziehung eines Architekten gebaut. Von den in jener Periode entstandenen Gutshöfen werden folgende vorgestellt: Wiems/Viimsi, Fall/Keila-Joa, Karlowa/Karlova, Uhla/Uulu, Jensel/Kuremaa, Groß-Köppo/Suure-Kõpu, Rappin/Räpina, Rathshof/Raadi, Sagnitz/Sangaste, Allatzkiwwi/Alatskivi, Allo/Alu, Borkholm/Porkuni, Hohenhaupt/Kõrgepea, Wassalem/Vasalemma, Laitz/Laitse, Linden/Ungru, Peddast/Pädaste, Sommerpahlen/Sõmerpalu, Münkenhof/Muuga, Innis/Inju, Awandus/Avanduse, Talkhof/Puurmani, Orro/Toila-Oru, Buxhöwden/Neeruti, Pöddes/Kalvi, Jendel/Jäneda, Wagenküll/Taagepera, Ollustfer/Olustvere, Laupa, Taiwola/Taheva, Moisekatz/Mooste, Kechtel/Kehtna. Um 1900 bestand ein Gutshof aus sieben bis zwölf, oft auch bis zu dreißig Gebäuden. Die Rolle der Nebengebäude veränderte sich während der Zeit des Historismus erheblich. Früher bildeten sie mit dem Herrenhaus ein symmetrisches Ensemble. Jetzt wurden sie aus der hierarchischen Abhängigkeit vom Herrenhaus befreit und waren oft bedeutender als dieses – z. B. der Stallkomplex in Torgel/Tori bei Pernau/Pärnu oder der achteckige Viehof in Torma. Daneben entwickelte sich auch die Parkkultur; innerhalb der Parkanlagen entstanden Gartenhäuser und Brükken. Während der Jahrhundertwende waren Georg Kuphaldt und Walter von Engelhardt die bekanntesten Förderer der Gartenkultur. Es wurden sogar Arboreta angelegt. Vorreiter auf diesem Gebiet war der Akademiker A. Th. von Middendorf auf seinem Gut Hellnorm. Das üppig bebilderte, mit einer umfangreichen Zusammenfassung in deutscher Sprache versehene Werk enthält ein Personenregister und ein Verzeichnis der estnischen und deutschen Ortsnamen.

Kersti Taal

Vello Helk: Jesuiidid Tartus 1583–1625. Vastureformatsiooni eelpost Põhja-Euroopas [Die Jesuiten in Dorpat (1583–1625). Ein Vorposten der Gegenreformation in Nordosteuropa]. Tartu: Ilmamaa 2003. 372, [3] S., Abb. ISBN 9985-77-054-4.

Der Forschungsgegenstand des in Dänemark lebenden estnischen Historikers Vello Helk ist seit dem Beginn seiner Wissenschaftlerlaufbahn die Geschichte der Jesuiten und der Gegenreformation in den nordischen Ländern und Livland. Es ist ihm gelungen, Materialien aus vielen Archiven und Bibliotheken zusammenzutragen, darunter aus dem Geheimarchiv des Vatikans und dem Hauptarchiv der Jesuiten. Das Buch erschien erstmals 1977 in deutscher Sprache und ist bis heute die einzige eingehende Behandlung der Gegenreformation in Livland. Bei der vorliegenden estnischen Übersetzung handelt es sich um eine überarbeitete und ergänzte Ausgabe. Die Monographie gibt einen detaillierten Überblick über das Leben der Jesuiten in Dorpat/Tartu, ihre Kontakte zu den Esten und den anderen Bevölkerungsgruppen vor dem Hintergrund der politischen Ereignisse, von denen die Gegenreformation in Livland abhing. Hinzu kommen eine Darstellung des Programms der Kolonisierung Livlands, Informationen über die in Dorpat wirkenden Jesuiten, Angaben über die aus Estland, Livland und Kurland stammenden Jesuitenschüler und über die in den Jahren 1560–1625 dem Jesuitenorden beigetretenen Mitglieder sowie eine Übersicht über die erhaltenen Bücher und Handschriften der Dorpater Jesuiten. Orts- und Personenregister sind vorhanden.

Lea Teedema[3]

A[leksandrs] Ivanovs, P[ēteris] Kivrāns, I[lga] Poča, K[ārlis] Počs: Apcerējumi par Latgales vēstures historiogrāfiju līdz 1945. gadam [Abhandlungen zur Geschichte Lettgallens in der Historiographie bis 1945]. Rēzekne: Latgales Kultūras centra izdevniecība [Verlag des Kulturzentrums von Lettgallen] 2003. 189 S. ISBN 9984-29-035-2.

Die Aufgabe dieses Sammelbandes wird in der Einleitung von K. Počs knapp beschrieben: Er soll dem Leser einen vertieften Einblick in die Historiographie zur Geschichte von Lettgallen/Latgale ermöglichen. Die historische Literatur wird in erster Linie unter regionalgeschichtlichem Schwerpunkt betrachtet: Wie wurde das Geschichtsbild dieser Region von deutschen, russischen, polnischen und lettischen historisch interessierten Autoren vom Hochmittelalter bis zur Neuzeit geformt? Dies ist nur eine der Fragen, der die vier Autoren nachgehen. Im ersten Teil des Bandes werden die mittelalterlichen Chroniken vorgestellt, die in Livland und der Rus' (Pleskau/Pskow, Nowgorod) vom 13. bis 16. Jahrhundert entstanden sind (A. Ivanovs). Es folgt ein leider sehr ergänzungsbedürftiger Umriß der „deutschen und deutsch-baltischen Werke im Kontext der Geschichte Lettgallens“ vom 18. bis 20. Jahrhundert, in dem vor allem das Schaffen des Publizisten Garlieb Merkel (1769–1850) und des Juristen Friedrich Georg von Bunge (1802–1897) herausgestellt wird (K. Počs). Diesem folgen zwei umfangreiche Teile über die russische und die polnische Geschichtsschreibung vom 18. bis zum 20. Jahrhundert (A. Ivanovs, K. Počs). Ausführungen über die Anfänge der lettischen Historiographie von etwa den 90er Jahren des 19. Jahrhunderts bis 1945 (P. Kivrāns, I. Poča) und ein Nachwort (K. Počs) beschließen den Sammelband.

Andris Levans

Küllike Kaplinski, Mati Õun, Tõnu Kask: Vaateid vanemasse mereajalukku [Einblicke in die ältere Seegeschichte]. Tallinn: Sentinel 2003. 111 S., Abb. ISBN 9985-854-52-7.

---

3 Die Übersetzung der Annotationen von Lea Teedema aus dem Estnischen besorgten Vilve Seiler und Kiira Schmidt.

Der Sammelband enthält drei Beiträge. Der Aufsatz von Küllike Kaplinski „Über den Fischfang und die Fischer in alten Reval" behandelt die Fischerei und das Fischereirecht in Reval/Tallinn seit dem Mittelalter. Im Mittelalter gehörten die Fischteiche dem Rat der Stadt. Im 14. Jahrhundert bildete sich eine ansässige Siedlung der Fischer, und so entstand eine der ältesten Vorstädte Revals, die Fischermay/Kalamaja. Im Stadtarchiv Reval/Tallinn werden Kontobücher und das Leben in der Fischermay regulierende Sonderverfügungen aufbewahrt. Meistens wurden Strömlinge gefangen, die frisch, gesalzen oder getrocknet verzehrt wurden und die man auch im Inland zum Verkauf anbot. Der eingeführte Salzhering wurde vor allem in Städten und Herrenhäusern genossen. – Der Beitrag von Mati Õun „100 Jahre Krieg auf der Ostsee und in den Ostseeländern vom 16. bis 17. Jahrhundert" behandelt die Periode vom Russisch-Livländischen Krieg um 1558 bis zum Dreißigjährigen Krieg. Da es im alten Livland und in Rußland keine Kriegsflotte gab, fanden keine Kämpfe auf See statt, sondern es wurde um Hafenstädte gekämpft, und Frachter wurden gekapert. – In dem Aufsatz „Die Weltreisen der aus Estland stammenden Seefahrer im 19. Jahrhundert" von Tõnu Kask wird über die Reisen von Adam Johann Krusenstern, Otto von Kotzebue und Ferdinand von Wrangel unter der Flagge des Russischen Reichs berichtet. Das Buch enthält zahlreiche Abbildungen, Karten und Verzeichnisse der Personennamen und Schiffe.

Kersti Taal

[Jānis Keruss (Red.):] Baltijas valstis starp Vāciju un PSRS (1920–1934). Vēstures avotu krājums [Die baltischen Staaten zwischen Deutschland und der UdSSR (1920–1934). Quellensammlung zur Geschichte]. Sastādītājs [Zusammengestellt v.] Jānis Keruss. (Sērija „Vēstures avoti augstskolai" [Reihe „Quellen der Geschichte für Hochschulen"] 2). Rīga: LU žurnāla „Latvijas Vēsture" fonds [Verlag des Fonds der Zeitschrift „Latvijas Vēsture"] 2003. 156 S. ISBN 9984-961923.

Das Material dieser Quellensammlung stammt aus dem Staatsarchiv für die Geschichte Lettlands und dem Politischen Archiv des Auswärtigen Amtes der Bundesrepublik Deutschland. Es besteht sowohl aus veröffentlichten als auch aus unveröffentlichten Quellen und charakterisiert die Politik der UdSSR und Deutschlands im Baltikum sowie die bilateralen Beziehungen Deutschlands und Sowjetrußlands bzw. der UdSSR zu den baltischen Staaten unter geopolitischen, wirtschaftlichen und historisch-ideologischen Aspekten. Der Sammelband enthält auch Pressematerialien aus jener Zeit. In seinen drei Kapiteln sind 68 Dokumente veröffentlicht, von denen ein Großteil die Rolle der Deutschbalten in den Beziehungen zwischen der Republik Lettland und Deutschland widerspiegelt. Im Anhang findet man eine Liste der bekanntesten Politiker und Diplomaten der 1920er und 1930er Jahre.

Helēna Šimkuva

Jūratė Kiaupienė: „Mes, Lietuva". Lietuvos Didžiosios Kunigaikštystės bajorija XVI a. (viešasis ir privatus gyvenimas) [„Wir, Litauen". Der Adel des Großfürstentums Litauen im 16. Jh. (öffentliches und privates Leben)]. Vilnius: Kronta 2003. 303 S., engl. Zusammenfassung. ISBN 9955-595-08-6.

Die Adelsforschung war in der litauischen Historiographie, im Unterschied etwa zu der deutschen oder polnischen Geschichtsschreibung, lange Zeit ein vernachlässigtes Gebiet. Demzufolge ist eine Forschungslücke entstanden, die in den letzten Jahren allmählich aufgearbeitet wird. Das Buch von Jūratė Kiaupienė ist ein Anzeichen des wachsenden Interesses an dem sozialen Stand, der viele Jahrhunderte hindurch die litauische Geschichte entscheidend geprägt hat. Anstatt diesen Stand insgesamt zu erforschen, was beim heutigen Kenntnisstand in der Tat wohl zu früh wäre, analysiert die Forscherin einzelne Beispielfälle. In einem ersten Teil werden theoretische Fragen, unter anderem zum Lehnswesen und zum Rittertum, behandelt; im zweiten Teil folgen fünf Skizzen zu den adligen Lebensformen. Es wäre jedoch aufschlußreicher gewesen, wenn die im ersten Abschnitt besprochenen Themen auch im zweiten ihren Nachhall gefunden hätten. Die Autorin bleibt der gewählten historiographischen Darstellungsweise treu und versucht den Leser mit Gelehrsamkeit und polemischem Geist zu überzeugen.

Rimvydas Petrauskas

[Valve-Liivi Kingisepp (Hg.):] 200 aastat eesti keele ülikooliõpet: eesti ja soome keele lektoraat Tartu ülikoolis. Juubelikogumik [200 Jahre Estnischstudium an der Universität Dorpat/Tartu. Jubiläumssammelband]. Koostaja [Zusammengestellt v.] Valve-Liivi Kingisepp. (Tartu Ülikooli eesti keele õppetooli toimetised [Verhandlungen des Lehrstuhls für Estnische Sprache der Universität Dorpat/Tartu]). Tartu: Tartu Ülikooli Kirjastus 2003. 419 S., Abb. ISBN 9985-4-0336-3, ISSN 1406-0183.

Die Beiträge des Bandes befassen sich mit dem Studium der estnischen Sprache an der Universität Dorpat/Tartu während zweier Jahrhunderte. Das Lektorat der estnischen und finnischen Sprache an der Universität wurde am 24. September 1803 durch einen Ukas des Zaren gegründet. Im 19. Jahrhundert und in den ersten zwei Jahrzehnten des 20. Jahrhunderts wurde Estnisch als Nebenfach hauptsächlich von Ausländern, die Theologie studierten, belegt. Die Lehrenden waren Deutsche; der erste Este im Lektoramt war in den Jahren 1837–1841 Dietrich Heinrich Jürgenson. Die Aufsätze geben einen Überblick über die Entwicklungen in der Lehre der estnischen Sprache im Laufe von 200 Jahren, vier von ihnen thematisieren den Estnischunterricht in der Periode der kaiserlichen Universität. Sirje Tamul behandelt die Wiedereröffnung der Dorpater Universität und das Lektorat der estnischen und der finnischen Sprache. Vahur Aabrams widmet sich dem ersten Estnischlektor Friedrich David Lenz und seinem Bruder, dem Dichter Jacob Michael Reinhold Lenz. Heli Laanekask schreibt über Johann Samuel Friedrich Boubrigs Brief an Karl Gottlob Sonntag und befaßt sich mit dem Wirken eines der bekanntesten deutschbaltischen Estnischlektoren und seiner Haltung zur estnischen Sprache. Valve-Liivi Kingisepp berichtet über die Tätigkeit Dietrich Heinrich Jürgensons und seine handschriftliche Grammatik der estnischen Sprache. Dem Band beigegeben ist eine Chronik der Lehre und Erforschung des Estnischen an der Universität Dorpat/Tartu.

Lea Teedema

Kaspars Kļaviņš: Vācu ordenis un Livonija. Ieskats Vācu ordeņa ideoloģijā un mentalitātē 13. un 14. gs. Livonijas vēsturisko notikumu kontekstā [Der Deutsche Orden und Livland. Einblick in die Ideologie und Mentalität des Deutschen Ordens im Kontext der historischen Ereignisse des 13. und 14. Jahrhunderts]. [Rīga]: Garā Pupa 2000. 112 S. ISBN 9984-530-66-3.

Dieses Buch, in dem neue Erkenntnisse zur Ideologie und Mentalität eines der größten geistlichen Ritterordens Europas dokumentiert werden sollen, gehört zu den leider noch sehr wenigen umfangreicheren historischen Publikationen zum Mittelalter Lettlands. Obwohl die lettischen Schulbücher auf mehreren Seiten die Geschichte des Deutschen Ordens beschreiben und auf das mittelalterliche Livland als eines seiner zahlreichen Wirkungsräume in und außerhalb Europas zu verweisen wissen, stellt der Autor dennoch fest, daß in Lettland neben einer nur lückenhaften Kenntnis auch ein sehr negatives Bild von diesem Orden existiert. Denn die wichtigste Quelle, aus der die Informationen über den Deutschen Orden gewonnen werden, ist die Belletristik, während es an wissenschaftlichen Studien mangelt. In der Einleitung geht K. Kļaviņš knapp auf den Forschungsstand zum Thema ein. Es folgt ein historischer Abriß zur Entstehung des Deutschen Ordens 1198 im Zusammenhang der Orientkreuzzüge. Das Verhältnis der Ordensbrüder zu den ritterlichen Idealen und zu dem durch die Ordensstatuten streng normierten Alltag, jedoch auch zu der erlebten Wirklichkeit während der Begegnung mit den „heidnischen Völkern" Livlands im 13./14. Jahrhundert ist ein zu kompliziertes Geflecht, um es zusammenhängend am Beispiel des Livländischen Zweiges des Deutschen Ordens beschreiben und analysieren zu können. Es ist dem Autor trotz einer Zusammenstellung von interessanten Fakten, die er aus der Forschungsliteratur und dem mittelalterlichen Quellenmaterial geschöpft hat, nicht gelungen, das Phänomen der „Ideologie" mit Bezug auf eine spezifische Personengruppe wie den Brüdern des Deutschen Ordens präzise zu definieren. Denn es ist nicht immer klar, was er mit dem Begriff „Ideologie" meint, wenn er eine solche in den angeführten Beispielen entdecken will. Das gleiche betrifft auch den Mentalitäts-Begriff. Was ist das Spezifische dieser Ordens-Ideologie und -Mentalität im Vergleich zu anderen geistlichen und/oder Ritterorden? Antworten auf diese Fragen sucht man in dem Buch leider vergeblich.

Andris Levans

Linda Kongo: Eesti Looduseuurijate Seltsi 150 tegevusaastat = 150 active Years of the Estonian Naturalists' Society 1853–2003. Tallinn: Teaduste Akadeemia Kirjastus = Estonian Academy Publishers 2003. 471 S., Abb., engl. Zusammenfassung. ISBN 9985-50-354-6.

Gründer der ehemaligen Dorpater Naturforscher-Gesellschaft (heute Estnische Naturforscher-Gesellschaft) waren im Jahr 1853 zehn deutschbaltische Wissenschaftler, unter ihnen der Geologe A. G. von Schrenk, der Botaniker A. von Bunge, der Zoologe H. M. Asmuss, der Pharmazeut R. Buchheim, der Besitzer von Rathshof/Raadi C. E. von Liphart und andere. Aufgabe der Gesellschaft war es, die Natur der baltischen Gouvernements umfassend zu erforschen und zu beschreiben, mit dem Ziel, die Landwirtschaft im Lande zu fördern. Schon im nächsten Jahr wurde mit der Herausgabe der Veröffentlichungen der Gesellschaft („Archiv für die Naturkunde Liv-, Ehst- und Kurlands", „Sitzungsberichte der Naturforscher-Gesellschaft zu Dorpat") begonnen. Die zur gleichen Zeit errichtete Bibliothek ist heute im Besitz des reichsten Bestandes von naturkundlicher Literatur in den baltischen Staaten. Schon im Gründungsjahr wurde der Grundstein zu den geologischen, botanischen und zoologischen Sammlungen gelegt. Carl Eduard von Liphart war der erste Vorsitzende der Gesellschaft. Der bekannteste Wissenschaftler auf diesem Posten war Karl Ernst von Baer (1869–1876). In 150 Jahren wurden zahlreiche Forschungen auf den Gebieten Geologie, Botanik, Mykologie, Zoologie, Hydrobiologie, Ornithologie, Geographie, Anthropologie, Landwirtschaft, Forstwirtschaft und Naturschutz durchgeführt. Das Buch hat mehrere Beilagen: eine Übersicht über die mit der Naturkunde Estlands verbundenen wissenschaftlichen Institutionen vor Gründung der Gesellschaft (Akademie der Wissenschaften von St. Petersburg, Livländische Gemeinnützige und Oeconomische Societät, Kurländische Gesellschaft für Literatur und Kunst, Bergakademie Freiberg u. a.) und nach ihrer Gründung (Verein zur Kunde Ösels in Arensburg/Kuressaare, Baltischer Moorverein u. a.), ein Verzeichnis der Unterabteilungen der Gesellschaft (mit ihren Gründungsjahren) und ein vollständiges Verzeichnis der Mitglieder der Gesellschaft von 1853 bis 2002.

Kersti Taal

[Valter Lang, Ülle Tamla (Hg.):] Arheoloogiga Läänemeremaades. Uurimusi Jüri Seliranna auks = Travelling with an Archaeologist through the Baltic Countries. Koostanud ja toimetanud [Zusammengestellt u. redigiert v.] Valter Lang ja Ülle Tamla. (Muinasaja teadus = Research into Ancient Times 13). Tallinn, Tartu 2003. 340 S., Abb., estn. u. engl. Zusammenfassungen. ISSN 1406-3867, ISBN 9985-50-361-9.

Wissenschaftler aus Estland, Lettland, Litauen und Finnland sind Autoren der Beiträge zu diesem dem international bekannten Archäologen Jüri Selirand zum 75. Geburtstag gewidmeten Band. Selirand, der vorzeitliche Bestattungsbräuche, Schmiedearbeiten und Burgberge erforschte und sich mit der Unterwasserarchäologie beschäftigte, hat zahlreiche historische Bücher verfaßt und mehr als zwanzig Werke aus der deutschen Sprache übersetzt. Die Festschrift präsentiert ein Verzeichnis seiner im Druck erschienenen Arbeiten, darunter zahlreiche in deutscher Sprache. Unter anderem enthält das Buch einen Aufsatz von Audronė Bliujienė über Amulette der baltischen Frauen aus der Merowingerzeit und ihre germanischen Parallelen, einen Beitrag von Jaak Mäll und Erki Russow über die auf dem Rathausplatz in Reval/Tallinn im Jahr 1953 durchgeführten archäologischen Ausgrabungen und einen Aufsatz von Vello Mäss über die Unterwasserforschungen des Seemuseums in der Bucht von Kolga, wobei über das Schicksal des 1767 auf dem Weg von St. Petersburg nach Deutschland untergegangenen Lübecker Frachters „Glückliche Ankunft“ berichtet wird. Der Band in englischer und estnischer Sprache ist mit zahlreichen Fotos illustriert.

Kersti Taal

Latvijas Arhīvi [Die Archive Lettlands]. Rīga: Latvijas vēstures arhīvs [Historisches Archiv Lettlands] 2003. Nr. 1–3. Je 180 S., Abb., dt. Zusammenfassungen. ISSN 1407-2270.

Die dreimal jährlich erscheinende gemeinsame Publikation des Historischen Staatsarchivs Lettlands und der Generaldirektion der Staatsarchive Lettlands bietet zahlreiche Beiträge in lettischer Sprache zum Archivwesen und zur Geschichtswissenschaft. Exemplarisch genannt seien einzelne Aufsätze. In Heft 1: Valda Kvaskova: „Zeugnisse der Geschichte von dem König Litauens Mindaugas in den Kollektionen des Archivs für Geschichte Lettlands“; Dzidra Liepiņa: „Der Kampf der Bauern Livlands um die Verbesserung ihrer Lage Ende des 17. Jahrhunderts“; Pārsla Pētersone: „Gutshof, Kirche und Pastorat von Ikšķile“. In Heft 2/3: Almūta Būsa: „ Küstenvogtei, Werft und Hafen von Ventspils/Windau zur Zeit von Peter Wetkind“; Pārsla Pētersone: „Herzog Ernst Johann Biron und die Kurländische Postreform von 1739"; Pārsla Pētersone: „Landkarten und Pläne: der Gutshof von Salaspils"; Gunta Minde: „Dokumente des Staatsarchivs für Geschichte Lettlands im Buch und in der Ritterburg des Livländischen Ordens in Ventspils/Windau"; Valters Ščerbinskis: „Korporationen von Kommerzinstituten in Lettland in den 20er und 30er Jahren des 20. Jahrhunderts". Alle Hefte enthalten Rezensionen historischer Forschungsliteratur.

Helēna Šimkuva

Latvijas okupācijas muzeja gadagrāmata 2002. Varas patvaļa [Jahrbuch des Okkupationsmuseums Lettlands 2002. Willkür der Macht]. [Hg. v. Heinrihs Strods]. Rīga: Latvijas 50 gadu okupācijas muzeja fonds [Museumsstiftung „Lettlands 50jährige Okkupation"] 2003. 448 S., Abb., dt., engl. oder lett. Zusammenfassungen. ISBN 9984-961-30-3.

Der Band enthält neue Abhandlungen estnischer und lettischer Historiker, die sich mit der Erforschung der nationalsozialistischen und sowjetischen Okkupationspolitik befassen: Aigi Rahi stellt die Ergebnisse der Erforschung der Repressionen des nationalsozialistischen und des sowjetischen Regimes in Estland dar; Aldis Bergmanis behandelt die Verbreitung des Gerüchtes über den Krieg unter den Einwohnern Lettlands in den Jahren 1940/41. Von besonderem Interesse sind die Forschungen von Jānis Viļums zum Widerstand gegen die Okkupanten in Lettland 1940/41. Der Autor stützt seine Untersuchung auf die Personalakten der verhafteten Personen. Hervorzuheben ist auch der Beitrag des in Amerika lebenden lettischen Historikers und Holocaustforschers Andrievs Ezergailis: „Die deutsche Zeit 1941–1945: Befreiung, Freiwilligkeit, Selbstverteidigung, Rache". Sein Aufsatz legt Zeugnis davon ab, wie sich die Haltung der Einwohner Lettlands dem nationalsozialistischen Okkupationsregime gegenüber gewandelt hat. Das Jahrbuch enthält 35 bisher unveröffentlichte Dokumente, meistenteils aus der Feder der damaligen Botschafter der USA, Deutschlands und Großbritanniens in Lettland, die die Okkupation Lettlands 1939/40 und deren Vorgeschichte widerspiegeln. Im Band sind auch die wissenschaftliche Tätigkeit des Okkupationsmuseums im Jahre 2003 und die Bestände des Museums dokumentiert.

Helēna Šimkuva

Latvijas Vēsture. Jaunie un jaunākie laiki [Die Geschichte Lettlands. Die neuen und neuesten Zeiten]. Riga: LU žurnāla „Latvijas Vēsture" fonds [Verlag des Fonds der Zeitschrift „Latvijas Vēsture"] 2003. Nr. 1–4. Je 120 S., Abb., engl. Zusammenfassungen. ISSN 1407-0022.

Die viermal jährlich erscheinende Zeitschrift bietet zahlreiche Beiträge in lettischer Sprache zur Geschichte Lettlands – vorwiegend zum 20. Jahrhundert –, von denen folgende exemplarisch genannt seien. In Heft 1: Ilona Audere: „Die deutschen Werkstätten der Glasmalerei in Lettland Ende des 19. und im ersten Drittel des 20. Jahrhunderts"; Sanita Osipova: „Die Rolle der Universitäten in der rechtlichen Meinungsbildung der mittelalterlichen europäischen Stadt"; Ļubova Zīle: „Lettland zwischen den zwei totalitären Mächten 1939/40" (Fortsetzung im Heft 2). – In Heft 2: Ainārs Lerhis, Pēteris Ancāns: „Konstantīns Čakste – Wissenschaftler und Organisator der lettischen nationalen Widerstandsbewegung"; Svetlana Bogojavļenska: „Das Kulturleben der Rigaer Juden im 19. und am Anfang des 20. Jahrhunderts". – In Heft 3: Raimonds Cerūzis: „Zweierlei Verständnis für staatliche Werte. Die lettisch-deutschen Beziehungen während der historischen Gedenktage von 1929 und 1939"; Juris Goldmanis: „Die Frage der jüdischen Kulturautonomie im Parlament Lettlands (1918–1925)"; Inesis Feldmanis: „Die ‚deutsche Zeit' in Lettland (1941–1945): aktuelle Forschungsprobleme und Lösungen"; Antonijs Zunda: „Die ‚deutsche Zeit' in Lettland (1941–1945): ihre Auswertung in der Historiographie". – In Heft 4: Gustavs Strenga: „Die Rolle der Dominikaner und Franziskaner im Konflikt zwischen dem Erzbischof der Stadt Riga und dem deutschen livländischen Orden (1297–1330)"; Alberts Varslavāns: „Forschungen zur Außenpolitik in 50 Heften der Zeitschrift ‚Latvijas Vēsture'"; Aivars Strange: „Kultur, Geschichte und Bildung in Lettland 1918–1940". Jedes Heft enthält Buchbesprechungen und Übersichten von Konferenzen und Seminaren zu historischen Themen.

Helēna Šimkuva

Latvijas Vēstures institūta žurnāls [Zeitschrift des Instituts für Geschichte Lettlands]. 2003. Nr. 1–4. Je 210 S., Abb., dt. u. engl. Zusammenfassungen. ISSN 1025-8906.

Die Zeitschrift wurde 1936 als Vierteljahresschrift gegründet und war ein Organ des im gleichen Jahr etablierten Instituts für Geschichte Lettlands. Sie erschien zunächst bis 1940, wurde aber 1991 in gleicher Funktion wieder erneuert. Aus Heft 1 mögen die folgenden Texte genannt werden: Indriķis Šterns: „Die Rolle der Einheimischen bei der Unterwerfung Alt-Lettlands unter die deutsche Herrschaft"; Tatjana Berga: „Die alten Bestattungsriten im Friedhof von Salutišķi (15.–17. Jh.)"; Mārīte Jakovļeva: „Der Kampf um die Macht im Herzogtum Kurland nach dem Tod des Herzogs Friedrich Kasimir (April 1799 – Januar 1701)". – Aus Heft 2: Edvīns Evarts: „Die politische Einstellung der Bevölkerung Lettlands aus der Sicht der deutschen Besatzungsmacht (1941–1944)". – Aus Heft 3: Māris Zunde: „Die dendrochronologische Datierung der Balken aus der Befestigungsanlage des 15.–17. Jh.s am Daugava/Düna-Ufer und ihre Ergebnisse". – Aus Heft 4: Indriķis Šterns: „Wer hat die Kreuzzüge in Lettland finanziert?"; Margarita Barzdeviča: „Die Veränderungen im Territorium der Rigaer Vorstadt zu Beginn der Modernisierung der städtischen Festung (nach den Angaben des kartographischen Materials aus den Jahren 1621–1710)"; Edvīns Evarts: „Die Besatzungsbehörden über die Aufgaben und Funktionen der lettischen ‚Selbstverwaltung' (Juli 1941 – September 1944)"; Māra Caune: „Die Pläne des Rigaer Schlosses: gezeichnet von Nicolaus Koehler und kommentiert von Johann Christoph Brotze".

Andris Levans

Latvijas Zinātņu akadēmijas vēstis. A. daļa: Sociālās un humanitārās zinātnes [Mitteilungen der Akademie der Wissenschaften Lettlands. Teil A: Soziale und humanitäre Wissenschaften] 57/58 (2003). Nr. 1–2, 126 S., Nr. 3–4, 232 S., Nr. 5–6, 280 S., Abb., lett., dt. u. engl. Zusammenfassungen. ISSN 1407-0081.

Die Publikationen der Angehörigen der wissenschaftlichen Institute an der Akademie der Wissenschaften Lettlands erscheinen schon seit 1947 in regelmäßigen Abständen in einem, seit 1992 in zwei Bänden als separater Teil A für die Gesellschaftswissenschaften. Aus dem Heft 1–2 sind exemplarisch folgende Aufsätze zu nennen: Ilga Apine: „Die Ethnogenese der Letten im Kontext der Einwanderung von Fremden"; Enn Tarvel:

„Wenn Russin den Meister von Wenden als seinen ‚draugs' anrief". In diesem Beitrag in deutscher Sprache erörtert der estnische Historiker das Verhältnis des vom Chronisten Heinrich von Lettland im „Chronicon Livoniae" erwähnten Lettgaller Russinus (XVI 4) zum Meister des Schwertbrüderordens in Wenden (um 1212). – Aus Heft 3–4: Elga Rēvalde: „Einblicke in die Medizingeschichte von Augšzeme/kurisches Oberland im 19./20. Jahrhundert"; Edvīns Vecumnieks: „Die Architektur und die Architekten im Gebiet von Sēlija/kurisches Oberland"; Mārīte Jakovļeva: „Sēlija/kurisches Oberland in dem administrativen System des Herzogtums Kurland"; Pārsla Pētersone: „Der Postweg von Augšzeme/kurisches Oberland: Entstehung, Entwicklung, Bedeutung nach der Beendigung des Livländischen Krieges"; Aldis Pūtelis: „Gotthard Friedrich Stender und [seine] ‚Lettische Mythologie'"; Ilze Ziņģīte: „Die traditionelle Volkstracht – eine Summa ethnischer und kulturhistorischer Merkmale"; Ojārs Spārītis: „Betrachtungen über die Werte der sakralen Architektur von Sēlija (Augškurzeme/kurisches Oberland)". – Aus Heft 5–6: Vitolds Muižnieks: Kirchliche Begräbnisstätten vom 13. bis 18. Jahrhundert in der westlichen Vidzeme/Livland"; Ilze Māra Janelis: „Der Gutshof und der Park von Ārciems/Erkül"; Pārsla Pētersone: „Limbaži/Lemsal – das Zentrum für Kommunikation Nord-Livlands".

Andris Levans

[Mati Laur (Hg.):] Eesti ajalugu [Die Geschichte Estlands]. IV: Põhjasõjast pärisorjuse kaotamiseni [Vom Nordischen Krieg bis zur Aufhebung der Leibeigenschaft]. Kirjutanud Mati Laur, Tõnu Tannberg, Helmut Piirimäe, Tegevtoimetaja Mati Laur, Peatoimetaja Sulev Vahtre. Tartu: Ilmamaa 2003. 311 S., Abb. ISBN 9985-77-062-5.

Die ersten drei Bände der akademischen Ausgabe der „Geschichte Estlands" erschienen von 1935 bis 1940 unter der Redaktion von Professor Hans Kruus, doch durch die darauffolgenden tragischen Ereignisse wurde die Herausgabe unterbrochen. Im vierten Band werden die Geschehnisse aus 120 Jahren (1700–1819) behandelt. Hauptträger der Geschichte war das Stammvolk Estlands, die Esten, aber es wird auch das Leben anderer Völker betrachtet. Frühere Darstellungen haben das 18. Jahrhundert in Estland als grau und ereignislos beschrieben, jedoch gab es auch in jener Zeit bemerkenswerte Vorkommnisse. Der durch den Nordischen Krieg und die Pestepidemie bedingte Tiefstand der Bevölkerungszahl wurde schnell überwunden; Ende des 18. Jahrhunderts überschritt diese erstmals die Millionengrenze. Die Ideen der Aufklärung erreichten die baltischen Gouvernements, die zu einer kulturellen Brücke zwischen Europa und dem sich erneuernden Rußland wurden. Das Buch ist in vier Abschnitte eingeteilt: Machtwechsel; Herrschaft; Volk und Wirtschaft; Geistesleben. Obwohl als Ergebnis des Nordischen Krieges die früher Schweden angehörenden Länder Rußland angeschlossen wurden und in Estland damit die zwei Jahrhunderte dauernde russische Herrschaft begann, brachte dies keine drastischen Veränderungen mit sich, denn die lokalen Machtstrukturen blieben erhalten. Die baltische Sonderordnung überließ die Macht in den Städten und auf dem Lande den Deutschbalten. Schon während der Herrschaft Peters I. wurden Deutschbalten in den russischen Staatsdienst einbezogen, besonders viele von ihnen dienten in der russischen Armee. Sie bildeten bis 1917 eine starke Stütze der russischen Herrschaft. Das Geistesleben erreichte mit der Wiedereröffnung der Universität Dorpat/Tartu im Jahr 1802 einen Höhepunkt. Das Buch enthält als Beilagen ein Verzeichnis der Gouverneure der baltischen Staaten, eine Tabelle der in Estland gebräuchlichen Maßeinheiten und ein Register der Orts- und Personennamen.

Kersti Taal

[Lea Leppik (Bearb.):] Arhiivijuht I: Riigi-, kohtu- ja omavalitsusasutused [Archivführer. Bd. I: Staats-, Gerichts- und Gemeindeverwaltungen]. Koostanud [Zusammengestellt v.] Lea Leppik. Tartu: Eesti Ajalooarhiiv 2003. 534 S. ISBN 9985-858-38-7.

Das erste Verzeichnis der Bestände des Staatlichen Zentralarchivs erschien im Jahr 1932. Im Jahr 1969 erschien ein russischsprachiger Archivführer, in dem man aus ideologischen Gründen nicht alle Bestände aufführen konnte. Der vorliegende erste Teil des auf drei Bände angelegten Nachschlagewerks gibt einen ausführlichen systematischen Überblick über drei Bestandsgruppen im Estnischen Historischen Archiv und informiert neben der Beschreibung der Archivalien auch über die Geschichte der Institutionen. Die Bestände des Archivs sind in neun große Gruppen aufgeteilt: Staats-, Gemeinde-, Justizeinrichtungen (im vorliegenden ersten Band), Kirchen- und Bildungseinrichtungen (für den zweiten Band vorgesehen), freie Verbände, Unternehmen, Guts- und Privatbestände, Sammlungen (im geplanten dritten Band). Da viele Bestände aus unterschiedlichen Gesellschaftssystemen stammen, wird bei der Beschreibung nicht immer einer strengen Chronologie gefolgt. So werden die Bestände der Gerichtsbehörden zum Teil nach Standesgruppen (Ritterschaften, Städte, Bauerngerichte), zum Teil nach zeitlich differenzierten Gruppen (Gerichte der Statthalterschaftszeit, Gerichte nach der Reform von 1889) dargestellt. Das Buch enthält ein estnisches, russisches und deutsches Register und ein Ortsverzeichnis.

Lea Teedema

Anne Lõugas (Hg.): Deutschbaltische Porträtkunst in Estland 1750–1900. Beitragssammlung und Katalog der im Estnischen Kunstmuseum im Ritterhaus zu Tallinn 1999 veranstalteten Ausstellung. Tallinn: Estnisches Kunstmuseum; Helsinki: Raud Publishing 2003. 177 S., Abb. ISBN 9949-10-028-3.

Hierbei handelt es sich um die verbesserte und ergänzte deutschsprachige Ausgabe (Übersetzung aus dem Estnischen: Meddea Jerser) des bereits 2002 in estnischer Sprache erschienenen Katalogs zu der vom 9. September bis 8. November 1999 im Ritterschaftsgebäude des Estnischen Kunstmuseums gezeigten Ausstellung „Deutschbaltische Porträtkunst 1750–1900“ und der Vorträge einer am 10. September 1999 veranstalteten Tagung. Zu den einzelnen Beiträgen s. „Berichte und Forschungen“ 11 (2003), S. 253 f.

Lea Teedema

[Marika Mägi (Hg.):] Eesti aastal 1200 [Estland im Jahr 1200]. Koostanud ja toimetanud [Zusammengestellt u. redigiert v.] Marika Mägi. Tallinn: Argo 2003. 252 S., Abb. ISBN 9985-9495-0-1.

Ziel des Buches ist es, einen Einblick in die Gesellschaft Estlands zu Beginn des 13. Jahrhunderts, zur Zeit der Kolonisation des damals noch heidnischen Landes, zu vermitteln. Eine führende Rolle in diesem Prozeß spielte Norddeutschland; jedoch erhoben auf das im Zentrum der von West nach Ost führenden Handelswege liegende Estland auch andere Nachbarstaaten, Dänemark, Rußland und Schweden, Ansprüche. Kaufleute, Missionare und Ritter aus Westeuropa hatten die Grenze zwischen dem christlichen und dem heidnischen Europa schon früher überschritten. Die Kreuzritter benutzten die Missionszüge zur Verbreitung des Christentums als Vorwand für ihre politischen und wirtschaftlichen Interessen. Dank moderner Untersuchungsmethoden ist es möglich festzustellen, daß, obwohl es in Estland vor der Eroberung durch die Kreuzritter keine Zentralmacht gab, die damalige Gesellschaft und die damals lebenden Menschen nicht so primitiv waren, wie früher angenommen, und daß die Christianisierung keine große Veränderung verursacht hat. Am Anfang des 13. Jahrhunderts hatte sich die Landwirtschaft bereits zur wichtigsten Lebensgrundlage der hiesigen Bevölkerung entwickelt. Die Menschen in den Dörfern wohnten in Blockhäusern und hielten als Haustiere Rinder, Schafe und Ziegen, die öfters zur Kriegsbeute wurden. Die Eisenproduktion und das Schmiedehandwerk waren stark entwickelt. Das Buch enthält Zeichnungen, schematische Darstellungen und Fotos.

Kersti Taal

Juhan Maiste, Kadi Polli, Mariann Raisma: Alma Mater Tartuensis. Tartu Ülikool ja tema arhitekt Johann Wilhelm Krause = Die Universität Tartu und ihr Architekt Johann Wilhelm Krause = Tartu University and its Architect Johann Wilhelm Krause. Red.: Ene Hanson, Gerd-Helge Vogel. Tallinn: Eesti Keele Sihtasutus 2003. 310 S., Abb. ISBN 9985-79-024-3.

Dies ist die dritte Publikation einer Reihe über das Leben und Werk von Johann Wilhelm Krause (1757–1828) nach den beiden Bänden „Vom Künstler zum Architekten", 1999 (s. „Berichte und Forschungen" 9, 2001, S. 217 f.), und „Als Architekt in Livland", 2002 (s. „Berichte und Forschungen" 11, 2003, S. 254 f.). Das zum 200. Jahrestag der Wiedereröffnung der Universität Dorpat/Tartu veröffentlichte dreisprachige Buch (mit Paralleltexten auf Deutsch und Englisch) gibt einen Überblick über den Lebensweg Krauses und über seine Tätigkeit als Architekt der Universität. Das klassizistische Gebäudeensemble ist eines der schönsten seiner Art in Nordeuropa. Die Darstellung beruht auf den bisher nicht veröffentlichten Handschriften Krauses und den Entwürfen für die Universität. Orts- und Personenregister sind vorhanden.

Lea Teedema

Kersti Markus, Tiina-Mall Kreem, Anu Mänd: Kaarma kirik [Die Kirche von Karmel] (Eesti kirikud [Estnische Kirchen] 1). Tallinn: Muinsuskaitseamet 2003. 240 S., Abb., engl. Zusammenfassung. ISBN 9985-9371-3-9.

Die Monographie gibt einen systematischen und interdisziplinären Überblick über die im 13. Jahrhundert im Zuge der Christianisierung gegründete Kirche in Karmel/Kaarma und ihre Kunstschätze. Der erste Teil des Buches informiert über die Geschichte des Kirchspiels und der Kirche sowie über das Kirchengebäude und dessen Baugeschichte, wozu eine detaillierte baukünstlerische Analyse vom Fundament bis zur Dachkonstruktion vorgelegt wird. Ebenfalls werden die verschiedenen Innenraumgestaltungen der Kirche betrachtet. Der zweite Teil beschäftigt sich mit der Inneneinrichtung der Kirche. Der alte Altarschrank und die Kanzel der Kirche werden besonders ausführlich dargestellt, des weiteren mittelalterliche Plastiken, Wappenepitaphe und Uhren. Aufmerksamkeit wird auch der Geschichte der Restaurierungen der Kirche geschenkt. Zum ersten Mal werden Fotos veröffentlicht, die vor und während der Restaurierungsarbeiten gemacht worden sind, sowie Meßzeichnungen und Rekonstruktionen. Am Ende des Buches befindet sich eine Übersicht über den historischen beweglichen Besitz der Kirche. Der Band ist reich illustriert.

Lea Teedema

Aleksandrs Fr. Neilands: Mazās ģildes vēsture [Die Geschichte der kleinen Gilde]. Rīga: Mazā ģilde 2003. 144 S., Abb. ISBN 9984-194191.

Die populärwissenschaftliche Publikation stellt die Geschichte der kleinen St.-Johannis-Gilde in Riga sachlich, aspektreich und anschaulich dar. In elf Abschnitten beschreibt der Autor die Ankunft der deutschen Handwerker und Kaufleute und die Entwicklung ihrer Tätigkeit auf dem Territorium Rigas im 14.–16. Jahrhundert. Anhand archäologischer Forschungen und schriftlicher Quellen behandelt der Verfasser die Bevölkerungsstruktur Rigas in der Hansezeit, den Handel und die Handwerkerzünfte. Besondere Aufmerksamkeit wird der St.-Johannis-Gilde als Architekturdenkmal gewidmet. Das mit zahlreichen farbigen Illustrationen ausgestattete Buch gibt eine gute Vorstellung vom Ausbau des Hauses der kleinen Gilde; besonders erörtert wird die Tätigkeit des Architekten J. D. Felsko beim Umbau des Gildehauses.

Helēna Šimkuva

Valter Ojakäär: Omad viisid võõras väes. Eesti levimuusika ajaloost [Heimische Weisen im fremden Heer. Aus der Geschichte der estnischen Unterhaltungsmusik]. [Bd.] 2: 1940–1945. Tallinn: Ilo 2003. 576 S., Abb. ISBN 9985-57-439-7.

Die tragische Zeit der Okkupationen und des Krieges in der Geschichte Estlands ist durch ein erstaunlich reges Musikleben gekennzeichnet. Nach dem Ende der Kampfhandlungen auf estnischem Boden im Jahr 1941 blühte es rasch wieder auf. An die Stelle der an die Front eingezogenen Musiker traten neue Musikanten, die in Militärkapellen auf beiden Seiten der Frontlinie, sowohl in der Roten Armee als Mitglieder der Staatlichen Kunstensembles der Estnischen SSR als auch in deutschen Militärkapellen, Beschäftigung fanden. Im Jahr 1943 wurde das Musikprogramm des Landessenders Reval, dessen Programm direkt vom Stand der Kampftätigkeit abhing, noch von einer eigenen Tanzkapelle dargeboten; ab dem Sommer 1944 wurde nur noch Schallplattenmusik gesendet. Der 1923 in Pernau/Pärnu geborene Verfasser war ein Mitglied der damaligen Ensembles und Orchester. Das Buch enthält zahlreiche Fotos und ein Verzeichnis von Personennamen mit biographischen Angaben. Über den ersten Teil des Werkes, „Das Echo der verklungenen Melodie", siehe „Berichte und Forschungen" 8 (2000), S. 129.

Kersti Taal

Leino Pahtma, Kai Tafenau unter Mitwirkung von Jürgen Beyer (Hg.): Bibelkonferenzen und Sprachstreitigkeiten. Quellen zur Geschichte der Übersetzung der Bibel ins Revalestnische (1686–1690) = Piiblikonverentsid ja keelevaidlused. Põhjaeestikeelse Piibli tõlkimise ajaloost (1686–1690). Allikapublikatsioon. Koostanud Leino Pahtma, Kai Tafenau. Toimetanud Jürgen Beyer. (Ex fontibus archivi historici Estoniae). Dorpat: Estnisches Historisches Archiv = Tartu: Eesti Ajalooarhiiv 2003. 307 S., Abb. ISBN 9985-858-36-0, ISSN 1736-0811.

Im Mittelpunkt des Sammelbandes stehen die in den Jahren 1686 und 1687 veranstalteten Bibelkonferenzen, die dem Druck des Neuen Testaments in nordestnischer Übersetzung vorangingen. (Das Neue Testament in südestnischer Sprache erschien 1868.) In den Konferenzen wurden vor allem Fragen der Rechtschreibung der Übersetzung erörtert. Die im Bestand des Konsistoriums der Evangelischen Lutherischen Kirche im Estnischen Historischen Archiv verwahrten Briefe und Konsistoriumsprotokolle spiegeln die Diskussionen über inhaltliche Fragen und über die Schreibweise und die Grammatik der estnischen Sprache wider. Der Sammelband umfaßt die wichtigsten und interessantesten Dokumente, die einen Einblick in die mit der Bibelübersetzung verbundene Problematik in der untersuchten Periode geben.

Lea Teedema

Kristel Pappel: Ooper Tallinnas 19. sajandil [Das Musiktheater in Reval/Tallinn im 19. Jh.] (Eesti Muusikaakadeemia Väitekirjad [Dissertationen der Estnischen Musikakademie] 1). Tallinn: Eesti Muusikaakadeemia 2003. 282 S., Abb., dt. Zusammenfassung. ISSN 1736-0714, ISBN 9985-9496-0-9.

In der auf umfassenden Quellenforschungen beruhenden Monographie wird die Tätigkeit des Revaler Theaters (ab 1860 Revaler Stadttheater) vom Beginn des 19. Jahrhunderts bis 1902 dargestellt, als das Gebäude durch einen Brand vernichtet wurde. Das Revaler Theater war deutschsprachig und entsprach einem Typ des deutschen Stadttheaters, an dem mehrere Sparten vertreten waren: Auf dem Spielplan standen sowohl Schauspiele als auch Musikaufführungen. Das Theater war eng mit dem deutschen Kulturraum verbunden. Aus Deutschland kam die Mehrzahl der Ensemblemitglieder, man nahm die dortige Theaterordnung zum Vorbild. Gegenstand der Untersuchung ist der Opernbetrieb im Rahmen des Revaler Theaters und dessen Funktion als Institution. Zur Charakterisierung des historischen Hintergrunds wird ein Überblick gegeben über die politischen Verhältnisse, über Wirtschaft und Alltag, die soziale und nationale Zusammensetzung der Bevölkerung der Stadt und ihr kulturelles Leben im 19. Jahrhundert. Betrachtet werden unterschiedliche Facetten des Themas: Spielstätten und Theaterhäuser des vorletzten Jahrhunderts, die Organisation und Verwaltung der Theaterarbeit, die Zusammensetzung der Theatertruppe, der Spielplan, bevorzugte Genres und die Aufführungspraxis. Im Anhang findet man ein Verzeichnis der Mitglieder des Revaler Theaters und eine Übersicht über das Opernrepertoire im Zeitraum von 1795 bis 1902.

Lea Teedema

Jüri Peets: The Power of Iron. Iron Production and Blacksmithy in Estonia and Neighbouring Areas in Prehistoric Period and the Middle Ages (Research into Ancient Times = Muinasaja teadus 12). Tallinn 2003. 364 S., Abb., estn. Zusammenfassung. ISSN 1406-3867, ISBN 9985-50-362-7.

Die Monographie informiert über die Eisenproduktion und ihre Verarbeitung in Estland von der Vorzeit bis zur Mitte des 14. Jahrhunderts. Es stützt sich auf Versuche der Experimentalarchäologie und zieht Angaben aus in den Nachbarländern durchgeführten vergleichbaren Untersuchungen heran. Deutschbaltische Forscher hatten bereits in der ersten Hälfte des 19. Jahrhunderts auf die Möglichkeit einer Eisenproduktion auf der Insel Ösel/Saaremaa hingewiesen, jedoch begann eine systematische Forschung auf diesem Gebiet erst im Jahr 1963. Bis jetzt haben die Archäologen an verschiedenen Orten Estlands 24 Eisenschmelzöfen festgestellt und untersucht. Anscheinend war die Eisenproduktion (besonders auf Ösel) so umfangreich, daß sie für den Verkauf ausreichte. Im ersten Teil des Buches, „Der Mensch und das Eisen", wird über die Eisenproduktion und über die damit verbundene Toponymik in der Volksdichtung berichtet. Im zweiten Teil, „Die Schmiedekunst", wird der Prozeß der Schmiedearbeit behandelt. Eine der am besten erhaltenen Schmieden hat man in Dorpat/Tartu am Fuße der vorzeitlichen Bauernburg und späteren Bischofsburg entdeckt. Hier wurde schon gegen Ende des ersten Jahrtausends Eisen bearbeitet. Die meisten Fundgegenstände aus jener Zeit sind Äxte, Hammer und Messer. Nach der Niederlage der Esten während des Bauernaufstandes in der Georgennacht (1343–1345) wurde die heimische Eisenproduktion gewaltsam eingestellt. Das Buch ist mit zahlreichen schematischen Darstellungen, Zeichnungen, Karten und Fotos versehen.

Kersti Taal

Rimvydas Petrauskas: Lietuvos diduomenė XIV a. pabaigoje – XV a.: sudėtis – struktūra – valdžia [Der litauische Hochadel am Ende des 14. und im 15. Jahrhundert: Zusammensetzung – Struktur – Herrschaft]. Vilnius: Aidai 2003. 380 S., dt. Zusammenfassung. ISBN 9955-445-67-X.

Infolge der Union mit Polen und der Einführung des Christentums vollzog sich in Litauen ab dem Ende des 14. Jahrhunderts ein tiefgreifender gesellschaftlicher und kultureller Wandel. An diesen Prozessen war der litauische Adel maßgeblich beteiligt. Diese Studie setzt sich mit der in der Historiographie herrschenden Meinung auseinander, nach der die litauischen Adligen erst um die Mitte des 15. Jahrhunderts ihre eigene Macht herausbilden konnten. Schwerpunktmäßig untersucht werden die Herkunft der Hochadligen, die adlige Grundherrschaft, die genealogische Kontinuität der herrschenden Elite im 15. Jahrhundert, die Voraussetzungen der Herrschaft litauischer Amtsträger und die verwandtschaftliche Struktur des Adels. Das Hauptziel der Monographie ist es, die Lebensordnung und das Selbstverständnis einer führenden sozialen Gruppe des Großfürstentums zu rekonstruieren. Am Schluß des Buches befindet sich eine Prosopographie litauischer Adliger.

Rimvydas Petrauskas

Jaanus Plaat: Saaremaa kirikud, usuliikumised ja prohvetid 18.–20. sajandil [Die Kirchen auf Ösel, Glaubensbewegungen und Propheten im 18.–20. Jahrhundert]. Tartu: Eesti Rahva Muuseum 2003. 305 S., Abb. ISBN 9985-9475-1-7.

Die Monographie schildert das christliche Glaubensleben auf der Insel Ösel/Saaremaa und umfaßt alle vom 18. bis zum 20. Jahrhundert auf Ösel existierenden Kirchen, Glaubensbewegungen und Freigemeinden. Das dortige Glaubensleben war im gesamtestnischen Kontext einzigartig. In den 1740er Jahren war auf Ösel im Vergleich zu anderen Landkreisen Estlands die Bewegung der Brüdergemeinden am stärksten verbreitet. Um die Mitte des 19. Jahrhunderts kam es zu einer massenhaften Annahme des russisch-orthodoxen Glaubens; dies bedrohte die Stellung der bis dahin dominierenden lutherischen Kirche. Ösel wurde der Landkreis mit dem größten Anteil von Nicht-Lutheranern in Estland. Seine konfessionelle Eigenart behielt Ösel auch im 20. Jahrhundert, während der sowjetischen Zeit und in der Periode der großen Veränderungen der 1980er Jahre.

Lea Teedema

Raimo Pullat: Die Geschichte der Stadt Tallinn. Reval von seinen Anfängen bis zum Zweiten Weltkrieg. Mit einer Einleitung von Botschafter Jürgen Dröge. Deutsch von Carsten Wilms. Tallinn: Estopol 2003. 190 S., Abb. ISBN 9985-9272-6-5.

Das Werk des Historikers Raimo Pullat ist in deutscher, russischer, englischer und finnischer Sprache erschienen. In der Einleitung zur deutschen Ausgabe bemerkt Jürgen Dröge, Botschafter der Bundesrespublik Deutschland in Estland, unter anderem: „Jeder Stein in der Altstadt, die zu Recht auf der Liste des UNESCO-Weltkulturerbes steht, erzählt von der langen Beziehung, die Tallinn mit dem deutschen Kulturraum unterhalten hat." Im Buch werden besonders gründlich die Geschichte des mittelalterlichen Reval/Tallinn, die Tätigkeit der Gilde und das Handelswesen sowie der Alltag der Stadt mit ihrem Marktplatz, dem Hafen und der Festung geschildert. Zahlreiche Stadtpläne aus verschiedenen Epochen ermöglichen es, die Entwicklung der Stadt durch die Jahrzehnte zu verfolgen. Die Geschichte Revals ist auch eine Geschichte der Kriege – um diese Stadt kämpften die Kreuzritter, Dänen, Schweden, Iwan der Schreckliche und Peter der Große. Im Zweiten Weltkrieg wurde die Stadt zu 50 %, die Altstadt zu 10 %, zerstört. In der zweiten Hälfte des 19. Jahrhunderts entwickelte sich Reval/Tallinn zu einer der bedeutendsten Industriestädte Rußlands. 1918 wurde es Hauptstadt der Republik Estland. Die soziale und nationale Struktur der Einwohnerschaft der Stadt hat sich während der folgenden Jahrzehnte mehrfach verändert. Das Buch enthält ein Literaturverzeichnis, außerdem Listen von Anschriften deutscher, österreichischer und schweizerischer Institutionen in Reval/Tallinn (mit ihren E-Mail-Adressen) sowie der wichtigsten Internetadressen.

Kersti Taal

Raimo Pullat (Hg.): Vana Tallinn [Das alte Reval]. [Bd.] XIV (XVIII). Väljaandja Raimo Pullat. Tallinn: Estopol 2003. 207 S., estn. u. engl. Zusammenfassungen. ISSN 1406-5908.

Der Sammelband gliedert sich in vier Abteilungen: Beiträge, Übersichten, Rezensionen und Annotationen, Chronik. An Untersuchungen über die Stadtgeschichte sind zu nennen ein Aufsatz von Rasmus Kangropool (1930–2001), „Über die Topographie der Unterstadt im 14. Jahrhundert. Die städtebauliche Struktur am Ende der dänischen Herrschaft und am Beginn der Ordenszeit (1310–1365)", sowie – in deutscher Sprache – die Beiträge von Kersten Krüger, „Modus vivendi – Erwerbsleben in Altona, Kiel, Rostock und Wismar an der Schwelle zur Moderne um 1800", und Andrzej Klonder, „Kleinstädte des frühzeitlichen Polen im Spiegel der Gerichtsbücher". Der zweite Teil des Bandes enthält unter anderem, verfaßt von Stefan Kroll, die Vorstellung eines Projekts „Städtesystem und Urbanisierung im Ostseeraum in der Neuzeit. Historisches Informationssystem und Analyse von Demographie, Wirtschaft und Baukultur im 17. und 18. Jahrhundert" sowie Berichte über die letztjährige Tätigkeit des Stadtarchivs Reval/

Tallinn, des Amtes für Kulturdenkmäler und des Architekturmuseums. Am Ende des Sammelbandes befindet sich ein Verzeichnis weiterführender Literatur.

Kersti Taal

Edmundas Rimša: Heraldika. Iš praeities į dabartį [Heraldik. Aus der Vergangenheit in die Gegenwart]. Vilnius: Versus aureus 2004. 184 S., Abb. ISBN 9955-601-07-8.

In diesem Buch hat ein namhafter litauischer Kenner der historischen Hilfswissenschaften zum ersten Mal ein Kompendium der Heraldik Litauens von ihren Anfängen im 14. Jahrhundert bis in die Gegenwart vorgelegt. Im großen europäischen Kontext betrachtet der Autor die Entstehung der litauischen Heraldik, ihren Zusammenhang mit den Entwicklungstendenzen in den Nachbarländern, die Gestaltung, Verzierung, Symbolik der Wappen und viele andere Fragen der Wappenkunde. Das Buch ist in drei Hauptteile gegliedert, in denen die Entwicklung der staatlichen, der adligen und der städtischen Heraldik anschaulich dargestellt wird. In den zahlreichen Illustrationen (etwa 580) werden die heraldischen Objekte vorgestellt, die auf litauischen und ausländischen archivalischen Quellen basieren und der interessierten Öffentlichkeit hier zum Teil erstmals zugänglich gemacht werden.

Rimvydas Petrauskas

[Kristiina Ross (Hg.):] Uue ajastu misjonilingvist. Eduard Ahrens 200 [Der Missionslinguist eines neuen Zeitalters. Zum 200. Geburtstag von Eduard Ahrens]. Koostanud ja toimetanud [Zusammengestellt u. redigiert v.] Kristiina Ross. Tallinn: Eesti Keele Sihtasutus 2003. 525 S. ISBN 9985-79-023-5.

Der Pfarrer zu Kusal/Kuusalu Eduard Ahrens (1803–1862) war der Begründer der neuen Schreibweise der estnischen Sprache und der Grundlagen ihrer Satzlehre. Ahrens, der deutscher Pfarrer und damit einer der typischen Erforscher der estnischen Sprache war, wollte die estnische Kirchensprache verbessern, um den Esten die Inhalte des christlichen Glaubens besser vermitteln zu können. Sein im Buch „Grammatik der Ehstnischen Sprache Revalschen Dialektes" gemachter Vorschlag, von der alten Schreibweise auf eine der finnischen Orthographie folgende Schreibweise überzugehen, die mit der estnischen Aussprache besser übereinstimmte, war in der Geschichte der estnischen Sprache von umwälzender Bedeutung. Mit den Arbeiten von Eduard Ahrens endete die alte, auf Heinrich Stahl zurückgehende grammatische Tradition und begann eine neue, finnisch orientierte Weise der Sprachbehandlung, die bis heute Bestand hat. Der Sammelband umfaßt drei wichtige Arbeiten von Ahrens: „Johann Hornung: Meie eesti kirikukeele looja" („Johann Hornung, der Schöpfer unserer ehstnischen Kirchensprache"), „Eesti keele Tallinna murde grammatika" („Grammatik der Ehstnischen Sprache Revalschen Dialektes"), „Eesti Piibli keelevead" („Sprachfehler der esthnischen Bibel").

Lea Teedema

Stephen C. Rowell (Hg.): Chartularium Lithuaniae res gestas magni ducis Gedeminne illustrans. Vilnius: Vaga 2003. 480 S., Abb. ISBN 5-415-01700-3.

Es handelt sich um eine neue Edition (unter Beifügung einer Übersetzung ins Litauische) der frühesten in Litauen verfaßten Schriftstücke – der Briefe des Großfürsten

Gediminas, die an den Papst, an einige deutsche Städte und an Mönchsorden geschrieben wurden. Auf den ersten Blick mag der Titel des Bandes etwas irreführend erscheinen, da von den 83 zur Veröffentlichung ausgewählten Dokumenten strenggenommen nur sieben als „Gediminas-Briefe“ bezeichnet werden können. Doch tragen die übrigen viel zum besseren Verständnis der Entstehungsgeschichte dieser Briefe bei, so daß die Konzeption des Herausgebers völlig begründet ist. In seiner Einleitung und seinen Kommentaren gibt der in Litauen lebende englische Mediävist einen höchst qualifizierten und ausführlichen Einblick in verschiedene diplomatische, chronologische, paläographische, sphragistische und schließlich kulturgeschichtliche Zusammenhänge und eröffnet somit für die großfürstlichen Schriften neue Interpretationsfelder.

Rimvydas Petrauskas

Leonīds Siliņš: Latvieši Štuthofas koncentrācijas nometnē [Letten im KZ Stutthof]. Rīga: LU žurnāla „Latvijas Vēsture“ fonds [Verlag des Fonds der Zeitschrift „Latvijas Vēsture“] 2003. 358 S., Abb. ISBN 9984-643468.

Der Verfasser dieser sorgfältig gearbeiteten Monographie ist Mitglied der Organisation der nationalen Widerstandsbewegung – Zentralrat Lettlands. Das Buch widmet sich allen Bürgern Lettlands, die von den nationalsozialistischen Okkupanten verhaftet und ins KZ Stutthof gebracht wurden. In dieses Konzentrationslager kamen Personen wegen Verweigerung des Dienstes in der SS-Legion und im Arbeitsdienst Deutschlands sowie auch viele Mitglieder der nationalen Widerstandsbewegung. Der Autor bezieht Dokumente aus dem Museum des KZ Stutthof (Stutthof/Sztutowo) ebenso ein wie Erinnerungen mehrerer Häftlinge des Lagers. Ausgewertet sind auch Dokumente über den Truppenverband von General Jānis Kurelis und seine Verbindungen mit der Widerstandsbewegung. Im Buch sind Listen abgedruckt mit den Namen der Häftlinge aus Lettland, die im KZ Stutthof interniert waren.

Helēna Šimkuva

Tartu Linnamuuseum. Aastaraamat = Tartu City Museum. Yearbook. 2003. [Bd.] 9. Tartu: Tartu Linnamuuseum 2003. 90 S., Abb., engl. Zusammenfassungen. ISSN 1406-4480.

Die Nummer 9 des Jahrbuches des Stadtmuseums von Dorpat/Tartu enthält auch zwei Beiträge über das Leben und die Tätigkeit der Deutschbalten. Kersti Taal widmet sich der „Geschichte von Tartu/Dorpat in den estnischen und deutschen Periodika von 1918 bis 1944“. Über die Geschichte der Stadt sind zahlreiche Aufsätze in der „Dorpater Zeitung“ (zeitweise in den „Dorpater Nachrichten“ und der „Deutschen Zeitung“), seltener im estnischen „Postimees“ erschienen. Darin wurden verschiedene Themen wie Friedhöfe, Straßen, Gilden, Gesellschaften, die Universität und das Dorpater Deutschtum behandelt. Die am häufigsten zu findenden Autoren waren Arnold Hasselblatt, Alexander Rosenberg, Nikolai Stange und Friedrich von Keussler. Das Ende des Beitrags bildet ein Verzeichnis der Aufsätze über die Geschichte Dorpats. – Epp Preem schreibt über „Maler von Tartu/Dorpat im 19. Jahrhundert“. Die aus Dorpat stammenden deutschbaltischen Maler waren Vorbild und Lehrer auch für die ersten estnischen Künstler. Die namhaftesten unter ihnen waren Karl August Senff, August Matthias Hagen, Georg Friedrich Schlater und Juliane Emilie Wilhelmine Hagen-Schwarz. Der Aufsatz schließt mit einem Verzeichnis der 54 Gemälde, die auf der

Ausstellung des Kunstmuseums von Dorpat/Tartu „Dorpater Malerei im 19. Jahrhundert“ gezeigt wurden.

Kersti Taal

Rihards Treijs: Latvijas diplomātija un diplomāti (1918–1940) [Diplomatie und Diplomaten Lettlands (1918–1940)]. Rīga: Latvijas Vēstnesis 2003. 416 S., Abb., engl. Zusammenfassung. ISBN 9984-731-29-4.

In dieser Monographie charakterisiert der Historiker und Journalist R. Treijs die Geschichte der Diplomatie der Republik Lettland in der Zwischenkriegszeit. Im einleitenden Kapitel zeigt der Autor die Entwicklung der Diplomatie in der Zeit der Staatswerdung Lettlands. Das zweite Kapitel enthält Material über die diplomatische Tätigkeit Lettlands in der Zeit des Parlamentarismus, als Lettland zwischenstaatliche Beziehungen mit den Nachbarländern und den größten westeuropäischen Staaten entwickelt hatte. Das abschließende Kapitel bezieht sich auf die Zeit des autoritären Regimes. Der Verfasser stützt sich bei der Erforschung der Geschichte der Diplomatie auf die Akten des Außenministeriums Lettlands (Bestand im Historischen Archiv Lettlands: Nr. 2570). Den Schwerpunkt seiner Untersuchung bildet eine Darstellung der Biographien der Diplomaten der Republik Lettland. Zu den bedeutendsten Diplomaten und Beamten des Außenministeriums gehörten damals auch Deutschbalten, die im Buch genannt werden. Im Anhang des Buches sind ein Personenregister und ein umfassendes Literaturverzeichnis zu finden.

Helēna Šimkuva

Ojārs Zanders: Senās Rīgas grāmatniecība un kultūra Hanzas pilsētu kopsakarā (13.–17. gs.) [Die Buchdruckerkunst und die Kultur Alt-Rigas in ihren Wechselwirkungen mit den deutschen Hansestädten (13.–17. Jh.)]. Rīga: Zinātne 2000. 395 S., Abb., dt. u. engl. Zusammenfassungen. ISBN 5-7966-1248-4.

Der Autor erklärt in der Einleitung seines Buches, daß die von ihm gesetzten Akzente einer Stadtgeschichte auf der kulturellen Entwicklung Rigas im Zeitraum von fünf Jahrhunderten liegen. Bücher können ein aussagekräftiges Zeugnis nicht nur von der Intensität des kulturellen Lebens im Sinne der Entwicklungshöhe einer Kultur sein; durch sie können auch die Vermittlungswege erschlossen werden, die die Städte der mittelalterlichen Welt Europas miteinander verbanden, so daß deren Zusammenhang innerhalb einer gemeinsamen überregionalen Kultur deutlich wird. Die erste Buchdruckerei in Riga wurde 1588 von Nicolaus Mollin eingerichtet. Nach Ansicht des Verfassers ist dies ein recht spätes Datum im Vergleich zu anderen großen europäischen Seestädten. Mit Mollin, der nach Riga aus den Niederlanden eingewandert war und schon früher eine Offizin in Antwerpen und eine in Dordrecht besaß, begann der Buchdruck in seiner neuen Wahlheimat. Nach 1625, als Mollin starb, wurde das Gewerbe von Gerhardus Schroeder (1625–1657) fortgeführt. Ein wesentlicher Teil der zahlreichen Abbildungen stammt aus den umfangreichen Sammlungen der Bibliotheken Lettlands.

Andris Levans

Ojārs Zanders: Gadsimtu silueti Rīgas bruģakmeņos [Die Silhouetten der Jahrhunderte in den Pflastersteinen Rigas]. Rīga: Jumava 2002. 311 S., Abb. ISBN 9984-05-551-5.

Das Buch bietet eine Auswahl von „Artikeln, Essays, Erzählungen, Gedichten, Referaten", rund fünfzig kurzen Texten, die in den Jahren 1951–2000 entstanden. Sie liegen nun in unveränderter Fassung (leider ohne Angaben zum Ort der Erstveröffentlichung) erneut vor und bilden eine thematisch geschlossene Sammlung. Der Zeitraum, der in ihnen behandelt wird, erstreckt sich vom 15. bis zum 20. Jahrhundert. Die Menschen, von denen der Autor erzählt, waren mit Riga auf irgendeine Weise verbunden und haben gleichsam ihre Spur im Straßenpflaster hinterlassen: Es geht z. B. um Briefe von Martin Luther, die er den Anhängern seiner Lehre 1523 und 1525 schrieb, und von Philipp Melanchthon, in denen er Fragen der Schulbildung erörterte, sowie um das vielleicht erste in lettischer Sprache in Wittenberg 1525 gedruckte Buch, ein Missale. In Riga erschien 1697 die erste lettische Poetik von Johann Wischmann, dem in Dondangen/Dundaga tätigen Pastor; es trug den Titel „Der Unteutsche OPITZ oder Kurtze Anleitung zur Lettischen Dicht-Kunst". Die Gebrüder Hartknoch brachten in ihrem in Riga gegründeten Verlag von 1765 bis 1799 unter anderem die Schriften von Johann Gottfried Herder und Immanuel Kant heraus. Werner Bergengruen suchte in seinen Erzählungen die Erinnerungsorte seiner Kindheit – vor allem seine Geburtsstadt Riga – immer wieder auf.

Andris Levans

Vladas Žulkus: Kuršiai Baltijos jūros erdvėje [Die Kuren im Ostseeraum]. Vilnius: Versus aureus 2004. 256 S., 59 Abb., dt. Zusammenfassung. ISBN 9955-601-08-6.

Der Autor stellt die langjährige Tradition in Frage, die (Vor-)Geschichte der Kuren nur als Teil der litauischen oder lettischen Vergangenheit zu sehen. Statt dessen versucht er, ein komplettes Bild des kurischen Stammes (oder der kurischen Stämme) bis zu seinem (ihrem) Verschwinden während der Herrschaft des Deutschen Ordens im 15. und 16. Jahrhundert zu geben. In seinem Überblick über die Forschungsgeschichte sucht er auch nach den Gründen für die früher übliche vereinfachte Betrachtungsweise. Sodann werden die verschiedenen Aspekte der kurischen Frühgeschichte analysiert: die Ethnogenese, die Veränderungen in der Sozialstruktur (die Entstehung der Städte, die Herausbildung der Gefolgschaft usw.), der interkulturelle Austausch (vor allem mit den Skandinaviern) und der damit verbundene Wechsel des Weltbildes, die Aufgabe der heidnischen Religion, der Kulturumbruch infolge der Eroberung und die neue Siedlungspolitik des Ordens. Obwohl der Verfasser manchmal den Stammesbegriff unpräzise und anachronistisch verwendet (z. B. bei den sog. Urkuren), ist diese Monographie doch ein wichtiger Beitrag zur Erforschung jener Zeiten, über die nur archäologische Funde informieren.

Rimvydas Petrauskas

3. Ostpreußen, Westpreußen, Danzig

Stanisław Achremczyk, Władysław Ogrodziński (Hg.): Olsztyn 1353–2003 [Allenstein 1353–2003]. Olsztyn: Ośrodek Badań Naukowych i Towarzystwo Naukowe im. Wojciecha Kętrzyńskiego w Olsztynie [Wojciech-Kętrzyński-Forschungsinstitut und -Wissenschaftsgesellschaft, Allenstein] 2003. 656 S., Abb. ISBN 83-87643-38-6.

Mit diesem umfangreichen Band leistet der Verlag des Wojciech-Kętrzyński-Forschungsinstituts seinen Beitrag zum 650. Jubiläum der Gründung der Stadt Allenstein/Olsztyn. Elf Autoren betrachten die Geschichte der Stadt aus verschiedenen Perspektiven. Das erste Kapitel „Urgeschichte und archäologische Forschungen von Allenstein" (Hanna und Adam Mackiewicz) führt in die ältesten Zeiten zurück. Jerzy Sikorski stellt die mittelalterliche Stadtgeschichte dar; Stanisław Achremczyk und Janusz Jasiński behandeln die Geschichte Allensteins in der Zeit von 1466 bis 1772. Jan Chłosta informiert über die polnische Bewegung, über die Kultur in Allenstein im 19. Jahrhundert und über das wirtschaftliche Leben in der Stadt vor dem Ersten Weltkrieg; Andrzej Kopiczko berichtet über das Allensteiner Schul- und Gesundheitswesen sowie über das kirchlich-religiöse Leben der Katholiken im 19. und in den ersten Jahrzehnten des 20. Jahrhunderts; Grzegorz Jasiński befaßt sich mit der evangelischen Kirche in Allenstein im 19. Jahrhundert, ferner mit der Stadtgeschichte während des Ersten Weltkriegs. Der Beitrag von Wojciech Wrzesiński gilt der heiklen Geschichtsperiode 1918–1945. Bohdan Łukaszewicz beschäftigt sich mit der Stadtgeschichte in der Volksrepublik Polen 1945–1989, Witold Gieszczyński mit der neuesten Geschichte seit 1989, Jerzy Sikorski mit der räumlichen Entwicklung der Stadt. Den Band beschließt ein Wegweiser durch die Friedhöfe der Stadt von Janusz Jasiński; hinzu kommen eine Bibliographie und ein Namensverzeichnis. Das voluminöse Werk ist sehr reich illustriert (auf jeder Seite – am Rand – findet man Bilder, Skizzen und Karten) und eignet sich als Führer durch die 650 Jahre alte Geschichte Allensteins; doch leider gibt es keine fremdsprachigen Zusammenfassungen, die das Buch nicht nur für Polen zugänglich machen würden.

Alina Kuzborska

Acta Neophilologica. Bd. 2. Olsztyn: Wydawnictwo Uniwersytetu Warmińsko-Mazurskiego 2000. 206 S. PL ISSN 1509-1619.

Die Jahresschriften der Humanistischen Fakultät der Ermland-und-Masuren-Universität in Allenstein/Olsztyn erscheinen seit 1999, dem Gründungsjahr der Universität. Sie werden – gemäß den neuphilologischen Fachrichtungen – in vier Sprachen veröffentlicht: Polnisch, Deutsch, Englisch und Russisch. Die Struktur der Bände bestimmen zwei Themenkreise: Sprachwissenschaft und Literatur- bzw. Kulturwissenschaft. Der vorliegende zweite Band enthält vier Aufsätze von zwei Germanistinnen. Weronika Jaworska befaßt sich unter anderem mit der Problematik des Nationalsozialismus in den Romanen „Nackt unter Wölfen" von Bruno Apitz und „Die größere Hoffnung" von Ilse Aichinger. Zwei Aufsätze von Barbara Sapała sind dem Leben und Werk der in Königsberg geborenen Fanny Lewald gewidmet: „Der liberale Gedanke im Leben und Werk Fanny Lewalds" und „Erziehung in jüdischen Familien – Erziehung zur Emanzipation? Fanny Lewalds autobiographisches Werk: ‚Meine Lebensgeschichte' und ‚Jenny'".

Alina Kuzborska

Acta Neophilologica. Bd. 3. Olsztyn: Wydawnictwo Uniwersytetu Warmińsko-Mazurskiego 2001. 316 S. PL ISSN 1509-1619.

Der dritte Band der Jahresschriften der Humanistischen Fakultät der Allensteiner Universität enthält Beiträge zur germanistischen Sprachwissenschaft, Glottodidaktik und Literaturwissenschaft. Von ihnen können hier nur die folgenden, da thematisch einschlägig, genannt werden: Ewa Żebrowska untersucht die Entstehung des hochpreußischen Dialekts im Ermland und sein Schicksal nach dem Zweiten Weltkrieg. Barbara Sapała beschäftigt sich mit Autoren aus Prag in ihrem Aufsatz „Der Prager Kreis. Ein Beitrag zu nationalen und religiösen Zusammenhängen der Prager deutschen Literatur". Radosław Supranowicz diskutiert das Thema „(Verlorene) Heimat – eine neue Utopie?".

Alina Kuzborska

Magdalena Bartoś, Barbara Zalewska: Architektura w krajobrazie wiejskim Warmii i Mazur [Die Architektur der Dorflandschaft des Ermlands und Masurens] ([Reihe:] Nowe życie pod starymi dachami [Neues Leben unter alten Dächern]). Olsztyn: Stowarzyszenie WK „Borussia" 2003. 97 S., 129 Abb. ISBN 83-89233-03-7.

Das Buch aus einer neuen Serie des Verlags „Borussia" bezieht sich thematisch auf eine Reihe wissenschaftlicher Tagungen, die unter dem Titel „Neues Leben unter alten Dächern" seit einigen Jahren von der Kulturgemeinschaft „Borussia" organisiert wurden. Der vorliegende reich illustrierte Band ist der Dorfarchitektur gewidmet. Ziel der Arbeit ist es, den alten und den neuen Hausbewohnern praktische Hinweise zu geben und dahingehend auf sie einzuwirken, daß sie sich des Erbes der materiellen Kultur der Region bewußt werden. Der einführende erste Teil des Buches geht ein auf die historische Kulturlandschaft der Region und behandelt Themen wie das Dorf, das Haus, den Bauernhof und andere Dorfbauten. Modernisierungsmaßnahmen sind ein unentbehrlicher Teil des Alltagslebens – aus diesem Grund bietet der zweite Teil des Buches („Im Einklang mit Tradition und Landschaft") praktische Ratschläge, auf welche Weise die alten Bauten gerettet und angemessen modernisiert und wie neue Gebäude in die historische Kulturlandschaft integriert werden können. Das Kapitel über die Renovierung alter Bauten stellt einige Forderungen: Es gehe darum, keine schädlichen Eingriffe vorzunehmen, die alte Substanz zu erhalten und die Vorteile der Lage und des Ortes zu nutzen. Im Kapitel „Neue Bauten" behandeln die Autorinnen detailliert einzelne Architekturelemente wie Fenster, Dächer, Zäune u. a. Das Buch wird beschlossen durch ein Glossar von Fachbegriffen der Architektur und ein Literaturverzeichnis.

Alina Kuzborska

Grzegorz Baziur: Armia Czerwona na Pomorzu Gdańskim 1945–1947 [Die Rote Armee in Pommerellen 1945–1947] (Instytut Pamięci Narodowej, Komisja Ścigania Zbrodni Przeciwko Narodowi Polskiemu, Monografie [Institut für Nationales Gedenken, Kommission für die Verfolgung von Verbrechen gegen das polnische Volk, Monographien] 4). Warszawa: Instytut Pamięci Narodowej 2003. 322 S. ISBN 83-89078-10-8.

Der Band zeigt die Rolle der Roten Armee in den letzten Kriegsmonaten und nach dem Kriegsende auf dem Gebiet der 1945 gebildeten, Pommerellen und angrenzende Kreise aus dem früheren Ostpreußen und Pommern umfassenden Woiwodschaft Danzig/Gdańsk. Der Autor untersucht den Einfluß der hier stationierten sowjetischen Truppen und Sicherheitsorgane auf die politische, nationale und wirtschaftliche Situation. Im Kapitel 4 wird die Haltung der Roten Armee zu nationalen Veränderungen in dieser Region erörtert.

Mirosław Ossowski

Borussia. Kultura – historia – literatura [Borussia. Kultur – Geschichte – Literatur]. Nr. 28: Węgrzy [Die Ungarn]. Olsztyn: Wspólnota Kulturowa „Borussia" 2002. 176 S., Abb. PL ISSN 0867-6402.

Die vorliegende Nummer der Halbjahresschrift der Kulturgemeinschaft „Borussia" in Allenstein/Olsztyn thematisiert vor allem die neueste ungarische Literatur. Sie erschien kurz nach der Verleihung des Nobelpreises für Literatur 2002 an Imre Kertész. Das Zustandekommen des Bandes haben einerseits die literarischen Kontakte von Allensteiner Dichtern und Schriftstellern (Kazimierz Brakoniecki, Kazimierz Kowalewski, Alicja Bykowska-Salczyńska, Tamara Bołdak-Janowska) veranlaßt, die in Ungarn publiziert haben. Andererseits suchten die Herausgeber nach den Spuren der Anwesenheit von Ungarn im Ermland. So enthält der Band den Aufsatz „Andrzej Batory (1563–1599), der ermländische Bischof ungarischer Herkunft" von Olimpia Konopniewska. Das Heft beschließen Rezensionen und die Chronik der Kulturgemeinschaft „Borussia".

Alina Kuzborska

Borussia. Kultura – historia – literatura [Borussia. Kultur – Geschichte – Literatur]. Nr. 29: Pamięć I – Czy minęła już epoka dzienników? [Das Gedächtnis I – Ist denn die Zeit der Tagebücher vorbei?]. Olsztyn: Wspólnota Kulturowa „Borussia" 2003. 224 S., Abb. PL ISSN 0867-6402.

Diese und auch die folgende Nummer der „Borussia" setzen sich mit dem Thema „Gedächtnis" auseinander. Der Untertitel des vorliegenden Heftes bezieht sich auf die Aktualität von Erinnerungsliteratur, in erster Linie von Tagebüchern. Den Band eröffnet das Gedicht „Pamięć" (Gedächtnis) der Allensteiner Dichterin Alicja Bykowska-Salczyńska. Die Abteilung „Gedächtnisrahmen" enthält die Texte „Kollektives Gedächtnis und kulturelle Identität" von Jan Assmann und „Erinnerungsorte" von Andrzej Szpociński. Um Erinnerungen an Orte mit einer komplizierten Vergangenheit geht es im Abschnitt „Gedächtnis der Orte", wobei die deutsch-polnischen Bezüge besonders thematisiert werden. So gedenkt der polnische Germanist Hubert Orłowski der Orte seiner Kindheit um Dietrichswalde/Gietrzwałd im Ermland („Die Spuren oder Gedächtnisrecycling"); Joanna Skibińska beschwört ein durch den Krieg verworrenes Schicksal einer Polin in Deutschland herauf; Dariusz Jarosiński erzählt vom Leben des ehemaligen AK-Soldaten Czesław Hołub; Zofia Wóycicka gibt eine soziologische Analyse der Nachkriegszeit im neu besiedelten Oberland („Von Weepers bis Wieprz: erlebte oder erinnerte Geschichte"). In der Rubrik „Poesie" sind Gedichte von Anna Matysiak abgedruckt; die „Porträts" würdigen Hubert Orłowski, Kazimierz Brakoniecki und Adam Kurłowicz. Den thematischen Rahmen des Bandes geben Gespräche von Walter Höllerer unter anderem mit Elias Canetti und Uwe Johnson unter dem Titel: „Ist denn die Zeit der Tagebücher vorbei?". Schließlich enthält der Band 17 Buchbesprechungen. Diese Nummer und die beiden anderen im Jahr 2003 erschienenen „Borussia"-Hefte erinnern mit der Kopfzeile auf dem Umschlag „650 lat Olsztyna" an die Gründung der Stadt Allenstein im Jahre 1353.

Alina Kuzborska

Borussia. Kultura – historia – literatura [Borussia. Kultur – Geschichte – Literatur]. Nr. 30: Pamięć II – Jakie „Centrum przeciwko Wypędzeniom"? [Das Gedächtnis II – Welches „Zentrum gegen Vertreibungen"?]. Olsztyn: Wspólnota Kulturowa „Borussia" 2003. 231 S., Abb. PL ISSN 0867-6402.

Das zweite „Borussia"-Heft über das ‚Gedächtnis' eröffnet das Gedicht „Warmia" (Ermland) von Ryszard Borkowski. Das Kapitel „Das Gedächtnis der Nationen" ist dem historischen Erinnerungsvermögen gewidmet. Marcin Kula blickt zurück auf die kommunistische Epoche in Polen („Polen: aufgedrängte und abgelehnte Geschichtsvision"); dem Artikel ist eine Auswahlbibliographie mit den Publikationen polnischer Historiker und Soziologen zum genannten Thema beigefügt. Bohdan Osadczuk („Das gestohlene Gedächtnis") befaßt sich mit der Geschichte der Ukraine. Basil Kerski reflektiert über die Geschichte und das Gedächtnis in den neuesten politischen Debatten zwischen den Deutschen und Polen; dabei kommt er, ausgehend von dem Treffen der Schriftsteller Czesław Miłosz, Günter Grass, Wisława Szymborska und Tomas Venclova in Wilna/Vilnius 2000 und ihrem Gespräch über die „Zukunft der Erinnerung" sowie von Grass' Erzählung „Im Krebsgang", auf die kontrovers geführte Diskussion über das „Zentrum gegen Vertreibungen" zu sprechen. Stefan Dyroff berichtet über das materielle Gedenken an die ostpreußische Vergangenheit in Oberschleißheim bei München. Literarische Zeugnisse des Gedächtnisses erscheinen im Abschnitt „Bruchstücke der Erinnerung" (Tamara Bołdak-Janowska: „Die Angst", Krzysztof D. Szatrawski: „Aus den Träumen des sterbenden Waldes", Stanisław Piechocki: „Der preußische Horror", ein Romanfragment). Auf den Untertitel des Bandes, das Problem des „Zentrums gegen Vertreibungen", beziehen sich zwei weitere Texte: Włodzimierz Borodziej schreibt über „Erinnerungskonstruktion: das Erbe der Vertreibungen im heutigen Europa", und Robert Traba richtet einen offenen Brief an Sibylle Dreher, die Vorsitzende des Frauenverbands im Bund der Vertriebenen. Das abschließende Kapitel „Das Gedächtnisarchiv. Regesten" enthält Besprechungen von thematisch relevanten Büchern.

Alina Kuzborska

Borussia. Kultura – historia – literatura [Borussia. Kultur – Geschichte – Literatur]. Nr. 31: Koniec mitu Europy Środkowej? [Das Ende des Mitteleuropa-Mythos?]. Olsztyn: Wspólnota Kulturowa „Borussia" 2003. 272 S., Abb. PL ISSN 0867-6402.

Die im Titel des Bandes gestellte Frage nach dem Ende des Mitteleuropa-Mythos versuchen die polnischen und ausländischen Autoren auf verschiedene Weise zu beantworten: Existiert Mitteleuropa überhaupt? Wo liegt es? Welche Rolle spielte es einst und hat es jetzt zu erfüllen? An dieser Diskussion nehmen folgende Autoren teil: Adam Krzemiński („Die Initiative eines Kerneuropa aus polnischer Perspektive"), Leszek Żyliński („Mitteleuropa oder Über ein Phantom, einen Mythos bzw. eine Utopie in Diskussionen der europäischen Schriftsteller und Intellektuellen"), Kazimierz Brakoniecki („Das Gespenst Mitteleuropas"), Hubert Orłowski („Verbesserung von Mitteleuropa"), Sokrat Janowicz („Mitteleuropa bis heute"), Krzysztof Czyżewski („Anfang des Weges"), Ola Hnatiuk („Galizien in Mitteleuropa"), Delphine Bechtel („‚Galizien, Galicja, Galitsye, Halatchyna': Der Galizien-Mythos von seinem Verschwinden bis zu seiner Wiederbelebung"), Jarosław Markiewicz („‚Vertreibungen': literarische Impressionen"). Das Kapitel „Regionen" enthält Beiträge zur Historie und zur Alltagsgeschichte: über die „Zichenauer Zeitung", ein nationalsozialistisches Blatt aus Ciechanów, Nordmasowien (Ewa Bartołd-Pieniążek), sowie über die Städte Tempelburg/Czaplinek, Pommern (Bogdan Twardochleb), und Bromberg/Bydgoszcz (Stefan Dyroff, Wiesław Tarka). Der Abschnitt „Thorn – Göttingen" stellt den Samuel-Bogumił-Linde-Preis vor, der seit 1996 gemeinsam von Thorn/Toruń und Göttingen an jeweils einen deutschen und einen polnischen Schriftsteller verliehen wird. Im vorliegenden Heft werden Texte der Preisträger des Jahres 2003, Barbara Köhler und Włodzimierz Kowalewski, sowie des Laureaten des Jahres 2002, Friedrich Christian Delius, publiziert. In der Rubrik „Rezensionen" findet man mit dem Hauptthema verbundene Buchbesprechungen. Die Abteilung „Mitteleuropäisches Archiv. Regesten" registriert verschiedene kulturelle Maßnahmen, die sich auf die Geschichte und Kultur Mitteleuropas beziehen.

Alina Kuzborska

Borussia. Kultura – historia – literatura [Borussia. Kultur – Geschichte – Literatur]. Nr. 32: Mannowie [Die Familie Mann]. Olsztyn: Wspólnota Kulturowa „Borussia" 2004. 183 S., Abb. PL ISSN 0867-6402.

Dieses Heft der „Borussia" ist der Familie Mann und der Rezeption ihres Schaffens in Polen gewidmet. Besonders beachtenswert ist ein Interview mit Frido Mann, durchgeführt von Anita Baut in Berlin im Mai 2002. Das Kapitel „Regionen" ist in der vorliegenden Nummer literarisch gestaltet: Neben einem Essay von Wojciech Marek Darski („Europäische Grenzen und Begrenzungen") wurden Prosatexte von Tamara Bołdak-Janowska („Skizzen für den grünen Sperling"), Wojciech Gierys („Nur weiter"), Spas Hristow („Am Rande der Stadt") und Gerardo Beltrán („Sechs Litauer in einem Bus") gedruckt. Der Band enthält wie traditionell Buchbesprechungen, eine „Chronik" der Aktivitäten der „Borussia" sowie als Anhang ein Novum: die Rubrik „Regionalarchiv", in dem die wichtigsten regionalen Zeitschriften der Region Ermland und Masuren präsentiert werden: „Rocznik Mazurski" (Ortelsburg/Szczytno), „Mrągowskie studia humanistyczne" (Sensburg/Mrągowo), „Studia Angerburgica" (Angerburg/Węgorzewo), „Znad Pisy" (Johannisburg/Pisz), „Masovia" und „Feste Boyen" (beide Lötzen/Giżycko), „Warmińsko-Mazurski biuletyn konserwatorski" und „Portret" (beide Allenstein/Olsztyn).

Alina Kuzborska

Józef Borzyszkowski: Die Kaschuben, Danzig und Pommern. Gdańsk: Instytut Kaszubski; Wejherowo: Muzeum Piśmiennictwa i Muzyki Kaszubsko-Pomorskiej 2002. 355 S. ISBN 83-89079-13-5, ISBN 83-916244-6-3.

Der Sammelband umfaßt zehn Beiträge des Autors aus den Jahren 1991–2001, die „über die kaschubisch-pommerschen Angelegenheiten vom Standpunkt der Einheimischen aus informieren". In der Einleitung weist Borzyszkowski darauf hin, daß im Polnischen und Kaschubischen der Begriff „Pomorze" zwei kulturgeschichtliche Regionen – Pommern und Pommerellen – umfaßt. Der erste Aufsatz definiert das Stichwort „Kaschuben", die anderen haben die Geschichte, Literatur und Kunstgeschichte im 19. und 20. Jahrhundert zum Gegenstand. Der Autor greift darin diverse Aspekte der Identität der Kaschuben auf. Ein Aufsatz ist dem Thema „Die Kaschuben im 19. und 20. Jahrhundert zwischen Polen und Deutschland" gewidmet, ein anderer behandelt die polnische Migration nach Nordrhein-Westfalen vor 1920. Der Band schließt mit Informationen über das seit 1996 tätige Kaschubische Institut in Danzig/Gdańsk, das Museum für Kaschubisch-Pommersches Schrifttum und Musik in Neustadt/Wejherowo und über den Lebenslauf von Józef Borzyszkowski.

Mirosław Ossowski

Kazimierz Brakoniecki: Prowincja człowieka. Obraz Warmii i Mazur w literaturze olsztyńskiej [Menschenprovinz. Das Bild des Ermlands und Masurens in der Allensteiner Literatur] ([Reihe:] Miniatury Borussii – Krajobrazy pamięci [Miniaturausgaben der „Borussia" – Gedächtnislandschaften]). Olsztyn: Borussia 2003. 134 S. ISBN 83-89233-09-6.

Das vorliegende Buch von Kazimierz Brakoniecki enthält in essayistischer Form Überlegungen zu Werken Allensteiner Autoren von der Nachkriegszeit bis zur Gegenwart. Die Sichtweise des Autors ist geprägt von der Weltanschauung der Gründer des Kulturvereins „Borussia" (Brakoniecki war zehn Jahre lang Chefredakteur der Zeitschrift „Borussia", seit 1990 ist er Vorstandsmitglied der gleichnamigen Kulturgesellschaft), deren Motto lautet: „Denke universal, handle lokal!" Brakoniecki ist ein herausragender Dichter und Essayist, der diesem Gedanken treu geblieben ist. In seiner Lyrik und Prosa reflektiert er über seine Heimat („Borussia", „Atlantis des Nordens", „Das Land Nod"), die wie ein Palimpsest neu besiedelt wurde, deren Literatur demzufolge neu geschrieben werden mußte. Gerade diese neue Literatur in polnischer Sprache – anfangs die ‚Aussiedlerliteratur', dann die ideologisch gefärbte Chronik des Lebens in den ‚Wiedergewonnenen Gebieten' der Volksrepublik Polen, weiterhin die sich von den Fesseln des sozialistischen Realismus befreiende Literatur der 70er Jahre, die stark im lokalen Kontext wurzelte, und schließlich die neueste Literatur nach der politischen Wende – ist Gegenstand von Brakonieckis kritischen Betrachtungen. Die einzelnen Autoren und Phasen der Nachkriegsliteratur im Ermland und in Masuren beschreibt der Autor locker und sehr persönlich in acht unbetitelten Kapiteln. Den heutigen Stand der Literatur in der Region registriert er mit folgenden Worten: „Die Allensteiner Literatur aus der Volksrepublik-Polen-Zeit ist abgeschlossen, ihre höchste Leistung ist das Schaffen von Erwin Kruk. [...] Die deutsche Kultur Ostpreußens ist tot. Die masurische Kultur in polnischer Sprache ist tot. [...] Die Leute von Borussia, die im polnischen Heimatland geboren sind, versuchten das Land zu reanimieren (neu zu kreieren), ohne verfälschende ethnische Maßstäbe anzuwenden".

Alina Kuzborska

Isabelle Chandavoine: Prancūzmetis Klaipėdoje ir kas po to (1920–1932) [Die französische Periode in Memel und die Folgezeit (1920–1932)]. Vilnius: Žara 2003. 192 S. ISBN 9986-34-113-2.

Nach dem Ersten Weltkrieg wurde die Verwaltung des Memelgebietes Frankreich anvertraut, obwohl das Land an dieser Region kein ernsthaftes geopolitisches Interesse hatte. Frankreich stieß sowohl auf die offene Unzufriedenheit der einheimischen Bevölkerung als auch auf das verborgene Mißtrauen der litauischen Regierung. Unter besonderer Berücksichtigung bislang in der Forschung wenig benutzten Materials aus französischen Archiven stellt die in Litauen lebende französische Historikerin die Versuche Frankreichs dar, die „Cordon sanitaire"-Politik zwischen dem „Erbfeind" Deutschland und Sowjetrußland zu gestalten. Im ersten Teil des Buches wird der rechtliche Status des Gebietes nach dem Versailler Vertrag und die französische Politik im Memelgebiet 1920–1923 untersucht, im zweiten der sog. Aufstand von 1923 und seine Folgen und schließlich im dritten Teil die Lage des Gebietes vom Pariser Abkommen 1924 bis 1932, wobei die besondere Aufmerksamkeit der Verfasserin der Lituanisierungspolitik der litauischen Regierung und den wachsenden Gegensätzen zwischen der Mehrheit der Bevölkerung und der litauischen Administration gilt.

Rimvydas Petrauskas

Wojciech Chudziak (Hg.): Studia nad osadnictwem średniowiecznym ziemi chełmińskiej [Studien zur mittelalterlichen Siedlungsgeschichte des Kulmerlandes]. Tom [Bd.] 4. Toruń: Wydawnictwo Uniwersytetu Mikołaja Kopernika 2002. 232 S., Abb., Kt., engl. Zusammenfassung. ISBN 83–231-1395-5.
Tom [Bd.] 5. Toruń: Wydawnictwo Uniwersytetu Mikołaja Kopernika 2003. 205 S., Abb., Kt., engl. Zusammenfassung. ISBN 83-231-1493-5.

Der erste (noch nicht numerierte) Band zum Thema „Siedlungsgeschichte im Kulmerland" wurde im Jahre 1990 veröffentlicht. Zehn Jahre, nachdem drei weitere Bände erschienen waren, beschloß man im Institut für Archivkunde und Ethnologie, eine Serie von Studien zum selben Thema herauszugeben. So wurden in den Jahren 2002 und 2003 zwei Bände (Nr. 4 und 5) vorgelegt, die vom Stand der archäologischen Untersuchungen an der Nikolaus-Kopernikus-Universität Thorn/Toruń Zeugnis geben. Im vierten Band behandeln zwei Aufsätze das Siedlungswesen am rechten Weichselufer und im Raum Kulmsee/Chełmża. Die übrigen Abhandlungen, darunter zwei im obengenannten Institut verteidigte Magisterarbeiten, informieren über die Stratigraphie in der Nähe von Kulm/Chełmno und über frühmittelalterliche Gefäßkeramik im heutigen kujawisch-pommerschen Raum. Der fünfte Band versammelt acht Vorträge, die auf der Tagung zum 45. Jubiläum von Professor Dr. habil. Jerzy Olczak im April 2000 in Thorn gehalten wurden. Wojciech Chudziak berichtet über den Stand aller im letzten Jahrzehnt des 20. Jahrhunderts durchgeführten Untersuchungen zur frühmittelalterlichen Geschichte im Kulmerland. Auch die anderen Artikel behandeln Themen, die sich auf das Kulmerland im Frühmittelalter beziehen: Siedlungsmikroregionen und Siedlungswandel in der Kulmer Seenplatte, Gräberfelder, Viehzucht, Töpferei und Silberbestände. Beide Bände sind vielfach bebildert (Fotos, Lageskizzen, Tabellen).

Piotr Zariczny

Jan Ciechowicz (Hg.), Mieczysław Abramowicz (Ikonographie): 200 lat teatru na Targu Węglowym w Gdańsku [200 Jahre Theater am Kohlenmarkt in Danzig]. Gdańsk: Nadbałtyckie Centrum Kultury, Wydawnictwo Uniwersytetu Gdańskiego 2004. 600 S., Abb., dt. Inhaltsverzeichnis, dt. Zusammenfassungen. ISBN 83-908862-8-6, ISBN 83-7326-169-9.

Der Band geht auf das Symposium zurück, das vom 28. bis 30. 11. 2001 zum Jubiläum des Theaters am Kohlenmarkt in Danzig/Gdańsk stattfand. Er umfaßt vier Beiträge in deutscher und polnischer Sprache sowie 20 in polnischer Sprache (mit deutschsprachigen Zusammenfassungen), die sich mit Fragen der Architektur des Theaters, der Quellenlage, dem Repertoire, den Danziger Autoren (u. a. Friedrich, Richard und Rudolf Genée, Max Halbe und Stefan Chwin), der Tätigkeit des deutschen Theaters in den besetzten Gebieten

Pommerellens 1939–1945 und anderen Themen befassen. Auch ist in dem Band die Tagungsdiskussion dokumentiert. Darüber hinaus enthält er einen Katalog zur Ausstellung „200 Jahre Theater am Kohlenmarkt“ im Altstädtischen Rathaus, Biogramme aller Direktoren (zum Teil mit Bildnissen) und ein Personenverzeichnis. Im Band finden sich zahlreiche sorgfältig ausgewählte, großenteils farbige Illustrationen: Bilder von dem Theater, den Schauspielern und Aufführungen, Grundrisse des Theaters, Abbildungen von Theaterzetteln, Programmen, Zeitungsausschnitten, Noten, Eintrittskarten und vielem mehr.

Mirosław Ossowski

Roman Czaja, Jürgen Sarnowsky (Hg.): Die Ritterorden in der europäischen Wirtschaft des Mittelalters (Ordines militares 12). Toruń: Wydawnictwo Uniwersytetu Mikołaja Kopernika 2003. 214 S., Abb., Kt. ISSN 0867-2008.

Der in deutscher Sprache verfaßte Band enthält die Ergebnisse der Konferenz aus der Reihe „Ordines militares – Colloquia Torunensia Historica“, die vom 21. bis 23. September 2001 an der Nikolaus-Kopernikus-Universität Thorn/Toruń stattfand. Die zwölf hier versammelten Beiträge gehen der Frage nach der Rolle der Ritterorden in der europäischen Wirtschaft des Mittelalters nach. Die Beiträge konzentrieren sich auf die beiden großen geistlichen Ritterorden. Sowohl für den Deutschen Orden als auch für die Johanniter werden anhand einer Reihe von Beispielen zum einen die Situation im Reich und in Italien, zum anderen Probleme der jeweiligen Landesherrschaft untersucht. Aus den Beiträgen wird ersichtlich, daß die Landwirtschaft das Rückgrat der Ordenswirtschaft bildete, obwohl Handel und Geldwesen zunehmend an Bedeutung gewannen, und daß es kein für die Ritterorden typisches Muster der Wirtschaftsführung gab, weder in bezug auf die Landwirtschaft noch hinsichtlich des Handels und der Finanzierung. Der Band besitzt ein reichhaltiges geographisches Register und ein Personenverzeichnis.

Piotr Zariczny

Hanna Domańska: Gdański Zakon Synów Przymierza. Dzieje żydowskiego wolnomularstwa w Gdańsku i Sopocie lata 1899–1938 [Der Danziger Orden der Bundesbrüder. Die Geschichte des jüdischen Freimaurertums in Danzig und Zoppot in den Jahren 1899–1938]. Gdynia: Uraeus 2002. 252 S., Abb. ISBN 83-85732-89-6.

In dem Buch wird die Geschichte des jüdischen Freimaurerordens in Danzig/Gdańsk und Zoppot/Sopot seit der Gründung der Logen des B'nai B'rith in diesen Städten bis zu ihrer Aufhebung dargestellt. Die Autorin bietet unter anderem zahlreiche Biogramme der Logenmitglieder und schildert die Geschichte der Bauten, in denen die Danziger Freimaurerlogen „Eugenia zum gekrönten Löwen“, „Einigkeit“, „Zum rothen Kreuz“, „Zur Kette an der Weichsel“, „Gedania“, „Borussia“ sowie die Ressourcen der „Concordia“ und des „Freundschaftlichen Vereins“ untergebracht waren. Die Studie stützt sich auf Archivalien aus Danzig, Posen/Poznań, Warschau/Warszawa und Theresienstadt/Terezín. Sie enthält ein Personenverzeichnis.

Mirosław Ossowski

Małgorzata Dymnicka, Zbigniew Opacki (Hg.): Tożsamość miejsca i ludzi. Gdańszczanie i ich miasto w perspektywie historyczno-socjologicznej [Identität des Ortes und der Menschen. Die Danziger und ihre Stadt in historisch-soziologischer Perspektive]. Warszawa: Oficyna Naukowa 2003. 236 S. ISBN 83-88164-71-6.

Das Buch ist eine Dokumentation des „I. Weltweiten Treffens der Danziger“, das vom 24. bis 26. Mai 2002 in Danzig/Gdańsk stattfand. Der Band enthält die Ansprachen zur Eröffnung des Treffens sowie die während der Konferenz „Identität – Geschichte – Dauer“ gehaltenen Vorträge deutscher und polnischer Historiker und Soziologen. Im historischen Teil informiert Henryk Paner über die Ergebnisse der durch das Archäologische Museum in Danzig durchgeführten Untersuchungen. Udo Arnold befaßt sich mit der Entwicklung der Stadt im Ordensstaat. Eine Studie von Edmund Kizik ist den Mennoniten und Juden in Danzig in der Zeit vom 16. bis zum 18. Jahrhundert gewidmet. Im Beitrag von Andrzej Groth und Józef Włodarski wird die Haltung Danzigs gegenüber Preußen in der Zeit von 1772 bis 1793 beleuchtet. Hans Jürgen Bömelburg erörtert die Probleme der Multikulturalität der Stadt Danzig und der städtischen, regionalen, konfessionell-nationalen, staatlichen und europäischen Identität ihrer Bewohner. Peter Oliver Loew setzt sich mit Mythen über das polnische, deutsche und multikulturelle Danzig auseinander. Andrzej Romanow schreibt über die polnische Bevölkerung in Danzig zwischen 1815 und 1939. Grażyna Pilarczyk faßt die Diskussion während der historischen Tagung zusammen. Im soziologischen Teil finden sich unter anderem Beiträge von Janusz Goćkowski – dieser erörtert die integrierende Funktion der Ostsee – und Ireneusz Krzemiński – über die Kultur der Erinnerung an das deutsche Danzig in der polnischen Stadt – sowie ein Text in deutscher und polnischer Sprache von Martin Gerike über die Brüderschaften des Danziger Artushofes.

Mirosław Ossowski

Ewa Gładkowska: Zrozumieć czas. Obecność wielokulturowej tradycji Warmii i Mazur na przykładzie działalności społeczno-kulturalnej i twórczości Hieronima Skurpskiego [Die Zeit verstehen. Die Gegenwart der multikulturellen Tradition des Ermlands und Masurens am Beispiel der gesellschaftlichen und kulturellen Tätigkeit sowie des Schaffens von Hieronim Skurpski] (Edycja wspólna Wydawnictwa Uniwersytetu Warmińsko-Mazurskiego w Olsztynie i Ośrodka Badań Naukowych im. Wojciecha Kętrzyńskiego w Olsztynie [Gemeinsame Ausgabe des Verlags der Ermland-und-Masuren-Universität, Allenstein, und des Wojciech-Kętrzyński-Forschungsinstituts, Allenstein]). Olsztyn 2003. 164 S., Abb., engl. Zusammenfassung. ISBN 83-7299-235-5.

Die Autorin analysiert die multikulturelle Tradition des Ermlands und Masurens am Beispiel des kulturellen Lebens in Allenstein/Olsztyn, vor allem des Schaffens von Hieronim Skurpski, einem Maler, der seit 1945 ununterbrochen in Allenstein wohnt und arbeitet. An der Persönlichkeit Skurpskis läßt sich die kulturelle Leistung der ganzen Epoche der Nachkriegszeit in der Region und der Stadt veranschaulichen. Die Problematik wird in zwei Hauptkapiteln entfaltet: „Die Bildung eines neuen Kulturraumes auf dem Gebiet des Ermlands und Masurens“ und „Skurpski und die regionale Kultur“. Das Vorwort verfaßte Erwin Kruk, ein autochthoner ermländischer Autor polnischer Sprache. Das Buch illustrieren 16 Abbildungen von Gemälden Hieronim Skurpskis, darunter das Umschlagbild. Beigefügt ist eine Bibliographie.

Alina Kuzborska

Andrzej Januszajtis: Dzieciństwo i młodość Daniela Gabriela Fahrenheita [Die Kindheit und Jugend von Daniel Gabriel Fahrenheit]. Pelplin: Bernardinum 2002. 80 S., Abb. ISBN 83-88935-56-9.

Das Buch ist ein Versuch, den aus Danzig/Gdańsk gebürtigen Naturforscher zu popularisieren und etliche Mißverständnisse über ihn aufzuklären. Anhand von Archivalien rekonstruiert Januszajtis die familiären Verhältnisse, die Kindheit und die Jugendjahre Fahrenheits in Danzig und seine späteren Verbindungen mit der Stadt. Er schildert auch die Danziger Kultur im ausgehenden 17. Jahrhundert und erläutert die Experimente Fahrenheits im Kontext der damaligen Naturwissenschaft. Die leicht faßliche Studie ist reich illustriert. Der Verfasser kündigt als Fortsetzung ein Buch über die späteren Lebensjahre Fahrenheits an.

Mirosław Ossowski

Grzegorz Jasiński: Kościół ewangelicki na Mazurach w XIX wieku (1817–1914) [Die evangelische Kirche Masurens im 19. Jahrhundert (1817–1914)] (Rozprawy i Materiały Ośrodka Badań Naukowych im. W. Kętrzyńskiego w Olsztynie [Abhandlungen und Materialien des Wojciech-Kętrzyński-Forschungsinstituts, Allenstein] 211). Olsztyn 2003. 506 S., 1 Kt., dt. Zusammenfassung. ISBN 83-87643-43-2.

Obwohl die evangelische Kirche in Masuren ein Teil der Kirche der Altpreußischen Union war, macht der Autor die Kirchengeschichte des südlichen Teils Ostpreußens zum Gegenstand einer eigenständigen Untersuchung. Den Terminus „Masurentum" bezieht er primär auf die polnische Sprache und das evangelische Bekenntnis. Die Andersartigkeit der Kirche Masurens fand ihren Niederschlag neben der sprachlichen Spezifik in religiösen Gebräuchen, die für die deutsche Bevölkerung Ostpreußens nicht typisch waren, einem historisch bedingten weitmaschigen Netz von Kirchengemeinden sowie einer spezifischen Verbandstätigkeit und kirchlichen Organisation im zweisprachigen ländlichen Raum. Die Sprachenfrage beeinflußte auch die Pfarrerschaft, denn die Pfarrer Masurens mußten neben der üblichen seelsorgerischen Tätigkeit auch auf die Politik des preußischen Staates gegenüber der nichtdeutschen Bevölkerung Bezug nehmen. Ein weiterer Themenkomplex dieser umfangreichen Abhandlung betrifft die Isolierung Masurens fernab der wirtschaftlichen und kulturellen Zentren Preußens. Die Monographie besteht aus vier Kapiteln, die die wichtigsten Bereiche des Kirchenlebens in Masuren behandeln: die Verwaltung und Organisation, die Pfarrerschaft, die Masuren als evangelische Gemeinschaft und die Stellung der evangelischen Kirche gegenüber dem Masurentum. Eine wertvolle Ergänzung bietet ein Verzeichnis der evangelischen Gemeinden in Masuren vor dem Ersten Weltkrieg; außerdem enthält das Buch eine umfangreiche Bibliographie, Namens- und Ortsregister und eine ausführliche Zusammenfassung in deutscher Sprache. Beigelegt ist eine separate Landkarte, auf der das Netz der masurischen evangelischen Kirchengemeinden verzeichnet ist.

Alina Kuzborska

Komunikaty Mazursko-Warmińskie. Kwartalnik. Czasopismo poświęcone przeszłości ziem Polski północno – wschodniej [Masurisch-Ermländische Mitteilungen. Vierteljahresschrift. Zeitschrift zur Geschichte der nordöstlichen Gebiete

Polens]. Olsztyn: Towarzystwo Naukowe i Ośrodek Badań Naukowych im. W. Kętrzyńskiego w Olsztynie / Stacja Naukowa Polskiego Towarzystwa Historycznego (Instytut Mazurski) w Olsztynie [Wissenschaftliche Gesellschaft und Wojciech-Kętrzyński-Forschungsinstitut, Allenstein / Forschungsstelle der Polnischen Historischen Gesellschaft (Masurisches Institut), Allenstein] 2002. Nr. 1 (235), S. 1–152; Nr. 2 (236), S. 153–324; Nr. 3 (237), S. 325–492; Nr. 4 (238), S. 493–664. Abb. PL ISSN 0023-3196.

Die Vierteljahresschrift (vgl. „Berichte und Forschungen" 10, 2002, S. 211 f.) besitzt seit Jahren feste Rubriken: „Aufsätze und Materialien", die jeweils eine deutsche Zusammenfassung enthalten, ferner „Miszellen", „Rezensionen und Polemiken", „Rezensionen und Besprechungen", „Forschungschronik" sowie (gelegentlich) „Quellen", „Bibliographie" und „Nachruf". Das Inhaltsverzeichnis wird immer in drei Sprachen präsentiert: Polnisch, Deutsch und Russisch. Den jeweils letzten (vierten) Band des Jahrgangs beschließen ein Inhaltsverzeichnis für das ganze Jahr und eine Liste der Autoren. Die „Aufsätze und Materialien" des ersten Heftes des Jahrgangs 2002 sind den geisteswissenschaftlichen Schwerpunkten in den Forschungszentren in Allenstein/Olsztyn gewidmet. Im einleitenden Artikel „Die Allensteiner Humanistik gestern und heute" unternimmt Wojciech Wrzesiński den Versuch, die Geschichte und den heutigen Stand der Humanwissenschaften in Allenstein in den Blick zu nehmen. Sławomir Kalembka analysiert den Stand und die Postulate der dortigen geschichtswissenschaftlichen Forschungen; Ryszard Ryszewski erläutert die Bedeutung der Allensteiner Archive nicht nur für Historiker. Maria Biolik berichtet über die sprachwissenschaftlichen Forschungen in der Region Ermland und Masuren. Die Beiträge „Die Soziologie in Allenstein – Entstehung und Entwicklung" von Andrzej Sakson und „Geschichte Russlands und Osteuropas als Gegenstand des Interesses der wissenschaftlichen Institute in Allenstein – aktueller Stand und Perspektive" von Jan Sobczak geben Einblick in die bisherigen Bemühungen und unterstreichen die Notwendigkeit, die Forschung auf den betreffenden Gebieten zu intensivieren. Norbert Kasparek bietet eine Chronik der Tätigkeit der Polnischen Historischen Gesellschaft in der Allensteiner Abteilung für die Jahre 1998–2001; Krzysztof Kalinowski berichtet über die Tagung „Der Alltag in den alten preußischen Gebieten – Zeugnisse der Vergangenheit", die am 4. Oktober 2001 in Hohenstein/Olsztynek stattfand. Der Band schließt mit der Mitteilung über die Verleihung des Danziger Erich-Brost-Preises an die Kulturgemeinschaft „Borussia". – Das zweite Heft liefert in der Rubrik „Aufsätze und Materialien" sechs Beiträge zu geschichtlichen Themen. Piotr Kittel äußert sich über die mittelalterlichen Angriffswaffen der Pruzzen, Roman Bodeński über die Geschichte der Diözese Ermland im 15. Jahrhundert, Jerzy Paszenda über das Leben von Bartolomäus Möller SJ. Jerzy Kiełbik analysiert in seinem Artikel „Adam Stanisław Grabowskis Landesgesetz vom 4. Juli 1766" den Gesetzgebungsakt, der die sozialen, ökonomischen und juristischen Fragen in den Domänen der ermländischen Bischöfe regulierte. Andrzej Kopiczko stellt die liturgischen Gesangvereine in der Diözese Ermland bis zum Jahr 1939 vor. Bohdan Koziełło-Poklewski setzt sich mit der Epoche des Nationalsozialismus in seinem Aufsatz „Der Sicherheitsdienst der SS und die ostpreußische Justiz zur Frage der Zwangsarbeit" auseinander. – Die ersten drei Beiträge des dritten Heftes befassen sich mit der spätmittelalterlichen Geschichte: Adam Szweda schreibt über den litauischen Bischof Wit, Adam Soćko über die Andreas-Burgkapelle in Braunsberg/Braniewo, Sławomir Jóźwiak über die Funktion und den Machtbereich des Kreuzritterkapitels im Deutschen Ordensstaat in den Jahren 1309–1410. Die vier weiteren Artikel sind der neuesten Regionalgeschichte verpflichtet: Zenona Rondomańska liefert Informationen über das „erste religiöse Gesangbuch im Ermland nach dem Zweiten Weltkrieg"; Ryszard Tomkiewicz befaßt sich mit einem kirchengeschichtlichen Thema („Die Reaktion der lokalen Machthaber der Woiwodschaft Allenstein auf den vatikanischen Bannfluch von 1949"); Joanna Szydłowska verfolgt die „Anwesenheit des ermländisch-masurischen Themas in der polnischen Reportage der 80er Jahre". Anschließend erörtert Edmund Wojnowski die Zukunftsperspektiven von Königsberg/Kaliningrad („Die Europäische Union und das Kaliningrader Gebiet"). In der „Forschungschronik" stellt Krzysztof Sidorkiewicz „Ziele und Tätigkeit" ausgewählter „Organisationen der Polen in der wiederhergestellten Republik Litauen" vor. – Das vierte Heft enthält die Aufsätze „Der Feldzug des Deutschen Ordens nach Estland in den Jahren 1343–1344" von Sławomir Jóźwiak und „Deutsche Sportvereine und paramilitärische Organisationen in Ostpreußen (1918–1933)" von Andrzej Gąsiorowski. In der Abteilung „Miszellen" behandeln Sobiesław Szybkowski und Józef Włodarski die Bedeutung des Dokuments „Super proprietate portus" von 1446 für die Entwicklung des Hafens von Frauenburg/Frombork, und Jerzy Kiełbik unterrichtet über eine „amtliche Bestandsaufnahme der Verhältnisse" in Guttstadt/Dobre Miasto von 1766. Die Rubrik „Quellen" bietet die Beiträge „Ein Bestandsverzeichnis des Mittleren Schlosses der Marienburg aus dem Jahre 1894" von Artur Dobry und „Die Untergrund-Pfadfinderorganisation ‚Iskra' im Spiegel der Zeugenaussagen von Wiesław Kazberuk" von Bohdan Łukaszewicz.

Alina Kuzborska

Komunikaty Mazursko-Warmińskie. Kwartalnik. Czasopismo poświęcone przeszłości ziem Polski północno-wschodniej [Masurisch-Ermländische Mitteilungen. Vierteljahresschrift. Zeitschrift zur Geschichte der nordöstlichen Gebiete Polens]. Olsztyn: Towarzystwo Naukowe i Ośrodek Badań Naukowych im. W. Kętrzyńskiego w Olsztynie / Stacja Naukowa Polskiego Towarzystwa Historycznego (Instytut Mazurski) w Olsztynie [Wissenschaftliche Gesellschaft und Wojciech-Kętrzyński-Forschungsinstitut, Allenstein / Forschungsstelle der Polnischen Historischen Gesellschaft (Masurisches Institut), Allenstein] 2003. Nr. 1 (239), S. 1–144; Nr. 2 (240), S. 145–248; Nr. 3 (241), S. 249–412; Nr. 4 (242), S. 413–648. Abb. PL ISSN 0023-3196.

Das erste Heft des Jahrgangs 2003 ist dem Andenken des Historikers und langjährigen Redakteurs der „Komunikaty" Bohdan Koziełło-Poklewski gewidmet. Die Abteilung „Aufsätze und Materialien" umfaßt folgende Beiträge zur Regionalgeschichte: Sławomir Jóźwiak: „Dietrich von Brandenburg. Administrative und politische Tätigkeit eines Diplomaten aus dem preußischen Zweig des Deutschen Ritterordens in der zweiten Hälfte des 14. Jahrhunderts"; Stanisław Achremczyk: „Neue Sicht auf Ignacy Krasicki"; Mirosław Ossowski: „Zum Ethos der preußischen Aristokratie. Ostpreußen und der 20. Juli 1944 in den Erinnerungen von Marion Gräfin Dönhoff"; Małgorzata Ruchniewicz: „Noch einmal über die Nachkriegsversuche zur Wiedergründung des Krzemieniec-Lyzeums im masurisch-ermländischen Gebiet"; Izabela Lewandowska und Janusz Hochleitner: „Veränderungen im historischen Regionalbewußtsein der Bevölkerung Ermlands und Masurens". Der Band enthält ferner Rezensionen und einen Forschungsbericht; er schließt mit der Bibliographie der Veröffentlichungen von Bohdan Koziełło-Poklewski. – Im zweiten Heft widmen sich zwei einleitende Aufsätze von Władysław Ogrodziński,

„Vom Masurischen Forschungsinstitut zum wissenschaftlichen Wojciech-Kętrzyński-Forschungszentrum", und von Wojciech Wrzesiński, „Wojciech-Kętrzyński-Forschungszentrum und gesellschaftliche Regionalforschung in Polen", dem 40jährigen Bestehen des Forschungsinstituts in Allenstein/Olsztyn und seiner Bedeutung für die Entwicklung der Regionalforschung. Sławomir Jóźwiak beschäftigt sich mit der „Gewinnung geheimdienstlicher Informationen durch die Beamten des Deutschen Ordens während des Großen Krieges (1409–1411)"; Joanna Szydłowska gibt Einblick in polnische Reportagen des 19. und 20. Jahrhunderts über Allenstein; Zenona Rondomańska berichtet über eine „Sammlung frommer Lieder für das Ermland und Masuren" von Pfarrer Antoni Sikorski. – Das dritte Heft enthält zunächst zwei Aufsätze zur Geschichte des Deutschen Ordens: Sławomir Jóźwiak befaßt sich mit der Spionage und Gegenspionage des Deutschen Ordens in Litauen und Masowien während des Großen Krieges (1409–1411); Sławomir Zonenberg präsentiert die Charakteristik von Ständen und Nationen in der „Preußischen Chronik" von Simon Grunau. Arkadiusz Wagner behandelt die Tätigkeit des Bildhauers Christoph Perwanger in der Diözese Ermland, indem er über den nicht mehr existierenden Dreifaltigkeitsaltar in der Johannes-der-Täufer-Kirche zu Wormditt/Orneta schreibt. Krystyna Gieldon liefert Informationen über die Mitglieder des Allensteiner Woiwodschaftsrates in den Jahren 1945–1950. – Den Hauptteil der „Aufsätze und Materialien" des vierten Bandes machen die Referate der wissenschaftlichen Konferenz anläßlich des 200. Todesjahres von Johann Gottfried Herder aus, die am 16./17. Oktober 2003 in Allenstein stattfand. Es handelt sich um folgende Themen: „Der Aufenthalt von Johann Gottfried Herder an der Universität in Königsberg in den Jahren 1762–1764" (Danuta Bogdan); „‚Humanitätsreligion' in den Schriften von J. G. Herder" (Honorata Jakuszko); „Die Herder-Forschung nach 1945 in Polen" (Marek Jaroszewski); „Die Herder-Tradition in Ermland und Masuren" (Magdalena Bartoś). Die anderen Aufsätze betreffen verschiedene historische Themen, etwa die Wracks von Tolkemit/Tolkmicko (Waldemar Ossowski und Marek Krąpiec), die „Migrationen der deutschen, polnischen und litauischen Bevölkerung in die preußischen Gebiete im 13.–18. Jahrhundert" (Janusz Małłek) oder Heinrich Thomme und seine Stadtpläne von Marienburg/Malbork (Wiesław Sieradzan). Weitere Artikel gelten dem liturgischen Leben der Altgläubigen bzw. der Altorthodoxen-Kirche in Eckertsdorf/Wojnowo in Masuren (Władysław Nowak) und dem Leben in Allenstein in den Jahren 1918–1939 im Spiegel der „Gazeta Olsztyńska" (Jerzy Kiełbik). Die „Forschungschronik" berichtet über die Tätigkeit der Polnischen Historischen Gesellschaft, Abteilung Allenstein, in den Jahren 2001–2003 (Andrzej Kopiczko) sowie über die Tagungen „Der Alltag in den alten preußischen Gebieten" und „650. Jahrestag Allensteins – vor der Gründung der Stadt".

Alina Kuzborska

Paweł Kosiński: Prusy Zachodnie 1914/Pomorze 1920. Ludność regionu wobec przemian politycznych okresu I wojny światowej [Westpreußen 1914/Pommerellen 1920. Die Bevölkerung der Region und die politischen Veränderungen infolge des Ersten Weltkrieges]. Warszawa: Neriton 2002. 229 S., Kt., engl. Zusammenfassung. ISBN 83-88973-28-2.

Der Autor des Bandes stellt anhand von Archivalien, der Presse und anderen Dokumenten die politische Situation in Westpreußen während und nach dem Ersten Weltkrieg dar und schildert die Übernahme der zuvor preußischen Provinz durch die polnischen Behörden. Er beleuchtet die verwickelten nationalen Verhältnisse in dieser Region und befaßt sich mit den Problemen der nationalen und der regionalen Identität angesichts der Grenzverschiebung. Diese steigerte zwar den nationalen Antagonismus; die bestehenden deutsch-polnischen Kontakte wurden jedoch, auch auf der lokalen Ebene, fortgesetzt.

Mirosław Ossowski

Barbara Krysztopa-Czupryńska: Kompania Wschodnia (Eastland Company) a Rzeczpospolita w latach 1579–1673 [Die Ostland-Kompanie (Eastland Company) und die Republik Polen in den Jahren 1579–1673] (Rozprawy i Materiały Ośrodka Badań Naukowych im. W. Kętrzyńskiego w Olsztynie [Abhandlungen und Materialien des Wojciech-Kętrzyński-Forschungsinstituts, Allenstein] 210). Olsztyn 2003. 276 S., Abb. ISBN 83-87643-48-3.

Das Buch präsentiert die Geschichte einer wenig bekannten englischen Handelsgesellschaft. Die 1579 ins Leben gerufene „Eastland Company" hatte zum Ziel, den Handel Englands mit der Region der baltischen Länder intensiver zu entwickeln. Die vorliegende wirtschaftsgeschichtliche Abhandlung schildert die Verhandlungen mit dem polnischen König um die Eröffnung des englischen Kontors in Elbing/Elbląg, die Tätigkeit der Ostland-Kompanie in den preußischen Hafenstädten sowie ihre Beziehungen mit Pommern und mit polnischen Gebieten. Dabei wird sowohl die wirtschaftliche als auch die gesellschaftlich-politische Lage Polens berücksichtigt. Die Arbeit besteht aus vier Kapiteln: I. „Die Anfänge des englischen Handels mit dem Baltikum und die Entstehung der Ostland-Kompanie"; II. „Das Kontor der englischen Geschäftsleute an der Ostsee"; III. „Die Struktur sowie rechtliche Grundlagen der Ostland-Kompanie"; IV. „Der Handel zwischen England und dem Baltikum in den Jahren 1579–1673". Außerdem enthält das Buch eine Bibliographie, ein Personenregister und ein Verzeichnis der zahlreichen Tafeln und Schaubilder. Leider ist das Resümee nur in polnischer Sprache abgefaßt.

Alina Kuzborska

Daiva Kšanienė: Muzika Mažojoje Lietuvoje: lietuviu ir vokiečiu kultūru sąveika (XVI a. – XX a. 4 dešimtmetis) [Musik in Kleinlitauen: litauisch-deutsche kulturelle Wechselbeziehungen (vom 16. Jh. bis zu den 30er Jahren des 20. Jh.s)] (Mažosios Lietuvos Fondo leidiniai [Publikationen des Fonds Kleinlitauen] 22). Klaipėda: Klaipėdos universiteto leidykla 2003. 520 S., Abb., dt. u. engl. Zusammenfassung. ISBN 9955-585-20-X.

In diesem Buch werden die kulturellen Beziehungen zweier Völker, die viele Jahrhunderte in einem Staat miteinander lebten, unter musikgeschichtlichem Aspekt untersucht. Zunächst wird die Wirkung der protestantischen Religion auf die Musikentwicklung während des langen Zeitraums vom 16. bis zum 20. Jahrhundert betrachtet. Danach folgt eine Darstellung der Musikkultur in den Städten, an der Königsberger Universität, am Hof des preußischen Herzogs sowie in den Kirchen und Schulen. Die Autorin versucht die Entwicklung der Kompositionsschule Kleinlitauens nachzuzeichnen und würdigt die Verdienste der deutschen evangelisch-lutherischen Pfarrer und Schriftsteller um die Abfassung und Veröffentlichung litauischer Gesangbücher. Trotz ihrer unverkennbaren Absicht, die kulturellen Wechselwirkungen zwischen den Deutschen und Litauern zu schildern, kann man in diesem Buch manchen anachronistischen Details begegnen, die für einen Teil der litauischen Historiographie charakteristisch sind. Dies läßt sich schon bei der Verwendung des Begriffs „Kleinlitauen“ bemerken, unter dem hier stets ganz Ostpreußen verstanden wird.

Rimvydas Petrauskas

Izabela Lewandowska: Historyczna świadomość regionalna. Z badań nad młodzieżą licealną Warmii i Mazur [Historisches regionales Bewußtsein. Aus den Forschungen an Jugendlichen aus Lyzeen im Ermland und in Masuren] (Rozprawy i Materiały Ośrodka Badań Naukowych im. W. Kętrzyńskiego w Olsztynie [Abhandlungen und Materialien des Wojciech-Kętrzyński-Forschungsinstituts, Allenstein] 214). Olsztyn 2003. 224 S., Abb. ISBN 83-87643-58-0.

Das Buch besteht aus sechs Kapiteln. Das erste referiert Untersuchungen zum historischen und regionalen Bewußtsein von Jugendlichen. Die weiteren Teile präsentieren die Ergebnisse der Analyse der Verfasserin; dokumentiert und erläutert werden verschiedene Aspekte erworbenen Wissens und einschlägiger Erfahrungen des Alltags: „Familie und emotionale Beziehungen zur Region Ermland und Masuren“, „Interessen, Kenntnisse und historische Anschauungen im Bereich der Regionalgeschichte“, „Nationale und ethnische Minderheiten im Urteil von Jugendlichen“, „Regionalgeschichte in der Schule“ sowie „Möglichkeiten der Bildung des historischen regionalen Bewußtseins. Ergebnisse der Untersuchung“. In ihrem Resümee stellt die Autorin fest, daß die Jugendlichen mit ihrer Heimatregion emotional verbunden sind. Die historischen Kenntnisse dagegen lassen zu wünschen übrig. Das historische regionale Bewußtsein kann gegebenenfalls innerhalb von vielen Jahren, von mehreren Generationen gebildet werden; eine wichtige Rolle sollten dabei die Schule, die gesellschaftlichen Organisationen und die regionalen Behörden spielen.

Alina Kuzborska

Iwona Liżewska, Wiktor Knercer [Hg.]: Zachowane – ocalone? O krajobrazie kulturowym i sposobach jego kształtowania [Erhalten – gerettet? Über die Kulturlandschaft und ihre Gestaltung] ([Reihe:] Nowe życie pod starymi dachami [Neues Leben unter alten Dächern]). Olsztyn: Stowarzyszenie WK „Borussia“ 2003. 248 S., Abb. ISBN 83-89233-04-5.

Der zweite Band der Serie „Neues Leben unter alten Dächern“ ist der Ertrag von zwei Tagungen zum gleichen Thema (Sorquitten/Sorkwity, 2000, und Ortelsburg/Szczytno, 2002) und umfaßt darüber hinaus weitere Beiträge. Der Leitgedanke des Bandes lautet: Wie kann man die Kulturlandschaft schützen und gestalten? Die Landschaft des ermländischen und des masurischen Dorfes dient hierbei als Forschungsgegenstand und Ausgangspunkt regionaler Aktivitäten zur Erhaltung des Kulturerbes. Im ersten und dritten Teil des Bandes wird das kulturelle Erbe des Ermlands und Masurens sowohl aus historischer Sicht als auch aus dem Blickwinkel der Gegenwart betrachtet. Dabei handelt es sich zum einen um theoretische Überlegungen (Kapitel: „Geschichte – Erbe – Veränderungen“), zum anderen um persönliche Mitteilungen und Erinnerungen (Kapitel: „Stammsitze – Schicksale – Menschen“). Der zweite, umfangreichste Teil „Gegenwart – Projekte – Realisierung“ enthält Texte, die das Leitthema nicht nur aus lokaler, sondern auch aus überregionaler Perspektive anvisieren. Sie bieten einerseits Forschungsergebnisse (B. Lipińska, V. Stauskas, M. Swaryczewska), andererseits Berichte über konkrete Maßnahmen, und zwar sowohl über erfolgreiche Projekte mit verschiedenen gesellschaftlichen Gruppen (E. Szalewska, B. Zalewska) als auch über individuelle Aktivitäten (K. Worobiec, J. Wysocki, P. Olszak). Das Buch ist sehr reich illustriert (Fotos, Skizzen, Landkarten). Beigefügt ist auch eine knappe Übersicht über Maßnahmen, die das Projekt begleitet haben (Publikationen, Workshops, Ausstellungen und Wettbewerbe).

Alina Kuzborska

Krzysztof Mikulski, Janusz Tandecki (Hg.): Księgi małoletnich z lat 1376–1429 = Mündelbücher aus den Jahren 1376–1429 (Zródła do dziejów średniowiecznego Torunia [Quellen zur Geschichte des mittelalterlichen Thorn] 2). Toruń: Wydawnictwo Uniwersytetu Mikołaja Kopernika 2002. XXVII, 111 S. ISBN 83-231-1495-1.

Der in polnischer und deutscher Sprache veröffentlichte Band versammelt Archivalien aus den Beständen des Staatsarchivs in Thorn/Toruń. Die Quellentexte werden ungekürzt dargeboten. Es handelt sich um Handschriften aus dem Altthorner Mündelversorgungsamt aus den Jahren 1376–1429. Die Aufzeichnungen betreffen hauptsächlich die Entleihung oder Nutzungsüberlassung von Geld und anderen Waisenvermögen zu bestimmten Konditionen. Sie informieren auch über Abrechnungen, Rückzahlungen, Schulden, Forderungen, Zinsen, Renten etc. und geben Auskunft über familiäre Verhältnisse. Damit bilden sie eine vorzügliche Quelle für kulturgeschichtliche Untersuchungen zur Einwohnerschaft der Alt- und Neustadt Thorn. Zahlreiche Anmerkungen geben sachliche Erläuterungen. Die Edition verfügt über eine mit weiterführenden Literaturhinweisen versehene Einleitung sowie über detaillierte Verzeichnisse von Abkürzungen, Orts- und Personennamen sowie Sachbegriffen.

Piotr Zariczny

Beata Możejko: Czynsz gdański w polityce Kazimierza Jagiellończyka i jego synów (1468–1516) [Der Danziger Zins in der Politik Kasimir Jagiellos und seiner Söhne (1468–1516)]. Gdańsk: Wydawnictwo Uniwersytetu Gdańskiego 2004. 488 S., dt. Zusammenfassung. ISBN 83-7326-198-2.

Die Studie befaßt sich mit der Eintreibung der für Danzig/Gdańsk im Privileg von 1454 festgelegten jährlichen Abgabe von 2 000 ungarischen Gulden durch König Kasimir und seine Nachfolger sowie mit der Art und Weise, in der der Stadtrat die königlichen Aufträge durchgeführt hat. Die ausgestellten Quittungen und deren Einlösung werden anhand der Eintragungen durch die Kanzlei der Stadt Danzig minuziös rekonstruiert. Im Anhang findet sich eine Aufstellung der Personen, welche in den Jahren 1468–1492 Pfandleihen erhalten haben. Der Band schließt mit einer umfangreichen Zusammenfassung in deutscher Sprache und einem Personenverzeichnis.

Mirosław Ossowski

Cezary Obracht-Prondzyński: Kaszubi. Między dyskryminacją a regionalną podmiotowością [Die Kaschuben. Zwischen Diskriminierung und regionaler Selbstbestimmung]. Gdańsk: Instytut Kaszubski w Gdańsku, Uniwersytet Gdański 2002. 829 S., Abb., kaschub., engl. u. dt. Zusammenfassungen. ISBN 83-914815-8-1, ISBN 83-7326-044-7.

Die soziologische Abhandlung ist der Kultur und Identität der Kaschuben vor dem Hintergrund von Gesellschaft, Wirtschaft und Geschichte (vorwiegend nach 1945) gewidmet. In ihren sieben Kapiteln werden folgende Aspekte behandelt: wissenschaftliche Forschungen, nationale Problematik, ökonomische und wirtschaftliche Prozesse, Werte und Symbole, Institutionen, die Kaschubisch-Pommersche Vereinigung, Kaschuben in der Politik. Im Kapitel „Die Kaschuben angesichts der nationalen Problematik“ wird insbesondere die Stellung der Kaschuben im historischen Kontext der deutsch-polnischen Beziehungen beleuchtet. Das Buch enthält ein Verzeichnis der Quellen und der Literatur sowie ein Personenregister. Im Anhang finden sich neun Tabellen mit Informationen über die Kaschuben betreffende wissenschaftliche und kulturelle Aktivitäten.

Mirosław Ossowski

Hubert Orłowski: Za górami, za lasami... O niemieckiej literaturze Prus Wschodnich 1863–1945 [Hinter den Bergen, hinter den Wäldern... Über die deutsche Literatur Ostpreußens 1863–1945] ([Reihe:] Miniatury Borussii – Krajobrazy pamięci [Miniaturausgaben der „Borussia“ – Gedächtnislandschaften]). Olsztyn: Borussia 2003. 104 S. ISBN 83-89233-08-8.

Mit diesem Band des polnischen Germanisten Hubert Orłowski wird eine neue Serie, „Gedächtnislandschaften“, herausgegeben von Kazimierz Brakoniecki, Basil Kerski und Robert Traba, eröffnet. Die Reihe ist auf ungefähr vierzig Bände angelegt, die in einer leicht zugänglichen literarisch-essayistischen Form Kenntnisse über das deutsche, litauische und polnisch-deutsche Erbe Ostpreußens vermitteln sollen. Der Autor versucht, die deutsche ostpreußische Literatur seit den 60er Jahren des 19. Jahrhunderts bis zum Ende des Zweiten Weltkriegs systematisisch darzustellen. Die zeitliche Zäsur 1863 (das Jahr des Januaraufstands in den polnischen Gebieten unter der zaristischen Fremdherrschaft) rechtfertigt Orłowski damit, daß damals „der Prozeß einer literarischen Artikulation der ostpreußischen regionalen Gemeinschaft“ begann; dies war dem Autor zufolge der Beginn der „ostpreußischen Literatur“. Die regionale Literatur des Landes der „dunklen Wäldern und kristallnen Seen“, die in der behandelten Zeit zur Antimoderne tendierte, antizivilisatorische und konservative Tendenzen aufwies, betrachtet Orłowski unter literatursoziologischen Aspekten in vier Themenkreisen: „Am Anfang war die Landschaft. Über die Ikonosphäre Ostpreußens“, „Am Anfang war der Aufstand. Über die Geburtsstunde der ‚ostpreußischen Literatur‘“, „Am Anfang war der Krieg. Die zweite Geburt“, „Am Anfang war der Wald. Über die Literatur des kulturellen Konservatismus“. Wegen des essayistischen Charakters der Bände der Reihe „Miniaturausgaben“ wurde auf eine Zusammenfassung in deutscher Sprache verzichtet.

Alina Kuzborska

Ryszard Otello: Problemy narodowościowe w kościele ewangelickim na Mazurach w latach 1918–1945 [Nationale Probleme in der evangelischen Kirche Masurens in den Jahren 1918–1945] (Rozprawy i Materiały Ośrodka Badań Naukowych im. W. Kętrzyńskiego w Olsztynie [Abhandlungen und Materialien des Wojciech-Kętrzyński-Forschungsinstituts, Allenstein] 212). Olsztyn 2003. 152 S. ISBN 83-87643-53-X.

Die Abhandlung des Pfarrers Ryszard Otello wartete auf den Druck seit 1978; die politische Situation in Polen, aber auch der Tod des Autors hatten die Edition verschoben.

Die Arbeit basiert auf reichen Archivmaterialien und bringt neue Fakten. Sie stellt das Schicksal der evangelischen Bevölkerung Masurens dar, deren Besonderheit ihre polnische Sprache (im masurischen Dialekt) war. Der Verfasser kommt zu dem Ergebnis, die evangelische Kirche habe mit dem deutschen Staat zusammengearbeitet, was zu einer graduellen Germanisierung und Tilgung der Eigentümlichkeit der masurischen Bevölkerung beigetragen habe. Die angeführte Statistik (331 000 Personen im Jahre 1890, 10 000 im Jahre 1969) soll diese These offensichtlich bestätigen. Die nationalen Verhältnisse Masurens in der Zwischenkriegszeit waren vor allem von der politischen Situation abhängig, deswegen liegt der Darstellung folgende chronologische Ordnung zugrunde: die Zeit der Volksabstimmung, die Epoche der Weimarer Republik, die Zeit des Nationalsozialismus, der Zweite Weltkrieg. Die Politik der polnischen Regierung in der Nachkriegszeit war der evangelischen Kirche gegenüber nicht günstig, weil man in den ‚Wiedergewonnenen Gebieten' jegliche Spuren der deutschen Anwesenheit zu verwischen versuchte. Den Text ergänzen elf Tafeln, sieben Annexe, eine Bibliographie und ein Namens- und Ortsverzeichnis. Das Buch wird eingeleitet durch ein Vorwort von Janusz Małłek. Leider enthält es keine fremdsprachige Zusammenfassung.

Alina Kuzborska

Silva Pocytė: Mažlietuviai Vokietijos imperijoje 1871–1914 [Die Kleinlitauer im Deutschen Reich 1871–1914]. Vilnius: Vaga 2002. 304 S., dt. Zusammenfassung. ISBN 5-415-01676-7.

Schon im 16. Jahrhundert bildete sich im nördlichen Teil Ostpreußens, im sog. Kleinlitauen (Preußisch-Litauen), die Volksgruppe der Kleinlitauer. Sie hat mit der Zeit ihre eigene Identität entwickelt, für die charakteristisch war, daß sie sich gegenüber dem Landesherrscher loyal verhielt. Infolge der Nationenpolitik des Deutschen Reiches nach 1871 bekam diese Identität neue Züge. Es entstand eine Bewegung, die die Form kultureller Verbände annahm. Diese Verbände sind auch der Hauptgegenstand dieser Monographie. Es waren etwa 30 solcher Vereinigungen aktiv, die sich die Bewahrung der litauischen Sprache und Kultur zum Ziel setzten. Die Autorin setzt sich mit den Auswirkungen der spezifischen Sozialstruktur der Kleinlitauer auseinander – es fehlte eine gebildete Schicht –, verfolgt den allmählich verlaufenden Zusammenschluß der Kleinlitauer, Tendenzen der kulturellen Modernisierung und die Wandlungen der Mentalität dieser ethnischen Gruppe.

Rimvydas Petrauskas

Silva Pocytė (Hg.): Klaipėdos kraštas 1920–1924 m. archyviniuose dokumentuose [Das Memelgebiet in den Jahren 1920–1924 nach archivalischen Quellen] (Acta Historica Universitatis Klaipedensis 9). Klaipėda: Klaipėdos universiteto Baltijos regiono istorijos ir archeologijos institutas 2003. 160 S., dt. u. engl. Zusammenfassung. ISBN 9955-585-28-5.

Der Band ist der Geschichte des Memelgebietes während der folgenreichen Zeitspanne 1920–1924 gewidmet. Die Autoren der Beiträge veröffentlichen Dokumente aus den Archiven verschiedener Länder, die Licht in den damaligen internationalen „Wettbewerb" bringen. Alvydas Nikžentaitis verdeutlicht, wie sich die Diplomatie der polnischen Republik die Entscheidung der „Memelfrage" vorstellte. Saulius Pivoras interessiert sich für die Tätigkeit der schwedischen Diplomaten 1923–1926. Ēriks Jēkabsons stellt Dokumente vor, die die Haltung der lettischen Regierung zu den Ereignissen von 1923 im Memelgebiet erläutern. Zenonas Butkus veröffentlicht die Quellen, die die Interessen der Hauptakteure in der regionalen politischen Szene (Sowjetrußlands und Deutschlands) widerspiegeln und die internationalen Voraussetzungen des Anschlusses des Gebietes an Litauen 1923 beleuchten. Vygandas Vareikis befaßt sich mit der Position der litauischen Regierung. Darius Barasa schließlich publiziert das Tagebuch eines französischen Offiziers, der 1920/21 in Memel/Klaipėda Dienst tat.

Rimvydas Petrauskas

Dariusz Poliński: Późnośredniowieczne osadnictwo wiejskie w ziemi chełmińskiej [Die spätmittelalterliche Dorfsiedlung im Kulmerland]. Toruń: Wydawnictwo Uniwersytetu Mikołaja Kopernika 2003. 315 S., 5 Kt., dt. Zusammenfassung. ISBN 83-231-1555-9.

Diese Monographie stellt die Fortsetzung einer früheren Arbeit des Autors dar, die eine archäologische Datenbasis für Untersuchungen zur spätmittelalterlichen Dorfsiedlung im Kulmerland bot. In der vorliegenden Studie wird das räumlich-chronologische Bild der dörflichen Siedlungsstruktur im späten Mittelalter, d. h. von etwa 1230 bis zur Wende vom 15. zum 16. Jahrhundert, gezeichnet. Wie dynamisch die Siedlungstätigkeit auf diesem Gebiet in einzelnen Phasen verlaufen ist, wird anhand von physikalisch-geographischen Faktoren untersucht. Dabei sind auch die gesellschaftlich-ökonomischen Veränderungen und der Verstädterungsprozeß im Zusammenhang mit der deutschen Kolonialisation nach dem deutschen Recht berücksichtigt. Tabellarische Aufstellungen, Diagramme und Karten sowie das Literaturverzeichnis bilden einen besonders informativen Teil des Buches, indem dort Grundinformationen über die berücksichtigten Dorfsiedlungen und weiterführende bibliographische Hinweise neueren Datums zu finden sind.

Piotr Zariczny

Aniela Przywuska, Izabella Rdzanek (Hg.): 100 lat Archiwum Państwowego w Gdańsku. Sesja jubileuszowa 8 VI 2001 [100 Jahre Staatsarchiv Danzig. Jubiläumssymposium 8. 6. 2001]. Gdańsk: Archiwum Państwowe 2001. 424 S., 69 Abb., dt. Zusammenfassungen. ISBN 83-914612-1-1.

Der Jubiläumsband umfaßt 21 Aufsätze über das am 1. April 1901 gegründete Staatsarchiv in Danzig/Gdańsk, das Diözesanarchiv in Pelplin und die Zusammenarbeit des Staatsarchivs mit der Universität Danzig bei der Ausbildung von Archivaren. Einige Beiträge sind regionalen historischen Forschungen gewidmet; sie wurden aufgrund von Archivbeständen erarbeitet. Einen Überblick über die Geschichte des Staatsarchivs 1901–2001, besonders über die Zeit nach 1945, gibt Aniela Przywuska. Peter Letkemann berichtet über die Zeitspanne von 1901 bis 1945 – es ist im Band der einzige Aufsatz in deutscher Sprache, die anderen haben deutsche Zusammenfassungen. Zdzisław Chmielewski informiert über den Beitrag des Danziger und Berliner Archivars Adolf Brenneke zur Archivkunde. Eine Studie von Andrzej Groth widmet sich dem Hafen, der Schiffahrt und dem Seehandel der Stadt Elbing/Elbląg. Mit den Themen Zwangsarbeit und Aussiedlungen im Zweiten Weltkrieg befaßt sich Rafał Potrzebowski. Andrzej Regliński schreibt über die Filialen des Staatsarchivs. Lidia Potykanowicz-Studa stellt die Direktoren des Staatsarchivs in Form von Biogrammen vor. Janusz Tandecki beschäftigt sich mit Städtegründungen nach dem Lübecker Recht im preußischen Ordensstaat.

Mirosław Ossowski

Rocznik Gdański [Danziger Jahrbuch]. Bd. 62, H. 1, 2. Gdańsk: Gdańskie Towarzystwo Naukowe 2002. 255 S., engl. Zusammenfassungen. ISSN 0080-3456, ISBN 83-87359-66-1.

Das Jahrbuch umfaßt 14 Beiträge zu regionalen, überwiegend historischen Themen. Unter ihnen: die französische Konsularvertretung in Danzig/Gdańsk im 17. und 18. Jahrhundert (Edmund Cieślak), der Überseehandel in Elbing/Elbląg 1772–1815 (Andrzej Groth), der Handel Danzigs mit Stockholm während des polnisch-schwedischen Krieges 1655–1660 (Jerzy Trzoska), die Einstellung des russischen und des preußischen Hofes gegenüber Schweden und dessen politischem System im 18. Jahrhundert (Gabriela Majewska). Edmund Kotarski stellt Institutionen des literarischen Lebens (Schulen, Verlage, Periodika, Bibliotheken, Theater und literarische Eliten) in den Ostseestädten Danzig, Riga und Reval/Tallinn im 17. Jahrhundert dar. Im Band finden sich auch Buchbesprechungen, vier Konferenzberichte und ein Verzeichnis neuer Publikationen.

Mirosław Ossowski

Rocznik Sopocki [Zoppoter Jahrbuch]. [Bd.] 16. Sopot: Towarzystwo Przyjaciół Sopotu 2003. 248 S. ISSN 0127-334-X.

Der ganze Band ist ortsgeschichtlichen Themen gewidmet. Einige Autoren der Beiträge befassen sich mit der Vorkriegsgeschichte von Zoppot/Sopot. Marek Sperski stellt die Geschichte des Hotels „Villa Sedan“ dar. Andrzej Morawski erläutert die früheren Straßennamen der Stadt und verweist am Beispiel der alten Gebäude auf die Rolle der lokalen Gedenkorte. Jerzy Marian Michalak setzt die Darstellung der Tätigkeit des Schauspielers und Theaterdirektors Friedrich Genée in Zoppot und Danzig/Gdańsk 1843–1847 aus dem Band 15 fort.

Mirosław Ossowski

Rocznik Toruński [Thorner Jahrbuch] 29. Hg. v. Bogusław Dybaś. Toruń: Wydawnictwo Uniwersytetu Mikołaja Kopernika 2003. 318 S. ISSN 0557-2177.

Die 29. Ausgabe des Jahrbuchs des Vereins der Freunde der Stadt Thorn/Toruń (Towarzystwo Miłośników Torunia) an der Nikolaus-Kopernikus-Universität wurde zum Gedenken an den Buchkünstler Zygmunt Gardzielewski herausgegeben. Der Band besteht aus sieben Aufsätzen zur Thorner Stadtgeschichte, zwei Miszellen, drei kurzen Buchbesprechungen und einer Chronik. Die Artikel beziehen sich auf folgende Themen: die Burg Diebau im Lichte archäologischer Untersuchungen, Kontakte der Thorner Komture zu Juden aus Nowa Nieszawa im 15. Jahrhundert, Wetterbedingungen in Thorn und Umgebung im 18. Jahrhundert nach erzählenden Quellen, der Barock in der Peter-und-Paul-Kirche im Thorner Stadtteil Podgórz, das deutsche allgemeine Schulwesen in Thorn in den Jahren 1920–1939. In den Miszellen wird über die Mariensolidarität am Jesuitenkolleg in Thorn anhand eines Dokumentes des Claudius Aquaviva vom Jahre 1606 sowie über den Feiertag des pommerellischen Handwerks in Thorn informiert. Die

Chronik besteht aus Berichten über die Aktivitäten des Vereins und über die Bibliothek des Thorner Stadtarchivs. Der Band wird mit einer verdienstvollen Bibliographie zur Geschichte der Stadt Thorn (Berichtsjahr 2001) abgeschlossen.

Piotr Zariczny

Zenona Rondomańska: Wychowanie przez muzykę w szkołach na polskiej Warmii w XX wieku [Die Musikerziehung in den Schulen des polnischen Ermlands im 20. Jahrhundert] (Rozprawy i Materiały Ośrodka Badań Naukowych im. W. Kętrzyńskiego w Olsztynie [Abhandlungen und Materialien des Wojciech-Kętrzyński-Forschungsinstituts, Allenstein] 209). Olsztyn 2003. 150 S., dt. Zusammenfassung. ISBN 83-87643-23-8.

Die Abhandlung beschäftigt sich mit der Geschichte des polnischen Schulwesens im Ermland: vor 1945 – innerhalb des deutschen Staates – und nach 1945 – in Polen –, wobei die Musikerziehung in den Vordergrund gestellt wird. Zunächst versucht die Autorin die Rolle des Musikunterrichts in den polnischen Schulen und seinen Einfluß auf die Entwicklung der regionalen Identität sowie des polnisch-nationalen Bewußtseins in den beiden Dekaden 1919–1928 und 1929–1939 aufzuzeigen. In der ersten Phase der Nachkriegszeit wurden nur geringe Kenntnisse der Regionalgeschichte vermittelt; das dritte Kapitel „Erziehung in der Schule in den letzten Jahren der Volksrepublik Polen" vermerkt daher, daß die patriotische und regionale Erziehung vernachlässigt worden sei. In einem umfangreichen Anhang findet man 17 Schulprogramme in Polen, Personen- und Ortsverzeichnis sowie eine Bibliographie.

Alina Kuzborska

Magdalena Sacha: Topos Mazur jako raju utraconego w literaturze niemieckiej Prus Wschodnich (Ernst Wiechert – Hans Hellmut Kirst – Siegfried Lenz) [Der Masuren-Topos als verlorenes Paradies in der deutschen Literatur Ostpreußens (Ernst Wiechert – Hans Hellmut Kirst – Siegfried Lenz)] (Rozprawy i Materiały Ośrodka Badań Naukowych im. Wojciecha Kętrzyńskiego w Olsztynie [Abhandlungen und Materialien des Wojciech-Kętrzyński-Forschungsinstituts, Allenstein] 194). Olsztyn 2001. 140 S., dt. Zusammenfassung. ISBN 83-87643-47-5.

Das Buch der in Allenstein/Olsztyn geborenen Polonistin und Germanistin Magdalena Sacha besteht aus zwei Teilen, die jeweils in drei Kapitel gegliedert sind. Der erste Teil trägt einen synthetischen Charakter und ist der Geschichte Masurens und der ostpreußischen Literatur des 20. Jahrhunderts bis zum Kriegsende gewidmet. Der zweite Teil ist analytisch angelegt. Hierin werden der literaturwissenschaftliche Begriff ‚Topos' und speziell der ‚Masuren-Topos' erläutert. Dieser wird exemplarisch anhand von ausgewählten Werken der deutschen Nachkriegsliteratur untersucht. Drei Romane von in Masuren geborenen Autoren, „Die Jerominkinder" (1947) von Ernst Wiechert, „Gott schläft in Masuren" (1956) von Hans Hellmut Kirst und „Heimatmuseum" (1978) von Siegfried Lenz, liefern den Stoff für die Erforschung des literarischen Bildes Masurens, vor allem der Rolle der Landschaft, des Bildes der Dorfgemeinschaft, der Geschichte und des Endes der ‚heiligen' Zeit. Die Publikation enthält eine Auswahlbibliographie und ein Namensverzeichnis.

Alina Kuzborska

Zbigniew Światłowski: Günter Grass. Portret z bębenkiem i ślimakiem [Günter Grass. Ein Porträt mit Blechtrommel und Schnecke]. Gdańsk: POLNORD Wydawnictwo OSKAR 2000. 223 S. ISBN 83-86181-62-1.

Für Günter Grass hat Zbigniew Światłowski schon lange geschwärmt. Bereits 1987 erschien sein erstes Buch über den Autor der „Blechtrommel". 2000 legte er erneut eine Monographie über Grass vor. Im Plauderton berichtet Światłowski darin über den frisch gekrönten Nobelpreisträger, indem er die Aspektvielfalt seines Œuvres hervorhebt und an Beispielen aufzeigt. Der Verfasser entscheidet sich für eine chronologische Verfahrensweise und checkt einzelne Stationen im Schaffen von Grass ab. Dazu schaltet er manche Exkurse ein, die ein Panorama der (hauptsächlich) westdeutschen Literatur bis in die neueste Zeit entfalten und Grass in diesen Kontext stellen sowie dessen Beitrag zur Entwicklung der westdeutschen Literatur beschreiben. Grass liebt und haßt man – wie der Autor selber betont – aus mannigfaltigen Gründen: als denjenigen, dem die (deutsche) Prosa nach jahrelangen Experimenten wieder einen belebenden Hauch von erzählerischem Reichtum und Freiheit der Imagination zu verdanken habe, als den scharfsinnigen Kritiker der deutschen Geschichte, den Fahnder, der Lügen der Politik und Lügen der Kultur entlarve, und schließlich als den beinahe anarchistisch gesinnten Spötter, der den deutschen Größenwahn, patriotische Mythen und nazistische Ideologien mit Ironie geißelt. In all diesen Gestalten erblickt man Grass in Światłowskis Buch. Untermauert wird dies mit umfassenden Analysen seiner Romane.

Grzegorz Jaśkiewicz

Robert Traba: Kraina tysiąca granic. Szkice o historii i pamięci [Das Land der tausend Grenzen. Skizzen zur Geschichte und zum Gedächtnis]. Olsztyn: Wspólnota Kulturowa „Borussia" 2003. 312 S., 64 Abb., 1 Kt. ISBN 83-89233-05-3.

Dieses Buch des polnischen Historikers, des Chefredakteurs und Vorsitzenden der Kulturgemeinschaft „Borussia" in Allenstein/Olsztyn, ist Ergebnis seiner wissenschaftlichen Interessen, die in erster Linie der Sozialgeschichte, den kulturellen Wandlungen, dem Mentalitätswandel sowie dem Thema Gedächtnis verpflichtet sind. Der geographische Raum, mit dem sich Robert Traba beschäftigt, umspannt das historische Gebiet der deutsch-polnischen Nachbarschaft, Ermland und Masuren, Preußisch-Litauen, das Ostpreußen des 19. und 20. Jahrhunderts sowie allgemein Ostmitteleuropa. Zusammen mit dem Prolog („Das Land der Altpreußen") und dem Epilog („Der Bus nach Nidden. Zwei Gespräche von Basil Kerski mit Robert Traba") umfaßt der Band sechs Kapitel und enthält zahlreiche Beiträge, die bereits in Polen und Deutschland publiziert wurden. Im Teil „Glaubensbekenntnis und Nationalismus: Ermland" erörtert der Autor in drei Aufsätzen die nationalen und konfessionellen Fragen im Ermland; eine Studie ist dem Publizisten Eugeniusz Buchholz gewidmet. Das Kapitel „Heimatland und Modernisierung: Masuren – Preußisch Litauen" geht ein auf die Prozesse der Herausbildung des nationalen Bewußtseins unter Masuren, Ermländern und Preußisch-Litauern sowie das politische Wirken dieser nationalen Minderheiten vom Ende des 19. bis zum Anfang des 20. Jahrhunderts. Im nächsten Teil „Der Krieg und Zwangsaussiedlungen: asymmetrisches Gedächtnis" thematisiert Traba die beiden Weltkriege. Seine fünf Aufsätze in diesem Abschnitt betreffen vor allem die unterschiedliche Erfassung der Kriegsereignisse im kollektiven Gedächtnis von Polen und Deutschen. Der letzte Themenkreis erschließt die

Problematik des „offenen Regionalismus", der zum Motto der kulturellen und gesellschaftlichen Tätigkeit des Vereins „Borussia" wurde.

Alina Kuzborska

Warmińsko-mazurski biuletyn konserwatorski [Ermländisch-masurisches Bulletin zur Denkmalpflege]. Rocznik II [Jg. 2]. Olsztyn: Towarzystwo opieki nad zabytkami, Oddział w Olsztynie 2000. 240 S., Abb., dt. Zusammenfassungen. ISSN 1640-5560.

Das Jahrbuch der Gesellschaft für Denkmalschutz in Allenstein/Olsztyn wird seit 1999 herausgegeben. Es präsentiert die Resultate der Forschungen von Allensteiner Denkmalpflegern innerhalb eines Jahres. Den zweiten Jahrgang (2000) eröffnen sieben Beiträge zur Archäologie: „Warum ist das Melden von Entdeckungen und archäologischen Fundplätzen sinnvoll?" (Piotr Górny), „Die frühmittelalterliche prußische Bestattungsstätte in Dobrzyki [Weinsdorf, ehem. Kreis Mohrungen/Morąg]" und „Undestruktive Archäologie in der Ermländisch-Masurischen Woiwodschaft im Jahre 2000" (Zbigniew Kobyliński, Krzysztof Misiewicz, Dariusz Wach); weitere Berichte gelten zwei Brandbestattungsstätten in der Region (Małgorzata Kawiecka, Łukasz Stanaszek), Hügelgräbern (Maria Wielgus-Wysocka, Jacek Wysocki) und einer archäologischen Entdeckung in Neidenburg/Nidzica (Jacek Wysocki). Stanisław Dąbrowski führt den Leser in die Johannisburger Heide/Puszcza Piska. Maria Gawryluk stellt die Schloß- und Parkanlage des ehemaligen Gutes Groß Wesseln in Elbing/Elbląg vor, Adam Płoski die Schloßbrauerei in Neidenburg. Vier weitere Berichte befassen sich mit der Restaurierung von Objekten sakraler Kunst. Den Band beschließen zwei Texte über die Landschaftspflege in der Region (Wiktor Knercer, Jarosław Osmólski) und ein Bericht von Jacek Wysocki über das Hallander Programm des Denkmalschutzes in Schweden und seinen Einsatz in Polen. Jeder Beitrag ist sehr reich bebildert. Dies und die ausführlichen deutschsprachigen Resümees ermöglichen auch deutschen Lesern den Einblick in die Problematik der Denkmalpflege in der Region.

Alina Kuzborska

Warmińsko-mazurski biuletyn konserwatorski [Ermländisch-masurisches Bulletin zur Denkmalpflege]. Rocznik III [Jg. 3]. Olsztyn: Towarzystwo opieki nad zabytkami, Oddział w Olsztynie 2001. 240 S., Abb., dt. Zusammenfassungen. ISSN 1640-5560.

Der dritte Band des Bulletins der Gesellschaft für Denkmalschutz in Allenstein/Olsztyn besteht aus 20 Beiträgen, die folgenden Themen gewidmet sind: Archäologie, Geschichte der sakralen Kunst, Architektur der Bürgerhäuser und anderer Baudenkmäler, Parkanlagen und Friedhöfen. Tadeusz Korowaj berichtet über die jüdische Gemeinde in Rastenburg/Kętrzyn, Stanisław Dąbrowski und Wiktor Knercer schreiben über die Parkanlage in Döhlau/Dylewo. Einen interessanten Beitrag zur Regionalgeschichte leistet Stanisław Jasiński mit seinem Aufsatz „Die Backsteinsäule in Kal/Kehl bei Angerburg", in dem er ein umstrittenes Ereignis aus dem Jahre 1564 neu diskutiert. Krystyna Banasiuk und Zbigniew Sadza rekapitulieren die Geschichte der Denkmäler in Allenstein, von denen einige nach dem Kriege aus politischen Gründen nicht wiederaufgebaut wurden, z. B. das Kaiser-Wilhelm-I.-Denkmal von 1901 oder das Plebiszit-Denkmal von

1928. Zwei Beiträge beziehen sich auf die regionale Wirtschaftsgeschichte: „Der Eisenbahnknotenpunkt in Pisz/Johannisburg“ (Teil I) von Stanisław Jasiński und Adam Żywiczyński sowie „Die Traditionen der Bierbrauerei in Szczytno/Ortelsburg“ von Adam Płoski. Der Band ist sehr reich illustriert. Auffällig ist, daß in den deutschen Versionen der Texte nur die gegenwärtigen polnischen Ortsnamen verwendet werden, sogar dann, wenn historische Themen behandelt werden.

Alina Kuzborska

Warmińsko-mazurski biuletyn konserwatorski [Ermländisch-masurisches Bulletin zur Denkmalpflege]. Rocznik IV [Jg. 4]. Olsztyn: Towarzystwo opieki nad zabytkami, Oddział w Olsztynie 2002. 248 S., Abb., dt. Zusammenfassungen. ISSN 1640-5560.

Die vorliegende Ausgabe des Jahrbuchs eröffnet ein kurzes Vorwort des Chefredakteurs Jacek Wysocki. In dem Band finden sich Beiträge von ‚externen‘ Autoren, die außerhalb der Denkmalpflege in der Region Ermland und Masuren tätig sind; sein Themenspektrum ist dementsprechend erweitert. Neben zwei archäologischen Studien enthält er einen Artikel über architektonische Untersuchungen der Burg von Lötzen/Giżycko (Joanna Wańkowska-Sobiesiak), Berichte über Restaurierungsarbeiten in den Kirchen von Löbau/Lubawa und Passenheim/Pasym, weiterhin über die Renovierung einer Brücke am Elbinger Kanal / Kanał Elbląski. Der Band enthält den zweiten Teil der Untersuchung über den Bahnknotenpunkt Johannisburg/Pisz von Stanisław Jasiński und Adam Żywiczyński. Jerzy Sikorski geht den Spuren des Komponisten Feliks Nowowiejski im Ermland nach: von Wartenburg/Barczewo, seinem Geburtsort, über Heiligelinde / Święta Lipka, wo er die Musikschule besuchte, bis nach Allenstein/Olsztyn, wo seine Familie in den Jahren 1891–1900 wohnte. Zwei Beiträge beziehen sich auf Parkanlagen ehemaliger Gutshäuser des preußischen Adels: Maria Gawryluk widmet sich dem Park von Johann Larass bei Preußisch Holland / Pasłęk, Wiktor Knercer gibt eine anschauliche Übersicht über die wichtigsten und am besten erhaltenen Parkanlagen im Ermland und in Masuren. Ryszard Kowalski befaßt sich mit der Geschichte der Postkarte am Beispiel von Osterode/Ostróda. Jacek Wysocki berichtet über die Ausstellungen „Das Pferd in der Volkskunst“ und „Aussterbende Berufe – zur Erhaltung der Arbeit und der Kultur“. Den Band beschließt eine biographische Studie über Marion Gräfin Dönhoff als Mittlerin zwischen Polen und Deutschland von Renate Marsch-Potocka; abgedruckt sind sowohl der Originaltext in deutscher Sprache als auch die polnische Übersetzung.

Alina Kuzborska

Warmińsko-mazurski biuletyn konserwatorski [Ermländisch-masurisches Bulletin zur Denkmalpflege]. Rocznik V [Jg. 5]. Olsztyn: Towarzystwo opieki nad zabytkami, Oddział w Olsztynie 2003. 248 S., Abb., dt. Zusammenfassungen. ISSN 1640-5560.

Der reich illustrierte Band beginnt mit einem Aufsatz von Aleksandra Głowacz über den ermländischen Architekten Fritz Heitmann. Weitere Beiträge geben Beschreibungen von durchgeführten oder bevorstehenden Restaurierungsarbeiten an Kirchen der Region und befassen sich mit der Geschichte der Burg der ermländischen Bischöfe in Seeburg/Jeziorany (Krystyna Banasiuk, Zbigniew Sadza), der Geschichte des Alten Rathauses in

Allenstein/Olsztyn und Restaurierungsarbeiten an diesem Gebäude (Wiesława Chodkowska, Dariusz Chodkowski), der Baugeschichte und dem heutigen Zustand der Reiterkaserne in Osterode/Ostróda (Jerzy Sikorski, Katarzyna Soczewica), der alten Bierbrauerei in Bischofsburg/Biskupiec (Adam Płoski). Joanna Derewońko-Milewicz erinnert an die Geschichte von Allensteiner Straßen; Tadeusz Korowaj beschäftigt sich mit den traditionellen Holzbauten in der Gemeinde Ortelsburg/Szczytno; Wojciech Kass und Krzysztof Worobiec berühren die Problematik der verfallenden Forsthäuser; Stanisław Jasiński schreibt über die Geschichte der Schmalspurbahn in Lyck/Ełk und den Schutz dieses Denkmals der Eisenbahntechnik. Den Band beschließt eine Skizze von Jacek Wysocki mit dem Titel „Warum sollen wir alte Friedhöfe schützen?“, die zahlreiche Abbildungen von Friedhöfen aus verschiedenen Epochen und Kulturen enthält.

Alina Kuzborska

Jarosław Wenta: Kronika Piotra z Dusburga. Szkic źródłoznawczy [Die Chronik des Peter von Dusburg. Eine quellenkundliche Skizze]. Toruń: Wydawnictwo Uniwersytetu Mikołaja Kopernika 2003. 142 S., dt. Zusammenfassung. ISBN 83-231-1580-X.

Diese quellenkundliche Studie stellt zweifelsohne einen relevanten Beitrag zur Ordensgeschichtsschreibung dar. Im ersten Kapitel erfahren wir etwas über die vorhandenen Handschriften und Ausgaben der Chronik. Die weiteren Kapitel bringen biographische Angaben zum Verfasser Peter von Dusburg und eine detaillierte Analyse aller vier Teile des Textes. In den folgenden Abschnitten werden die Translation der hl. Barbara sowie die Berichte Hermanns von Salza und Hermanns von Heldrungen über die Vereinigung des Schwertritterordens mit dem Deutschen Orden behandelt. Sodann werden die ältesten preußischen Annalen als Quellen für die Chronik aufgelistet und besprochen, des weiteren die Kataloge der Landes- und Hochmeister sowie der Bischöfe und Äbte als Elemente der Chronik erschlossen. Das elfte und letzte Kapitel der Studie diskutiert die Frage der Fortsetzung der Chronik bis zum Jahre 1434, die als Thorner Handschrift bekannt ist. Das Buch verfügt über ein solides Quellen- und Literaturverzeichnis sowie ein detailliertes deutschsprachiges Resümee.

Piotr Zariczny

Ewa Żebrowska: Morphologie der ehemaligen mitteldeutschen Kolonialmundart von Sętal und Umkreis. Olsztyn: Wydawnictwo Uniwersytetu Warmińsko-Mazurskiego 2002. 200 S. ISBN 83-7299-185-5.

Diese deutschsprachige Monographie, eine Dissertation, befaßt sich mit der Erforschung des aussterbenden hochpreußischen Siedlungsdialektes um den Ort Süssenthal/Sętal (früher Kreis Allenstein/Olsztyn). Sie basiert sowohl auf Tonaufnahmen einheimischer Mundartsprecher als auch auf den Materialien im Archiv des „Preußischen Wörterbuchs“ an der Universität Kiel. Das erste von drei Kapiteln enthält eine methodologische sowie eine historische Einleitung, wobei die Entstehungsgeschichte und die Grenzen des hochpreußischen Dialektes umrissen werden. Das zweite Kapitel ist phonetischen Problemen gewidmet. Den Hauptteil der Arbeit nimmt das dritte Kapitel unter dem Titel „Morphologische Ebene der Mundart“ ein, in dem die Wortarten systematisch analysiert werden. Das Buch beschließen ein Literatur- und ein Wörterverzeichnis.

Alina Kuzborska

4. Pommern

Agnieszka Chlebowska: Między miłosierdziem a obowiązkiem. Publiczna opieka na ubogimi na Pomorzu w latach 1815–1872 na przykładzie rejencji szczecińskiej i koszalińskiej [Zwischen Barmherzigkeit und Pflicht. Die öffentliche Armenfürsorge in Pommern in den Jahren 1815–1872 am Beispiel der Regierungsbezirke Stettin und Köslin] (Rozprawy i studia Uniwersytetu Szczecińskiego 427). Szczecin: Wydawnictwo Naukowe Uniwersytetu Szczecińskiego 2002. 315 S., dt. Zusammenfassung. ISBN 83-7241-241-3.

Die Autorin befaßt sich in ihrer Dissertation mit der Entwicklung und Organisation der öffentlichen Armenfürsorge in der preußischen Provinz Pommern von den Befreiungskriegen bis zur Reichsgründung. Die Arbeit ist in vier Kapitel untergliedert. Im ersten wird die Entstehung der städtischen und staatlichen Armenfürsorge vom Mittelalter bis 1815 vor dem Hintergrund der Entstehung einer entsprechenden Gesetzgebung im brandenburgisch-preußischen Staat dargestellt. Es folgt ein Abschnitt über die öffentliche Armenfürsorge in den Regierungsbezirken Stettin und Köslin zwischen 1815 und 1823, d. h. von der Schaffung des neuen staatlichen Verwaltungssystems nach den Befreiungskriegen bis zur endgültigen Abkehr vom Reformkurs des Kanzlers Hardenberg. In dieser Zeit hatte die staatliche Verwaltung nur einen geringen Anteil an der Armenfürsorge; die staatliche Hilfe beschränkte sich auf die Kontrolle und eine geringe Unterstützung der städtischen Deputationen und Armenkassen. Das dritte Kapitel behandelt die Entwicklung und Organisation der öffentlichen Armenhilfe zwischen 1823 und 1842, bis hin zur Ausprägung des sogenannten preußischen Fürsorgemodells. Dieses Modell, das zwischen 1842 und 1855 durch die entsprechende Gesetzgebung seine Gestalt erhielt, wird im vierten Kapitel vorgestellt. Die Arbeit enthält eine Bibliographie und ein Personen- und Ortsregister.

Maciej Szukała

Colloquia Germanica Stetinensia. Nr. 10. Red.: Ryszard Lipczuk. (Uniwersytet Szczeciński, Zeszyty Naukowe [Universität Stettin, Wissenschaftliche Hefte] 301). Szczecin: Wydawnictwo Naukowe Uniwersytetu Szczecińskiego 2001. 150 S. ISSN 0867-5791.

In diesem Heft werden in erster Linie Arbeiten von jungen Germanisten aus Stettin/Szczecin präsentiert, wobei sprachwissenschaftliche Beiträge deutlich überwiegen. Die Aufsätze betreffen folgende Forschungsbereiche: generative Grammatik, Soziolinguistik, lexikalische Semantik, Translation, Methodik, Ideengeschichte sowie Literatur. Den letzterwähnten Bereich vertritt Andrzej Talarczyk mit einem Beitrag über Uwe Johnsons Lesart der deutschen Geschichte. Den Ausgangspunkt seiner Erwägungen bilden Walter Benjamins geschichtsphilosophische Thesen; behandelt wird unter anderem die Geschichte des 20. Jahrhunderts als unmittelbarer Bezugspunkt, wobei Ernst Blochs Begriff der Heimat miteinbezogen wird. Das Heft beschließen Buchbesprechungen, die wieder vor allem sprachwissenschaftlich orientiert sind, ausgenommen Karol Koczys Rezension von Ewa Hendryks Buch „Hinterpommern als Weltmodell in der deutschen Literatur nach 1945“. Diese Stettiner Dissertation befaßt sich mit Pommerns Beitrag zur deutschen Literatur vor 1945, der Dokumentarliteratur zur Vertreibung aus Pommern, der pommerschen Lyrik nach 1945, der Rückbesinnung und Wiederbegegnung mit der Region in den Werken von Christian Graf von Krockow, Greta Fischer, Hans Werner Richter sowie mit namhaften Autoren wie Wolfgang Koeppen und Uwe Johnson.

Ewelina Kamińska

Colloquia Germanica Stetinensia. Nr. 12. Red.: Ryszard Lipczuk. (Uniwersytet Szczeciński, Zeszyty Naukowe [Universität Stettin, Wissenschaftliche Hefte] 350). Szczecin: Wydawnictwo Naukowe Uniwersytetu Szczecińskiego 2003. 182 S. ISSN 0867-5791.

In diesem Heft dominieren Beiträge zur Sprachwissenschaft und zur Glottodidaktik sowie auf diese Teilfächer bezogene Buchbesprechungen und Berichte. Unter der ersterwähnten Rubrik beschäftigen sich vier Aufsätze (von Ryszard Lipczuk, Magdalena Lisiecka-Czop, Krzysztof Nerlicki, Anna Porchawka-Mulicka) mit Problemen des deutsch-polnischen Fremdsprachenunterrichts. Abschließend findet man Berichte über die XII. Internationale Tagung der Deutschlehrerinnen und Deutschlehrer (2001) in Luzern und über das Linguistische Kolloquium in Laibach/Ljubljana.

Ewelina Kamińska

Andrzej Czarnik: Pomorskie plenery Maxa Pechsteina [Die Freilichtmalerei Max Pechsteins an der Ostsee]. Mit einer deutschen Kurzfassung von Isabel Sellheim. Słupsk: Pomorska Akademia Pedagogiczna 2003. 159, [40] S., 35 farb., 65 s.-w. Abb. ISBN 83-88731-27-0.

Die ausführliche Monographie zum Schaffen des deutschen Expressionisten Max Pechstein in den Jahren 1920–1946 basiert vor allem auf einer Werkanalyse sowie auf Materialien aus dem Nachlaß des Künstlers und der Auswertung von Archivalien und Sekundärliteratur. Die Einleitung gibt einen skizzenhaften Überblick über die Vita des Malers. In sieben Kapiteln werden dann seine Schaffensjahre beleuchtet, die mit dem Ostseeraum verbunden sind: mit Nidden/Nida auf der Kurischen Nehrung (heute Litauen), Leba/Łeba und Rowe/Rowy (heute Polen). Das Schicksal der Arbeiten Pechsteins während des Nationalsozialismus und des Zweiten Weltkriegs wird in eigenen Kapiteln behandelt. Karten der jeweiligen Regionen, Archivfotos von Pechstein, seinen Aufenthaltsorten und einzelnen künstlerischen Motiven sowie qualitätvolle Reproduktionen seiner Bilder, Grafiken und Zeichnungen bieten reiches Anschauungsmaterial. Ein Biogramm zu Pechsteins Leben und Werk sowie eine Bibliographie runden den Band ab. Die Publikation wurde finanziert aus Mitteln der Stiftung für deutsch-polnische Zusammenarbeit und der Stadt Stolp/Słupsk.

Ewa Gwiazdowska

Marek Dzięcielski: Pomorskie Sylwetki [Pommersche Persönlichkeiten]. Toruń: Wydawnictwo Adam Marszałek 2002. 247 S., Abb. ISBN 83-7322-491-2.

In dem Buch werden die Vertreter des pommerschen (vorwiegend kaschubischen) Adels, auch ihre Nachkommen, dargestellt, die sich in brandenburgisch-preußischen bzw. deutschen Diensten ausgezeichnet haben. 114 Biogramme setzen sich zu einem kleinen biographischen Lexikon zusammen. Die Darstellungen umfassen den Zeitraum zwischen dem 15. Jahrhundert (Lorenz von Krockow [Krokowski, um 1450–1501?]) und dem 20. Jahrhundert (Erich von Manstein [1887–1973], Erich Zelewski von dem Bach [1899–1972]). Außer der beruflichen Karriere werden die Genealogie sowie die familiären und sozialen Verhältnisse der präsentierten Persönlichkeiten dargestellt. Zu jedem Stichwort ist die einschlägige Literatur angegeben. Im Anhang sind in einer tabellarischen Übersicht brandenburgisch-preußische Kriege vom 17. bis zum 19. Jahrhundert sowie Schlachten mit preußischer Beteiligung aufgeführt. Der Band schließt mit einem Verzeichnis der Quellen und der wissenschaftlichen Arbeiten.

Mirosław Ossowski

Bogdan Frankiewicz: Szczecińskie cmentarze = Stettiner Friedhöfe. Szczecin: Towarzystwo Przyjaciół Szczecina 2003. 248 S., zahlr. Abb. ISBN 83-91917 4-0-1.

Die zweisprachige Publikation des im Juli 2003 verstorbenen Historikers und Archivars erschien postum. Eingeleitet durch eine historische Einführung zur kulturellen Bedeutung von Friedhöfen, bietet der Band einen reich illustrierten Katalog von 80 Friedhöfen verschiedener Konfessionen in den einzelnen Stadtvierteln von Stettin/Szczecin (in alphabetischer Reihenfolge und in den aktuellen Verwaltungsgrenzen der Stadt). Der Autor erforschte die Geschichte der Stettiner Friedhöfe, von denen heute nur noch fünf in Betrieb sind, an Hand von Quellenstudien in den (vor allem kartographischen) Beständen des Stettiner Staatsarchivs (Archiwum Państwowe w Szczecinie), der Pommerschen Bibliothek (Biblioteka Pomorska) und des Stettiner Nationalmuseums (Muzeum Narodowe w Szczecinie), durch Auswertung der Sekundärliteratur sowie durch Autopsie vor Ort. Jede Friedhofsbeschreibung umfaßt neben den wichtigsten historischen Informationen einen Orientierungsplan sowie Fotos des Friedhofs bzw. seiner Überreste.

Maciej Szukała

Radosław Gaziński, Andrzej Chludziński (Hg.): Dzieje wsi pomorskiej. II Międzynarodowa Konferencja Naukowa, Włościbórz, gmina Dygowo, powiat kołobrzeski, 23–24 maja 2003 = Die Geschichte des pommerschen Dorfes [2. Internationale Tagung in Lustebuhr/Włościbórz, Gemeinde Degow/Dygowo, Kreis Kolberg, 23./24. 05. 2003]. Dygowo: Gminny Zespół Oświaty i Kultury w Dygowie; Szczecin: Uniwersytet Szczeciński 2003. 270 S., 16 farb., 21 s.-w. Abb., poln. u. dt. Text, dt. Zusammenfassungen. ISBN 83-91744-75-2.

Die Publikation umfaßt 22 Arbeiten polnischer und deutscher Autoren. Sie ist in vier thematische Abschnitte gegliedert: Quellenkunde und Geschichte, Ethnographie, Literatur- und Sprachwissenschaft, Kunstgeschichte und Landeskunde. Der zeitliche Rahmen reicht vom Mittelalter bis in die Gegenwart. Im ersten Teil werden Quellen zur Dorfgeschichte in den Beständen des herzoglichen Archivs im Staatsarchiv Stettin (Archiwum Państwowe w Szczecinie) vorgestellt. Weitere Beiträge betreffen das Patrimonialgerichtswesen der Jahre 1808–1848, die Organisation der Standesämter sowie das Schulwesen des 19. Jahrhunderts. Untersucht werden ferner Leben und Werk des Pädagogen Dr. Otto Diebelt, die Tätigkeit der pommerschen Militärorganisation 1918/19 und die Haltung der Polnischen Volkspartei (Polskie Stonnictwo Ludowe/PSL) zum Volksentscheid 1946. Im zweiten Teil wird das Bild des pommerschen Dorfes in der Literatur hinterfragt: das Motiv des Dorfes in den literarischen Werken Derdowskis und Majakowskis sowie der mythische Raum in der Prosa von Anna Łajming. Weitere Themen sind der Einfluß der Folklore auf das kaschubische Theater, das Motiv der Hexe in Presse und Literatur des frühen 20. Jahrhunderts sowie ein historischer Überblick über die Landwirtschaftlichen Produktionsgenossenschaften (PGR). Im dritten Teil werden die Verwendung des Dialekts im ländlichen Theaterrepertoire, die Feldnamen im Landkreis Belgard/Białogard, die Ortsnamen in der Seenplatte um Deutsch-Krone/Wałcz (Pojezerze Wałeckie) sowie die Polonisierung deutscher Namen in der Region Flatow/Złotów von der Mitte des 16. bis zur Mitte des 19. Jahrhunderts behandelt. Im letzten Abschnitt wird die Vorbildfunktion des Westwerks des Doms zu Kolberg/Kołobrzeg für die benachbarten Dorfkirchen untersucht. Weitere Themen sind die historische und ästhetische Rezeption ländlicher Architektur in der Kunst der ersten Hälfte des 20. Jahrhunderts, die Frage der Nützlichkeit eines Reiseführers für ländliche Regionen sowie die Bedeutung von Sakralbauten als touristische Objekte.

Ewa Gwiazdowska

Agnieszka Gut: Formularz dokumentów książąt zachodniopomorskich do połowy XIV wieku [Das Urkundenformular der Herzöge von Pommern bis zur Mitte des 14. Jh.s] (Rozprawy i studia Uniwersytetu Szczecińskiego 435). Szczecin: Wydawnictwo Naukowe Uniwersytetu Szczecińskiego 2002. 282 S., dt. Zusammenfassung. ISBN83-7241-252-9.

Die Autorin untersucht in ihrer Dissertation die Urkunden, die in den einzelnen Bänden des Pommerschen Urkundenbuchs gesammelt sind, unter formalen Gesichtspunkten. Das erste Kapitel befaßt sich mit der Entstehung und Tätigkeit der Kanzlei der pommerschen Herzöge im 13. und 14. Jahrhundert. Im zweiten Kapitel wird das sogenannte Eingangsprotokoll, d. h. der Einleitungstext der Urkunde, analysiert, dessen Zweck in erster Linie die Nennung von Aussteller und Empfänger des Dokuments war. Es folgt – im dritten Kapitel – eine Untersuchung des mittleren Abschnitts der Urkunde, des sogenannten Kontextes, in dem der juristische Inhalt dargelegt wird. Das vierte und letzte Kapitel ist dem sogenannten Schlußprotokoll gewidmet, der abschließenden Formel der Urkunde. Die Publikation enthält Tabellen mit einer zahlenmäßig aufgeschlüsselten Formanalyse der Urkunden und eine Bibliographie.

Maciej Szukała

Beata Jankowska, Elżbieta Szalewska: Ratusz słupski [Das Rathaus von Stolp]. Słupsk: LenART 2003. 48 S., 57 farb., 4 s.-w. Abb., dt. Zusammenfassung. ISBN 83-904627-3-7.

Der Bildband dokumentiert das neogotische, sog. Neue Rathaus von Stolp/Słupsk, das im Jahr 1900 auf dem Platz vor dem Neuen Tor errichtet wurde. In den einzelnen Textteilen wird die Entstehungsgeschichte des Rathauses im Kontext der wirtschaftlichen Entwicklung der Stadt und den damit verbundenen städtebaulichen Veränderungen dargestellt. Auch der Zusammenhang mit der Geschichte des Altstädtischen Rathauses und die Nutzung von Rathaus und Rathausplatz werden erörtert. Der reiche und vielfältige Abbildungsteil mit umfangreichen Erklärungen (nur in polnischer Sprache) zeigt den Bau von allen Seiten, seine städtebauliche Einbindung, Architekturdetails und -dekorationen des Außenbaus, Ansichten der Innenräume und ihrer Ausstattung (bildhauerisch gestaltete Treppenhäuser, Glasfenster, Wandmalereien, Möbel und Beleuchtungskörper). Der Band enthält ferner eine Reihe von Entwurfszeichnungen zum Bau und seiner Ausstattung, Reproduktionszeichnungen des Alten Rathauses sowie zwei Stadtpanoramen von 1908 und 1980, aufgenommen jeweils aus den Fenstern des Neuen Rathauses.

Ewa Gwiazdowska

Maria Łopuch, Birte Frenssen, Uwe Haupenthal: Gustav Wimmer. Szczecin: Zamek Książąt Pomorskich 2003. 192 S., 124 farb., 9 s.-w. Abb., dt. u. poln. Text. ISBN 83-916790-3-9.

Der Band erschien anläßlich der Ausstellung des bedeutenden Stettiner Malers Gustav Wimmer (1877–1964); darin wurden zumeist Werke präsentiert, die nach 1945 entstanden sind. Diese erste Ausstellung in der Heimatstadt des Künstlers nach 1945 wurde aus Privatsammlungen und den Beständen des Pommerschen Museums in Greifswald zusammengestellt. Leben und Werk Wimmers werden in drei äußerst informativen Beiträgen von Kunsthistorikern der Museen in Stettin/Szczecin und Greifswald beleuchtet. Im einführenden Text befaßt sich Maria Łopuch systematisch mit der Biographie des Malers, verweist auf die Quellen seiner Kunst, die bis auf die Tradition Caspar David Friedrichs zurückreichen, und analysiert Komposition und Inhalte der Werke, die dem Symbolismus und Hyperrealismus verpflichtet sind. Birte Frenssen erläutert Wimmers Arbeitsweise bei der Freilichtmalerei und die Charakteristika ihrer äußeren Form, die sie mit der Pleinairmalerei beispielsweise von Hans Thoma vergleicht. Uwe Haupenthal stellt Wimmers Schaffen in den Kontext der Epoche. Er betont die Unabhängigkeit und Originalität des Künstlers sowie seine Bindung an die romantische Tradition. Der zweite Teil der Publikation ist nicht als Werkkatalog, sondern als Bildband mit knappen Werkdaten angelegt. Die meisten fotografischen Reproduktionen – von hoher technischer Qualität – stammen von Grzegorz Solecki und Jörg P. Anders. Lediglich die nicht erhaltenen Arbeiten sind aus archivalischen Beständen in Schwarzweiß reproduziert. Ein Biogramm des Künstlers schließt den Band ab.

Ewa Gwiazdowska

Wojciech Łysiak: Koszalin i Ziemia Koszalińska. Historia i kultura. Materiały z I Konferencji Naukowej Koszalin, 27–28 września 2002 r. [Köslin und das Kösliner Land. Geschichte und Kultur. Beiträge zur 1. Wissenschaftlichen Tagung in Köslin, 27./28. September 2002]. Koszalin: Muzeum w Koszalinie 2003. 221 S., 9 farb., 63 s.-w. Abb. ISBN 83-915746-3-6.

Der Band enthält 16 Beiträge von Archäologen, Historikern, Kunsthistorikern und Ethnologen aus den akademischen Institutionen Pommerns in Stettin/Szczecin, Köslin/Koszalin und Stolp/Słupsk. Das zeitliche Spektrum reicht vom Mittelalter bis ins 20. Jahrhundert. Berichtet wird über die archäologischen Forschungen in einem der Altstadtquartiere, über neue Erkenntnisse zum Verlauf der Reformation in Köslin und zum Konflikt zwischen der Stadt und Herzog Bogislaw X. Weitere Themen sind bildliche Darstellungen der Stadt und deren Ikonographie vom 17. bis ins 20. Jahrhundert, der Volksglaube im Mittelalter sowie die kulturelle Entwicklung der Stadt zwischen 1910 und 1945, wie sie sich in patriotischen Vereinigungen und im Museum manifestierte.

Zwei Beiträge befassen sich mit der Stadtgeschichte nach 1945: mit der Entwicklung des Gerichtswesens und der Ausprägung einer regionalen Politik. Je ein Aufsatz behandelt die Volkstracht der Region Jamund/Jamno und Legenden aus dem Ort Zanow/Sianowo. Zwei kunsthistorische Beiträge liefern eine Untersuchung zum Werk des Bildhauers Joachim Utech sowie eine kritische Formanalyse der beiden Dorfkirchen in Konikow/Konikowo und Bast/Łękno; auch die Geschichte der beiden Bauten nach 1945 ist hierbei aufgearbeitet. Mit demographischen Fragen befaßt sich ein Artikel über die kaschubische Bevölkerung im Regierungsbezirk Köslin nach dem Ersten Weltkrieg. Ein weiterer Beitrag untersucht die Zwangsaussiedlung der Deutschen aus dem Kösliner Land 1945–1947 und die Ansiedlung ukrainischer Bevölkerung in dieser Region. Illustrationen und Tabellen dienen der Veranschaulichung der Inhalte; der Band enthält allerdings keine fremdsprachigen Zusammenfassungen.

Ewa Gwiazdowska

Wojciech Łysiak (Hg.): Życie dawnych Pomorzan II. Materiały z konferencji, Bytów 17–18 października 2002 [Das Leben der alten Pommern II. Beiträge der Tagung vom 17./18. Oktober 2002 in Bütow]. Bytów, Słupsk: Pomorska Akademia Pedagogiczna, Muzeum Zachodnio-Kaszubskie 2003. 304 S., 24 s.-w. Abb. ISBN 83-912636-7-3.

Der Tagungsband (vgl. auch „Berichte und Forschungen“ 10, 2002, S. 216f.) umfaßt 23 Beiträge pommerscher Archäologen, Historiker, Kunsthistoriker, Volkskundler und Philologen zu einem Themenspektrum, das von der Vorgeschichte bis in die ersten Jahre nach dem Zweiten Weltkrieg reicht. Der Stand der archäologischen Forschung wird am Beispiel der Region Rummelsburg/Miastko erläutert. Mit dem Mittelalter befassen sich eine anthropologische Analyse der Bevölkerung von Bütow/Bytów sowie Beiträge über Schulsitten und Pilgerfahrten. In den Bereich der Frühen Neuzeit gehören Aufsätze über die Geschichte der Pfarrei in Bernsdorf/Ugoszcz, die Reform des Schulwesens in Stargard und den Stargarder Glockenguß sowie eine Untersuchung der Stadtansichten Bütows. Arbeiten zur neueren Geschichte (19. und 20. Jahrhundert) behandeln Statistiken, u.a. zum Besitzstand der kaschubischen Bevölkerung im Raum Bütow, die Darstellung der kaschubischen Kultur in der Prosa von Anna Łajming, die Kunstszene in der Region, regionale Strömungen in der Architektur des Bütower Landes und neogotische Tendenzen in der Architektur der Wirtschaftsgebäude in Pommern. Zeitgeschichtliche Beiträge widmen sich dem rechtlichen Status Pommerns im Jahr 1945, der deutschen Bevölkerung in der Region 1945–1947, dem Treffen der Autochthonen 1946 sowie der Rezeption der pommerschen Kultur durch die nach 1945 neu angesiedelte Bevölkerung am Beispiel des Dorfes Giesebitz/Izbica. Es folgt eine Reihe ethnographischer Themen, darunter Aufsätze über einen Bestattungsbrauch und über Motive der kaschubischen Mythologie in der Literatur. Ein Orts- und Personenregister schließt den Band ab.

Ewa Gwiazdowska

Marcin Majewski (Hg.): Ludwisarstwo stargardzkie i pomorskie XIV–XVII wieku. W 350. rocznicę odlania ostatniego dzwonu w Stargardzie. Katalog wystawy [Glockenguß in Stargard und Pommern vom 14. bis zum 17. Jh. Zum 350. Jahrestag des letzten Glockengusses in Stargard. Ausstellungskatalog]. Stargard: Muzeum w Stargardzie 2003. 149 S., 162 s.-w. Abb. ISBN 83-911439-9-6.

Die Publikation behandelt vor allem die Glocken, in geringerem Maße auch andere Metallgegenstände, die von Stargarder Gußwerkstätten angefertigt wurden. Der Band ist ein Resümee der fünfjährigen Feld- und Archivforschungen des Herausgebers in Polen und Deutschland. Die kritische Darstellung zum Glockenguß in Pommern enthält Informationen zur Geschichte dieses Kunsthandwerks, zu Künstlern und Produzenten sowie zur Dekoration der Glocken und deren ikonographischem Gehalt. Eine Verbreitungskarte zu den Glocken, die in der Werkstatt der Stargarder Glockengießerfamilie Karstede entstanden, ergänzt den Text. Die Beschreibung der Gußtechnik erfolgt anhand von erklärenden Zeichnungen am Beispiel einer Glocke. Der Katalog von 76 Objekten wurde von fünf Bearbeitern zusammengestellt. Er zeigt die erhaltenen Objekte, zwei Zeichnungen, auf denen der Glockenguß gezeigt wird, sowie einige Dokumente zur Gußtechnik. Die Abbildungen präsentieren sowohl Gesamtansichten der Objekte als auch Details wie Plaketten und andere Schmuckelemente, Inschriftenfragmente, Stempel und Signaturen. Ein Literaturverzeichnis im Katalogteil schließt den Band ab.

Ewa Gwiazdowska

Nasze Pomorze. Rocznik Muzeum Zachodnio-Kaszubskiego w Bytowie [Unser Pommern. Jahrbuch des Westkaschubischen Museums in Bütow] 4 (2002). Bytów: Muzeum Zachodnio-Kaszubskie 2003. 349 S., 39 s.-w. Abb. ISBN 83-912636-5-7.

Der Band enthält 19 Artikel und 3 Materialsammlungen. Eine wesentliche Gruppe bilden Beiträge zur Schriftkultur vor allem zur literarischen Tätigkeit von Hieronim Derdowski anläßlich seines Jubiläums. Dieser Teil wird ergänzt durch einen Beitrag über die Erzählung „Das Leben und die Abenteuer des Remus“ von Alexander Majkowski sowie eine Skizze zum Stettiner Theaterleben der Saison 1820/21. Ein sprachgeschichtlicher Beitrag untersucht die Namen pommerscher Wirtshäuser. Die zweite Themengruppe befaßt sich mit der Stadt Bütow/Bytów. Behandelt werden die frühe Periode ihrer baulichen Entwicklung sowie Ansichten der Stadt auf Postkarten des späten 19. und der ersten Hälfte des 20. Jahrhunderts und auf Reklamedrucken. In polnischer und deutscher Sprache gehalten ist ein Artikel über Fehler auf Karten der Regionen Bütow und Berent/Kościerzyna im Kontext der Geschichte der Landkarten in Pommern. Weitere Beiträge zur materiellen Kultur und zur Kunst behandeln u. a. Kriegerdenkmäler, Möbelkunde, Dekorationen Stolper Keramik des 19. und 20. Jahrhunderts sowie die Tätigkeit des Regionalmuseums in Greifenberg/Gryfów in den Jahren 1937–1945. Der Band enthält ferner eine Dokumentation des Nachlasses der verdienten Kaschubenforscherin Jadwiga Kucharska. Die historischen Beiträge befassen sich vor allem mit der Geschichte nach 1945, etwa mit der Tätigkeit der polnischen Volkspartei (Polskie Stronnictwo Ludowe/PSL) im Landkreis Bütow 1945–1947, mit der Ansiedlung von Lemken und Ukrainern in der Region im Rahmen der Aktion „Weichsel“ („Wisła“) sowie mit dem Los der „Ustka“-Werft in Stolpmünde/Ustka. Besonders erwähnenswert ist die Untersuchung zum höheren und mittleren Schulwesen in Pommern nach der Reformation. Eine Reihe von Berichten schließt den Band: der Kulturkalender der Stadt Bütow für das Jahr 2002, der Tätigkeitsbericht des Bütower Museums sowie ein Bericht über die erste Tagung zur „Geschichte des pommerschen Dorfes“, die am 27./28. Juni 2002 in Lustebuhr/Włościbórz bei Kolberg/Kołobrzeg stattfand.

Ewa Gwiazdowska

Maria Poprawska, Jan Sroka (Bearb.): Sławno. Dawne fotografie i pocztówki = Schlawe. Alte Fotografien und Ansichtskarten. Sławno: Sławieński Dom Kultury 2002. 148 S., 150 Sepia-, 3 farb. Abb. ISBN 83-917381-0-8.

Der zweisprachige Bildband mit alten Ansichten Schlawes auf Fotografien und Postkarten wird durch eine kurze Einführung eingeleitet, in der die Autoren einen Überblick über die Stadtgeschichte und bildliche Darstellungen der Stadt sowie über Sammlungen und Ausstellungen von Fotografien Schlawes geben. Das hier veröffentlichte Material, das aus der Zeit von der Mitte des 19. Jahrhunderts bis zum ersten Jahrzehnt nach dem Zweiten Weltkrieg stammt, wurde mit dem Ziel einer Museumsgründung zusammengetragen. Die Publikation gliedert sich in Luftaufnahmen, die 1926 vom ortsansässigen Fotografen Felix Dabers vom Turm der Pfarrkirche aufgenommen wurden, Ansichten der gotischen Stadttore (des Kösliner und Stolper Tors), Ansichten des Marktplatzes und der Pfarrkirche (auch mit dort stattfindenden Märkten und Prozessionen), Ansichten der Stadt vom Ufer des Flusses Wipper/Wieprza, Aufnahmen der Nebenstraßen und der ehemaligen (in der ersten Hälfte des 20. Jahrhunderts eingemeindeten) Vororte sowie Ansichten einzelner Bauten (Ämter, Schulen, Hotels, Gaststätten, Läden, Eisenbahngelände, Industriebauten, Parkanlagen). Gezeigt werden auch Fotografien der Ruinen und der Entschuttungsarbeiten nach dem Zweiten Weltkrieg, ferner einige zeitgenössische Bilder aus dem Jahr 2002. Auf den Schmuckseiten, die die einzelnen Abschnitte trennen, sind ein Stadtplan aus deutscher Zeit und Reklamedrucke aus Schlawe abgebildet.

Ewa Gwiazdowska

Włodzimierz Rączkowski, Jan Sroka (Hg.): Historia i kultura Ziemi Sławieńskiej [Kultur und Geschichte des Schlawer Landes]. T. [Bd.] II. Sławno: Fundacja „Dziedzictwo" 2003. 259 S., 47 farb., 85 s.-w. Abb., dt. Zusammenfassungen. ISBN 83-919236-0-6.

Der Band mit den Ergebnissen der zweiten Tagung zur Geschichte des Schlawer Landes enthält 13 geistes- und naturwissenschaftliche Beiträge, denen ein Essay zur Problematik der „Aneignung des kulturellen Erbes", d. h. der Heranführung der heutigen Bevölkerung Pommerns an die Geschichte dieses Landes vor 1945, vorangestellt ist. Zwei archäologische Beiträge stellen Forschungen zur prähistorischen Siedlung in Sigurdshof/Wyszkowo und neue Erkenntnisse zu den Anfängen von Schlawe/Sławno vor. Historische Themen sind ein Überblick über die Geschichte des Schulwesens, über geheime Militärobjekte aus dem Zweiten Weltkrieg in der Region Rügenwalde/Darłowo sowie über das Schicksal der Polnischen Sozialistischen Partei (PPS) in den ersten Nachkriegsjahren. Den Bereich „Kunstgeschichte" eröffnet ein Bericht über Bildmaterialien zu Herrenhäusern; weitere Themen sind die Geschichte des Herrenhauses in Wusseken/Osieki bis 1945, das Schicksal künstlerisch bedeutender Kirchen nach 1945 im Kontext des Laizismus des polnischen Staates sowie das Schaffen des Malers Günter Machemehl und des Bildhauers Wilhelm Groß. Eine sprachwissenschaftliche Arbeit untersucht die Familiennamen der Bürgermeister von Schlawe bis 1864. Botaniker stellen die Flora des Schlawer Landes vor und rekonstruieren die historische Bepflanzung des früheren botanischen Gartens. Jeder Beitrag ist durch ein Literaturverzeichnis und eine Zusammenfassung in deutscher Sprache abgeschlossen.

Ewa Gwiazdowska

Edward Rymar: Trzy relacje o wojnie pomorsko-brandenburskiej z lat 1478–1479 (Anonim – Wilwolt von Schaumburg – Tomasz Kantzow) [Drei Berichte über den Pommersch-brandenburgischen Krieg 1478/79 (Anonymus – Wilwolt von Schaumburg – Thomas Kantzow]. Szczecin: Wydawnictwo „Dokument“, Oficyna Archiwum Państwowego w Szczecinie i Szczecińskie Towarzystwo „Pogranicze“ 2003. 53 S., Abb. ISBN 83-89341-06-9.

Der Band bietet eine Quellenanalyse von drei Berichten über den Krieg zwischen dem Herzogtum Pommern unter Warcislaw X., Herzog von Wolgast, und seinem Neffen Boguslaw X. von Stettin-Stolp gegen den bandenburgischen Kurfürsten Albrecht Achilles. Der Autor verfolgt den Kriegsverlauf anhand von drei Quellen: einem anonymen Bericht, verfaßt vermutlich in der Umgebung des Kurfürsten, dem Tagebuch des Wilwolt von Schaumburg aus seinem Gefolge sowie einem Fragment der berühmten pommerschen Chronik von Thomas Kantzow. Der Krieg war ein Versuch, Pommern unter die Herrschaft Brandenburgs zu zwingen. In seinem Verlauf kam es jedoch zur Vereinigung Pommerns unter Boguslaw X., in deren Folge die Hohenzollern 1493 im Vertrag von Pyritz/Pyrzyce auf die Lehnsherrschaft in Pommern verzichteten. Allerdings sicherten sie sich die Erbfolge im Falle des Aussterbens der Greifendynastie. Die Beschreibung der Militäraktionen wird durch zahlreiche Ansichten der Kriegsschauplätze illustriert.

Maciej Szukała

Elżbieta Szalewska: Słupsk. Podstawy kształtowania ładu przestrzennego [Stolp. Grundlagen der städtebaulichen Entwicklung]. Słupsk: Pomorska Akademia Pedagogiczna 2002. 181 S., 104 s.-w. Abb., dt. u. engl. Zusammenfassungen. ISBN 83-88731-12-2.

Die Untersuchung zur städtebaulichen Entwicklung von Stolp/Słupsk im historischen Überblick und unter vergleichenden Aspekten entstand auf der Grundlage der Bauakten im Staatsarchiv von Stolp und unterschiedlichen Bildmaterials (Stadtpläne, Ansichten, Entwürfe, Studien zur Raumentwicklung) sowie unter Auswertung von Sekundärliteratur zu Geographie, Geschichte, Architektur, Städtebau und verwandten Disziplinen (Kunstgeschichte, Ethnographie, Denkmalpflege, Wirtschaft, Demographie). Die Einleitung führt in das Problem der Stadtplanung ein – unter besonderer Berücksichtigung der Situation in Stolp. In sechs Kapiteln werden die natürlichen Gegebenheiten, die Anfänge der Siedlung sowie die städtebauliche Entwicklung in chronologischer Gliederung dargestellt. In den das 19. Jahrhundert betreffenden Abschnitten stehen die Entwicklung der Vororte und der Bau einer Umgehungsstraße (um 1900) im Mittelpunkt. Ebenso ausführlich werden die Umgestaltung der Stadt im 20. Jahrhundert, der Siedlungsbau und die Entstehung von Erholungsflächen sowie das Problem des Wiederaufbaus nach dem Zweiten Weltkrieg behandelt. Im letzten Kapitel unternimmt die Autorin eine zusammenfassende Analyse von Architektur und Städtebau in Stolp. Historische und aktuelle Stadtpläne und Stadtansichten illustrieren den Text. Ein umfangreiches Quellen- und Literaturverzeichnis sowie kurze Resümees in Deutsch und Englisch schließen den Band ab.

Ewa Gwiazdowska

Szczeciński Informator Archiwalny [Informationen des Stettiner Archivs] 17 (2003). Szczecin: Wydawnictwo Archiwum Państwowego w Szczecinie „Dokument“ 2003. 195 S. ISBN 83-89341-05-0.

Das vorliegende Jahrbuch des Stettiner Staatsarchivs (Archiwum Państwowe w Szczecinie) war als Festschrift zum 80. Geburtstag des Stettiner Archivars Dr. Bogdan Frankiewicz geplant, durch dessen plötzlichen Tod im Juli 2003 wurde es zu einer Gedenkschrift. Der Band wird durch einen Nachruf auf Frankiewicz (Kazimierz Kozłowski) und eine Bibliographie seiner Werke (Tadeusz Kubiak) eingeleitet. Es folgen Beiträge unter anderem zu den Räumlichkeiten des Preußischen Staatsarchivs in Stettin 1824–1901 (Jerzy Grzelak), zu Archivalien zu den preußisch-polnischen Handelsbeziehungen im 18. Jahrhundert im Geheimen Staatsarchiv Preußischer Kulturbesitz Berlin-Dahlem (Radosław Paziński), über den Stettiner Archivar Roland Seeberg-Elverfeld (Maciej Szukała), zum deutschen gesellschaftspolitischen Verband „Antifa" in Stettin 1949 bis 1953 (Radosław Techman), über den Geistlichen Bronisław Jerzy Kostowski, der in Dachau umkam (Zygmunt Szultka), zu Betriebsarchiven (Aleksandra Maślak) sowie zur Geschichte von Stettiner Familien (Tadeusz Białecki).

Maciej Szukała

Danuta Szewczyk: Koszalin od średniowiecza do współczesności. Informator wystawy [Köslin vom Mittelalter bis zur Gegenwart. Begleitheft zur Ausstellung]. Koszalin: Muzeum w Koszalinie 2003. 101 S., 54 farb., 10 s.-w. Abb. ISBN 83-915746-6-0.

Die Publikation erschien als Begleitband zur neu bearbeiteten Dauerausstellung der Stadtgeschichte von Köslin/Koszalin von der Gründung bis zu den politischen Umwälzungen in Polen 1989. Der mit Abbildungen der Exponate reich ausgestattete Band ermöglicht ein Kennenlernen der Stadt auch ohne Museumsbesuch. Die Einführung gibt einen Überblick über die Geschichte der musealen Sammlungen in Köslin. Im ersten Teil des Buches werden die Ausstellungsgegenstände in chronologischer Reihenfolge vorgestellt. Der zweite Teil ist nach historischen Abschnitten untergliedert: Mittelalterliche Selbstverwaltung, Herrschaft der Bischöfe (16.–17. Jh.), preußische Garnison (18. Jh.), beginnende Industrialisierung (19. bis erste Hälfte des 20. Jh.s), Zweiter Weltkrieg, Zugehörigkeit zu Polen (nach 1945). Behandelt werden die Umstände der Gründung Köslins, ferner Städtebau, soziale Struktur, politische und wirtschaftliche Bedeutung sowie Kultur im jeweiligen historischen Kontext und im Wandel der Zeit. Ansichten und Stadtpläne, historische Dokumente, Abbildungen von Kunsthandwerk und Kunst machen die Beschreibung anschaulich. Ein eigenes Kapitel ist dem Stadtwappen gewidmet. Der Text ist mit Anmerkungen und einer umfangreichen Bibliographie versehen. Enthalten ist auch ein kritischer Beitrag zum Streit der Archäologen über die Anfänge der Stadt.

Ewa Gwiazdowska

Jan Watrak (Hg.): Vergessene oder verklärte literarische Räume und ihre Autoren. Koszalin: Verlag Polygraphisches Unternehmen „Polimer" 2001. 220 S. ISBN 83-905916-7-7.

Jan Watrak, Professor für deutsche Literatur der Gegenwart am Institut für Germanistik der Universität Stettin/Szczecin gab dieses Buch heraus, das – nach seinen Worten – „dem Leser nicht als ein Leitfaden dienen [soll], sondern vor allem in ihm selbst Erinnerungen dessen, woran sich sein Gedächtnis nicht mehr erinnert, oder eben das in der Erinnerung lebendig zu sehen, was unwiderruflich vergangen ist und nur in der biographischen Rekonstruktion jene vergessene Vergangenheit wachrufen soll". Die hier wiedererinnerten literarischen Werke enthalten Modelle, mit denen es möglich sein soll, das Vergessene in der Wirklichkeit zu finden. So enthält das Buch fünf Beiträge von Mitarbeitern und Studierenden der Stettiner Germanistik zu drei Literaturlandschaften. Zwei davon betreffen Pommern. Izabela Sędłak und Ewa Hendryk besprechen Stettins lyrische Bilder um die Jahrhundertwende vom 19. zum 20. Jahrhundert. Berücksichtigt werden hier das urbane Bild der Stadt, ihr Kulturleben im 19. und beginnenden 20. Jahrhundert sowie ihr Alltagsleben; jeder Komplex wird anhand ausgewählter Gedichte untersucht und reichlich mit Zitaten belegt. Das Interesse von Anna Sawicka gilt Kolberg/Kołobrzeg in der deutschen und polnischen Dichtung des 20. Jahrhunderts. Der erste Teil ihres Beitrags befaßt sich mit der deutschen Zeit und Kultur der Stadt: mit Kolberg als Motiv der deutschen Lyrik im 18., 19. und 20. Jahrhundert, mit der Geschichte und den Sehenswürdigkeiten der Stadt, wie sie in den Gedichten dargestellt sind, der Bedeutung der Ostsee in den Gedichten und der lyrischen Suche nach der verlorenen Heimat; der zweite Teil erforscht die polnische Lyrik des 20. Jahrhunderts unter den Aspekten der Geschichte Kolbergs, der Ostsee und der Stadt als lyrischer Inspiration. Der dritte Aufsatz des Bandes, von Danuta Maria Tomczak und Jan Watrak, skizziert das Schaffen von Hans Hellmut Kirst; in dem Zusammenhang werden Ostpreußen und der Begriff „Heimat" zunächst ganz allgemein, dann im literarischen Kontext, doch nicht nur bei Kirst, erörtert sowie abschließend Masuren als Hauptmotiv von Kirsts Heimatromanzyklus charakterisiert.

Ewelina Kamińska

5. Schlesien

Waldemar Bena: Polskie Górne Łużyce. Przyroda – historia – zabytki [Die polnische Oberlausitz. Landschaft – Geschichte – Sehenswürdigkeiten]. Zgorzelec: Wydawnictwo F. H. Agat 2003. 582 S., Abb. ISBN 83-918198-3-3.

In der polnischen Fachliteratur ist dies die erste umfangreiche Abhandlung zur tausendjährigen Geschichte des Teils der Oberlausitz, der sich seit 1945 in den Grenzen des polnischen Staates befindet. In der öffentlichen Meinung wird dieser Teil in nicht ganz korrekter Weise als Teil Niederschlesiens betrachtet. Die gesonderte historische und kulturelle Tradition dieses Gebietes ist in Polen fast unbekannt. Ziel des Buches ist es, die Geschichte der Orte zwischen Queis und Lausitzer Neiße sowie die von dort stammenden bedeutenden Persönlichkeiten vorzustellen. Die Monographie besteht aus fünf Teilen. Im ersten Abschnitt charakterisiert der Verfasser die Landschaft der Region. Im zweiten geht es um ihre Geschichte. Dieses Thema wird im dritten, umfangreichsten Teil des Buches vertieft, indem in alphabetischer Reihenfolge die Geschichte der einzelnen Orte und ihre Sehenswürdigkeiten dargestellt werden. Im nächsten Abschnitt werden die bedeutendsten Persönlichkeiten der Region kurz skizziert. Das letzte Kapitel beschäftigt sich mit Perlmuscheln, die bis zum 19. Jahrhundert in den Lausitzer Flüssen lebten. Den Band beschließt eine fast 300 Titel zählende Bibliographie.

Małgorzata Ruchniewicz

Biuletyn Instytutu Pamięci Narodowej [Bulletin des Instituts für Nationales Gedenken]. Jg. 2004. Nr. 6–7 (41–42). 136 S., Abb. ISSN 1641-9561.

Es handelt sich um die Hauszeitschrift des Instituts, einer staatlichen Institution zur Erforschung der NS-Verbrechen während des Zweiten Weltkrieges in Polen und des kommunistischen Systems in Polen in den Jahren 1939–1989. Diese Ausgabe der Zeitschrift hat Oberschlesien zum Thema. Sie wird durch ein Rundgespräch zwischen bekannten Historikern der Region eingeleitet, das dem Forschungsstand, der Analyse der oberschlesischen Problematik und dem Platz der Region in der Geschichte Deutschlands und Polens gewidmet ist. In mehreren Kurzbeiträgen werden ausgewählte Aspekte der Geschichte Oberschlesiens im 20. Jahrhundert dargestellt. Dort finden sich unter anderem Texte über S. Morel, den Lagerkommandanten in Schwientochlowitz/Świętochlowice und Jaworzno nach 1945, über das Schicksal der oberschlesischen Soldaten der Wehrmacht und schließlich über die Bekämpfung der antikommunistischen Opposition. Die Nummer enthält ferner einige Archivdokumente, so etwa ein Interview mit einem Schlesier, der sich um die Ausreise in die Bundesrepublik bemühte.

Krzysztof Ruchniewicz

Zdzisław Budzyński, Jolanta Kamińska-Kwak (Hg.): Dwa pogranicza. Galicja Wschodnia i Górny Śląsk. Historia, problemy, odniesienia [Zwei Grenzgebiete. Ostgalizien und Oberschlesien. Geschichte, Probleme, Bezüge]. Rzeszów: Wydawnictwo Uniwersytetu Rzeszowskiego 2003. 201 S., Abb. ISBN 83-7338-087-6.

Der Band ist der Ertrag eines Symposiums über zwei polnische Grenzgebiete bis 1939. Zdzisław Budzyński umreißt das Phänomen des Grenzgebietes als Gegenstand der historischen Forschung. Dieser Einleitung folgen Referate, die zu drei thematischen Abschnitten gruppiert sind: Grenzgebiete als historische Regionen; Grenzgebiete als Gegenstand der Politik; Grenzgebiete als konfessionelle und ethnische Räume. Im ersten Teil schreibt Jan Kwak über Oberschlesien und die dortigen nationalen Verhältnisse unter dem Gesichtspunkt der Germanisierungspolitik zu Anfang der preußischen Regierungszeit. Ryszard Kaczmarek zieht einen Vergleich zwischen Oberschlesien und dem Elsaß in den Jahren 1918–1945. Den zweiten Teil eröffnet der Beitrag von Jolanta Kamińska-Kwak, die Oberschlesien in zwei Staatsorganismen in den Jahren 1922–1939 darstellt. Adam Kubacz schildert die Germanisierung im Teschener Land unter Maria Theresia und Joseph II. Diesen Teil beschließt der Beitrag von Katarzyna Ewa Sikoń, in dem sie über die Gestaltung der polnisch-deutschen Grenze in Oberschlesien (Juli–September 1921) berichtet. Im dritten Teil schildert Jacek Kurek das Verhältnis zwischen Polen und Deutschen in oberschlesischen Pfarrgemeinden der dreißiger Jahre des 20. Jahrhunderts; Anna Kowalewska und Izabela Lar informieren über die Diözese Kattowitz/Katowice vor der Epoche des Nationalsozialismus in Deutschland. Die übrigen acht Texte, die in diesem Band abgedruckt sind, sind dem östlichen Grenzgebiet Polens und den polnisch-ukrainischen Beziehungen gewidmet.

Grzegorz Jaśkiewicz

Marek Burak: Arsenał Wrocławski – przewodnik historyczny [Das Breslauer Arsenal – ein historischer Führer]. Wrocław: Muzeum Miejskie Wrocławia 2003. 75 S., 37 Abb. ISBN 83-91909-9-1.

Untersucht wird die Geschichte eines der ältesten in Schlesien und Polen vorhandenen Relikte der Wehrarchitektur, zugleich eines der ältesten, noch weitgehend im ursprünglichen Zustand erhaltenen Gebäude in Breslau/Wrocław. Das Breslauer Arsenal am ehemaligen Burgfeld (ul. Cieszyńskiego) erfuhr in seiner fast 550jährigen Geschichte noch keine umfassende historische Untersuchung. Die bislang ausführlichste Darstellung des Architekten Marcin Bukowski behandelt Aspekte der Kunst- und Architekturgeschichte des Arsenals; historische Fragen werden jedoch nur gestreift. In der vorliegenden Publikation sind die wenigen Informationen über das Arsenal, welche sich in den Quellen und der Sekundärliteratur finden, zusammengetragen. Das Buch ist in fünf Kapitel untergliedert. Die ersten beiden Abschnitte behandeln allgemeine Fragen der Umgestaltung der näheren Umgebung des Magazinbaus sowie der Benennung und Funktion des Objektes. Die übrigen Kapitel untersuchen die Geschichte des Arsenals im Kontext der Breslauer Stadtgeschichte. Der Autor vergleicht den Bau auch mit dem zweiten Breslauer Arsenal, das sich einst beim Sandtor befand, mit dem Breslauer Zeughaus und mit dem einst an den Arsenalkomplex angrenzenden, nicht mehr erhaltenen friderizianischen Magazinbau aus dem 18. Jahrhundert.

Maria Zwierz

Mirosława Czarnecka, Jolanta Szafarz (Hg.): Kultura smutku. Paradygmaty postaw wobec śmierci w literaturze niemieckiego baroku [Die Kultur der Trauer. Paradigmen der Haltung gegenüber dem Tod in der deutschen Barockliteratur]. Wrocław: Oficyna Wydawnicza ATUT – Wrocławskie Wydawnictwo Oświatowe 2004. 304 S. ISBN 83-89247-82-8.

Der in polnischer Sprache edierte Band nimmt die Problematik des Todes im Zeitalter des Barock auf; genauer gesagt untersucht er das Verhältnis des Menschen zum Phänomen des Todes und Versuche seiner Überwindung. Das Buch wurde von den Breslauer Germanistinnen Mirosława Czarnecka und Jolanta Szafarz herausgegeben und ist, was das Forschungsfeld angeht, eine Art Fortsetzung des 2001 veröffentlichten Bandes „Hochzeit als ritus und casus. Zu interkulturellen und multimedialen Präsentationsformen im Barock". Die Publikation zeichnet sich durch einen umfangreichen Quellenteil aus, in dem wir unter anderem Texte von Friedrich von Logau, Andreas Gryphius, Benjamin Schmolcke, Daniel Casper von Lohenstein, Martin Opitz und Hans Assmann von Abschatz finden. Diese Texte sind mit Kommentaren versehen, in denen der Inhalt erläutert und die Person des Autors dargestellt werden. Die hier präsentierten Quellen stammen aus den Spezialsammlungen der Universitätsbibliothek Breslau/Wrocław. Der Band enthält dazu zwei wissenschaftliche Aufsätze von Mirosława Czarnecka: „Antropologia strachu w tekstach funeralnych i epicediach Andreasa Gryphiusa (1616–1664)" (Die Anthropologie der Angst in den Begräbnistexten und Epicedien von Andreas Gryphius) und „Kultura miejska dawnego Wrocławia w świetle barokowej poezji epicedialnej" (Die städtische Kultur des alten Breslau im Spiegel barocker Epicedien), einen Beitrag von Jolanta Szafarz: „Wizualizacja filozoficznego dyskursu o śmierci w literaturze XVII wieku" (Die Visualisierung des philosophischen Diskurses über den Tod in der Literatur des 17. Jahrhunderts) sowie einen von Małgorzata Morawiec: „Monumentum aere perennius czy dzieło na zamówienie? Barokowe kazania pogrzebowe – przez pryzmat retoryki" (Monumentum aere perennius – ein Werk auf Bestellung? Barocke Begräbnispredigten im Spiegel der Rhetorik).

Marta Kopij

Bogusław Czechowicz: Historia kartografii Śląska XIII–XIX wieku [Geschichte der Kartographie Schlesiens im 13.–19. Jahrhundert]. Wrocław: Wrocławska Fundacja Studentów Historii Sztuki 2004. 185 S. ISBN 83-903110-7-0.

Die Arbeit beginnt mit einem Kapitel über den Forschungsstand zur schlesischen Kartographie. In den darauf folgenden neun Kapiteln stellt der Autor die Geschichte der Kartographie Schlesiens dar, nennt die herausragenden kartographischen Arbeiten und gibt die wichtigsten bibliographischen Informationen über die schlesischen Kartenzeichner. Der Verfasser sieht in Landkarten auch Kulturdenkmäler von mitunter großem künstlerischem Wert. Neben den in Breslau/Wrocław und anderen polnischen Städten aufbewahrten kartographischen Sammlungen zog er auch Karten aus Deutschland und Österreich heran. Das Buch wird durch ein umfangreiches Literaturverzeichnis sowie ein Namen- und Ortsregister ergänzt.

Krzysztof Ruchniewicz

Kazimierz Dola (Hg.): Statuty wrocławskiej kapituły katedralnej z roku 1482/83 (Statuta capituli ecclesiae cathedralis Wratislaviensis ex Anno 1482/83). Wrocław: Centrum Badań Śląskoznawczych i Bohemistycznych Uniwersytetu Wrocławskiego; Opole: Wydział Teologiczny Uniwersytetu Opolskiego 2004. 400 S., Abb., dt. Einführung. ISBN 83-88430-19-X.

Diese sehr sorgfältig gearbeitete Quellenpublikation beinhaltet die Statuten des Domkapitels in Breslau/Wrocław aus dem Jahre 1482. Sie sind eine wertvolle Quelle zur Rolle der Kirche in Schlesien im 15. Jahrhundert, zum Kirchenrecht sowie zu vielen Aspekten des Alltags der Geistlichen dieses Zeitalters. Das Buch schließt eine Lücke in der Edition von Statuten der großen Kapitel der mittelalterlichen Gnesener Metropolie. Die Statuten sind in der lateinischen Originalfassung und in polnischer Übersetzung veröffentlicht. Sie sind mit vielen Fußnoten sowie mit einem Glossar der polnisch-lateinischen Rechtsbegriffe versehen. Darüber hinaus enthält das Buch eine umfangreiche Einführung, in der der Herausgeber die Geschichte des Domkapitels bis 1500 und die Entwicklung des kirchlichen Rechts darstellt, die Handschrift eingehend charakterisiert und die Grundsätze ihrer Edition erläutert.

Małgorzata Ruchniewicz

Germanistische Studien. Hg. v. Monika Witt, Wojciech Kunicki, Lesław Cirko. Nysa 2004. [H.] 1. 68 S.

Die neue germanistische Fachzeitschrift setzt sich zum Ziel, ein Kommunikationsorgan unter den Germanisten in Polen und im Ausland zu sein, und hat damit vor, zu wissenschaftlichen Diskussionen sowie kritischen Stellungnahmen anzuregen. Die Zeitschrift umgreift die vier Teildisziplinen des Faches: Literaturwissenschaft, Kulturwissenschaft, Sprachwissenschaft und Didaktik der deutschen Sprache und Literatur. Im ersten Heft sind folgende Beiträge veröffentlicht: Agnieszka Ciołek: „Edition der Briefe von Gotthold Ephraim Lessing am Beispiel von zwei dienstlichen Briefen an Carl Heinrich Wilcke“; Ortwin Beisbart: „Wie kann das Schreiben gelehrt werden? Neuere Überlegungen zu einer Didaktik des Schreibens in Schule und Hochschule“; Edyta Błachut: „Zur phraseologischen Modifikation am Beispiel der Reduktion“. Darüber hinaus finden wir im Teil „Silesiaca“ einen Aufsatz von Martin Hollender: „Die fortdauernde politische Instrumentalisierung Joseph von Eichendorffs durch die Presse der deutschen Vertriebenenverbände" und in „Nachrichten aus dem Fach" einen zur Diskussion anregenden Artikel von Jürgen Joachimsthaler: „Die polnische Germanistik als Phantomschmerz der deutschen". Die Zeitschrift verfügt auch über eine Rubrik „Archivalisches"; im ersten Heft sind einige ungedruckte Gedichte von Waldemar von Grumbkow publiziert. Das Heft schließt mit einem Abschnitt „Besprechungen und Berichte", in dem sich 13 Rezensionen und drei Tagungsberichte befinden.

Marta Kopij

Dorota Głazek: Domus Celeberrima. Architektura sakralna (katolicka) przemysłowej części Górnego Śląska [Domus Celeberrima. (Katholische) Sakralbauten im oberschlesischen Industriegebiet]. Katowice: Akademia Sztuk Pięknych w Katowicach i Słąskie Centrum Dziedzictwa Kulturowego w Katowicach 2003. 289 S., Abb. ISBN 83-918475-1-9.

Die Autorin stellt eine Gruppe von katholischen Kirchen vor, die zwischen Kulturkampf und Ausbruch des Ersten Weltkriegs im preußischen Teil des oberschlesischen Industriegebiets entstanden. In den einleitenden Kapiteln werden der historische Hintergrund erläutert und die Situation der katholischen Kirchen in Oberschlesien im 19. Jahrhundert dargestellt. Vom vierten Kapitel an steht die Architektur im Mittelpunkt. Untersucht wird zunächst der Einfluß der Stildebatten und der Schriften von Hugo Altendorf, Cornelius Gurlitt und Oskar Hoßfeld auf die architektonische Gestalt der oberschlesischen Kirchen. In der Folge werden die Entwürfe und Bauten behandelt, die von der rheinischen Neogotik inspiriert waren. Ihre Vertreter in Oberschlesien waren vor allem Vincenz Statz aus Köln und der Breslauer Alexis Langer, außerdem Josef Ebers, Max Giemza und Hugo Heer. Die Werke einheimischer Architekten wie Paul Jackisch und Ludwig Schneider zeigen unterschiedliche Stilzüge mit neogotischen, neoromanischen, neobarocken, aber auch modernen Elementen. Einen umfangreichen Teil des Bandes nimmt ein ausführlicher Objektkatalog ein, der das Werk zum Architekturführer werden läßt, indem darin die Baugeschichte der einzelnen Kirchen dargestellt wird. Der Katalog ist durch Fotos und Grundrißzeichnungen illustriert und mit bibliographischen Anmerkungen versehen. Die Publikation ist ein sorgfältig gearbeitetes Kompendium, das wertvolle Informationen zu den Kirchenbauten um 1900, ihren Architekten und Auftraggebern bzw. Stiftern bietet.

Irma Kozina

Andrzej Grodzicki (Hg.): Historia nauk geologicznych na Uniwersytecie Wrocławskim, 1811–2003 [Geschichte der geologischen Wissenschaften an der Universität Breslau, 1811–2003] (Acta Universitatis Wratislaviensis 2550). Wrocław: Wydawnictwo Uniwersytetu Wrocławskiego 2003. 317 S., Abb., Kt., dt. u. engl. Zusammenfassungen. ISBN 83-229-2419-4.

Dieses Buch gehört zu den Publikationen, die im Zusammenhang mit den Jubiläumsfeierlichkeiten der Universität Breslau/Wrocław (2002) erschienen. Es besteht aus zwei Teilen. Der erste betrifft die Geschichte der Breslauer Geologie in den Jahren 1811 bis 1945. Dabei wird der Versuch unternommen, die Forschungsergebnisse einiger deutscher Geologen in Erinnerung zu rufen. Beigefügt ist eine Liste der deutschen Professoren.

Der zweite Teil beginnt mit der Errichtung der polnischen Universität nach 1945 und endet mit der Gegenwart. Beide Teile werden, so die Absicht des Verfassers, zusammengeführt durch einen Beitrag über die Polen und die polnischen Geologiestudenten an der Breslauer Universität bis 1945. Die Forschungsergebnisse der polnischen Wissenschaftler nach 1945 werden nach Fachabteilungen vorgestellt. Jeden Beitrag dieses Abschnitts schließt eine Auswahlbibliographie ab. Das Buch wird ergänzt durch eine Darstellung der Aktivitäten der Geologiestudenten im Rahmen unterschiedlicher Forschungsprojekte sowie der Tätigkeit der Absolventenorganisation.

Krzysztof Ruchniewicz

Bożena Guldan-Klamecka, Anna Ziomecka: Sztuka na Śląsku XII–XVI w. Katalog zbiorów [Kunst in Schlesien vom 12.–16. Jahrhundert. Katalog der Sammlungen]. Wrocław: Muzeum Narodowe we Wrocławiu 2003. 547 S., 236 Abb. ISBN 83-86766-62-X.

Die beiden Autorinnen dieses Bandes sind als Kustodinnen für die Kunst des Mittelalters im Nationalmuseum in Breslau/Wrocław zuständig. Die meisten der über 400 Objekte der Sammlung sind schlesischer Provenienz und entstanden zwischen der ersten Hälfte des 12. und dem ersten Jahrzehnt des 16. Jahrhunderts. Die Sammlung setzt sich zusammen aus den Beständen des ehemaligen Schlesischen Museums für Kunstgewerbe und Altertümer und des Schlesischen Museums der bildenden Künste, die in der zweiten Hälfte des 20. Jahrhunderts um Ankäufe und Zuweisungen unter anderem aus dem Warschauer Nationalmuseum erweitert wurden. Die Breslauer Mittelalterbestände gehören zu den besten in Polen. In der 40seitigen Einleitung (in polnischer und englischer Sprache) des umfangreichen und reich illustrierten Katalogs erläutern die Autorinnen die Geschichte des Sammelns und Ausstellens der Kunstgegenstände aus romanischer und gotischer Zeit. Der Katalog ist untergliedert in die Kapitel „Bauplastik", „Denkmäler schlesischer Herrscher", „Altaraufbauten", „Gemälde" und „Bewegliche Plastik". Zu jedem Objekt wird eine reiche Fotodokumentation geboten. Der Band enthält zudem ein ikonographisches Stichwortregister sowie eine umfangreiche Bibliographie zu Quellen, Archivalien und Sekundärliteratur.

Maria Zwierz

Marek Hałub, Leszek Dziemianko (Hg.): Besiegt, doch nicht bezwungen! Polen in der Poesie des preußischen Schlesien. Anthologie der Gedichte aus der ersten Hälfte des 19. Jahrhunderts = Pokonana, lecz niezwyciężona! Polska w poezji pruskiego Śląska. Antologia wierszy z pierwszej połowy 19 wieku. Wrocław: Oficyna Wydawnicza ATUT – Wrocławskie Wydawnictwo Oświatowe 2004. 139 S., 2 Abb. ISBN 83-89247-74-7.

Die zweisprachige Anthologie macht auf die polonophile Poesie schlesischer Autoren des 19. Jahrhunderts aufmerksam. Sie enthält Gedichte von Karl von Holtei, August Kahlert, Julius Lasker, Oswald Marbach, Wolfgang Menzel, August Heinrich Hoffmann von Fallersleben, Rudolf von Gottschall, Titus Ullrich, Jean Kern und Max Waldau. Die Herausgeber, von denen auch eine zweisprachige Einführung stammt, haben die im Band abgedruckten Gedichte und Abbildungen „aus dem Quellenmaterial des 19. Jahrhunderts zusammengetragen: aus den Poesiesammlungen der zitierten Autoren, der Presse sowie anderen Zeitdokumenten"; sie stützen sich außerdem auf literaturwissenschaftliche

Darstellungen, die in einem Literaturverzeichnis aufgelistet sind. Die polnischen Fassungen der präsentierten Gedichte basieren entweder auf bisher vorhandenen Übersetzungen oder auf neuen Übersetzungen von Feliks Przybylak.

Marta Kopij

Marek Hałub, Anna Mańko-Matysiak (Hg.): Śląska Republika Uczonych = Schlesische Gelehrtenrepublik = Slezská Vedecká Obec. Wrocław: Oficyna Wydawnicza ATUT – Wrocławskie Wydawnictwo Oświatowe 2004. 767 S., Abb., poln., dt., tschech. Zusammenfassungen. ISBN 83-89247-64-X.

„Schlesische Gelehrtenrepublik" ist ein internationales und interdisziplinäres Projekt, dessen Ziel es ist, ein breites Spektrum des Themas Bildung im Gebiet der Kulturlandschaft Schlesien darzustellen. Zur Teilnahme sind Forscher aus Polen, Deutschland und Tschechien eingeladen, was auf den multikulturellen Charakter des schlesischen Raumes zurückzuführen ist. Den ersten im Rahmen des Projekts erschienenen Band eröffnen ein Geleitwort des Rektors der Universität Breslau/Wrocław und die Einführung der Herausgeber, Marek Hałub und Anna Mańko-Matysiak: „Silesiae proprium – res publica doctorum Silesiaca". Beide Texte sind dreisprachig. Es folgen 37 Beiträge: Lenka Vanková, Gundolf Keil: „Medizinische Fachprosa. Beobachtungen zur wissensvermittelnden Literatur Schlesiens"; Stanisław Rosik: „‚Pauper et modicus, collegio pauperum aggregatus'. Der anonyme Hagiograph der hl. Hedwig von Schlesien als Theologe. Beobachtungen aufgrund der ‚Vita sanctae Hedwigis'"; Bogusław Czechowicz: „Recepcja sztuki śląskiej w opisach Barthela Steina" (Die Rezeption der schlesischen Kunst in den Beschreibungen von Barthel Stein); Christian-Erdmann Schott: „Die Chronologien von Leonhard Krenzheim (1532–1598) und Abraham Buchholzer (1529–1584)"; Piotr Oszczanowski: „Wrocławski ogród Laurentiusa Scholtza St. (1552–1599) – sceneria spotkań elity intelektualnej końca XVI wieku" (Der Breslauer Garten von Laurentius Scholtz d. Ä. – ein Ort der Begegnung der intellektuellen Elite am Ende des 16. Jahrhunderts); Ewa Pietrzak, Michael Schilling: „Der Brieger Rektor Melchior Laubanus (1568–1633) und seine ‚Thermocrena Schafgotschia' (1630) als Seitenstück zur ‚Nimfe Hercinie' des Martin Opitz"; Norbert Conrads: „Ephraim Ignaz Naso von Löwenfels – der verhinderte schlesische Herodot"; Andrzej Kozieł: „Michaela Willmanna studia nad proporcjami ludzkiego ciała" (Michael Willmanns Studien über die Proportionen des menschlichen Körpers); Claudia A. Zonta: „Schlesische Studenten an italienischen Universitäten der frühen Neuzeit"; Rudolf Lenz: „Christoph Hackner und die Jesuitenuniversität zu Breslau. Materialien zu Planung und Bau der Universitas Leopoldina"; Krzysztof Migoń: „Śląscy hebraiści i orientaliści XVI–XVIII wieku i ich europejskie powiązania" (Die schlesischen Hebraisten und Orientalisten im 16.–18. Jahrhundert und ihre europäischen Beziehungen); Klaus Garber: „Schlesiens Bildungslandschaft zwischen Barock und Aufklärung im Kontext des Späthumanismus"; Karen Lambrecht: „Gelehrte Briefe: Sagan und das Korrespondentennetz von Johann Ignaz von Felbiger"; Lucyna Harc: „Samuel Beniamin Klose i środowisko wrocławskich nauczycieli-uczonych drugiej połowy XVIII wieku" (Samuel Benjamin Klose und der Breslauer Kreis gelehrter Lehrer in der zweiten Hälfte des 18. Jahrhunderts); Joachim Bahlcke: „Der schlesische Bibliothekar und Enzyklopädist Johann Samuel Ersch (1766–1828)"; Lothar Bluhm: „Johann Gustav Gottlieb Büsching – ein ‚Dilettant' im Streitgefüge der frühen Deutschen Philologie", Anna Dąbrowska: „Podręcznik do nauki języka polskiego autorstwa nauczyciela ze Wschowy Andreasa Polsfusa" (Das Lehrbuch für Polnisch von Andreas Polsfus, einem Lehrer aus Fraustadt); Anna Żbikowska-Migoń:

„Książka naukowa w repertuarze wydawniczym Śląska lat 1750–1820. Rekonesans badawczy“ (Das wissenschaftliche Buch im Programm schlesischer Verlage in den Jahren 1750–1820); Elżbieta Herden: „Śląskie słowniki pisarzy w XVIII i w pierwszej połowie XIX wieku jako źródło do historii środowiska naukowego“ (Schlesische Schriftstellerlexika im 18. und in der ersten Hälfte des 19. Jahrhunderts als Quelle zur Geschichte der Gelehrtenrepublik); Edyta Kotyńska: „Czasopismo ‚Bunzlauische Monathschrift zum Nutzen und Vergnügen‘ (1774–1806, 1811–1813, 1816–1818)“ (Die Zeitschrift ...); Otto Holzapfel: „Hoffmann von Fallersleben und seine ‚Schlesischen Volkslieder‘ (1842). Versuch einer Annäherung“; Izabela Surynt: „‚Fadenscheinig und bettelhaft‘ – Gustav Freytags Breslau-Bilder“; Konrad Fuchs: „Ein Lebensbild des klassischen Philologen Wilhelm Kroll“; Jürgen Joachimsthaler: „Bildung‘ für die Polen. Anschaulichkeit, Ganzwortmethode und ‚Realismus‘ als Instrumente der wilhelminischen Germanisierungspolitik in Oberschlesien“; Arno Herzig: „Die Schlesische Friedrich-Wilhelms-Universität in Breslau. Von ihrer Gründung bis zur Gleichschaltung unter dem Nationalsozialismus (1933/34)“; Artur Tworek: „Wolfgang Jungandreas, Theodor Siebs, Walther Mitzka: Breslauer phonetische Schule?“; Eduard Mühle: „Die ‚schlesische Schule der Ostforschung‘. Hermann Aubin und sein Breslauer Arbeitskreis in den Jahren des Nationalsozialismus“; Detlef Haberland: „Der Philologe und Literarhistoriker Werner Milch“; Beate Störtkuhl: „Die Kunstgeschichte an der Breslauer Universität und ihre Dozenten bis 1945“; Joanna Malz: „Homo (non) clausus in Breslau. Über den Menschenwissenschaftler Norbert Elias“; Jan Miodek: „Stanisław Bąk – wielki znawca gwar śląskich“ (Stanisław Bąk, der große Kenner schlesischer Dialekte); Romana Łobodzińska: „Stanisław Rospond – wielki historyk polszczyzny śląskiej“ (Stanisław Rospond, der große Historiker des Schlesisch-Polnischen); Tadeusz Żabski: „Tadeusz Mikulski – twórca powojennej polonistyki wrocławskiej“ (Tadeusz Mikulski, der Begründer der Breslauer Nachkriegspolonistik); Mirosława Czarnecka: „Marian Szyrocki (1928–1992) – der letzte Hoffmannswaldauer“; Marian Ursel: „Profesor Bogdan Zakrzewski – historyk literatury, folklorysta, edytor, śląskoznawca, redaktor, doktor honoris causa Uniwersytetu Wrocławskiego“ (Professor Bogdan Zakrzewski – Literarhistoriker, Volkskundler, Herausgeber, Schlesienforscher, Redaktor, Doktor h. c. der Universität Breslau); Wojciech Kustrzycki: „Jan Mikulicz-Radecki i Wiktor Bross – wielcy chirurdzy wrocławscy“ (Johann von Mikulicz-Radecki und Wiktor Bross – zwei große Breslauer Chirurgen); Krzysztof A. Kuczyński: „Verein zur Pflege schlesischer Kunst und Kultur e. V. in Lomnitz“.

Marta Kopij

Arno Herzig, Małgorzata Ruchniewicz (Hg.): W kraju Pana Boga. Zródła i materiały do dziejów Ziemi Kłodzkiej od X do XX wieku [Im Herrgottsländchen. Quellen und Materialien zur Geschichte des Glatzer Landes vom 10. bis zum 20. Jahrhundert]. Kłodzko: Kłodzkie Towarzystwo Oświatowe 2003. 597 S. ISBN 83-916830-3-6.

Es ist dies die erste umfassende Quellensammlung zur Geschichte des Glatzer Landes. Sie versucht, die ganze Geschichte dieser Region zu erfassen und darzustellen, sowohl vor als auch nach 1945 (bis 1989). Die Quellentexte sind in der (lateinischen, deutschen oder polnischen) Originalsprache wiedergegeben sowie in polnischer Übersetzung. Der erste Teil, der vom Mittelalter bis zum Ende des 18. Jahrhunderts reicht, besteht aus 44 Quellentexten. Der zweite Teil, die zwei letzten Jahrhunderte betreffend, umfaßt 70 Quellentexte. In dem Band sind unterschiedliche Typen von Materialien veröffentlicht: Dokumente der Herrscher und Feudalherren, Stadtakten, Amtsakten (darunter die Akten des kommunistischen Sicherheitsdienstes), Erinnerungsfragmente, Presseartikel und sogar Gedichte. Der Quellensammlung sind zwei umfangreiche historische Einführungen zur Geschichte der Region aus der Feder der beiden Herausgeber vorangestellt.

Krzysztof Ruchniewicz

Jerzy Horwat: Księstwo opolskie i jego podziały do 1532 r. Książęta, miasta, kościół, urzędy, własność prywatna [Das Herzogtum Oppeln und seine Teilungen bis 1532. Herzöge, Städte, Kirche, Ämter, Privateigentum]. Rzeszów: Wydawnictwo Uniwersytetu Rzeszowskiego 2002. 504 S., 22 Abb., 40 Tab., dt. Zusammenfassung. ISBN 83-7338-130-9.

Diese großangelegte, in polnischer Sprache verfaßte Monographie schildert die Geschichte des Herzogtums Oppeln von seinen Anfängen in den 70er Jahren des 12. Jahrhunderts bis 1532, d. h. bis zum Tode des letzten Vertreters der Piasten-Dynastie. Eingehend befaßt sich der Autor in acht Kapiteln mit diesem historischen Stoff, indem er außer den politischen Ereignissen auch die Entwicklung der Städte und der Kirche sowie die Eigentumsverhältnisse mit einbezieht. Beigefügt sind das Intinerarium der Herzogslinie Falkenberg/Niemodlin und eine umfangreiche Bibliographie.

Grzegorz Jaśkiewicz

Danuta Kisielewicz, Lech Rubisz (Hg.): Śląsk w myśli politycznej i działalności Polaków i Niemców w XX wieku [(Ober-)Schlesien in sozial-politischen Konzepten und Aktivitäten von Polen und Deutschen im 20. Jahrhundert]. T. [Bd.] 2. Opole: Wydawnictwo Uniwersytetu Opolskiego 2004. 219 S. ISBN 83-7395-041-9.

Der von zwei Oppelner Politologen herausgegebene Band stellt die Fortsetzung einer im Jahre 2001 erschienenen Publikation dar (s. „Berichte und Forschungen" 10, 2002, S. 229 f.). Deren Ziel war es, die herausragenden Persönlichkeiten (Ober-)Schlesiens, womit nicht ausschließlich gebürtige Schlesier gemeint sind, sondern alle Menschen, die die politischen, sozialen oder kulturellen Entwicklungen in (Ober-)Schlesien beeinflußt haben, dem heutigen Leser in einer Reihe von biographischen Artikeln zu präsentieren. In dem neuen Band läßt sich – ähnlich wie in dem vorangegangenen – ein deutliches Übergewicht der polnischen Akteure konstatieren. Vorgestellt werden: Juliusz Bieniek, Józef Biniszkiewicz, Edward Gierek, Józef Kachel, Jan Kapica, Maksymilian Kośny, Karol Koziołęk, Józef Kożdoń, Kazimierz Malczewski, das Geschlecht der Michejdas, Józef Rostek, Józef Rymer, Aleksander Skowroński, Franciszek Trąbalski und Alfons Zgrzebniok. Die deutsche Seite wird durch Johann Kowoll, Siegmund Glücksmann und Rudolf Wiesner repräsentiert.

Izabela Surynt

Kladský sborník [Glatzer Almanach]. Bd. 5. Hradec Králové 2003. 427 S., Abb., dt. Zusammenfassungen. ISSN 1212-1223.

Dieser Band bezeugt die Kontinuität der Zusammenarbeit zwischen den historischen Instituten der Universitäten Breslau/Wrocław und Königgrätz / Hradec Králové auf dem

Gebiet der Geschichte des Glatzer Landes. Die Organisationsform dieser Zusammenarbeit ist die Polnisch-Tschechische Historische Kommission; aus diesem Grund enthält der Band auch Beiträge zu deren zehnjährigem Bestehen. Des weiteren findet man unter anderem Abhandlungen zur tschechischen Geschichte der Region in der zweiten Hälfte des 20. Jahrhunderts, zum Glatzer Adel im 15.–18. Jahrhundert, zur Geschichte der tschechischen Schule in Bad Kudowa/Kudowa Zdrój sowie über touristische Organisationen. Der Teil ‚Materialien' bietet Texte über spezielle Quellen zur Geschichte der Region (z. B. über die Akten des Johanniterordens im Prager Archiv, über Materialien zu den tschechoslowakischen Ansprüchen auf Teile des Glatzer Landes nach 1945). Ein umfangreicher Beitrag behandelt die tschechischen topographischen Namen. Den Band schließt ein Rezensionsteil ab.

Małgorzata Ruchniewicz

Bartłomiej Kozera, Michał Lis (Hg.): Opavské a opolské Slezsko ve smeru evropských standardu. Práce – spolupráce – nezamestnanost = Śląsk Opawski i Opolski w kierunku standardów europejskich. Praca – współpraca – bezrobocie [Das Troppauer und das Oppelner Schlesien auf dem Weg zu europäischen Standards. Arbeit – Zusammenarbeit – Arbeitslosigkeit]. Opole: Wydawnictwo Uniwersytetu Opolskiego 2003. 338 S. ISBN 83-7395-033-8.

Der Sammelband präsentiert in tschechischer oder polnischer Sprache verfaßte Aufsätze von Politologen, Historikern, Juristen, Soziologen und Philosophen von der Universität Oppeln/Opole und der Schlesischen Universität in Troppau/Opava. Gegenstand der tschechisch-polnischen Diskussion ist die Beseitigung von Hindernissen durch effektive Zusammenarbeit im polnisch-tschechischen Grenzgebiet. Einen wichtigen Punkt des wissenschaftlichen Gedankenaustausches macht das Problem der Arbeitslosigkeit aus, von der beide Seiten der Grenze seit der politischen Wende stark betroffen sind. Die vorgelegten Abhandlungen befassen sich mit der tschechischen und der polnischen Gesetzgebung, der Struktur der staatlichen Institutionen, mit der wirtschaftlichen Entwicklung und Spezifik sowie mit der sozial-kulturellen Zusammenarbeit in den beiden Grenzregionen. Neben Artikeln, die reiches empirisches Material bieten, stehen theoretische Aufsätze, die sich auf die geschichtlichen Verflechtungen in Vergangenheit und Gegenwart in diesem Grenzland beziehen.

Izabela Surynt

Wojciech Kunicki, Monika Witt (Hg.): Neisse: Kulturalität und Regionalität (Germanistische Studien, Beihefte 1). Nysa: Oficyna Wydawnicza Państwowej Wyższej Szkoły Zawodowej w Nysie 2004. 463 S., Abb. ISBN 83-917110-6-4.

In dem Band sind die Referate einer vom 24. bis zum 26. April 2003 in Neisse/Nysa veranstalteten internationalen Tagung versammelt. Die Veranstalter der Tagung und zugleich Herausgeber des Protokollbandes, Wojciech Kunicki und Monika Witt, setzten sich zum Ziel, „kulturelle Traditionen Neisses kennen zu lernen, Möglichkeiten ihrer Gestaltung abzuwägen, neue Entwicklungen im Rahmen der bescheidenen Möglichkeiten der 2001 entstandenen Fachhochschule mit einem Institut für Germanistik einzuleiten". Den ersten Teil des Bandes „Geschichte und Semantik" eröffnet der Aufsatz von Arno Herzig: „Neisse im konfessionellen Zeitalter". Ihm folgen weitere Beiträge: Marek

Hałub: „Zum impressionistischen Neissebild in der Forschung"; Gabriela Ociepa: „Die Schlesienkarte von Martin Helwig (mit Ausführungen zu den ersten Stadtansichten von Neisse)"; Anna Stroka: „Theodor Paurs Kampf gegen die Unvernunft in Neisse um die Zeit des Vormärz"; Anna Stroka: „Handschriften aus dem Nachlass Theodor Paurs im Archiv der Brandenburgischen Akademie der Wissenschaften in Berlin"; Dan Gawrecki: „Der preußisch-österreichische Krieg 1886 und der Plan einer Bistumsgründung in Österreichisch-Schlesien"; Vladimir Gos: „Die kulturellen Beziehungen zwischen Nordmähren und Schlesien im frühen Mittelalter". Der zweite Teil heißt „Politiken der Erinnerung" und enthält acht Beiträge: Walter Schmitz: „‚Die Zukunft der Erinnerung' – Kulturraum und Grenzregionen: Schlesien/Oberlausitz"; Bożena Hrynyszyn: „Neisse – Perspektive einer Raumgestaltung vor dem Hintergrund der Kulturlandschaft der Stadt und der Region"; Bernward Trouw: „Der Neisser Kultur- und Heimatbund e. V. – dem kulturellen Erbe verpflichtet"; Wilfried Greving: „Die Bedeutung der alten Regionen im neuen Europa"; Karl-Heinz Kocar: „Das Konzept einer regionalen Zusammenarbeit: Neisse – Lüdinghausen"; Ernst-Josef Krzywon: „Kulturelle Identitätsfindung in Nysa (Neisse). Erinnerungen und Gedanken über die Jahre 1947–1955"; Włodzimierz Zientara: „Samuel Klenner auf der Walz in Schlesien"; Gabriela Połutrenko: „Sich erinnern und erinnert werden. Unvollendete Gedanken zur Gestalt der Schriftstellerin Neisser Provenienz Anna Bernard". Die meisten Aufsätze finden wir im dritten Teil „Buch, Druck, Literatur": Mirosława Czarnecka: „Valens Acidalius und die Querelle des Femmes"; Olga Fejtova: „Beitrag zur Problematik der bürgerlichen Buchkultur in den böhmischen Ländern und Schlesien in der Zeit vor der Schlacht am Weißen Berg"; Detlef Haberland: „Neisser Buchdruck zwischen Breslau, Rom und Wittenberg"; Jan Kvapil: „Catholische Kirchen-Gesänge. Die Endphase der katholischen Mission in Schlesien anhand eines Neisser Gesangbuches"; Eckhard Grunewald: „Eichendorff in Neisse. Sein letztes Werk: ‚Die heilige Hedwig'"; Izabela Surynt: „Vom Wald im Kopf. Einige Überlegungen zur symbolischen Topographie bei Gustav Freytag"; Urszula Bonter: „Spiel – Kampf – Disziplinierung. Beobachtungen zum mentalen Exerzierplatz im Roman ‚Die drei Thedenbrinks' von Juliane Karwath"; Monika Mańczyk-Krygiel: „‚... aber mein ganzes Herz hängt noch heute sehnsüchtig an Schlesien ...'. Zur Neisse-Darstellung in Juliane Karwaths Roman ‚Das schlesische Fräulein'"; Jens Stüben: „Neisser und Berliner ‚Landschaft'. Bildmotive in nachexpressionistischen Gedichten von Max Herrmann-Neisse"; Jörg-Ulrich Fechner: „Max Herrmann-Neiße: Der Teilnachlaß in der Martin-Opitz-Bibliothek in Herne. Ein Fundbericht"; Jürgen Joachimsthaler: „Ästhetischer Trieb in der Kleinstadtenge. Max Herrmann-Neißes Neisser Projektionen"; Beata Giblak, Małgorzata Kurpiel: „Die Reifeprüfung von Max Herrmann-Neisse im Kontext des preußischen Schulwesens"; Wojciech Kunicki: „Franz Jungs toller Nikolaus"; Marta Kopij: „Karl Sczodrok und Wilhelm Szewczyk – zwei Parallellebensläufe auf Neisse bezogen". Danach folgt der Abschnitt „Mus(ikal)ische Querverbindungen" mit folgenden Aufsätzen: Lucian Schiwietz: „Das Musikleben in Neisse/Nysa. Ein historischer Überblick"; Klaus-Peter Koch: „Carl Ditters von Dittersdorf (1739–1799) und das Fürstentum Neisse"; Marcin Worbs: „Entstehung und Wirkung des Neisser Volksbildungszentrums ‚Heimgarten'". Den letzten Teil „Literatur- und Sprachdidaktik" machen vier Beiträge aus: Ortwin Beisbart: „Ästhetische Erfahrungen ermöglichen – mit Gedichten Joseph von Eichendorffs"; Monika Witt: „Lehrerausbildung im Germanistikstudium an der Staatlichen Fachhochschule in Neisse"; Alina Kowalczyk: „Regionale Aspekte der fremdsprachigen Literaturdidaktik"; Lesław Cirko: „Die Rolle der Sprachwissenschaft in der Kulturraumforschung".

Marta Kopij

Łukasz Kuś (oprac. [Bearb.]): Niemcy górnośląscy. Leksykon biograficzny [Oberschlesische Deutsche. Ein biographisches Lexikon]. Gliwice, Opole: Dom Współpracy Polsko-Niemieckiej (Haus der Deutsch-Polnischen Zusammenarbeit) 2004. 166 S., Abb. ISBN 83-917362-8-8.

Von einem zunehmenden Interesse und Verständnis für die Geschichte und Gegenwart der nationalen Minoritäten in Polen zeugen zahlreiche neuere Veröffentlichungen; viele von ihnen betreffen die deutsche Minderheit. Im Rahmen der Publikationen des Hauses der Deutsch-Polnischen Zusammenarbeit (Gleiwitz/Gliwice, Oppeln/Opole) ist ein biographisches Lexikon der Deutschen Oberschlesiens erschienen. Es präsentiert in neun Kapiteln (Priester, Beamte, Politiker, Wissenschaftler, Musiker, Schriftsteller u. a.) und 119 Artikeln Leben und Wirken von bedeutenden Oberschlesiern, unter ihnen auch erst vor kurzem verstorbene und daher bisher in Lexika nicht aufgenommene Persönlichkeiten, die einen beachtenswerten Beitrag zur Entwicklung des Landes geleistet haben, wie z. B. Johann Kroll (1918–2000). Das Lexikon von Łukasz Kuś, einem Oppelner Historiker, ermöglicht, obgleich von eher populärwissenschaftlichem Charakter, einen guten Einblick in die Geschichte der Deutschen Oberschlesiens. Die einzelnen sorgfältig erarbeiteten Beiträge sind informativ und objektiv gehalten, ein jeder ist mit weiterführenden bibliographischen Informationen versehen. Der Band enthält ein Namensverzeichnis, ein geographisches (deutsch-polnisches) Register und eine Bibliographie, die auch wenig bekannte Artikel aus der regionalen Presse angibt. Das Lexikon ist ein wertvolles Handbuch zur Geschichte, Wirtschaft und Kultur der traditionsreichen Region.

Krzysztof A. Kuczyński

Maciej Łagiewski: Wielcy Wrocławianie. Galeria popiersi we wrocławskim Ratuszu [Große Breslauer. Die Bildnisgalerie im Breslauer Rathaus]. Wrocław: Muzeum Miejskie Wrocławia 2003. 75 S., 90 Abb. ISBN 83-917909-4-0.

Autor dieses Bandes ist der Direktor des Stadtmuseums von Breslau/Wrocław, der als solcher Initiator der am 24. Mai 1997 in der Bürgerhalle des alten Rathauses eröffneten Bildnisgalerie großer Breslauer war. Zu diesem Anlaß wurden sieben Marmorbüsten (Gerhart Hauptmann, Adolph von Menzel, Ferdinand Lassalle, Edith Stein, Karl von Holtei, Max Born und Johann von Mikulicz-Radecki) enthüllt. Gegenwärtig ist die Zahl der Büsten bereits auf zwanzig angewachsen. Der Band enthält Angaben zu Leben und Werk jedes Dargestellten. Die zahlreichen Abbildungen zeigen verschiedene Porträts der Persönlichkeiten ebenso wie Abbildungen der Marmorbüsten.

Maria Zwierz

Rainer Lemor: Julius Lemor Breslau – Wrocław. Silbenwarenfabrik. Fabryka wyrobów srebrnych 1818–1945. Przyczynek do historii kultury socjalnej i gospodarczej Śląska [Julius Lemor Breslau – Silbenwarenfabrik 1818–1945. Ein Beitrag zur Sozial- und Wirtschaftsgeschichte Schlesiens]. Wrocław: Muzeum Miejskie Wrocławia 2003. 154 S., 169 Abb. ISBN 83-917909-6-7.

Der Katalog begleitete die gleichnamige Ausstellung, die 2003 im Breslauer Stadtmuseum und 2004 im Braunschweiger Landesmuseum sowie im Haus Schlesien in Königswinter-Heisterbacherrott präsentiert wurde. Der Autor ist ein Nachkomme der Familie Lemor, die über 120 Jahre eine Silberwarenfabrik in Niederschlesien betrieb. Der

1818 von Johann Adam Lemor gegründete Betrieb entwickelte sich aus den bescheidenen Anfängen einer Silberschmiedewerkstatt zur größten Silberwarenfabrik in Ostmitteleuropa. In fünf Kapiteln stellt der Autor die Firmengeschichte dar, die sich über fünf Generationen erstreckt: bis 1844, 1845–1880, bis 1906, 1907–1933 und bis 1945. Der Band enthält einen sorgfältig bearbeiteten und illustrierten Katalog der Firmenprodukte, ein Verzeichnis der Firmen- und Kontrollzeichen sowie eine ausführliche Bibliographie.

Maria Zwierz

Sebastian Ligarski, Jakub Tyszkiewicz (Hg.): Dziennik wydarzeń punktu zborczego w Dzierżoniowie z lat 1946–1947 [Tagebuch der Sammelstelle in Reichenbach in den Jahren 1946/47] ([Reihe:] Dzieje najnowsze powiatu dzierżoniowskiego [Die Zeitgeschichte des Kreises Reichenbach]). Wrocław: MT Serwis 2004. 58 S., dt. Zusammenfassung. ISBN 83-920426-0-3.

Diese Publikation ist die erste in einer geplanten Reihe zur Popularisierung unbekannter Archivalien zur Geschichte des Gebietes um Reichenbach/Dzierżoniów. Das veröffentlichte Dokument, ein von den polnischen Beamten geführtes Tagebuch, spricht von zwei Phasen der Aussiedlung der Deutschen aus der Stadt und dem Kreis Reichenbach (August 1946 bis April 1947). Es entstand an der Sammelstelle, wohin die Deutschen gebracht wurden, und besteht aus Eintragungen über die Arbeit der Sammelstelle an einem bestimmten Tag. Die Aufzeichnungen enthalten Angaben über die Zahl der Deutschen, die Formierung der Transporte, Krankheits- und Todesfälle und dergleichen. Die Quelle wird durch eine kurze Einführung in die Geschichte der Nachkriegsaussiedlungen der Deutschen aus dieser Region ergänzt.

Małgorzata Ruchniewicz

Grażyna Łopuszańska-Kryszczuk: Die deutsche Sprache im polnisch-deutschen Grenzgebiet. Olsztyn: Wydawnictwo Uniwersytetu Warmińsko-Mazurskiego 2004. 176 S. ISBN 83-7299-326-2.

In dieser Monographie präsentiert die Allensteiner Germanistin Grażyna Łopuszańska-Kryszczuk die Ergebnisse ihrer Dialektforschungen in Niederschlesien. Die Arbeit eröffnet ein historischer Überblick über die Sprachsituation im polnisch-tschechisch-deutschen Grenzgebiet; weiterhin verfolgt die Autorin die Problematik der regionalen Einheitssprache und ihrer Varietäten. Den Kern der Abhandlung bildet jedoch die Untersuchung des schlesischen Dialektes samt seinen phonetischen und grammatikalischen Erscheinungen. Die slawischen Reflexe in der schlesischen Mundart sowie die sprachlichen Veränderungen in der jüngsten Zeit vervollständigen das dargestellte Sprachbild in ausgewählten Ortschaften Niederschlesiens. Die Untersuchung wird durch einen zusammenfassenden Vergleich zwischen der regionalen Einheitssprache und der deutschen Standardsprache abgeschlossen.

Alina Kuzborska

Marek Masnyk (Hg.): Powstania śląskie i plebiscyt z perspektywy osiemdziesięciolecia [Die Schlesischen Aufstände und die Volksabstimmung nach achtzig Jahren betrachtet]. Opole: Wydawnictwo Uniwersytetu Opolskiego 2003. 133 S. ISBN 83-7395-012-5.

Der Sammelband setzt sich zum Ziel, die Volksabstimmung von 1921 und die Ereignisse, die unter dem Namen ‚Schlesische Aufstände' in die polnische Nationalgeschichte eingegangen sind, aus heutiger Sicht zu betrachten und zu bewerten. Auch auf die Ergebnisse der deutschen Historiographie, die sich ebenfalls mit diesen Vorgängen beschäftigt hat, wird partiell eingegangen. Den Autoren der einzelnen Beiträge schwebte vor, die von der polnischen (vor 1989) und deutschen Geschichtsschreibung oft ideologisch instrumentalisierten Begebenheiten neu und politisch unbelastet darzustellen und die früher oft verdrehten Fakten und Daten richtigzustellen. Die Aufsatzreihe eröffnet ein Beitrag von Wiesław Lesiuk, der die Genese und den Verlauf des Plebiszits darstellt. Mirosław Wrzosek analysiert die kontinuierlich gewachsenen Aussichten der militärischen Auseinandersetzungen auf Erfolg, d. h. auf die „Rückkehr Oberschlesiens zum Mutterland Polen". Marek Masnyk untersucht die Relation zwischen dem Selbstbestimmungsrecht der Völker und der Genese der oberschlesischen Volksabstimmung. Jerzy Myszor stellt den Beitrag der katholischen Kirche zur Vereinigung Oberschlesiens mit Polen in den Jahren 1919–1922 dar. Marcin Drozdowski beschäftigt sich mit den Reaktionen auf das Plebiszit und die Schlesischen Aufstände in Warschau/Warszawa und in anderen Regionen Polens, Adam Suchoński mit der Darstellung dieser historischen Ereignisse in den deutschen und polnischen Geschichtsbüchern. Der Problematik der Ordensverleihung an die schlesischen Aufständischen durch den polnischen Staat, der medizinischen Versorgung während der Aufstände und der Person Jan Brandys widmen sich die letzten drei Beiträge des Bandes. Die Sprache der Publikation ist Polnisch.

Izabela Surynt

Wojciech Mrozowicz (Hg.): Cronika monasterii canonicorum regularium (S. Augustini) in Glacz = Kronika klasztoru kanoników regularnych (św. Augustyna) w Kłodzku. Wrocław: Centrum Badań Śląskoznawczych i Bohemistycznych Uniwersytetu Wrocławskiego 2003. 371 S., Abb., dt. Zusammenfassung. ISBN 83-909164-8-7.

Die Publikation ist die erste umfassende Edition der Chronik der Augustiner-Chorherren in Glatz/Kłodzko. Es ist die einzige Chronik, die im Mittelalter in der Grafschaft Glatz entstanden ist. Der Text war bislang wenig bekannt und wurde in der Mittelalter- und Regionalforschung kaum berücksichtigt. Die Chronik beginnt mit der Geschichte der Gründung des Klosters im Jahre 1349 und endet im Jahre 1524. Sie konzentriert sich auf den Alltag des Klosters, stellt aber auch dessen Geschichte vor dem Hintergrund der großen Weltereignisse dar, vor allem der Hussitenkriege und der Regierung von Georg von Podiebrad. Der erste Autor der Chronik war Michal Czacheritz (gest. 1489). Der Quellenedition wurde eine kritische Einführung vorangestellt. Sie besitzt sorgfältig gearbeitete Anmerkungen sowie Personen- und Ortsregister.

Małgorzata Ruchniewicz

Czesława Mykita-Glenskowa: Melpomena w śląskiej mazelonce. Szkice z dziejów polskiego życia teatralnego na Śląsku do roku 1939 [Melpomene in Schlesien. Skizzen zur Geschichte des polnischen Theaterlebens in (Ober-)Schlesien bis zum Jahr 1939]. Opole: Wydawnictwo Uniwersytetu Opolskiego 2003. 248 S. ISBN 83-7395-004-4.

Die einzelnen Abhandlungen, die dieser Band versammelt, entstanden in den Jahren 1984–1998 und erheben, so die Autorin, keinen Anspruch auf eine monographische Darstellung des Themas. Vielmehr wird hier eine differenzierte Perspektivierung angestrebt, die das Bild des polnischen Theaterlebens in Oberschlesien vielseitig beleuchten soll. Die Verfasserin unterscheidet drei Hauptphasen der Entwicklung, 1870–1918, 1919–1921, 1922–1939, und setzt sich mit ihrem Verlauf unter zahlreichen Aspekten auseinander. Das Interesse gilt hier der Geschichte des Liebhabertheaters ebenso wie der Präsenz berühmter und weniger berühmter polnischer Dichter (Aleksander Fredro, Józef Ignacy Kraszewski, Józef Korzeniowski, Lucjan Rydel, Eliza Bośniacka-Tuszowska) auf den (ober)schlesischen Bühnen. Auch der Kult der hl. Barbara oder das Thema der nationalen (polnischen) Unabhängigkeit (Ober-)Schlesiens in den Bühnenstücken des Liebhabertheaters werden in diesem Buch ausführlich behandelt. Das abschließende Kapitel ist den Aufführungen der polnischen Theatergruppen in Oberschlesien gewidmet.

Izabela Surynt

Oberschlesien und das Phänomen der Grenze im Werk Horst Bieneks. Sammelband von Redebeiträgen, die im Rahmen der gleichnamigen Konferenz im Zeitraum von 29.–30. 05. 2003 im Haus der Deutsch-Polnischen Zusammenarbeit vorgetragen wurden. Gleiwitz, Oppeln: Haus der Deutsch-Polnischen Zusammenarbeit 2003. 72 S., Abb. ISBN 83-917362-6-1.

Der vorliegende Band ist ein Beispiel für das anhaltende Interesse polnischer Germanisten am Werk des aus Gleiwitz/Gliwice stammenden Schriftstellers Horst Bienek. Er ist in den letzten Jahren zum wichtigsten Repräsentanten moderner deutschsprachiger Literatur Oberschlesiens in der polnischen Öffentlichkeit geworden. Sein vorurteilsfreier Blick auf Oberschlesien prädestiniert ihn als Symbolfigur im deutsch-polnischen Dialog über das gemeinsame Kulturerbe. Im Band sind sechs Beiträge veröffentlicht, die im Rahmen der gleichnamigen Konferenz präsentiert wurden. Germanisten aus Kattowitz/Katowice, Oppeln/Opole und Grünberg/Zielona Góra sowie der Schriftsteller Wolfgang Bittner setzen sich mit dem Motiv der Grenze vor allem in Bieneks Prosa auseinander. Grażyna Szewczyk skizziert den literaturgeschichtlichen Hintergrund für das Schaffen des 1990 verstorbenen Autors; Eugeniusz Klin geht auf das Problem der oberschlesischen Identität ein; Ewa Jurczyk deutet die Topographie des oberschlesischen Grenzlandes bei Bienek; Marek Kryś stellt die Rezeption des Romans „Die erste Polka“ in der schlesischen Landsmannschaft dar; und Katarzyna Lasatowicz untersucht das „Wasserpolnische“ in Bieneks Werk. Wolfgang Bittner reflektiert Bieneks literarischen Umgang mit Oberschlesien in einem autobiographisch geprägten Essay. Der Sammelband enthält auch Fotos und Dokumente zu Leben und Werk des Schriftstellers aus dem Archiv des Carl Hanser Verlags, München, und dem Privatarchiv von Grażyna B. Szewczyk.

Robert Rduch

Halina Okólska (Hg.): Mieszczaństwo wrocławskie. Materiały sesji naukowej zorganizowanej przez Muzeum Miejskie Wrocławia w dniach 7–9 grudnia 2000 r. [Das Breslauer Bürgertum. Beiträge der Tagung im Breslauer Stadtmuseum, 7.–9. Dezember 2000]. Wrocław: Muzeum Miejskie Wrocławia 2003. 315 S., 318 Abb. ISBN 83-917909-5-9.

Die Beiträge im vorliegenden Tagungsband sind der Geschichte und dem kulturellen Erbe des Breslauer Bürgertums gewidmet, welches zum Teil bis in unsere Zeit vollständig oder in Fragmenten erhalten ist, zum Teil aber nur durch detailliertes Quellenstudium zumindest ansatzweise rekonstruiert werden kann. Die 32 Referate und Kurzvorträge von Historikern, Kunst- und Architekturhistorikern beschäftigen sich mit verschiedenen Themen der Architektur und Kunstgeschichte, des Kunsthandwerks, der Waffen- und Siegelkunde, der Wissenschafts-, Religions-, Ideen- und Sittengeschichte. Ferner finden sich hier monographische Darstellungen zu bedeutenden Persönlichkeiten vom Mittelalter bis ins 20. Jahrhundert. Anhand archivalischer Materialien und bildlicher Quellen zeichnen die Autoren ein vielfältiges Bild des Bürgerlebens in Breslau/Wrocław, das Auskunft gibt über Wohnungen und Arbeitswelten, herrschende Moden und Freizeitverhalten. Obwohl die Geschichte des Breslauer Bürgertums noch längst nicht umfassend erforscht ist, kann die vorliegende Publikation als grundlegendes Werk bezeichnet werden. Der Band enthält unter anderem folgende Beiträge: „Privatstraßen im 19. Jahrhundert" (R. Eysymontt, Ł. Krzywka), „Breslauer Cafés, Restaurants und Bars um 1900" (M. Galantowicz), „Johann Sigismund von Harnold (1634–1711) – Mäzen und Sammler" (P. Oszczanowski), „Die Theaterbegeisterung der ehemaligen Breslauer Bürger" (L. Gajek), „Schmuck und Ausstattung der Breslauer Bürgerhäuser im Licht der Breslauer Stadtbücher des 15. Jahrhunderts" (L. Harc), „Vorstadtresidenzen des Breslauer Bürgertums vom 16. bis 19. Jahrhundert" (H. Górska).

Maria Zwierz

Orbis Linguarum. Legnickie Rozprawy Filologiczne [Liegnitzer Philologische Beiträge] 24. Hg. v. Edward Białek, Eugeniusz Tomiczek. Wrocław: Oficyna Wydawnicza ATUT – Wrocławskie Wydawnictwo Oświatowe 2002. 388 S. ISBN 83-89247-45-3.

Dieser Band der Schriftenreihe erhält unter anderem folgende Aufsätze: Monika Mańczyk-Krygiel: „‚Das Vaterland ... und ist's denn nicht ein Phantom unserer Träume?' Zum patriotisch-nationalen Diskurs in der historischen Prosa Rudolf von Gottschalls"; Anna Stroka: „Gerhart Hauptmanns Beziehung zu seinem Bruder Carl und Hermann Stehr"; Paweł Zimniak: „Verspätete Geburt. Zum niederschlesischen Bezug der Lyrik von Christian Saalberg"; Henk J. Koning: „E. T. A. Hoffmann in Holland. Neue Funde"; Marek Laskowski: „Konfrontative Bemerkungen zum Stellenwert des deutschen und polnischen Infinitivs"; Piotr Obrączka: „Heinrich Schulz-Beuthen – niemiecki kompozytor z Bytomia" (Heinrich Schulz-Beuthen, ein deutscher Komponist aus Beuthen); Katarzyna Grzywka: „Der Warschauer und der Berliner Salon im 19. Jahrhundert. Versuch eines Vergleichs".

Marta Kopij

Orbis Linguarum. Legnickie Rozprawy Filologiczne [Liegnitzer Philologische Beiträge] 25. Hg. v. Edward Białek, Zdzisław Latjka, Eugeniusz Tomiczek. Wrocław: Oficyna Wydawnicza ATUT – Wrocławskie Wydawnictwo Oświatowe 2004. 463 S. ISBN 83-89247-71-2.

Die 25. Ausgabe der Schriftenreihe ist dem Gründungspräsidenten der Deutsch-Polnischen Gesellschaft der Universität Wrocław, Professor Dr. med. Norbert Heisig, zum

70. Geburtstag gewidmet. Der Band umfaßt ein breites Themenspektrum; er enthält 13 Beiträge aus dem Bereich der Literaturgeschichte und vier aus der Sprachwissenschaft; dazu kommen neun Miszellen, zehn Diskussionen über literarische Texte und zahlreiche Buchbesprechungen. Im literaturgeschichtlichen Teil begegnen wir unter anderem folgenden Aufsätzen: Henk J. Koning: „Karl von Holtei (1798–1880) – ein schlesisches Multitalent"; Magdalena Lasowy: „Das sprachliche Zeichen und das neue Bewußtsein in der dadaistischen Dichtung"; Eugeniusz Klin: „Paul Habraschka (1897–1969) – ein Vertreter der oberschlesischen Arbeiterliteratur". Der sprachwissenschaftliche Teil enthält unter anderem einen Beitrag von Ilpo Tapani Piirainen: „Frühneuhochdeutsche Handschriften in Hirschberg/Jelenia Góra in Schlesien".

Marta Kopij

Jerzy Pośpiech, Teresa Smolińska (Hg.): Z dziejów i dorobku folklorystyki śląskiej (do roku 1939) [Aus der Geschichte und den Forschungsergebnissen der Volkskunde in (Ober-)Schlesien (bis zum Jahr 1939)]. Opole: Wydawnictwo Uniwersytetu Opolskiego 2002. 204 S., dt. Zusammenfassungen. ISBN 83-88796-89-5.

Der Oppelner Sammelband präsentiert eine Reihe von (allesamt polnischsprachigen) Beiträgen, die sich mit Theorien und Forschungsergebnissen der älteren (ober)schlesischen Volkskunde beschäftigen. Die beiden Herausgeber heben nachdrücklich hervor, daß der von ihnen zusammengestellte und edierte Band zum ersten Mal in der Geschichte der polnischen (oberschlesischen) Ethnologie auch der deutschen Forschung auf diesem Gebiet eine große Aufmerksamkeit schenkt, die bislang von den polnischen Wissenschaftlern nicht gebührend gewürdigt worden ist. Die einzelnen Aufsätze handeln von sozialen und kulturellen Faktoren der Herausbildung und Formung der schlesischen Volkskunst, geben einen Überblick über die polnische und deutsche Forschung zur Volkskunde in (Ober-)Schlesien, stellen wichtige Persönlichkeiten dar, die einen bedeutenden Beitrag zur Entwicklung dieses Faches geleistet haben, wie Joseph Klapper, Alfons Perlick, August Heinrich Hoffmann von Fallersleben, Julius Roger, Joseph Strecke, Alfred Kosian und Teophil Konietzny. Darüber hinaus werden die Präsenz der Volkskundler und ihrer Sammlungen in der lokalen Presse sowie der Standort der (ober)schlesischen Folklore im „Atlas der deutschen Volkskunde" erörtert. Der abschließende Beitrag behandelt die kulturellen Widersprüche in Oberschlesien.

Izabela Surynt

Tomasz Przerwa: Odkryli dla nas piękno gór. Trzy sudeckie organizacje górskie 1881–1945: Verband der Gebirgsvereine an der Eule, Waldenburger Gebirgsverband, Zobtengebirgsverein [Sie entdeckten für uns die Schönheit der Berge. Drei Gebirgsvereine in den Sudeten 1881–1945. ...]. Toruń: Wydawnictwo Adam Marszałek 2003. 510 S., Abb. ISBN 83-7322-581-1.

Dieses Buch stellt eine wichtige Publikation zur Geschichte des schlesischen Tourismus dar. Es wurde aufgrund bisher nicht benutzter Archivmaterialien und gedruckter Quellen geschrieben. Gegenstand der Monographie sind drei Gebirgsvereine in Niederschlesien in den Jahren 1881 bis 1945, deren Tätigkeit sich auf das Eulengebirge, das Waldenburger Gebirge und das Zobtengebirge erstreckte. Die Arbeit hat einen chronologisch-problemorientierten Aufbau. Im Zentrum des Interesses stehen jeweils die Geschichte der Organisation, ihre Struktur und Zusammensetzung sowie die wichtigsten Tätigkeitsfelder, wie z. B. die touristische Infrastruktur (Wanderwege, Aussichtstürme, Übernachtungsmöglichkeiten u. a.) und die Popularisierung der landschaftlichen Reize und touristischen Vorzüge der niederschlesischen Gebirge. Das Buch wird durch einen Anhang mit Diagrammen und Tabellen, die die Mitgliederzahl der Vereine veranschaulichen, ergänzt.

Małgorzata Ruchniewicz

Jan Sakwerda: Medale – silesiaca XX wieku (do 1945) w zbiorach Muzeum Sztuki Medalierskiej Oddziale Muzeum Miejskiego Wrocławia (z uzupełnieniami). Katalog zbiorów [Medaillen. Die Silesiaca des 20. Jahrhunderts (bis 1945) in den Beständen des Museums für Medailleurkunst – Abteilung des Breslauer Stadtmuseums (mit Ergänzungen). Bestandskatalog]. Wrocław: Muzeum Miejskie Wrocławia 2002. 282 S., 520 Abb. ISBN 83-911846-7-6.

Dieser Katalog schließt eine Publikationsreihe zur schlesischen Medailleurkunst (bis 1945) in den Beständen des Museums für Medailleurkunst in Breslau/Wrocław ab. Die vorangehenden Kataloge präsentierten in drei Bänden Medaillen des 16. und 17. Jahrhunderts (einschließlich der Polonica dieser Jahrhunderte; erschienen 1999), des 18. Jahrhunderts (erschienen 2000) und des 19. Jahrhunderts (erschienen 2001). Im vorliegenden Band stellt der Autor 290 Medaillen vor. Als Kriterium des Schlesischen gelten dabei die Thematik der Darstellung bzw. die Herkunft des Medailleurs. Der Katalog enthält ein Register der Medailleure, ein Personen- und Ortsregister sowie ein Literaturverzeichnis. Besonders hervorzuheben ist die große Zahl von Abbildungen, die die Objektbeschreibungen illustrieren.

Maria Zwierz

Jan Sakwerda: Medalierskie portrety Wrocławian = Breslauer Persönlichkeiten auf Porträtmedaillen. T. [Bd.] 1: 1733–2002. Wrocław: Muzeum Sztuki Medalierskiej, Oddział Muzeum Miejskiego Wrocławia 2003. 145 S., 227 Abb. ISBN 83-917909-7-5.

Die zweisprachige Publikation erschien als Begleitband zur gleichnamigen Ausstellung. Porträts von Breslauer Bürgern auf Medaillen waren nicht so verbreitet und populär wie Porträtbilder oder -fotografien. Die im Band vorgestellte Auswahl ergibt eine Galerie von Persönlichkeiten mit Verbindungen zu Breslau/Wrocław, die verschiedenen Gesellschaftskreisen und unterschiedlichen nationalen, kulturellen und religiösen Gruppen angehör(t)en. Vorgestellt werden bekannte Breslauer vom Ende der Habsburger Zeit bis zum Ausgang des 20. Jahrhunderts, unter ihnen Ferdinand Lassalle, Karl von Holtei, Paul Heim, Adolph von Menzel, General Friedrich Bogislaw von Tauentzien. Der Band enthält ein Register der Medailleure sowie der auf den Medaillen porträtierten Personen.

Maria Zwierz

Jan Sakwerda: Otto Müller-Hartau. Malarstwo okolic Wałbrzycha i Ziemi Kłodzkiej. Katalog wystawy = Otto Müller-Hartau. Malerei. Landschaften aus dem Waldenburger Bergland und der Grafschaft Glatz. Ausstellungskatalog.

Wrocław: Muzeum Miejskie Wrocławia; Ratingen-Hösel: Oberschlesisches Landesmuseum 2004. 48 S., 30 Abb. ISBN 83-919205-2-6.

Die Ausstellung und der zugehörige Katalog (mit polnischem und deutschem Text) präsentierten bzw. präsentieren erstmals Gemälde von Otto Müller-Hartau, die vor allem im Zeitraum zwischen 1925 und 1945 entstanden. Otto Müller-Hartau (1898–1969) wurde in Hausdorf/Jugów bei Neurode / Nowa Ruda geboren. Seine Bilder zeigen naturgetreue, stimmungsvolle Landschaftsporträts. Die Vertrautheit des Autors und Ausstellungskurators mit der Landschaft des Glatzer Landes, erworben auf jahrzehntelangen Bergwanderungen, erlaubten eine fast durchgehende Identifizierung der auf den Bildern dargestellten Naturausschnitte. Der Band enthält einen kurzgefaßten Lebenslauf des Malers und gibt Auskunft über die Geschichte seines künstlerischen Wirkens. Die qualitätvollen Abbildungen der Gemälde Müller-Hartaus ermöglichen es dem Leser, das bemerkenswerte Werk dieses Künstlers kennenzulernen.

Maria Zwierz

Śląsk starożytny. Epoka kamienia i początek epoki brązu [Schlesien im Altertum. Die Steinzeit und der Beginn der Bronzezeit]. Wrocław: Muzeum Miejskie Wrocławia, Oddział Muzeum Archeologiczne 2003. 51 S., 40 Abb. Keine ISBN.

Das Archäologische Museum in Breslau/Wrocław hat seit kurzem seinen Sitz im Breslauer Arsenal. Der vorliegende Museumsführer erschließt den gerade eröffneten ersten Teil der Dauerausstellung „Schlesien im Altertum“. Die Beiträge stammen von wissenschaftlichen Mitarbeiterinnen des Museums: Elżbieta Noworyta stellt die Bestände aus der Steinzeit, Iwona Bartoszcze die Sammlungen aus der Bronzezeit (2400/2300–1700/1600 v. Chr.) vor. Der Band enthält Farbabbildungen der Exponate.

Maria Zwierz

Śląskie Sprawozdania Archeologiczne [Schlesische archäologische Berichte]. T. [Bd.] 45. Red.: Krzysztof Wachowski. Wrocław: Instytut Archeologii Uniwersytetu Wrocławskiego 2003. 316 S., 162 Abb. ISBN 83-915048-8-3.

Der neueste Band der „Schlesischen archäologischen Berichte“ zu archäologischen Funden in Niederschlesien und dem Stadtgebiet von Breslau/Wrocław enthält Grabungsberichte, Forschungsaufsätze und Kurzbeiträge der Mitarbeiter des Archäologischen Instituts der Universität Breslau. Aus Breslau wird über die Grabungen im Bereich der früheren Kürassierstraße (ul. Hallera) und der ehemaligen Katzenohle (heute ein Teil des pl. Dominikański) berichtet. Darüber hinaus findet man unter anderem Forschungsbeiträge zur Altstadt in Trebnitz/Trzebnica und zu Grablegen der Lausitzer Kultur in Mislawitz/Miłosławice bei Militsch/Milicz. Alle Texte sind illustriert.

Maria Zwierz

Marzena Smolak: Gdzie się bawili wrocławianie w pierwszej połowie XX wieku. Kawiarnie, restauracje, piwiarnie... na dawnych widokówkach ze zbiorów Emila Pardy [Wo sich die Breslauer in der ersten Hälfte des 20. Jahrhunderts vergnügten. Cafés, Restaurants, Bierkeller... auf alten Postkarten aus der Sammlung Emil Pardy]. Wrocław: Muzeum Miejskie Wrocławia 2003. 140 S., 128 Abb. ISBN 83-917909-3-2.

Der Band präsentiert 400 Ansichtskarten von Breslauer Lokalen, darunter zahlreiche Gartenrestaurants, Restaurants mit Konzert- und Tanzsälen, Kegelbahnen, Billardsälen (d. h. sogenannte Etablissements), wie sie um 1900 populär waren. Die ausgewählten Postkarten wurden zwischen dem Ende des 19. Jahrhunderts und 1945 herausgegeben. Der Katalog enthält eine genaue Beschreibung der einzelnen Karten (mit Aufschriften, Herausgebern, Entstehungsdaten, soweit ermittelbar), ein Verzeichnis der Verlage und Herausgeber, Fotografen und Drucker, außerdem 200 Reproduktionen der interessantesten Stücke (zum Teil mit Übersetzungen der darauf befindlichen Korrespondenz) sowie Informationen über die einzelnen Lokale. Das Katalogmaterial ist in folgende Abschnitte untergliedert: Schweidnitzer Keller, Bierkeller, Weinlokale, Konditoreien, Restaurants, Lokale in Hotels und Etablissements.

Maria Zwierz

Teresa Smolińska (Hg.): Tradycyjne zwyczaje i obrzędy śląskie. Wypisy [(Ober-)Schlesische Sitten und Bräuche. Texte]. Opole: Wydawnictwo Uniwersytetu Opolskiego 2004. 219 S., Abb. ISBN 83-7395-007-9.

Die in polnischer Sprache verfaßte, reich bebilderte Publikation ist als eine Anthologie von Texten angelegt, die das oberschlesische Brauchtum zum Thema haben. Das Buch besteht – neben einer erläuternden Einleitung – aus drei Teilen. Im ersten Abschnitt werden Sitten und Bräuche dargestellt, die den Jahresablauf begleiten, also mit kirchlichen Feiertagen (Weihnachten, Ostern, Neujahr etc.) oder den Jahreszeiten (z. B. der Begrüßung des Frühlings) zusammenhängen, und zum Teil noch heute in Oberschlesien praktiziert werden. Sitten und Bräuche in der Familie (zu Geburt, Namensgebung, Hochzeit, Tod und Begräbnis u. a.) enthält der zweite Teil. Der letzte Abschnitt bietet Texte, die traditionell in bestimmten Situationen eingesetzt werden; es handelt sich hier also um Gelegenheitstexte wie Glückwünsche, Gratulationen, Hochzeits- und Grabreden, Lieder, Sprüche und Sprichwörter.

Izabela Surynt

Grzegorz Strauchold: Wrocław okazjonalna stolica Polski. Wokół powojennych obchodów rocznic historycznych [Breslau als eine gelegentliche Hauptstadt Polens. Über die Jahrestage der historischen Ereignisse nach dem Zweiten Weltkrieg] (Acta Universitatis Wratislaviensis 2569, Historia 167). Wrocław: Wydawnictwo Uniwersytetu Wrocławskiego 2003. 122 S., Abb., engl. Zusammenfassung. ISBN 83-229-2424-0.

Das Buch widmet sich Breslau/Wrocław als einem Ort der Begehung von Jahrestagen der Gründung „Volkspolens" und der „Einverleibung" der deutschen Gebiete nach 1945 in das „Mutterland". Es stellt einen Beitrag zur Erforschung des polnischen historischen Denkens nach 1945 dar. Der Verfasser konzentriert sich vor allem auf die 60er Jahre, in denen die Gruppe um Władysław Gomułka, den Führer der polnischen Kommunisten, große Feierlichkeiten in der Odermetropole organisierte. Neben den Archivquellen wertete er die gedruckten Quellen (Reden, Berichte über die Feierlichkeiten, Erinnerungen, Presse) aus. Das Buch besteht aus sieben Abschnitten. Im ersten und zweiten Kapitel werden die kommunistische Propaganda über Breslau und die dort organisierten historischen Jahrestage bis 1955 dargestellt. Die Kapitel 3 und 4 beschäftigen sich mit der Organisation der unter der Schirmherrschaft Gomułkas stehenden Feierlichkeiten zum 15. und 20. Jahrestag der Westgebiete. Das nächste Kapitel ist der 1000-Jahr-Feier des polnischen Staates gewidmet. Im sechsten Kapitel werden Organisation und Verlauf der größten Feierlichkeiten während der Regierung Gomułka – zum 25. Jahrestag „Volkspolens" – angesprochen. Die Arbeit schließt mit einem Kapitel über den Niedergang des staatlichen Interesses an der Organisation großer Feierlichkeiten zu den historischen Jahrestagen, der in den 1970er und 1980er Jahren einsetzte.

Krzysztof Ruchniewicz

Barbara Szczypka-Gwiazda: Pomiędzy praktyką a utopią. Trójmiasto Bytom – Zabrze – Gliwice jako przykład koncepcji miasta przemysłowego czasów republiki Weimarskiej [Zwischen Praxis und Utopie. Die Dreistädteeinheit Beuthen – Hindenburg – Gleiwitz als beispielhaftes Konzept einer Industriestadt in der Weimarer Republik]. Katowice: Wydawnictwo Uniwersytetu Ślaskiego 2003. 175 S., 144 Abb., dt. u. engl. Zusammenfassungen. ISBN 83-226-1248-6.

Die Publikation ist die erste umfassende Untersuchung zur Konzeption der oberschlesischen „Dreistädteeinheit", die in der Weimarer Republik entstand. Ihr Ziel war die Schaffung eines in wirtschaftlicher und kultureller Hinsicht wegweisenden städtebaulichen Organismus im Grenzgebiet des Deutschen Reiches, der die Städte Beuthen, Hindenburg und Gleiwitz miteinander verbinden sollte. Im ersten Kapitel stellt die Verfasserin die Tätigkeit der Architekten in den drei Städten im Anschluß an den Ersten Weltkrieg vor. Die Hauptaufgabe der städtischen Baubehörden war damals die Errichtung von Wohnsiedlungen für die Flüchtlinge aus dem östlichen Teil Oberschlesiens, die 1922 infolge der neuen Grenzziehung zwischen Polen und Deutschland ihre Heimat verließen. Neben standardisierten Lösungen im Wohnungsbau entstanden wichtige Bauten, wie etwa das Seidenhaus Weichmann von Erich Mendelsohn in Gleiwitz. Die beiden folgenden Kapitel befassen sich mit den Entwürfen für die Verwaltungs- und Gebietsreform, die zur Schaffung der Dreistädteeinheit führen sollte. Vorgestellt werden die Architekturwettbewerbe für ein kulturelles und wirtschaftliches Zentrum der Dreistädteeinheit, für ihre Grünanlagen und für die Wohnsiedlungen, die unter der Leitung der drei Stadtbauräte – Martin Wolf, Albert Stütz und Karl Schabik – entstanden, außerdem Wettbewerbsprojekte und ausgeführte Bauten von Hans Poelzig. Im vierten Kapitel beleuchtet die Autorin die Tätigkeit von Dominikus Boehm in Hindenburg und Gleiwitz. Im letzten Teil des Buches folgen eine kritische Analyse der Idee der Dreistädteeinheit und ein Vergleich mit analogen Konzepten, die gleichzeitig im polnischen Teil Oberschlesiens entstanden. Die Publikation ist mit historischen Aufnahmen und zeitgenössischen Fotos reich illustriert. Sie enthält einen komprimierten Katalog der Objekte und ein Personenregister. Ihr Wert liegt nicht zuletzt darin, daß es die im Nachkriegspolen vergessene Geschichte Beuthens, Hindenburgs und Gleiwitz' wieder ins Bewußtsein ruft.

Irma Kozina

Leopold Jan Szersznik: Materiały genealogiczno-heraldyczne do dziejów szlachty księstwa cieszyńskiego [Genealogisch-heraldische Materialien zur Geschichte der Adligen im Herzogtum Teschen]. Cieszyn: Książnica Cieszyńska 2004. 392 S., Abb., dt. Zusammenfassung. ISBN 83-914331-6-1.

Das Buch stellt genealogische Materialien und die Wappenbilder der Adligen aus dem Teschener Schlesien vor, die von dem Priester L. J. Szersznik an der Wende vom 18. zum 19. Jahrhundert gesammelt wurden. Es besteht aus 201 Kurztexten, in denen die einzelnen Adelsfamilien beschrieben werden, und 21 genealogischen Tafeln. Eine umfangreiche Einführung umreißt den Stand der Forschung über die Geschichte des Adels dieser Region, analysiert die historische und genealogische Arbeit Szersznik und beurteilt den Inhalt und die Bedeutung der von ihm zusammengetragenen Materialien. Der Band ist wissenschaftlich korrekt ediert, wovon umfangreiche Fußnoten und Anlagen zeugen.

Małgorzata Ruchniewicz

Kamila Uzarczyk: Podstawy ideologiczne higieny ras i ich realizacja na przykładzie Śląska w latach 1924–1944 [Die ideologischen Grundlagen der Rassenhygiene und ihre Anwendung am Beispiel Schlesiens in den Jahren 1924–1944]. Toruń: Wydawnictwo Adam Marszałek 2003. 349 S. ISBN 83-7322-510-2.

Das Buch füllt eine Lücke in der polnischen Historiographie zum Thema der biologischen und philosophischen Grundlagen des Rassismus und ihres Einflusses auf die NS-Ideologie. Es ist darüber hinaus dadurch von besonderem Wert, daß es einen Überblick gibt über die eugenische Politik (Rassenhygiene) in Schlesien während des „Dritten Reiches". Das Buch hat einen chronologisch-problemorientierten Aufbau. Im ersten Kapitel konzentriert sich die Verfasserin auf die Entstehung der Eugenik und die Anfänge der eugenischen Bewegung in Deutschland. Das zweite Kapitel behandelt die Entwicklung der eugenischen Bewegung in der Weimarer Republik, die zur Entstehung von Entwürfen der entsprechenden Rechtsgebung (in Fragen der Ehe und Sterilisation) führte. Der nächste Abschnitt stellt die Veränderungen der deutschen Eugenik in der Zeit des Nationalsozialismus dar, in der sie zum offiziellen Staatsprogramm wurde, unter anderem zu einem Teil der Schulausbildung. Die Grundsätze der eugenischen Bevölkerungspolitik in den Jahren 1933 bis 1944, die die sog. Rassenschande, den Schutz der sog. Ehegesundheit und Adoptionsrechte betrafen, werden im vierten Kapitel abgehandelt. Die Ziele der negativen Eugenik und ihre Realisierung werden am Beispiel Schlesien analysiert, wobei – abgesehen vom Thema Euthanasie bei Kindern im Krankenhaus in Lublinitz/Lubliniec – auf die weitere Beschäftigung mit dieser Problematik verzichtet wurde, weil sie einer gesonderten Publikation bedarf. In diesem Kapitel konzentriert sich die Verfasserin auf die zwangsweise vorgenommene Sterilisierung.

Małgorzata Ruchniewicz

Andrzej Wiśniewski (Hg.): Wrocław Oporów. Najstarsze ślady osadnictwa i środowisko przyrodnicze [Breslau-Opperau. Die ältesten Siedlungsspuren und ihr natürliches Umfeld] (Studia Archeologiczne = Archäologische Studien 33). Wrocław: Wydawnictwo Uniwersytetu Wrocławskiego 2003. 330 S., Abb. ISSN 0239-6661, ISSN 0520-9250.

Im Zusammenhang mit den zahlreichen Bauinvestitionen in Breslau/Wrocław konnten auf den Bauplätzen in großem Umfang archäologische Untersuchungen durchgeführt werden. Die beteiligten Wissenschaftler, in erster Linie Archäologen, stellen in dem vorliegenden Sammelband Grabungsergebnisse aus Opperau, einem der südlichen Stadtteile Breslaus, vor. Neben archäologischen Untersuchungen enthält der Band unter anderem

Forschungen zur Flora der Region sowie Darstellungen neuer Forschungsmethoden (z.B. die sogenannte paramagnetische Resonanzmethode, angewandt an Knochenresten von Tieren).

Maria Zwierz

Małgorzata Wójtowicz: Pocztówki śląskie. Teka 1: Wrocław na litograficznej pocztowej karcie widokowej [Schlesische Postkarten. Mappe 1: Breslau auf lithographierten Postkarten]. Wrocław: Muzeum Techniki i Przemysłu na Śląsku 2003. 68 S., 53 Abb. ISBN 83-919380-0-X.

Die erste Mappe der Serie „Schlesische Postkarten" präsentiert lithographierte Ansichtskarten von Breslau/Wrocław, die von den frühen achtziger Jahren des 19. Jahrhunderts bis 1907 entstanden. Sie stammen aus der Sammlung Dr. Guido Weiser, der seine Kollektion im Jahr 2000 dem Technik- und Industriemuseum in Breslau vermachte. Es handelt sich dabei um eine bedeutende Sammlung von ca. 3 000 Postkarten aus Breslau und 11 000 aus Niederschlesien. Im ersten Teil der Publikationsreihe werden 53 Postkarten aus Breslau vorgestellt, auf denen bekannte Baudenkmäler wie Rathaus, Dom und andere Breslauer Kirchen, Universität, Königsschloß, Museumsgebäude, Bahnhöfe sowie zahlreiche Denkmäler zu sehen sind. Bemerkenswert ist, daß fast die Hälfte der ausgewählten Karten als Reklamepostkarten von Bierkellern, Restaurants, Cafés oder Hotels von deren jeweiligen Besitzern in Auftrag gegeben wurden. Die Autorin skizziert die Geschichte der in Breslau herausgegebenen lithographierten Postkarten und beschreibt jede der reproduzierten Karten.

Maria Zwierz

Paweł Zimniak, Carsten Gansel, Robert Buczek (Hg.): Texte in Kontexten (Germanistyka 3). Zielona Góra: Wydawnictwo Uniwersytetu Zielonogórskiego 2004. 400 S. ISBN 83-89712-11-3.

Die Reihe „Germanistyka", die mit dem dritten Band eine neue Qualität der Zusammenarbeit von polnischen und deutschen Forschern einleiten will, stellt sich das Ziel, aktuelle Entwicklungen in der Theorie wie der Geschichte der deutschen Literatur zu verfolgen und innovative Forschungsansätze zu diskutieren. Der vorliegende Band ist Ergebnis der Kooperation mit dem Institut für Germanistik der Universität Gießen. Er bietet vor allem einen Überblick über aktuelle Forschungen der Germanistik in Grünberg/Zielona Góra. Thema sind Beziehungen der Literatur zu Philosophie, Politik, Region, (Literatur-)Geschichte und Sprache. Zunächst stecken Carsten Gansel und Paweł Zimniak, ausgehend von aktuellen Diskussionen in der deutschen wie polnischen Germanistik, den Rahmen ab, in dem sich Forschungen mit einer kulturwissenschaftlichen Ausrichtung perspektivisch bewegen können. Die nachfolgenden Aufsätze, von denen hier nur wenige genannt werden können, sind unterschiedlichen methodischen Paradigmen verpflichtet, gleichwohl richten sie sich an den in den Einleitungen fixierten Fragestellungen aus. Elke Mehnert aus Chemnitz geht in ihrem persönlich gefärbten Beitrag der Frage nach, warum Autorinnen und Autoren aus der DDR heute in den neuen Bundesländern mitunter auf große Verständnisprobleme stoßen. Sie stützt sich dabei vornehmlich auf eigene Erfahrungen im Rahmen eines Hochschulseminars zu Christa Wolf. Arletta Szmorhun wendet sich akribisch dem zweibändigen autobiographischen Romanzyklus „Wir Flüchtlingskinder" (1985) und „Wir sind keine Kinder mehr" (1990) von Ursula Höntsch zu, der die „Vertreibung als ein Verbrechen gegen die Menschheit" literarisch aufarbeitet. Von Frank M. Schenke werden Grundprobleme der Erinnerungspolitik auf allgemeinerer Ebene diskutiert. Die Beiträge im Kapitel „Literatur und Provinz" befassen sich, jeweils von unterschiedlichen Intentionen ausgehend, mit der Beziehung zwischen Literatur und regionalen Kontexten; dabei geht es zumeist um die Thematisierung von Schlesien bei nicht kanonisierten Autoren. Der Aufsatz von Bogumiła Husak und Zygmunt Kowalczuk behandelt die Kritik deutscher Konservativer am Bismarckschen Kulturkampf. Izabela Taraszczuk untersucht die unterschiedlichen historischen Deutungen der bekannten Rattenfängersage, in der man je nach Forschungsansatz die Darstellung der Ostkolonisation, einer Auswandererbewegung, der Kinderkreuzzüge u. a. m. gesehen hat. Carsten Gansel nimmt sich der Darstellung von Kindheit und Adoleszenz in der deutschen Gegenwartsliteratur an. Den Abschluß bildet ein persönlich gehaltener Beitrag von Tadeusz Zuchewicz, der dem Andenken an Augustyn Mańczyk, den 2004 verstorbenen Institutsdirektor der Grünberger Germanistik, gewidmet ist.

Paweł Zimniak

Maria Zwierz (Hg.): Wrocławskie szkoły. Historia i architektura [Breslauer Schulen. Geschichte und Architektur]. Wrocław: Muzeum Architektury we Wrocławiu 2004. 255 S., 100 s.-w., 35 farb. Abb., dt. Zusammenfassungen. ISBN 83-89262-04-5.

Das Buch erschien als Begleitband zur gleichnamigen Ausstellung, die vom 27. Mai bis 20. Oktober 2004 im Architekturmuseum in Breslau/Wrocław gezeigt wurde. Die 24 Beiträge von Wissenschaftlern der Breslauer Universitäten und Museen sowie einer Reihe deutscher Autoren behandeln Aspekte des Breslauer Schulwesens von seinen Anfängen bis in die Gegenwart. Den Anlaß zur Beschäftigung mit diesem Thema bot der reiche Bestand an Plänen zu Schulbauten im Bauarchiv der Stadt Breslau, das seit einigen Jahren eine Abteilung des Architekturmuseums bildet. Neben Artikeln zur Geschichte des Schulwesens und zur Architekturgeschichte des Schulbaus enthält der Band Texte über bedeutende Pädagogen und Schüler und deren Porträtdarstellungen auf Graphiken, Medaillen und Preismünzen der Breslauer Schulen sowie über Schulfeste und Schultheater an den Gymnasien. Eigene Beiträge sind dem jüdischen Schulwesen, dem Musikschulwesen, der Geschichte des Breslauer Schulmuseums sowie der „Kleinen polnischen Schule" in den Jahren 1918–1939 gewidmet. Zwei Artikel stammen von ehemaligen Absolventen des Zwingergymnasiums und der Schule zum Heiligen Geist vor 1945. Der Band ist die erste derart umfangreiche Darstellung zur Geschichte und Architektur der Breslauer Schulen, deren Anfänge bis ins späte 11. Jahrhundert zurückreichen.

Daria Pikulska

6. Großpolen, Zentralpolen, Kleinpolen

Mirosław Bartczak: Scheiblerowie. Historia rodu [Die Scheiblers. Die Geschichte der Familie]. Łódź: Wydawnictwo Literatura 1999. 117 S., Abb. ISBN 83-87080-97-X.

Dies ist die erste Publikation einer Reihe des Verlags Literatura über die Geschichte der deutschen Fabrikantenfamilien in Lodz/Łódź („Rody fabrykanckie"). Die Familie

Scheibler gründete ein in Lodz und später auch in ganz Europa bekanntes Baumwollunternehmen, das bei der Produktion die modernsten Techniken einsetzte. Der Untergang der Familie war die Folge einiger historischer Kataklysmen: des Ersten Weltkriegs, der Weltwirtschaftskrise und schließlich der Änderung der Gesellschaftsordnung in Polen. Der Autor der vorliegenden Monographie setzt sich die Wiederentdeckung der Geschichte einer Familie zum Ziel, deren Rolle in der Entwicklung der Stadt Lodz kaum zu überschätzen ist. Der Band ist mit zahlreichen Schwarzweißabbildungen und einer Bibliographie versehen. Im Anhang befinden sich Fragmente von Briefen und eine Ahnentafel der Familie Scheibler.

Anna Byczkiewicz

Marek Budziarek: Łodzianie [Die Lodzer]. Łódź: Wydawnictwo Literatura 2000. 269 S., Abb. ISBN 83-88484-13-3.

Das Buch ist ein interessanter Versuch, die multikulturelle Geschichte der Stadt Lodz/Łódź auf Grund der Lebensgeschichten ihrer Einwohner zu rekonstruieren. In einzelnen Kapiteln werden Schicksale der Gründer und der wichtigen Persönlichkeiten verschiedener Konfessionen und Nationalitäten geschildert, die in dieser Stadt ihre Heimat gefunden haben. Den Lodzer Deutschen ist das Kapitel „Theo, wir fahr'n nach Lodz!" gewidmet, in dem vor allem die reichen Fabrikantenfamilien vorgestellt werden. Die Publikation ist keine historisch-wissenschaftliche Studie, sondern vielmehr eine Sammlung von bemerkenswerten Biographien, kurzen Geschichten und Anekdoten, die die Atmosphäre der Stadt in der Zeit ihrer Blüte zeigt.

Anna Byczkiewicz

Marek Budziarek: Łódź – Lodsch – Litzmannstadt. Wycinki z życia mieszkańców okupowanego miasta [Łódź – Lodsch – Litzmannstadt. Ausschnitte aus dem Leben der Einwohner der besetzten Stadt]. Łódź: Wydawnictwo Literatura 2003. 167 S., Abb. ISBN 83-88484-17-6.

Das Buch von Marek Budziarek ist eine Sammlung von Skizzen, die die Geschichte der Stadt Lodz/Łódź während des Zweiten Weltkriegs darstellen. Der Autor konzentriert sich, wie er selbst im Vorwort zu der Ausgabe betont, nicht nur auf historische Ereignisse, sondern vor allem auf ihre Folgen für die Einwohner der Stadt. Geschildert wird der Alltag der Polen, Deutschen und Juden im besetzten Lodz, ihre Entscheidungen und Reaktionen, denen immer konkrete Vorfälle zugrunde lagen: der Kriegsausbruch, Deportationen und Terror. Die Kapitel sind thematisch und chronologisch geordnet, begonnen mit der Besetzung der Stadt und der Germanisierungsaktion über die Entstehung des Ghettos und den Widerstandskampf bis hin zur Problematik der Flucht und Vertreibung der Deutschen aus Lodz. Der Band ist mit zahlreichen schwarz-weißen und farbigen Abbildungen versehen und enthält eine Auswahlbibliographie.

Anna Byczkiewicz

Roman Dziergwa (Hg.): Tomasz Mann w krytyce i literaturze polskiej. Antologia tekstów i dokumentów [Thomas Mann in der polnischen Kritik und Literatur. Texte und Dokumente]. Poznań: Wydawnictwo Poznańskie 2003. 430 S., Abb., dt. Zusammenfassung. ISBN 83-7177-248-3.

Das Hauptziel dieser Anthologie besteht darin, eine beträchtliche Lücke in den Untersuchungen zur internationalen Thomas-Mann-Rezeption zu schließen. Die Präsenz Thomas Manns in Polen war im Laufe des ganzen 20. Jahrhunderts intensiv spürbar, unabhängig von Kriegen, von Zensureingriffen und sonstigen Widerwärtigkeiten; der deutsche Schriftsteller hat die Empfänglichkeit mehrerer polnischer Generationen für Literatur und Kultur wesentlich mitgeprägt. Eine umfangreiche Einführung des Herausgebers in die „polnische Präsenz" Thomas Manns eröffnet die Publikation, weiter findet der Leser Gedichte hervorragender polnischer Autoren über Thomas Mann. Sodann bietet der Band eine – durch eine Bibliographie erschlossene – Anthologie von über vierzig Dokumenten und Zeugnissen zur Thomas-Mann-Rezeption in Polen, angefangen von Stanisław Brzozowski (1904) über Witold Hulewicz (1925), Bruno Schulz (1935, 1941), Marcel Reich-Ranicki (1955) bis zu Andrzej Szczypiorski (2001). Gekrönt und ergänzt wird der Band durch einen umfangreichen Essay von Hubert Orłowski über den Roman „Doktor Faustus".

Maria Wojtczak

Helena Anna Geyer: Z mojego życia. Wspomnienia z lat 1855–1914 = Aus meinem Leben [Erinnerungen aus den Jahren 1855–1914]. Hg. v. Krzysztof Paweł Woźniak. Łódź: Wydawnictwo Literatura 2002. 207 S., Abb., Kt. ISBN 83-88484-59-1.

Die Erinnerungen der Frau eines bekannten deutschen Fabrikanten, Gustav Adolf Geyer, der in Lodz/Łódź die Fabrik seines Vaters, des „Baumwollkönigs" Ludwig Geyer, geerbt hat, sind ein interessantes Zeugnis einer vergangenen Epoche. Das (sowohl in Deutsch als auch, vom Herausgeber übersetzt, in Polnisch wiedergegebene) Tagebuch ist ein historisches Dokument des bürgerlichen Lebens an der Wende vom 19. zum 20. Jahrhundert, in dessen Vordergrund das Schicksal einer deutschen Familie in Polen steht. Das Buch wird mit einem Nachwort von Krzysztof Woźniak („Von einem Gutshaus im Schatten der Schornsteine") und einem sprachwissenschaftlichen Kommentar von Jörg Riecke („Sprache im Zeitalter der bürgerlichen Kultur. Einige Bemerkungen zu Helene Geyers Sprachgebrauch") abgeschlossen. Die schöne, bibliophile Ausgabe ist durch zahlreiche Abbildungen illustriert.

Anna Byczkiewicz

Krzysztof Huszcza: Polska i Polacy w pracach Ottona Forst de Battaglii [Polen in den Arbeiten von Otto Forst de Battaglia] (Polonica leguntur 1). Kraków: Universitas 2002. 383 S., Abb. ISBN 83-242-0128-9.

Der in Wien geborene Pole mit dem halb deutschen, halb italienischen Namen Otto Forst de Battaglia (1889–1965) widmete sein ganzes Leben der Verbreitung und Popularisierung der europäischen Kultur. Einen besonderen Platz unter seinen zahlreichen Veröffentlichungen und Bemühungen nahm Polen ein. Er tat viel, um die polnische Kultur den Deutschen näher zu bringen. Battaglia gilt als Vermittler zwischen den Kulturen, als einer von denen, die dazu berufen waren, das nach den beiden Weltkriegen geistig ruinierte Europa wiederaufzubauen. Die Monographie beschreibt sein Leben ausführlich in vier Abschnitten. Das umfangreiche Literaturverzeichnis enthält auch eine reichhaltige polnische Bibliographie zu Otto Forst de Battaglia und ein Verzeichnis bisher unveröffentlichter Materialien, die Battaglia betreffen.

Maria Wojtczak

Janusz Karwat: Od idei do czynu. Myśl i organizacje niepodległościowe w Poznańskiem w latach 1887–1919 [Von einer Idee zur Tat. Unabhängigkeitsgedanke und Unabhängigkeitsorganisationen im Posenschen in den Jahren 1887–1919] (Wielkopolska [Großpolen] 14). Poznań: Wydawnictwo Poznańskie 2002. 620 S., dt. Zusammenfassung. ISBN 83-7177-085-5.

Der Autor stellt die Geschichte der Befreiungsorganisationen im Posenschen zur Zeit der Teilung und während des Ersten Weltkriegs dar. Es ist das erste wissenschaftliche polnische Werk, das sich mit diesem Thema befaßt. Das Augenmerk des Autors gilt vor allem der Entwicklung der Unabhängigkeitsidee und ihren Auswirkungen auf verschiedene Gesellschaftskreise in dem preußischen Teilungsgebiet. Auch werden die militärischen und paramilitärischen Untergrundorganisationen dargestellt. Der Autor schildert den Wehrdienst der polnischen Soldaten in der deutschen Armee als Vorbereitung des Kaders auf den Dienst in der großpolnischen Armee und beschreibt ausführlich die Kontakte zwischen den geheimen Organisationen in verschiedenen Regionen des geteilten Polen. Besonders interessant ist der Vergleich zwischen den Freiheitskämpfern und ihren Organisationen in allen drei Teilungsgebieten.

Maria Wojtczak

Wanda Kuźko: Biedermannowie. Dzieje rodziny i fortuny 1730–1945 [Die Biedermanns. Die Geschichte der Familie und des Besitztums 1730–1945]. Łódź: Wydawnictwo Literatura 2000. 176 S., Abb. ISBN 83-88484-26-5.

Das Buch ist eine reich illustrierte Biographie der Familie Biedermann, einer deutschen Familie, die in Lodz/Łódź ansässig war und hier ihr Textilimperium errichtete. Seine Kapitel sind jeweils den einzelnen Familienmitgliedern gewidmet, wobei das Hauptinteresse dem Gründer der großen Textilfabrik, Robert Biedermann, gilt. Die Monographie erschien als einer von drei Bänden in der Reihe „Fabrikantenfamilien" des Verlags Literatura – neben den Biographien der Familien Scheibler und Krusch. Dank der sorgfältigen Recherchen des Autors und aufgrund vieler zusammengetragener Dokumente bildet die vorliegende Publikation einen wichtigen Beitrag zur Geschichte der deutschen Industriellen in Lodz. Der Band ist mit einer umfangreichen Auswahlbibliograhie versehen.

Anna Byczkiewicz

Jacek Purchla: Krakau. Mitten in Europa. Kraków: Internationales Kulturzentrum 2003. 252 S., 267 farb. Abb. ISBN 83-85739-98-X.

Das deutschsprachige Buch präsentiert Krakau/Kraków als eine Stadt, deren Einbindung in einen konkreten mitteleuropäischen Kontext unübersehbar stark ausgeprägt ist. Der Autor schildert die Anfänge der ehemaligen Hauptstadt, stellt Krakau als eine europäische Metropole und zivilisatorisches Zentrum dar, beschreibt die Stellung der Stadt im Rahmen der habsburgischen Monarchie, ihre Situation während des Zweiten Weltkriegs und ihre jüdische Komponente (das jüdische Stadtviertel Kazimierz) sowie ihre Nachkriegsgeschichte.

Agnieszka Palej

Krystyna Radziszewska, Krzysztof Woźniak (Hg.): Pod jednym dachem. Niemcy oraz ich polscy i żydowscy sąsiedzi w Łodzi w XIX i XX wieku = Unter einem Dach. Die Deutschen und ihre polnischen und jüdischen Nachbarn in Lodz im 19. und 20. Jahrhundert. Łódź: Wydawnictwo Literatura 2000. 222 S., Abb. ISBN 83-88484-08-7.

Die zweisprachige Publikation mit polnischem und deutschem Text ist ein Gemeinschaftswerk von Studierenden der Germanistik, Ethnologie und Kulturwissenschaft unter der Leitung von Dr. Krystyna Radziszewska und Dr. Krzysztof Woźniak. Es thematisiert das Phänomen des Nebeneinanders der Deutschen, Polen und Juden in der multiethnischen und multikulturellen Industriestadt Lodz/Łódź und versucht, die Aktivitäten und Verdienste der drei Nationalitäten auf verschiedenen Gebieten des gesellschaftlichen und kulturellen Lebens zu dokumentieren. Vor diesem Hintergrund werden auch die Beziehungen zwischen den Lodzer Deutschen, Polen und Juden dargestellt. Den Schwerpunkt der Untersuchungen bilden die Aktivitäten der Deutschen unter anderem im Schulwesen, Theater- und Vereinsleben wie auch ihre Rolle beim Entstehungsprozeß des Stadtbildes, das nicht zuletzt in der deutschsprachigen Literatur (hingewiesen wird auf Joseph Roth, Alfred Döblin und Hans Magnus Enzensberger) seinen Platz gefunden hat. Der Band ist mit zahlreichen Abbildungen und einer umfangreichen Bibliographie versehen.

Anna Byczkiewicz

Krystyna Radziszewska (Hg.): Niemieckimi śladami po „Ziemi Obiecanej“ = Auf deutschen Spuren im „Gelobten Land“. Wyd. 2 [2. Aufl.]. Łódź: Wydawnictwo Literatura 2001. 208 S., Abb. ISBN 83-88484-49-4.

Das Buch mit polnischem und deutschem Text, eine Gemeinschaftsarbeit von Studierenden der Lodzer Germanistik unter der Leitung von Dr. K. Radziszewska, ist ein Reiseführer durch Lodz/Łódź. Die Inspiration für die Entstehung des Bandes gaben unter anderem Industriedenkmäler, Häuser und Paläste, Kirchen und andere Stätten des gesellschaftlichen Lebens der Deutschen in Lodz. Die Studenten sind bei ihrer Suche nach den Spuren der deutschen Vergangenheit der Stadt auf die Orte gestoßen, an denen sich einst das kulturelle Leben entwickelte, und haben auch die letzten Ruhestätten der Deutschen in Lodz aufgesucht. Das Buch ist reich an historischen Kommentaren, obwohl es keinen wissenschaftlichen Anspruch erhebt. Die Autoren betonen vielmehr seine besondere Funktion – die eines Wegweisers durch die Vergangenheit. Die Publikation ist durch einige Schwarzweißabbildungen illustriert und enthält eine schematische Karte mit im Buch erwähnten Objekten sowie eine knappe Bibliographie. Im Anhang befinden sich Kurzbiographien von Lodzer Deutschen.

Anna Byczkiewicz

Krystyna Radziszewska (Hg.): Tonąca Łódź (lata 1939–1945) = Das sinkende Boot [die Jahre 1939–1945]. Łódź: Wydawnictwo Literatura 2002. 267, [16] S., Abb. ISBN 83-88484-89-3.

Das Buch mit zweisprachigem Text ist – wie die vorigen beiden Bände – ein Ergebnis der Gemeinschaftsarbeit von Lodzer Germanistikstudenten und den drei Nationalitäten, die einst in Lodz/Łódź miteinander lebten, den Deutschen und ihren polnischen und jüdischen Nachbarn, gewidmet. Die vorliegende Veröffentlichung umfaßt die letzte Etappe in der multikulturellen Geschichte der Stadt, die mit dem Ausbruch des Zweiten Weltkriegs begann. Den thematischen Schwerpunkt bilden in diesem Band die komplizierten Beziehungen zwischen den Lodzer Deutschen und den Reichsdeutschen und zugleich die abrupte Verschlechterung der Beziehungen zwischen allen Einwohnern der besetzten Stadt, das Alltagsleben in der Kriegszeit wie auch der Kampf mit den Nationalsozialisten. Viel Platz wird auch der nationalsozialistischen Besatzungspolitik eingeräumt, unter anderem der Entstehung des Lodzer Ghettos. Die Autoren setzen sich mit einem schwierigen Kapitel der deutsch-polnischen Geschichte auseinander, indem sie die Themen der Vernichtung der Juden, der Verfolgungen und last but not least der Flucht und Vertreibung der Deutschen aufgreifen.

Anna Byczkiewicz

Arthur Rhode: Schildberger Erinnerungen = Wspomnienia ostrzeszowskiego pastora. Hg. v. Roman Dziergwa. Poznań 2004. 247 S. ISBN 83907739-5-3.

Der Posener Klub der Freunde des Schildberger Landes ergriff die Initiative, ein Buch über die deutsche Volksgemeinschaft Schildbergs aus der Zeit um die Wende vom 19. zum 20. Jahrhundert herauszugeben. Der Band enthält Auszüge aus den Lebenserinnerungen des Schildberger Pastors Arthur Rhode, die die Zeit von 1895 bis 1914 umfassen. Es wurden diejenigen Passagen ausgewählt, die sich auf Schildberg/Ostrzeszów und seine Umgebung sowie auf die seelsorgerische Tätigkeit in dieser Region beziehen. Das Buch umfaßt sieben Kapitel. Sie betreffen die Erinnerungen des Autors an seine Vorfahren, an die Arbeit des Pastors in der Kirchengemeinde Schildberg, das Schildberger Milieu, die Ortsschulaufsicht und die Lehrer. Den Prosatexten sind Sonette Arthur Rhodes angeschlossen. Das Buch ist zweisprachig, auch die Gedichte wurden ins Polnische übersetzt. Im Anhang findet der Leser einige Dokumente und Bilder sowie Orts- und Personenregister. Das Werk ergänzt hervorragend die 2003 in Herne von der Stiftung Martin-Opitz-Bibliothek herausgegebenen Erinnerungen Rhodes an eine spätere Periode, betitelt „Erinnerungen an die Kriegszeit 1914–1920 in der Provinz Posen".

Maria Wojtczak

Maria Eliza Steinhagen: Kruschowie. Historia rodu [Die Kruschs. Die Geschichte der Familie]. Łódź: Wydawnictwo Literatura 2003. 187 S., Abb., dt. u. engl. Zusammenfassung. ISBN 83-89409-12-7.

Der dritte Band in der Reihe des Verlags Literatura, die den Industriellenfamilien in Lodz/Łódź gewidmet ist, ist in zwei Kapitel aufgeteilt, einen geschichtlichen Überblick, der einen historisch-archivalischen Charakter hat, und in einzelne Geschichten, die den Großteil der Monographie ausmachen und im Plauderton erzählt sind. Im ersten Teil stützt sich die Verfasserin auf eine reiche Literatur zu diesem Thema, aber auch auf mündliche Überlieferung. Der zweite Teil ist ausschließlich der Geschichte der Familie gewidmet, aus der die Autorin der Publikation selbst stammt.

Anna Byczkiewicz

Lech Trzeciakowski: W kręgu polityki. Polacy – Niemcy w XIX wieku [Im Bereich der Politik. Polen – Deutsche im 19. Jahrhundert] (Publikacje Instytutu

Historii UAM [Veröffentlichungen des Instituts für Geschichte der Adam-Mickiewicz-Universität] 45). Poznań: Instytut Historii UAM 2002. 253 S., Abb. ISBN 83-86650-29-X.

Der Band erschien anläßlich des 70jährigen Arbeitsjubiläums von Professor Lech Trzeciakowski, dem bekannten Historiker der Universität Posen/Poznań. Er enthält mehrere bereits publizierte Aufsätze des Jubilars – jeweils mit Nachweis der Erstveröffentlichung –, hauptsächlich aus der Zeit von 1960 bis 1970, die die Geschichte Polens, besonders des preußischen Teilungsgebietes, betreffen, auch die Geschichte der deutsch-polnischen Beziehungen und die Geschichte der Deutschen im 19. Jahrhundert. Unter den Aufsätzen findet der Leser Texte über die polnische Diplomatie und den Streik der Schulkinder in Wreschen/Września, über das Bild der polnischen Gesellschaft bei Otto von Bismarck, über Polen und Deutsche in der zweiten Hälfte des 19. Jahrhunderts, über die Beziehungen zwischen Staat und Kirche auf dem preußischen Teilungsgebiet in den Jahren 1817–1914. Angeschlossen ist ein Verzeichnis der Veröffentlichungen von Lech Trzeciakowski in der Zeit von 1990 bis 2001.

Maria Wojtczak

Katarzyna Zimmerer: Zamordowany świat. Losy Żydów w Krakowie 1939–1945 [Eine ermordete Welt. Das Schicksal der Juden in Krakau 1939–1945]. Kraków: Wydawnictwo Literackie 2004. 283 S., Abb. ISBN 83-08-03580-9.

Der Band beschäftigt sich mit dem Schicksal der jüdischen Bevölkerung der Stadt Krakau/Kraków während der nationalsozialistischen Besatzung im Zweiten Weltkrieg. Die Autorin zeigt detailliert die einzelnen Etappen der „Endlösung der Judenfrage“ in Krakau (Judenverfolgungen, die Einschränkung der persönlichen Freiheiten, Aussiedlungen und Ghettoisierung, die Errichtung des Konzentrationslagers in Płaszów, die Auflösung des Ghettos). Das Buch enthält zahlreiche Abbildungen, eine ausführliche Bibliographie und ein Personenregister.

Agnieszka Palej

7. Slowenien, Kroatien

Neven Budak, Mario Strecha, Željko Krušelj: Habzburzi i Hrvati [Habsburger und Kroaten]. Zagreb: Srednja Europa 2003. 212 S., Abb. ISBN 953-6979-12-8.

Entstanden aus Anlaß der gleichnamigen Ausstellung, die in mehreren Staaten Mitteleuropas gezeigt worden ist, dokumentiert das Buch in publizistisch-populärwissenschaftlicher Art die Geschichte der Habsburger und ihrer fast fünf Jahrhunderte dauernden Herrschaft in Kroatien von 1437 bis 1918.

Dragutin Horvat

Miroslava Tušek (Hg.): August Šenoa. Nepoznati rani radovi na češkome i njemačkom jeziku [August Šenoa. Unbekannte frühe Arbeiten in tschechischer und deutscher Sprache]. Zagreb: Školska knjiga 2003. 373 S., Abb. ISBN 953-0-61546-9.

August Šenoa (1838–1881), der „Vater des kroatischen realistischen Romans" und die zentrale Figur des Literatur- und Kulturlebens in Agram/Zagreb in der zweiten Hälfte des 19. Jahrhunderts, war in den frühen sechziger Jahren Student in Prag/Praha und Wien und reger Mitarbeiter dortiger Blätter, die auch in Kroatien gelesen wurden. Seine neuentdeckten journalistischen Texte aus dieser Zeit (in tschechischer und deutscher Sprache sowie in kroatischer Übersetzung) zeugen von den Bemühungen des angehenden Schriftstellers, europäisches Gedanken- und Kulturgut nach Kroatien zu bringen und Europa auf die kroatische Kultur- und Literaturtradition aufmerksam zu machen.

Dragutin Horvat

Zagreber Germanistische Beiträge. Jahrbuch für Literatur- und Sprachwissenschaft. [Bd.] 12 (2003). Zagreb: Abteilung für Germanistik an der Philosophischen Fakultät der Universität Zagreb 2003. 276 S. ISSN 1330-0946.

Aus den vier Abteilungen des zwölften Bandes der ZGB kann an dieser Stelle nur je ein Beitrag genannt werden. Im literaturwissenschaftlichen Teil analysiert Renata Cornejo (Ústí nad Labem) die intertextuellen Bezüge zu Kafka im Werk von Libuše Moníková. Den sprachwissenschaftlichen Abschnitt eröffnet die Studie von Sladjan Turković (Zagreb) zu orthographischen Besonderheiten des Deutschen im „Lexicon Latinum" (1742) von Andrija Jambrošić. Im dritten, der Fachdidaktik gewidmeten Teil untersucht Maja Häusler (Zagreb) die Schreibkompetenz kroatischsprachiger Deutschlernender. Im kulturgeschichtlichen Teil des Jahrbuchs präsentiert Tanja Žigon (Ljubljana) die erste in Laibach/Ljubljana erschienene deutschsprachige Wochenzeitung, das „Wöchentliche Kundschaftsblatt des Herzogthum Krain" (1775/76); im Mittelpunkt ihres Beitrags steht die Frage, wer das von der Krainer Ackerbaugesellschaft herausgegebene Blatt redigierte. Den Band beschließen Besprechungen eingegangener Bücher und zwei Tagungsberichte, darunter über das im kroatischen Opatija im Oktober 2003 veranstaltete internationale Symposion „Tendenzen im Geschichtsdrama und Geschichtsroman des 20. Jahrhunderts".

Dragutin Horvat

Mira Miladinović Zalaznik (Hg.). Germanistik im Kontaktraum Europa II. Beiträge zur Literatur. Symposion Ljubljana 17.–20. April 2002. Ljubljana: Oddelek za germanistiko z nederlandistiko in skandinavistiko Filozofske fakultete Univerze v Ljubljani 2003. 501 S. ISBN 961-237-066-4.

Der Sammelband enthält 25 Beiträge von Germanistinnen und Germanisten aus Belgien, Deutschland, Kroatien, Österreich, Slowenien und Ungarn. Themen sind unter anderem die „Pruzzen und Mongolen in mittelalterlichen Texten" (Edith Feistner), die in Agram/Zagreb erschienene deutschsprachige Zeitschrift „Croatia" (Marina Fruk), Karl Kraus in der kroatischen Presse (Dragutin Horvat), ein „interaktives, transdisziplinäres Lehr- und Lernprojekt" zur österreichischen Literatur und Kultur im Exil seit 1933 (Primus-Heinz Kucher), die „Cillier Zeitung" (Mojca M. Peternel), „Heimat als interkultureller Begriff im Werk von Siegfried Lenz" (Maja Manda Pinjatela), „Antike Motive in der Lyrik Rilkes" (Zoltán Szendi). Folgende Slowenien betreffende Titel seien hier näher vorgestellt: Matjaž Birk: „Deutschsprachige Kanonliteratur in den Ljubljanaer Literaturperiodika des Vormärz". Birk befaßt sich mit den Laibacher Kultur- und Literaturblättern „Illyrisches Blatt" (1819–1849) und „Carniolia" (1838–1844) unter dem Gesichtspunkt der dort abgedruckten Kanonliteratur, wobei er auch die Literatur- und Theaterkritik berücksichtigt. Er fand heraus, daß in den genannten Blättern damals Texte von Schiller und Goethe gedruckt wurden, aber auch von Jean Paul, Herder, Lessing, Bürger, Klopstock, Wieland, Abraham a Sancta Clara und Hans Sachs. Die extraliterarische Funktion dieser Veröffentlichungen bestand in der Affirmation der deutsch-kulturellen Superiorität im kulturideologischen Sinne, in der Förderung einer kulturell-literarischen Bewußtwerdung und überpersönlicher moralischer Wertvorstellungen, aber auch in der Funktionalisierung der Autoren für slowenische nationalkulturelle Zwecke. – Anton Janko: „Das Bild Walthers von der Vogelweide bei Edward Samhaber". Einleitend gibt Janko eine biographische Skizze Samhabers, des Linzer Lokalautors, der von 1878 bis 1888 an der Lehrer- und Lehrerinnenbildungsanstalt in Laibach/Ljubljana tätig war und es während dieser Zeit unternahm, den slowenischen Dichterfürsten France Prešeren ins Deutsche zu übertragen, ohne des Slowenischen kundig zu sein. In ähnlicher Weise verfuhr Samhaber auch mit Walther von der Vogelweide, dessen stark literarisierte Biographie er mit einer neuhochdeutschen Übertragung der seiner Meinung nach bedeutendsten Texte des großen höfischen Lyrikers illustrierte, wobei er sich der Schwierigkeit seines Unterfangens bewußt war. – Mira Miladinović Zalaznik: „‚Vom 23. auf den 24. Oktober jagte dann der Hofzug durch die tiefhängenden Wolken und durch das Dunkel der Nacht gegen Osten.' Die ‚Laibacher Zeitung' und das Jahr 1918". Die Autorin stellt kurz die Geschichte dieses Laibacher Blattes dar, um sich anschließend speziell dem letzten Jahr des Ersten Weltkriegs zuzuwenden. Dabei berücksichtigt sie sowohl weltpolitische Ereignisse und Themen, die ihren Niederschlag auf den Seiten der „Laibacher Zeitung" fanden, als auch das alltägliche Leben der Laibacher und Krainer. Ihre besondere Aufmerksamkeit gilt der Formung der öffentlichen Meinung durch gezielt verbreitete oder zurückgehaltene Nachrichten. – Tanja Žigon: „‚... von Krainern verfaßt, und für Krainer berechnet ...'. ‚Laibacher Wochenblatt zum Nutzen und Vergnügen' (1804–1810 und 1814–1818)". Es handelt sich um eine fundierte, neue Forschungsergebnisse der Autorin einbeziehende Studie zu einer der Beilagen der offiziellen Laibacher Zeitung. Tanja Žigon befaßt sich nicht nur mit der redaktionellen Politik, dem Inhalt, den Redakteuren und Autoren des Blattes, sondern auch mit dem historischen, politischen und kulturellen Hintergrund.

Mira Miladinović Zalaznik

Tanja Žigon: Nemško časopisje na Slovenskem [Deutsches Zeitungswesen in slowenischen Gebieten] ([Reihe] Scripta). Ljubljana: Verlag Študentska založba 2001. 101 S., Abb., dt. Zusammenfassung. ISBN 961-6356-43-7.

Es handelt sich um eine grundlegende Studie zur deutschen Presse in slowenischen Gebieten von den Anfängen bis zur Gegenwart, die einen genauen Überblick über die deutschen Blätter gibt, wobei sich die Verfasserin auf die Gebiete Krain, Steiermark, Kärnten, ein wenig auch auf Triest und Görz konzentriert. Neben der Presse berücksichtigt sie Redakteure, Verleger, Drucker, vereinzelt auch Autoren.

Mira Miladinović Zalaznik

Tanja Žigon: Triglav. Časnik za domovinske interese (1865–1870) [Triglav. Blatt für vaterländische Interessen (1865–1870)]. Magisterarbeit. Ljubljana: Oddelek za germanistiko z nederlandistiko in skandinavistiko Filozofske fakultete Univerze v Ljubljani 2003. 340 S., Abb., dt. Zusammenfassung.

Die Arbeit besteht aus elf Kapiteln, einem Verzeichnis der Primär- und Sekundärliteratur (325 Einheiten) und einem Personenregister. Die Autorin gibt zunächst eine kritische Übersicht über die bis jetzt erschienenen Arbeiten zu einzelnen deutschen Blättern in slowenischen Gebieten. Sie bringt ferner als Einleitung eine Darstellung der politischen und kulturellen Verhältnisse jener Zeit in Krain, um sich anschließend dem Blatt „Triglav" zu widmen, das als deutschsprachiges Periodikum zur Vertretung slowenischer Interessen konzipiert und herausgegeben wurde. Das Blatt hatte es sich zur Aufgabe gestellt, die Deutsch-Krainer von der Notwendigkeit und Legitimität der slowenischen National- und Kulturinteressen zu überzeugen. Tanja Žigon setzt sich mit den vier Redakteuren des Blattes auseinander, wobei sie ihr Augenmerk vor allem auf Lovro Leskovec richtet, der als Journalist in Wien tätig war und in Laibach/Ljubljana Fuß fassen wollte, was ihm wegen Animositäten seiner Kollegen nicht gelang. Žigon vermag einiges Unbekannte zu seiner äußerst geheimnisvollen Persönlichkeit mitzuteilen. Da es ihr gelungen ist, Pränumerantenlisten zu finden, kann sie sowohl über die Auflage des Blattes als auch über die Abonnenten informieren. Dabei stellte sich heraus, daß die meisten Abonnenten slowenenfreundlich waren und meist auch das einzige damals erscheinende slowenische Blatt lasen, die „Kmetijske in rokodelske novice" (Krainische Landwirtschaftszeitung). Die Autorin geht außerdem auf die deutschen Feuilletons von Jakob Alešovec ein, die bis jetzt keiner literaturwissenschaftlichen Untersuchung für würdig befunden wurden, wobei sie seine Leistungen mit denen von Heinrich Heine vergleicht.

Mira Miladinović Zalaznik

8. Ungarn, Rumänien

Bibliografia cărţilor apărute în limbile minorităţilor naţionale şi despre minorităţile naţionale din România în perioada 1990–2001 [Bibliographie der in den Sprachen der nationalen Minderheiten gedruckten Bücher und der Bücher über die nationalen Minderheiten Rumäniens im Zeitraum 1990–2001]. Vol. [Bd.] I. Bucureşti: Editura Hasefer 2003. 161 S. ISBN 973-630-017-X.

Das bibliographische Hilfsmittel erfaßt sowohl die Bücher, die in der Sprache der nationalen Minderheiten in Rumänien veröffentlicht worden sind, als auch jene, die in rumänischer Sprache über die Minderheiten erschienen sind. 560 der hier aufgenommenen Publikationen betreffen die deutsche Minderheit; zwei Drittel davon sind in rumänischer Sprache verfaßt, wie die von Erwin Josef Ţigla erstellte Bibliographie einschlägiger deutschsprachiger Veröffentlichungen und die von Stelian Mândruţ und Vasile Ciobanu erarbeitete Bibliographie entsprechender rumänischer Schriften zeigen. Der Band enthält wertvolle Informationen über Geschichte, Gesellschaft und Kultur der Minoritäten. Er will dem interethnischen Dialog unter den Minderheiten und zwischen Minderheiten und Mehrheit dienen.

Stelian Mândruţ

Magdalena Binder: Abschied für ein Jahr. Das ungewöhnliche Schicksal der Margot Göttlinger. Biographischer Roman. Temeswar: Eurobit Verlag 2003. 174 S., Abb. ISBN 973-620-057-4.

Das Buch erzählt vom Leben der Schauspielerin Margot Göttlinger (1920–2001), die in Wuppertal geboren wurde und nach Fachstudien in Berlin zum Deutschen Landestheater in Hermannstadt/Sibiu (Siebenbürgen) kam. Anfang der 1950er Jahre wurde sie Schauspielerin am Deutschen Staatstheater in Temeswar/Timişoara, der Hauptstadt des Banats. Hier spielte sie zahlreiche bedeutende Rollen der deutschen und der Weltdramatik, prägte ferner die Entwicklung des Theaters auch durch ihre vielseitige Tätigkeit als Regisseurin und Mitglied im künstlerischen Beirat. Die Verfasserin hat die Aufzeichnungen der Schauspielerin zu einer romanhaften Biographie verarbeitet, der Chronik eines für die Deutschen in Rumänien außerordentlich wichtigen Künstlerinnenlebens.

Stelian Mândruţ

Voicu Bodocan: Etnie, confesiune şi comportament electoral în Transilvania. Studiu geografic [Ethnie, Konfession und Wählerverhalten in Siebenbürgen. Eine geographische Studie]. Cluj-Napoca: Presa Universitară Clujeană 2001. 213 S., Kt. ISBN 973-613-129-7.

Die in vier Abschnitte gegliederte Dissertation beschäftigt sich mit folgenden Themen: geographisch-historische Ortsbestimmung Siebenbürgens vor dem Hintergrund der Kulturgeschichte der Jahre 1850–2000; Kulturregionalismus als Faktor des Einflusses auf das Wählerverhalten; Verhältnis von Geographie und Politik in Siebenbürgen in den Jahren 1867–2000; die Region in ihrer ethnisch-religiösen, sozio-ökonomischen und ökologischen Dimension. Hilfreich sind die Tabellen und das Literaturverzeichnis am Ende des Bandes.

Stelian Mândruţ

Sorina Paula Bolovan, Ioan Bolovan: Transylvania in the Modern Era. Demographic Aspects (Bibliotheca rerum Transsilvaniae 30). Cluj-Napoca: Romanian Cultural Institute 2003. 308 S. ISBN 973-85894-4-7.

Komparatistisch und interdisziplinär behandelt diese Monographie Fragen der demographischen Entwicklung Siebenbürgens in der Neuzeit, mit einem Schwerpunkt auf den Jahren 1850–1910. Berücksichtigt werden: die administrativ-territoriale Gliederung des Landes, die Dynamik der Bevölkerungsentwicklung, demographische Faktoren (Geburten, Hochzeiten, Todesfälle), ländliches Habitat, Altersstruktur, ethnische, konfessionelle, soziale und professionelle Gliederung, Entwicklung der rumänischen Familien u. a. m. Eine ausführliche einleitende Studie, Schlußfolgerungen, Literaturverzeichnis und Anhang (56 Tabellen, 24 graphische Darstellungen) runden dieses substanzreiche Werk ab.

Stelian Mândruţ

Johanna Bottesch: Der phraseologische Wortschatz des Landlerischen von Grosspold unter strukturellem, semantischem und pragmatischem Aspekt. Sibiu/Hermannstadt: Editura Universităţii „Lucian Blaga“ 2002. 309 S. ISBN 973-651-524-9.

Diese sprachwissenschaftliche Studie, die erweiterte Dissertation der Autorin, untersucht die Mundart der im 18. Jahrhundert aus dem Salzburgischen, der Steiermark und Kärnten nach Siebenbürgen deportierten „Landler“ in Großpold / Apoldu de Sus und gehört zu den wichtigsten dialektologischen Forschungen in Rumänien der letzten Zeit.

Die Arbeit betrifft insbesondere den phraseologischen Wortschatz dieser Sprachinsel in Siebenbürgen. Sie bietet eine komplette Darstellung der Wortschatzelemente unter stilistischem Aspekt bis hin zu einer Analyse der Sprichwörter in dieser Mundart, denen ein eigenes Kapitel gewidmet ist. Herausgearbeitet wird auch der Einfluß des Rumänischen und des Siebenbürgisch-Sächsischen auf grammatikalischer Ebene, im Bereich des Wortschatzes und der Wortbedeutung, in den syntaktischen Strukturen u. a. m.

Ion Lihaciu

Tatiana Maria Cernicova Dincă: Anno Domini 1951. Bărăgan. Copilărie exilată [Anno Domini 1951. Baragan. Verbannte Kindheit]. Timişoara: Editura Mirton 2003. 99 S., Abb. ISBN 973-585-935-1.

Die Verfasserin schildert mit Methoden der „oral history" das Schicksal von sieben Kindern aus dem rumänischen Banat, die im Jahr 1951 zusammen mit ihren Eltern in die Baragan-Steppe deportiert wurden. Es handelt sich um Kinder von rumänischen, banatschwäbischen und ungarischen Großbauern („Kulaken"), die als angeblich unzuverlässige Elemente und „Ausbeuter" aus dem Grenzgebiet zum nunmehr als feindlich eingestuften Jugoslawien unter Marschall Tito zwangsausgesiedelt wurden. Die Interviews erzählen aus der Sicht der betroffenen, damals sieben- bis zwölfjährigen Kinder von den fünf tristen Jahren, in denen sie sich anfangs von Disteln und Unkraut ernähren mußten und in denen ihre Eltern hart arbeiteten, um ihnen ein vor den Winterstürmen des Steppengebietes schützendes Dach über dem Kopf verschaffen zu können.

Stelian Mândruţ

Viliam Čičaj, Katalin Keveházi, István Monok, Noémi Viskolcz (Hg.): A bányavárosok olvasmányai: Besztercebánya, Körmöcbánya, Selmecbánya, 1533–1750 [Lesestoffe in den Bergstädten: Neusohl, Kremnitz, Schemnitz, 1533–1750] (Adattár XVI–XVIII. századi szellemi mozgalmaink történetéhez [Materialien zur Geschichte der Geistesströmungen des 16.–18. Jahrhunderts] 13: Magyarországi magánkönyvtárak [Privatbibliotheken in Ungarn] 3). Budapest: Országos Széchényi Könyvtár; Szeged: Scriptum Rt. 2003. XXII, 570 S., engl., tschech. u. ungar. Zusammenfassungen. ISBN 963-200-468-X.

Im vorliegenden Band befinden sich die Bücherverzeichnisse der Privat- und Institutionsbibliotheken der drei bedeutendsten oberungarischen Bergstädte Neusohl / Banská Bystrica, Kremnitz/Kremnica und Schemnitz / Banská Stiavnica von 1533 bis 1750. Diese Siedlungen gehörten zu den sieben Bergstädten in der Zips und hatten eine besondere Stellung unter den Städten im Königreich Ungarn. Die Mehrheit der Vollbürger war deutschsprachig und lutherischen Glaubens. Die Amtssprache in den Bergstädten war deutsch, deshalb wurden auch die Nachlaßinventare in dieser Sprache geschrieben. Es sind 101 Bücherverzeichnisse aus Neusohl, 37 aus Kremnitz und 85 aus Schemnitz erhalten geblieben und erschlossen worden. Die Mehrzahl der buch- und lesegeschichtlichen Angaben wurde in Nachlaßinventaren ermittelt. Die Buchkultur der Bergstädte war vielfältig. Fast die Hälfte aller Bücher ist deutschsprachig, die übrigen sind lateinisch. Die am häufigsten vorkommenden Autoren sind Luther, Melanchthon und Erasmus. Außerdem tauchen viele – unter anderem montanistische – Fachbücher in den Bücherlisten auf.

Edina Zvara

Ştefana Ciortea-Neamţu, Tanja Becker, Martin Schwägerl (Hg.): Die deutsche Sprache in Rumänien. Tagungsband des DAAD-Alumni-Seminars vom 25.–27. Oktober 2002 ([Reihe:] Colecţia Conferinţe [Vorträge]). Timişoara: Editura Politehnica 2003. 96 S. ISBN 973-625-022-9.

Der Sammelband versucht einen Überblick über das Thema „Deutsch als Wissenschafts-, Berufs-, und Kultursprache in Rumänien" zu verschaffen. Die meisten der zwölf Beiträge fast ausschließlich rumänischer Autoren behandeln den heutigen Stand des Deutschen in den drei genannten Bereichen. Hervorzuheben sind die Aufsätze zur Ausbildung von Lehrkräften für den Unterricht der Fächer Deutsch als Zweitsprache oder Deutsch als Muttersprache – wichtig für die noch in Rumänien ansässigen Angehörigen der deutschen Minderheit – oder der Aufsatz über die vom regionalen staatlichen Fernsehsender „TVR-Timişoara" ausgestrahlte Sendung in deutscher Sprache und ihre Rolle für die Wahrung der kulturellen Identität der deutschen Minderheit im Banat. Ebenfalls zu erwähnen sind die beiden Beiträge zur Geschichte und zur Situation des Deutschen Staatstheaters in Temeswar/Timişoara, die von Eleonora Pascu und M. Vărşăndan verfaßt wurden.

Ion Lihaciu

Andrei Corbea-Hoişie, George Guţu, Martin A. Hainz (Hg.): Stundenwechsel. Neue Perspektiven zu Alfred Margul-Sperber, Rose Ausländer, Paul Celan, Immanuel Weissglas (GGR-Beiträge zur Germanistik 9, Contribuţii Ieşene de Germanistică = Jassyer Beiträge zur Germanistik 9). Bucureşti: Editura Paideia; Iaşi: Editura Universităţii „Al. I. Cuza"; Konstanz: Hartung-Gorre Verlag 2002. 491 S., Abb., Kt. ISBN 973-596-066-4, 973-8243-42-4, 3-89649-796-0.

Die Herausgeber nennen zwei Hauptgründe, die sie zu der Publikation dieses Bandes bewegten: Erstens sei „auf dem Gebiet der Geschichte der deutschsprachigen Kultur und Literatur der Bukowina weiterhin ein reiches Wissenspotential zu erschließen", und zweitens bestehe nach wie vor ein großes Interesse für „die Gegend, in der Menschen und Bücher lebten". Der Sammelband bringt Aufsätze zu den wichtigsten Autoren der Bukowina im 20. Jahrhundert aus der Feder bekannter und anerkannter Forscher: Beiträge zu Alfred Margul-Sperber liefern Peter Motzan, Klaus Werner, Sigurd Paul Scheichl, Markus Bauer und Stefan Sienerth; mit Paul Celan befassen sich Theo Buck, Andrei Corbea-Hoişie, Martin A. Hainz, Dunja Jaber, Dietmar Goltschnigg, Jean Firges, George Guţu und Andreas Lohr; über Rose Ausländer schreiben Maria Kłańska, Helmut Braun, George Guţu und Jacques Lajarrige; über Immanuel Weissglas äußern sich Peter Rychlo und Grigore Marcu. Daneben finden sich in der Abteilung „Miscellanea" Beiträge von Karl Wagner über Karl Emil Franzos, von Ion Lihaciu über das Bild der Bukowina am Anfang des 19. Jahrhunderts und von Hans Neumann über Gregor von Rezzori. Vervollständigt wird der Band durch Bibliographien von Erich Beck zur deutschen Sprache und Kultur in der Bukowina und von Jerry Glenn zu den Vertonungen von Texten Paul Celans. Der Rezensionsteil am Ende des Bandes bringt kritische Betrachtungen zu den wichtigsten in Rumänien oder im Ausland erschienenen Büchern zum Thema.

Ion Lihaciu

Bogdan Crăciun, Ioan Bolovan (Hg.): Consignatio Statistico-Topographica Singulorum in Magno Principatu Transylvaniae. (Transilvania la 1829–1831) [Siebenbürgen 1829–1831]. Cluj-Napoca: Presa Universitară Clujeană 2003. 231 S. ISBN 973-610-185-1.

Die Herausgeber haben die vom Provinz-Exactorat vorbereitete und durchgeführte Conscription des Großfürstentums Siebenbürgen, eine statistisch-topographische Zählung aus den Jahren 1829–1831, neu ediert. Sie enthält wichtige Informationen zur Bevölkerungsentwicklung jeder einzelnen Ortschaft, mit Aufführung ihrer oftmals vier Namen (lateinisch, ungarisch, deutsch, rumänisch), ihrer Verwaltungszugehörigkeit und Siedlungsform (Stadt, Marktflecken, kompaktes Dorf, Streusiedlung); außerdem wird die Zahl der Gotteshäuser (Kirchen und Synagogen unterschiedlicher Glaubensbekenntnisse) verzeichnet. Die Daten geben ein zuverlässiges Bild der Situation in Siebenbürgen in der Zeit des Vormärz.

Stelian Mândruţ

Rozália Csipka, Éva Mayer (Hg.): Kisebbségek Magyarországon, 2000–2001 [Minderheiten in Ungarn, 2000–2001] ([Reihe:] Kisebbségek Magyarországon [Minderheiten in Ungarn]). Budapest: Nemzeti és Etnikai Kisebbségi Hivatal 2002. 201 S. ISBN 963-2021606.

Diese Publikation soll einen umfassenden Überblick über die Minderheiten in Ungarn geben. Laut Gesetz für nationale und ethnische Minderheiten ist die ungarische Regierung verpflichtet, dem Parlament alle zwei Jahre über die nationalitätenpolitischen Ereignisse und die damit verbundene Arbeit zu berichten. Bei den Wahlen von 1998/99 wurden in 281 Siedlungen Abgeordnete, die der deutschen Minderheit angehören, gewählt: insgesamt 1 319 Personen, darunter 30 Bürgermeister deutscher Abstammung. 271 deutsche Minderheitenselbstverwaltungen wurden ins Leben gerufen. In Ungarn befinden sich drei selbständige Nationalitätengymnasien und weitere acht Gymnasien mit Nationalitätensektion sowie acht deutschsprachige pädagogische Oberschulen. Die Gemeinschaft der jungen Ungarndeutschen ist seit 1998 ähnlich dem Verein für Deutsche Studenten in Ungarn tätig. Im Jahre 1992 entstand der Verband Ungarndeutscher Künstler. Der größte Teil der Ungarndeutschen ist katholischer Konfession. Evangelische Siedlungen findet man in den Komitaten Győr-Moson-Sopron, Tolna und Baranya. In Ungarn leben sporadisch auch Deutsche reformierten Bekenntnisses. Fast 200 Siedlungen, in denen Deutsche wohnen, haben eine Partnerschaft zu Orten in Deutschland und Österreich. Seit dem Jahre 2000 existiert das Haus der Ungarndeutschen in Budapest; dort befinden sich die Redaktion der „Neuen Zeitung“ und die Landesvereine der Ungarndeutschen.

Edina Zvara

Hanna Derer: Sibiu. Arhitectura în epoca barocă [Hermannstadt. Die Baukunst im Barockzeitalter]. Bucureşti: Editura Universitară „Ion Mincu“ 2003. 289 S., Abb. ISBN 973-85890-6-1.

Die für den Druck überarbeitete Dissertation beleuchtet die Entwicklung der barocken Baukunst in Hermannstadt/Sibiu unter den Aspekten der theoretischen Grundlagen, der Ausbildung der Architekten und der praktischen Ausführung. Die

Verfasserin grenzt die ostmitteleuropäische Barockkunst räumlich und zeitlich ein und charakterisiert die Architektur dieser Epoche in Siebenbürgen als einen von den Habsburgern geförderten Stil mit lokalen Besonderheiten. Sie geht dann auf die architektonische Entwicklung Hermannstadts im 17./18. Jahrhundert ein, um schließlich die einzelnen Bauten zu analysieren und zuzuordnen: Kirchen, das Brukenthalpalais und andere private oder öffentliche, der Repräsentation dienende Bauten. Im Anhang finden sich zeitgenössische Dokumente, eine Auswahlbibliographie und ein Abbildungsverzeichnis.

Stelian Mândruţ

Deutschsprachige Literatur und Kultur im Raum Ödenburg/Sopron (1790–1900). Auswahl und Nachwort v. Szabolcs Boronkai. (Deutschsprachige Texte aus Ungarn 4). Budapest: Argumentum Kiadó 2002. 563 S. ISBN 963-446-227-8.

Der vierte Band der von András F. Balogh und László Tarnói herausgegebenen Reihe „Deutschsprachige Texte aus Ungarn" stellt die deutschsprachige Literatur und Kultur im Gebiet von Ödenburg in Auswahl vor. Das Nachwort von Szabolcs Boronkai informiert über die ungarndeutsche Literatur des bezeichneten Raumes und der betreffenden Periode. Der Band läßt sich als Ergebnis literatursoziologischer und kulturhistorischer Recherchen lesen, was auch im Nachwort betont wird. Die gesammelten Texte sind nicht immer von höchster poetischer Qualität; das läßt sich auch dadurch erklären, daß die ungarndeutsche Literatur in der zweiten Hälfte des 19. Jahrhunderts den Weg zur Provinzialkultur beschritt. Die Ausgabe unterteilt die Texte in vier Kapitel – Theaterstücke, kirchliche Literatur, Lyrik und Übersetzungen –, womit auch die Schwerpunkte des dortigen literarischen Lebens umschrieben sind. Fast alle der 20 präsentierten Autoren verfaßten auch Übersetzungen bekannter ungarischer Werke – ein Beleg dafür, daß die ungarndeutsche Literatur eine Vermittlerfunktion wahrnahm. Die Autoren wurden in der Region geboren oder waren dort tätig und schwankten zwischen einer österreichischen, einer deutschen und einer ungarischen Identität. Der Band, der einzige seiner Art in der Fachliteratur, bietet ein umfassendes und repräsentatives Bild des literarischen und kulturellen Lebens dieser versunkenen Literaturlandschaft.

Enikő Dácz

Vasile Docea (Hg.): Relaţii româno-germane. Studii istorice = Deutsch-rumänische Beziehungen. Historische Studien. Cluj-Napoca: Editura Accent 2003. 182 S. Keine ISBN.

Der zweisprachige, in vier Kapitel (über die Abgrenzung des Themas, den kulturellen Dialog, Politik und Diplomatie sowie das Schicksal einer Minderheit) gegliederte Sammelband umfaßt acht Aufsätze von anerkannten Forschern der Geschichte der deutsch-rumänischen Beziehungen aus Deutschland, Österreich und Rumänien. Darunter finden sich auch die beiden wichtigen Studien über „Das Kulturamt des Verbandes der Deutschen in Großrumänien" von Gudrun-Liane Ittu und „Plans for the Dislocation of the German Peasantry from Romania (1945)" von Dumitru Şandru.

Stelian Mândruţ

Anton E. Dörner: Urkunden und Chroniken über die Geschichte der Stadt und des Stuhls Broos. Bd. 1 (1200–1541) (Reihe Urkunden, Geschichte, Zeugnisse). Cluj-Napoca: Editura Argonaut 2002. 248 S. ISBN 973-7710-08-8.

Der Band ist als eine klassische Urkundensammlung zur Geschichte der Stadt und des Stuhls Broos/Orăştie konzipiert. Die insgesamt 590 Regesten der Urkunden aus den Archiven von Broos, Hermannstadt/Sibiu, Klausenburg/Cluj-Napoca und Budapest enthalten zahlreiche Angaben bezüglich der demographischen, wirtschaftlichen, fiskalischen Entwicklung des Ortes und Gebietes in der genannte Zeitspanne. Ein Literaturverzeichnis, eine Liste der konsultierten Archive und Sammlungen sowie ein Personen- und Ortsregister ergänzen das Buch.

Stelian Mândruţ

Ákos Egyed: Erdély 1848. évi utolsó rendi országgyulése [Die letzte Ständeversammlung Siebenbürgens im Jahre 1848] ([Reihe] Erdély emlékezete [Siebenbürgen-Erinnerung]). Marosvásárhely [Târgu Mureş]: Mentor Kiadó 2001. 285 S., Abb. ISBN 973-8002-91-5.

Die letzte Ständeversammlung in Siebenbürgen wurde einberufen, um die verfassungsrechtlichen Voraussetzungen für die bürgerlich-demokratischen Institutionen in Ungarn zu schaffen. Für die ungarischen Politiker gehörte dazu auch die Union Ungarns und Siebenbürgens. Die Siebenbürger Sachsen aber hatten Angst um ihre traditionellen Institutionen in einem starken Ungarn. In der sächsischen Gesellschaft gab es aber auch Kräfte, die der ungarischen Revolution zugetan waren, insbesondere in Kronstadt/Braşov und Broos/Orăştie. Es ist jedoch unbestritten, daß Hermannstadt/Sibiu, das die Union ablehnte, bei der Ausbildung der Politik der Sächsischen Nationsuniversität eine entscheidende Rolle gespielt hat. Die sächsische führende Schicht und die höfisch gesinnten Kreise in Wien standen immer in enger Beziehung. Dadurch wurde die Tatsache begünstigt, daß die alte Bürokratie auch nach dem Sturz Metternichs ihre Positionen beibehalten konnte. Zu dieser gehörten auch Siebenbürger Sachsen, die eine intensive Tätigkeit gegen die geplante Union übten. Das Schlagwort Union war auch in der sächsischen Presse ein Thema. In der Zeitung „Transsylvania“ vom 30. April 1848 wurden die möglichen Konsequenzen der Vereinigung Ungarns und Siebenbürgens für die Sachsen in sechs Punkten zusammengefaßt. Unter anderem wurde festgestellt, daß sie im Falle der Union mit Ungarn nur „ein Bruchteil eines großen Landes“ sein und daß ihre Interessen nicht respektiert werden würden; ebenfalls hingewiesen wurde auf die Schwierigkeiten, sich mit Anträgen aus Kronstadt oder Bistritz/Bistriţa an die Behörden in Ofen/Buda zu wenden.

Edina Zvara

Maria Erb, Elisabeth Knipf, Magdolna Orosz, László Tarnói (Hg.): „und Thut ein Gnügen Seinem Ambt“. Festschrift für Karl Manherz zum 60. Geburtstag (Budapester Beiträge zur Germanistik 39). Budapest: Germanistisches Institut der Eötvös Loránd Universität 2002. 566 S. ISBN 963-463-554-7.

Mit dem Band wollen die Herausgeber und Autoren dem Budapester Germanisten Professor Karl Manherz zu seinem Geburtstag gratulieren und auch die Vielfalt seiner Aktivitäten auf zahlreichen fachwissenschaftlichen, wissenschaftspolitischen und gesellschaftspolitischen Arbeitsfeldern andeuten. Dadurch erklärt sich die breite Palette der insgesamt 52 Beiträge. Aufsätze aus den Bereichen Dialektologie, Soziolinguistik, Dialektlexikographie, Sprachenpolitik, Ethnographie und Minderheitenkunde sind genauso vertreten wie solche zu den Fachgebieten Geschichte, Literaturwissenschaft, Komparatistik und Kulturgeschichte. Im Bereich der Sprachwissenschaft bilden die Beiträge zur Sprache der deutschen Minderheit in Ungarn einen besonderen Schwerpunkt. Unter den literaturwissenschaftlichen Aufsätzen finden sich Arbeiten zur deutschsprachigen Literatur in Ungarn, aber auch zu vielen anderen germanistischen Themen. Im dritten Kapitel „Geschichte – Volkskunde – Sprachpolitik" beschäftigen sich die Autoren mit Fragen der Identität und Ethnizität, vor allem an Hand von Beispielen der deutsch-ungarischen Kontakte. Der Band schließt mit einem vollständigen Verzeichnis der Schriften des Jubilars.

Koloman Brenner

Valeriu F. Fabian: Brebu Nou. Gărâna. Vatră de istorie, oază de sănătate şi de recreere [Weidenthal. Wolfsberg. Heim der Geschichte, Oase der Gesundheit und der Entspannung]. Timişoara: Editura Pardon 2002. 135 S. Keine ISBN.

Der Autor bietet eine Vielzahl wichtiger Angaben und Fakten über die beiden deutschböhmischen Siedlungen Weidenthal/Brebu Nou und Wolfsberg/Gărâna am Semenik-Gebirge. Nach einer Einführung und einer Schilderung der geographischen Lage wird die Besiedlung des Banater Berglandes beschrieben und in diesem Kontext auf die Niederlassung von Deutschböhmen eingegangen. Es folgen Kapitel über Sitten und Gebräuche, Volkstracht, Lieder und Tänze sowie über das Unterrichtswesen der Deutschböhmen. Der Verfasser geht außerdem auf die Deportation der Deutschböhmen in die Sowjetunion sowie in die Baragan-Steppe ein. Der Band ist mit Karten, Fotos und einem Reiseführer ausgestattet.

Stelian Mândruţ

Horst Fassel (Hg.): Deutsche Regionalliteratur im Banat und Siebenbürgen im Vielvölkerraum. Für Elena Viorel zum 60. Geburtstag. [Beigefügt:] Elena Viorel, Ildikó Tóth-Nagy, Emilia Muncaciu-Codarcea (Hg.): Workshop Deutsche Sprache im Unterricht. (Seria [Reihe] Karl Kurt Klein 2). Cluj-Napoca: Presa Universitară Clujeană; Tübingen: Institut für donauschwäbische Geschichte und Landeskunde 2002. 267 S. ISBN 973-610-155-X.

Der Band vereinigt die Beiträge zu zwei wissenschaftlichen Tagungen, die zu den beiden in den Titeln angegebenen Themenbereichen im Jahre 2002 stattgefunden haben. Teilgenommen haben Germanisten aus Bulgarien, Deutschland, Frankreich, Kroatien, Rumänien und Ungarn. Die Mehrsprachigkeit der Regionalliteraturen, die Übersetzbarkeit von Texten, der institutionelle Rahmen für eine solche Literatur (Verlage, Bibliotheken, Zeitschriften u. a.) wie auch die Beziehung zu den Nachbarliteraturen bilden inhaltliche Schwerpunkte. Als Beispiele genannt seien hier die Beiträge von Horst Fassel über „Deutsche und rumänische Regionalliteratur in Siebenbürgen und im Banat. Wechselbeziehungen und/oder Abgrenzungsstellungen", von Graziella Predoiu über „Die Rolle der rumänischen Sprache in den Texten Herta Müllers. Sprach- und Bildinterferenzen" und von Paula Ciorănescu über „Die Internationalität und Mehrsprachigkeit in den rumänischen Avantgardeperiodika der 1920er Jahre". Der zweite Teil beinhaltet Beiträge zur Mehrsprachigkeit im DaF-Unterricht wie z. B. diejenigen von Angela Gräter zur Mehrsprachigkeitsforschung im Unterricht, von Andrea Benedek zum bilingualen Lernen und Lehren oder von Andrea Molnar zu den Eigentümlichkeiten des Spracherwerbs in einer multikulturellen Gesellschaft.

Ion Lihaciu

Christian Gitzing: Schule im Wandel der Zeit. Die deutsche Volksschule in Reschitza von den Anfängen bis zur Gegenwart (Deutsche Vortragsreihe Reschitza 17). Reschitza: InterGraf Verlag 2003. 180 S., Abb., Kt. ISBN 973-97258-3-43.

Der Verfasser zeichnet die Entwicklung des deutschen Schulwesens in Reschitza/Reşiţa nach und betrachtet es im Kontext der allgemeinen Geschichte des Banater und, nach 1948, des rumäniendeutschen Unterrichtswesens. Im Mittelpunkt steht die deutsche Volksschule von Reschitza, deren Situation in habsburgischer, österreichisch-ungarischer, rumänischer und kommunistischer Zeit jeweils unter Berücksichtigung der positiven wie der negativen Seiten geschildert wird. Das Buch enthält auch einen umfangreichen statistischen Teil mit Angaben über Schülerzahl und Lehrerpersönlichkeiten sowie eine Liste mit den Namen der Absolventen der Zeit nach 1948.

Stelian Mândruţ

Lucian Giura: Sadu, monografie istorică [Zoodt. Eine geschichtliche Monographie]. Sibiu: Editura Universităţii „Lucian Blaga" 2000. 186 S. ISBN 973-651-476-5.

Erstmals wird die Geschichte des Ortes Zoodt/Sadu monographisch dargestellt. Erst 1358 urkundlich erwähnt, als dem sog. Königsboden der freien Gebietskörperschaft der Siebenbürger Sachsen zugehöriger Besitz, ist Zoodt ein gewiß älteres rumänisches Hirtendorf gewesen. Erst Joseph II. besiegelte die Freiheit des bis dahin zu Heltau/Cisnădie gehörenden Ortes. Die Arbeit beschreibt die geographische Lage, die wirtschaftliche Entwicklung, die Vergangenheit und Gegenwart von Kirche und Schule sowie die Rolle bedeutender Persönlichkeiten, die aus Zoodt stammen, etwa des griechisch-katholischen Bischofs Inochentie Micu-Klein (1692–1768), des Philologen und Historikers der Aufklärung Samuil Micu (1746–1806) und des Augenarztes und Aufklärers Ioan Piuariu-Molnar (1749–1815). Statistische Angaben, Tabellen, ein Literaturverzeichnis und ein Glossarium regionaler Termini runden den Band ab.

Stelian Mândruţ

Liviu Groza: Banatul în hărţi şi documente vieneze 1784 [Das Banat auf Wiener Karten und Dokumenten 1784]. Lugoj: Editura Dacia Europa Nova 2003. 60 S., Abb., dt., engl. u. franz. Zusammenfassung. ISBN 973-8186-93-5.

Der Band enthält Reproduktionen von Landkarten aus dem Wiener Kriegsarchiv, die sich auf die Geschichte des Banats beziehen und bisher für das breite Publikum unzugänglich waren. Es sind z. B. Pläne der befestigten Städte Orschowa/Orşova, Mehadia und Karansebesch/Caransebeş abgebildet, die während der österreichisch-türkischen Kriege von 1714–1718 und 1735–1738 entstanden sind und die damaligen Ereignisse kommentieren. Eingeführt in den historischen Zusammenhang wird der Leser durch eine von Liviu Groza erarbeitete Studie, in der die wichtigsten militärischen Etappen der österreichisch-türkischen Kriege anhand von 17 Karten aus dem Jahre 1784 beschrieben werden.

Ion Lihaciu

János Gyurok: A Magyarországon élő nemzetiségi és a magyar fiatalok egymásról alkotott képe: bolgár, örmény, román, ruszin, szerb, szlovák, cigány, szlovén, görög, horvát, német, lengyel [Das Bild des Anderen bei den Nationalitäten und Jugendlichen in Ungarn: Bulgaren, Armeniern, Rumänen, Ruthenen, Serben, Slowaken, Roma, Slowenen, Griechen, Kroaten, Deutschen, Polen] (Studia minoritatum 5). Szekszárd: Romológiai Kutatóintézet [Forschungsinstitut für Romologie] 2003. 162 S. ISBN 963-210-280-0.

Was denkt eine Gruppe der Gesellschaft über die andere, was wissen sie voneinander? Mit diesen Fragen beschäftigt sich das Buch. Es stellte sich heraus, daß sowohl die Jugendlichen aus der ungarischen Bevölkerung als auch die jungen Angehörigen der Minderheiten oftmals ein Bild nicht nur von den Gruppen gleichen Alters, sondern auch von der anderen Nationalität insgesamt haben. Bei der Herausbildung der Auto- und Heterostereotype spielt der Mangel an Informationen eine große Rolle. In Fragen der Toleranz und Intoleranz gibt es große Unterschiede. Die Ungarndeutschen verfügen über das günstigste Bild in der ungarischen Bevölkerung. Die 636 Befragten haben den Ungarndeutschen folgende Haupteigenschaften zugewiesen: freundlich (88 Befragte), ehrlich (281), egoistisch (241), solidarisch (70), unzuverlässig (17), feindlich (45), gebildet (237), arm (3), reich (293), familienorientiert (159), ungebildet (22), offen (138), großzügig (62), gemein (34), faul (6). Interessant sind auch die Antworten der Ungarndeutschen auf die Fragen nach ihrer Heimat und ihrem Vaterland: 1. Nennen Sie das Land, das Sie für Ihre Heimat halten: Ungarn: 100 %; 2. Nennen Sie das Land, das Sie für Ihr Vaterland halten: Deutschland: 100 %; 3. Wo würden Sie lieber leben, in Ihrer Heimat oder Ihrem Vaterland? In Ungarn: 84 %, in Deutschland: 16 %; 4. Wo würden Sie lieber leben, in Ihrem Vaterland oder einem anderen Land? In Deutschland: 96 %, anderswo: 4 %; 5. Würden Sie Ihre Heimat endgültig verlassen, wenn es ginge? Ja: 17 %, nein: 83 %.

Edina Zvara

Balthasar Hacquet: Bucovina în prima descriere fizico-politică. Călătorie în Carpaţii Dacici (1788–1789). Neueste physikalisch-politische Reisen durch die Dacischen und Sarmatischen oder nördlichen Karpathen. Hg. v. Radu Grigorovici. (Enciclopedia Bucovinei în studii şi monografii [Enzyklopädie der Bukowina in Studien und Monographien] 7). Rădăuţi: Editura Septentrion 2002. XXVI, 139 S., 15 Abb. ISBN 973-99058-5-4.

Das Buch ist die erste Beschreibung der Bukowina in deutscher Sprache. Es handelt sich hier um den Nachdruck der im Jahre 1790 in Nürnberg erschienenen Schrift „Neueste physikalisch-politische Reisen“ des Arztes Balthasar Hacquet. Die Edition umfaßt sowohl den deutschen Text von 1790 als auch eine Übersetzung ins Rumänische. Der Text bringt eine genaue Beschreibung der Bukowina am Ende des 18. Jahrhunderts, sowohl der Landschaft (Gebirge, Gewässer, Pflanzen, Mineralien, Grenzgebiet zur Moldau) und der Wirtschaft (z. B. Goldwäsche und Flößerei auf der Bistritz) als auch der einzelnen Völker und ihrer Bräuche mit einem Schwerpunkt auf der kleinen Gruppe der Lipowener. Die Übersetzung stammt nebst einem Nachwort, Anmerkungen und dem Kommentar von dem Herausgeber Radu Grigorovici. Dimitrie Vatamaniuc schrieb das Vorwort.

Ion Lihaciu

Liane-Gudrun Ittu: Geschichte des Brukenthalmuseums. Von den Anfängen bis 1948. Sibiu/Hermannstadt: Monumenta Verlag 2003. 114 S., Abb. ISBN 973-99735-7-4.

Ein erklärtes Ziel des vorliegenden, von der Verfasserin aus dem Rumänischen übersetzten Buches ist es, die Rolle dieses Museums in Hermannstadt/Sibiu im Laufe seiner Geschichte bekannt zu machen. Es wurde 1817 als erstes Museum im südöstlichen Mitteleuropa der Öffentlichkeit zugänglich gemacht, und zwar auf der Grundlage einer testamentarischen Bestimmung des Gouverneurs Samuel von Brukenthal, der seine Sammlungen (Gemälde, Kupferstiche, Münzen, Bücher, Mineralien, archäologische Funde u. a.) dem Gymnasium von Hermannstadt vermacht hatte. Der Band würdigt die Persönlichkeit des Stifters, beschreibt die Baugeschichte des Brukenthal-Palais, den allmählichen Ausbau der Einrichtung zum siebenbürgisch-sächsischen Nationalmuseum, schließlich die Entwicklung nach dem Übergang des Museums in den Besitz des kommunistischen Staates 1948.

Stelian Mândruţ

Jahrbuch des Demokratischen Forums der Deutschen in Temeswar. Hg. v. Annemarie Podlipny-Hehn. Temeswar: Eurobit Verlag 2001. 185 S. ISBN 973-8281-09-7.

Dieses erste Jahrbuch wurde anläßlich des zehnjährigen Bestehens des Forums der Banater Schwaben in Temeswar/Timişoara veröffentlicht. Es berichtet über Vergangenheit und Tradition, aber auch über die Aufbruchstimmung in der Gegenwart. Die Beiträge führen durch die 300jährige Geschichte der deutschen Bevölkerung in der multikulturellen Landschaft des Banats und erzählen von Aufbauarbeit, Niederlagen, Blütezeit und Niedergang.

Stelian Mândruţ

Árpád Jancsó: Temeswar und seine Brücken. Temeswar: Mirton Verlag 2003. 231 S., Abb., rumän. u. ungar. Zusammenfassung. ISBN 973-661-068-3.

Der Band ist den zahlreichen Brücken von Temeswar/Timişoara gewidmet. Árpád Jancsó schildert ausführlich die Geschichte der späteren königlichen Freistadt, bezieht sich auf die Türkenzeit und analysiert den Wiederaufbau der Stadt im 18. Jahrhundert nach der Kanalisation des Flusses Bega durch die Habsburger. Akribisch beschreibt der Autor die einzelnen Brücken und gibt ihre technischen Daten an. Im Anhang finden sich Farbbilder, Pläne, Dokumente und Berichte, Listen der Ortsnamen und der Persönlichkeiten sowie ein dreisprachiges Straßenregister.

Stelian Mândruţ

Henrik Kéri: Frankok és svábok Magyarországon. Tanulmányok Tolna és Felső-Baranya történetéhez és településtörténetéhez = Franken und Schwaben in Ungarn. Aufsätze zur Geschichte und Siedlungsgeschichte der Tolnau und der Oberen Baranya (Neue-Zeitung-Bücher 2). Budapest: Neue-Zeitung-Stiftung 2002. 291 S. ISBN 963-00-2902-2.

„Francones et suevi", Franken und Schwaben, werden die deutschen Kolonisten in den historischen Quellen der frühen Ansiedlungsjahre in der Tolnau und der Baranya genannt. Die ersten ständigen Siedler waren Schwaben und ließen sich in Tewel/Tevel nieder, die späteren kamen überwiegend aus dem fränkischen Raum. Trotzdem setzte sich die Bezeichnung „Schwaben" allmählich für alle Ungarndeutschen durch; die Benennung „Donauschwaben" kam erst nach dem Zerfall der Donaumonarchie in wissenschaftlichen Kreisen auf. Trotz der stammesmäßigen, dialektalen, konfessionellen Verschiedenheiten hatte das Deutschtum der Tolnau viel Gemeinsames. Darüber hinaus gab es hier zwischen den Ungarn, Deutschen und Serben bzw. den Katholiken, Protestanten und Orthodoxen manche Querverbindungen: Sie unterstanden derselben Komitatsverwaltung, demselben Komitatsgericht, hatten gemeinsame Grundherren; sie trafen sich auf Jahrmärkten oder Kirchweihfesten. Näher verbunden war dieses Gebiet mit der Oberen Baranya. Die früheren Tolnauer Gemeinden Kosart/Kozár, Tofi/Tófu und Meknitsch/Mekényes wurden erst nach ihrer Besiedlung an die Baranya angeschlossen, andere Dörfer der Oberen Baranya bekamen ihre deutschen Siedler in der zweiten Hälfte des 18. Jahrhunderts überwiegend aus der Tolnau. Der Band stellt einen wichtigen Beitrag zur Geschichte der Ungarndeutschen dar und ist ein Beweis dafür, daß die Traditionen der ungarndeutschen Kultur und Geschichte fortbestehen. Die Hauptteile des Bandes betreffen: 1. Siedler und Besiedlung unter König Karl III. (Kaiser Karl VI.); 2. die Siedlungsgeschichte einzelner Gemeinden; 3. Streitigkeiten der Kolonisten mit ihren Grundherren; 4. Urbarialregelung und Folgezeit; 5. deutsche Lutheraner.

Edina Zvara

Helmuth Julius Knall (Hg.): Contribuţii la istoria presei medieşene [Beiträge zur Geschichte der Mediascher Presse]. Mediaş 2003. 389 S. ISBN 973-99080-8-X.

Der Sammelband enthält rumänisch- und deutschsprachige Beiträge zur Geschichte des Pressewesens von Mediasch/Mediaş; es handelt sich um überarbeitete Vorträge, die bei einem Symposium gehalten wurden, das aus Anlaß des 130. Jahrestages des Erscheinens der ersten örtlichen Zeitung veranstaltet wurde. Analysiert werden so unterschiedliche Periodika wie das deutschsprachige „Mediascher Wochenblatt" und dessen Fortführung, die „Mediascher Zeitung", die ungarischen „Megyesi Újság" (Mediascher Neuigkeiten) und die rumänischen Zeitungen und Zeitschriften der Zwischenkriegszeit. Der Band bietet ein umfassendes Bild der kulturellen Interferenzen in einem von mehreren Ethnien bewohnten Ort.

Stelian Mândruţ

András Koltai: Batthyány Ádám és könyvtára [Ádám Batthyány und seine Bibliothek] (A Kárpát-medence kora újkori könyvtárai [Bibliotheken im Karpatenbecken in der Frühen Neuzeit] 4). Budapest: Országos Széchényi Könyvtár; Szeged: Scriptum Rt. 2002. 376 S. ISBN 963-200-446-9, ISBN 9411-15-9.

Die Familie Batthyány gehört zu den ältesten und berühmtesten Familien Ungarns. Hier stehen Leben und Werk, Bildung und Bücher von Ádám Batthyány (1609–1659) im Mittelpunkt. Er konvertierte zum Katholizismus und vertrieb die vom Großvater Balthasar Batthyány, dem „Büchersammler", auf die Familiengüter berufenen protestantischen Prediger; einen Teil ihrer Bücher ließ er in das damalige Familienzentrum in Güssing bringen. In Güssing waren die Bücher im sog. „Haus der neuen Bibliothek" untergebracht – hier befanden sich sowohl die Bücher des Großvaters (Balthasar Batthyány) als auch die des Vaters (Franz Batthyány). Im Jahre 1641 kamen Franziskaner auf die Güter Ádám Batthyánys. Dieser überließ ihnen die katholischen Bücher, die vorher zu Mönchsklöstern oder katholischen Pfarreien gehört hatten, aber auch die Bücher der ehemals protestantischen Güssinger Grundschule und der vertriebenen protestantischen Prediger. Über die in Güssing verbliebenen Bücher weiß man nichts, da kein einziges Bücherverzeichnis zur Verfügung steht. Dementgegen kennen wir sechs Verzeichnisse über die von Ádám Batthyány erworbenen Bücher, doch ist deren Schicksal nach dem Tod ihres Besitzers unbekannt. Das Buch erschien gleichzeitig in deutscher Sprache: Adam Batthyány und seine Bibliothek (Burgenländische Forschungen, Sonderbd. 24; Bibliotheken in Güssing im 16. und 17. Jahrhundert 1). Eisenstadt 2002.

Edina Zvara

Gerhard Konnerth: Sprachliche Form und gedanklicher Aufbau. Ein Arbeitsbuch. I. Teil. Sibiu/Hermannstadt: Editura Universităţii „Lucian Blaga" 2002. 191 S. ISBN 973-651-481-1.

Der Hermannstädter Germanist Gerhard Konnerth behandelt in dieser komparatistischen Studie einige Aspekte der deutschen und der rumänischen Grammatik. In jeweils eigenen Kapiteln bringt er vergleichende Analysen zu Adjektiv und Adjektivphrase im Deutschen und Rumänischen; zur morphologischen Kongruenz im Rumänischen; zu den Steigerungsformen im Deutschen und Rumänischen. Um die Unterschiede und Gemeinsamkeiten der beiden Sprachen herauszuarbeiten, bietet er in einem gesonderten Kapitel eine kontrastive Untersuchung von Übersetzungen. Exemplifiziert wird dies an der von Wolf von Aichelburg stammenden deutschen Übersetzung von Lucian Blagas Gedicht „Tâlcuri" (Hintergründige Gedanken), wobei unter anderem die Rolle der Substantive als Bedeutungsträger hervorgehoben wird.

Ion Lihaciu

Gyula Kristó: Nem magyar népek a középkori Magyarországon [Nicht-ungarische Völker Ungarns im Mittelalter] (Kisebbségkutatás könyvek [Reihe Minderheitenforschungen]). Budapest: Lucidus 2003. 313 S. ISBN 963-9465-15-1.

Der Verfasser schildert die Niederlassung oder Ansiedlung der einzelnen Völker im mittelalterlichen Ungarn. Die Ethnien werden unter drei Gesichtspunkten betrachtet. Den Schwerpunkt des Buches stellt die Besiedlung des Karpatenbeckens dar; die beiden anderen Themenkreise bilden die Darstellung der Gesellschaft und der Verwaltung der Völker. In den Quellen kommen die Deutschen unter verschiedenen Namen (Teutonen, Sachsen, Bayern, Flandrer) vor, aber sie haben das gemeinsame Merkmal ihrer Deutschsprachigkeit. Menschen deutscher Abstammung haben schon vor der ungarischen Landnahme (896) im Karpatenbecken gelebt, doch sind sie, wie man vermuten kann, vor den heranrückenden Magyaren geflohen. Es gab immer Zeiten, in denen, meistens ausgelöst durch politische Ereignisse, westliche Siedler in größerer Zahl ins Land kamen; vor dem 12. Jahrhundert jedoch ist nach Ansicht des Verfassers mit einer Einwanderung von bedeutenderen Ausmaßen nicht zu rechnen. Es fällt auf, daß umfangreichere Siedlungsgebiete in den zuvor nur dünn bevölkerten östlichen und nördlichen Regionen Ungarns (Siebenbürgen und Oberungarn) entstanden. Die Deutschen wurden nicht in bereits existierenden und funktionierenden Städten seßhaft, sondern sie selbst haben – allein oder zusammen mit Angehörigen anderer Völker – Städte gegründet und aufgebaut.

Edina Zvara

István Lengvári, József Vonyó (Hg.): Népek együttélése Dél-Pannóniában: tanulmányok Szita László 70. születésnapjára [Zusammenleben der Völker in Südpannonien: Studien zum 70. Geburtstag von László Szita] ([Reihe:] Pannónia könyvek [Pannonien-Bücher]; Pécsi tudománytár [Fünfkirchener Wissenschaftliche Sammlung]). Budapest: Magyar Történelmi Társulat [Verein für Ungarische Geschichte]; Pécs: Pro Pannonia 2003. 686 S., Abb., Kt. ISBN 963-9498-17-3 B 192394.

László Szita war über zwanzig Jahre lang als Direktor des Komitatsarchivs Baranya tätig. Dieser Band, in dem sich 35 Studien befinden, wurde von seinen Schülern und Freunden als Festschrift zu seinem 70. Geburtstag zusammengestellt. Er behandelt ausgewählte Themen aus der Geschichte Transdanubiens von der Árpáden-Zeit bis ins 20. Jahrhundert. Studien, die die Ungarndeutschen betreffen, sind: „Die Geschichte des Kohlenbergbaus in Ungarn im 19. und 20. Jahrhundert“ (Zoltán Huszár); „Die Ansiedlung der Deutschen und ihre Familienstruktur in Südosttransdanubien“ (Karl-Peter Krauss); „Der Fünfkirchener Bergmandl und Joseph Lichtenstein, der erste Journalist in Fünfkirchen“ (Mária Anna Móró); „Die Typologie der Vertreibung der Deutschen aus Osteuropa“ (Gerhard Seewann); „Nationalsozialistische Volksgruppenpolitik in Südosteuropa bis zum Ausbruch des Zweiten Weltkriegs“ (Norbert Spannenberger); „Beiträge zur gesellschaftlichen Mobilitätsforschung der Ansiedler aus der Bukowina, Siebenbürgen und Oberungarn anhand der Einschulungsdaten des Gymnasiums in Bonyhád, 1945–1960“ (Zoltán Szőts); „Die Gruppen der äußersten Rechten in Ungarn und die Minderheitenfrage zwischen den beiden Weltkriegen“ (József Vonyó).

Edina Zvara

Octavian Lesçu: Planurile municipiului Timişoara şi denumirea străzilor în decursul anilor 1716–2000 [Die Pläne der Stadt Temeswar und die Straßennamen in den Jahren 1716–2000]. Timişoara: Editura Lexus 2003. 123 S., Abb. Keine ISBN.

Im ersten Teil dieses Buches wird die Geschichte der Stadt Temeswar/Timişoara erzählt, wobei ein Akzent auf die Entstehungsgeschichte ihrer einzelnen Stadtviertel und Vororte gelegt wird. Dabei werden der Wiederaufbau der Stadt nach den Türkenkriegen, der industrielle Aufschwung im 19. und 20. Jahrhundert und die kulturelle Entwicklung und Vielfalt der Banater Metropole ausführlich dargestellt. Sehr aufschlußreich ist die Übersicht über die Benennung von Straßen und Plätzen im Laufe der Jahre, spiegeln sich darin doch die Eingriffe unterschiedlicher Herrschaften in die gewachsene Struktur der Stadt. Eine Sammlung alter Ansichtskarten und verschiedene Stadtpläne illustrieren den Band.

Stelian Mândruţ

Hans Liebhardt: Deutsche in Bukarest. Zwei-drei Jahrhunderte erlebter Geschichte. Bukarest: ADZ Verlag 2003. 237 S., Abb. ISBN 973-8384-20-6.

Der Verfasser geht der Geschichte der rumänischen Hauptstadt nach und stößt dabei auch immer wieder auf die Spuren der Deutschen, die als Sammelbegriff für Siebenbürger Sachsen und Banater Schwaben, Einwanderer aus den deutschen Landen, Österreicher und Schweizer stehen. Liebhardt schildert auch das deutschsprachige Unterrichtswesen, die Einrichtungen der evangelischen und der katholischen Glaubensgemeinschaft, das Pressewesen und die Rundfunk- und Fernsehsendungen in deutscher Sprache. Das Buch ist ein Beitrag zur Identitätsforschung der Deutschen in Bukarest/Bucureşti, die im wirtschaftlichen und kulturellen Leben der Stadt eine herausragende Rolle gespielt haben.

Stelian Mândruţ

Grigore Marcu: Ausblicke. Übersetzungskritische und literaturgeschichtliche Studien (Colecţia [Sammlung] Germanica 8). Iaşi: Editura Demiurg 2002. 165 S. ISBN 973-8076-31-5.

Der Band versammelt mehrere Aufsätze von Grigore Marcu, die in zwei große Kategorien eingeteilt werden können: Die erste Gruppe umfaßt sehr wertvolle vergleichende Analysen unterschiedlicher rumänischer Übertragungen von Werken deutscher Autoren wie z. B. Hölderlin, Novalis, Heine, Rilke oder Kafka. Von den analysierten Fallbeispielen ausgehend, gelangt der Verfasser zu verschiedenen Theorien der Übersetzungskunst. Der zweite Teil des Bandes bringt Musterinterpretationen von Gedichten, darunter auch von Texten zweier Lyriker aus der Bukowina: Mittels Interpretationen der Gedichte „Todesfuge“ von Paul Celan und „Der Nobiskrug“ und „Der Turm“ von Immanuel Weissglas liefert Marcu für die literaturwissenschaftliche Forschung neue methodische Ansätze.

Ion Lihaciu

Wenzel Matzek, Lygia Borza: Dunărea albastră şi şvabii din Banat [Die blaue Donau und die Banater Schwaben]. Arad: Editura Gutenberg 2002. 75 S., Abb. ISBN 973-8096-59-6.

Das Buch ist dem Andenken an den Lehrer, Historiker und Schriftsteller Nikolaus Wolfram Hockl (1912–1998) gewidmet wie auch den Banater Schwaben, die in den beiden Weltkriegen gefallen sind. Gedacht wird ebenso der Opfer des kommunistischen Regimes, die in die Zwangsarbeitslager der Sowjetunion oder als Großbauern in die Baragan-Steppe deportiert wurden, sowie jener, die auf der Flucht in den Westen in der Donau ertranken. Ihnen allen wollen die Verfasser Gerechtigkeit widerfahren lassen. Charakteristisches Bildmaterial und eine Liste banatschwäbischer und deutschböhmischer Persönlichkeiten der Region ergänzen die Dokumentation.

Stelian Mândruţ

Ioan Miţaru: Şibotul, sat de pe Câmpul Pâinii [Unterbrodsdorf, ein Dorf auf dem Brotfeld]. Sibiu: Editura Psihomedia 2002. 303 S., Abb., Kt. ISBN 973-85645-1-4.

Die traditionell konzipierte Ortsmonographie von Unterbrodsdorf/Şibot basiert auf Schriftquellen und mündlichen Aussagen („oral history“). Sie ist in folgende Kapitel gegliedert: geographische Lage; Geschichte; Wirtschaft; Politik; soziales Leben; Kultur; demographische Entwicklung; Institutionen; Sprache; Sitten und Gebräuche; Volkstracht. Eine Zeittafel und ein Literaturverzeichnis schließen den Band ab. Der zum sächsischen Stuhl Bross/Orăştie gehörende Ort liegt auf dem Brodfeld/Câmpia Pâinii im Mieresch-tal, wo im Jahre 1479 ein osmanischer Einfall von einem Aufgebot ungarischer, siebenbürgisch-sächsischer und rumänischer Kämpfer zurückgeschlagen wurde.

Stelian Mândruţ

Gabriel Moisa: Istoria Transilvaniei în istoriografia românească. 1965–1989 [Die Geschichte Siebenbürgens in der rumänischen Historiographie. 1965–1989]. Cluj-Napoca: Presa Universitară Clujeană 2002. 373 S. ISBN 973-610-129-0.

Die von der Universität Klausenburg/Cluj-Napoca angenommene Dissertation ist in neun Kapitel gegliedert und geht analytisch sowie quantitativ-statistisch vor. Zunächst werden theoretische Fragen hinsichtlich der Beziehung zwischen Geschichtsschreibung und Politik angesprochen und der Forschungsstand zur Entwicklung der regionalen Historiographie erörtert. Es folgen ein komplexes Inventar des historiographischen Outputs aus der Region in den Jahren 1965–1989 sowie ein Repertorium der Städte mit einschlägigen Institutionen (Hochschulen, Museen, Forschungsinstitute) sowie der wissenschaftlichen und kulturellen Zeitschriften. Eine englische Zusammenfassung und ein Namensregister ergänzen den Band, der einen guten Einblick in die Entwicklung der siebenbürgischen Geschichtsschreibung in der Zeit der Diktatur von Nicolae Ceauşescu bietet.

Stelian Mândruţ

István Monok, Péter Ötvös, Attila Verók (Hg.): Erdélyi szász intézményi- és magángyujtemények, 1578–1750: könyvjegyzékek bibliográfiája [Instituts- und Privatbibliotheken der Siebenbürger Sachsen aus den Jahren 1578–1750: Bibliographie von Bücherverzeichnissen und Inventaren] (Könyvtártörténeti füzetek = Hefte zur Bibliotheksgeschichte 10). Szeged: Scriptum Rt. 2001. XI, 257 S. ISBN 963-481-233-3.

Erfreulicherweise kann man in den Archiven Siebenbürgens wieder forschen, so auch in denen der ehemals siebenbürgisch-sächsischen Städte. Die Herausgeber haben die wichtigeren Sammlungen durchgesehen. Es ist wahrscheinlich, daß Lesestoffe von größerem Umfang und erheblicher Bedeutung in diesem Gebiet nur mehr zufällig zum Vorschein kommen; deshalb sind die systematischen Forschungen in den siebenbürgischen Archiven für abgeschlossen erklärt worden. Der Band ist nach geographischen Kriterien eingeteilt; in der Bibliographie wird die Buchkultur der siebenbürgisch-sächsischen Städte und Marktflecken Bistritz/Bistriţa, Großschenk/Cincu, Hermannstadt/Sibiu, Kronstadt/Braşov und Schäßburg/Sighişoara erschlossen. Die Edition der einzelnen Bücherverzeichnisse befindet sich in der Reihe „Adattár XVI–XVIII. századi szellemi mozgalmaink történetéhez“ (Materialien zur Geschichte der Geistesströmungen des 16.–18. Jahrhunderts in Ungarn), Band 16/4, bzw. in der elektronischen Datenbank „www.erudition.de“, die die Quellen zur Lesekultur des 15.–18. Jahrhunderts im Karpatenbecken enthält.

Edina Zvara

Coloman Müller: Die andere Seite. 5 Jahre Russlanddeportation Januar 1945 – Dezember 1949. Leben und Arbeit in den Internierten-Lagern 1022 „Mischino“ und 1056 „Kapitalnaja“ in Makeewka/Donbas. Temeswar: Eurobit Verlag 2000. 116 S. ISBN 973-8181-26-7.

Der 1919 in Temeswar/Timişoara geborene Verfasser wurde 1945 mit anderen Rumäniendeutschen nach Rußland deportiert. Dort gründete und leitete er zwischen 1945 und 1949 eine Kulturgruppe, mit der er Theater- und Opernaufführungen gestaltete. Über diese Tätigkeit berichtet er ausführlich in seinen Erinnerungen, die auch den Alltag mit seinem Wohl und Wehe und seinen kleinen Freuden nachzeichnen. Coloman Müller analysiert die Mechanismen der Instrumentalisierung von Deportierten durch den Repressionsapparat und ruft die ideologische Monokultur in den Deportiertenlagern in Erinnerung.

Stelian Mândruţ

György Müller: Izmény, eine ehemalig deutsche Gemeinde in der Tolnau. Pécs: Ingenieurbüro Müller GmbH, Pécs Agóra 2002. Bd. 2. 152 S. ISBN 963-202-630-6.

Ziel dieses Buches ist die vollständige Erfassung aller Kirchenbuchdaten der (mehr als 2 000) deutschen evangelischen Familien in Ismi/Izmény von der Ansiedlung bis zur Vertreibung. Die Namen sind über ein umfangreiches Register erschlossen. Die weiteren Kapitel, ein kurzer Überblick über die Geschichte der Gemeinde, Angaben über die Herkunft der angesiedelten und eingeheirateten Familien und die Herkunft der Familiennamen, ein Verzeichnis der derzeitigen Nachkommen der ehemaligen Bewohner von Ismi sowie Fotos und Dokumente ergänzen den Band und bieten den Hintergrund für das Verständnis der erschlossenen Quelle. Die ersten deutschen Siedler evangelischer Konfession kamen 1722 aus Hessen. Der ersten Welle der Ansiedlung (1722–1726) folgten zwei weitere. Mit der dritten Welle kamen Siedler aus dem Herzogtum Baden-Durlach. Infolge der Vertreibungen in den Jahren 1947–1949 verschwanden fast 70 % der deutschen Bevölkerung, und der Platz der ausgesiedelten, allesamt evangelischen Deutschen wurde von Bukowiner Szeklern (Csangos) katholischen Glaubens sowie von ungarischen Neusiedlern aus der Batschka und der Slowakei („Oberungarn“) eingenommen. Die Zahl der deutschsprachigen Bewohner beträgt heute nur etwa 20 bis 25 Personen; sie hat sich seit 1948 durch natürliche Abnahme, Abwanderungen in größere Gemeinden und Städte sowie durch Mischehen verringert.

Edina Zvara

László Murvai (Hg.): Gegenwärtige Situation des Minderheitenunterrichts in Rumänien. Fazit des Schuljahres 2001–2002. Perspektiven. Cluj-Napoca: Editura Studium 2002. 211 S. ISBN 973-643-020-0.

Wie die Bände zu früheren Schuljahren (s. „Berichte und Forschungen“ 10, 2002, S. 264 f.) enthält auch dieser Band Beiträge von Experten für das Minderheitenschulwesen im rumänischen Bildungsministerium. Einleitend wird ein Überblick geboten, mit Darstellung des gesetzlichen Rahmens, der Anzahl der Minderheiten mit eigenem Schulwesen sowie – anhand von Tabellen – der Entwicklung der Schülerzahlen bei den einzelnen Minderheiten. Des weiteren wird jeder Minderheit ein eigenes Kapitel gewidmet.

Der Abschnitt über die deutsche Minderheit bringt Informationen über das Schulnetz auf dem Gebiet Rumäniens, genaue Daten zu den Schülerzahlen sowie zu Schulen mit ausschließlich deutschsprachigem Unterricht, zu Schulen, die über eigene deutschsprachige Klassen oder Abteilungen verfügen, zur Lehreranzahl usw. Ein gesonderter Teil ist der Ausbildung der Lehrenden gewidmet, die Deutsch als Muttersprache in Rumänien unterrichten, und zwar auf allen Ebenen des Unterrichts, von der Ausbildung der Kindergärtnerinnen und der Grundschul- und Gymnasiallehrer bis hin zur Lehre der deutschen Sprache und Literatur an den Universitäten.

Ion Lihaciu

Orsolya Nádor, László Szarka (Hg.): Nyelvi jogok, kisebbségek, nyelvpolitika Kelet-Közép-Európában [Sprachrechte, Minderheiten, Sprachpolitik in Ostmitteleuropa] ([Reihe:] Magyar kisebbségi könyvtár [Bibliothek für Minderheiten in Ungarn]). Budapest: Akadémiai Kiadó 2003. 230 S., engl. Zusammenfassungen. Mit CD-ROM. ISBN 963-05-8000-4.

Gegenstand des vorliegenden Bandes sind die Bevölkerungsgruppen, die in der Republik Ungarn als nationale (ethnische und sprachliche) Minderheiten leben, und darüber hinaus die Minderheiten – vor allem die der Ungarn – in den der Republik Ungarn benachbarten Ländern. Zentraler Aspekt, unter dem die Minderheiten betrachtet werden, ist die Berücksichtigung der allgemeinen Menschenrechte im Hinblick auf die Anerkennung als nationale (ethnische/sprachliche) Minorität sowie hinsichtlich des Sprachgebrauchs und der Lebensqualität. Der Band enthält folgende länderübergreifende Studien: „Einleitende Gedanken zur Untersuchung der Sprachrechte in Ostmitteleuropa" (György Szépe); „Staatssprache, offizielle Sprache – Sprachrechte der Minderheiten in Ostmitteleuropa" (László Szarka); „Die Europäische Union und die Minderheitensprachen" (Balázs Vizi); „Möglichkeiten der Bewahrung der Minderheitensprachen und der Unterricht" (Csilla Bartha); „Sprachenpolitik in Ostmitteleuropa und Formen des muttersprachlichen Unterrichts (unter besonderer Berücksichtigung der Beziehungen zu ungarischen Partnern)" (Orsolya Nádor). Außerdem werden die Sprachrechte der Minderheiten unter anderem in folgenden Ländern untersucht: Slowakei (Gizella Szabómihály), Rumänien (János Péntek, Attila Benő), Serbien (Lajos Göncz), Kroatien (Károly Lábadi), Slowenien (Anna Kolláth), Ungarn (Mária Demeter Zayzon).

Edina Zvara

Adina-Lucia Nistor: Rumänisch-deutsche siebenbürgisch-sächsische Sprachinterferenzen im Südwesten Siebenbürgens. Iaşi: Editura Demiurg 2002. 242 S. ISBN 973-8076-35-8.

Das Buch der Linguistin Adina-Lucia Nistor, Jassy/Iaşi, gibt einen Überblick über die Sprachinterferenzen in Siebenbürgen. Eine Studie zu den sozialen und kulturellen Beziehungen zwischen Siebenbürger Sachsen und Rumänen im Laufe der Geschichte, die eine gegenseitige Beeinflussung der Umgangssprachen der beiden ethnischen Gruppen mit sich brachten, führt ins Thema ein. Es folgt eine akribische, auf allen Ebenen (Phonetik, Morphologie, Syntax und Lexikologie) durchgeführte sprachwissenschaftliche Analyse auf der Grundlage einer umfassenden Untersuchung der beiden Umgangssprachen, des Siebenbürgisch-Sächsischen und des Rumänischen, in dem Dorf Petersdorf/Petreşti. Belegt ist alles mit zahlreichen Textbeispielen der gesprochenen Sprache, die von der Autorin vor Ort aufgenommen wurden.

Ion Lihaciu

Gernot Nussbächer: Beiträge zur Honterus-Forschung. 1966–1989. Kronstadt: Aldus Verlag; Heidelberg: Arbeitskreis für Siebenbürgische Landeskunde 2003. 271 S., Abb. ISBN 973-9314-81-3, 3-929848-33-3.

Das Buch des bekannten Historikers und Archivars Gernot Nussbächer erfaßt 33 seiner Studien und Zeitungsbeiträge über den siebenbürgischen Humanisten und Reformator Johannes Honterus, die bis zur Wende von 1989 insbesondere in deutschsprachigen Zeitungen und Zeitschriften erschienen sind, unter ihnen eine Artikelserie über die Honterus-Drucke aus der in Kronstadt/Braşov erscheinenden „Karpatenrundschau". Infolge der Abschottung des kommunistischen Regimes konnten sich Nussbächers Untersuchungen fast nur auf im Inland vorliegende Quellen und Literatur stützen. Eine interessierte Leserschaft hat nun die Möglichkeit, die verstreut veröffentlichten Beiträge gesammelt und durch Anmerkungen ergänzt in einem Band vereinigt vorzufinden und so die Entwicklung der Honterus-Forschung in den Jahren 1966–1989 zu verfolgen und nachzuvollziehen.

Stelian Mândruţ

Károly R. Nyárády: Erdély népesedéstörténete [Bevölkerungsgeschichte Transylvaniens]. Szerk. Varga E. Árpád [Hg. v. Árpád E. Varga]. (Transylvanica varietas). Budapest: Központi Statisztikai Hivatal Levéltára [Archiv des Zentralamtes für Statistik], Eötvös Loránd Tudományegyetem Román Filológiai Tanszék [Loránd Eötvös Universität, Lehrstuhl für Rumänische Philologie] 2003. 672 S. ISBN 963-215-605-6, ISBN 963-215-628-5.

Auf die Deutschen in Siebenbürgen und im Banat (in der rumänischen und ungarischen Fachliteratur werden diese beiden Gebiete unter den Begriffen Erdély, Transilvania, Transylvanien zusammengefaßt) beziehen sich zahlreiche im Band enthaltene Übersichten. Diese geben Auskunft über die ethnischen, sprachlichen und konfessionellen Verhältnisse in dieser Region im Spiegel der Volkszählungen zwischen 1880 und 1910 sowie von 1910 bis 1977.

Edina Zvara

Marian Olaru: Mişcarea naţională a românilor din Bucovina la sfârşitul secolului al XIX-lea şi începutul secolului al XX-lea [Die nationale Bewegung der Rumänen in der Bukowina Ende des 19. und Anfang des 20. Jahrhunderts]. Rădăuţi: Editura Septentrion 2002. 252 S., dt. u. ukrain. Zusammenfassung. ISBN 973-99058-7-0.

Marian Olaru analysiert in diesem Buch die politischen Beziehungen zwischen Zentrum und Peripherie anhand des Beispiels Wien und Czernowitz/Tscherniwzi/Cernăuţi. In das Thema wird mittels eines Überblicks über bisherige Untersuchungen der rumänischen Nationalbewegung in der Bukowina eingeführt. Einen besonderen Stellenwert erhalten dabei die nationalen Kulturvereine, die eine wichtige Rolle im politischen Leben spielten, und die Eliten der rumänischen Nationalbewegung. Zwei bedeutenden Akteuren der rumänischen Nationalbewegung, Iancu Flondor und Aurel Onciul, sind separate Kapitel gewidmet. Ergänzt wird der Band durch eine reichhaltige Bibliographie, in welcher auch einige bisher unbekannte Quellen zur Geschichte der Bukowina aufgeführt sind, die der Historiker aus Radautz/Rădăuţi in rumänischen, österreichischen und ukrainischen Archiven fand.

Ion Lihaciu

Annemarie Podlipny-Hehn: Ferdinand Gallas. Temeswar: Artpress Verlag 2002. 66, 48 S., Abb. ISBN 973-85581-8-2.

Diese Monographie ist dem Bildhauer Ferdinand Gallas (1893–1949) gewidmet, einem Künstler, der durch seine Plastiken und Basreliefs die Banater Kunstszene der Zwischenkriegszeit entscheidend mitgeprägt hat. In dem Kunstband sind zahlreiche dieser Arbeiten abgebildet. In der Einleitung analysiert die Verfasserin das Œuvre des Bildhauers im Kontext seines Lebens und bringt interessante Details aus seiner Biographie.

Stelian Mândruţ

Ştefan Purici (Hg.): Procese politice, sociale, culturale şi economice în Bucovina, 1861–1918 [Politische, soziale, kulturelle und wirtschaftliche Prozesse in der Bukowina, 1861–1918]. Suceava: Editura Universităţii 2002. 263 S., dt., rumän. u. ukrain. Zusammenfassungen. ISBN 973-8293-52-9.

Der Sammelband ist das Ergebnis eines in Radautz/Rădăuţi abgehaltenen Symposiums, bei dem hauptsächlich Wissenschaftler der drei Bukowina-Institute in Augsburg, Czernowitz/Tscherniwzi/Cernăuţi und Radautz, aber auch Referenten aus Kanada, der Schweiz, Japan, Österreich und Großbritannien zusammentrafen. Die publizierten Vorträge enthalten die neuesten Ergebnisse von Projekten, die an den genannten drei Forschungsinstitutionen laufen. Dem Aufkommen nationaler Bewegungen, den gesellschaftlichen Prozessen und den damit verbundenen historischen Ereignissen sowie Persönlichkeiten verschiedener Nationalitäten in der Bukowina sind die Aufsätze gewidmet, von denen hier diejenigen von Oleksander Dobržanskyj zur ukrainischen Nationalbewegung in der Bukowina, von Mihai Iacobescu zu rumänischen Persönlichkeiten aus Politik und Kultur und von Manfred Rehbinder zu dem Juristen Eugen Ehrlich und zur Rolle des Rechtes in einer multikulturellen Gesellschaft erwähnt seien. Einen sehr wichtigen Beitrag lieferte Serhij Popyk mit seinen Bemerkungen zur Geschichte der Bukowina im Spiegel der sowjetischen Historiographie. Die Texte sind auf deutsch, rumänisch oder ukrainisch verfaßt und jeweils mit Resümees in den beiden anderen Sprachen versehen.

Ion Lihaciu

Dionisie Radu, Adrian Radu: Monografia satului Curciu, judeţul Sibiu [Monographie des Dorfes Kirtsch, Kreis Hermannstadt]. Cluj-Napoca: Editura Napoca Star 2001. 408 S., Abb. ISBN 973-647-007-5.

Die Ortsmonographie von Kirtsch/Curciu ist in 13 Kapitel gegliedert: geographische Lage; Umweltbedingungen; Toponymie; geschichtlicher Überblick (mit Hinweisen auf die Ansiedlung der Siebenbürger Sachsen, die interethnischen Beziehungen, die Revolution von 1848/49 und die Deportation in die Sowjetunion); rechtlich-administrativer Status; Bevölkerung (mit dem Anteil der Siebenbürger Sachsen); Tracht; Überlieferungen; Festtagsbräuche; Struktur des ländlichen Habitats; sprachliche Eigenheiten; Wirtschaft; Religion. Das Literaturverzeichnis und ein umfangreicher Anhang (mit statistischen Angaben unter anderem zu Geburten, Hochzeiten und Sterblichkeit bei den Sachsen in den Jahren 1710–1858 und 1891 sowie einer Liste der Teilnehmer am Zweiten Weltkrieg) schließen das Buch ab.

Stelian Mândruţ

Ion Raica: Sebeşul. Istorie, cultură, economie, confruntari sociale şi politice [Mühlbach. Geschichte, Kultur, Wirtschaft, soziale und politische Gegenüberstellungen]. Cluj-Napoca: Editura „George Bariţiu" 2002. 342 S., Abb. ISBN 973-85390-6-4.

Die Monographie der Stadt Mühlbach/Sebeş wurde in den Jahren 1957–1969 geschrieben, konnte aber erst jetzt veröffentlicht werden. Das Buch geht chronologisch vor und widmet sich der Vor- und Frühgeschichte der Stadt und des Umlandes, der Ansiedlung der Siebenbürger Sachsen um die Mitte des 12. Jahrhunderts, der Herkunft des Ortsnamens Mühlbach, der Entwicklung und Befestigung der Stadt im Mittelalter, dem Aufblühen von Handel und Gewerbe, der Stagnation nach dem verheerenden Osmaneneinfall des Jahres 1438, der Kirche und der Schule der Stadt, dem Stadtrat und der Verwaltung des gleichnamigen Stuhles, den Ereignissen während der Revolution von 1848/49, der wirtschaftlichen und sozialen Lage Mühlbachs im 19. und 20. Jahrhundert, der kulturellen Entwicklung und den Biographien herausragender Persönlichkeiten dieser Stadt. Ein Literaturverzeichnis schließt den Band ab.

Stelian Mândruţ

Alexander Rubel (Hg.): Rumänien in Europa. Geschichte, Kultur, Politik. Iaşi: Editura Universităţii „Al. I. Cuza"; Konstanz: Hartung-Gorre Verlag 2002. 191 S. ISBN 973-8243-42-4, ISBN 3-89649771-5.

Der Sammelband ist das Ergebnis eines im Deutschen Kulturzentrum in Jassy/Iaşi organisierten Symposiums zum Thema, an dem zehn Historiker, Philologen und Politikwissenschaftler aus Deutschland und Rumänien teilnahmen. Die publizierten Referate behandeln das Verhältnis Rumäniens zu Europa im Laufe der Geschichte, bringen aber auch Entwürfe zukünftiger Entwicklungen. Als Beispiele genannt seien die Beiträge von Dan Mănucă über „Die Verbreitung des deutschen Modells in der rumänischen Kultur (1848–1918)", von Alexander Rubel mit dem Titel „Athen, Rom, Jerusalem, Bukarest. Einige kritische Anmerkungen zum Thema ‚Rumänien und die europäische Zivilisation'" und von Flavius Solomon über „Die Rumänen und das Europa des Mittelalters". In aktuelle Debatten steigen Mariana Hausleitner („Gehört die Bukowina zu Ostmitteleuropa?") und Anneli Ute Gabanyi über „Rumänien in (welchem?) Europa heute" ein.

Ion Lihaciu

Petro Rychlo (Hg.): Die verlorene Harfe. Eine Anthologie deutschsprachiger Lyrik aus der Bukowina. Černivci: Zoloti lytavry 2002. 543 S. ISBN 966-8029-12-7.

Die zweisprachige Anthologie (deutsch und ukrainisch) enthält Texte von Bukowiner Autoren des 20. Jahrhunderts. Man findet nicht nur die bekannten Namen Paul Celan, Rose Ausländer, Immanuel Weissglas, Moses Rosenkranz, Alfred Gong oder Selma Meerbaum-Eisinger; vielmehr sind auch Autoren, deren Namen dem großen Publikum weniger geläufig sind, wie Isaak Schreyer, Heinrich Schaffer, Viktor Wittner, Erich Singer, Josef Kalmer, Else Keren, Manfred Winkler und viele andere hier vertreten. Im Vorwort gibt der Herausgeber einen Überblick über die deutschsprachige Literatur der Bukowina im 19. Jahrhundert und deren wichtigste Repräsentanten Moritz Amster, Ludwig Adolf Simiginowicz, Ernst Rudolf Neubauer, Karl Emil Franzos u. a. Auf die Multikulturalität im literarischen Leben von Czernowitz/Tscherniwzi/Cernăuţi wird mit der Erwähnung der ukrainischen, rumänischen und jiddischen Literatur der Stadt, ihrer Vertreter und deren Beziehungen zur deutschsprachigen Literatur eingegangen. Von Petro Rychlo stammen außerdem die Übersetzungen ins Ukrainische und die bio-bibliographischen Anmerkungen zu jedem Autor.

Ion Lihaciu

Sächsische Volksmärchen aus Siebenbürgen = Basme săseşti din Transilvania. Piteşti: Editura Paralela 45 2002. 53 S. ISBN 973-593-806-5.

Dieser zweisprachige Band mit fünf der bekanntesten Märchen der Siebenbürger Sachsen ist eigentlich ein Auszug aus der Sammlung „Sächsische Volksmärchen aus Siebenbürgen“ von Josef Haltrich, die im Jahre 1859 erschienen ist. Die Auswahl und die Übersetzung ins Rumänische wurden von Gabriel Andriescu besorgt, der bereits in den Jahren zuvor ähnliche Editionen vorgelegt hat.

Ion Lihaciu

Silviu Sarafolean (Hg.): Deportaţii în Bărăgan. 1951–1956 [Die in die Baragan-Steppe Deportierten. 1951–1956]. Timişoara: Editura Mirton 2001. 594 S., Abb. ISBN 973-585-424-4.

In dem Buch sind die Namen der rund 12 000 Familien bzw. 40 000 Personen verzeichnet, die 1951 als sog. Kulaken oder Titoisten in die Baragan-Steppe deportiert worden sind, neben den reichen rumänischen Bauern auch viele Banater Schwaben. In alphabetischer Reihenfolge, jeweils nach Landkreisen und Ortschaften geordnet, werden die Deportierten aus dem rumänischen Banat aufgeführt. Eine einleitende Studie erläutert den Kontext, in dem die Strafmaßnahme getroffen wurde, das Trauma der Überlebenden, die Schwierigkeiten bei der Auswertung der mündlichen, auf Erinnerung basierenden Überlieferungen. Die einschlägige Literatur wird am Ende des Bandes aufgeführt.

Stelian Mândruţ

Adolf Schullerus: Scurt tratat de etnografie a saşilor din Transilvania [Siebenbürgisch-sächsische Volkskunde im Umriß]. Bucureşti: Editura Meronia 2003. 227 S. ISBN 973-8200-35-0.

Das im Jahre 1926 in Leipzig erschienene Werk des Pfarrers, Sprachwissenschaftlers und Volkskundlers Adolf Schullerus bietet die erste synthetische Darstellung der siebenbürgisch-sächsischen Volkskunde und ist heute noch informativ und lesenswert. Die vorliegende Übersetzung ins Rumänische gewährt der interessierten Öffentlichkeit des Landes einen umfassenden Einblick in das Volksleben der Siebenbürger Sachsen in allen seinen wesentlichen Äußerungsformen. In einer ausführlichen Einleitung stellt Dr. Anca Goţia dem Leser Persönlichkeit, Leben und Wirken von Adolf Schullerus (1864–1928) vor und lenkt die Aufmerksamkeit auf sein ethnologisches Hauptwerk. Der Blick des Forschers konzentriert sich auf Details, er umfaßt zuerst die Städte und Dörfer, dann richtet er sich auf Haus, Hof, Nahrung, Sprache und Strukturen des Gemeinschaftslebens, um schließlich bei den einzelnen Bräuchen zu verweilen – anläßlich Geburt und Taufe, Verlobung, Hochzeit, Tod und Begräbnis sowie im Jahresablauf.

Stelian Mândruţ

Anton Schulz: Vom Postmeister zur Schnellpost. Ein Beitrag zur Postgeschichte Reschitzas. Reschitza: InterGraf Verlag 2002. 252 S. ISBN 973-97258-3-35.

Der Verfasser beschreibt in fünf Kapiteln die Entwicklung der Stadt Reschitza/Reşiţa im Banat, die lokale Postgeschichte von den Anfängen bis 1770, die Zeit vor Einführung der Briefmarken im 19. Jahrhundert und dann die Entwicklung bis 1990, schließlich die Lage anderer örtlicher Postämter. Das Buch ist als eine Anregung für Reschitzaer Philatelisten und Ortsmonographen gedacht. Im Anhang finden sich acht die Ausführungen ergänzende und erklärende Tabellen.

Stelian Mândruţ

Imre Solymár: A dél-dunántúli németek mentalitása = Die Mentalität der Deutschen in Südtransdanubien. Sajtó alá rend. Szőts Zoltán. Ford. Vágyi Vata [Hg. v. Zoltán Szőts. Übersetzung: Vata Vágyi]. Bonyhád: Bonyhád Völgységi Múzeum 2003. 336 S., Abb. ISBN 963-206-462-3.

In dem zweisprachigen (deutsch-ungarischen) Band befinden sich sechs Studien von Imre Solymár, die verschiedenen wissenschaftlichen Zeitschriften und Tagungsbänden entnommen sind. Die Aufsätze betreffen: Motive der Dorfneckwörter, -sprüche und -geschichten in der Umgebung von Bonnhard/Bonyhád; die Wertordnung und Lebensweise der Ungarndeutschen im Kreis Völgység im Komitat Tolna; das wirtschaftliche Verhalten (Fleiß und Sparsamkeit als wichtigste Momente) und die Mentalität der Deutschen in Südtransdanubien; ethnospezifische Merkmale der Entwicklung der Agrarwirtschaft nach 1945 am Beispiel des Kreises Völgység; die berufliche Stellung und ethnische Identität der deutschen Hebamme in Kokesch/Kakasd.

Edina Zvara

Johann Steiner: Handball-Geschichte(n). Siebenbürger Sachsen und Banater Schwaben ebnen Rumänien den Weg zum Gewinn von sieben Weltmeistertiteln. Bukarest: ADZ Verlag 2003. 334 S., Abb. ISBN 973-8384-12-5.

Das Buch ruft die Leistungen der Siebenbürger Sachsen und Banater Schwaben auf dem Gebiet des rumänischen Handballs in Erinnerung. Erzählt werden verschiedene „Geschichten“ um Spieler, Trainer und Schiedsrichter. Alle sind mit Fotos von Sportlern und Handballmannschaften aus Siebenbürgen und dem Banat illustriert. Der Verfasser ergänzt das Bild der Entwicklung des rumänischen Sports mit Statistiken über die Weltmeister und Olympiasieger des Landes insgesamt und der deutschen Handballer aus Rumänien im besonderen.

Stelian Mândruţ

Studia et Acta Historiae Iudaeorum Romaniae. Bd. VII. Hg. v. Silviu Sanie, Dumitru Vitcu. Bucureşti: Editura Hasefer 2002. 432 S. ISBN 973-8056-76-4.

Das Jahrbuch versammelt insbesondere Beiträge zur Kultur und Geschichte der Juden auf dem Gebiet Rumäniens. Dieser und der folgende Band enthalten mehrere Aufsätze zu der deutschen Sprache als Umgangssprache der jüdischen Bevölkerung der Bukowina zur Zeit der Habsburgermonarchie, wo das Deutsche neben dem Jiddischen als Umgangssprache unter den Juden fungierte. Weitere Beiträge beschäftigen sich unter anderem mit der Anerkennung der Juden als Nationalität zu Anfang des 20. Jahrhunderts (Verfasser ist Mihai-Ştefan Ceauşu) und dem „Paradigma Bukowina" (Andrei Corbea-Hoişie).

Ion Lihaciu

Studia et Acta Historiae Iudaeorum Romaniae. Bd. VIII. Hg. v. Silviu Sanie, Dumitru Vitcu. Bucureşti: Editura Hasefer 2003. 475 S. ISBN 973-8056-76-4.

Dieser Band des Jahrbuchs enthält unter anderem Aufsätze von Mariana Hausleitner über den Antisemitismus in Rumänien in der Zeit von 1918 bis 1944 sowie von Ion Lihaciu zu der Rolle der deutschen Sprache als lingua franca unter den Juden der Bukowina und der Zeitschrift „Die Stimme", dem deutschsprachigen Organ der jüdischen Emigranten aus der Bukowina.

Ion Lihaciu

Ildikó Szondi, Richárd Gyémánt: Az erdélyi szászok a népszámlálási adatok tükrében [Die Siebenbürger Sachsen im Spiegel der Angaben der Volkszählungen] (Acta Universitatis Szegediensis 6523; Acta juridica et politica. Tom. 63. Fasc. 19). Szeged: Szegedi Tudományegyetem Állam- és Jogtudományi Kar Tudományos Bizottság [Universität Szeged, Fakultät für Staats- und Rechtswissenschaften, Wissenschaftliche Kommission] 2003. 50 S. ISSN 0324-6523, ISSN 0563-0606.

Die Studie soll die ungarische geschichtlich-demographische Fachliteratur um die Systematisierung schon bekannter Tatsachen ergänzen. Es sei erfreulich, meinen die Autoren, daß es siebenbürgisch-sächsische Verfasser (z. B. Albert Berger, Archivar in Bistritz/Bistriţa im 19. Jahrhundert) gegeben habe, die wichtige statistisch-demographische Angaben für die Nachwelt erhalten haben. Der Band nimmt nur die privilegierten sächsischen Gebiete vor allem aufgrund der Volkszählungsdaten unter die Lupe: das Burzenland, das Nösnerland, die „Zwei Stühle" Mediasch/Mediaş und Schelk/Şeica, die „Sieben Stühle" Reps/Rupea, Schenk/Cincu, Schäßburg/Sighişoara, Mühlbach/Sebeş, Broos/Orăştie, Hermannstadt/Sibiu, Reußmarkt/Miercurea, Leschkirch/Nocrih. Lebten 1930 noch ca. 250 000 Siebenbürger Sachsen in Rumänien, so sind es heute nur mehr etwa 20 000, da die meisten während und kurz nach dem Ende der kommunistischen Diktatur nach Deutschland aussiedelten.

Edina Zvara

Erwin Josef Ţigla (Hg.): Pomul vieţii pentru eternitate. Arta turnării metalului dîn Banatul Montan = Lebensbäume der Ewigkeit. Gießereikunst aus dem Banater Bergland. Reschitza: InterGraf Verlag 2003. 59 S., Abb. ISBN 973-97258-3-57.

Das Buch ist als eine Foto- und Dokumentationssammlung gedacht. Wiedergegeben und kommentiert sind Fotografien von Friedhofskreuzen aus dem Banater Bergland. Die Bilder erzählen von Menschen aus verschiedenen Gebieten Europas, die sich in dieser Region und insbesondere in der Stadt Reschitza/Reşiţa niedergelassen haben, und geben Einblick in den Lebensstandard und das kulturelle Niveau. Die meist in Stahl gegossenen Lebensbäume gelten als Zeichen der Unsterblichkeit der Seelen.

Stelian Mândruţ

Pavel Ţugui: Bucovina. Istorie şi cultură [Die Bukowina. Geschichte und Kultur]. Bucureşti: Editura Albatros 2002. 522 S. ISBN 973-24-0966-5.

Der Autor versucht in diesem Band die soziale, politische und kulturelle Geschichte der Rumänen in der Bukowina in der Zeit ihrer Zugehörigkeit zur Habsburgermonarchie darzustellen. Das Buch ist in drei Teile gegliedert. Der erste Abschnitt behandelt die Bukowina im Laufe der Geschichte und präsentiert überwiegend historische und demographische Fakten. Im zweiten Teil beschäftigt sich der Verfasser mit den rumänischen Kulturvereinen und -gesellschaften und deren Bedeutung im kulturellen und politischen Leben der Bukowina, aber auch mit dem Einfluß dieser Gesellschaften und ihrer Eliten auf die Entwicklung der rumänischen Sprache und ihrer Bereicherung des rumänischen Kulturgutes im allgemeinen. Im dritten Teil sind jeweils eigene Kapitel rumänischen Persönlichkeiten des kulturellen Lebens der Bukowina und deren Leistungen gewidmet: z. B. dem Rumänisten I. G. Sbiera, dem Literarhistoriker Constantin Loghin, dem Historiker Teodor Bălan oder den Musikern Ciprian Porumbescu und Eusebiu Mandicevschi.

Ion Lihaciu

Cătălin Turliuc: Interwind destinies. Modern Romania and its ethnic groups. Iaşi: Editura Junimea 2003. 191 S. ISBN 973-37-0833-X.

Der auf dem Gebiet der Minderheitenfragen ausgewiesene und international angesehene rumänische Historiker Cătălin Turliuc gibt in diesem Buch einen guten Überblick über die genannte Problematik. Ausgehend von theoretischen Ansätzen zu Themen wie Sprache und ethnische Identität in Ostmitteleuropa oder Nationalideologie im modernen Staat, geht der Verfasser zu einzelnen Analysen der Minoritäten in Rumänien über. Kapitel, die sich speziell mit der deutschen Minderheit beschäftigen, sind diejenigen über die Problematik der sozialen Repräsentation der Deutschen und über die Umsiedlung der Deutschen aus der Bukowina, aus Bessarabien und der Dobrudscha. Der Anhang bietet Daten der wichtigsten Volkszählungen bis in die neunziger Jahre des 20. Jahrhunderts. Den Tabellen kann man Angaben über die Anzahl der Minderheiten in Rumänien und über die Zu- und Abnahme der Zahl der Deutschen in Rumänien entnehmen.

Ion Lihaciu

Doina Udrescu: Arta germană din Transilvania în colecţiile Muzeului Brukenthal din Sibiu (1800–1950). Sibiu: Forumul Democrat al Germanilor din România 2003. 262 S., Abb. ISBN 973-651-072-7.

Doina Udrescu: Deutsche Kunst aus Siebenbürgen in den Sammlungen des Brukenthalmuseums Hermannstadt (1800–1950). Hermannstadt: Selbstverlag des Demokratischen Forums der Deutschen in Rumänien 2003. 240 S., Abb. ISBN 973-651-072-7.

Die Autorin ist Leiterin der Gemäldegalerie des Brukenthalmuseums in Hermannstadt/Sibiu. Die beiden Fassungen ihres Buches enthalten in vier Kapiteln die wissenschaftliche Beschreibung der 358 Gemälde und Bildhauerwerke von siebenbürgisch-deutschen Künstlern, die in den Jahren 1800–1950 geschaffen worden sind und sich im Brukenthalmuseum befinden. Die Übersetzung ins Deutsche hat Rohtraut Wittstock besorgt; auf die Bedeutung des Museums und seiner Sammlungen weist Univ.-Prof. Paul Philippi, Ehrenvorsitzender des Demokratischen Forums der Deutschen in Rumänien, hin. Zahlreiche Illustrationen ergänzen das Buch, das die rumänische Öffentlichkeit auf die Bedeutung dieser Sammlung aufmerksam machen und der deutschen Bevölkerung des Landes ein gewisses Selbstbewußtsein vermitteln möchte.

Stelian Mândruţ

Constantin Ungureanu: Bucovina în perioada stăpânirii austriece (1774–1918). Aspecte etnodemografice şi confesionale [Die Bukowina in der Zeit der österreichischen Herrschaft (1774–1918). Ethno-demographische und konfessionelle Aspekte]. Chişinău: Editura Civitas 2003. 304 S., dt. u. engl. Zusammenfassungen. ISBN 9975-912-14-1.

Das Buch ist, den geschichtlichen Ereignissen entsprechend, in drei Kapitel eingeteilt. Diese behandeln die Zeit der militärischen Verwaltung (1774–1786), die Zeit, als die Bukowina eine Verwaltungseinheit Galiziens war (1786–1849), und jene der eigenständigen Provinz (1849–1918). Ungureanu analysiert verschiedene Entwicklungsprozesse der Bevölkerung in der Bukowina. Alle wichtigen Zeitabschnitte im Verlauf der Geschichte werden anhand von Volkszählungen sowie auf der Basis der vorhandenen Fachliteratur und von Dokumenten aus Archiven und Bibliotheken unter historischen und sozial-politischen Gesichtspunkten beleuchtet. Besondere Aufmerksamkeit schenkt der Verfasser den Einwanderungsprozessen im Zuge der Besiedlung der Region und deren Folgen für die demographische Entwicklung der Bevölkerung der Bukowina sowie dem wichtigen Faktor der Konfession. Vervollständigt wird der Band durch einen Anhang mit Tabellen und Graphiken, die die multiethnische Zusammensetzung der Bevölkerung zu verschiedenen Zeitpunkten veranschaulicht. Eine Auswahlbibliographie deutscher, rumänischer und ukrainischer Titel schließt den Band ab.

Ion Lihaciu

Eine Unterredung gegen die Türken. Zweisprachige, kommentierte Edition der deutschen Flugschrift VD 16: T 2239. Hg., ediert und mit einer einführenden Studie versehen v. András F. Balogh = Traktátus Mohácsról. Egy remete, egy magyar, egy török és egy cigány ember beszélgetése a mi súlyos korunkról. 1527. A VD 16: T 2239 röpirat szövegét Sára Balázs fordításában [ungarische Übersetzung: Balázs Sára], Radek Tünde jegyzeteivel és utószavával [Anmerkungen und Nachwort: Tünde Radek] közreadja Balogh F. András. (Kronosz könyvek = Reihe Kronos 9). Budapest: Littera Nova 2003. 180 S. ISBN 963-9212-76-8.

Fragen interkultureller Beziehungen werden in unserer Zeit immer öfter thematisiert. Dieses von András F. Balogh herausgegebene Buch ist ebenfalls ein Beitrag zu diesem Thema. Durch die Veröffentlichung der im Titel genannten in frühneuhochdeutscher Sprache verfaßten Flugschrift wird ein Beispiel deutsch-ungarischer interkultureller Kommunikation aus dem 16. Jahrhundert zugänglich gemacht und damit eine Forschungsarbeit auf dem bisher vernachlässigten Gebiet der deutsch-ungarischen Kontakte in der Frühen Neuzeit vorgelegt. Die umfangreiche einführende Studie des Herausgebers schildert sowohl die Bedeutung des publizierten Textes als auch dessen geschichtlichen Hintergrund. Die Analyse der Flugschrift hebt deren Komplexität hervor: Auf Grund von handfesten Informationen über historische Ereignisse ist in diesem wichtigen Schriftstück eine literarisierte Situation geschaffen; es handelt sich um einen Dialog von vier Personen (Eremit, Ungar, Türke, Zigeuner), die die Welt mit Hilfe von Stereotypen deuten. Die Unterredung der vier Protagonisten beinhaltet das Bild der ungarischen und der deutschen Gesellschaft der damaligen Zeit im Rahmen eines europäischen Beziehungssystems. Die ungarische Übersetzung ermöglicht einem breiteren Publikum einen leichteren Zugang zum Text.

Enikő Dácz

Noémi Viskolcz: Johann Heinrich Bisterfeld (1605–1655) bibliográfia = Johann Heinrich Bisterfeld – eine Bibliographie. A Bisterfeld-könyvtár [Die Bisterfeld-Bibliothek]. Szerk. Monok István [Hg. v. István Monok]. (A Kárpát-medence kora újkori könyvtárai [Bibliotheken im Karpatenbecken in der Frühen Neuzeit] 6). Budapest: Országos Széchényi Könyvtár; Szeged: Scriptum Rt. 2003. 234 S., Abb. ISBN 963-200-460-4.

Johann Heinrich Bisterfelds Bedeutung im Geistesleben Europas im 17. Jahrhundert und besonders für das siebenbürgische Schulwesen ist erst in den letzten Jahren erkannt worden. Noémi Viskolcz ist bestrebt, in dieser Bibliographie einen möglichst umfassenden Überblick über die Tätigkeit von Bisterfeld zu geben. Nach einer Einführung veröffentlicht sie eine Liste seiner Briefe, das Verzeichnis seiner bekannten Disputationen und Werke, eine Übersicht über die erhaltenen Abschriften seiner Vorträge und den unlängst gefundenen fragmentarischen Bibliothekskatalog, den Bisterfeld und seine Nachkommen angelegt haben. Besonders von der Auswertung bislang unveröffentlichter Briefe und Albumeintragungen sind noch neue wissenschaftliche Ergebnisse zu erwarten. Zur Erforschung der Bibliothek von Bisterfeld stehen mehrere Quellen zur Verfügung: einerseits ein Buchkatalog von 247+18 Titeln, der im Nachlaß des Gelehrten in Hermannstadt/Sibiu zu finden ist, andererseits die Briefe und Aufzeichnungen Bisterfelds, in denen er über seine Erwerbungen Rechenschaft gibt. Aufgrund letzterer läßt sich ein anderer Bibliotheksteil rekonstruieren, der den erwähnten Katalog entweder ergänzt oder bestätigt. Der Band enthält ein Orts- und ein Namenregister.

Edina Zvara

Monica Vlaicu (Hg.): Comerţ şi meşteşuguri în Sibiu şi în cele Şapte Scaune = Handel und Gewerbe in Hermannstadt und den Sieben Stühlen. 1224–1579. Sibiu/Hermannstadt: hora Verlag; Heidelberg: Arbeitskreis für Siebenbürgische Landeskunde 2003. 580 S. ISBN 973-8226-17-1; ISBN 3-929848-25-2.

Der zweisprachige Band enthält nach einer Einleitung die Regesten von insgesamt 162 (davon 89 erstmals veröffentlichten) Urkunden zur Geschichte von 27 Zünften mit 35 Gewerben in Hermannstadt/Sibiu und den von dieser Stadt gelenkten sog. Sieben Stühlen, einer Verwaltungsgemeinschaft der Sachsen aus Südsiebenbürgen. Im Hauptteil werden 73 lateinische und 89 deutschsprachige Urkunden ediert sowie ins Rumänische übersetzt. Literaturhinweise, Sach-, Personen- und Ortsregister sowie ein umfangreiches Glossarium ergänzen das gewichtige Grundlagenwerk, das nicht nur einen wertvollen Quellenbestand zur Sozial-, Wirtschafts-, Stadt- und Kulturgeschichte für die Forschung erschließt, sondern diesen durch die Übersetzung in die Landessprache auch einem breiten Publikum zugänglich macht.

Stelian Mândruţ

Zeitschrift der Germanisten Rumäniens (ZGR). Hg. v. der Gesellschaft der Germanisten Rumäniens (GGR). Jg. 11/12 (2002/2003). Bucureşti: Editura Paideia 2003. 746 S. ISSN 1454-4008.

Der von der Gesellschaft der Germanisten Rumäniens herausgegebene Doppelband ist dem 200. Geburtstag von Nikolaus Lenau gewidmet. Er enthält rund 70 Referate von rumänischen und ausländischen Germanisten, Vertretern von 26 Ländern, die auf dem VI. Kongreß der Germanisten Rumäniens in Hermannstadt/Sibiu im Mai 2003 in den Sektionen für Literaturwissenschaft, Linguistik, Übersetzungstheorie und Dokumentation oder in dem Forum für Didaktik des Deutschunterrichts vorgetragen wurden. Die Literaturwissenschaft ist durch Beiträge zur deutschsprachigen Literatur in Mittel-, Ost- und Südosteuropa vertreten. Hier seien stellvertretend erwähnt: George Guţu (Bucureşti): „Alfred Margul-Sperber und seine Mentorenrolle für Rose Ausländer und Paul Celan“; Hans Bergel (München): „Begegnungen eines Siebenbürgers mit einem Buchenländer. Private Mitteilungen über Zusammenkünfte mit Alfred Margul-Sperber“; Grigore Marcu (Iaşi): „Immanuel Weissglas’ Gedicht Mondfrühling. Versuch einer Interpretation“; Markus Winkler (Belfast/Berlin): „Digitalisierung, Indexierung und Analyse Czernowitzer Pressebestände der Zwischenkriegszeit (1918–1940). Ein multinationales Projekt“; Krzysztof Lipiński (Kraków): „Grenzen und Herausforderungen der Multikulturalität am Beispiel der beiden altösterreichischen Kronländer Galizien und Bukowina“; Anita Zumpe (Paris): „Erinnerungsarbeit als Vergleichskriterium deutschsprachiger Literaturen aus Rumänien, Ungarn und der ehemaligen UdSSR“. Der Doppelband enthält auch Beiträge zu der internationalen Debatte über das Verhältnis zwischen Inlands- und Auslandsgermanistik von Dietmar Goltschnigg und Christian Neuhuber (Graz), Otto Kronsteiner (Salzburg) und Zoltán Szendi (Pécs). Forschungsergebnisse junger rumänischer Germanisten und Germanistinnen zur deutschen Literatur und Sprache bezeugen den Elan und das Potential der germanistischen Forschung in Rumänien, so z. B. die Aufsätze von Mihai Stroe, Hans Neumann, Mihai Draganovici, Roxana Ghiţă, Mihaela Zaharia, Doris Sava, Sanda Mistrianu oder Casia Zaharia. Weitere Rubriken wie „Standpunkte“, „Interview“, „Bücher“ und „Zeitschriftenschau“ vervollständigen den Doppelband.

Ion Lihaciu

9. Rußland und andere GUS-Staaten

[Arif A. Abbasov u.a. (Hg.):] Materialy pervoj meždunarodnoj naučnoj konferencii „Kavkazskie nemcy – nemcy na Kavkaze do pervoj mirovoj vojny" [Materialien der ersten internationalen Konferenz „Kaukasusdeutsche – die Deutschen im Kaukasus vor dem Ersten Weltkrieg"]. Red. A. A. Abbasov, P. A. Achanči, E.-M. Auch, Ė. A. Kerimov. Baku: Ėlm 2001. 368 S. ISBN 5-8066-1365-8.

Der Sammelband entstand als Ergebnis der ersten internationalen wissenschaftlichen Konferenz zu den Kaukasusdeutschen in Baku im Jahre 1997 und ist der Geschichte der Deutschen im Kaukasus vor dem Ersten Weltkrieg gewidmet. Die einzelnen Beiträge behandeln verschiedene Aspekte des Lebens der ethnischen Deutschen in Aserbaidschan. Die Autoren untersuchen die Entstehung der deutschen Kolonien in dieser Republik und im nördlichen Kaukasus sowie den Beitrag der Deutschen zur wirtschaftlichen Entwicklung der Region (Metallindustrie, Bergwerke und Ölindustrie). Zwei Aufsätze befassen sich mit den deutschen Architekten und ihren Werken in Baku, zwei weitere setzen sich mit der Rolle deutscher Wissenschaftler in der Erforschung der Geologie Aserbaidschans bzw. in der Entwicklung der Archäologie in dieser kaukasischen Republik auseinander. Mehrere Beiträge beziehen sich auf einzelne Personen deutscher Herkunft, die eine besondere Rolle in der Geschichte des Landes spielten.

Nadja Wulff

[Venalij V. Amelin (Hg.):] Nemcy Orenburž'ja: prošloe, nastojaščee, buduščee. Sbornik statej [Die Deutschen im Orenburger Gebiet: Vergangenheit, Gegenwart, Zukunft. Ein Sammelband]. Sostavitel' sbornika: [Zusammengestellt v.] V. V. Amelin. (Rossijskie nemcy: istoričeskie materialy i issledovanija [Rußlanddeutsche: historische Materialien und Forschungen] 2). Moskva 1998. 166 S. ISBN 5-93227-001-2.

Unter dem Titel dieses Bandes fand am 29. November 1997 in Orenburg eine Konferenz statt, an der Historiker, Politologen und Linguisten teilnahmen. Als Ergebnis entstand dieser Sammelband, dessen Beiträge der Geschichte, der Sprache und dem Leben der deutschen Bevölkerung in Orenburg vom 18. bis zum 20. Jahrhundert gewidmet sind. Für die einzelnen Aufsätze wurden die Materialien des Staatsarchivs des Orenburger Gebietes und des Dokumentationszentrums der modernen Geschichte des Orenburger Gebietes herangezogen. Die Autoren setzen sich mit der Religion der Deutschen (religiösen Traditionen der deutschen Siedlungen im Orenburger Gebiet, der lutherischen Kirche in Orenburg), mit den Bräuchen (Feiern des Frühlingsanfangs), mit der Sprache (Fremdwörtern zur Zeit Peters des Großen, Sprichwörtern), mit einzelnen Persönlichkeiten (dem Gouverneur von Orenburg I. Reinsdorp und dem Gelehrten J. Jaehrig) sowie mit den Repressionen gegen die ethnischen Deutschen auseinander.

Nadja Wulff

[Vladimir A. Auman (Hg.):] Nemeckie predprinimateli v Moskve. Sbornik statej [Deutsche Unternehmer in Moskau. Ein Sammelband]. Sost. sbornika: [Zusammengestellt v.] V. A. Auman. Moskva: Obščestvennaja akademija nauk rossijskich nemcev 1999. 288 S. ISBN 5-93227-001-2.

Dies ist der vierte Sammelband in der Serie „Rußlanddeutsche: historische Unterlagen und Forschungen". Er enthält die Ergebnisse der internationalen wissenschaftlichen Konferenz „Deutsche Unternehmer in Moskau vor 1917", die am 22. Mai 1998 stattfand. Die Beiträge der Historiker aus Rußland und Deutschland beleuchten verschiedene Fragen und Aspekte der Geschichte deutscher Unternehmen in Moskau vom 15. bis zum Anfang des 20. Jahrhunderts. Den Band eröffnen Aufsätze von K. Heller zu den rechtlichen Rahmen von Unternehmensgründungen in Rußland vor 1914 und von N. Angermann über die deutschen Unternehmer in Moskau im 17. Jahrhundert. Mehrere Beiträge russischer Autoren untersuchen einzelne deutsche Unternehmen in Moskau. Es handelt sich dabei um die Deutsche Bank, die Moskauer Chemiefabrik „Friedrich Bayer", die Firma „A. K. Danhauer und W. W. Kaiser" in Lefortovo und um deutsche Bronzegußfabriken im 19. Jahrhundert. Der Beitrag von A. Martens untersucht die Tätigkeit von Hamburger Kaufleuten in Moskau. Viele Informationen zur Geschichte der deutschen Unternehmer in Moskau sind in dem Band zum ersten Mal veröffentlicht.

Nadja Wulff

Vladimir A. Bauer: Rossijskie nemcy – 60 let posle deportacii. God 2001-j [Rußlanddeutsche – 60 Jahre nach der Deportation. Das Jahr 2001]. Moskva 2003. 468 S., Abb. Keine ISBN.

Das Jahr 2001 war ein Gedenkjahr für die Rußlanddeutschen, denn vor sechzig Jahren, am 28. August 1941, traf sie der berüchtigte Erlaß der Stalin-Regierung. In diesem Erlaß wird der deutschen Bevölkerung unterstellt, den Sowjetbehörden die Existenz einer großen Anzahl von Diversanten und Spionen zu verheimlichen, die auf ein Zeichen aus Deutschland warten, um Sabotageakte zu begehen. Die Folge war, daß Hunderttausende Rußlanddeutsche zwangsumgesiedelt wurden; mehrere Tausend kostete die Deportation das Leben. Der vom Präsidenten der Föderativen nationalen und kulturellen Autonomie der Rußlanddeutschen erarbeitete Band behandelt die Situation der ethnischen Deutschen in der Russischen Föderation und in den ehemaligen Sowjetrepubliken im Jahre 2001. Im ersten Teil beschäftigt sich der Autor mit der Vorbereitung und Durchführung des Kongresses „Die Geschichte und die Perspektiven des Volkes in Rußland" im August 2001. Es werden zahlreiche wichtige Dokumente herangezogen, die dem Kongreß vorausgingen (z. B. der offene Brief an Johann Welt, der Brief an den Präsidenten der Russischen Föderation Vladimir Putin, der Erlaß des Präsidenten der Russischen Föderation „Über die Maßnahmen zur Rehabilitation der Rußlanddeutschen" und viele andere Erlasse, Briefe, Protokolle und Entscheidungen der russischen Staatsduma zu den Rußlanddeutschen aus dem Jahr 2001). Des weiteren werden das Programm und die Ergebnisse des Kongresses dargestellt. Auch sind einige Vorträge abgedruckt, die auf den Sitzungen des Kongresses gehalten wurden. Im zweiten Teil berichtet Bauer über die Arbeit des Kongresses der Föderativen nationalen und kulturellen Autonomie der Rußlanddeutschen am 29. August 2001. Gegenstand des dritten Teils des Sammelbandes ist der Kampf um die Anerkennung der nationalen und kulturellen Autonomie innerhalb der Russischen Föderation durch die Regierung. Alle drei Teile sind mit zahlreichen Fotografien ausgestattet. In einem Schlußteil skizziert der Autor die Geschichte der Rußlanddeutschen. Im Anhang abgedruckt sind Stenogramme von Sitzungen der russischen Staatsduma, die den Problemen der Rußlanddeutschen gewidmet waren.

Nadja Wulff

A[lla] N. Česnokova: Inostrancy i ich potomki v Peterburge: Nemcy, Francuzy, Britancy. 1703–1917 [Ausländer und ihre Nachkommen in Petersburg: Deutsche, Franzosen, Briten. 1703–1917]. Sankt-Peterburg: Satis 2003. 336 S., Abb. ISBN 5-94383-005-7.

Dieses Buch ist den Ausländern – Deutschen, Franzosen, Briten – in Sankt Petersburg gewidmet, die in der Zeit von seiner Gründung bis zum Ersten Weltkrieg einen großen Beitrag zur Entwicklung der nordischen Hauptstadt Rußlands leisteten. Dabei geht es auch um die Gäste der russischen Stadt – Wissenschaftler, Schriftsteller und Musiker –, die in ihrer Geschichte und Kultur ein beachtliches Erbe hinterließen. In der Geschichte Petersburgs nehmen Deutsche einen besonderen Platz ein. Sie machten den größten Ausländeranteil aus und waren in allen Gesellschaftsschichten vertreten – von Mitgliedern der Zarenfamilie bis zu Bäckern und Apothekern. Die ersten Deutschen kamen an die Ufer der Newa auf Einladung Peters des Großen. Unter den frühen Architekten Petersburgs waren viele Deutsche: der Erbauer des Sommerpalastes Andreas Schlüter, der Erbauer des Men'šikovpalastes J. Schedel und viele andere. Die ersten Beschreibungen von Petersburg aus der petrinischen Zeit verfaßten Deutsche. Unter anderem ging es in diesen Beschreibungen um die sogenannte „Nemeckaja sloboda" (deutsche Siedlung). Zu Beginn des Ersten Weltkriegs gab es in der Umgebung Petersburgs mehr als zwanzig deutsche Kolonien, z. B. in Strel'na, Peterhof/Petergof, Kolpino und Šuvalovo. Nicht ohne Bemühungen der Deutschen ist die Russische Akademie der Wissenschaften entstanden (L. Blümentrost, J. D. Schuhmacher). Die russische Zarenfamilie war aufs engste mit Deutschland verwandt. Schon Peter der Große verheiratete seinen Sohn mit der Prinzessin von Braunschweig, seine Tochter mit dem Herzog von Holstein und seine Nichten mit den Herzögen von Kurland und von Mecklenburg. In Petersburg lebten Prinzen von Württemberg und von Oldenburg, Herzöge von Mecklenburg und von Sachsen-Koburg und andere. Deutsche beeinflußten auch die russische Politik – hier ist z. B. Otto von Bismarck zu erwähnen, der drei Jahre in Petersburg als preußischer Gesandter verbrachte. Das Buch bietet neben den historischen Ausführungen eine Fülle von Abbildungen.

Nadja Wulff

[Ljudmila Dement'eva (Hg.):] Moskovskie nemcy: četyre veka s Rossiej [Moskauer Deutsche: vier Jahrhunderte mit Rußland]. Sostavitel': [Zusammengestellt v.] Ljudmila Dement'eva. Moskva 1999. 71 S., Abb. Keine ISBN.

Vom 15. Januar bis zum 15. März 1999 fand im Staatlichen Historischen Museum in Moskau/Moskva die Ausstellung „Moskauer Deutsche: vier Jahrhunderte mit Rußland" statt. Die dazu erschienene Publikation soll den Gedanken zum Ausdruck bringen, daß die Zukunft der Deutschen und Russen eine gemeinsame ist. Die erste ausländische Siedlung in Moskau entstand schon im 16. Jahrhundert in der Regierungszeit von Iwan dem Schrecklichen und bekam den Namen „Inozemnaja" oder „Nemeckaja sloboda" (Ausländische oder Deutsche Siedlung). Dort lebten deutsche Handwerksmeister, Mediziner, Offiziere und Handelsleute. Später siedelten sich die deutschen Auswanderer in anderen Bezirken Moskaus an. Sie hatten ihre religiöse Freiheit und viele Handelsprivilegien. Der Sammelband begleitet die Ausstellung, erklärt die Herkunft der Exponate und berichtet über die Hintergründe des Lebens der Deutschen in Moskau. Die einzelnen Beiträge behandeln die Schicksale der deutschen Militärs und Politiker im Zarendienst und der deutschen Professoren an der Moskauer Universität (in den ersten hundert Jahren ihres Bestehens war ein Viertel der Professoren deutscher Herkunft). Mehrere Beiträge sind den Deutschen im gesellschaftlichen Leben Moskaus gewidmet: dem Moskauer Deutschen Club, deutschen Künstlern in Moskau – Malern und Photographen –, den evangelischen Kirchen in Moskau, die eine große Aufklärungs- und Wohltätigkeitsarbeit leisteten. Eine bedeutende Rolle im Handelsleben Moskaus spielten deutsche Unternehmer, Handwerker (Schuhmacher, Schneider und Goldschmiede) und Apotheker, die den Zarenhof mit ihren Medikamenten belieferten – im Sammelband findet man ausführliche Beiträge zu diesen Themen. Reich bebildert, bietet dieser Sammelband einen guten Einblick in das Leben der Deutschen in der heutigen russischen Hauptstadt vom 16. bis zum 20. Jahrhundert.

Nadja Wulff

[M. A. Efimova (Hg.):] Nemcy i Russkij Sever. Sbornik statej [Die Deutschen und der russische Norden. Ein Sammelband] (Rossijskie nemcy: istoričeskie materialy i issledovanija [Rußlanddeutsche: historische Materialien und Forschungen] 5). Sostavitel': [Zusammengestellt v.] M. A. Efimova. Moskva: Obščestvennaja akademija nauk rossijskich nemcev 2000. 230 S. ISBN 5-93227-001-2.

Im Oktober 1998 fand in Archangelsk die regionale wissenschaftliche Konferenz „Die Deutschen und der russische Norden" statt. Sie wurde von der staatlichen Lomonosov-Universität Pomor'e, dem Deutschen Kulturzentrum an dieser Universität sowie dem Wissenschaftsfonds Pomor'e organisiert und mit Unterstützung des Ministeriums für die Regional- und Nationalpolitik der Russischen Föderation und der Regierung des Archangelsker Gebietes durchgeführt. Dieser Sammelband faßt die Ergebnisse der Konferenz zusammen, an der Historiker, Archivmitarbeiter und Museumsmitarbeiter teilnahmen. Es ergibt sich ein vielfältiges Bild der Geschichte der Deutschen im Norden Rußlands. Beleuchtet werden folgende Aspekte: 1. Historische Quellen zu den Deutschen im russischen Norden (in Archangelsk, seiner Umgebung und im Norden der Komirepublik; die Quellen stammen unter anderem aus dem Staatsarchiv des Archangelsker Gebietes, es handelt sich um die Zeit von Peter dem Großen bis heute); 2. die Kultur des russischen Nordens und die Deutschen (der Begriff Kultur wird hier sehr weit verstanden; es geht z. B. nicht nur um den deutschen Beitrag zur Entwicklung der Bildung in Archangelsk im 18. und 19. Jahrhundert, sondern auch um die russisch-deutschen Handelsbeziehungen auf dem Weißen Meer, um die deutsche Architektur, um Nachkommen Goethes im russischen Norden und um den deutschen Lutherischen Friedhof in Archangelsk); 3. die deutschen Siedlungen (Sloboda) und ihre Entwicklung; 4. die Repressalien gegen die Rußlanddeutschen während des Zweiten Weltkriegs und in den Jahren danach (mit einbezogen werden unter anderem die Archive der Verwaltung für innere Angelegenheiten des Archangelsker Gebietes).

Nadja Wulff

Nemcy Rossii v kontekste otečestvennoj istorii: obščie problemy i regional'nye osobennosti. Materialy meždunarodnoj naučnoj konferencii, Moskva, 17–20 sentjabrja 1998 g. [Die Deutschen Rußlands im Kontext der Heimatgeschichte: allgemeine Probleme und regionale Besonderheiten. Materialien der internationalen wissenschaftlichen Tagung, Moskau, 17.–20. September 1998]. Moskva: Gotika 1999. 488 S., russ. u. dt. Vorwort. ISBN 5-7834-0037-8.

Die Beiträge dieses Sammelbandes entstanden als Ergebnis der 5. Internationalen wissenschaftlichen Konferenz, welche von der Internationalen Assoziation zur Erforschung der Geschichte und Kultur der Rußlanddeutschen im September 1998 in Moskau durchgeführt wurde. Der Band enthält Aufsätze von Wissenschaftlern aus Rußland, Deutschland, der Ukraine, Kasachstan und Kirgisistan. Er besteht aus drei Teilen. Im ersten Teil („Die Deutschen in der sozialen und wirtschaftlichen Geschichte Rußlands und der UdSSR") wird die Rolle der Deutschen in der gesellschaftlichen und ökonomischen Entwicklung Rußlands, speziell ihr Beitrag zur Entwicklung der Landwirtschaft und der Industrie und zur Lösung einer Reihe von sozialen Problemen, untersucht. Der zweite Teil („Das politische Leben in Rußland und in der UdSSR und die deutsche Bevölkerung") liefert Informationen zu verschiedenen Aspekten der politischen und rechtlichen Entwicklung der deutschen Kolonisten und betrachtet die Politik des Staates in bezug auf die deutsche Bevölkerung in verschiedenen Phasen der historischen Entwicklung. Der dritte Teil („Probleme des geistigen Lebens der Deutschen Rußlands und der UdSSR im Kontext der historischen Entwicklung des Staates. Quellenkunde") ist den Fragen des geistigen Lebens – Religion, Bildung, Literatur und Kunst – der ethnischen Deutschen gewidmet.

Nadja Wulff

Nemcy Rossii: Social'no-ėkonomičeskoe i duchovnoe razvitie 1871–1941 gg. Materialy 8-j meždunarodnoj naučnoj konferencii Moskva, 13–16 oktjabrja 2001 g. [Die Deutschen Rußlands: sozialökonomische und geistige Entwicklung, 1871–1941. Materialien der 8. Internationalen wissenschaftlichen Konferenz, Moskau, 13.–16. Oktober 2001]. Moskva: ZAO „MDC Cholding" 2002. 552 S. ISBN 5-94586-010-7.

Dieser Sammelband enthält die Beiträge zu einer Tagung, die 2001 von der Internationalen Assoziation der Forscher für Geschichte und Kultur der Rußlanddeutschen, vom Göttinger Arbeitskreis und von der Assoziation der Öffentlichen Vereinigungen „Internationaler Verband der deutschen Kultur" in der Siedlung Mamontowka bei Moskau durchgeführt wurde. Der erste von insgesamt sechs Abschnitten („Rechtliche und staatspolitische Aspekte der Lebenstätigkeit der deutschen Diaspora in Rußland") enthält Beiträge, die unter anderem die Frage des rechtlichen Status der deutschen Kolonisten im Rußland des 18. und 19. Jahrhunderts, das Problem der Selbstverwaltung in den deutschen Kolonien, die Entwicklung der antideutschen Kampagne in Sibirien Anfang des 20. Jahrhunderts und die Beziehungen zwischen den deutschen und österreichisch-ungarischen Besatzungsbehörden zu den Deutschen in Polen behandeln. Der zweite Abschnitt („Das wirtschaftliche Leben") umfaßt Aufsätze, in denen verschiedene Aspekte des wirtschaftlichen Lebens der Deutschen Ende des 19. und Anfang des 20. Jahrhunderts, der Einfluß der Reformen von Stolypin und der Prozeß der Herausbildung der deutschen Industrieelite untersucht werden. Der dritte Teil („Fragen der Kultur und des geistigen Lebens") enthält Arbeiten, die dem Kulturleben der Deutschen in einzelnen Städten (Archangel'sk, Odessa, Baku) gewidmet sind. Zu diesem Abschnitt gehören auch die Beiträge, die sich mit der Rolle der Deutschen im Verlagswesen, den Problemen des Gebrauchs der Muttersprache und dem religiösen Leben der Rußlanddeutschen auseinandersetzen. Der vierte Abschnitt widmet sich Problemen des ethnischen Selbstbewußtseins der Rußlanddeutschen. Im fünften Teil („Statistiken, Demographie, Migration") wird Fragen der Migration der Wolgadeutschen, der Mennoniten in der Ukraine und der sozial-demographischen Situation der Deutschen in den Jahren der Sowjetmacht nachgegangen. Im sechsten, die Quellenkunde betreffenden, Abschnitt werden einige Archivfonds analysiert, in denen Materialien zu verschiedenen Perioden und Aspekten der Geschichte der Rußlanddeutschen enthalten sind. Der Sammelband präsentiert also eine ganze Reihe verschiedener historischer Untersuchungen, die sämtliche Bereiche des gesellschaftlichen Lebens der ethnischen Deutschen in Rußland und in der Sowjetunion von 1871 bis 1941 betreffen.

Nadja Wulff

[Jurij A. Petrov (Hg.):] Nemcy v obščestvennoj i kul'turnoj žizni Moskvy, XVI – načalo XX veka. Materialy Meždunarodnoj naučnoj konferencii (15–16 fevralja 1999 g.) [Deutsche im gesellschaftlichen und kulturellen Leben Moskaus vom 16. bis zum Anfang des 20. Jahrhunderts. Beiträge der Internationalen wissenschaftlichen Konferenz 15./16. Februar 1999]. Otv. redaktor Ju. A. Petrov. Moskva: „Ėpifanija" 1999. 160 S., Abb. ISBN 5-89076-047-5.

Im Rahmen der Ausstellung „Moskauer Deutsche: vier Jahrhunderte mit Rußland" (s. dazu den von L. Dement'eva herausgegebenen Katalog) wurde ein internationales Symposium „Deutsche im gesellschaftlichen und kulturellen Leben Moskaus vom 16. bis zum Anfang des 20. Jahrhunderts" veranstaltet. Die in den vorliegenden Sammelband eingegangenen Beiträge russischer und deutscher Autoren sind in vier thematische Gruppen eingeteilt. Der erste Teil „An den Quellen des kulturellen Zusammenwirkens" enthält Beiträge zur vorpetrinischen Periode in der Geschichte der deutschen Kolonie in Moskau. Einen besonderen Platz nimmt der zweite Teil „Zu Gunsten der Aufklärung" ein; er umfaßt Beiträge zu den Leistungen deutscher Wissenschaftler und Lehrer in Moskau zwischen dem 17. und dem 20. Jahrhundert. Es geht hier unter anderem um das erste Gymnasium in Moskau, das von dem Pastor Johann Ernst Glück 1704 eröffnet wurde, um den Rektor der Moskauer Universität J. A. Heim und um die Analyse des Briefwechsels zweier deutscher Gelehrter in Moskau im 18. Jahrhundert. Eine besondere Rolle als Vermittler technischer Innovationen und der westeuropäischen Geschäftskultur spielten deutsche Unternehmer und Handwerker, deren Aktivitäten im dritten Teil des Bandes dargestellt sind. Einzelnen Familien und Personen ist der vierte Teil („Menschen und Schicksale") gewidmet, so z. B. der deutschen Medizinerfamilie des 19. Jahrhunderts Spiro-Einbrodt, dem Porträtmaler E. Plüschar, dem Feldherrn M. B. Barclay de Tolly und anderen. Der Sammelband ist einer der ersten historiographischen Versuche, die Geschichte der Moskauer Deutschen im Kontext des Zusammenwirkens der russischen und der deutschen Kultur darzustellen.

Nadja Wulff

Ė[l'vira] G. Plesskaja-Zebol'd: Odesskie nemcy. 1803–1920 [Odessaer Deutsche. 1803–1920] (Publikacija Gjottingenskogo issledovatel'skogo centra = Der Göttinger Arbeitskreis, Veröffentlichung 471). Odessa: „TĖS" 1999. 520 S., Abb. ISBN 966-95556-6-3.

In diesem Buch wird der Beitrag der deutschen Bevölkerung zur Entwicklung Odessas untersucht. Mit Hilfe von Archivdokumenten, von denen die meisten hier zum ersten Mal veröffentlicht wurden, und anderen Quellen versucht die Verfasserin fast alle Aspekte des Lebens der Deutschen in der Stadt am Schwarzen Meer zu beschreiben – ihre Traditionen und ihre Teilnahme an der Politik, am wirtschaftlichen, gesellschaftlichen und kulturellen Leben im Laufe des 19. Jahrhunderts bis zum Anfang der Sowjetmacht im Jahre 1920. 1794 gegründet, entwickelte sich Odessa sehr rasch. Eine der Ursachen war die ethnisch gemischte Bevölkerung, von der die Deutschen einen großen Teil einnahmen. Es waren deutsche Militärs, Angestellte, Kaufleute, Handwerker, die seit der Gründung der Stadt dort siedelten; später kamen Wissenschaftler und Künstler hinzu. Die deutsche Anwesenheit in Odessa spiegelt sich in topographischen Bezeichnungen wider: Deutscher und Evangelischer Platz, Kolonisten- und Stiglitzstraße, Lutheranische, Evangelische und Sanzenbacher Gasse und andere. Für ihre Arbeit zog die Autorin die deutschen Zeitungen jener Zeit heran („Odessaer Zeitung“, „Deutsche Rundschau“), die für die Bewertung einiger Ereignisse und Persönlichkeiten besonders wichtig sind. Im Anhang befinden sich eine tabellarische Übersicht über die Geschichte der Deutschen in Odessa, Angaben zu den deutschen Unternehmen in der Stadt, Namenregister und Bibliographie.

Nadja Wulff

[Vera V. Samodurova (Hg.):] Pričernomorskie nemcy. Ich vklad v razvitie goroda Odessy i regiona 1803–1917. Bibliografičeskij ukazatel = Die Schwarzmeerdeutschen. Ihr Beitrag zur Entwicklung der Stadt und Region Odessa 1803–1917. Eine Bibliographie. Sostavitel’: [Zusammengestellt v.] V. V. Samodurova. (Der Göttinger Arbeitskreis, Veröffentlichung 496). Odessa: AstroPrint 1999. 191 S., Abb. ISBN 966-549-247-0.

Die deutsche Kolonisation im Süden der Ukraine begann im 18. und endete im 19. Jahrhundert. Sie hatte einen landwirtschaftlichen Charakter und trug dazu bei, daß die Schwarzmeersteppen erschlossen wurden. Auch hatten die ethnischen Deutschen einen beachtlichen Einfluß auf die Entwicklung der Stadt Odessa. In den letzten Jahren wuchs das Interesse an der Geschichte der Deutschen in der Ukraine; deswegen war die Aufgabe, eine vollständige Bibliographie zu diesem Thema zusammenzustellen, besonders aktuell. Aus diesem Anliegen erwuchs jedoch viel mehr als eine Bibliographie. Am Anfang wird die Geschichte der Deutschen in der Ukraine dargestellt. Die eigentliche Bibliographie erfaßt Dokumente, Nachschlagewerke, statistische Unterlagen, Konferenzmaterialien sowie Arbeiten zu verschiedenen Aspekten des Lebens der Deutschen in den Schwarzmeersteppen, und zwar: Besiedlung, politisches Leben und Armee, Handwerk, Handel und Industrie, Landwirtschaft, Kultur und Wissenschaft, Gesundheitswesen, religiöses Leben und einzelne Kolonien. Teilweise sind die Einträge mit Annotationen versehen. In der Bibliographie wurden ukrainische, russische, deutsche, französische und englische Aufsätze und Periodika berücksichtigt. Im Teil „Personalien“ werden die wichtigsten Daten zu berühmten Persönlichkeiten angegeben, die deutscher Abstammung sind. Es handelt sich hier um Unternehmer, Wissenschaftler, Verleger, Architekten etc. Als Hilfen gibt es ein geographisches Register, ein Namenregister sowie im Anhang eine Tabelle der Namen einiger deutscher Kolonien.

Nadja Wulff

[Galina I. Smagina (Hg.):] Nemcy v Rossii. Rossijsko-nemeckij dialog [Deutsche in Rußland. Russisch-deutscher Dialog]. Otv. redaktor G. I. Smagina. Sankt-

Peterburg: „Dmitrij Bulanin“ 2001. 552 S., Abb., russ. u. dt. Inhaltsverzeichnis. ISBN 5-86007-294-5.

Der Sammelband enthält Beiträge zur Geschichte, Landeskunde, Kunst, Wirtschaft, Wissenschaft und Bildung und spiegelt die vielseitigen Kulturbeziehungen zwischen Rußland und Deutschland vom 16. bis zum 20. Jahrhundert wider. Es handelt sich dabei um Beiträge, die in den Jahren 1998–2000 auf wissenschaftlichen Konferenzen in Sankt Petersburg im Rahmen des Internationalen Seminars „Deutsche in Rußland: russisch-deutsche wissenschaftliche und kulturelle Beziehungen“ gehalten wurden. Der erste Teil des Sammelbandes ist Petersburger Deutschen gewidmet, die gleichzeitig mit der Gründung der Stadt sich an den Newaufern niederließen. Sie spielten eine große Rolle in der Entwicklung der Wissenschaft, Kultur und Wirtschaft nicht nur Petersburgs, sondern ganz Rußlands. Den Hauptteil des Sammelbandes bildet der Abschnitt „Russisch-deutscher Dialog“. Es geht hier um den Kontakt und die gegenseitige Beeinflussung russischer und deutscher Kulturen und Traditionen im Laufe der Jahrhunderte. Die einzelnen Beiträge berichten über die deutschen Lehrbücher zur Weltgeschichte in den russischen Schulen des 18. Jahrhunderts, über die Wahrnehmung des Luthertums in der russischen Kultur, über die Beziehungen zwischen Schelling und russischen Romantikern im Rußland um 1800, über den Beitrag deutscher Architekten zur Bildung des „russischen“ Stils im 19. Jahrhundert und vieles mehr. Im Mittelpunkt des nächsten Teils des Bandes („Die deutsche Diaspora in Rußland und der Beitrag der Deutschen zur Entwicklung der russischen Wirtschaft“) stehen deutsche Handelsleute und Unternehmer in Rußland. Die Beiträge des vierten Teils („Deutsche in Rußland: Menschen und Schicksale“) beschäftigen sich mit den dynastischen Verbindungen des russischen Zarenhofs und geben eine Vorstellung von den Schicksalen einzelner deutscher Immigranten vor dem Hintergrund der wichtigsten historischen Ereignisse in Rußland. Den letzten Teil des Sammelbandes bilden Rezensionen und ein Personenregister.

Nadja Wulff

[Galina I. Smagina (Hg.):] Nemcy v Rossii. Tri veka naučnogo sotrudničestva = Die Deutschen in Russland. Drei Jahrhunderte der wissenschaftlichen Zusammenarbeit]. Otv. redaktor G. I. Smagina. Sankt-Peterburg: „Dmitrij Bulanin“ 2003. 604 S., Abb. ISBN 5-86007-372-0.

Dies ist der siebte Sammelband der Serie „Die Deutschen in Rußland: russisch-deutsche wissenschaftliche und kulturelle Beziehungen“. Er basiert auf Vorträgen, die in den Jahren 2000 und 2001 auf wissenschaftlichen Konferenzen in St. Petersburg gehalten wurden. Die Aufsätze umspannen einen weiten Problemkreis bilateraler wissenschaftlicher Beziehungen der Länder Deutschland und Rußland. Sie beinhalten vielfältiges Material zur Geschichte der Natur- und Geisteswissenschaften. Die Autoren untersuchen Fragen der Entstehung wissenschaftlicher Institutionen und der Bildung wissenschaftlicher Kader in Rußland unter Mithilfe deutscher Fachleute, betrachten die Durchführung gemeinsamer Projekte und bewerten den Beitrag einzelner Wissenschaftler zu verschiedenen Wissenszweigen. Der Sammelband hat einen interdisziplinären Charakter und umfaßt die Zeit vom 16. Jahrhundert bis heute. Die einzelnen Beiträge sind der Geschichte der Medizin, Biologie, Astronomie, Physik, Mathematik, Geographie, Philosophie, Literaturtheorie, Geschichte und Ethnographie gewidmet. Der Sammelband, der fünfzig Aufsätze enthält, ist thematisch in vier Abschnitte unterteilt: „Traditionen und gegenwärtige Lage der russisch-deutschen Wissenschaftskontakte“, „Russisch-deutsche Beziehungen im Bereich der Naturwissenschaften“, „Russisch-deutsche Beziehungen im Bereich der Geisteswissenschaften“ und „Russen in Deutschland“. Zu den Autoren der Aufsätze gehören führende Fachleute der Russischen Akademie der Wissenschaften, Hochschullehrer, Archiv- und Museumsmitarbeiter aus St. Petersburg, Moskau, Barnaul, Murmansk und Novosibirsk sowie deutsche Wissenschaftler. Die Breite des Problemkreises und die Tiefe der einzelnen Untersuchungen lassen von einem bedeutenden Beitrag zur Geschichte der russisch-deutschen wissenschaftlichen Beziehungen sprechen.

Nadja Wulff

[Peter P. Wiebe (Hg.):] Nemcy v Sibiri. Sbornik dokumentov i materialov po istorii nemcev v Sibiri 1895–1917 = Deutsche in Sibirien. Geschichte der Deutschen in Sibirien: Dokumente und Materialien 1895–1917. Sostavitel’ P. P. Vibe = Zusammengestellt v. Peter P. Wiebe. (Der Göttinger Arbeitskreis, Veröffentlichung 479). Omsk 2002. 359 S., Abb. ISBN 5-901062-24-8.

Dieser Sammelband enthält 130 Dokumente zur Geschichte der ethnischen Deutschen in Sibirien aus dem Zeitraum von 1895 bis 1917. Die Einleitung charakterisiert die Quellen zur Geschichte der Deutschen in Sibirien, skizziert die Entstehung deutscher Kolonien in Sibirien und untersucht die Hintergründe der deutschen Kolonisierung in dieser Region. Im ersten Abschnitt („Um die Jahrhundertwende“) werden einschlägige Dokumente präsentiert; ferner wird zum Kolonisationsprozeß Stellung genommen und werden deutsche Siedlungen in Sibirien beschrieben. Der zweite Abschnitt enthält Dokumente, die in den Jahren der Reformen von Stolypin entstanden sind. Im dritten Abschnitt werden Materialien vorgestellt, die Aufschluß über das Leben der ethnischen Deutschen in den Jahren des Ersten Weltkriegs geben. Der Band verfügt über ein Sachregister.

Nadja Wulff

Berichte und Forschungen 12 (2004), S. 387–389.

Mitarbeiterinnen und Mitarbeiter

Zofia Bandurska, M. A., Muzeum Narodowe we Wrocławiu, pl. Powstańców Warszawy 5, 50-153 Wrocław, Polen.

Dr. Koloman Brenner, Eötvös Loránd Tudományegyetem, Germanisztika Intézet, Ajtósi Dürer sor 19–21, 1146 Budapest, Ungarn.

Anna Byczkiewicz, Uniwersytet Łódzki, Katedra Literatury i Kultury Niemiec, Austrii i Szwajcarii, ul. Sienkiewicza 21, 90-114 Łódź, Polen.

Enikő Dácz, Szegedi Tudományegyetem, Germanisztika Intézet, Egyetem u. 2. II. em., 6722 Szeged, Ungarn.

Dr. Ewa Gwiazdowska, Muzeum Narodowe w Szczecinie, ul. Staromłyńska 27, 70-561 Szczecin, Polen.

Prof. Dr. Dragutin Horvat, Sveučilište u Zagrebu, Filozofski fakultet, Odsjek za germanistiku, Ivana Lučića 3, 10000 Zagreb, Kroatien.

Dr. Grzegorz Jaśkiewicz, Uniwersytet Rzeszowski, Instytut Filologii Germańskiej, al. Rejtana 16B, 35-959 Rzeszów, Polen.

Dr. Jürgen Joachimsthaler, Technische Universität Dresden, Mitteleuropa Zentrum für Staats-, Wirtschafts- und Kulturwissenschaften, 01062 Dresden.

Dr. Ewelina Kamińska, Uniwersytet Szczeciński, Instytut Filologii Germańskiej, ul. Rycerska 3, 70-537 Szczecin, Polen.

Prof. Dr. Lech Kolago, Uniwersytet Warszawski, Instytut Germanistyki, ul. Browarna 8–10, 00-311 Warszawa, Polen.

Dr. Marta Kopij, Uniwersytet Wrocławski, Instytut Filologii Germańskiej, pl. Nankiera 15, 50-140 Wrocław, Polen.

Dr. Irma Kozina, Uniwersytet Śląski, Zakład Historii Sztuki, ul. Bankowa 11, 40-007 Katowice, Polen.

Prof. Dr. Krzysztof A. Kuczyński, Uniwersytet Łódzki, Katedra badań niemcoznawczych, ul. Gdańska 107, 90-507 Łódź, Polen.

Alina Kuzborska, Uniwersytet Warmińsko-Mazurski, Katedra Filologii Germańskiej, ul. Ks. Feliksa Szrajbera 11, 10-007 Olsztyn, Polen.

Andris Levans, Liepu iela 9 dz. 22, 3118 Lapmezciems, Lettland.

Ion Lihaciu, Universitatea „Alexandru Ioan Cuza“ Iaşi, Facultatea de Litere, Catedra de Germanistică, Bd. Carol I, Nr. 11, 6600 Iaşi, Rumänien.

Dr. Anette Löffler, Pappelweg 2, 04683 Threna.

Dr. Stelian Mândruţ, Institutul de Istorie, Str. Napoca 11, 3400 Cluj, Rumänien.

Prof. Dr. Mirosław Ossowski, Uniwersytet Gdański, Instytut Filologii Germańskiej, ul. Wita Stwosza 55, 80-952 Gdańsk, Polen.

Dr. Ralf G. Päsler, Universität Heidelberg, Germanistisches Seminar, Hauptstr. 207–209, 69117 Heidelberg.

Dr. Agnieszka Palej, Uniwersytet Jagielloński, Instytut Filologii Germańskiej, al. Mickiewicza 9–11, 31-320 Kraków, Polen.

Dr. Rimvydas Petrauskas, Vilniaus Universitetas, Istorijos fakultetas, Universiteto 7, 2734 Vilnius, Litauen.

Daria Pikulska, Muzeum Architektury we Wrocławiu, pl. Bernardiński 5, 50-139 Wrocław, Polen.

Dr. Robert Rduch, Uniwersytet Śląski, Instytut Filologii Germańskiej, ul. Pułaskiego 6, 41-205 Sosnowiec, Polen.

Wiebke Rohrer, M. A., Herder-Institut, Gisonenweg 5–7, 35037 Marburg.

Dr. Krzysztof Ruchniewicz, Centrum Studiów Niemieckich i Europejskich im. Willy Brandta na Uniwersytecie Wrocławskim, ul. Straznicza 1–3, 50-206 Wrocław, Polen.

Dr. Małgorzata Ruchniewicz, Uniwersytet Wrocławski, Instytut Historyczny, Zakład historii gospodarczej, ul. Szewska 49, 50-139 Wrocław, Polen.

Prof. Dr. Helēna Šimkuva, Nīcgales iela 20–53, 1035 Rīga, Lettland.

Dr. Izabela Surynt, Uniwersytet Opolski, Instytut Filologii Germańskiej, ul. Oleska 48, 45-052 Opole, Polen.

Dr. Maciej Szukała, Archiwum Państwowe w Szczecinie, ul. Św. Wojciecha 13, 70-410 Szczecin, Polen.

Kersti Taal, Tartu Ülikooli Raamatukogu [Universitätsbibliothek], Struve 1, 51003 Tartu, Estland.

Lea Teedema, Deutsches Kulturinstitut Tartu, Kastani 1, 50409 Tartu, Estland.

Dr. Maria Wojtczak, Uniwersytet im. Adama Mickiewicza, Instytut Filologii Germańskiej, al. Niepodległości 4, 61-874 Poznań, Polen.

Dr. Nadja Wulff, Ėntuziastov 40-II-276, 195279 Sankt-Peterburg, Rußland.

Univ.-Doz. Dr. Mira Miladinović Zalaznik, Univerza v Ljubljani, Filozofska fakulteta, Oddelek za germanistiko, Askerčeva 2, 1000 Ljubljana, Slowenien.

Dr. Piotr Zariczny, Uniwersytet im. Mikołaja Kopernika, Katedra Filologii Germańskiej, Fosa Staromiejska 3, 87-100 Toruń, Polen.

Univ.-Lekt. Mag. Tanja Žigon, Univerza v Ljubljani, Filozofska fakulteta, Oddelek za prevajalstvo, Borštnikov trg 3, 1000 Ljubljana, Slowenien.

Dr. Paweł Zimniak, Uniwersytet Zielonogórski, Instytut Filologii Germańskiej, al. Wojska Polskiego 71A, 65-762 Zielona Góra, Polen.

Edina Zvara, Szegedi Tudományegyetem Juhász Gyula Tanárképző Főiskolai Kar, Könyvtártudományi Tanszék [Lehrstuhl für Bibliothekswissenschaft], Szilléri sgt. 12, 6723 Szeged, Ungarn.

Maria Zwierz, Muzeum Architektury we Wrocławiu, pl. Bernardiński 5, 50-139 Wrocław, Polen.